2022 年

江苏省高等学校
社科统计资料汇编

《江苏省高等学校社科统计资料汇编》课题组　编著

东南大学出版社
SOUTHEAST UNIVERSITY PRESS
·南京·

图书在版编目(CIP)数据

2022年江苏省高等学校社科统计资料汇编 /《江苏省高等学校社科统计资料汇编》课题组编著. — 南京 :东南大学出版社,2023.12

ISBN 978-7-5766-1167-0

Ⅰ.①2… Ⅱ.①江… Ⅲ.①高等学校-社会科学-科学研究-统计资料-汇编-江苏-2022 Ⅳ.①G644-66

中国国家版本馆CIP数据核字(2023)第254668号

责任编辑:叶 娟 **责任校对:**徐 潇 **封面设计:**毕 真 **责任印制:**周荣虎

2022年江苏省高等学校社科统计资料汇编

2022 Nian Jiangsu Sheng Gaodeng Xuexiao Sheke Tongji Ziliao Huibian

编　　著	《江苏省高等学校社科统计资料汇编》课题组
出版发行	东南大学出版社
出 版 人	白云飞
社　　址	南京市四牌楼2号(邮编:210096 电话:025-83793330)
经　　销	全国各地新华书店
印　　刷	苏州市古得堡数码印刷有限公司
开　　本	787mm×1092mm 1/16
印　　张	41.25
字　　数	1003千字
版　　次	2023年12月第1版
印　　次	2023年12月第1次印刷
书　　号	ISBN 978-7-5766-1167-0
定　　价	120.00元

本社图书若有印装质量问题,请直接与营销部联系,电话:025-83791830。

编委会名单

2022 年社科统计审核专家组名单

（以姓氏笔画排序）

毛　竹　南京农业大学

史华伟　江南大学

卢晶晶　河海大学

石　霏　南京财经大学

朱　茜　江苏大学

许　悦　江苏理工学院

问筱平　扬州大学

李　伟　南京信息工程大学

张美书　江苏科技大学

李建梅　东南大学

李笑葶　南京邮电大学

周　宏　淮阴师范学院

周　玲　南京审计大学

赵　澎　南京大学

郭才正　苏州大学

黄　璜　南京信息职业技术学院

Contents 目录

一 编写说明 …… 001

二 参与统计的高校名单 …… 002

1. 参与统计的公办本科高校名单 …… 002
2. 参与统计的公办专科高校名单 …… 004
3. 参与统计的民办及中外合作办学高校名单 …… 006

三 社科研究与发展概况 …… 008

1. 江苏省十三市高等学校人文、社会科学活动人员情况表 …… 008
2. 江苏省十三市高等学校人文、社会科学研究与发展经费情况表 …… 009
3. 江苏省十三市高等学校人文、社会科学研究与课题来源情况表 …… 010
4. 江苏省十三市高等学校人文、社会科学研究与发展课题成果表 …… 011
5. 江苏省十三市高等学校人文、社会科学学术交流情况表 …… 012

四 社科人力 …… 013

1. 全省高等学校人文、社会科学活动人员情况表 …… 013
2. 公办本科高等学校人文、社会科学活动人员情况表 …… 014
   - 2.1 管理学人文、社会科学活动人员情况表 …… 015
   - 2.2 马克思主义人文、社会科学活动人员情况表 …… 017
   - 2.3 哲学人文、社会科学活动人员情况表 …… 019
   - 2.4 逻辑学人文、社会科学活动人员情况表 …… 021
   - 2.5 宗教学人文、社会科学活动人员情况表 …… 023
   - 2.6 语言学人文、社会科学活动人员情况表 …… 025
   - 2.7 中国文学人文、社会科学活动人员情况表 …… 027
   - 2.8 外国文学人文、社会科学活动人员情况表 …… 029
   - 2.9 艺术学人文、社会科学活动人员情况表 …… 031
   - 2.10 历史学人文、社会科学活动人员情况表 …… 033
   - 2.11 考古学人文、社会科学活动人员情况表 …… 035
   - 2.12 经济学人文、社会科学活动人员情况表 …… 037

2.13　政治学人文、社会科学活动人员情况表 …… 039
2.14　法学人文、社会科学活动人员情况表 …… 041
2.15　社会学人文、社会科学活动人员情况表 …… 043
2.16　民族学与文化学人文、社会科学活动人员情况表 …… 045
2.17　新闻学与传播学人文、社会科学活动人员情况表 …… 047
2.18　图书馆、情报与文献学人文、社会科学活动人员情况表 …… 049
2.19　教育学人文、社会科学活动人员情况表 …… 051
2.20　统计学人文、社会科学活动人员情况表 …… 053
2.21　心理学人文、社会科学活动人员情况表 …… 055
2.22　体育科学人文、社会科学活动人员情况表 …… 057
2.23　其他学科人文、社会科学活动人员情况表 …… 059
3. 公办专科高等学校人文、社会科学活动人员情况表 …… 061
3.1　管理学人文、社会科学活动人员情况表 …… 062
3.2　马克思主义人文、社会科学活动人员情况表 …… 065
3.3　哲学人文、社会科学活动人员情况表 …… 068
3.4　逻辑学人文、社会科学活动人员情况表 …… 071
3.5　宗教学人文、社会科学活动人员情况表 …… 074
3.6　语言学人文、社会科学活动人员情况表 …… 077
3.7　中国文学人文、社会科学活动人员情况表 …… 080
3.8　外国文学人文、社会科学活动人员情况表 …… 083
3.9　艺术学人文、社会科学活动人员情况表 …… 086
3.10　历史学人文、社会科学活动人员情况表 …… 089
3.11　考古学人文、社会科学活动人员情况表 …… 092
3.12　经济学人文、社会科学活动人员情况表 …… 095
3.13　政治学人文、社会科学活动人员情况表 …… 098
3.14　法学人文、社会科学活动人员情况表 …… 101
3.15　社会学人文、社会科学活动人员情况表 …… 104
3.16　民族学与文化学人文、社会科学活动人员情况表 …… 107
3.17　新闻学与传播学人文、社会科学活动人员情况表 …… 110
3.18　图书馆、情报与文献学人文、社会科学活动人员情况表 …… 113
3.19　教育学人文、社会科学活动人员情况表 …… 116
3.20　统计学人文、社会科学活动人员情况表 …… 119
3.21　心理学人文、社会科学活动人员情况表 …… 122
3.22　体育科学人文、社会科学活动人员情况表 …… 125
3.23　其他学科人文、社会科学活动人员情况表 …… 128
4. 民办及中外合作办学高等学校人文、社会科学活动人员情况表 …… 131
4.1　管理学人文、社会科学活动人员情况表 …… 132

4.2 马克思主义人文、社会科学活动人员情况表 …… 134
4.3 哲学人文、社会科学活动人员情况表 …… 136
4.4 逻辑学人文、社会科学活动人员情况表 …… 138
4.5 宗教学人文、社会科学活动人员情况表 …… 140
4.6 语言学人文、社会科学活动人员情况表 …… 142
4.7 中国文学人文、社会科学活动人员情况表 …… 144
4.8 外国文学人文、社会科学活动人员情况表 …… 146
4.9 艺术学人文、社会科学活动人员情况表 …… 148
4.10 历史学人文、社会科学活动人员情况表 …… 150
4.11 考古学人文、社会科学活动人员情况表 …… 152
4.12 经济学人文、社会科学活动人员情况表 …… 154
4.13 政治学人文、社会科学活动人员情况表 …… 156
4.14 法学人文、社会科学活动人员情况表 …… 158
4.15 社会学人文、社会科学活动人员情况表 …… 160
4.16 民族学与文化学人文、社会科学活动人员情况表 …… 162
4.17 新闻学与传播学人文、社会科学活动人员情况表 …… 164
4.18 图书馆、情报与文献学人文、社会科学活动人员情况表 …… 166
4.19 教育学人文、社会科学活动人员情况表 …… 168
4.20 统计学人文、社会科学活动人员情况表 …… 170
4.21 心理学人文、社会科学活动人员情况表 …… 172
4.22 体育科学人文、社会科学活动人员情况表 …… 174
4.23 其他学科人文、社会科学活动人员情况表 …… 176

五 社科研究与发展经费 …… 178

1. 全省高等学校人文、社会科学研究与发展经费情况表 …… 178
2. 公办本科高等学校人文、社会科学研究与发展经费情况表 …… 180
3. 公办专科高等学校人文、社会科学研究与发展经费情况表 …… 184
4. 民办及中外合作办学高等学校人文、社会科学研究与发展经费情况表 …… 191

六 社科研究与发展机构 …… 196

全省高等学校人文、社会科学研究机构一览表 …… 196

七 社科研究、课题与成果 …… 236

1. 全省高等学校人文、社会科学研究与课题成果情况表 …… 236
2. 公办本科高等学校人文、社会科学研究与课题成果情况表 …… 237
2.1 管理学人文、社会科学研究与课题成果情况表 …… 238
2.2 马克思主义人文、社会科学研究与课题成果情况表 …… 240

2.3 哲学人文、社会科学研究与课题成果情况表 …… 242
2.4 逻辑学人文、社会科学研究与课题成果情况表 …… 244
2.5 宗教学人文、社会科学研究与课题成果情况表 …… 246
2.6 语言学人文、社会科学研究与课题成果情况表 …… 248
2.7 中国文学人文、社会科学研究与课题成果情况表 …… 250
2.8 外国文学人文、社会科学研究与课题成果情况表 …… 252
2.9 艺术学人文、社会科学研究与课题成果情况表 …… 254
2.10 历史学人文、社会科学研究与课题成果情况表 …… 256
2.11 考古学人文、社会科学研究与课题成果情况表 …… 258
2.12 经济学人文、社会科学研究与课题成果情况表 …… 260
2.13 政治学人文、社会科学研究与课题成果情况表 …… 262
2.14 法学人文、社会科学研究与课题成果情况表 …… 264
2.15 社会学人文、社会科学研究与课题成果情况表 …… 266
2.16 民族学与文化学人文、社会科学研究与课题成果情况表 …… 268
2.17 新闻学与传播学人文、社会科学研究与课题成果情况表 …… 270
2.18 图书馆、情报与文献学人文、社会科学研究与课题成果情况表 …… 272
2.19 教育学人文、社会科学研究与课题成果情况表 …… 274
2.20 统计学人文、社会科学研究与课题成果情况表 …… 276
2.21 心理学人文、社会科学研究与课题成果情况表 …… 278
2.22 体育科学人文、社会科学研究与课题成果情况表 …… 280
2.23 其他学科人文、社会科学研究与课题成果情况表 …… 282
3. 公办专科高等学校人文、社会科学研究与课题成果情况表 …… 284
3.1 管理学人文、社会科学研究与课题成果情况表 …… 285
3.2 马克思主义人文、社会科学研究与课题成果情况表 …… 289
3.3 哲学人文、社会科学研究与课题成果情况表 …… 293
3.4 逻辑学人文、社会科学研究与课题成果情况表 …… 297
3.5 宗教学人文、社会科学研究与课题成果情况表 …… 301
3.6 语言学人文、社会科学研究与课题成果情况表 …… 305
3.7 中国文学人文、社会科学研究与课题成果情况表 …… 309
3.8 外国文学人文、社会科学研究与课题成果情况表 …… 313
3.9 艺术学人文、社会科学研究与课题成果情况表 …… 317
3.10 历史学人文、社会科学研究与课题成果情况表 …… 321
3.11 考古学人文、社会科学研究与课题成果情况表 …… 325
3.12 经济学人文、社会科学研究与课题成果情况表 …… 329
3.13 政治学人文、社会科学研究与课题成果情况表 …… 333
3.14 法学人文、社会科学研究与课题成果情况表 …… 337
3.15 社会学人文、社会科学研究与课题成果情况表 …… 341

3.16 民族学与文化学人文、社会科学研究与课题成果情况表 …… 345
3.17 新闻学与传播学人文、社会科学研究与课题成果情况表 …… 349
3.18 图书馆、情报与文献学人文、社会科学研究与课题成果情况表 …… 353
3.19 教育学人文、社会科学研究与课题成果情况表 …… 357
3.20 统计学人文、社会科学研究与课题成果情况表 …… 361
3.21 心理学人文、社会科学研究与课题成果情况表 …… 365
3.22 体育科学人文、社会科学研究与课题成果情况表 …… 369
3.23 其他学科人文、社会科学研究与课题成果情况表 …… 373
4. 民办及中外合作办学高等学校人文、社会科学研究与课题成果情况表 …… 377

八 **社科研究、课题与成果(来源情况)** …… 378

1. 全省高等学校人文、社会科学研究与课题成果来源情况表 …… 378
2. 公办本科高等学校人文、社会科学研究与课题成果来源情况表 …… 380
2.1 南京大学人文、社会科学研究与课题成果来源情况表 …… 382
2.2 东南大学人文、社会科学研究与课题成果来源情况表 …… 384
2.3 江南大学人文、社会科学研究与课题成果来源情况表 …… 386
2.4 南京农业大学人文、社会科学研究与课题成果来源情况表 …… 388
2.5 中国矿业大学人文、社会科学研究与课题成果来源情况表 …… 390
2.6 河海大学人文、社会科学研究与课题成果来源情况表 …… 392
2.7 南京理工大学人文、社会科学研究与课题成果来源情况表 …… 394
2.8 南京航空航天大学人文、社会科学研究与课题成果来源情况表 …… 396
2.9 中国药科大学人文、社会科学研究与课题成果来源情况表 …… 398
2.10 南京森林警察学院人文、社会科学研究与课题成果来源情况表 …… 400
2.11 苏州大学人文、社会科学研究与课题成果来源情况表 …… 402
2.12 江苏科技大学人文、社会科学研究与课题成果来源情况表 …… 404
2.13 南京工业大学人文、社会科学研究与课题成果来源情况表 …… 406
2.14 常州大学人文、社会科学研究与课题成果来源情况表 …… 408
2.15 南京邮电大学人文、社会科学研究与课题成果来源情况表 …… 410
2.16 南京林业大学人文、社会科学研究与课题成果来源情况表 …… 412
2.17 江苏大学人文、社会科学研究与课题成果来源情况表 …… 414
2.18 南京信息工程大学人文、社会科学研究与课题成果来源情况表 …… 416
2.19 南通大学人文、社会科学研究与课题成果来源情况表 …… 418
2.20 盐城工学院人文、社会科学研究与课题成果来源情况表 …… 420
2.21 南京医科大学人文、社会科学研究与课题成果来源情况表 …… 422
2.22 徐州医科大学人文、社会科学研究与课题成果来源情况表 …… 424
2.23 南京中医药大学人文、社会科学研究与课题成果来源情况表 …… 426
2.24 南京师范大学人文、社会科学研究与课题成果来源情况表 …… 428

2.25　江苏师范大学人文、社会科学研究与课题成果来源情况表 …………………… 430
2.26　淮阴师范学院人文、社会科学研究与课题成果来源情况表 …………………… 432
2.27　盐城师范学院人文、社会科学研究与课题成果来源情况表 …………………… 434
2.28　南京财经大学人文、社会科学研究与课题成果来源情况表 …………………… 436
2.29　江苏警官学院人文、社会科学研究与课题成果来源情况表 …………………… 438
2.30　南京体育学院人文、社会科学研究与课题成果来源情况表 …………………… 440
2.31　南京艺术学院人文、社会科学研究与课题成果来源情况表 …………………… 442
2.32　苏州科技大学人文、社会科学研究与课题成果来源情况表 …………………… 444
2.33　常熟理工学院人文、社会科学研究与课题成果来源情况表 …………………… 446
2.34　淮阴工学院人文、社会科学研究与课题成果来源情况表 ……………………… 448
2.35　常州工学院人文、社会科学研究与课题成果来源情况表 ……………………… 450
2.36　扬州大学人文、社会科学研究与课题成果来源情况表 ………………………… 452
2.37　南京工程学院人文、社会科学研究与课题成果来源情况表 …………………… 454
2.38　南京审计大学人文、社会科学研究与课题成果来源情况表 …………………… 456
2.39　南京晓庄学院人文、社会科学研究与课题成果来源情况表 …………………… 458
2.40　江苏理工学院人文、社会科学研究与课题成果来源情况表 …………………… 460
2.41　江苏海洋大学人文、社会科学研究与课题成果来源情况表 …………………… 462
2.42　徐州工程学院人文、社会科学研究与课题成果来源情况表 …………………… 464
2.43　南京特殊教育师范学院人文、社会科学研究与课题成果来源情况表 ………… 466
2.44　泰州学院人文、社会科学研究与课题成果来源情况表 ………………………… 468
2.45　金陵科技学院人文、社会科学研究与课题成果来源情况表 …………………… 470
2.46　江苏第二师范学院人文、社会科学研究与课题成果来源情况表 ……………… 472
2.47　南京工业职业技术大学人文、社会科学研究与课题成果来源情况表 ………… 474
2.48　无锡学院人文、社会科学研究与课题成果来源情况表 ………………………… 476
2.49　苏州城市学院人文、社会科学研究与课题成果来源情况表 …………………… 478
2.50　宿迁学院人文、社会科学研究与课题成果来源情况表 ………………………… 480
3. 公办专科高等学校人文、社会科学研究与课题成果来源情况表 …………………… 482
3.1　盐城幼儿师范高等专科学校人文、社会科学研究与课题成果来源情况表 ……… 484
3.2　苏州幼儿师范高等专科学校人文、社会科学研究与课题成果来源情况表 ……… 486
3.3　无锡职业技术学院人文、社会科学研究与课题成果来源情况表 ……………… 488
3.4　江苏建筑职业技术学院人文、社会科学研究与课题成果来源情况表 ………… 490
3.5　江苏工程职业技术学院人文、社会科学研究与课题成果来源情况表 ………… 492
3.6　苏州工艺美术职业技术学院人文、社会科学研究与课题成果来源情况表 ……… 494
3.7　连云港职业技术学院人文、社会科学研究与课题成果来源情况表 …………… 496
3.8　镇江市高等专科学校人文、社会科学研究与课题成果来源情况表 …………… 498
3.9　南通职业大学人文、社会科学研究与课题成果来源情况表 …………………… 500
3.10　苏州市职业大学人文、社会科学研究与课题成果来源情况表 ………………… 502

3.11 沙洲职业工学院人文、社会科学研究与课题成果来源情况表 …………………… 504
3.12 扬州市职业大学人文、社会科学研究与课题成果来源情况表 …………………… 506
3.13 连云港师范高等专科学校人文、社会科学研究与课题成果来源情况表 ………… 508
3.14 江苏经贸职业技术学院人文、社会科学研究与课题成果来源情况表 …………… 510
3.15 泰州职业技术学院人文、社会科学研究与课题成果来源情况表 ……………… 512
3.16 常州信息职业技术学院人文、社会科学研究与课题成果来源情况表 …………… 514
3.17 江苏海事职业技术学院人文、社会科学研究与课题成果来源情况表 …………… 516
3.18 无锡科技职业学院人文、社会科学研究与课题成果来源情况表 ……………… 518
3.19 江苏医药职业学院人文、社会科学研究与课题成果来源情况表 ……………… 520
3.20 南通科技职业学院人文、社会科学研究与课题成果来源情况表 ……………… 522
3.21 苏州经贸职业技术学院人文、社会科学研究与课题成果来源情况表 …………… 524
3.22 苏州工业职业技术学院人文、社会科学研究与课题成果来源情况表 …………… 526
3.23 苏州卫生职业技术学院人文、社会科学研究与课题成果来源情况表 …………… 528
3.24 无锡商业职业技术学院人文、社会科学研究与课题成果来源情况表 …………… 530
3.25 江苏航运职业技术学院人文、社会科学研究与课题成果来源情况表 …………… 532
3.26 南京交通职业技术学院人文、社会科学研究与课题成果来源情况表 …………… 534
3.27 江苏电子信息职业学院人文、社会科学研究与课题成果来源情况表 …………… 536
3.28 江苏农牧科技职业学院人文、社会科学研究与课题成果来源情况表 …………… 538
3.29 常州纺织服装职业技术学院人文、社会科学研究与课题成果来源情况表 ……… 540
3.30 苏州农业职业技术学院人文、社会科学研究与课题成果来源情况表 …………… 542
3.31 南京科技职业学院人文、社会科学研究与课题成果来源情况表 ……………… 544
3.32 常州工业职业技术学院人文、社会科学研究与课题成果来源情况表 …………… 546
3.33 常州工程职业技术学院人文、社会科学研究与课题成果来源情况表 …………… 548
3.34 江苏农林职业技术学院人文、社会科学研究与课题成果来源情况表 …………… 550
3.35 江苏食品药品职业技术学院人文、社会科学研究与课题成果来源情况表 ……… 552
3.36 南京铁道职业技术学院人文、社会科学研究与课题成果来源情况表 …………… 554
3.37 徐州工业职业技术学院人文、社会科学研究与课题成果来源情况表 …………… 556
3.38 江苏信息职业技术学院人文、社会科学研究与课题成果来源情况表 …………… 558
3.39 南京信息职业技术学院人文、社会科学研究与课题成果来源情况表 …………… 560
3.40 常州机电职业技术学院人文、社会科学研究与课题成果来源情况表 …………… 562
3.41 江阴职业技术学院人文、社会科学研究与课题成果来源情况表 ……………… 564
3.42 无锡城市职业技术学院人文、社会科学研究与课题成果来源情况表 …………… 566
3.43 无锡工艺职业技术学院人文、社会科学研究与课题成果来源情况表 …………… 568
3.44 苏州健雄职业技术学院人文、社会科学研究与课题成果来源情况表 …………… 570
3.45 盐城工业职业技术学院人文、社会科学研究与课题成果来源情况表 …………… 572
3.46 江苏财经职业技术学院人文、社会科学研究与课题成果来源情况表 …………… 574
3.47 扬州工业职业技术学院人文、社会科学研究与课题成果来源情况表 …………… 576

3.48 江苏城市职业学院人文、社会科学研究与课题成果来源情况表 …… 578
3.49 南京城市职业学院人文、社会科学研究与课题成果来源情况表 …… 580
3.50 南京机电职业技术学院人文、社会科学研究与课题成果来源情况表 …… 582
3.51 南京旅游职业学院人文、社会科学研究与课题成果来源情况表 …… 584
3.52 江苏卫生健康职业学院人文、社会科学研究与课题成果来源情况表 …… 586
3.53 苏州信息职业技术学院人文、社会科学研究与课题成果来源情况表 …… 588
3.54 苏州工业园区服务外包职业学院人文、社会科学研究与课题成果来源情况表 …… 590
3.55 徐州幼儿师范高等专科学校人文、社会科学研究与课题成果来源情况表 …… 592
3.56 徐州生物工程职业技术学院人文、社会科学研究与课题成果来源情况表 …… 594
3.57 江苏商贸职业学院人文、社会科学研究与课题成果来源情况表 …… 596
3.58 南通师范高等专科学校人文、社会科学研究与课题成果来源情况表 …… 598
3.59 江苏护理职业学院人文、社会科学研究与课题成果来源情况表 …… 600
3.60 江苏财会职业学院人文、社会科学研究与课题成果来源情况表 …… 602
3.61 江苏城乡建设职业学院人文、社会科学研究与课题成果来源情况表 …… 604
3.62 江苏航空职业技术学院人文、社会科学研究与课题成果来源情况表 …… 606
3.63 江苏安全技术职业学院人文、社会科学研究与课题成果来源情况表 …… 608
3.64 江苏旅游职业学院人文、社会科学研究与课题成果来源情况表 …… 610
3.65 常州幼儿师范高等专科学校人文、社会科学研究与课题成果来源情况表 …… 612
4. 民办及中外合作办学高等学校人文、社会科学研究与课题成果来源情况表 …… 614

九 社科研究成果获奖 …… 616

十 社科学术交流 …… 617

1. 全省高等学校人文、社会科学学术交流情况表 …… 617
2. 公办本科高等学校人文、社会科学学术交流情况表 …… 617
3. 公办专科高等学校人文、社会科学学术交流情况表 …… 627
4. 民办及中外合作办学高等学校人文、社会科学学术交流情况表 …… 638

十一 社科专利 …… 644

1. 全省高等学校人文、社会科学专利情况表 …… 644
2. 公办本科高等学校人文、社会科学专利情况表 …… 644
3. 公办专科高等学校人文、社会科学专利情况表 …… 646
4. 民办及中外合作办学高等学校人文、社会科学专利情况表 …… 648

一、编写说明

（一）高校名称说明

本汇编中的高校名称以 2022 年底的名称为准。

（二）指标说明

1. 社科人力：指高等学校职工中，在本年度内从事大专以上人文、社会科学教学、研究与咨询工作以及直接为教学、研究与咨询工作服务的教师和其他技术职务人员、辅助人员，按年末实有人数统计（校机关行政人员、离退休人员和校外兼职人员不在统计范围内，本年度从事社科活动累计工作时间在一个月以上的外籍人员以及高教系统以外的专家和访问学者只录入数据库，不在统计范围内）。

2. 社科研究与发展经费：用于统计本年度各个高校人文、社科研发（R&D）经费收入、支出和结余情况。

3. 社科研究与发展机构：用于统计经学校上级主管部门或非上级主管部门批准以及学校自建的人文、社会科学研究机构。

4. 社科研究、课题与成果：用于统计本年度列入学校上级主管部门、非上级主管部门和学校年度计划，以及虽未列入计划但通过签订协议、合同或计划任务书经学校社科研究管理部门确认并在当年开展活动的人文、社会科学各类研究课题。成果部分用于统计本年度人文、社科研究成果情况，包括立项和非立项研究成果。所有研究成果均由第一署名者单位（以成果的版权页为准）填报。

5. 社科研究、课题与成果来源：用于统计本年度列入学校上级主管部门、非上级主管部门和学校年度计划，以及虽未列入计划但通过签订协议、合同或计划任务书经学校社科研究管理部门确认并在当年开展活动的人文、社会科学各类研究课题的来源情况。成果部分用于统计本年度列入学校社科计划课题的研究成果来源情况，均由第一署名者单位（以成果的版权页为准）填报。

6. 社科研究成果获奖：用于统计本年度各个高校人文、社科立项和非立项研究成果获奖情况，只包括国家级、部级和省级奖。

7. 社科学术交流：用于统计本年度各个高校人文、社会科学学术交流情况。

8. 社科专利：用于统计本年度各个高校人文、社会科学专利情况。

二、参与统计的高校名单

1. 参与统计的公办本科高校名单

高校代码	高校名称	办学类型	办学层次	举办者	所在地
10284	南京大学	公办	本科	教育部	南京
10285	苏州大学	公办	本科	省教育厅	苏州
10286	东南大学	公办	本科	教育部	南京
10287	南京航空航天大学	公办	本科	工业与信息化部	南京
10288	南京理工大学	公办	本科	工业与信息化部	南京
10289	江苏科技大学	公办	本科	省教育厅	镇江
10290	中国矿业大学	公办	本科	教育部	徐州
10291	南京工业大学	公办	本科	省教育厅	南京
10292	常州大学	公办	本科	省教育厅	常州
10293	南京邮电大学	公办	本科	省教育厅	南京
10294	河海大学	公办	本科	教育部	南京
10295	江南大学	公办	本科	教育部	无锡
10298	南京林业大学	公办	本科	省教育厅	南京
10299	江苏大学	公办	本科	省教育厅	镇江
10300	南京信息工程大学	公办	本科	省教育厅	南京
10304	南通大学	公办	本科	省教育厅	南通
10305	盐城工学院	公办	本科	省教育厅	盐城
10307	南京农业大学	公办	本科	教育部	南京
10312	南京医科大学	公办	本科	省教育厅	南京
10313	徐州医科大学	公办	本科	省教育厅	徐州
10315	南京中医药大学	公办	本科	省教育厅	南京
10316	中国药科大学	公办	本科	教育部	南京
10319	南京师范大学	公办	本科	省教育厅	南京
10320	江苏师范大学	公办	本科	省教育厅	徐州

续表

高校代码	高校名称	办学类型	办学层次	举办者	所在地
10323	淮阴师范学院	公办	本科	省教育厅	淮安
10324	盐城师范学院	公办	本科	省教育厅	盐城
10327	南京财经大学	公办	本科	省教育厅	南京
10329	江苏警官学院	公办	本科	省公安厅	南京
10330	南京体育学院	公办	本科	省体育局	南京
10331	南京艺术学院	公办	本科	省教育厅	南京
10332	苏州科技大学	公办	本科	省教育厅	苏州
10333	常熟理工学院	公办	本科	省教育厅	苏州
11049	淮阴工学院	公办	本科	省教育厅	淮安
11055	常州工学院	公办	本科	省教育厅	常州
11117	扬州大学	公办	本科	省教育厅	扬州
11276	南京工程学院	公办	本科	省教育厅	南京
11287	南京审计大学	公办	本科	省教育厅	南京
11460	南京晓庄学院	公办	本科	市政府	南京
11463	江苏理工学院	公办	本科	省教育厅	常州
11641	江苏海洋大学	公办	本科	省教育厅	连云港
11998	徐州工程学院	公办	本科	市政府	徐州
12048	南京特殊教育师范学院	公办	本科	省教育厅	南京
12213	南京森林警察学院	公办	本科	国家林业局	南京
12917	泰州学院	公办	本科	市政府	泰州
13573	金陵科技学院	公办	本科	市政府	南京
14436	江苏第二师范学院	公办	本科	省教育厅	南京
10850	南京工业职业技术大学	公办	本科	省教育厅	南京
13982	无锡学院	公办	本科	市政府	无锡
13983	苏州城市学院	公办	本科	市政府	苏州
14160	宿迁学院	公办	本科	省教育厅	宿迁

2. 参与统计的公办专科高校名单

高校代码	高校名称	办学类型	办学层次	举办者	所在地
00466	盐城幼儿师范高等专科学校	公办	专科	省教育厅	盐城
00583	苏州幼儿师范高等专科学校	公办	专科	省教育厅	苏州
10848	无锡职业技术学院	公办	专科	省教育厅	无锡
10849	江苏建筑职业技术学院	公办	专科	省教育厅	徐州
10958	江苏工程职业技术学院	公办	专科	省教育厅	南通
10960	苏州工艺美术职业技术学院	公办	专科	省教育厅	苏州
11050	连云港职业技术学院	公办	专科	市政府	连云港
11051	镇江市高等专科学校	公办	专科	市政府	镇江
11052	南通职业大学	公办	专科	市政府	南通
11054	苏州市职业大学	公办	专科	市政府	苏州
11288	沙洲职业工学院	公办	专科	市政府	苏州
11462	扬州市职业大学	公办	专科	市政府	扬州
11585	连云港师范高等专科学校	公办	专科	市政府	连云港
12047	江苏经贸职业技术学院	公办	专科	省教育厅	南京
12106	泰州职业技术学院	公办	专科	市政府	泰州
12317	常州信息职业技术学院	公办	专科	省经济和信息化委员会	常州
12678	江苏联合职业技术学院	公办	专科	省教育厅	南京
12679	江苏海事职业技术学院	公办	专科	省教育厅	南京
12681	无锡科技职业学院	公办	专科	市政府	无锡
12682	江苏医药职业学院	公办	专科	省卫生和计划生育委员会	盐城
12683	扬州环境资源职业技术学院	公办	专科	省教育厅	扬州
12684	南通科技职业学院	公办	专科	市政府	南通
12685	苏州经贸职业技术学院	公办	专科	省教育厅	苏州
12686	苏州工业职业技术学院	公办	专科	市政府	苏州
12688	苏州卫生职业技术学院	公办	专科	省卫生和计划生育委员会	苏州
12702	无锡商业职业技术学院	公办	专科	省教育厅	无锡
12804	南京交通职业技术学院	公办	专科	省交通运输厅	南京
12805	江苏电子信息职业学院	公办	专科	省经济和信息化委员会	淮安
12806	江苏农牧科技职业学院	公办	专科	江苏省农业委员会	泰州
12807	常州纺织服装职业技术学院	公办	专科	省教育厅	常州
12808	苏州农业职业技术学院	公办	专科	省农业委员会	苏州
12920	南京科技职业学院	公办	专科	省教育厅	南京
13101	常州工业职业技术学院	公办	专科	省教育厅	常州

续表

高校代码	高校名称	办学类型	办学层次	举办者	所在地
13102	常州工程职业技术学院	公办	专科	省教育厅	常州
13103	江苏农林职业技术学院	公办	专科	省农业委员会	镇江
13104	江苏食品药品职业技术学院	公办	专科	省教育厅	淮安
13106	南京铁道职业技术学院	公办	专科	省教育厅	南京
13107	徐州工业职业技术学院	公办	专科	省教育厅	徐州
13108	江苏信息职业技术学院	公办	专科	省教育厅	无锡
13112	南京信息职业技术学院	公办	专科	省经济和信息化委员会	南京
13114	常州机电职业技术学院	公办	专科	省教育厅	常州
13137	江阴职业技术学院	公办	专科	市政府	无锡
13748	无锡城市职业技术学院	公办	专科	市政府	无锡
13749	无锡工艺职业技术学院	公办	专科	省教育厅	无锡
13751	苏州健雄职业技术学院	公办	专科	市政府	苏州
13752	盐城工业职业技术学院	公办	专科	省教育厅	盐城
13753	江苏财经职业技术学院	公办	专科	省教育厅	淮安
13754	扬州工业职业技术学院	公办	专科	省教育厅	扬州
14000	江苏城市职业学院	公办	专科	省教育厅	南京
14001	南京城市职业学院	公办	专科	市政府	南京
14056	南京机电职业技术学院	公办	专科	市政府	南京
14180	南京旅游职业学院	公办	专科	省旅游局	南京
14255	江苏卫生健康职业学院	公办	专科	省卫生和计划生育委员会	南京
14256	苏州信息职业技术学院	公办	专科	市政府	苏州
14295	苏州工业园区服务外包职业学院	公办	专科	市政府	苏州
14329	徐州幼儿师范高等专科学校	公办	专科	市政府	徐州
14401	徐州生物工程职业技术学院	公办	专科	市政府	徐州
14475	江苏商贸职业学院	公办	专科	省供销合作总社	南通
14493	南通师范高等专科学校	公办	专科	省教育厅	南通
14541	江苏护理职业学院	公办	专科	省卫生和计划生育委员会	淮安
14542	江苏财会职业学院	公办	专科	省财政厅	连云港
14543	江苏城乡建设职业学院	公办	专科	省住房和城乡建设厅	常州
14568	江苏航空职业技术学院	公办	专科	江苏省教育厅	镇江
14589	江苏安全技术职业学院	公办	专科	江苏省安全生产监督管理局	徐州
14604	江苏旅游职业学院	公办	专科	教科研处	扬州
14773	常州幼儿师范高等专科学校	公办	专科	市政府	常州

3. 参与统计的民办及中外合作办学高校名单

高校代码	高校名称	办学类型	办学层次	举办者	所在地
10826	明达职业技术学院	民办	专科	民办	盐城
11122	三江学院	民办	本科	民办	南京
12054	九州职业技术学院	民办	专科	民办	徐州
12056	南通理工学院	民办	本科	民办	南通
12078	硅湖职业技术学院	民办	专科	民办	苏州
12680	应天职业技术学院	民办	专科	民办	南京
12687	苏州托普信息职业技术学院	民办	专科	民办	苏州
12689	东南大学成贤学院	民办	专科	民办	南京
12809	苏州工业园区职业技术学院	民办	专科	民办	苏州
12918	太湖创意职业技术学院	民办	专科	民办	无锡
12919	炎黄职业技术学院	民办	专科	民办	淮安
12921	正德职业技术学院	民办	专科	民办	南京
12922	钟山职业技术学院	民办	专科	民办	南京
12923	无锡南洋职业技术学院	民办	专科	民办	无锡
13017	江南影视艺术职业学院	民办	专科	民办	无锡
13100	金肯职业技术学院	民办	专科	民办	南京
13105	建东职业技术学院	民办	专科	民办	常州
13110	宿迁职业技术学院	民办	专科	民办	宿迁
13113	江海职业技术学院	民办	专科	民办	扬州
13571	无锡太湖学院	民办	本科	民办	无锡
13579	中国矿业大学徐海学院	民办	专科	民办	徐州
13646	南京大学金陵学院	民办	专科	民办	南京
13654	南京理工大学紫金学院	民办	专科	民办	南京
13655	南京航空航天大学金城学院	民办	专科	民办	南京
13687	南京传媒学院	民办	专科	民办	南京
13750	金山职业技术学院	民办	专科	民办	镇江

续表

高校代码	高校名称	办学类型	办学层次	举办者	所在地
13842	南京理工大学泰州科技学院	民办	专科	民办	泰州
13843	南京师范大学泰州学院	民办	专科	民办	泰州
13905	南京工业大学浦江学院	民办	专科	民办	南京
13906	南京师范大学中北学院	民办	专科	民办	镇江
13962	苏州百年职业学院	中外合作办学	专科	民办	苏州
13963	昆山登云科技职业学院	民办	专科	民办	苏州
13964	南京视觉艺术职业学院	民办	专科	民办	南京
13980	南京医科大学康达学院	民办	本科	民办	连云港
13981	南京中医药大学翰林学院	民办	专科	民办	泰州
13984	苏州大学应用技术学院	民办	专科	民办	苏州
13985	苏州科技大学天平学院	民办	专科	民办	苏州
13986	江苏大学京江学院	民办	专科	民办	镇江
13987	扬州大学广陵学院	民办	专科	民办	扬州
13988	江苏师范大学科文学院	民办	专科	民办	徐州
13989	南京邮电大学通达学院	民办	专科	民办	扬州
13990	南京财经大学红山学院	民办	专科	民办	镇江
13991	江苏科技大学苏州理工学院	民办	专科	民办	苏州
13992	常州大学怀德学院	民办	专科	民办	泰州
13993	南通大学杏林学院	民办	专科	民办	南通
13994	南京审计大学金审学院	民办	专科	民办	南京
14163	苏州高博软件技术职业学院	民办	专科	民办	苏州
14293	宿迁泽达职业技术学院	民办	专科	民办	宿迁
14528	扬州中瑞酒店职业学院	民办	专科	民办	扬州
16403	西交利物浦大学	中外合作办学	本科	民办	苏州
14606	昆山杜克大学	中外合作办学	本科	民办	苏州

三、社科研究与发展概况

1. 江苏省十三市高等学校人文、社会科学活动人员情况表

各市名称	编号	总计		按职称划分						按最后学历划分			按最后学位划分		其他人员
			女性	小计	教授	副教授	讲师	助教	初级	研究生	本科生	其他	博士	硕士	
		L01	L02	L03	L04	L05	L06	L07	L08	L09	L10	L11	L12	L13	L14
合计	/	57 460	33 295	57 450	5969	16 980	28 226	5966	309	40 564	16 806	80	14 784	31 576	10
南京市	1	21 882	12 400	21 882	2929	6497	10 718	1713	25	17 315	4553	14	8017	10 745	0
无锡市	2	3850	2433	3850	252	1082	1851	621	44	2480	1363	7	532	2391	0
徐州市	3	4076	2314	4076	412	1277	2056	257	74	2885	1187	4	1057	2112	0
常州市	4	3627	2115	3627	331	1007	1836	409	44	2190	1437	0	632	2027	0
苏州市	5	6485	3852	6482	604	1904	3239	670	65	4617	1861	4	1639	3597	3
南通市	6	3453	2093	3453	300	1077	1698	368	10	2147	1304	2	436	2254	0
连云港市	7	1550	919	1544	81	460	805	194	4	825	719	0	147	984	6
淮安市	8	2650	1412	2650	249	865	1288	239	9	1599	1034	17	575	1569	0
盐城市	9	2208	1276	2208	244	782	834	348	0	1361	821	26	345	1314	0
扬州市	10	2697	1506	2697	244	765	1288	386	14	1801	896	0	619	1444	0
镇江市	11	3025	1789	3024	208	761	1562	485	8	2131	888	5	582	1761	1
泰州市	12	1319	820	1319	53	351	718	187	10	811	508	0	88	971	0
宿迁市	13	638	366	638	62	152	333	89	2	402	235	1	115	407	0

2. 江苏省十三市高等学校人文、社会科学研究与发展经费情况表

各市名称	编号	总数					基础研究					应用研究					实验与发展				
		课题数（项）	当年投入人数（人年）	其中：研究生	当年拨入经费（千元）	当年支出经费（千元）	课题数（项）	当年投入人数（人年）	其中：研究生	当年拨入经费（千元）	当年支出经费（千元）	课题数（项）	当年投入人数（人年）	其中：研究生	当年拨入经费（千元）	当年支出经费（千元）	课题数（项）	当年投入人数（人年）	其中：研究生	当年拨入经费（千元）	当年支出经费（千元）
		L01	L02	L03	L04	L05	L06	L07	L08	L09	L10	L11	L12	L13	L14	L15	L16	L17	L18	L19	L20
合　计	/	50 053	9708.1	772.9	1 255 318.771	1 216 983.15	21 053	4345	364.6	437 030.659	420 695.087	28 993	5361.7	407.9	816 464.812	794 459.69	7	1.4	0.4	1823.3	1828.373
南京市	1	21 412	4207.5	384.1	622 555.896	563 947.084	9354	1906.5	161.2	247 628.67	224 479.91	12 053	2300.2	222.5	373 103.93	337 643.87	5	0.8	0.4	1823.3	1823.3
无锡市	2	3190	1026.7	322.4	89 157.62	87 710.32	1373	482.6	167.8	18 815.8	19 623.11	1816	543.8	154.6	70 341.82	68 082.537	1	0.3	0	0	4.673
徐州市	3	3766	866.3	31.4	124 034.458	118 804.72	1767	459.3	23.3	72 703.223	69 396.954	1999	407	8.1	51 331.235	49 407.766	0	0	0	0	0
常州市	4	3979	647.6	0.4	56 164.68	64 363.64	871	158.9	0.1	6339.18	6244.94	3108	488.7	0.3	49 825.5	58 118.7	0	0	0	0	0
苏州市	5	5002	898.7	7	97 657.729	126 087.273	1963	360	4.1	19 725.295	40 992.849	3039	538.7	2.9	77 932.434	85 094.424	0	0	0	0	0
南通市	6	2246	326.9	0	20 097.88	21 869.55	1572	214.9	0	12 636.38	14 570.62	673	111.7	0	7461.5	7298.53	1	0.3	0	0	0.4
连云港市	7	1202	148	0.3	22 869.9	20 281.383	353	41.8	0	3257.5	2687.65	849	106.2	0.3	19 612.4	17 593.733	0	0	0	0	0
淮安市	8	1924	302.3	0	76 925.779	71 129.385	832	143.5	0	12 346.237	10 015.367	1092	158.8	0	64 579.542	61 114.018	0	0	0	0	0
盐城市	9	1989	303.8	0	71 263.949	70 637.271	765	155.9	0	28 149.74	16 657.352	1224	147.9	0	43 114.209	53 979.919	0	0	0	0	0
扬州市	10	2269	398.7	3.4	34 709.153	36 054.601	1134	201.9	2.8	10 747.5	12 851.578	1135	196.8	0.6	23 961.653	23 203.023	0	0	0	0	0
镇江市	11	1786	371	23.9	27 529.35	26 661.671	675	150.9	5.3	2630	1867.856	1111	220.1	18.6	24 899.35	24 793.815	0	0	0	0	0
泰州市	12	550	119.6	0	2569.277	3402.252	242	52.5	0	624.037	1083.797	308	67.1	0	1945.24	2318.455	0	0	0	0	0
宿迁市	13	738	91	0	9783.1	6034	152	16.3	0	1427.1	223.1	586	74.7	0	8356	5810.9	0	0	0	0	0

3. 江苏省十三市高等学校人文、社会科学研究与课题来源情况表

各市名称		合计	课题来源														
			国家社科基金项目	国家社科基金单列学科项目	教育部人文社科研究项目	高校古籍整理研究项目	国家自然科学基金项目	中央其他部门社科专门项目	省、市、自治区社科基金项目	省教育厅社科项目	地、市厅、局等政府部门项目	国际合作研究项目	与港、澳、台地区合作研究项目	企事业单位委托项目	学校社科项目	外资项目	其他
	编号	L01	L02	L03	L04	L05	L06	L07	L08	L09	L10	L11	L12	L13	L14	L15	L16
合　计	/	50 053	2882	268	1746	30	539	711	3327	12 859	9407	12	0	11 371	6766	5	130
南京市	1	21 412	1767	142	933	13	393	516	1885	4933	2316	8	0	5058	3376	3	69
无锡市	2	3190	59	17	94	0	24	25	126	960	714	1	0	616	545	0	9
徐州市	3	3766	174	2	104	2	46	23	208	893	1149	0	0	691	474	0	0
常州市	4	3979	136	20	110	0	2	14	154	971	911	0	0	1068	590	0	3
苏州市	5	5002	280	30	161	7	29	33	273	1546	967	2	0	1152	501	2	19
南通市	6	2246	95	7	62	4	0	18	104	671	760	0	0	208	311	0	6
连云港市	7	1202	10	0	5	0	0	3	36	308	400	1	0	326	112	0	1
淮安市	8	1924	40	1	52	0	2	3	126	471	277	0	0	713	235	0	4
盐城市	9	1989	67	9	42	0	0	14	122	535	570	0	0	536	90	0	4
扬州市	10	2269	171	29	95	3	4	36	164	534	526	0	0	443	264	0	0
镇江市	11	1786	81	7	78	1	39	23	118	526	401	0	0	378	125	0	9
泰州市	12	550	0	3	7	0	0	0	4	346	91	0	0	61	32	0	6
宿迁市	13	738	2	1	3	0	0	3	7	165	325	0	0	121	111	0	0

4. 江苏省十三市高等学校人文、社会科学研究与发展课题成果表

各市名称	编号	出版著作(部) 合计	专著	专著 其中：被译成外文	编著教材	工具书/参考书	皮书/发展报告	科普读物	古籍整理(部)	译著(部)	发表译文(篇)	电子出版物(件)	发表论文(篇) 合计	国内学术刊物 内地(大陆)	国内学术刊物 港、澳、台地区	国外学术刊物	获奖成果(项) 合计	国家级奖	部级奖	省级奖	研究与咨询报告(篇) 合计	其中：被采纳数
		L01	L02	L03	L04	L05	L06	L07	L08	L09	L10	L11	L12	L13	L14	L15	L16	L17	L18	L19	L20	L21
合计	/	1547	1028	25	460	11	35	13	13	124	11	51	28 366	25 516	16	2834	12	0	10	2	4490	2662
南京市	1	659	450	13	174	9	18	8	5	87	8	42	12 462	10 862	11	1589	5	0	4	1	1495	925
无锡市	2	129	68	2	61	0	0	0	0	7	0	0	2109	1904	0	205	2	0	2	0	225	96
徐州市	3	95	62	2	33	0	0	0	0	4	2	0	2051	1836	1	214	0	0	0	0	351	273
常州市	4	64	43	0	20	0	0	1	1	8	0	0	1502	1438	0	64	0	0	0	0	470	140
苏州市	5	217	127	1	90	0	0	0	1	6	1	4	3285	2931	0	354	0	0	0	0	650	520
南通市	6	68	53	2	12	0	0	3	4	2	0	0	1491	1447	0	44	0	0	0	0	132	84
连云港市	7	21	18	0	1	0	1	1	0	0	0	3	591	572	3	16	0	0	0	0	264	111
淮安市	8	44	37	0	6	0	1	0	0	2	0	0	979	928	1	50	2	0	1	1	92	58
盐城市	9	63	54	3	9	0	0	0	0	1	0	0	914	857	0	57	0	0	0	0	239	65
扬州市	10	89	68	2	21	0	0	0	0	2	0	0	1427	1330	0	97	0	0	0	0	465	340
镇江市	11	54	31	0	21	2	0	0	0	3	0	1	750	635	0	115	3	0	3	0	66	22
泰州市	12	34	7	0	12	0	15	0	2	1	0	1	511	482	0	29	0	0	0	0	32	19
宿迁市	13	10	10	0	0	0	0	0	0	1	0	0	294	294	0	0	0	0	0	0	9	9

5. 江苏省十三市高等学校人文、社会科学学术交流情况表

各市名称		校办学术会议		学术会议			受聘讲学		社科考察		进修学习		合作研究		
		本校独办数	与外单位合办数	参加人次		提交论文(篇)	派出人次	来校人次	派出人次	来校人次	派出人次	来校人次	派出人次	来校人次	课题数(项)
				合计	其中:赴境外人次										
	编号	L01	L02	L03	L04	L05	L06	L07	L08	L09	L10	L11	L12	L13	L14
合计	/	981	402	19 273	38	10 524	2633	3182	2644	2208	4737	2425	1171	982	730
南京市	1	650	271	12 318	15	6296	1340	1522	943	708	1296	1172	658	493	424
无锡市	2	37	8	659	0	484	148	189	236	248	383	164	38	37	25
徐州市	3	63	20	2078	18	880	548	477	372	244	561	246	176	228	79
常州市	4	29	17	438	0	257	84	106	85	86	177	47	59	46	29
苏州市	5	58	9	1359	0	582	161	229	196	102	553	53	39	35	22
南通市	6	18	12	154	0	126	86	199	239	218	744	477	11	6	4
连云港市	7	5	0	89	0	46	0	7	10	8	11	3	0	0	0
淮安市	8	43	13	1219	1	1117	95	117	136	329	478	147	12	7	3
盐城市	9	6	4	329	0	238	49	68	91	57	88	24	52	41	46
扬州市	10	43	27	372	4	322	63	144	83	49	236	65	26	25	44
镇江市	11	21	15	175	0	122	33	92	52	40	108	24	67	48	36
泰州市	12	3	6	42	0	34	15	14	73	24	33	3	25	12	15
宿迁市	13	5	0	41	0	20	11	18	128	95	69	0	8	4	3

四、社科人力

1. 全省高等学校人文、社会科学活动人员情况表

学科门类		总计		按职称划分						按最后学历划分			按最后学位划分		其他人员
			女性	小计	教授	副教授	讲师	助教	初级	研究生	本科生	其他	博士	硕士	
	编号	L01	L02	L03	L04	L05	L06	L07	L08	L09	L10	L11	L12	L13	L14
合计	/	57 460	33 295	57 450	5969	16 980	28 226	5966	309	40 564	16 806	80	14 784	31 576	10
管理学	1	10 480	5705	10 478	1250	2836	5139	1185	68	7843	2628	7	3312	5564	2
马克思主义	2	2859	1667	2858	329	972	1148	396	13	2268	590	0	773	1777	1
哲学	3	926	422	926	150	285	411	79	1	843	82	1	503	370	0
逻辑学	4	118	50	118	3	35	65	15	0	60	57	1	20	55	0
宗教学	5	39	10	39	14	15	10	0	0	36	3	0	35	2	0
语言学	6	7152	5495	7149	390	2037	4282	433	7	4487	2660	2	1048	4265	3
中国文学	7	2027	1169	2027	336	769	822	96	4	1530	497	0	919	806	0
外国文学	8	1325	975	1325	123	375	752	72	3	994	331	0	368	727	0
艺术学	9	7677	4469	7677	627	2183	3651	1189	27	5221	2449	7	1181	4855	0
历史学	10	822	303	822	152	278	359	31	2	740	82	0	541	217	0
考古学	11	51	14	51	10	15	22	3	1	49	2	0	38	11	0
经济学	12	5604	3249	5604	714	1680	2680	518	12	4317	1286	1	2014	2771	0
政治学	13	695	339	695	99	222	310	63	1	545	150	0	263	354	0
法学	14	2089	980	2089	314	707	907	154	7	1603	486	0	818	991	0
社会学	15	1150	669	1150	127	351	578	85	9	946	187	17	482	535	0
民族学与文化学	16	74	49	74	6	22	39	7	0	57	17	0	26	32	0
新闻学与传播学	17	793	466	792	100	208	393	89	2	648	144	0	288	393	1
图书馆、情报与文献学	18	1758	1115	1758	153	445	1076	77	7	820	920	18	265	700	0
教育学	19	6621	3990	6620	634	1778	3252	876	80	4596	2019	5	1123	4380	1
统计学	20	299	149	299	43	90	137	27	2	225	74	0	107	144	0
心理学	21	693	494	693	77	181	335	87	13	574	119	0	207	411	0
体育科学	22	3647	1255	3645	225	1385	1577	435	23	1748	1894	3	278	1931	2
其他学科	23	561	261	561	93	111	281	49	27	414	129	18	175	285	0

2. 公办本科高等学校人文、社会科学活动人员情况表

学科门类		总计		按职称划分						按最后学历划分			按最后学位划分		其他
			女性	小计	教授	副教授	讲师	助教	初级	研究生	本科生	其他	博士	硕士	人员
	编号	L01	L02	L03	L04	L05	L06	L07	L08	L09	L10	L11	L12	L13	L14
合计	/	32 815	17 166	32 815	4791	10 671	15 792	1463	98	26 114	6674	27	13 394	14 854	0
管理学	1	5804	2805	5804	941	1685	2873	301	4	4967	837	0	2975	2290	0
马克思主义	2	1546	770	1546	263	576	638	69	0	1314	232	0	702	724	0
哲学	3	660	253	660	130	215	294	20	1	621	39	0	452	181	0
逻辑学	4	36	15	36	3	10	21	2	0	34	2	0	19	16	0
宗教学	5	36	10	36	13	14	9	0	0	34	2	0	33	2	0
语言学	6	3897	2808	3897	332	1187	2259	118	1	2930	967	0	956	2260	0
中国文学	7	1328	678	1328	281	487	541	18	1	1156	172	0	844	376	0
外国文学	8	954	690	954	115	291	517	30	1	759	195	0	349	474	0
艺术学	9	3883	2079	3883	519	1323	1795	243	3	2966	916	1	1094	2208	0
历史学	10	676	239	676	142	225	295	14	0	634	42	0	508	133	0
考古学	11	43	10	43	10	15	17	0	1	41	2	0	36	5	0
经济学	12	3165	1525	3165	538	1047	1516	64	0	2674	490	1	1772	1057	0
政治学	13	446	186	446	88	161	184	13	0	381	65	0	236	178	0
法学	14	1540	631	1540	290	576	639	35	0	1254	286	0	792	590	0
社会学	15	776	402	776	113	275	374	13	1	699	76	1	445	283	0
民族学与文化学	16	55	36	55	4	16	31	4	0	43	12	0	22	20	0
新闻学与传播学	17	520	279	520	92	153	252	23	0	462	58	0	259	217	0
图书馆、情报与文献学	18	1136	685	1136	135	344	636	21	0	654	479	3	259	458	0
教育学	19	3030	1754	3030	403	879	1477	234	37	2458	570	2	930	1781	0
统计学	20	189	82	189	39	65	80	5	0	162	27	0	99	74	0
心理学	21	413	251	413	69	128	195	20	1	376	37	0	199	189	0
体育科学	22	2270	801	2270	191	918	946	195	20	1192	1077	1	271	1136	0
其他学科	23	412	177	412	80	81	203	21	27	303	91	18	142	202	0

2.1 管理学人文、社会科学活动人员情况表

高校名称		总计		按职称划分						按最后学历划分			按最后学位划分		其他
			女性	小计	教授	副教授	讲师	助教	初级	研究生	本科生	其他	博士	硕士	人员
	编号	L01	L02	L03	L04	L05	L06	L07	L08	L09	L10	L11	L12	L13	L14
合计	/	5804	2805	5804	941	1685	2873	301	4	4967	837	0	2975	2290	0
南京大学	1	168	55	168	64	50	54	0	0	166	2	0	164	2	0
东南大学	2	106	41	106	30	38	32	6	0	99	7	0	76	23	0
江南大学	3	90	50	90	15	45	29	1	0	85	5	0	57	29	0
南京农业大学	4	244	98	244	62	84	82	16	0	212	32	0	126	93	0
中国矿业大学	5	158	58	158	37	64	57	0	0	153	5	0	140	15	0
河海大学	6	187	82	187	36	60	90	1	0	179	8	0	127	55	0
南京理工大学	7	114	50	114	19	44	49	2	0	111	3	0	92	18	0
南京航空航天大学	8	160	68	160	42	52	63	3	0	155	5	0	120	34	0
中国药科大学	9	39	23	39	7	15	15	2	0	34	5	0	22	12	0
南京森林警察学院	10	25	15	25	3	7	15	0	0	9	16	0	2	10	0
苏州大学	11	99	43	99	19	34	44	2	0	82	17	0	59	27	0
江苏科技大学	12	271	127	271	28	53	179	11	0	215	56	0	107	119	0
南京工业大学	13	85	41	85	15	35	34	1	0	80	5	0	45	37	0
常州大学	14	131	57	131	18	27	68	18	0	114	17	0	49	72	0
南京邮电大学	15	156	86	156	28	41	87	0	0	147	9	0	113	34	0
南京林业大学	16	64	26	64	9	13	42	0	0	60	4	0	36	25	0
江苏大学	17	228	89	228	40	75	101	12	0	206	22	0	107	101	0
南京信息工程大学	18	191	87	191	40	69	82	0	0	183	8	0	169	17	0
南通大学	19	138	63	138	12	54	70	1	1	121	17	0	39	90	0
盐城工学院	20	86	48	86	15	40	30	1	0	55	31	0	24	55	0
南京医科大学	21	65	32	65	5	8	35	17	0	64	1	0	30	34	0
徐州医科大学	22	68	28	68	6	11	51	0	0	46	22	0	19	45	0
南京中医药大学	23	80	52	80	9	9	62	0	0	75	5	0	29	49	0
南京师范大学	24	88	44	88	19	29	39	1	0	83	5	0	62	21	0
江苏师范大学	25	114	43	114	19	35	58	0	2	98	16	0	57	43	0

续表

高校名称		总计		按职称划分						按最后学历划分			按最后学位划分		其他人员
			女性	小计	教授	副教授	讲师	助教	初级	研究生	本科生	其他	博士	硕士	
	编号	L01	L02	L03	L04	L05	L06	L07	L08	L09	L10	L11	L12	L13	L14
淮阴师范学院	26	91	43	91	9	34	47	1	0	66	25	0	39	46	0
盐城师范学院	27	75	44	75	15	30	22	8	0	68	7	0	27	45	0
南京财经大学	28	284	126	284	47	59	178	0	0	270	14	0	231	40	0
江苏警官学院	29	54	28	54	4	15	31	4	0	39	15	0	21	21	0
南京体育学院	30	21	9	21	1	3	16	1	0	9	12	0	1	8	0
南京艺术学院	31	24	12	24	3	5	14	2	0	20	4	0	2	21	0
苏州科技大学	32	75	45	75	11	23	41	0	0	71	4	0	40	31	0
常熟理工学院	33	168	92	168	6	47	61	54	0	137	31	0	53	102	0
淮阴工学院	34	185	73	185	28	57	98	2	0	137	48	0	69	102	0
常州工学院	35	69	35	69	12	17	38	2	0	52	17	0	27	30	0
扬州大学	36	112	51	112	15	29	68	0	0	97	15	0	79	19	0
南京工程学院	37	207	120	207	13	59	129	6	0	156	51	0	49	121	0
南京审计大学	38	314	176	314	44	67	160	43	0	284	30	0	165	133	0
南京晓庄学院	39	50	30	50	8	13	28	1	0	43	7	0	27	18	0
江苏理工学院	40	65	34	65	16	16	30	3	0	47	18	0	27	21	0
江苏海洋大学	41	95	44	95	11	20	62	2	0	58	37	0	26	39	0
徐州工程学院	42	188	81	188	20	64	102	2	0	131	57	0	49	91	0
南京特殊教育师范学院	43	22	12	22	3	5	11	3	0	17	5	0	11	8	0
泰州学院	44	35	27	35	3	7	15	10	0	28	7	0	6	29	0
金陵科技学院	45	139	87	139	31	45	57	6	0	98	41	0	51	60	0
江苏第二师范学院	46	37	29	37	2	6	21	8	0	36	1	0	14	22	0
南京工业职业技术大学	47	154	105	154	14	42	70	28	0	112	42	0	32	100	0
无锡学院	48	63	29	63	8	6	35	14	0	58	5	0	21	39	0
苏州城市学院	49	13	7	13	1	2	9	0	1	13	0	0	2	11	0
宿迁学院	50	109	60	109	19	22	62	6	0	88	21	0	35	73	0

2.2 马克思主义人文、社会科学活动人员情况表

高校名称		总计		按职称划分						按最后学历划分			按最后学位划分		其他人员
			女性	小计	教授	副教授	讲师	助教	初级	研究生	本科生	其他	博士	硕士	
	编号	L01	L02	L03	L04	L05	L06	L07	L08	L09	L10	L11	L12	L13	L14
合计	/	1546	770	1546	263	576	638	69	0	1314	232	0	702	724	0
南京大学	1	35	13	35	13	16	6	0	0	31	4	0	30	1	0
东南大学	2	41	14	41	9	8	21	3	0	39	2	0	36	3	0
江南大学	3	29	11	29	6	18	5	0	0	28	1	0	17	6	0
南京农业大学	4	17	6	17	2	4	10	1	0	16	1	0	8	8	0
中国矿业大学	5	62	30	62	14	30	17	1	0	57	5	0	48	11	0
河海大学	6	36	19	36	10	13	12	1	0	34	2	0	28	7	0
南京理工大学	7	42	19	42	6	16	19	1	0	42	0	0	34	8	0
南京航空航天大学	8	41	20	41	6	17	15	3	0	40	1	0	25	15	0
中国药科大学	9	28	13	28	3	8	17	0	0	28	0	0	17	11	0
南京森林警察学院	10	3	2	3	1	0	2	0	0	3	0	0	1	2	0
苏州大学	11	54	23	54	11	22	21	0	0	41	13	0	29	17	0
江苏科技大学	12	32	11	32	6	15	11	0	0	20	12	0	6	17	0
南京工业大学	13	20	11	20	2	9	7	2	0	18	2	0	7	13	0
常州大学	14	30	11	30	6	6	18	0	0	28	2	0	10	19	0
南京邮电大学	15	14	9	14	3	8	3	0	0	13	1	0	11	2	0
南京林业大学	16	32	15	32	8	5	19	0	0	30	2	0	23	8	0
江苏大学	17	22	10	22	3	7	10	2	0	19	3	0	8	11	0
南京信息工程大学	18	45	22	45	14	15	16	0	0	38	7	0	29	14	0
南通大学	19	62	36	62	17	25	20	0	0	51	11	0	15	43	0
盐城工学院	20	87	48	87	10	28	33	16	0	71	16	0	17	69	0
南京医科大学	21	43	24	43	5	13	25	0	0	39	4	0	18	24	0
徐州医科大学	22	13	7	13	0	5	8	0	0	12	1	0	5	7	0
南京中医药大学	23	29	18	29	0	5	23	1	0	27	2	0	9	19	0
南京师范大学	24	67	30	67	18	24	22	3	0	65	2	0	35	28	0
江苏师范大学	25	19	11	19	3	4	12	0	0	15	4	0	8	8	0

续表

高校名称		总计		按职称划分						按最后学历划分			按最后学位划分		其他人员
			女性	小计	教授	副教授	讲师	助教	初级	研究生	本科生	其他	博士	硕士	
	编号	L01	L02	L03	L04	L05	L06	L07	L08	L09	L10	L11	L12	L13	L14
淮阴师范学院	26	84	31	84	18	32	34	0	0	67	17	0	42	41	0
盐城师范学院	27	40	23	40	11	11	10	8	0	31	9	0	11	27	0
南京财经大学	28	24	11	24	5	8	11	0	0	20	4	0	10	12	0
江苏警官学院	29	29	9	29	3	9	15	2	0	17	12	0	11	11	0
南京体育学院	30	10	9	10	1	4	5	0	0	6	4	0	4	3	0
南京艺术学院	31	23	15	23	3	12	8	0	0	21	2	0	11	12	0
苏州科技大学	32	11	4	11	1	4	6	0	0	10	1	0	4	6	0
常熟理工学院	33	23	6	23	1	17	5	0	0	19	4	0	13	10	0
淮阴工学院	34	31	14	31	2	19	10	0	0	22	9	0	14	15	0
常州工学院	35	27	19	27	2	3	20	2	0	21	6	0	1	24	0
扬州大学	36	43	22	43	8	28	7	0	0	34	9	0	21	13	0
南京工程学院	37	24	13	24	4	8	11	1	0	19	5	0	4	16	0
南京审计大学	38	24	10	24	3	8	11	2	0	19	5	0	14	9	0
南京晓庄学院	39	37	26	37	3	13	21	0	0	30	7	0	11	21	0
江苏理工学院	40	16	9	16	3	8	5	0	0	11	5	0	5	6	0
江苏海洋大学	41	43	17	43	6	13	23	1	0	30	13	0	5	30	0
徐州工程学院	42	25	13	25	2	9	13	1	0	18	7	0	6	15	0
南京特殊教育师范学院	43	15	9	15	2	9	3	1	0	13	2	0	7	6	0
泰州学院	44	11	8	11	1	2	6	2	0	9	2	0	1	9	0
金陵科技学院	45	19	13	19	0	8	10	1	0	18	1	0	5	14	0
江苏第二师范学院	46	16	11	16	2	10	4	0	0	11	5	0	8	7	0
南京工业职业技术大学	47	8	6	8	0	3	5	0	0	6	2	0	4	2	0
无锡学院	48	19	13	19	1	4	5	9	0	19	0	0	4	15	0
苏州城市学院	49	6	3	6	1	2	3	0	0	6	0	0	4	2	0
宿迁学院	50	35	23	35	4	11	15	5	0	32	3	0	8	27	0

2.3 哲学人文、社会科学活动人员情况表

高校名称		总计		按职称划分						按最后学历划分			按最后学位划分		其他
			女性	小计	教授	副教授	讲师	助教	初级	研究生	本科生	其他	博士	硕士	人员
	编号	L01	L02	L03	L04	L05	L06	L07	L08	L09	L10	L11	L12	L13	L14
合计	/	660	253	660	130	215	294	20	1	621	39	0	452	181	0
南京大学	1	41	6	41	22	13	6	0	0	40	1	0	39	1	0
东南大学	2	51	22	51	16	19	13	3	0	51	0	0	48	3	0
江南大学	3	14	3	14	4	5	4	1	0	14	0	0	12	2	0
南京农业大学	4	16	5	16	2	4	8	2	0	16	0	0	10	5	0
中国矿业大学	5	3	1	3	1	1	1	0	0	3	0	0	3	0	0
河海大学	6	17	7	17	4	8	4	1	0	17	0	0	14	3	0
南京理工大学	7	22	10	22	2	12	8	0	0	22	0	0	18	4	0
南京航空航天大学	8	12	4	12	0	5	7	0	0	12	0	0	10	2	0
中国药科大学	9	1	0	1	0	0	1	0	0	1	0	0	1	0	0
南京森林警察学院	10	5	2	5	1	0	4	0	0	4	1	0	2	3	0
苏州大学	11	25	8	25	12	8	5	0	0	25	0	0	22	2	0
江苏科技大学	12	14	6	14	3	3	7	1	0	12	2	0	3	9	0
南京工业大学	13	9	6	9	3	2	3	1	0	9	0	0	7	2	0
常州大学	14	11	5	11	0	1	9	1	0	11	0	0	7	4	0
南京邮电大学	15	16	6	16	2	7	7	0	0	15	1	0	12	3	0
南京林业大学	16	10	4	10	0	0	10	0	0	10	0	0	8	2	0
江苏大学	17	18	6	18	5	6	7	0	0	17	1	0	12	5	0
南京信息工程大学	18	21	11	21	2	4	15	0	0	21	0	0	19	2	0
南通大学	19	25	5	25	5	12	8	0	0	20	5	0	11	13	0
盐城工学院	20	0	0	0	0	0	0	0	0	0	0	0	0	0	0
南京医科大学	21	3	0	3	0	1	2	0	0	3	0	0	3	0	0
徐州医科大学	22	5	2	5	1	1	3	0	0	4	1	0	0	5	0
南京中医药大学	23	23	12	23	3	9	11	0	0	21	2	0	16	5	0
南京师范大学	24	38	16	38	12	15	11	0	0	38	0	0	29	9	0
江苏师范大学	25	22	6	22	6	9	6	0	1	20	2	0	16	4	0

续表

高校名称		总计		按职称划分						按最后学历划分			按最后学位划分		其他
			女性	小计	教授	副教授	讲师	助教	初级	研究生	本科生	其他	博士	硕士	人员
	编号	L01	L02	L03	L04	L05	L06	L07	L08	L09	L10	L11	L12	L13	L14
淮阴师范学院	26	3	2	3	0	1	2	0	0	2	1	0	2	1	0
盐城师范学院	27	14	6	14	1	5	7	1	0	14	0	0	8	6	0
南京财经大学	28	19	6	19	3	6	10	0	0	16	3	0	15	2	0
江苏警官学院	29	5	1	5	1	4	0	0	0	3	2	0	1	4	0
南京体育学院	30	4	1	4	1	1	2	0	0	4	0	0	2	2	0
南京艺术学院	31	0	0	0	0	0	0	0	0	0	0	0	0	0	0
苏州科技大学	32	22	5	22	3	10	9	0	0	22	0	0	17	5	0
常熟理工学院	33	3	0	3	1	1	1	0	0	3	0	0	3	0	0
淮阴工学院	34	11	3	11	2	5	4	0	0	8	3	0	1	8	0
常州工学院	35	7	2	7	0	0	7	0	0	6	1	0	3	3	0
扬州大学	36	23	8	23	2	1	20	0	0	23	0	0	22	1	0
南京工程学院	37	14	6	14	2	2	10	0	0	9	5	0	6	5	0
南京审计大学	38	20	14	20	1	3	16	0	0	18	2	0	10	8	0
南京晓庄学院	39	16	8	16	1	6	9	0	0	14	2	0	8	6	0
江苏理工学院	40	9	3	9	2	3	4	0	0	8	1	0	6	2	0
江苏海洋大学	41	15	6	15	1	0	12	2	0	14	1	0	10	4	0
徐州工程学院	42	16	10	16	1	6	9	0	0	16	0	0	4	12	0
南京特殊教育师范学院	43	3	1	3	0	2	0	1	0	3	0	0	1	2	0
泰州学院	44	4	3	4	0	1	0	3	0	4	0	0	1	3	0
金陵科技学院	45	4	2	4	0	3	0	1	0	3	1	0	2	1	0
江苏第二师范学院	46	4	1	4	0	1	3	0	0	4	0	0	2	2	0
南京工业职业技术大学	47	15	8	15	1	4	8	2	0	14	1	0	3	12	0
无锡学院	48	2	1	2	0	1	1	0	0	2	0	0	1	1	0
苏州城市学院	49	1	0	1	0	1	0	0	0	1	0	0	1	0	0
宿迁学院	50	4	3	4	1	3	0	0	0	4	0	0	1	3	0

2.4 逻辑学人文、社会科学活动人员情况表

高校名称		总计		按职称划分						按最后学历划分			按最后学位划分		其他人员
			女性	小计	教授	副教授	讲师	助教	初级	研究生	本科生	其他	博士	硕士	
	编号	L01	L02	L03	L04	L05	L06	L07	L08	L09	L10	L11	L12	L13	L14
合计	/	36	15	36	3	10	21	2	0	34	2	0	19	16	0
南京大学	1	0	0	0	0	0	0	0	0	0	0	0	0	0	0
东南大学	2	0	0	0	0	0	0	0	0	0	0	0	0	0	0
江南大学	3	0	0	0	0	0	0	0	0	0	0	0	0	0	0
南京农业大学	4	0	0	0	0	0	0	0	0	0	0	0	0	0	0
中国矿业大学	5	0	0	0	0	0	0	0	0	0	0	0	0	0	0
河海大学	6	1	1	1	0	1	0	0	0	1	0	0	0	1	0
南京理工大学	7	0	0	0	0	0	0	0	0	0	0	0	0	0	0
南京航空航天大学	8	0	0	0	0	0	0	0	0	0	0	0	0	0	0
中国药科大学	9	0	0	0	0	0	0	0	0	0	0	0	0	0	0
南京森林警察学院	10	0	0	0	0	0	0	0	0	0	0	0	0	0	0
苏州大学	11	0	0	0	0	0	0	0	0	0	0	0	0	0	0
江苏科技大学	12	1	0	1	0	0	1	0	0	0	1	0	0	0	0
南京工业大学	13	6	3	6	2	2	2	0	0	6	0	0	5	1	0
常州大学	14	0	0	0	0	0	0	0	0	0	0	0	0	0	0
南京邮电大学	15	0	0	0	0	0	0	0	0	0	0	0	0	0	0
南京林业大学	16	0	0	0	0	0	0	0	0	0	0	0	0	0	0
江苏大学	17	1	0	1	0	0	1	0	0	1	0	0	0	1	0
南京信息工程大学	18	1	0	1	1	0	0	0	0	1	0	0	1	0	0
南通大学	19	0	0	0	0	0	0	0	0	0	0	0	0	0	0
盐城工学院	20	0	0	0	0	0	0	0	0	0	0	0	0	0	0
南京医科大学	21	0	0	0	0	0	0	0	0	0	0	0	0	0	0
徐州医科大学	22	0	0	0	0	0	0	0	0	0	0	0	0	0	0
南京中医药大学	23	1	1	1	0	0	1	0	0	1	0	0	0	1	0
南京师范大学	24	0	0	0	0	0	0	0	0	0	0	0	0	0	0
江苏师范大学	25	0	0	0	0	0	0	0	0	0	0	0	0	0	0

续表

高校名称		总计		按职称划分						按最后学历划分			按最后学位划分		其他
			女性	小计	教授	副教授	讲师	助教	初级	研究生	本科生	其他	博士	硕士	人员
	编号	L01	L02	L03	L04	L05	L06	L07	L08	L09	L10	L11	L12	L13	L14
淮阴师范学院	26	1	1	1	0	1	0	0	0	1	0	0	1	0	0
盐城师范学院	27	0	0	0	0	0	0	0	0	0	0	0	0	0	0
南京财经大学	28	0	0	0	0	0	0	0	0	0	0	0	0	0	0
江苏警官学院	29	2	1	2	0	1	1	0	0	2	0	0	0	2	0
南京体育学院	30	0	0	0	0	0	0	0	0	0	0	0	0	0	0
南京艺术学院	31	0	0	0	0	0	0	0	0	0	0	0	0	0	0
苏州科技大学	32	0	0	0	0	0	0	0	0	0	0	0	0	0	0
常熟理工学院	33	0	0	0	0	0	0	0	0	0	0	0	0	0	0
淮阴工学院	34	0	0	0	0	0	0	0	0	0	0	0	0	0	0
常州工学院	35	0	0	0	0	0	0	0	0	0	0	0	0	0	0
扬州大学	36	0	0	0	0	0	0	0	0	0	0	0	0	0	0
南京工程学院	37	16	4	16	0	5	11	0	0	15	1	0	11	5	0
南京审计大学	38	3	3	3	0	0	2	1	0	3	0	0	0	3	0
南京晓庄学院	39	0	0	0	0	0	0	0	0	0	0	0	0	0	0
江苏理工学院	40	0	0	0	0	0	0	0	0	0	0	0	0	0	0
江苏海洋大学	41	0	0	0	0	0	0	0	0	0	0	0	0	0	0
徐州工程学院	42	0	0	0	0	0	0	0	0	0	0	0	0	0	0
南京特殊教育师范学院	43	0	0	0	0	0	0	0	0	0	0	0	0	0	0
泰州学院	44	0	0	0	0	0	0	0	0	0	0	0	0	0	0
金陵科技学院	45	0	0	0	0	0	0	0	0	0	0	0	0	0	0
江苏第二师范学院	46	0	0	0	0	0	0	0	0	0	0	0	0	0	0
南京工业职业技术大学	47	3	1	3	0	0	2	1	0	3	0	0	1	2	0
无锡学院	48	0	0	0	0	0	0	0	0	0	0	0	0	0	0
苏州城市学院	49	0	0	0	0	0	0	0	0	0	0	0	0	0	0
宿迁学院	50	0	0	0	0	0	0	0	0	0	0	0	0	0	0

2.5 宗教学人文、社会科学活动人员情况表

高校名称		总计		按职称划分						按最后学历划分			按最后学位划分		其他人员
			女性	小计	教授	副教授	讲师	助教	初级	研究生	本科生	其他	博士	硕士	
	编号	L01	L02	L03	L04	L05	L06	L07	L08	L09	L10	L11	L12	L13	L14
合计	/	36	10	36	13	14	9	0	0	34	2	0	33	2	0
南京大学	1	12	1	12	8	4	0	0	0	12	0	0	12	0	0
东南大学	2	3	2	3	0	2	1	0	0	3	0	0	3	0	0
江南大学	3	0	0	0	0	0	0	0	0	0	0	0	0	0	0
南京农业大学	4	1	1	1	0	0	1	0	0	1	0	0	1	0	0
中国矿业大学	5	1	0	1	0	1	0	0	0	1	0	0	1	0	0
河海大学	6	1	0	1	1	0	0	0	0	1	0	0	1	0	0
南京理工大学	7	0	0	0	0	0	0	0	0	0	0	0	0	0	0
南京航空航天大学	8	0	0	0	0	0	0	0	0	0	0	0	0	0	0
中国药科大学	9	0	0	0	0	0	0	0	0	0	0	0	0	0	0
南京森林警察学院	10	0	0	0	0	0	0	0	0	0	0	0	0	0	0
苏州大学	11	4	1	4	3	0	1	0	0	4	0	0	4	0	0
江苏科技大学	12	0	0	0	0	0	0	0	0	0	0	0	0	0	0
南京工业大学	13	3	1	3	0	2	1	0	0	1	2	0	0	2	0
常州大学	14	0	0	0	0	0	0	0	0	0	0	0	0	0	0
南京邮电大学	15	0	0	0	0	0	0	0	0	0	0	0	0	0	0
南京林业大学	16	1	1	1	0	0	1	0	0	1	0	0	1	0	0
江苏大学	17	0	0	0	0	0	0	0	0	0	0	0	0	0	0
南京信息工程大学	18	2	1	2	0	1	1	0	0	2	0	0	2	0	0
南通大学	19	1	0	1	0	1	0	0	0	1	0	0	1	0	0
盐城工学院	20	0	0	0	0	0	0	0	0	0	0	0	0	0	0
南京医科大学	21	0	0	0	0	0	0	0	0	0	0	0	0	0	0
徐州医科大学	22	0	0	0	0	0	0	0	0	0	0	0	0	0	0
南京中医药大学	23	0	0	0	0	0	0	0	0	0	0	0	0	0	0
南京师范大学	24	0	0	0	0	0	0	0	0	0	0	0	0	0	0
江苏师范大学	25	1	0	1	1	0	0	0	0	1	0	0	1	0	0

续表

高校名称		总计		按职称划分						按最后学历划分			按最后学位划分		其他人员
			女性	小计	教授	副教授	讲师	助教	初级	研究生	本科生	其他	博士	硕士	
	编号	L01	L02	L03	L04	L05	L06	L07	L08	L09	L10	L11	L12	L13	L14
淮阴师范学院	26	0	0	0	0	0	0	0	0	0	0	0	0	0	0
盐城师范学院	27	0	0	0	0	0	0	0	0	0	0	0	0	0	0
南京财经大学	28	0	0	0	0	0	0	0	0	0	0	0	0	0	0
江苏警官学院	29	2	0	2	0	1	1	0	0	2	0	0	2	0	0
南京体育学院	30	0	0	0	0	0	0	0	0	0	0	0	0	0	0
南京艺术学院	31	0	0	0	0	0	0	0	0	0	0	0	0	0	0
苏州科技大学	32	0	0	0	0	0	0	0	0	0	0	0	0	0	0
常熟理工学院	33	0	0	0	0	0	0	0	0	0	0	0	0	0	0
淮阴工学院	34	1	1	1	0	1	0	0	0	1	0	0	1	0	0
常州工学院	35	0	0	0	0	0	0	0	0	0	0	0	0	0	0
扬州大学	36	3	1	3	0	1	2	0	0	3	0	0	3	0	0
南京工程学院	37	0	0	0	0	0	0	0	0	0	0	0	0	0	0
南京审计大学	38	0	0	0	0	0	0	0	0	0	0	0	0	0	0
南京晓庄学院	39	0	0	0	0	0	0	0	0	0	0	0	0	0	0
江苏理工学院	40	0	0	0	0	0	0	0	0	0	0	0	0	0	0
江苏海洋大学	41	0	0	0	0	0	0	0	0	0	0	0	0	0	0
徐州工程学院	42	0	0	0	0	0	0	0	0	0	0	0	0	0	0
南京特殊教育师范学院	43	0	0	0	0	0	0	0	0	0	0	0	0	0	0
泰州学院	44	0	0	0	0	0	0	0	0	0	0	0	0	0	0
金陵科技学院	45	0	0	0	0	0	0	0	0	0	0	0	0	0	0
江苏第二师范学院	46	0	0	0	0	0	0	0	0	0	0	0	0	0	0
南京工业职业技术大学	47	0	0	0	0	0	0	0	0	0	0	0	0	0	0
无锡学院	48	0	0	0	0	0	0	0	0	0	0	0	0	0	0
苏州城市学院	49	0	0	0	0	0	0	0	0	0	0	0	0	0	0
宿迁学院	50	0	0	0	0	0	0	0	0	0	0	0	0	0	0

2.6 语言学人文、社会科学活动人员情况表

高校名称		总计		按职称划分						按最后学历划分			按最后学位划分		其他人员
			女性	小计	教授	副教授	讲师	助教	初级	研究生	本科生	其他	博士	硕士	
	编号	L01	L02	L03	L04	L05	L06	L07	L08	L09	L10	L11	L12	L13	L14
合 计	/	3897	2808	3897	332	1187	2259	118	1	2930	967	0	956	2260	0
南京大学	1	133	93	133	30	52	50	1	0	128	5	0	88	40	0
东南大学	2	133	91	133	20	51	59	3	0	117	16	0	49	68	0
江南大学	3	103	84	103	12	27	64	0	0	99	4	0	32	66	0
南京农业大学	4	81	69	81	6	25	47	3	0	63	18	0	13	52	0
中国矿业大学	5	45	28	45	1	23	20	1	0	42	3	0	7	37	0
河海大学	6	25	16	25	2	10	13	0	0	21	4	0	11	10	0
南京理工大学	7	58	41	58	4	11	41	2	0	48	10	0	20	27	0
南京航空航天大学	8	83	57	83	11	28	43	1	0	66	17	0	20	47	0
中国药科大学	9	47	32	47	2	10	25	10	0	39	8	0	4	34	0
南京森林警察学院	10	23	18	23	2	12	9	0	0	8	15	0	0	13	0
苏州大学	11	172	119	172	15	44	92	21	0	126	46	0	52	84	0
江苏科技大学	12	121	98	121	6	24	90	1	0	105	16	0	19	84	0
南京工业大学	13	29	23	29	1	11	17	0	0	24	5	0	7	19	0
常州大学	14	66	48	66	7	17	40	2	0	52	14	0	19	38	0
南京邮电大学	15	66	43	66	9	20	37	0	0	54	12	0	18	37	0
南京林业大学	16	72	54	72	7	24	41	0	0	62	10	0	15	47	0
江苏大学	17	154	116	154	7	50	93	4	0	91	63	0	29	71	0
南京信息工程大学	18	113	82	113	8	19	86	0	0	99	14	0	26	76	0
南通大学	19	135	96	135	20	66	49	0	0	90	45	0	24	94	0
盐城工学院	20	85	61	85	4	35	43	3	0	46	39	0	4	71	0
南京医科大学	21	48	40	48	0	11	35	2	0	33	15	0	3	31	0
徐州医科大学	22	40	26	40	0	10	30	0	0	20	20	0	1	19	0
南京中医药大学	23	45	35	45	1	11	33	0	0	26	19	0	11	22	0
南京师范大学	24	189	121	189	34	43	112	0	0	180	9	0	107	75	0
江苏师范大学	25	163	98	163	23	39	100	0	1	141	22	0	63	82	0

续表

高校名称		总计		按职称划分						按最后学历划分			按最后学位划分		其他
			女性	小计	教授	副教授	讲师	助教	初级	研究生	本科生	其他	博士	硕士	人员
	编号	L01	L02	L03	L04	L05	L06	L07	L08	L09	L10	L11	L12	L13	L14
淮阴师范学院	26	117	84	117	5	35	77	0	0	65	52	0	29	72	0
盐城师范学院	27	103	66	103	12	38	47	6	0	97	6	0	32	65	0
南京财经大学	28	71	46	71	4	27	40	0	0	46	25	0	8	41	0
江苏警官学院	29	34	26	34	1	12	19	2	0	18	16	0	7	20	0
南京体育学院	30	16	12	16	0	5	11	0	0	12	4	0	1	9	0
南京艺术学院	31	18	13	18	0	12	6	0	0	11	7	0	1	11	0
苏州科技大学	32	74	46	74	7	23	44	0	0	67	7	0	21	49	0
常熟理工学院	33	95	67	95	8	39	46	2	0	83	12	0	35	56	0
淮阴工学院	34	70	52	70	6	31	30	3	0	42	28	0	8	51	0
常州工学院	35	62	51	62	3	13	46	0	0	49	13	0	15	36	0
扬州大学	36	154	103	154	12	44	98	0	0	112	42	0	42	72	0
南京工程学院	37	66	48	66	2	16	44	4	0	35	31	0	4	35	0
南京审计大学	38	77	57	77	9	22	39	7	0	64	13	0	14	58	0
南京晓庄学院	39	109	89	109	8	24	76	1	0	64	45	0	11	54	0
江苏理工学院	40	96	66	96	4	20	69	3	0	66	30	0	19	50	0
江苏海洋大学	41	48	35	48	2	11	35	0	0	29	19	0	9	22	0
徐州工程学院	42	101	80	101	3	31	67	0	0	54	47	0	11	47	0
南京特殊教育师范学院	43	29	27	29	4	7	9	9	0	26	3	0	10	17	0
泰州学院	44	56	43	56	2	16	38	0	0	17	39	0	4	44	0
金陵科技学院	45	70	58	70	1	30	32	7	0	52	18	0	7	47	0
江苏第二师范学院	46	41	29	41	4	12	21	4	0	38	3	0	9	31	0
南京工业职业技术大学	47	30	24	30	1	10	17	2	0	21	9	0	3	24	0
无锡学院	48	17	12	17	0	4	10	3	0	15	2	0	4	12	0
苏州城市学院	49	32	22	32	0	6	22	4	0	29	3	0	5	25	0
宿迁学院	50	82	63	82	2	26	47	7	0	38	44	0	5	68	0

2.7　中国文学人文、社会科学活动人员情况表

高校名称		总计		按职称划分						按最后学历划分			按最后学位划分		其他人员
			女性	小计	教授	副教授	讲师	助教	初级	研究生	本科生	其他	博士	硕士	
	编号	L01	L02	L03	L04	L05	L06	L07	L08	L09	L10	L11	L12	L13	L14
合计	/	1328	678	1328	281	487	541	18	1	1156	172	0	844	376	0
南京大学	1	52	8	52	29	11	12	0	0	51	1	0	51	0	0
东南大学	2	22	12	22	2	11	8	1	0	20	2	0	14	6	0
江南大学	3	32	19	32	6	14	10	2	0	31	1	0	22	7	0
南京农业大学	4	3	2	3	0	2	1	0	0	2	1	0	1	1	0
中国矿业大学	5	32	20	32	6	16	10	0	0	29	3	0	23	7	0
河海大学	6	4	1	4	2	1	1	0	0	4	0	0	1	3	0
南京理工大学	7	5	1	5	2	2	1	0	0	4	1	0	3	1	0
南京航空航天大学	8	0	0	0	0	0	0	0	0	0	0	0	0	0	0
中国药科大学	9	1	0	1	0	1	0	0	0	0	1	0	0	0	0
南京森林警察学院	10	0	0	0	0	0	0	0	0	0	0	0	0	0	0
苏州大学	11	51	19	51	18	22	11	0	0	50	1	0	44	7	0
江苏科技大学	12	14	9	14	1	3	10	0	0	8	6	0	3	8	0
南京工业大学	13	4	2	4	0	3	1	0	0	4	0	0	4	0	0
常州大学	14	15	7	15	1	2	12	0	0	15	0	0	10	5	0
南京邮电大学	15	9	7	9	0	6	3	0	0	8	1	0	4	4	0
南京林业大学	16	21	11	21	2	6	13	0	0	18	3	0	11	7	0
江苏大学	17	30	19	30	5	8	17	0	0	27	3	0	22	5	0
南京信息工程大学	18	42	31	42	2	25	15	0	0	41	1	0	39	2	0
南通大学	19	67	27	67	17	31	19	0	0	63	4	0	51	12	0
盐城工学院	20	15	7	15	3	11	1	0	0	10	5	0	4	10	0
南京医科大学	21	1	1	1	0	0	1	0	0	1	0	0	0	1	0
徐州医科大学	22	10	9	10	0	1	9	0	0	8	2	0	0	9	0
南京中医药大学	23	2	1	2	0	0	2	0	0	2	0	0	2	0	0
南京师范大学	24	95	50	95	27	38	30	0	0	93	2	0	81	12	0
江苏师范大学	25	63	26	63	23	21	18	0	1	59	4	0	43	16	0

续表

高校名称		总计		按职称划分						按最后学历划分			按最后学位划分		其他
			女性	小计	教授	副教授	讲师	助教	初级	研究生	本科生	其他	博士	硕士	人员
	编号	L01	L02	L03	L04	L05	L06	L07	L08	L09	L10	L11	L12	L13	L14
淮阴师范学院	26	72	33	72	17	28	27	0	0	55	17	0	39	25	0
盐城师范学院	27	62	35	62	8	27	22	5	0	49	13	0	34	20	0
南京财经大学	28	23	17	23	4	7	12	0	0	21	2	0	13	9	0
江苏警官学院	29	15	6	15	3	4	8	0	0	11	4	0	5	9	0
南京体育学院	30	3	2	3	0	0	2	1	0	3	0	0	0	3	0
南京艺术学院	31	4	3	4	1	3	0	0	0	3	1	0	3	1	0
苏州科技大学	32	35	16	35	9	10	16	0	0	33	2	0	25	9	0
常熟理工学院	33	21	12	21	7	5	8	1	0	20	1	0	14	7	0
淮阴工学院	34	15	9	15	1	4	10	0	0	10	5	0	6	7	0
常州工学院	35	31	18	31	7	10	14	0	0	19	12	0	14	10	0
扬州大学	36	90	32	90	23	25	42	0	0	88	2	0	81	7	0
南京工程学院	37	11	5	11	0	1	9	1	0	10	1	0	1	9	0
南京审计大学	38	22	12	22	4	5	11	2	0	17	5	0	10	7	0
南京晓庄学院	39	63	35	63	14	22	27	0	0	52	11	0	32	21	0
江苏理工学院	40	24	12	24	8	5	11	0	0	24	0	0	17	7	0
江苏海洋大学	41	43	22	43	6	11	24	2	0	34	9	0	22	16	0
徐州工程学院	42	62	46	62	5	15	42	0	0	49	13	0	18	35	0
南京特殊教育师范学院	43	10	8	10	0	6	4	0	0	9	1	0	4	5	0
泰州学院	44	36	19	36	2	19	13	2	0	16	20	0	13	18	0
金陵科技学院	45	23	11	23	4	13	6	0	0	18	5	0	12	7	0
江苏第二师范学院	46	37	18	37	8	16	13	0	0	37	0	0	31	6	0
南京工业职业技术大学	47	4	3	4	0	0	4	0	0	4	0	0	3	1	0
无锡学院	48	2	1	2	0	0	1	1	0	2	0	0	0	2	0
苏州城市学院	49	6	2	6	1	4	1	0	0	6	0	0	5	1	0
宿迁学院	50	24	12	24	3	12	9	0	0	18	6	0	9	11	0

2.8 外国文学人文、社会科学活动人员情况表

高校名称		总计		按职称划分						按最后学历划分			按最后学位划分		其他人员
			女性	小计	教授	副教授	讲师	助教	初级	研究生	本科生	其他	博士	硕士	
	编号	L01	L02	L03	L04	L05	L06	L07	L08	L09	L10	L11	L12	L13	L14
合计	/	954	690	954	115	291	517	30	1	759	195	0	349	474	0
南京大学	1	58	29	58	16	21	21	0	0	56	2	0	50	6	0
东南大学	2	24	19	24	6	9	8	1	0	22	2	0	20	2	0
江南大学	3	5	3	5	2	0	3	0	0	5	0	0	2	3	0
南京农业大学	4	6	5	6	0	2	4	0	0	6	0	0	6	0	0
中国矿业大学	5	42	26	42	6	30	6	0	0	37	5	0	8	31	0
河海大学	6	4	3	4	1	1	2	0	0	4	0	0	3	1	0
南京理工大学	7	20	16	20	2	3	14	1	0	19	1	0	11	8	0
南京航空航天大学	8	16	12	16	0	8	8	0	0	16	0	0	12	4	0
中国药科大学	9	9	5	9	0	0	7	2	0	3	6	0	0	3	0
南京森林警察学院	10	3	3	3	0	0	3	0	0	3	0	0	0	3	0
苏州大学	11	45	29	45	12	6	22	5	0	43	2	0	24	17	0
江苏科技大学	12	25	15	25	1	8	16	0	0	22	3	0	5	17	0
南京工业大学	13	13	8	13	0	7	6	0	0	10	3	0	8	4	0
常州大学	14	8	6	8	1	1	3	3	0	8	0	0	5	3	0
南京邮电大学	15	31	22	31	2	11	18	0	0	28	3	0	21	7	0
南京林业大学	16	2	1	2	0	2	0	0	0	1	1	0	1	1	0
江苏大学	17	7	4	7	1	5	1	0	0	7	0	0	2	5	0
南京信息工程大学	18	27	14	27	7	7	13	0	0	27	0	0	10	17	0
南通大学	19	60	43	60	7	20	33	0	0	44	16	0	15	37	0
盐城工学院	20	0	0	0	0	0	0	0	0	0	0	0	0	0	0
南京医科大学	21	3	2	3	0	1	2	0	0	3	0	0	1	2	0
徐州医科大学	22	1	1	1	0	0	1	0	0	1	0	0	0	1	0
南京中医药大学	23	8	6	8	0	1	7	0	0	1	7	0	0	3	0
南京师范大学	24	73	62	73	13	21	39	0	0	72	1	0	49	23	0
江苏师范大学	25	36	28	36	3	16	17	0	0	34	2	0	8	27	0

续表

高校名称		总计		按职称划分						按最后学历划分			按最后学位划分		其他人员
			女性	小计	教授	副教授	讲师	助教	初级	研究生	本科生	其他	博士	硕士	
	编号	L01	L02	L03	L04	L05	L06	L07	L08	L09	L10	L11	L12	L13	L14
淮阴师范学院	26	22	19	22	2	7	13	0	0	16	6	0	4	17	0
盐城师范学院	27	16	11	16	4	8	2	2	0	15	1	0	5	11	0
南京财经大学	28	11	8	11	0	2	9	0	0	11	0	0	4	7	0
江苏警官学院	29	1	1	1	0	0	1	0	0	1	0	0	0	1	0
南京体育学院	30	9	6	9	0	0	9	0	0	2	7	0	0	2	0
南京艺术学院	31	1	1	1	0	0	1	0	0	1	0	0	0	1	0
苏州科技大学	32	19	14	19	6	8	5	0	0	19	0	0	14	5	0
常熟理工学院	33	11	10	11	0	4	7	0	0	10	1	0	1	10	0
淮阴工学院	34	16	14	16	2	4	10	0	0	8	8	0	2	12	0
常州工学院	35	30	22	30	2	10	18	0	0	18	12	0	8	13	0
扬州大学	36	39	24	39	7	8	24	0	0	28	11	0	13	15	0
南京工程学院	37	23	17	23	1	3	13	5	1	19	4	0	5	17	0
南京审计大学	38	25	22	25	2	5	14	4	0	21	4	0	5	19	0
南京晓庄学院	39	11	9	11	0	4	7	0	0	9	2	0	2	7	0
江苏理工学院	40	18	12	18	2	8	7	1	0	11	7	0	3	8	0
江苏海洋大学	41	73	54	73	2	23	46	2	0	37	36	0	7	43	0
徐州工程学院	42	36	29	36	0	8	28	0	0	17	19	0	2	16	0
南京特殊教育师范学院	43	18	17	18	0	4	14	0	0	10	8	0	0	15	0
泰州学院	44	11	8	11	1	1	8	1	0	4	7	0	1	6	0
金陵科技学院	45	8	5	8	1	1	6	0	0	8	0	0	1	7	0
江苏第二师范学院	46	14	12	14	2	2	9	1	0	13	1	0	9	4	0
南京工业职业技术大学	47	3	2	3	0	0	1	2	0	3	0	0	1	2	0
无锡学院	48	1	1	1	0	0	1	0	0	1	0	0	0	1	0
苏州城市学院	49	3	2	3	0	1	2	0	0	3	0	0	1	2	0
宿迁学院	50	9	8	9	1	0	8	0	0	2	7	0	0	8	0

2.9 艺术学人文、社会科学活动人员情况表

高校名称		总计		按职称划分						按最后学历划分			按最后学位划分		其他
			女性	小计	教授	副教授	讲师	助教	初级	研究生	本科生	其他	博士	硕士	人员
	编号	L01	L02	L03	L04	L05	L06	L07	L08	L09	L10	L11	L12	L13	L14
合计	/	3883	2079	3883	519	1323	1795	243	3	2966	916	1	1094	2208	0
南京大学	1	54	24	54	21	18	15	0	0	49	5	0	47	2	0
东南大学	2	74	32	74	20	21	29	4	0	72	2	0	55	17	0
江南大学	3	203	106	203	31	119	49	4	0	202	1	0	70	112	0
南京农业大学	4	20	10	20	4	2	13	1	0	15	5	0	3	12	0
中国矿业大学	5	60	34	60	9	25	26	0	0	51	9	0	14	44	0
河海大学	6	5	3	5	1	0	4	0	0	4	1	0	0	4	0
南京理工大学	7	49	23	49	4	14	28	3	0	48	1	0	28	20	0
南京航空航天大学	8	51	25	51	7	14	28	2	0	35	16	0	16	19	0
中国药科大学	9	0	0	0	0	0	0	0	0	0	0	0	0	0	0
南京森林警察学院	10	5	2	5	1	3	1	0	0	4	1	0	0	4	0
苏州大学	11	124	57	124	25	39	52	8	0	82	42	0	39	45	0
江苏科技大学	12	13	7	13	0	2	10	1	0	10	3	0	1	10	0
南京工业大学	13	28	11	28	4	11	12	1	0	28	0	0	13	15	0
常州大学	14	64	34	64	8	13	35	8	0	58	6	0	17	42	0
南京邮电大学	15	32	21	32	6	15	11	0	0	30	2	0	13	17	0
南京林业大学	16	113	69	113	14	30	66	3	0	107	6	0	49	58	0
江苏大学	17	67	34	67	4	33	26	4	0	48	19	0	14	35	0
南京信息工程大学	18	60	26	60	9	19	32	0	0	55	5	0	18	40	0
南通大学	19	165	86	165	26	64	69	6	0	121	44	0	57	86	0
盐城工学院	20	48	22	48	5	19	23	1	0	24	24	0	6	39	0
南京医科大学	21	1	1	1	0	0	1	0	0	0	1	0	0	0	0
徐州医科大学	22	4	4	4	0	0	4	0	0	2	2	0	0	2	0
南京中医药大学	23	3	3	3	0	1	2	0	0	3	0	0	1	2	0
南京师范大学	24	175	89	175	33	74	63	5	0	152	23	0	65	93	0
江苏师范大学	25	124	61	124	17	50	54	0	3	79	45	0	33	49	0

续表

高校名称		总计		按职称划分						按最后学历划分			按最后学位划分		其他
			女性	小计	教授	副教授	讲师	助教	初级	研究生	本科生	其他	博士	硕士	人员
	编号	L01	L02	L03	L04	L05	L06	L07	L08	L09	L10	L11	L12	L13	L14
淮阴师范学院	26	146	69	146	14	42	88	2	0	78	68	0	64	63	0
盐城师范学院	27	107	59	107	11	43	37	16	0	79	28	0	17	67	0
南京财经大学	28	51	25	51	4	16	31	0	0	46	5	0	14	34	0
江苏警官学院	29	2	1	2	0	0	2	0	0	2	0	0	1	1	0
南京体育学院	30	6	5	6	0	0	3	3	0	6	0	0	2	4	0
南京艺术学院	31	572	284	572	112	202	228	30	0	434	137	1	166	343	0
苏州科技大学	32	100	55	100	16	45	39	0	0	86	14	0	27	60	0
常熟理工学院	33	107	55	107	13	44	47	3	0	72	35	0	28	73	0
淮阴工学院	34	55	25	55	7	22	22	4	0	31	24	0	5	44	0
常州工学院	35	98	52	98	8	30	56	4	0	76	22	0	32	50	0
扬州大学	36	123	73	123	18	28	75	2	0	99	24	0	38	62	0
南京工程学院	37	78	40	78	3	25	44	6	0	57	21	0	13	56	0
南京审计大学	38	22	13	22	0	5	13	4	0	14	8	0	1	18	0
南京晓庄学院	39	124	79	124	9	40	71	4	0	83	41	0	24	64	0
江苏理工学院	40	75	43	75	7	23	38	7	0	43	32	0	8	39	0
江苏海洋大学	41	37	20	37	0	5	29	3	0	27	10	0	1	26	0
徐州工程学院	42	108	69	108	4	32	71	1	0	61	47	0	14	55	0
南京特殊教育师范学院	43	98	73	98	7	28	27	36	0	75	23	0	20	57	0
泰州学院	44	89	55	89	7	23	38	21	0	52	37	0	10	67	0
金陵科技学院	45	69	45	69	7	25	29	8	0	46	23	0	9	49	0
江苏第二师范学院	46	93	57	93	9	32	40	12	0	82	11	0	11	71	0
南京工业职业技术大学	47	76	44	76	3	13	50	10	0	58	18	0	9	63	0
无锡学院	48	20	7	20	1	2	11	6	0	17	3	0	2	18	0
苏州城市学院	49	20	15	20	1	2	16	1	0	19	1	0	0	20	0
宿迁学院	50	65	32	65	9	10	37	9	0	44	21	0	19	37	0

2.10 历史学人文、社会科学活动人员情况表

高校名称		总计		按职称划分						按最后学历划分			按最后学位划分		其他人员
			女性	小计	教授	副教授	讲师	助教	初级	研究生	本科生	其他	博士	硕士	
	编号	L01	L02	L03	L04	L05	L06	L07	L08	L09	L10	L11	L12	L13	L14
合计	/	676	239	676	142	225	295	14	0	634	42	0	508	133	0
南京大学	1	66	15	66	31	19	16	0	0	66	0	0	66	0	0
东南大学	2	10	3	10	2	3	5	0	0	10	0	0	9	1	0
江南大学	3	14	2	14	4	3	7	0	0	14	0	0	12	2	0
南京农业大学	4	18	6	18	3	5	9	1	0	17	1	0	12	5	0
中国矿业大学	5	5	3	5	0	4	1	0	0	5	0	0	5	0	0
河海大学	6	3	2	3	0	2	1	0	0	3	0	0	3	0	0
南京理工大学	7	10	1	10	2	4	4	0	0	9	1	0	8	1	0
南京航空航天大学	8	5	3	5	0	1	3	1	0	5	0	0	4	1	0
中国药科大学	9	4	2	4	0	1	3	0	0	4	0	0	3	1	0
南京森林警察学院	10	1	0	1	0	1	0	0	0	1	0	0	0	1	0
苏州大学	11	34	14	34	13	11	10	0	0	33	1	0	31	2	0
江苏科技大学	12	13	6	13	0	7	6	0	0	13	0	0	9	4	0
南京工业大学	13	2	0	2	0	1	1	0	0	2	0	0	2	0	0
常州大学	14	9	3	9	2	0	7	0	0	9	0	0	8	1	0
南京邮电大学	15	12	6	12	3	7	2	0	0	9	3	0	8	1	0
南京林业大学	16	4	2	4	1	1	2	0	0	4	0	0	2	2	0
江苏大学	17	18	9	18	1	7	9	1	0	17	1	0	14	4	0
南京信息工程大学	18	17	3	17	5	1	11	0	0	17	0	0	16	1	0
南通大学	19	30	8	30	2	7	18	3	0	29	1	0	25	5	0
盐城工学院	20	7	3	7	2	4	1	0	0	7	0	0	6	1	0
南京医科大学	21	2	1	2	0	1	1	0	0	2	0	0	2	0	0
徐州医科大学	22	3	1	3	0	0	3	0	0	3	0	0	2	1	0
南京中医药大学	23	12	5	12	1	3	8	0	0	12	0	0	10	2	0
南京师范大学	24	49	17	49	16	13	20	0	0	46	3	0	42	4	0
江苏师范大学	25	43	18	43	11	17	15	0	0	41	2	0	38	3	0

续表

高校名称	编号	总计 L01	总计 女性 L02	按职称划分 小计 L03	教授 L04	副教授 L05	讲师 L06	助教 L07	初级 L08	按最后学历划分 研究生 L09	本科生 L10	其他 L11	按最后学位划分 博士 L12	硕士 L13	其他人员 L14
淮阴师范学院	26	25	8	25	6	12	7	0	0	24	1	0	17	7	0
盐城师范学院	27	23	10	23	2	9	8	4	0	21	2	0	12	11	0
南京财经大学	28	12	6	12	1	2	9	0	0	11	1	0	8	3	0
江苏警官学院	29	3	1	3	1	0	2	0	0	3	0	0	3	0	0
南京体育学院	30	1	0	1	0	1	0	0	0	0	1	0	0	0	0
南京艺术学院	31	1	1	1	0	0	1	0	0	1	0	0	0	1	0
苏州科技大学	32	34	12	34	9	10	15	0	0	32	2	0	27	6	0
常熟理工学院	33	6	2	6	1	4	1	0	0	5	1	0	4	1	0
淮阴工学院	34	8	2	8	0	4	4	0	0	8	0	0	4	4	0
常州工学院	35	8	3	8	0	1	7	0	0	8	0	0	5	3	0
扬州大学	36	56	14	56	14	19	23	0	0	53	3	0	46	8	0
南京工程学院	37	5	0	5	0	0	4	1	0	5	0	0	1	4	0
南京审计大学	38	10	2	10	0	3	7	0	0	10	0	0	6	4	0
南京晓庄学院	39	20	8	20	4	6	10	0	0	15	5	0	12	3	0
江苏理工学院	40	8	2	8	1	2	5	0	0	6	2	0	4	2	0
江苏海洋大学	41	6	0	6	0	2	3	1	0	5	1	0	2	4	0
徐州工程学院	42	19	14	19	0	8	11	0	0	14	5	0	2	12	0
南京特殊教育师范学院	43	2	2	2	0	1	0	1	0	2	0	0	1	1	0
泰州学院	44	7	4	7	0	6	1	0	0	4	3	0	0	4	0
金陵科技学院	45	5	2	5	0	4	1	0	0	4	1	0	4	0	0
江苏第二师范学院	46	10	3	10	3	4	3	0	0	9	1	0	4	5	0
南京工业职业技术大学	47	7	6	7	0	0	6	1	0	7	0	0	5	2	0
无锡学院	48	1	0	1	0	0	1	0	0	1	0	0	0	1	0
苏州城市学院	49	1	1	1	0	1	0	0	0	1	0	0	0	1	0
宿迁学院	50	7	3	7	1	3	3	0	0	7	0	0	4	3	0

2.11 考古学人文、社会科学活动人员情况表

高校名称		总计		按职称划分						按最后学历划分			按最后学位划分		其他
			女性	小计	教授	副教授	讲师	助教	初级	研究生	本科生	其他	博士	硕士	人员
	编号	L01	L02	L03	L04	L05	L06	L07	L08	L09	L10	L11	L12	L13	L14
合计	/	43	10	43	10	15	17	0	1	41	2	0	36	5	0
南京大学	1	18	4	18	8	5	5	0	0	17	1	0	17	0	0
东南大学	2	0	0	0	0	0	0	0	0	0	0	0	0	0	0
江南大学	3	0	0	0	0	0	0	0	0	0	0	0	0	0	0
南京农业大学	4	0	0	0	0	0	0	0	0	0	0	0	0	0	0
中国矿业大学	5	0	0	0	0	0	0	0	0	0	0	0	0	0	0
河海大学	6	0	0	0	0	0	0	0	0	0	0	0	0	0	0
南京理工大学	7	0	0	0	0	0	0	0	0	0	0	0	0	0	0
南京航空航天大学	8	0	0	0	0	0	0	0	0	0	0	0	0	0	0
中国药科大学	9	0	0	0	0	0	0	0	0	0	0	0	0	0	0
南京森林警察学院	10	0	0	0	0	0	0	0	0	0	0	0	0	0	0
苏州大学	11	0	0	0	0	0	0	0	0	0	0	0	0	0	0
江苏科技大学	12	0	0	0	0	0	0	0	0	0	0	0	0	0	0
南京工业大学	13	0	0	0	0	0	0	0	0	0	0	0	0	0	0
常州大学	14	0	0	0	0	0	0	0	0	0	0	0	0	0	0
南京邮电大学	15	0	0	0	0	0	0	0	0	0	0	0	0	0	0
南京林业大学	16	0	0	0	0	0	0	0	0	0	0	0	0	0	0
江苏大学	17	1	0	1	0	0	1	0	0	1	0	0	1	0	0
南京信息工程大学	18	3	0	3	0	2	1	0	0	3	0	0	3	0	0
南通大学	19	0	0	0	0	0	0	0	0	0	0	0	0	0	0
盐城工学院	20	0	0	0	0	0	0	0	0	0	0	0	0	0	0
南京医科大学	21	0	0	0	0	0	0	0	0	0	0	0	0	0	0
徐州医科大学	22	0	0	0	0	0	0	0	0	0	0	0	0	0	0
南京中医药大学	23	0	0	0	0	0	0	0	0	0	0	0	0	0	0
南京师范大学	24	9	1	9	2	4	3	0	0	8	1	0	7	1	0
江苏师范大学	25	6	3	6	0	3	2	0	1	6	0	0	4	2	0

续表

高校名称		总计		按职称划分						按最后学历划分			按最后学位划分		其他人员
			女性	小计	教授	副教授	讲师	助教	初级	研究生	本科生	其他	博士	硕士	
	编号	L01	L02	L03	L04	L05	L06	L07	L08	L09	L10	L11	L12	L13	L14
淮阴师范学院	26	1	1	1	0	0	1	0	0	1	0	0	0	1	0
盐城师范学院	27	0	0	0	0	0	0	0	0	0	0	0	0	0	0
南京财经大学	28	0	0	0	0	0	0	0	0	0	0	0	0	0	0
江苏警官学院	29	0	0	0	0	0	0	0	0	0	0	0	0	0	0
南京体育学院	30	0	0	0	0	0	0	0	0	0	0	0	0	0	0
南京艺术学院	31	0	0	0	0	0	0	0	0	0	0	0	0	0	0
苏州科技大学	32	0	0	0	0	0	0	0	0	0	0	0	0	0	0
常熟理工学院	33	0	0	0	0	0	0	0	0	0	0	0	0	0	0
淮阴工学院	34	1	0	1	0	0	1	0	0	1	0	0	1	0	0
常州工学院	35	0	0	0	0	0	0	0	0	0	0	0	0	0	0
扬州大学	36	0	0	0	0	0	0	0	0	0	0	0	0	0	0
南京工程学院	37	1	0	1	0	0	1	0	0	1	0	0	0	1	0
南京审计大学	38	0	0	0	0	0	0	0	0	0	0	0	0	0	0
南京晓庄学院	39	0	0	0	0	0	0	0	0	0	0	0	0	0	0
江苏理工学院	40	0	0	0	0	0	0	0	0	0	0	0	0	0	0
江苏海洋大学	41	0	0	0	0	0	0	0	0	0	0	0	0	0	0
徐州工程学院	42	0	0	0	0	0	0	0	0	0	0	0	0	0	0
南京特殊教育师范学院	43	1	1	1	0	0	1	0	0	1	0	0	1	0	0
泰州学院	44	0	0	0	0	0	0	0	0	0	0	0	0	0	0
金陵科技学院	45	0	0	0	0	0	0	0	0	0	0	0	0	0	0
江苏第二师范学院	46	1	0	1	0	1	0	0	0	1	0	0	1	0	0
南京工业职业技术大学	47	1	0	1	0	0	1	0	0	1	0	0	1	0	0
无锡学院	48	0	0	0	0	0	0	0	0	0	0	0	0	0	0
苏州城市学院	49	0	0	0	0	0	0	0	0	0	0	0	0	0	0
宿迁学院	50	0	0	0	0	0	0	0	0	0	0	0	0	0	0

2.12 经济学人文、社会科学活动人员情况表

高校名称		总计		按职称划分						按最后学历划分			按最后学位划分		其他人员
			女性	小计	教授	副教授	讲师	助教	初级	研究生	本科生	其他	博士	硕士	
	编号	L01	L02	L03	L04	L05	L06	L07	L08	L09	L10	L11	L12	L13	L14
合计	/	3165	1525	3165	538	1047	1516	64	0	2674	490	1	1772	1057	0
南京大学	1	102	28	102	42	31	28	1	0	101	1	0	98	3	0
东南大学	2	94	41	94	19	40	30	5	0	80	14	0	65	17	0
江南大学	3	44	21	44	8	21	15	0	0	41	3	0	31	9	0
南京农业大学	4	69	37	69	20	24	19	6	0	68	1	0	62	6	0
中国矿业大学	5	27	13	27	4	14	9	0	0	25	2	0	19	8	0
河海大学	6	66	21	66	18	23	25	0	0	64	2	0	46	18	0
南京理工大学	7	61	35	61	10	29	22	0	0	56	5	0	40	20	0
南京航空航天大学	8	34	15	34	12	15	7	0	0	33	1	0	21	12	0
中国药科大学	9	25	11	25	3	12	10	0	0	24	1	0	17	7	0
南京森林警察学院	10	0	0	0	0	0	0	0	0	0	0	0	0	0	0
苏州大学	11	85	47	85	17	42	26	0	0	69	16	0	47	28	0
江苏科技大学	12	101	54	101	7	34	59	1	0	62	39	0	36	32	0
南京工业大学	13	12	6	12	2	5	5	0	0	7	5	0	3	7	0
常州大学	14	43	17	43	9	12	22	0	0	37	6	0	27	12	0
南京邮电大学	15	56	30	56	7	16	33	0	0	54	2	0	35	19	0
南京林业大学	16	46	22	46	10	15	21	0	0	43	3	0	24	19	0
江苏大学	17	99	51	99	11	36	48	4	0	77	22	0	38	40	0
南京信息工程大学	18	86	49	86	11	28	47	0	0	80	6	0	68	14	0
南通大学	19	74	37	74	13	36	25	0	0	61	13	0	30	38	0
盐城工学院	20	32	15	32	7	14	11	0	0	22	10	0	12	18	0
南京医科大学	21	2	1	2	1	0	1	0	0	2	0	0	1	1	0
徐州医科大学	22	5	4	5	2	0	3	0	0	3	2	0	1	3	0
南京中医药大学	23	19	13	19	3	7	9	0	0	18	1	0	5	13	0
南京师范大学	24	87	35	87	19	29	38	1	0	79	8	0	53	26	0
江苏师范大学	25	81	36	81	20	24	37	0	0	67	14	0	47	28	0

续表

高校名称		总计		按职称划分						按最后学历划分			按最后学位划分		其他人员
			女性	小计	教授	副教授	讲师	助教	初级	研究生	本科生	其他	博士	硕士	
	编号	L01	L02	L03	L04	L05	L06	L07	L08	L09	L10	L11	L12	L13	L14
淮阴师范学院	26	67	29	67	11	25	30	1	0	53	14	0	40	19	0
盐城师范学院	27	58	31	58	6	18	29	5	0	55	3	0	22	36	0
南京财经大学	28	428	193	428	69	118	241	0	0	389	39	0	296	95	0
江苏警官学院	29	9	2	9	3	1	5	0	0	5	4	0	2	3	0
南京体育学院	30	11	6	11	5	2	3	1	0	3	8	0	2	2	0
南京艺术学院	31	0	0	0	0	0	0	0	0	0	0	0	0	0	0
苏州科技大学	32	35	19	35	7	11	17	0	0	35	0	0	25	10	0
常熟理工学院	33	24	10	24	5	12	7	0	0	21	3	0	14	10	0
淮阴工学院	34	59	29	59	6	20	32	1	0	36	23	0	22	32	0
常州工学院	35	45	20	45	8	14	21	2	0	30	15	0	19	16	0
扬州大学	36	142	57	142	21	50	71	0	0	111	31	0	63	51	0
南京工程学院	37	78	37	78	2	11	61	4	0	59	19	0	13	52	0
南京审计大学	38	374	174	374	74	97	196	7	0	340	34	0	271	85	0
南京晓庄学院	39	50	29	50	3	22	25	0	0	47	3	0	24	23	0
江苏理工学院	40	90	50	90	12	33	39	6	0	54	36	0	27	37	0
江苏海洋大学	41	43	18	43	2	13	25	3	0	30	13	0	13	20	0
徐州工程学院	42	101	52	101	8	35	56	2	0	63	37	1	24	48	0
南京特殊教育师范学院	43	6	4	6	0	3	1	2	0	6	0	0	4	2	0
泰州学院	44	12	9	12	2	3	5	2	0	8	4	0	3	8	0
金陵科技学院	45	42	27	42	6	13	23	0	0	33	9	0	16	23	0
江苏第二师范学院	46	9	5	9	1	1	7	0	0	9	0	0	5	4	0
南京工业职业技术大学	47	56	37	56	4	12	38	2	0	42	14	0	11	38	0
无锡学院	48	27	12	27	4	9	11	3	0	26	1	0	17	9	0
苏州城市学院	49	15	14	15	0	6	9	0	0	15	0	0	4	11	0
宿迁学院	50	34	22	34	4	11	14	5	0	31	3	0	9	25	0

2.13 政治学人文、社会科学活动人员情况表

高校名称		总计		按职称划分						按最后学历划分			按最后学位划分		其他人员
			女性	小计	教授	副教授	讲师	助教	初级	研究生	本科生	其他	博士	硕士	
	编号	L01	L02	L03	L04	L05	L06	L07	L08	L09	L10	L11	L12	L13	L14
合计	/	446	186	446	88	161	184	13	0	381	65	0	236	178	0
南京大学	1	43	12	43	13	17	13	0	0	43	0	0	43	0	0
东南大学	2	21	9	21	2	7	12	0	0	19	2	0	12	7	0
江南大学	3	3	1	3	0	2	1	0	0	3	0	0	3	0	0
南京农业大学	4	4	1	4	1	2	1	0	0	3	1	0	1	3	0
中国矿业大学	5	8	5	8	2	1	5	0	0	8	0	0	7	1	0
河海大学	6	13	6	13	5	5	3	0	0	13	0	0	9	4	0
南京理工大学	7	5	1	5	1	2	2	0	0	5	0	0	5	0	0
南京航空航天大学	8	10	5	10	3	6	1	0	0	10	0	0	7	3	0
中国药科大学	9	1	1	1	0	0	1	0	0	1	0	0	1	0	0
南京森林警察学院	10	10	2	10	0	8	2	0	0	8	2	0	4	5	0
苏州大学	11	20	9	20	10	2	7	1	0	20	0	0	11	7	0
江苏科技大学	12	13	6	13	1	3	7	2	0	11	2	0	4	7	0
南京工业大学	13	8	4	8	0	5	2	1	0	7	1	0	3	5	0
常州大学	14	7	1	7	2	0	5	0	0	7	0	0	4	3	0
南京邮电大学	15	7	3	7	3	2	2	0	0	7	0	0	4	3	0
南京林业大学	16	0	0	0	0	0	0	0	0	0	0	0	0	0	0
江苏大学	17	10	5	10	3	4	3	0	0	8	2	0	7	1	0
南京信息工程大学	18	12	6	12	3	4	5	0	0	9	3	0	6	5	0
南通大学	19	13	6	13	3	7	2	1	0	10	3	0	6	6	0
盐城工学院	20	0	0	0	0	0	0	0	0	0	0	0	0	0	0
南京医科大学	21	0	0	0	0	0	0	0	0	0	0	0	0	0	0
徐州医科大学	22	6	4	6	0	2	3	1	0	5	1	0	3	3	0
南京中医药大学	23	4	2	4	0	0	4	0	0	3	1	0	1	2	0
南京师范大学	24	32	10	32	8	11	13	0	0	32	0	0	23	9	0
江苏师范大学	25	14	5	14	2	7	5	0	0	13	1	0	7	6	0

续表

高校名称		总计		按职称划分						按最后学历划分			按最后学位划分		其他
			女性	小计	教授	副教授	讲师	助教	初级	研究生	本科生	其他	博士	硕士	人员
	编号	L01	L02	L03	L04	L05	L06	L07	L08	L09	L10	L11	L12	L13	L14
淮阴师范学院	26	13	4	13	3	2	7	1	0	8	5	0	5	8	0
盐城师范学院	27	16	6	16	0	8	5	3	0	15	1	0	4	12	0
南京财经大学	28	11	5	11	0	3	8	0	0	11	0	0	8	3	0
江苏警官学院	29	7	4	7	0	5	2	0	0	6	1	0	4	3	0
南京体育学院	30	3	2	3	0	0	3	0	0	3	0	0	0	3	0
南京艺术学院	31	0	0	0	0	0	0	0	0	0	0	0	0	0	0
苏州科技大学	32	12	6	12	2	4	6	0	0	12	0	0	7	5	0
常熟理工学院	33	3	1	3	1	1	1	0	0	3	0	0	2	1	0
淮阴工学院	34	13	5	13	4	5	4	0	0	6	7	0	0	11	0
常州工学院	35	5	3	5	1	2	2	0	0	4	1	0	1	4	0
扬州大学	36	12	5	12	4	3	5	0	0	10	2	0	6	4	0
南京工程学院	37	23	10	23	1	7	14	1	0	16	7	0	6	12	0
南京审计大学	38	13	5	13	2	3	8	0	0	13	0	0	10	3	0
南京晓庄学院	39	6	2	6	2	2	2	0	0	5	1	0	3	2	0
江苏理工学院	40	4	0	4	1	2	1	0	0	2	2	0	1	2	0
江苏海洋大学	41	5	2	5	0	2	3	0	0	4	1	0	1	4	0
徐州工程学院	42	8	4	8	1	4	3	0	0	2	6	0	0	6	0
南京特殊教育师范学院	43	0	0	0	0	0	0	0	0	0	0	0	0	0	0
泰州学院	44	8	5	8	1	6	0	1	0	1	7	0	0	7	0
金陵科技学院	45	9	5	9	1	4	4	0	0	4	5	0	2	2	0
江苏第二师范学院	46	3	2	3	2	0	1	0	0	3	0	0	2	1	0
南京工业职业技术大学	47	5	3	5	0	1	3	1	0	5	0	0	1	4	0
无锡学院	48	3	3	3	0	0	3	0	0	3	0	0	2	1	0
苏州城市学院	49	0	0	0	0	0	0	0	0	0	0	0	0	0	0
宿迁学院	50	0	0	0	0	0	0	0	0	0	0	0	0	0	0

2.14 法学人文、社会科学活动人员情况表

高校名称		总计		按职称划分						按最后学历划分			按最后学位划分		其他
			女性	小计	教授	副教授	讲师	助教	初级	研究生	本科生	其他	博士	硕士	人员
	编号	L01	L02	L03	L04	L05	L06	L07	L08	L09	L10	L11	L12	L13	L14
合计	/	1540	631	1540	290	576	639	35	0	1254	286	0	792	590	0
南京大学	1	67	23	67	30	28	9	0	0	66	1	0	61	5	0
东南大学	2	74	26	74	20	33	16	5	0	73	1	0	67	6	0
江南大学	3	55	27	55	3	22	26	4	0	55	0	0	24	29	0
南京农业大学	4	22	7	22	4	8	10	0	0	21	1	0	10	12	0
中国矿业大学	5	9	2	9	1	3	5	0	0	7	2	0	7	1	0
河海大学	6	45	17	45	8	24	13	0	0	45	0	0	37	8	0
南京理工大学	7	32	12	32	5	14	13	0	0	29	3	0	24	4	0
南京航空航天大学	8	41	19	41	8	14	18	1	0	39	2	0	27	11	0
中国药科大学	9	9	2	9	4	3	2	0	0	6	3	0	4	2	0
南京森林警察学院	10	75	34	75	10	33	31	1	0	56	19	0	6	61	0
苏州大学	11	70	14	70	23	29	18	0	0	64	6	0	57	10	0
江苏科技大学	12	9	4	9	1	4	4	0	0	5	4	0	1	5	0
南京工业大学	13	28	10	28	9	12	5	2	0	26	2	0	13	13	0
常州大学	14	51	22	51	15	10	25	1	0	47	4	0	34	16	0
南京邮电大学	15	19	16	19	1	7	11	0	0	18	1	0	10	9	0
南京林业大学	16	13	11	13	2	1	10	0	0	11	2	0	4	7	0
江苏大学	17	60	27	60	8	27	23	2	0	56	4	0	27	29	0
南京信息工程大学	18	41	19	41	6	12	23	0	0	41	0	0	28	13	0
南通大学	19	33	18	33	3	17	13	0	0	27	6	0	11	22	0
盐城工学院	20	0	0	0	0	0	0	0	0	0	0	0	0	0	0
南京医科大学	21	3	2	3	0	1	2	0	0	3	0	0	2	1	0
徐州医科大学	22	15	8	15	0	3	12	0	0	6	9	0	0	10	0
南京中医药大学	23	11	5	11	3	3	5	0	0	10	1	0	4	6	0
南京师范大学	24	89	26	89	28	33	28	0	0	86	3	0	76	11	0
江苏师范大学	25	43	11	43	11	17	15	0	0	24	19	0	20	16	0

续表

高校名称		总计		按职称划分						按最后学历划分			按最后学位划分		其他
			女性	小计	教授	副教授	讲师	助教	初级	研究生	本科生	其他	博士	硕士	人员
	编号	L01	L02	L03	L04	L05	L06	L07	L08	L09	L10	L11	L12	L13	L14
淮阴师范学院	26	41	14	41	6	18	17	0	0	34	7	0	23	18	0
盐城师范学院	27	29	15	29	1	17	11	0	0	27	2	0	13	15	0
南京财经大学	28	66	24	66	14	20	32	0	0	62	4	0	38	25	0
江苏警官学院	29	115	44	115	13	46	51	5	0	41	74	0	21	61	0
南京体育学院	30	3	2	3	1	0	1	1	0	2	1	0	0	2	0
南京艺术学院	31	0	0	0	0	0	0	0	0	0	0	0	0	0	0
苏州科技大学	32	8	4	8	0	2	6	0	0	8	0	0	3	5	0
常熟理工学院	33	2	0	2	2	0	0	0	0	2	0	0	2	0	0
淮阴工学院	34	14	6	14	3	6	5	0	0	13	1	0	6	8	0
常州工学院	35	12	7	12	1	4	5	2	0	6	6	0	1	10	0
扬州大学	36	62	26	62	16	21	25	0	0	49	13	0	37	13	0
南京工程学院	37	16	5	16	0	3	13	0	0	9	7	0	1	10	0
南京审计大学	38	87	36	87	20	25	39	3	0	79	8	0	51	30	0
南京晓庄学院	39	9	6	9	0	2	7	0	0	7	2	0	6	1	0
江苏理工学院	40	5	2	5	1	1	3	0	0	4	1	0	2	2	0
江苏海洋大学	41	36	15	36	1	12	21	2	0	18	18	0	10	14	0
徐州工程学院	42	38	21	38	0	12	25	1	0	14	24	0	2	19	0
南京特殊教育师范学院	43	0	0	0	0	0	0	0	0	0	0	0	0	0	0
泰州学院	44	12	4	12	2	4	4	2	0	7	5	0	4	7	0
金陵科技学院	45	16	9	16	1	6	9	0	0	9	7	0	0	12	0
江苏第二师范学院	46	11	7	11	1	4	6	0	0	7	4	0	2	6	0
南京工业职业技术大学	47	12	8	12	0	4	7	1	0	9	3	0	5	5	0
无锡学院	48	6	2	6	0	4	1	1	0	5	1	0	0	6	0
苏州城市学院	49	17	9	17	2	4	10	1	0	16	1	0	8	8	0
宿迁学院	50	9	3	9	2	3	4	0	0	5	4	0	3	6	0

2.15 社会学人文、社会科学活动人员情况表

高校名称		总计		按职称划分						按最后学历划分			按最后学位划分		其他
			女性	小计	教授	副教授	讲师	助教	初级	研究生	本科生	其他	博士	硕士	人员
	编号	L01	L02	L03	L04	L05	L06	L07	L08	L09	L10	L11	L12	L13	L14
合计	/	776	402	776	113	275	374	13	1	699	76	1	445	283	0
南京大学	1	41	11	41	19	14	8	0	0	41	0	0	40	1	0
东南大学	2	21	12	21	1	9	10	1	0	21	0	0	17	4	0
江南大学	3	20	11	20	4	7	9	0	0	20	0	0	17	3	0
南京农业大学	4	21	14	21	2	14	4	1	0	18	3	0	13	5	0
中国矿业大学	5	4	3	4	1	0	3	0	0	3	1	0	1	3	0
河海大学	6	65	25	65	23	25	16	1	0	64	1	0	52	12	0
南京理工大学	7	18	7	18	3	7	8	0	0	18	0	0	16	2	0
南京航空航天大学	8	8	3	8	0	3	5	0	0	8	0	0	7	1	0
中国药科大学	9	0	0	0	0	0	0	0	0	0	0	0	0	0	0
南京森林警察学院	10	4	2	4	0	2	2	0	0	3	1	0	0	4	0
苏州大学	11	31	11	31	9	13	9	0	0	30	1	0	18	12	0
江苏科技大学	12	25	12	25	2	5	17	1	0	20	5	0	9	11	0
南京工业大学	13	7	3	7	0	3	4	0	0	6	1	0	3	4	0
常州大学	14	33	15	33	5	5	22	1	0	32	1	0	23	9	0
南京邮电大学	15	50	27	50	6	22	22	0	0	50	0	0	35	15	0
南京林业大学	16	9	5	9	2	2	5	0	0	9	0	0	7	2	0
江苏大学	17	3	1	3	1	1	1	0	0	3	0	0	2	1	0
南京信息工程大学	18	23	15	23	2	6	15	0	0	22	1	0	17	5	0
南通大学	19	36	21	36	4	17	15	0	0	35	1	0	18	17	0
盐城工学院	20	1	1	1	0	1	0	0	0	1	0	0	1	0	0
南京医科大学	21	8	5	8	0	3	5	0	0	8	0	0	2	6	0
徐州医科大学	22	13	11	13	0	3	10	0	0	11	2	0	5	6	0
南京中医药大学	23	25	19	25	1	9	15	0	0	23	2	0	13	12	0
南京师范大学	24	28	12	28	9	9	10	0	0	28	0	0	20	8	0
江苏师范大学	25	20	12	20	0	11	8	0	1	13	7	0	8	9	0

续表

高校名称		总计		按职称划分						按最后学历划分			按最后学位划分		其他
			女性	小计	教授	副教授	讲师	助教	初级	研究生	本科生	其他	博士	硕士	人员
	编号	L01	L02	L03	L04	L05	L06	L07	L08	L09	L10	L11	L12	L13	L14
淮阴师范学院	26	9	4	9	1	2	6	0	0	8	1	0	5	4	0
盐城师范学院	27	10	6	10	0	6	3	1	0	9	1	0	4	6	0
南京财经大学	28	13	6	13	0	9	4	0	0	12	1	0	8	4	0
江苏警官学院	29	15	7	15	1	2	12	0	0	10	5	0	5	8	0
南京体育学院	30	3	2	3	1	2	0	0	0	2	1	0	1	2	0
南京艺术学院	31	1	1	1	0	0	1	0	0	1	0	0	0	1	0
苏州科技大学	32	12	7	12	1	4	7	0	0	12	0	0	4	8	0
常熟理工学院	33	2	1	2	1	1	0	0	0	2	0	0	2	0	0
淮阴工学院	34	23	11	23	2	9	12	0	0	17	5	1	7	14	0
常州工学院	35	7	4	7	1	0	6	0	0	6	1	0	2	5	0
扬州大学	36	24	10	24	3	10	11	0	0	22	2	0	16	8	0
南京工程学院	37	33	14	33	5	7	20	1	0	30	3	0	16	17	0
南京审计大学	38	6	3	6	0	1	3	2	0	5	1	0	2	4	0
南京晓庄学院	39	13	12	13	0	4	9	0	0	12	1	0	7	5	0
江苏理工学院	40	3	2	3	0	2	1	0	0	3	0	0	2	1	0
江苏海洋大学	41	2	2	2	0	0	2	0	0	2	0	0	1	1	0
徐州工程学院	42	43	26	43	2	13	28	0	0	17	26	0	6	14	0
南京特殊教育师范学院	43	4	3	4	1	2	1	0	0	4	0	0	2	2	0
泰州学院	44	4	2	4	0	1	1	2	0	4	0	0	0	4	0
金陵科技学院	45	1	1	1	0	0	1	0	0	1	0	0	0	1	0
江苏第二师范学院	46	4	3	4	0	2	2	0	0	4	0	0	3	1	0
南京工业职业技术大学	47	8	4	8	0	3	5	0	0	8	0	0	2	5	0
无锡学院	48	5	3	5	0	1	4	0	0	5	0	0	2	3	0
苏州城市学院	49	5	3	5	0	1	4	0	0	5	0	0	2	3	0
宿迁学院	50	12	7	12	0	2	8	2	0	11	1	0	2	10	0

2.16 民族学与文化学人文、社会科学活动人员情况表

高校名称		总计		按职称划分						按最后学历划分			按最后学位划分		其他
			女性	小计	教授	副教授	讲师	助教	初级	研究生	本科生	其他	博士	硕士	人员
	编号	L01	L02	L03	L04	L05	L06	L07	L08	L09	L10	L11	L12	L13	L14
合计	/	55	36	55	4	16	31	4	0	43	12	0	22	20	0
南京大学	1	0	0	0	0	0	0	0	0	0	0	0	0	0	0
东南大学	2	2	0	2	0	0	2	0	0	2	0	0	2	0	0
江南大学	3	0	0	0	0	0	0	0	0	0	0	0	0	0	0
南京农业大学	4	3	2	3	0	1	0	2	0	3	0	0	0	3	0
中国矿业大学	5	1	0	1	0	1	0	0	0	1	0	0	1	0	0
河海大学	6	10	7	10	3	2	5	0	0	7	3	0	4	2	0
南京理工大学	7	0	0	0	0	0	0	0	0	0	0	0	0	0	0
南京航空航天大学	8	0	0	0	0	0	0	0	0	0	0	0	0	0	0
中国药科大学	9	0	0	0	0	0	0	0	0	0	0	0	0	0	0
南京森林警察学院	10	0	0	0	0	0	0	0	0	0	0	0	0	0	0
苏州大学	11	0	0	0	0	0	0	0	0	0	0	0	0	0	0
江苏科技大学	12	1	0	1	0	0	1	0	0	1	0	0	0	1	0
南京工业大学	13	5	4	5	0	4	1	0	0	5	0	0	1	4	0
常州大学	14	0	0	0	0	0	0	0	0	0	0	0	0	0	0
南京邮电大学	15	0	0	0	0	0	0	0	0	0	0	0	0	0	0
南京林业大学	16	0	0	0	0	0	0	0	0	0	0	0	0	0	0
江苏大学	17	2	2	2	0	0	2	0	0	2	0	0	2	0	0
南京信息工程大学	18	0	0	0	0	0	0	0	0	0	0	0	0	0	0
南通大学	19	1	1	1	0	0	1	0	0	1	0	0	1	0	0
盐城工学院	20	0	0	0	0	0	0	0	0	0	0	0	0	0	0
南京医科大学	21	0	0	0	0	0	0	0	0	0	0	0	0	0	0
徐州医科大学	22	1	0	1	0	0	1	0	0	1	0	0	1	0	0
南京中医药大学	23	2	2	2	0	2	0	0	0	1	1	0	0	1	0
南京师范大学	24	1	1	1	0	0	1	0	0	1	0	0	0	1	0
江苏师范大学	25	5	2	5	1	2	2	0	0	5	0	0	4	1	0

续表

高校名称		总计		按职称划分						按最后学历划分			按最后学位划分		其他
			女性	小计	教授	副教授	讲师	助教	初级	研究生	本科生	其他	博士	硕士	人员
	编号	L01	L02	L03	L04	L05	L06	L07	L08	L09	L10	L11	L12	L13	L14
淮阴师范学院	26	0	0	0	0	0	0	0	0	0	0	0	0	0	0
盐城师范学院	27	0	0	0	0	0	0	0	0	0	0	0	0	0	0
南京财经大学	28	0	0	0	0	0	0	0	0	0	0	0	0	0	0
江苏警官学院	29	0	0	0	0	0	0	0	0	0	0	0	0	0	0
南京体育学院	30	1	0	1	0	1	0	0	0	0	1	0	0	0	0
南京艺术学院	31	0	0	0	0	0	0	0	0	0	0	0	0	0	0
苏州科技大学	32	0	0	0	0	0	0	0	0	0	0	0	0	0	0
常熟理工学院	33	0	0	0	0	0	0	0	0	0	0	0	0	0	0
淮阴工学院	34	0	0	0	0	0	0	0	0	0	0	0	0	0	0
常州工学院	35	4	4	4	0	0	4	0	0	4	0	0	4	0	0
扬州大学	36	2	2	2	0	1	1	0	0	2	0	0	2	0	0
南京工程学院	37	1	0	1	0	0	1	0	0	1	0	0	0	1	0
南京审计大学	38	1	1	1	0	0	0	1	0	1	0	0	0	1	0
南京晓庄学院	39	0	0	0	0	0	0	0	0	0	0	0	0	0	0
江苏理工学院	40	1	1	1	0	0	0	1	0	1	0	0	0	1	0
江苏海洋大学	41	0	0	0	0	0	0	0	0	0	0	0	0	0	0
徐州工程学院	42	11	7	11	0	2	9	0	0	4	7	0	0	4	0
南京特殊教育师范学院	43	0	0	0	0	0	0	0	0	0	0	0	0	0	0
泰州学院	44	0	0	0	0	0	0	0	0	0	0	0	0	0	0
金陵科技学院	45	0	0	0	0	0	0	0	0	0	0	0	0	0	0
江苏第二师范学院	46	0	0	0	0	0	0	0	0	0	0	0	0	0	0
南京工业职业技术大学	47	0	0	0	0	0	0	0	0	0	0	0	0	0	0
无锡学院	48	0	0	0	0	0	0	0	0	0	0	0	0	0	0
苏州城市学院	49	0	0	0	0	0	0	0	0	0	0	0	0	0	0
宿迁学院	50	0	0	0	0	0	0	0	0	0	0	0	0	0	0

2.17 新闻学与传播学人文、社会科学活动人员情况表

高校名称		总计		按职称划分						按最后学历划分			按最后学位划分		其他
			女性	小计	教授	副教授	讲师	助教	初级	研究生	本科生	其他	博士	硕士	人员
	编号	L01	L02	L03	L04	L05	L06	L07	L08	L09	L10	L11	L12	L13	L14
合计	/	520	279	520	92	153	252	23	0	462	58	0	259	217	0
南京大学	1	45	19	45	19	14	12	0	0	44	1	0	41	3	0
东南大学	2	2	1	2	0	1	1	0	0	2	0	0	1	1	0
江南大学	3	1	1	1	0	1	0	0	0	1	0	0	0	1	0
南京农业大学	4	0	0	0	0	0	0	0	0	0	0	0	0	0	0
中国矿业大学	5	2	2	2	0	0	2	0	0	2	0	0	2	0	0
河海大学	6	17	10	17	4	5	7	1	0	17	0	0	11	6	0
南京理工大学	7	14	4	14	1	3	10	0	0	7	7	0	4	4	0
南京航空航天大学	8	11	6	11	0	5	6	0	0	8	3	0	3	5	0
中国药科大学	9	1	1	1	0	0	0	1	0	1	0	0	0	1	0
南京森林警察学院	10	2	0	2	1	1	0	0	0	1	1	0	0	1	0
苏州大学	11	50	26	50	11	17	17	5	0	50	0	0	36	14	0
江苏科技大学	12	1	1	1	0	0	1	0	0	1	0	0	1	0	0
南京工业大学	13	5	4	5	0	1	3	1	0	5	0	0	0	5	0
常州大学	14	5	5	5	1	3	0	1	0	2	3	0	1	3	0
南京邮电大学	15	11	6	11	3	6	2	0	0	10	1	0	5	5	0
南京林业大学	16	14	8	14	3	1	10	0	0	14	0	0	6	8	0
江苏大学	17	2	2	2	0	0	2	0	0	2	0	0	1	1	0
南京信息工程大学	18	5	3	5	0	2	3	0	0	4	1	0	1	3	0
南通大学	19	11	7	11	1	3	7	0	0	11	0	0	2	9	0
盐城工学院	20	0	0	0	0	0	0	0	0	0	0	0	0	0	0
南京医科大学	21	3	3	3	0	0	2	1	0	3	0	0	0	3	0
徐州医科大学	22	1	1	1	0	1	0	0	0	0	1	0	0	0	0
南京中医药大学	23	2	2	2	0	1	1	0	0	0	2	0	0	0	0
南京师范大学	24	69	27	69	19	22	28	0	0	65	4	0	42	23	0
江苏师范大学	25	21	12	21	7	6	8	0	0	19	2	0	13	6	0

续表

高校名称		总计		按职称划分						按最后学历划分			按最后学位划分		其他
			女性	小计	教授	副教授	讲师	助教	初级	研究生	本科生	其他	博士	硕士	人员
	编号	L01	L02	L03	L04	L05	L06	L07	L08	L09	L10	L11	L12	L13	L14
淮阴师范学院	26	21	9	21	3	10	8	0	0	15	6	0	11	8	0
盐城师范学院	27	7	5	7	0	1	3	3	0	6	1	0	0	7	0
南京财经大学	28	27	17	27	3	4	20	0	0	27	0	0	21	6	0
江苏警官学院	29	4	2	4	0	1	3	0	0	3	1	0	1	3	0
南京体育学院	30	5	2	5	1	1	1	2	0	5	0	0	1	4	0
南京艺术学院	31	0	0	0	0	0	0	0	0	0	0	0	0	0	0
苏州科技大学	32	5	3	5	1	2	2	0	0	5	0	0	2	3	0
常熟理工学院	33	1	1	1	0	0	1	0	0	1	0	0	1	0	0
淮阴工学院	34	1	1	1	0	0	0	1	0	1	0	0	0	1	0
常州工学院	35	14	10	14	2	2	10	0	0	9	5	0	4	8	0
扬州大学	36	39	15	39	4	14	21	0	0	33	6	0	16	17	0
南京工程学院	37	2	1	2	0	0	2	0	0	2	0	0	0	2	0
南京审计大学	38	4	3	4	0	0	2	2	0	4	0	0	0	4	0
南京晓庄学院	39	37	23	37	4	12	21	0	0	34	3	0	19	15	0
江苏理工学院	40	0	0	0	0	0	0	0	0	0	0	0	0	0	0
江苏海洋大学	41	8	5	8	0	1	7	0	0	7	1	0	0	8	0
徐州工程学院	42	6	3	6	0	1	5	0	0	5	1	0	2	3	0
南京特殊教育师范学院	43	3	1	3	0	1	1	1	0	2	1	0	0	2	0
泰州学院	44	6	5	6	1	1	3	1	0	6	0	0	1	5	0
金陵科技学院	45	11	7	11	1	4	5	1	0	8	3	0	4	4	0
江苏第二师范学院	46	5	3	5	0	2	3	0	0	5	0	0	3	2	0
南京工业职业技术大学	47	2	2	2	0	0	1	1	0	2	0	0	0	2	0
无锡学院	48	3	1	3	0	0	3	0	0	3	0	0	0	3	0
苏州城市学院	49	4	3	4	0	0	4	0	0	4	0	0	0	4	0
宿迁学院	50	10	6	10	2	3	4	1	0	6	4	0	3	4	0

2.18 图书馆、情报与文献学人文、社会科学活动人员情况表

高校名称		总计		按职称划分						按最后学历划分			按最后学位划分		其他人员
			女性	小计	教授	副教授	讲师	助教	初级	研究生	本科生	其他	博士	硕士	
	编号	L01	L02	L03	L04	L05	L06	L07	L08	L09	L10	L11	L12	L13	L14
合计	/	1136	685	1136	135	344	636	21	0	654	479	3	259	458	0
南京大学	1	52	18	52	29	17	6	0	0	51	1	0	48	3	0
东南大学	2	76	54	76	4	16	53	3	0	43	33	0	6	37	0
江南大学	3	34	24	34	4	15	15	0	0	15	19	0	0	16	0
南京农业大学	4	60	25	60	9	24	26	1	0	54	6	0	38	16	0
中国矿业大学	5	3	2	3	2	1	0	0	0	2	1	0	1	2	0
河海大学	6	36	8	36	12	14	10	0	0	35	1	0	25	11	0
南京理工大学	7	27	13	27	5	9	13	0	0	26	1	0	25	2	0
南京航空航天大学	8	55	42	55	0	6	44	5	0	27	28	0	2	25	0
中国药科大学	9	42	25	42	4	6	32	0	0	24	18	0	2	25	0
南京森林警察学院	10	9	6	9	2	2	5	0	0	3	6	0	0	4	0
苏州大学	11	23	12	23	8	10	4	1	0	22	1	0	15	6	0
江苏科技大学	12	45	29	45	2	5	35	3	0	18	27	0	2	15	0
南京工业大学	13	17	16	17	1	8	7	1	0	15	2	0	4	11	0
常州大学	14	7	7	7	0	1	6	0	0	6	1	0	0	7	0
南京邮电大学	15	24	14	24	2	15	7	0	0	15	9	0	3	12	0
南京林业大学	16	12	10	12	0	4	8	0	0	3	7	2	0	4	0
江苏大学	17	39	22	39	6	15	18	0	0	29	10	0	10	19	0
南京信息工程大学	18	25	18	25	6	7	12	0	0	16	9	0	8	10	0
南通大学	19	44	26	44	8	16	20	0	0	23	21	0	5	28	0
盐城工学院	20	8	7	8	1	4	3	0	0	2	6	0	0	5	0
南京医科大学	21	29	21	29	0	5	24	0	0	16	13	0	0	19	0
徐州医科大学	22	29	18	29	1	5	23	0	0	10	19	0	1	9	0
南京中医药大学	23	50	35	50	5	11	34	0	0	35	15	0	13	20	0
南京师范大学	24	43	30	43	2	19	22	0	0	24	19	0	10	17	0
江苏师范大学	25	3	2	3	0	0	3	0	0	2	1	0	1	1	0

续表

高校名称		总计		按职称划分						按最后学历划分			按最后学位划分		其他
			女性	小计	教授	副教授	讲师	助教	初级	研究生	本科生	其他	博士	硕士	人员
	编号	L01	L02	L03	L04	L05	L06	L07	L08	L09	L10	L11	L12	L13	L14
淮阴师范学院	26	35	17	35	3	11	21	0	0	14	21	0	6	15	0
盐城师范学院	27	21	12	21	1	11	8	1	0	11	10	0	3	10	0
南京财经大学	28	5	1	5	1	4	0	0	0	5	0	0	3	2	0
江苏警官学院	29	16	9	16	1	6	8	1	0	7	9	0	3	5	0
南京体育学院	30	6	3	6	0	1	5	0	0	2	4	0	0	1	0
南京艺术学院	31	18	15	18	1	6	11	0	0	7	11	0	0	8	0
苏州科技大学	32	11	5	11	0	4	7	0	0	10	1	0	0	10	0
常熟理工学院	33	18	9	18	1	8	9	0	0	6	12	0	3	7	0
淮阴工学院	34	23	12	23	1	8	14	0	0	7	15	1	2	8	0
常州工学院	35	11	7	11	0	4	7	0	0	1	10	0	0	2	0
扬州大学	36	8	4	8	2	3	3	0	0	8	0	0	8	0	0
南京工程学院	37	32	25	32	2	3	25	2	0	16	16	0	3	15	0
南京审计大学	38	22	13	22	4	5	12	1	0	12	10	0	5	11	0
南京晓庄学院	39	10	5	10	0	5	5	0	0	4	6	0	1	2	0
江苏理工学院	40	6	3	6	1	4	1	0	0	2	4	0	0	2	0
江苏海洋大学	41	40	26	40	0	11	29	0	0	2	38	0	0	6	0
徐州工程学院	42	10	5	10	1	1	8	0	0	2	8	0	0	3	0
南京特殊教育师范学院	43	12	9	12	1	2	8	1	0	5	7	0	1	4	0
泰州学院	44	9	7	9	0	2	6	1	0	3	6	0	0	4	0
金陵科技学院	45	10	4	10	1	3	6	0	0	4	6	0	1	6	0
江苏第二师范学院	46	14	9	14	0	5	9	0	0	6	8	0	0	8	0
南京工业职业技术大学	47	0	0	0	0	0	0	0	0	0	0	0	0	0	0
无锡学院	48	1	1	1	0	1	0	0	0	1	0	0	0	0	0
苏州城市学院	49	2	0	2	1	0	1	0	0	2	0	0	1	1	0
宿迁学院	50	4	0	4	0	1	3	0	0	1	3	0	0	4	0

2.19 教育学人文、社会科学活动人员情况表

高校名称		总计		按职称划分						按最后学历划分			按最后学位划分		其他人员
			女性	小计	教授	副教授	讲师	助教	初级	研究生	本科生	其他	博士	硕士	
	编号	L01	L02	L03	L04	L05	L06	L07	L08	L09	L10	L11	L12	L13	L14
合计	/	3030	1754	3030	403	879	1477	234	37	2458	570	2	930	1781	0
南京大学	1	17	5	17	8	4	5	0	0	17	0	0	17	0	0
东南大学	2	15	9	15	2	6	7	0	0	11	4	0	9	3	0
江南大学	3	67	37	67	9	27	29	2	0	66	1	0	41	24	0
南京农业大学	4	14	2	14	3	5	6	0	0	11	3	0	3	9	0
中国矿业大学	5	32	26	32	2	3	27	0	0	31	1	0	6	25	0
河海大学	6	26	12	26	4	8	14	0	0	25	1	0	10	14	0
南京理工大学	7	23	13	23	1	8	12	2	0	20	3	0	7	14	0
南京航空航天大学	8	26	13	26	3	7	15	1	0	23	3	0	6	17	0
中国药科大学	9	18	10	18	0	0	18	0	0	15	3	0	0	15	0
南京森林警察学院	10	7	5	7	0	3	4	0	0	5	2	0	0	5	0
苏州大学	11	45	19	45	12	19	14	0	0	40	5	0	25	15	0
江苏科技大学	12	152	84	152	2	12	119	19	0	110	42	0	8	102	0
南京工业大学	13	25	14	25	1	8	14	2	0	20	5	0	5	19	0
常州大学	14	47	21	47	3	5	36	3	0	36	11	0	7	32	0
南京邮电大学	15	72	42	72	15	20	37	0	0	63	9	0	32	32	0
南京林业大学	16	12	6	12	0	2	9	1	0	11	0	1	1	10	0
江苏大学	17	47	16	47	9	19	19	0	0	39	8	0	26	15	0
南京信息工程大学	18	43	25	43	6	11	26	0	0	42	1	0	23	20	0
南通大学	19	215	122	215	42	78	89	6	0	174	41	0	46	157	0
盐城工学院	20	54	26	54	6	19	27	2	0	26	27	1	5	42	0
南京医科大学	21	21	14	21	1	3	12	5	0	14	7	0	4	12	0
徐州医科大学	22	73	49	73	1	13	56	0	3	55	18	0	8	56	0
南京中医药大学	23	40	28	40	0	11	29	0	0	38	2	0	10	28	0
南京师范大学	24	193	104	193	67	61	63	2	0	191	2	0	147	41	0
江苏师范大学	25	150	84	150	21	43	52	2	32	136	14	0	65	75	0

续表

高校名称		总计		按职称划分						按最后学历划分			按最后学位划分		其他
			女性	小计	教授	副教授	讲师	助教	初级	研究生	本科生	其他	博士	硕士	人员
	编号	L01	L02	L03	L04	L05	L06	L07	L08	L09	L10	L11	L12	L13	L14
淮阴师范学院	26	109	50	109	14	49	45	1	0	73	36	0	29	70	0
盐城师范学院	27	98	59	98	13	32	30	23	0	81	17	0	27	66	0
南京财经大学	28	20	8	20	1	4	15	0	0	17	3	0	8	10	0
江苏警官学院	29	11	4	11	2	1	8	0	0	4	7	0	2	3	0
南京体育学院	30	26	18	26	3	7	11	5	0	24	2	0	9	16	0
南京艺术学院	31	0	0	0	0	0	0	0	0	0	0	0	0	0	0
苏州科技大学	32	56	32	56	4	20	32	0	0	56	0	0	31	25	0
常熟理工学院	33	53	31	53	7	19	19	8	0	37	16	0	7	42	0
淮阴工学院	34	54	19	54	8	21	24	1	0	30	24	0	7	43	0
常州工学院	35	51	34	51	5	19	24	3	0	38	13	0	15	31	0
扬州大学	36	75	31	75	11	29	35	0	0	67	8	0	51	17	0
南京工程学院	37	100	45	100	8	25	59	7	1	88	12	0	36	57	0
南京审计大学	38	79	55	79	4	8	52	15	0	71	8	0	5	69	0
南京晓庄学院	39	151	105	151	14	49	87	1	0	112	39	0	48	72	0
江苏理工学院	40	60	34	60	15	25	17	3	0	48	12	0	22	28	0
江苏海洋大学	41	12	4	12	1	5	6	0	0	6	6	0	1	8	0
徐州工程学院	42	109	57	109	9	41	59	0	0	62	47	0	17	63	0
南京特殊教育师范学院	43	223	169	223	29	58	75	61	0	184	39	0	43	155	0
泰州学院	44	63	44	63	7	18	23	15	0	40	23	0	13	45	0
金陵科技学院	45	17	12	17	2	2	12	1	0	11	6	0	0	13	0
江苏第二师范学院	46	91	68	91	19	26	32	14	0	70	21	0	26	53	0
南京工业职业技术大学	47	54	40	54	1	4	34	15	0	53	1	0	5	48	0
无锡学院	48	10	5	10	0	2	5	3	0	10	0	0	2	8	0
苏州城市学院	49	4	2	4	0	2	1	0	1	4	0	0	1	3	0
宿迁学院	50	70	42	70	8	18	33	11	0	53	17	0	14	54	0

2.20 统计学人文、社会科学活动人员情况表

高校名称		总计		按职称划分						按最后学历划分			按最后学位划分		其他
			女性	小计	教授	副教授	讲师	助教	初级	研究生	本科生	其他	博士	硕士	人员
	编号	L01	L02	L03	L04	L05	L06	L07	L08	L09	L10	L11	L12	L13	L14
合计	/	189	82	189	39	65	80	5	0	162	27	0	99	74	0
南京大学	1	3	1	3	2	1	0	0	0	3	0	0	3	0	0
东南大学	2	1	0	1	0	0	1	0	0	1	0	0	0	1	0
江南大学	3	0	0	0	0	0	0	0	0	0	0	0	0	0	0
南京农业大学	4	2	1	2	0	2	0	0	0	2	0	0	1	1	0
中国矿业大学	5	1	1	1	0	0	1	0	0	1	0	0	1	0	0
河海大学	6	20	7	20	7	9	4	0	0	20	0	0	15	5	0
南京理工大学	7	3	0	3	1	1	1	0	0	3	0	0	2	1	0
南京航空航天大学	8	0	0	0	0	0	0	0	0	0	0	0	0	0	0
中国药科大学	9	1	0	1	0	1	0	0	0	1	0	0	1	0	0
南京森林警察学院	10	0	0	0	0	0	0	0	0	0	0	0	0	0	0
苏州大学	11	0	0	0	0	0	0	0	0	0	0	0	0	0	0
江苏科技大学	12	2	2	2	0	1	1	0	0	0	2	0	0	1	0
南京工业大学	13	0	0	0	0	0	0	0	0	0	0	0	0	0	0
常州大学	14	5	3	5	0	0	5	0	0	5	0	0	1	4	0
南京邮电大学	15	6	4	6	1	1	4	0	0	6	0	0	4	2	0
南京林业大学	16	1	0	1	1	0	0	0	0	1	0	0	1	0	0
江苏大学	17	16	5	16	5	6	5	0	0	15	1	0	7	8	0
南京信息工程大学	18	5	3	5	2	1	2	0	0	5	0	0	4	1	0
南通大学	19	7	2	7	1	2	4	0	0	6	1	0	2	4	0
盐城工学院	20	0	0	0	0	0	0	0	0	0	0	0	0	0	0
南京医科大学	21	2	1	2	0	1	0	1	0	2	0	0	0	2	0
徐州医科大学	22	9	3	9	0	5	4	0	0	6	3	0	1	7	0
南京中医药大学	23	1	0	1	1	0	0	0	0	1	0	0	1	0	0
南京师范大学	24	0	0	0	0	0	0	0	0	0	0	0	0	0	0
江苏师范大学	25	7	3	7	0	0	7	0	0	7	0	0	6	1	0

续表

高校名称		总计		按职称划分						按最后学历划分			按最后学位划分		其他人员
			女性	小计	教授	副教授	讲师	助教	初级	研究生	本科生	其他	博士	硕士	
	编号	L01	L02	L03	L04	L05	L06	L07	L08	L09	L10	L11	L12	L13	L14
淮阴师范学院	26	2	1	2	1	0	1	0	0	2	0	0	1	1	0
盐城师范学院	27	8	6	8	1	3	2	2	0	7	1	0	1	6	0
南京财经大学	28	23	11	23	6	7	10	0	0	19	4	0	14	6	0
江苏警官学院	29	2	2	2	0	1	1	0	0	1	1	0	0	1	0
南京体育学院	30	1	1	1	1	0	0	0	0	1	0	0	1	0	0
南京艺术学院	31	0	0	0	0	0	0	0	0	0	0	0	0	0	0
苏州科技大学	32	0	0	0	0	0	0	0	0	0	0	0	0	0	0
常熟理工学院	33	7	3	7	0	4	3	0	0	6	1	0	6	1	0
淮阴工学院	34	10	8	10	0	5	5	0	0	6	4	0	2	7	0
常州工学院	35	3	1	3	0	1	2	0	0	3	0	0	2	1	0
扬州大学	36	1	0	1	0	1	0	0	0	1	0	0	1	0	0
南京工程学院	37	1	1	1	0	1	0	0	0	1	0	0	0	1	0
南京审计大学	38	12	3	12	7	3	1	1	0	10	2	0	8	2	0
南京晓庄学院	39	1	1	1	0	0	1	0	0	0	1	0	0	1	0
江苏理工学院	40	5	3	5	0	3	1	1	0	5	0	0	2	3	0
江苏海洋大学	41	0	0	0	0	0	0	0	0	0	0	0	0	0	0
徐州工程学院	42	13	4	13	1	3	9	0	0	9	4	0	7	3	0
南京特殊教育师范学院	43	2	0	2	1	1	0	0	0	2	0	0	2	0	0
泰州学院	44	0	0	0	0	0	0	0	0	0	0	0	0	0	0
金陵科技学院	45	4	1	4	0	0	4	0	0	2	2	0	2	1	0
江苏第二师范学院	46	1	0	1	0	1	0	0	0	1	0	0	0	1	0
南京工业职业技术大学	47	0	0	0	0	0	0	0	0	0	0	0	0	0	0
无锡学院	48	0	0	0	0	0	0	0	0	0	0	0	0	0	0
苏州城市学院	49	0	0	0	0	0	0	0	0	0	0	0	0	0	0
宿迁学院	50	1	0	1	0	0	1	0	0	1	0	0	0	1	0

2.21 心理学人文、社会科学活动人员情况表

高校名称		总计		按职称划分						按最后学历划分			按最后学位划分		其他人员
			女性	小计	教授	副教授	讲师	助教	初级	研究生	本科生	其他	博士	硕士	
	编号	L01	L02	L03	L04	L05	L06	L07	L08	L09	L10	L11	L12	L13	L14
合计	/	413	251	413	69	128	195	20	1	376	37	0	199	189	0
南京大学	1	11	5	11	7	2	2	0	0	10	1	0	10	0	0
东南大学	2	7	3	7	1	5	1	0	0	7	0	0	5	2	0
江南大学	3	1	0	1	0	1	0	0	0	1	0	0	1	0	0
南京农业大学	4	1	1	1	0	0	1	0	0	0	1	0	0	0	0
中国矿业大学	5	0	0	0	0	0	0	0	0	0	0	0	0	0	0
河海大学	6	10	6	10	3	2	4	1	0	10	0	0	7	3	0
南京理工大学	7	2	0	2	1	0	1	0	0	2	0	0	2	0	0
南京航空航天大学	8	2	2	2	0	0	1	1	0	2	0	0	1	1	0
中国药科大学	9	3	2	3	0	0	2	1	0	3	0	0	0	3	0
南京森林警察学院	10	3	3	3	0	1	2	0	0	3	0	0	0	3	0
苏州大学	11	32	15	32	10	14	8	0	0	32	0	0	21	8	0
江苏科技大学	12	6	3	6	0	3	3	0	0	4	2	0	1	3	0
南京工业大学	13	3	2	3	0	2	1	0	0	3	0	0	1	2	0
常州大学	14	3	1	3	0	0	3	0	0	3	0	0	0	3	0
南京邮电大学	15	1	0	1	1	0	0	0	0	1	0	0	1	0	0
南京林业大学	16	3	3	3	0	0	3	0	0	3	0	0	2	1	0
江苏大学	17	5	3	5	0	1	3	1	0	3	2	0	2	2	0
南京信息工程大学	18	6	2	6	0	3	3	0	0	6	0	0	4	2	0
南通大学	19	25	16	25	7	7	10	1	0	20	5	0	14	8	0
盐城工学院	20	0	0	0	0	0	0	0	0	0	0	0	0	0	0
南京医科大学	21	2	2	2	0	0	2	0	0	2	0	0	2	0	0
徐州医科大学	22	13	9	13	1	1	11	0	0	10	3	0	2	9	0
南京中医药大学	23	24	16	24	0	8	16	0	0	23	1	0	7	16	0
南京师范大学	24	62	33	62	20	23	19	0	0	61	1	0	53	9	0
江苏师范大学	25	22	12	22	2	6	13	0	1	21	1	0	12	9	0

续表

高校名称		总计		按职称划分						按最后学历划分			按最后学位划分		其他人员
			女性	小计	教授	副教授	讲师	助教	初级	研究生	本科生	其他	博士	硕士	
	编号	L01	L02	L03	L04	L05	L06	L07	L08	L09	L10	L11	L12	L13	L14
淮阴师范学院	26	15	9	15	1	7	7	0	0	13	2	0	7	7	0
盐城师范学院	27	12	8	12	4	5	2	1	0	11	1	0	5	7	0
南京财经大学	28	7	4	7	1	2	4	0	0	6	1	0	1	5	0
江苏警官学院	29	7	4	7	2	2	3	0	0	5	2	0	0	6	0
南京体育学院	30	1	1	1	0	0	1	0	0	1	0	0	0	1	0
南京艺术学院	31	2	2	2	0	1	1	0	0	2	0	0	0	2	0
苏州科技大学	32	0	0	0	0	0	0	0	0	0	0	0	0	0	0
常熟理工学院	33	0	0	0	0	0	0	0	0	0	0	0	0	0	0
淮阴工学院	34	8	6	8	1	5	2	0	0	4	4	0	0	8	0
常州工学院	35	8	4	8	0	3	5	0	0	7	1	0	2	5	0
扬州大学	36	5	2	5	0	0	5	0	0	5	0	0	4	1	0
南京工程学院	37	4	2	4	0	1	3	0	0	4	0	0	0	4	0
南京审计大学	38	6	3	6	0	1	4	1	0	5	1	0	1	4	0
南京晓庄学院	39	46	34	46	3	9	29	5	0	43	3	0	21	23	0
江苏理工学院	40	5	3	5	0	3	2	0	0	5	0	0	3	2	0
江苏海洋大学	41	2	1	2	0	0	2	0	0	2	0	0	0	2	0
徐州工程学院	42	2	1	2	0	1	1	0	0	1	1	0	0	1	0
南京特殊教育师范学院	43	9	8	9	1	2	4	2	0	9	0	0	2	7	0
泰州学院	44	4	1	4	1	1	1	1	0	4	0	0	1	2	0
金陵科技学院	45	6	6	6	0	1	3	2	0	4	2	0	0	5	0
江苏第二师范学院	46	9	6	9	1	4	4	0	0	8	1	0	4	5	0
南京工业职业技术大学	47	3	3	3	0	0	0	3	0	3	0	0	0	3	0
无锡学院	48	2	2	2	0	0	2	0	0	2	0	0	0	2	0
苏州城市学院	49	1	1	1	0	0	1	0	0	1	0	0	0	1	0
宿迁学院	50	2	1	2	1	1	0	0	0	1	1	0	0	2	0

2.22 体育科学人文、社会科学活动人员情况表

高校名称		总计		按职称划分						按最后学历划分			按最后学位划分		其他人员
			女性	小计	教授	副教授	讲师	助教	初级	研究生	本科生	其他	博士	硕士	
	编号	L01	L02	L03	L04	L05	L06	L07	L08	L09	L10	L11	L12	L13	L14
合计	/	2270	801	2270	191	918	946	195	20	1192	1077	1	271	1136	0
南京大学	1	39	14	39	4	20	15	0	0	20	19	0	2	18	0
东南大学	2	69	27	69	2	42	11	14	0	32	37	0	9	25	0
江南大学	3	54	21	54	1	22	25	6	0	37	17	0	1	33	0
南京农业大学	4	34	13	34	0	12	14	8	0	20	14	0	0	20	0
中国矿业大学	5	44	17	44	4	27	13	0	0	30	14	0	11	29	0
河海大学	6	21	7	21	3	12	5	1	0	13	8	0	5	9	0
南京理工大学	7	44	17	44	3	19	14	7	1	19	25	0	8	13	0
南京航空航天大学	8	39	7	39	2	18	17	2	0	13	26	0	1	12	0
中国药科大学	9	38	16	38	1	14	19	4	0	11	27	0	0	13	0
南京森林警察学院	10	36	6	36	2	11	22	1	0	10	26	0	2	18	0
苏州大学	11	106	30	106	19	44	38	5	0	60	46	0	26	39	0
江苏科技大学	12	57	22	57	2	21	30	4	0	21	36	0	6	32	0
南京工业大学	13	20	5	20	2	9	9	0	0	6	14	0	1	6	0
常州大学	14	38	11	38	3	12	21	2	0	28	10	0	3	26	0
南京邮电大学	15	43	17	43	4	28	11	0	0	21	22	0	2	20	0
南京林业大学	16	37	13	37	1	11	23	2	0	27	10	0	0	24	0
江苏大学	17	54	20	54	2	32	18	2	0	16	38	0	3	28	0
南京信息工程大学	18	58	26	58	1	25	32	0	0	42	16	0	2	42	0
南通大学	19	94	26	94	14	47	30	3	0	58	36	0	18	55	0
盐城工学院	20	36	13	36	4	19	11	2	0	20	16	0	4	24	0
南京医科大学	21	19	10	19	0	3	12	4	0	6	13	0	0	14	0
徐州医科大学	22	19	7	19	0	10	9	0	0	7	12	0	0	6	0
南京中医药大学	23	20	8	20	0	2	18	0	0	5	15	0	0	12	0
南京师范大学	24	75	31	75	16	33	23	3	0	54	21	0	25	38	0
江苏师范大学	25	61	26	61	5	30	26	0	0	26	35	0	11	25	0

续表

高校名称		总计		按职称划分						按最后学历划分			按最后学位划分		其他
			女性	小计	教授	副教授	讲师	助教	初级	研究生	本科生	其他	博士	硕士	人员
	编号	L01	L02	L03	L04	L05	L06	L07	L08	L09	L10	L11	L12	L13	L14
淮阴师范学院	26	48	13	48	6	25	17	0	0	24	24	0	8	18	0
盐城师范学院	27	71	19	71	9	30	18	14	0	51	20	0	11	47	0
南京财经大学	28	32	12	32	1	15	16	0	0	17	15	0	4	16	0
江苏警官学院	29	33	7	33	3	10	16	4	0	11	22	0	0	18	0
南京体育学院	30	292	121	292	22	82	139	30	19	127	164	1	49	90	0
南京艺术学院	31	11	5	11	1	8	2	0	0	3	8	0	0	7	0
苏州科技大学	32	38	8	38	1	14	23	0	0	24	14	0	2	22	0
常熟理工学院	33	34	11	34	3	14	13	4	0	18	16	0	1	23	0
淮阴工学院	34	39	9	39	2	16	21	0	0	17	22	0	4	15	0
常州工学院	35	35	13	35	3	16	14	2	0	14	21	0	2	15	0
扬州大学	36	55	18	55	13	18	24	0	0	48	7	0	25	23	0
南京工程学院	37	52	21	52	1	22	24	5	0	30	22	0	0	36	0
南京审计大学	38	33	12	33	6	8	9	10	0	22	11	0	2	20	0
南京晓庄学院	39	56	18	56	7	17	29	3	0	31	25	0	6	27	0
江苏理工学院	40	26	8	26	1	15	9	1	0	17	9	0	1	17	0
江苏海洋大学	41	42	15	42	1	19	20	2	0	10	32	0	4	13	0
徐州工程学院	42	37	12	37	3	15	18	1	0	15	22	0	3	16	0
南京特殊教育师范学院	43	26	10	26	3	5	5	13	0	21	5	0	4	17	0
泰州学院	44	18	5	18	2	3	9	4	0	8	10	0	0	13	0
金陵科技学院	45	26	11	26	0	14	8	4	0	10	16	0	0	13	0
江苏第二师范学院	46	26	12	26	1	6	9	10	0	18	8	0	1	22	0
南京工业职业技术大学	47	22	10	22	1	5	12	4	0	9	13	0	0	14	0
无锡学院	48	16	5	16	0	5	3	8	0	12	4	0	1	13	0
苏州城市学院	49	15	8	15	1	2	8	4	0	14	1	0	0	13	0
宿迁学院	50	32	8	32	5	11	14	2	0	19	13	0	3	27	0

2.23 其他学科人文、社会科学活动人员情况表

高校名称		总计		按职称划分						按最后学历划分			按最后学位划分		其他
			女性	小计	教授	副教授	讲师	助教	初级	研究生	本科生	其他	博士	硕士	人员
	编号	L01	L02	L03	L04	L05	L06	L07	L08	L09	L10	L11	L12	L13	L14
合计	/	412	177	412	80	81	203	21	27	303	91	18	142	202	0
南京大学	1	0	0	0	0	0	0	0	0	0	0	0	0	0	0
东南大学	2	5	2	5	0	2	3	0	0	5	0	0	5	0	0
江南大学	3	4	1	4	0	0	1	3	0	3	1	0	1	2	0
南京农业大学	4	0	0	0	0	0	0	0	0	0	0	0	0	0	0
中国矿业大学	5	32	8	32	11	9	12	0	0	31	1	0	20	12	0
河海大学	6	0	0	0	0	0	0	0	0	0	0	0	0	0	0
南京理工大学	7	0	0	0	0	0	0	0	0	0	0	0	0	0	0
南京航空航天大学	8	0	0	0	0	0	0	0	0	0	0	0	0	0	0
中国药科大学	9	0	0	0	0	0	0	0	0	0	0	0	0	0	0
南京森林警察学院	10	0	0	0	0	0	0	0	0	0	0	0	0	0	0
苏州大学	11	0	0	0	0	0	0	0	0	0	0	0	0	0	0
江苏科技大学	12	1	0	1	0	0	1	0	0	1	0	0	1	0	0
南京工业大学	13	0	0	0	0	0	0	0	0	0	0	0	0	0	0
常州大学	14	42	20	42	1	11	26	4	0	36	6	0	12	27	0
南京邮电大学	15	1	0	1	0	0	1	0	0	1	0	0	1	0	0
南京林业大学	16	23	11	23	5	8	10	0	0	23	0	0	19	4	0
江苏大学	17	1	1	1	0	1	0	0	0	1	0	0	0	1	0
南京信息工程大学	18	5	2	5	1	2	2	0	0	5	0	0	4	1	0
南通大学	19	4	3	4	1	1	2	0	0	4	0	0	3	1	0
盐城工学院	20	125	47	125	38	26	61	0	0	42	65	18	7	66	0
南京医科大学	21	7	6	7	2	0	5	0	0	7	0	0	6	1	0
徐州医科大学	22	4	3	4	0	1	3	0	0	3	1	0	2	2	0
南京中医药大学	23	3	1	3	1	1	1	0	0	3	0	0	1	2	0
南京师范大学	24	0	0	0	0	0	0	0	0	0	0	0	0	0	0
江苏师范大学	25	36	17	36	0	4	5	0	27	30	6	0	8	22	0

续表

高校名称		总计		按职称划分						按最后学历划分			按最后学位划分		其他人员
			女性	小计	教授	副教授	讲师	助教	初级	研究生	本科生	其他	博士	硕士	
	编号	L01	L02	L03	L04	L05	L06	L07	L08	L09	L10	L11	L12	L13	L14
淮阴师范学院	26	0	0	0	0	0	0	0	0	0	0	0	0	0	0
盐城师范学院	27	16	7	16	4	3	6	3	0	13	3	0	6	8	0
南京财经大学	28	2	1	2	1	0	1	0	0	1	1	0	0	2	0
江苏警官学院	29	0	0	0	0	0	0	0	0	0	0	0	0	0	0
南京体育学院	30	0	0	0	0	0	0	0	0	0	0	0	0	0	0
南京艺术学院	31	0	0	0	0	0	0	0	0	0	0	0	0	0	0
苏州科技大学	32	0	0	0	0	0	0	0	0	0	0	0	0	0	0
常熟理工学院	33	0	0	0	0	0	0	0	0	0	0	0	0	0	0
淮阴工学院	34	0	0	0	0	0	0	0	0	0	0	0	0	0	0
常州工学院	35	5	3	5	0	0	5	0	0	5	0	0	0	5	0
扬州大学	36	4	0	4	0	0	4	0	0	4	0	0	4	0	0
南京工程学院	37	1	0	1	1	0	0	0	0	1	0	0	1	0	0
南京审计大学	38	41	23	41	4	4	33	0	0	39	2	0	22	17	0
南京晓庄学院	39	0	0	0	0	0	0	0	0	0	0	0	0	0	0
江苏理工学院	40	1	0	1	0	0	1	0	0	1	0	0	0	1	0
江苏海洋大学	41	0	0	0	0	0	0	0	0	0	0	0	0	0	0
徐州工程学院	42	1	1	1	0	1	0	0	0	1	0	0	1	0	0
南京特殊教育师范学院	43	1	0	1	0	0	0	1	0	1	0	0	0	1	0
泰州学院	44	8	2	8	2	2	2	2	0	3	5	0	1	5	0
金陵科技学院	45	1	1	1	1	0	0	0	0	1	0	0	1	0	0
江苏第二师范学院	46	6	4	6	1	3	2	0	0	6	0	0	6	0	0
南京工业职业技术大学	47	6	2	6	0	1	2	3	0	6	0	0	1	5	0
无锡学院	48	21	7	21	4	1	11	5	0	21	0	0	6	15	0
苏州城市学院	49	4	3	4	2	0	2	0	0	4	0	0	3	1	0
宿迁学院	50	1	1	1	0	0	1	0	0	1	0	0	0	1	0

3. 公办专科高等学校人文、社会科学活动人员情况表

学科门类		总计		按职称划分						按最后学历划分			按最后学位划分		其他人员
			女性	小计	教授	副教授	讲师	助教	初级	研究生	本科生	其他	博士	硕士	
	编号	L01	L02	L03	L04	L05	L06	L07	L08	L09	L10	L11	L12	L13	L14
合　计	/	17 018	10 888	17 018	976	4881	8398	2644	119	9124	7854	40	812	11346	0
管理学	1	3093	1863	3093	264	863	1450	465	51	1834	1253	6	228	2215	0
马克思主义	2	1003	671	1003	62	313	361	255	12	714	289	0	62	796	0
哲学	3	171	103	171	15	54	69	33	0	134	36	1	31	119	0
逻辑学	4	53	24	53	0	23	28	2	0	17	36	0	1	29	0
宗教学	5	1	0	1	0	1	0	0	0	0	1	0	0	0	0
语言学	6	2220	1814	2220	50	646	1368	154	2	811	1407	2	27	1242	0
中国文学	7	551	390	551	47	247	213	43	1	258	293	0	51	328	0
外国文学	8	195	146	195	5	60	115	13	2	98	97	0	6	124	0
艺术学	9	2422	1475	2422	80	628	1252	447	15	1304	1118	0	65	1558	0
历史学	10	97	45	97	6	39	41	9	2	66	31	0	15	60	0
考古学	11	4	1	4	0	0	3	1	0	4	0	0	2	2	0
经济学	12	1581	1092	1581	123	456	734	262	6	923	658	0	99	1113	0
政治学	13	187	119	187	9	54	88	35	1	111	76	0	7	141	0
法学	14	392	248	392	17	103	192	77	3	235	157	0	17	284	0
社会学	15	264	192	264	14	63	128	56	3	174	76	14	17	199	0
民族学与文化学	16	14	11	14	2	5	5	2	0	10	4	0	3	9	0
新闻学与传播学	17	105	72	105	2	19	58	25	1	65	40	0	4	65	0
图书馆、情报与文献学	18	487	332	487	17	86	342	41	1	133	341	13	4	201	0
教育学	19	2832	1721	2832	217	776	1331	496	12	1647	1183	2	151	2066	0
统计学	20	74	44	74	3	19	40	12	0	35	39	0	7	42	0
心理学	21	194	165	194	5	42	100	42	5	131	63	0	3	153	0
体育科学	22	1034	333	1034	33	376	459	164	2	387	645	2	5	568	0
其他学科	23	44	27	44	5	8	21	10	0	33	11	0	7	32	0

3.1 管理学人文、社会科学活动人员情况表

高校名称		总计		按职称划分						按最后学历划分			按最后学位划分		其他
			女性	小计	教授	副教授	讲师	助教	初级	研究生	本科生	其他	博士	硕士	人员
	编号	L01	L02	L03	L04	L05	L06	L07	L08	L09	L10	L11	L12	L13	L14
合　计	/	3093	1863	3093	264	863	1450	465	51	1834	1253	6	228	2215	0
盐城幼儿师范高等专科学校	1	9	8	9	0	2	3	4	0	5	4	0	0	6	0
苏州幼儿师范高等专科学校	2	1	0	1	1	0	0	0	0	1	0	0	0	1	0
无锡职业技术学院	3	88	48	88	10	23	37	18	0	71	17	0	17	58	0
江苏建筑职业技术学院	4	52	31	52	3	14	34	1	0	48	4	0	6	45	0
江苏工程职业技术学院	5	52	26	52	3	21	28	0	0	31	21	0	0	41	0
苏州工艺美术职业技术学院	6	15	8	15	1	1	12	1	0	6	9	0	0	9	0
连云港职业技术学院	7	55	31	55	3	22	25	5	0	30	25	0	4	42	0
镇江市高等专科学校	8	84	49	84	12	31	19	22	0	41	43	0	5	63	0
南通职业大学	9	31	23	31	2	12	15	2	0	15	16	0	3	18	0
苏州市职业大学	10	93	58	93	7	29	50	7	0	56	37	0	10	64	0
沙洲职业工学院	11	21	13	21	3	4	11	3	0	9	11	1	1	12	0
扬州市职业大学	12	50	27	50	7	17	19	6	1	28	22	0	3	35	0
连云港师范高等专科学校	13	16	8	16	0	4	10	2	0	9	7	0	1	13	0
江苏经贸职业技术学院	14	135	84	135	24	53	53	5	0	84	51	0	14	97	0
泰州职业技术学院	15	20	14	20	0	7	12	1	0	14	6	0	1	17	0
常州信息职业技术学院	16	80	50	80	6	32	32	9	1	36	44	0	6	54	0
江苏海事职业技术学院	17	28	14	28	4	10	13	1	0	18	10	0	5	22	0
无锡科技职业学院	18	53	32	53	6	17	28	1	1	19	34	0	5	31	0
江苏医药职业学院	19	18	10	18	2	3	11	2	0	8	10	0	1	9	0
南通科技职业学院	20	17	11	17	0	5	7	5	0	12	5	0	0	13	0

苏州经贸职业技术学院	21	108	66	108	5	24	61	18	0	86	22	0	33	67	0
苏州工业职业技术学院	22	57	38	57	6	14	34	3	0	27	30	0	5	33	0
苏州卫生职业技术学院	23	44	30	44	1	3	26	14	0	23	21	0	0	24	0
无锡商业职业技术学院	24	196	136	196	12	38	87	21	38	101	95	0	6	163	0
江苏航运职业技术学院	25	77	37	77	7	13	49	8	0	37	40	0	2	55	0
南京交通职业技术学院	26	48	32	48	7	15	21	5	0	30	18	0	3	36	0
江苏电子信息职业学院	27	44	20	44	1	11	17	15	0	36	8	0	4	36	0
江苏农牧科技职业学院	28	15	8	15	0	5	10	0	0	15	0	0	0	15	0
常州纺织服装职业技术学院	29	95	57	95	6	32	45	12	0	43	52	0	4	57	0
苏州农业职业技术学院	30	21	15	21	0	12	8	1	0	8	13	0	2	16	0
南京科技职业学院	31	77	43	77	7	27	37	6	0	50	27	0	2	58	0
常州工业职业技术学院	32	56	37	56	5	14	25	12	0	41	15	0	1	45	0
常州工程职业技术学院	33	15	8	15	1	0	11	3	0	8	7	0	0	8	0
江苏农林职业技术学院	34	47	22	47	3	13	26	5	0	29	18	0	3	33	0
江苏食品药品职业技术学院	35	20	6	20	3	6	11	0	0	6	14	0	0	10	0
南京铁道职业技术学院	36	96	50	96	5	26	61	4	0	52	44	0	8	72	0
徐州工业职业技术学院	37	31	20	31	0	10	10	11	0	25	6	0	1	27	0
江苏信息职业技术学院	38	62	38	62	3	17	39	3	0	23	39	0	2	42	0
南京信息职业技术学院	39	54	28	54	5	16	17	16	0	35	19	0	6	40	0
常州机电职业技术学院	40	74	35	74	14	26	24	10	0	35	39	0	6	53	0
江阴职业技术学院	41	29	21	29	1	11	12	5	0	7	22	0	0	18	0
无锡城市职业技术学院	42	38	27	38	2	9	24	3	0	24	13	1	3	28	0
无锡工艺职业技术学院	43	31	16	31	2	10	12	7	0	24	7	0	3	27	0
苏州健雄职业技术学院	44	37	25	37	4	10	19	4	0	24	13	0	4	26	0

续表

高校名称		总计		按职称划分						按最后学历划分			按最后学位划分		其他
			女性	小计	教授	副教授	讲师	助教	初级	研究生	本科生	其他	博士	硕士	人员
	编号	L01	L02	L03	L04	L05	L06	L07	L08	L09	L10	L11	L12	L13	L14
盐城工业职业技术学院	45	58	29	58	8	17	22	11	0	38	19	1	0	41	0
江苏财经职业技术学院	46	94	49	94	15	35	24	17	3	49	44	1	8	66	0
扬州工业职业技术学院	47	29	12	29	2	7	9	11	0	25	4	0	3	23	0
江苏城市职业学院	48	95	62	95	10	22	53	10	0	75	20	0	20	64	0
南京城市职业学院	49	72	44	72	9	22	38	3	0	38	34	0	1	59	0
南京机电职业技术学院	50	24	17	24	0	1	7	16	0	4	20	0	0	4	0
南京旅游职业学院	51	63	42	63	2	10	29	22	0	50	11	2	4	47	0
江苏卫生健康职业学院	52	27	20	27	2	6	14	5	0	20	7	0	0	23	0
苏州信息职业技术学院	53	29	21	29	1	10	13	5	0	10	19	0	1	19	0
苏州工业园区服务外包职业学院	54	38	24	38	4	8	22	4	0	32	6	0	2	34	0
徐州幼儿师范高等专科学校	55	8	4	8	1	2	5	0	0	8	0	0	1	7	0
徐州生物工程职业技术学院	56	10	8	10	0	2	4	4	0	4	6	0	0	4	0
江苏商贸职业学院	57	54	38	54	3	13	22	16	0	32	22	0	1	37	0
南通师范高等专科学校	58	20	12	20	0	3	4	13	0	17	3	0	0	20	0
江苏护理职业学院	59	3	1	3	0	0	2	1	0	0	3	0	0	0	0
江苏财会职业学院	60	34	18	34	5	7	17	4	1	17	17	0	3	23	0
江苏城乡建设职业学院	61	43	27	43	2	7	19	9	6	18	25	0	0	25	0
江苏航空职业技术学院	62	25	17	25	1	8	7	9	0	14	11	0	1	17	0
江苏安全技术职业学院	63	2	2	2	0	0	1	1	0	1	1	0	0	1	0
江苏旅游职业学院	64	69	51	69	4	12	31	22	0	49	20	0	3	57	0
常州幼儿师范高等专科学校	65	6	5	6	1	2	2	1	0	3	3	0	0	5	0

3.2 马克思主义人文、社会科学活动人员情况表

高校名称		总计		按职称划分						按最后学历划分			按最后学位划分		其他
			女性	小计	教授	副教授	讲师	助教	初级	研究生	本科生	其他	博士	硕士	人员
	编号	L01	L02	L03	L04	L05	L06	L07	L08	L09	L10	L11	L12	L13	L14
合　计	/	1003	671	1003	62	313	361	255	12	714	289	0	62	796	0
盐城幼儿师范高等专科学校	1	6	3	6	1	1	0	4	0	5	1	0	0	6	0
苏州幼儿师范高等专科学校	2	2	1	2	0	1	0	1	0	2	0	0	0	2	0
无锡职业技术学院	3	20	14	20	0	4	5	11	0	20	0	0	3	17	0
江苏建筑职业技术学院	4	24	16	24	4	6	13	1	0	21	3	0	0	24	0
江苏工程职业技术学院	5	21	13	21	1	3	17	0	0	18	3	0	0	20	0
苏州工艺美术职业技术学院	6	18	12	18	1	7	2	8	0	17	1	0	3	15	0
连云港职业技术学院	7	11	7	11	0	5	2	4	0	8	3	0	0	9	0
镇江市高等专科学校	8	27	20	27	1	7	13	6	0	13	14	0	0	20	0
南通职业大学	9	15	10	15	3	4	4	4	0	9	6	0	0	15	0
苏州市职业大学	10	37	21	37	1	13	20	3	0	28	9	0	6	23	0
沙洲职业工学院	11	2	0	2	0	1	1	0	0	1	1	0	0	0	0
扬州市职业大学	12	21	12	21	2	6	5	5	3	12	9	0	0	18	0
连云港师范高等专科学校	13	10	8	10	0	3	1	6	0	10	0	0	0	10	0
江苏经贸职业技术学院	14	20	14	20	2	9	7	2	0	13	7	0	3	14	0
泰州职业技术学院	15	12	7	12	1	5	6	0	0	5	7	0	0	9	0
常州信息职业技术学院	16	12	7	12	1	6	5	0	0	11	1	0	2	10	0
江苏海事职业技术学院	17	40	26	40	1	17	19	3	0	25	15	0	3	31	0
无锡科技职业学院	18	4	4	4	1	0	3	0	0	2	2	0	0	3	0
江苏医药职业学院	19	13	8	13	2	3	1	7	0	8	5	0	1	9	0
南通科技职业学院	20	3	1	3	0	2	1	0	0	1	2	0	0	2	0

续表

高校名称		总计		按职称划分						按最后学历划分			按最后学位划分		其他
			女性	小计	教授	副教授	讲师	助教	初级	研究生	本科生	其他	博士	硕士	人员
	编号	L01	L02	L03	L04	L05	L06	L07	L08	L09	L10	L11	L12	L13	L14
苏州经贸职业技术学院	21	8	6	8	1	0	3	4	0	8	0	0	3	5	0
苏州工业职业技术学院	22	14	11	14	1	4	8	1	0	4	10	0	2	8	0
苏州卫生职业技术学院	23	11	9	11	0	2	7	2	0	7	4	0	1	7	0
无锡商业职业技术学院	24	33	19	33	2	10	7	14	0	25	8	0	1	29	0
江苏航运职业技术学院	25	18	8	18	1	8	7	2	0	9	9	0	1	15	0
南京交通职业技术学院	26	18	12	18	1	6	3	8	0	12	6	0	2	15	0
江苏电子信息职业学院	27	16	8	16	4	5	2	5	0	11	5	0	2	13	0
江苏农牧科技职业学院	28	19	11	19	1	5	9	4	0	14	5	0	0	15	0
常州纺织服装职业技术学院	29	17	12	17	4	3	3	7	0	14	3	0	1	12	0
苏州农业职业技术学院	30	13	9	13	2	6	3	2	0	8	5	0	0	10	0
南京科技职业学院	31	39	27	39	1	12	17	9	0	30	9	0	1	34	0
常州工业职业技术学院	32	15	10	15	0	4	5	6	0	13	2	0	2	13	0
常州工程职业技术学院	33	16	9	16	0	1	1	14	0	14	2	0	0	15	0
江苏农林职业技术学院	34	24	13	24	1	5	16	2	0	14	10	0	1	22	0
江苏食品药品职业技术学院	35	14	9	14	0	9	5	0	0	6	8	0	1	10	0
南京铁道职业技术学院	36	21	15	21	1	6	9	5	0	18	3	0	4	17	0
徐州工业职业技术学院	37	15	10	15	1	2	5	7	0	9	6	0	0	11	0
江苏信息职业技术学院	38	14	7	14	1	7	4	2	0	6	8	0	1	9	0
南京信息职业技术学院	39	21	14	21	1	9	5	6	0	17	4	0	4	15	0
常州机电职业技术学院	40	19	11	19	1	4	5	9	0	15	4	0	0	18	0
江阴职业技术学院	41	7	7	7	0	4	3	0	0	2	5	0	0	4	0

无锡城市职业技术学院	42	19	12	19	1	7	10	1	0	9	10	0	2	11	0
无锡工艺职业技术学院	43	15	10	15	2	3	1	9	0	11	4	0	0	13	0
苏州健雄职业技术学院	44	7	3	7	1	6	0	0	0	5	2	0	1	5	0
盐城工业职业技术学院	45	17	15	17	1	3	5	8	0	14	3	0	0	14	0
江苏财经职业技术学院	46	22	17	22	1	9	3	7	2	16	6	0	1	19	0
扬州工业职业技术学院	47	34	25	34	1	12	9	12	0	27	7	0	4	24	0
江苏城市职业学院	48	21	15	21	1	6	8	6	0	17	4	0	2	16	0
南京城市职业学院	49	6	3	6	0	1	5	0	0	5	1	0	0	6	0
南京机电职业技术学院	50	7	6	7	0	0	4	3	0	2	5	0	0	2	0
南京旅游职业学院	51	9	8	9	0	1	5	3	0	8	1	0	1	8	0
江苏卫生健康职业学院	52	13	10	13	0	4	4	5	0	12	1	0	0	12	0
苏州信息职业技术学院	53	7	3	7	0	6	0	1	0	1	6	0	0	1	0
苏州工业园区服务外包职业学院	54	9	7	9	0	3	6	0	0	9	0	0	1	8	0
徐州幼儿师范高等专科学校	55	7	5	7	3	3	0	1	0	2	5	0	1	0	0
徐州生物工程职业技术学院	56	4	3	4	1	2	0	1	0	2	2	0	1	1	0
江苏商贸职业学院	57	26	20	26	0	11	9	6	0	21	5	0	0	21	0
南通师范高等专科学校	58	7	7	7	0	1	4	2	0	4	3	0	0	6	0
江苏护理职业学院	59	10	8	10	0	3	3	4	0	8	2	0	0	9	0
江苏财会职业学院	60	5	2	5	1	2	1	1	0	2	3	0	0	3	0
江苏城乡建设职业学院	61	13	12	13	0	1	0	5	7	13	0	0	0	13	0
江苏航空职业技术学院	62	4	4	4	0	2	1	1	0	3	1	0	0	3	0
江苏安全技术职业学院	63	21	17	21	0	0	19	2	0	21	0	0	0	21	0
江苏旅游职业学院	64	21	10	21	3	9	7	2	0	15	6	0	0	19	0
常州幼儿师范高等专科学校	65	9	8	9	0	3	5	1	0	2	7	0	0	7	0

3.3 哲学人文、社会科学活动人员情况表

高校名称		总计		按职称划分						按最后学历划分			按最后学位划分		其他人员
			女性	小计	教授	副教授	讲师	助教	初级	研究生	本科生	其他	博士	硕士	
	编号	L01	L02	L03	L04	L05	L06	L07	L08	L09	L10	L11	L12	L13	L14
合　计	/	171	103	171	15	54	69	33	0	134	36	1	31	119	0
盐城幼儿师范高等专科学校	1	1	1	1	0	0	0	1	0	1	0	0	0	1	0
苏州幼儿师范高等专科学校	2	1	1	1	0	1	0	0	0	1	0	0	0	1	0
无锡职业技术学院	3	4	3	4	1	2	1	0	0	3	1	0	1	2	0
江苏建筑职业技术学院	4	5	4	5	1	3	1	0	0	5	0	0	1	4	0
江苏工程职业技术学院	5	3	3	3	0	1	2	0	0	3	0	0	0	3	0
苏州工艺美术职业技术学院	6	2	1	2	0	1	1	0	0	2	0	0	1	1	0
连云港职业技术学院	7	2	1	2	0	0	1	1	0	1	1	0	0	1	0
镇江市高等专科学校	8	0	0	0	0	0	0	0	0	0	0	0	0	0	0
南通职业大学	9	1	0	1	0	0	1	0	0	1	0	0	0	1	0
苏州市职业大学	10	21	13	21	1	6	13	1	0	17	4	0	5	14	0
沙洲职业工学院	11	2	1	2	0	0	2	0	0	0	2	0	0	0	0
扬州市职业大学	12	10	6	10	3	4	3	0	0	1	9	0	0	6	0
连云港师范高等专科学校	13	3	2	3	0	0	2	1	0	3	0	0	0	3	0
江苏经贸职业技术学院	14	2	1	2	0	1	1	0	0	2	0	0	1	1	0
泰州职业技术学院	15	0	0	0	0	0	0	0	0	0	0	0	0	0	0
常州信息职业技术学院	16	7	3	7	1	3	1	2	0	3	4	0	1	5	0
江苏海事职业技术学院	17	4	2	4	0	2	2	0	0	4	0	0	1	3	0
无锡科技职业学院	18	2	2	2	0	1	1	0	0	2	0	0	0	2	0
江苏医药职业学院	19	6	3	6	2	0	2	2	0	5	0	1	2	4	0
南通科技职业学院	20	0	0	0	0	0	0	0	0	0	0	0	0	0	0

苏州经贸职业技术学院	21	2	1	2	0	0	2	0	0	2	0	0	0	2	0
苏州工业职业技术学院	22	0	0	0	0	0	0	0	0	0	0	0	0	0	0
苏州卫生职业技术学院	23	3	3	3	0	2	1	0	0	2	1	0	0	2	0
无锡商业职业技术学院	24	3	3	3	0	0	0	3	0	3	0	0	0	3	0
江苏航运职业技术学院	25	1	1	1	0	0	1	0	0	1	0	0	0	1	0
南京交通职业技术学院	26	1	0	1	0	1	0	0	0	1	0	0	0	1	0
江苏电子信息职业学院	27	2	0	2	0	0	0	2	0	2	0	0	0	2	0
江苏农牧科技职业学院	28	0	0	0	0	0	0	0	0	0	0	0	0	0	0
常州纺织服装职业技术学院	29	2	2	2	0	0	2	0	0	1	1	0	0	1	0
苏州农业职业技术学院	30	1	1	1	0	1	0	0	0	1	0	0	0	1	0
南京科技职业学院	31	3	2	3	1	1	1	0	0	3	0	0	0	3	0
常州工业职业技术学院	32	4	2	4	0	1	0	3	0	4	0	0	1	3	0
常州工程职业技术学院	33	2	0	2	0	1	0	1	0	2	0	0	1	1	0
江苏农林职业技术学院	34	0	0	0	0	0	0	0	0	0	0	0	0	0	0
江苏食品药品职业技术学院	35	0	0	0	0	0	0	0	0	0	0	0	0	0	0
南京铁道职业技术学院	36	5	2	5	0	1	2	2	0	5	0	0	2	3	0
徐州工业职业技术学院	37	1	0	1	0	0	1	0	0	1	0	0	0	1	0
江苏信息职业技术学院	38	2	2	2	0	0	2	0	0	2	0	0	1	1	0
南京信息职业技术学院	39	1	0	1	0	1	0	0	0	0	1	0	0	0	0
常州机电职业技术学院	40	8	3	8	2	3	2	1	0	8	0	0	5	3	0
江阴职业技术学院	41	0	0	0	0	0	0	0	0	0	0	0	0	0	0
无锡城市职业技术学院	42	0	0	0	0	0	0	0	0	0	0	0	0	0	0
无锡工艺职业技术学院	43	0	0	0	0	0	0	0	0	0	0	0	0	0	0
苏州健雄职业技术学院	44	4	4	4	0	2	0	2	0	3	1	0	0	4	0

续表

高校名称		总计		按职称划分						按最后学历划分			按最后学位划分		其他
			女性	小计	教授	副教授	讲师	助教	初级	研究生	本科生	其他	博士	硕士	人员
	编号	L01	L02	L03	L04	L05	L06	L07	L08	L09	L10	L11	L12	L13	L14
盐城工业职业技术学院	45	3	1	3	0	0	1	2	0	3	0	0	1	2	0
江苏财经职业技术学院	46	9	4	9	1	3	3	2	0	8	1	0	3	5	0
扬州工业职业技术学院	47	2	1	2	0	0	2	0	0	2	0	0	0	2	0
江苏城市职业学院	48	4	4	4	0	1	3	0	0	4	0	0	2	2	0
南京城市职业学院	49	2	1	2	1	0	1	0	0	2	0	0	0	1	0
南京机电职业技术学院	50	1	1	1	0	0	0	1	0	0	1	0	0	0	0
南京旅游职业学院	51	2	2	2	0	1	0	1	0	1	1	0	0	1	0
江苏卫生健康职业学院	52	4	2	4	0	1	0	3	0	4	0	0	1	3	0
苏州信息职业技术学院	53	0	0	0	0	0	0	0	0	0	0	0	0	0	0
苏州工业园区服务外包职业学院	54	1	1	1	0	1	0	0	0	1	0	0	0	1	0
徐州幼儿师范高等专科学校	55	5	5	5	0	3	2	0	0	4	1	0	1	4	0
徐州生物工程职业技术学院	56	3	1	3	0	2	1	0	0	1	2	0	0	2	0
江苏商贸职业学院	57	1	0	1	0	1	0	0	0	1	0	0	0	1	0
南通师范高等专科学校	58	0	0	0	0	0	0	0	0	0	0	0	0	0	0
江苏护理职业学院	59	7	3	7	1	1	4	1	0	3	4	0	0	6	0
江苏财会职业学院	60	0	0	0	0	0	0	0	0	0	0	0	0	0	0
江苏城乡建设职业学院	61	1	1	1	0	1	0	0	0	0	1	0	0	0	0
江苏航空职业技术学院	62	1	1	1	0	0	0	1	0	1	0	0	0	1	0
江苏安全技术职业学院	63	4	2	4	0	0	4	0	0	4	0	0	0	4	0
江苏旅游职业学院	64	0	0	0	0	0	0	0	0	0	0	0	0	0	0
常州幼儿师范高等专科学校	65	0	0	0	0	0	0	0	0	0	0	0	0	0	0

3.4 逻辑学人文、社会科学活动人员情况表

高校名称		总计		按职称划分						按最后学历划分			按最后学位划分		其他人员
			女性	小计	教授	副教授	讲师	助教	初级	研究生	本科生	其他	博士	硕士	
	编号	L01	L02	L03	L04	L05	L06	L07	L08	L09	L10	L11	L12	L13	L14
合　计	/	53	24	53	0	23	28	2	0	17	36	0	1	29	0
盐城幼儿师范高等专科学校	1	0	0	0	0	0	0	0	0	0	0	0	0	0	0
苏州幼儿师范高等专科学校	2	9	5	9	0	5	4	0	0	6	3	0	0	7	0
无锡职业技术学院	3	0	0	0	0	0	0	0	0	0	0	0	0	0	0
江苏建筑职业技术学院	4	0	0	0	0	0	0	0	0	0	0	0	0	0	0
江苏工程职业技术学院	5	0	0	0	0	0	0	0	0	0	0	0	0	0	0
苏州工艺美术职业技术学院	6	0	0	0	0	0	0	0	0	0	0	0	0	0	0
连云港职业技术学院	7	1	1	1	0	0	1	0	0	1	0	0	0	1	0
镇江市高等专科学校	8	0	0	0	0	0	0	0	0	0	0	0	0	0	0
南通职业大学	9	0	0	0	0	0	0	0	0	0	0	0	0	0	0
苏州市职业大学	10	0	0	0	0	0	0	0	0	0	0	0	0	0	0
沙洲职业工学院	11	0	0	0	0	0	0	0	0	0	0	0	0	0	0
扬州市职业大学	12	1	0	1	0	0	1	0	0	0	1	0	0	1	0
连云港师范高等专科学校	13	0	0	0	0	0	0	0	0	0	0	0	0	0	0
江苏经贸职业技术学院	14	0	0	0	0	0	0	0	0	0	0	0	0	0	0
泰州职业技术学院	15	0	0	0	0	0	0	0	0	0	0	0	0	0	0
常州信息职业技术学院	16	0	0	0	0	0	0	0	0	0	0	0	0	0	0
江苏海事职业技术学院	17	0	0	0	0	0	0	0	0	0	0	0	0	0	0
无锡科技职业学院	18	0	0	0	0	0	0	0	0	0	0	0	0	0	0
江苏医药职业学院	19	0	0	0	0	0	0	0	0	0	0	0	0	0	0
南通科技职业学院	20	1	1	1	0	1	0	0	0	0	1	0	0	1	0

续表

高校名称		总计		按职称划分						按最后学历划分			按最后学位划分		其他
			女性	小计	教授	副教授	讲师	助教	初级	研究生	本科生	其他	博士	硕士	人员
	编号	L01	L02	L03	L04	L05	L06	L07	L08	L09	L10	L11	L12	L13	L14
苏州经贸职业技术学院	21	0	0	0	0	0	0	0	0	0	0	0	0	0	0
苏州工业职业技术学院	22	0	0	0	0	0	0	0	0	0	0	0	0	0	0
苏州卫生职业技术学院	23	5	3	5	0	0	5	0	0	1	4	0	0	1	0
无锡商业职业技术学院	24	0	0	0	0	0	0	0	0	0	0	0	0	0	0
江苏航运职业技术学院	25	1	0	1	0	0	1	0	0	1	0	0	1	0	0
南京交通职业技术学院	26	0	0	0	0	0	0	0	0	0	0	0	0	0	0
江苏电子信息职业学院	27	0	0	0	0	0	0	0	0	0	0	0	0	0	0
江苏农牧科技职业学院	28	0	0	0	0	0	0	0	0	0	0	0	0	0	0
常州纺织服装职业技术学院	29	8	1	8	0	2	6	0	0	3	5	0	0	4	0
苏州农业职业技术学院	30	0	0	0	0	0	0	0	0	0	0	0	0	0	0
南京科技职业学院	31	0	0	0	0	0	0	0	0	0	0	0	0	0	0
常州工业职业技术学院	32	0	0	0	0	0	0	0	0	0	0	0	0	0	0
常州工程职业技术学院	33	1	0	1	0	0	0	1	0	1	0	0	0	1	0
江苏农林职业技术学院	34	0	0	0	0	0	0	0	0	0	0	0	0	0	0
江苏食品药品职业技术学院	35	10	7	10	0	4	6	0	0	0	10	0	0	5	0
南京铁道职业技术学院	36	0	0	0	0	0	0	0	0	0	0	0	0	0	0
徐州工业职业技术学院	37	1	0	1	0	0	1	0	0	1	0	0	0	1	0
江苏信息职业技术学院	38	0	0	0	0	0	0	0	0	0	0	0	0	0	0
南京信息职业技术学院	39	0	0	0	0	0	0	0	0	0	0	0	0	0	0
常州机电职业技术学院	40	0	0	0	0	0	0	0	0	0	0	0	0	0	0
江阴职业技术学院	41	0	0	0	0	0	0	0	0	0	0	0	0	0	0

无锡城市职业技术学院	42	0	0	0	0	0	0	0	0	0	0	0	0	0	0
无锡工艺职业技术学院	43	1	0	1	0	1	0	0	0	0	1	0	0	0	0
苏州健雄职业技术学院	44	1	0	1	0	1	0	0	0	0	1	0	0	0	0
盐城工业职业技术学院	45	0	0	0	0	0	0	0	0	0	0	0	0	0	0
江苏财经职业技术学院	46	0	0	0	0	0	0	0	0	0	0	0	0	0	0
扬州工业职业技术学院	47	0	0	0	0	0	0	0	0	0	0	0	0	0	0
江苏城市职业学院	48	0	0	0	0	0	0	0	0	0	0	0	0	0	0
南京城市职业学院	49	2	1	2	0	2	0	0	0	0	2	0	0	1	0
南京机电职业技术学院	50	0	0	0	0	0	0	0	0	0	0	0	0	0	0
南京旅游职业学院	51	0	0	0	0	0	0	0	0	0	0	0	0	0	0
江苏卫生健康职业学院	52	0	0	0	0	0	0	0	0	0	0	0	0	0	0
苏州信息职业技术学院	53	0	0	0	0	0	0	0	0	0	0	0	0	0	0
苏州工业园区服务外包职业学院	54	0	0	0	0	0	0	0	0	0	0	0	0	0	0
徐州幼儿师范高等专科学校	55	0	0	0	0	0	0	0	0	0	0	0	0	0	0
徐州生物工程职业技术学院	56	0	0	0	0	0	0	0	0	0	0	0	0	0	0
江苏商贸职业学院	57	0	0	0	0	0	0	0	0	0	0	0	0	0	0
南通师范高等专科学校	58	0	0	0	0	0	0	0	0	0	0	0	0	0	0
江苏护理职业学院	59	1	0	1	0	0	1	0	0	0	1	0	0	1	0
江苏财会职业学院	60	0	0	0	0	0	0	0	0	0	0	0	0	0	0
江苏城乡建设职业学院	61	0	0	0	0	0	0	0	0	0	0	0	0	0	0
江苏航空职业技术学院	62	1	1	1	0	0	1	0	0	1	0	0	0	1	0
江苏安全技术职业学院	63	0	0	0	0	0	0	0	0	0	0	0	0	0	0
江苏旅游职业学院	64	2	0	2	0	2	0	0	0	1	1	0	0	2	0
常州幼儿师范高等专科学校	65	7	4	7	0	5	1	1	0	1	6	0	0	2	0

3.5 宗教学人文、社会科学活动人员情况表

高校名称		总计		按职称划分						按最后学历划分			按最后学位划分		其他人员
			女性	小计	教授	副教授	讲师	助教	初级	研究生	本科生	其他	博士	硕士	
	编号	L01	L02	L03	L04	L05	L06	L07	L08	L09	L10	L11	L12	L13	L14
合　计	/	1	0	1	0	1	0	0	0	0	1	0	0	0	0
盐城幼儿师范高等专科学校	1	0	0	0	0	0	0	0	0	0	0	0	0	0	0
苏州幼儿师范高等专科学校	2	0	0	0	0	0	0	0	0	0	0	0	0	0	0
无锡职业技术学院	3	0	0	0	0	0	0	0	0	0	0	0	0	0	0
江苏建筑职业技术学院	4	0	0	0	0	0	0	0	0	0	0	0	0	0	0
江苏工程职业技术学院	5	0	0	0	0	0	0	0	0	0	0	0	0	0	0
苏州工艺美术职业技术学院	6	0	0	0	0	0	0	0	0	0	0	0	0	0	0
连云港职业技术学院	7	1	0	1	0	1	0	0	0	0	1	0	0	0	0
镇江市高等专科学校	8	0	0	0	0	0	0	0	0	0	0	0	0	0	0
南通职业大学	9	0	0	0	0	0	0	0	0	0	0	0	0	0	0
苏州市职业大学	10	0	0	0	0	0	0	0	0	0	0	0	0	0	0
沙洲职业工学院	11	0	0	0	0	0	0	0	0	0	0	0	0	0	0
扬州市职业大学	12	0	0	0	0	0	0	0	0	0	0	0	0	0	0
连云港师范高等专科学校	13	0	0	0	0	0	0	0	0	0	0	0	0	0	0
江苏经贸职业技术学院	14	0	0	0	0	0	0	0	0	0	0	0	0	0	0
泰州职业技术学院	15	0	0	0	0	0	0	0	0	0	0	0	0	0	0
常州信息职业技术学院	16	0	0	0	0	0	0	0	0	0	0	0	0	0	0
江苏海事职业技术学院	17	0	0	0	0	0	0	0	0	0	0	0	0	0	0
无锡科技职业学院	18	0	0	0	0	0	0	0	0	0	0	0	0	0	0
江苏医药职业学院	19	0	0	0	0	0	0	0	0	0	0	0	0	0	0
南通科技职业学院	20	0	0	0	0	0	0	0	0	0	0	0	0	0	0

苏州经贸职业技术学院	21	0	0	0	0	0	0	0	0	0	0	0	0	0	0
苏州工业职业技术学院	22	0	0	0	0	0	0	0	0	0	0	0	0	0	0
苏州卫生职业技术学院	23	0	0	0	0	0	0	0	0	0	0	0	0	0	0
无锡商业职业技术学院	24	0	0	0	0	0	0	0	0	0	0	0	0	0	0
江苏航运职业技术学院	25	0	0	0	0	0	0	0	0	0	0	0	0	0	0
南京交通职业技术学院	26	0	0	0	0	0	0	0	0	0	0	0	0	0	0
江苏电子信息职业学院	27	0	0	0	0	0	0	0	0	0	0	0	0	0	0
江苏农牧科技职业学院	28	0	0	0	0	0	0	0	0	0	0	0	0	0	0
常州纺织服装职业技术学院	29	0	0	0	0	0	0	0	0	0	0	0	0	0	0
苏州农业职业技术学院	30	0	0	0	0	0	0	0	0	0	0	0	0	0	0
南京科技职业学院	31	0	0	0	0	0	0	0	0	0	0	0	0	0	0
常州工业职业技术学院	32	0	0	0	0	0	0	0	0	0	0	0	0	0	0
常州工程职业技术学院	33	0	0	0	0	0	0	0	0	0	0	0	0	0	0
江苏农林职业技术学院	34	0	0	0	0	0	0	0	0	0	0	0	0	0	0
江苏食品药品职业技术学院	35	0	0	0	0	0	0	0	0	0	0	0	0	0	0
南京铁道职业技术学院	36	0	0	0	0	0	0	0	0	0	0	0	0	0	0
徐州工业职业技术学院	37	0	0	0	0	0	0	0	0	0	0	0	0	0	0
江苏信息职业技术学院	38	0	0	0	0	0	0	0	0	0	0	0	0	0	0
南京信息职业技术学院	39	0	0	0	0	0	0	0	0	0	0	0	0	0	0
常州机电职业技术学院	40	0	0	0	0	0	0	0	0	0	0	0	0	0	0
江阴职业技术学院	41	0	0	0	0	0	0	0	0	0	0	0	0	0	0
无锡城市职业技术学院	42	0	0	0	0	0	0	0	0	0	0	0	0	0	0
无锡工艺职业技术学院	43	0	0	0	0	0	0	0	0	0	0	0	0	0	0
苏州健雄职业技术学院	44	0	0	0	0	0	0	0	0	0	0	0	0	0	0

续表

高校名称		总计		按职称划分						按最后学历划分			按最后学位划分		其他人员
			女性	小计	教授	副教授	讲师	助教	初级	研究生	本科生	其他	博士	硕士	
	编号	L01	L02	L03	L04	L05	L06	L07	L08	L09	L10	L11	L12	L13	L14
盐城工业职业技术学院	45	0	0	0	0	0	0	0	0	0	0	0	0	0	0
江苏财经职业技术学院	46	0	0	0	0	0	0	0	0	0	0	0	0	0	0
扬州工业职业技术学院	47	0	0	0	0	0	0	0	0	0	0	0	0	0	0
江苏城市职业学院	48	0	0	0	0	0	0	0	0	0	0	0	0	0	0
南京城市职业学院	49	0	0	0	0	0	0	0	0	0	0	0	0	0	0
南京机电职业技术学院	50	0	0	0	0	0	0	0	0	0	0	0	0	0	0
南京旅游职业学院	51	0	0	0	0	0	0	0	0	0	0	0	0	0	0
江苏卫生健康职业学院	52	0	0	0	0	0	0	0	0	0	0	0	0	0	0
苏州信息职业技术学院	53	0	0	0	0	0	0	0	0	0	0	0	0	0	0
苏州工业园区服务外包职业学院	54	0	0	0	0	0	0	0	0	0	0	0	0	0	0
徐州幼儿师范高等专科学校	55	0	0	0	0	0	0	0	0	0	0	0	0	0	0
徐州生物工程职业技术学院	56	0	0	0	0	0	0	0	0	0	0	0	0	0	0
江苏商贸职业学院	57	0	0	0	0	0	0	0	0	0	0	0	0	0	0
南通师范高等专科学校	58	0	0	0	0	0	0	0	0	0	0	0	0	0	0
江苏护理职业学院	59	0	0	0	0	0	0	0	0	0	0	0	0	0	0
江苏财会职业学院	60	0	0	0	0	0	0	0	0	0	0	0	0	0	0
江苏城乡建设职业学院	61	0	0	0	0	0	0	0	0	0	0	0	0	0	0
江苏航空职业技术学院	62	0	0	0	0	0	0	0	0	0	0	0	0	0	0
江苏安全技术职业学院	63	0	0	0	0	0	0	0	0	0	0	0	0	0	0
江苏旅游职业学院	64	0	0	0	0	0	0	0	0	0	0	0	0	0	0
常州幼儿师范高等专科学校	65	0	0	0	0	0	0	0	0	0	0	0	0	0	0

3.6 语言学人文、社会科学活动人员情况表

高校名称		总计		按职称划分						按最后学历划分			按最后学位划分		其他人员
			女性	小计	教授	副教授	讲师	助教	初级	研究生	本科生	其他	博士	硕士	
	编号	L01	L02	L03	L04	L05	L06	L07	L08	L09	L10	L11	L12	L13	L14
合　计	/	2220	1814	2220	50	646	1368	154	2	811	1407	2	27	1242	0
盐城幼儿师范高等专科学校	1	89	75	89	1	38	45	5	0	10	79	0	1	34	0
苏州幼儿师范高等专科学校	2	15	13	15	3	5	6	1	0	9	6	0	0	14	0
无锡职业技术学院	3	60	48	60	0	6	40	14	0	44	16	0	3	40	0
江苏建筑职业技术学院	4	29	23	29	0	16	12	1	0	21	8	0	0	22	0
江苏工程职业技术学院	5	25	21	25	1	9	15	0	0	12	13	0	0	15	0
苏州工艺美术职业技术学院	6	14	12	14	0	8	6	0	0	7	7	0	0	12	0
连云港职业技术学院	7	38	29	38	0	11	24	3	0	4	34	0	0	15	0
镇江市高等专科学校	8	60	47	60	1	19	39	1	0	19	41	0	1	24	0
南通职业大学	9	36	31	36	0	6	26	4	0	11	25	0	0	21	0
苏州市职业大学	10	74	61	74	3	18	53	0	0	40	34	0	3	47	0
沙洲职业工学院	11	20	19	20	0	7	12	1	0	0	20	0	0	4	0
扬州市职业大学	12	106	82	106	3	34	63	6	0	57	49	0	1	62	0
连云港师范高等专科学校	13	48	39	48	1	22	23	2	0	22	26	0	1	47	0
江苏经贸职业技术学院	14	53	43	53	3	15	29	6	0	21	32	0	0	37	0
泰州职业技术学院	15	19	16	19	0	9	10	0	0	2	17	0	0	5	0
常州信息职业技术学院	16	58	46	58	1	20	33	4	0	21	37	0	2	29	0
江苏海事职业技术学院	17	68	53	68	3	12	53	0	0	25	43	0	1	53	0
无锡科技职业学院	18	44	31	44	1	10	33	0	0	7	37	0	0	18	0
江苏医药职业学院	19	21	16	21	1	8	10	2	0	4	16	1	0	12	0
南通科技职业学院	20	23	18	23	0	4	17	2	0	12	11	0	0	11	0

续表

高校名称		总计		按职称划分						按最后学历划分			按最后学位划分		其他
			女性	小计	教授	副教授	讲师	助教	初级	研究生	本科生	其他	博士	硕士	人员
	编号	L01	L02	L03	L04	L05	L06	L07	L08	L09	L10	L11	L12	L13	L14
苏州经贸职业技术学院	21	20	17	20	0	3	16	1	0	14	6	0	1	14	0
苏州工业职业技术学院	22	48	43	48	2	7	39	0	0	12	36	0	0	18	0
苏州卫生职业技术学院	23	32	28	32	1	6	20	5	0	14	18	0	0	15	0
无锡商业职业技术学院	24	51	38	51	0	10	38	3	0	12	39	0	1	31	0
江苏航运职业技术学院	25	36	23	36	0	17	19	0	0	10	26	0	0	22	0
南京交通职业技术学院	26	30	26	30	2	6	21	1	0	15	15	0	1	23	0
江苏电子信息职业学院	27	9	6	9	0	5	0	4	0	5	4	0	0	8	0
江苏农牧科技职业学院	28	2	1	2	0	0	2	0	0	0	2	0	0	0	0
常州纺织服装职业技术学院	29	45	32	45	2	17	22	4	0	12	33	0	2	18	0
苏州农业职业技术学院	30	24	19	24	0	11	12	1	0	3	21	0	0	12	0
南京科技职业学院	31	35	30	35	0	9	25	1	0	20	15	0	0	28	0
常州工业职业技术学院	32	31	26	31	0	8	20	3	0	5	26	0	0	16	0
常州工程职业技术学院	33	3	3	3	0	1	1	1	0	1	2	0	0	1	0
江苏农林职业技术学院	34	26	22	26	0	9	16	1	0	6	20	0	0	9	0
江苏食品药品职业技术学院	35	35	26	35	0	5	29	1	0	7	28	0	0	13	0
南京铁道职业技术学院	36	19	17	19	0	5	13	1	0	7	12	0	0	13	0
徐州工业职业技术学院	37	17	12	17	0	9	7	1	0	5	12	0	0	8	0
江苏信息职业技术学院	38	33	29	33	1	8	24	0	0	10	23	0	0	22	0
南京信息职业技术学院	39	30	24	30	0	12	16	2	0	15	15	0	1	21	0
常州机电职业技术学院	40	35	30	35	0	11	21	3	0	10	25	0	0	18	0
江阴职业技术学院	41	47	35	47	1	11	29	6	0	3	43	1	1	15	0

无锡城市职业技术学院	42	37	24	37	2	15	20	0	0	6	31	0	0	10	0
无锡工艺职业技术学院	43	26	22	26	0	5	20	1	0	11	15	0	0	15	0
苏州健雄职业技术学院	44	37	32	37	1	7	24	5	0	13	24	0	0	20	0
盐城工业职业技术学院	45	22	19	22	0	8	8	6	0	10	12	0	0	10	0
江苏财经职业技术学院	46	22	19	22	0	6	12	3	1	7	15	0	0	9	0
扬州工业职业技术学院	47	41	34	41	1	12	22	6	0	24	17	0	1	25	0
江苏城市职业学院	48	45	36	45	1	18	23	3	0	30	15	0	2	34	0
南京城市职业学院	49	16	14	16	1	3	10	2	0	10	6	0	0	14	0
南京机电职业技术学院	50	11	11	11	0	0	8	3	0	3	8	0	0	4	0
南京旅游职业学院	51	26	21	26	0	4	19	3	0	20	6	0	0	22	0
江苏卫生健康职业学院	52	7	6	7	0	1	5	1	0	5	2	0	0	5	0
苏州信息职业技术学院	53	27	25	27	0	5	22	0	0	5	22	0	0	13	0
苏州工业园区服务外包职业学院	54	25	22	25	2	5	15	3	0	20	5	0	2	22	0
徐州幼儿师范高等专科学校	55	29	26	29	6	16	5	2	0	9	20	0	2	10	0
徐州生物工程职业技术学院	56	16	12	16	0	6	9	1	0	1	15	0	0	4	0
江苏商贸职业学院	57	41	34	41	0	13	26	2	0	12	29	0	0	23	0
南通师范高等专科学校	58	136	117	136	4	29	99	4	0	34	102	0	0	62	0
江苏护理职业学院	59	12	10	12	0	4	8	0	0	5	7	0	0	6	0
江苏财会职业学院	60	27	23	27	0	9	16	2	0	8	19	0	0	17	0
江苏城乡建设职业学院	61	13	11	13	0	3	8	1	1	3	10	0	0	7	0
江苏航空职业技术学院	62	8	7	8	0	0	5	3	0	2	6	0	0	2	0
江苏安全技术职业学院	63	14	14	14	0	1	9	4	0	8	6	0	0	11	0
江苏旅游职业学院	64	39	35	39	1	8	22	8	0	22	17	0	0	31	0
常州幼儿师范高等专科学校	65	35	30	35	0	21	14	0	0	9	26	0	0	19	0

3.7 中国文学人文、社会科学活动人员情况表

高校名称	编号	总计	女性	按职称划分 小计	教授	副教授	讲师	助教	初级	按最后学历划分 研究生	本科生	其他	按最后学位划分 博士	硕士	其他人员
		L01	L02	L03	L04	L05	L06	L07	L08	L09	L10	L11	L12	L13	L14
合 计	/	551	390	551	47	247	213	43	1	258	293	0	51	328	0
盐城幼儿师范高等专科学校	1	55	38	55	6	31	15	3	0	13	42	0	1	22	0
苏州幼儿师范高等专科学校	2	11	8	11	1	6	4	0	0	8	3	0	0	9	0
无锡职业技术学院	3	7	5	7	1	2	3	1	0	7	0	0	2	5	0
江苏建筑职业技术学院	4	8	8	8	1	3	4	0	0	6	2	0	0	7	0
江苏工程职业技术学院	5	9	6	9	1	6	2	0	0	3	6	0	0	5	0
苏州工艺美术职业技术学院	6	9	5	9	2	4	2	1	0	7	2	0	2	5	0
连云港职业技术学院	7	11	8	11	0	6	4	1	0	4	7	0	1	6	0
镇江市高等专科学校	8	14	10	14	1	9	4	0	0	3	11	0	1	7	0
南通职业大学	9	6	4	6	0	3	3	0	0	2	4	0	0	4	0
苏州市职业大学	10	30	17	30	9	13	8	0	0	17	13	0	7	16	0
沙洲职业工学院	11	3	2	3	0	3	0	0	0	1	2	0	0	1	0
扬州市职业大学	12	28	19	28	3	16	8	0	1	11	17	0	4	17	0
连云港师范高等专科学校	13	20	11	20	3	11	5	1	0	12	8	0	4	15	0
江苏经贸职业技术学院	14	3	3	3	0	0	3	0	0	3	0	0	0	3	0
泰州职业技术学院	15	3	1	3	0	0	3	0	0	1	2	0	0	1	0
常州信息职业技术学院	16	5	3	5	0	3	2	0	0	1	4	0	1	2	0
江苏海事职业技术学院	17	0	0	0	0	0	0	0	0	0	0	0	0	0	0
无锡科技职业学院	18	4	4	4	0	0	4	0	0	1	3	0	1	0	0
江苏医药职业学院	19	9	7	9	3	2	4	0	0	2	7	0	1	3	0
南通科技职业学院	20	6	3	6	0	1	5	0	0	2	4	0	0	3	0

苏州经贸职业技术学院	21	5	4	5	0	4	1	0	0	3	2	0	1	2	0
苏州工业职业技术学院	22	4	2	4	0	0	3	1	0	1	3	0	1	2	0
苏州卫生职业技术学院	23	11	9	11	0	5	4	2	0	3	8	0	0	5	0
无锡商业职业技术学院	24	9	9	9	0	4	5	0	0	2	7	0	0	6	0
江苏航运职业技术学院	25	0	0	0	0	0	0	0	0	0	0	0	0	0	0
南京交通职业技术学院	26	4	1	4	0	2	2	0	0	4	0	0	1	3	0
江苏电子信息职业学院	27	8	2	8	0	3	2	3	0	4	4	0	0	6	0
江苏农牧科技职业学院	28	1	1	1	0	0	1	0	0	1	0	0	0	1	0
常州纺织服装职业技术学院	29	3	3	3	0	0	3	0	0	2	1	0	0	2	0
苏州农业职业技术学院	30	3	3	3	0	3	0	0	0	2	1	0	0	3	0
南京科技职业学院	31	3	1	3	0	1	2	0	0	2	1	0	0	2	0
常州工业职业技术学院	32	1	1	1	0	0	1	0	0	0	1	0	0	0	0
常州工程职业技术学院	33	10	9	10	1	2	6	1	0	6	4	0	1	8	0
江苏农林职业技术学院	34	2	2	2	1	0	1	0	0	0	2	0	0	1	0
江苏食品药品职业技术学院	35	4	2	4	0	3	1	0	0	1	3	0	0	2	0
南京铁道职业技术学院	36	9	8	9	0	3	6	0	0	6	3	0	2	5	0
徐州工业职业技术学院	37	3	3	3	0	0	0	3	0	3	0	0	0	3	0
江苏信息职业技术学院	38	4	3	4	0	3	1	0	0	3	1	0	0	3	0
南京信息职业技术学院	39	2	2	2	0	1	1	0	0	0	2	0	0	2	0
常州机电职业技术学院	40	5	4	5	0	3	2	0	0	3	2	0	0	4	0
江阴职业技术学院	41	11	9	11	2	6	1	2	0	3	8	0	0	6	0
无锡城市职业技术学院	42	2	0	2	0	1	1	0	0	1	1	0	1	1	0
无锡工艺职业技术学院	43	4	4	4	0	1	3	0	0	1	3	0	0	2	0
苏州健雄职业技术学院	44	2	0	2	0	1	1	0	0	1	1	0	0	1	0

续表

高校名称		总计		按职称划分						按最后学历划分			按最后学位划分		其他
			女性	小计	教授	副教授	讲师	助教	初级	研究生	本科生	其他	博士	硕士	人员
	编号	L01	L02	L03	L04	L05	L06	L07	L08	L09	L10	L11	L12	L13	L14
盐城工业职业技术学院	45	1	0	1	0	1	0	0	0	1	0	0	0	1	0
江苏财经职业技术学院	46	17	15	17	1	7	6	3	0	5	12	0	0	10	0
扬州工业职业技术学院	47	8	6	8	0	1	3	4	0	8	0	0	1	7	0
江苏城市职业学院	48	17	14	17	4	4	9	0	0	13	4	0	9	6	0
南京城市职业学院	49	7	7	7	0	3	3	1	0	5	2	0	0	6	0
南京机电职业技术学院	50	2	2	2	1	0	0	1	0	0	2	0	0	0	0
南京旅游职业学院	51	3	2	3	0	2	1	0	0	3	0	0	2	1	0
江苏卫生健康职业学院	52	5	4	5	0	1	3	1	0	4	1	0	0	5	0
苏州信息职业技术学院	53	0	0	0	0	0	0	0	0	0	0	0	0	0	0
苏州工业园区服务外包职业学院	54	8	6	8	2	1	4	1	0	7	1	0	1	7	0
徐州幼儿师范高等专科学校	55	20	15	20	0	14	6	0	0	4	16	0	2	9	0
徐州生物工程职业技术学院	56	12	5	12	0	5	6	1	0	2	10	0	0	6	0
江苏商贸职业学院	57	15	11	15	1	8	5	1	0	9	6	0	0	13	0
南通师范高等专科学校	58	13	9	13	1	4	8	0	0	12	1	0	2	11	0
江苏护理职业学院	59	13	7	13	1	8	1	3	0	7	6	0	2	6	0
江苏财会职业学院	60	16	13	16	0	8	8	0	0	5	11	0	0	10	0
江苏城乡建设职业学院	61	9	8	9	0	3	4	2	0	2	7	0	0	5	0
江苏航空职业技术学院	62	2	0	2	0	1	1	0	0	0	2	0	0	1	0
江苏安全技术职业学院	63	7	6	7	0	1	3	3	0	5	2	0	0	5	0
江苏旅游职业学院	64	16	11	16	0	5	9	2	0	9	7	0	0	15	0
常州幼儿师范高等专科学校	65	9	5	9	1	5	2	1	0	1	8	0	0	3	0

3.8 外国文学人文、社会科学活动人员情况表

高校名称		总计		按职称划分						按最后学历划分			按最后学位划分		其他
			女性	小计	教授	副教授	讲师	助教	初级	研究生	本科生	其他	博士	硕士	人员
	编号	L01	L02	L03	L04	L05	L06	L07	L08	L09	L10	L11	L12	L13	L14
合　计	/	195	146	195	5	60	115	13	2	98	97	0	6	124	0
盐城幼儿师范高等专科学校	1	4	3	4	0	3	1	0	0	2	2	0	0	2	0
苏州幼儿师范高等专科学校	2	1	1	1	0	1	0	0	0	1	0	0	0	1	0
无锡职业技术学院	3	3	3	3	1	0	2	0	0	3	0	0	2	1	0
江苏建筑职业技术学院	4	1	0	1	0	1	0	0	0	1	0	0	0	1	0
江苏工程职业技术学院	5	3	2	3	0	1	2	0	0	2	1	0	0	3	0
苏州工艺美术职业技术学院	6	5	3	5	0	4	1	0	0	4	1	0	0	5	0
连云港职业技术学院	7	2	2	2	0	0	2	0	0	2	0	0	0	2	0
镇江市高等专科学校	8	8	8	8	0	5	3	0	0	1	7	0	0	1	0
南通职业大学	9	8	5	8	0	1	6	1	0	1	7	0	0	1	0
苏州市职业大学	10	23	13	23	1	3	19	0	0	11	12	0	2	15	0
沙洲职业工学院	11	1	1	1	0	1	0	0	0	0	1	0	0	0	0
扬州市职业大学	12	5	4	5	0	3	2	0	0	3	2	0	0	4	0
连云港师范高等专科学校	13	11	9	11	0	8	2	1	0	5	6	0	0	10	0
江苏经贸职业技术学院	14	0	0	0	0	0	0	0	0	0	0	0	0	0	0
泰州职业技术学院	15	0	0	0	0	0	0	0	0	0	0	0	0	0	0
常州信息职业技术学院	16	2	2	2	0	0	1	1	0	2	0	0	0	2	0
江苏海事职业技术学院	17	0	0	0	0	0	0	0	0	0	0	0	0	0	0
无锡科技职业学院	18	4	4	4	0	0	4	0	0	1	3	0	0	2	0
江苏医药职业学院	19	0	0	0	0	0	0	0	0	0	0	0	0	0	0
南通科技职业学院	20	6	6	6	0	1	4	0	1	3	3	0	0	3	0

续表

高校名称		总计		按职称划分						按最后学历划分			按最后学位划分		其他
			女性	小计	教授	副教授	讲师	助教	初级	研究生	本科生	其他	博士	硕士	人员
	编号	L01	L02	L03	L04	L05	L06	L07	L08	L09	L10	L11	L12	L13	L14
苏州经贸职业技术学院	21	1	1	1	0	1	0	0	0	1	0	0	0	1	0
苏州工业职业技术学院	22	0	0	0	0	0	0	0	0	0	0	0	0	0	0
苏州卫生职业技术学院	23	0	0	0	0	0	0	0	0	0	0	0	0	0	0
无锡商业职业技术学院	24	6	2	6	0	4	2	0	0	1	5	0	0	1	0
江苏航运职业技术学院	25	1	0	1	1	0	0	0	0	0	1	0	0	1	0
南京交通职业技术学院	26	0	0	0	0	0	0	0	0	0	0	0	0	0	0
江苏电子信息职业学院	27	26	16	26	1	7	17	1	0	14	12	0	0	20	0
江苏农牧科技职业学院	28	1	0	1	0	0	1	0	0	0	1	0	0	0	0
常州纺织服装职业技术学院	29	7	6	7	0	2	3	2	0	2	5	0	0	2	0
苏州农业职业技术学院	30	2	1	2	0	0	1	1	0	2	0	0	0	2	0
南京科技职业学院	31	0	0	0	0	0	0	0	0	0	0	0	0	0	0
常州工业职业技术学院	32	2	2	2	0	1	1	0	0	1	1	0	0	2	0
常州工程职业技术学院	33	0	0	0	0	0	0	0	0	0	0	0	0	0	0
江苏农林职业技术学院	34	0	0	0	0	0	0	0	0	0	0	0	0	0	0
江苏食品药品职业技术学院	35	1	1	1	0	0	1	0	0	0	1	0	0	0	0
南京铁道职业技术学院	36	8	7	8	0	1	7	0	0	3	5	0	0	7	0
徐州工业职业技术学院	37	0	0	0	0	0	0	0	0	0	0	0	0	0	0
江苏信息职业技术学院	38	1	0	1	0	0	1	0	0	0	1	0	0	1	0
南京信息职业技术学院	39	2	1	2	0	0	2	0	0	2	0	0	0	2	0
常州机电职业技术学院	40	7	7	7	0	1	6	0	0	0	7	0	0	1	0
江阴职业技术学院	41	0	0	0	0	0	0	0	0	0	0	0	0	0	0

无锡城市职业技术学院	42	0	0	0	0	0	0	0	0	0	0	0	0	0	0
无锡工艺职业技术学院	43	0	0	0	0	0	0	0	0	0	0	0	0	0	0
苏州健雄职业技术学院	44	1	1	1	0	0	1	0	0	0	1	0	0	1	0
盐城工业职业技术学院	45	0	0	0	0	0	0	0	0	0	0	0	0	0	0
江苏财经职业技术学院	46	2	2	2	0	0	0	1	1	2	0	0	0	2	0
扬州工业职业技术学院	47	0	0	0	0	0	0	0	0	0	0	0	0	0	0
江苏城市职业学院	48	7	7	7	1	1	5	0	0	6	1	0	1	6	0
南京城市职业学院	49	3	2	3	0	2	1	0	0	0	3	0	0	0	0
南京机电职业技术学院	50	0	0	0	0	0	0	0	0	0	0	0	0	0	0
南京旅游职业学院	51	5	4	5	0	0	2	3	0	5	0	0	0	5	0
江苏卫生健康职业学院	52	7	5	7	0	3	4	0	0	3	4	0	0	4	0
苏州信息职业技术学院	53	0	0	0	0	0	0	0	0	0	0	0	0	0	0
苏州工业园区服务外包职业学院	54	8	7	8	0	3	5	0	0	7	1	0	1	6	0
徐州幼儿师范高等专科学校	55	0	0	0	0	0	0	0	0	0	0	0	0	0	0
徐州生物工程职业技术学院	56	0	0	0	0	0	0	0	0	0	0	0	0	0	0
江苏商贸职业学院	57	3	3	3	0	1	2	0	0	3	0	0	0	3	0
南通师范高等专科学校	58	2	1	2	0	0	2	0	0	1	1	0	0	1	0
江苏护理职业学院	59	1	1	1	0	0	0	1	0	0	1	0	0	0	0
江苏财会职业学院	60	0	0	0	0	0	0	0	0	0	0	0	0	0	0
江苏城乡建设职业学院	61	0	0	0	0	0	0	0	0	0	0	0	0	0	0
江苏航空职业技术学院	62	4	3	4	0	1	2	1	0	3	1	0	0	3	0
江苏安全技术职业学院	63	0	0	0	0	0	0	0	0	0	0	0	0	0	0
江苏旅游职业学院	64	0	0	0	0	0	0	0	0	0	0	0	0	0	0
常州幼儿师范高等专科学校	65	0	0	0	0	0	0	0	0	0	0	0	0	0	0

3.9 艺术学人文、社会科学活动人员情况表

高校名称		总计		按职称划分						按最后学历划分			按最后学位划分		其他
			女性	小计	教授	副教授	讲师	助教	初级	研究生	本科生	其他	博士	硕士	人员
	编号	L01	L02	L03	L04	L05	L06	L07	L08	L09	L10	L11	L12	L13	L14
合　计	/	2422	1475	2422	80	628	1252	447	15	1304	1118	0	65	1558	0
盐城幼儿师范高等专科学校	1	104	65	104	1	34	41	28	0	19	85	0	0	21	0
苏州幼儿师范高等专科学校	2	42	32	42	0	11	19	12	0	28	14	0	1	27	0
无锡职业技术学院	3	32	21	32	2	10	14	6	0	24	8	0	2	24	0
江苏建筑职业技术学院	4	64	42	64	4	19	39	2	0	54	10	0	0	57	0
江苏工程职业技术学院	5	53	21	53	5	21	27	0	0	31	22	0	1	33	0
苏州工艺美术职业技术学院	6	233	110	233	6	80	114	33	0	128	105	0	10	158	0
连云港职业技术学院	7	37	22	37	0	6	17	14	0	13	24	0	0	17	0
镇江市高等专科学校	8	51	31	51	0	13	24	14	0	25	26	0	0	30	0
南通职业大学	9	35	23	35	0	10	22	3	0	12	23	0	0	18	0
苏州市职业大学	10	81	50	81	3	21	54	3	0	36	45	0	3	40	0
沙洲职业工学院	11	11	5	11	0	2	7	2	0	5	6	0	0	9	0
扬州市职业大学	12	97	54	97	1	24	48	21	3	50	47	0	2	65	0
连云港师范高等专科学校	13	74	47	74	3	23	27	21	0	40	34	0	1	54	0
江苏经贸职业技术学院	14	44	33	44	2	11	29	2	0	30	14	0	2	33	0
泰州职业技术学院	15	21	13	21	0	6	15	0	0	7	14	0	0	8	0
常州信息职业技术学院	16	42	28	42	1	13	17	11	0	27	15	0	2	33	0
江苏海事职业技术学院	17	12	10	12	0	0	8	4	0	12	0	0	0	12	0
无锡科技职业学院	18	16	8	16	0	3	13	0	0	4	12	0	0	10	0
江苏医药职业学院	19	4	3	4	0	0	3	1	0	1	3	0	0	1	0
南通科技职业学院	20	4	4	4	0	0	1	2	1	4	0	0	0	4	0

苏州经贸职业技术学院	21	31	17	31	1	11	19	0	0	11	20	0	2	17	0
苏州工业职业技术学院	22	10	7	10	0	1	6	3	0	4	6	0	2	4	0
苏州卫生职业技术学院	23	0	0	0	0	0	0	0	0	0	0	0	0	0	0
无锡商业职业技术学院	24	43	29	43	2	17	13	11	0	24	19	0	0	32	0
江苏航运职业技术学院	25	23	12	23	0	6	16	1	0	5	18	0	0	10	0
南京交通职业技术学院	26	17	9	17	1	6	9	1	0	11	6	0	1	13	0
江苏电子信息职业学院	27	45	29	45	1	9	23	12	0	23	22	0	1	38	0
江苏农牧科技职业学院	28	3	2	3	0	0	3	0	0	2	1	0	0	2	0
常州纺织服装职业技术学院	29	108	61	108	6	21	63	18	0	46	62	0	0	64	0
苏州农业职业技术学院	30	4	2	4	0	0	2	2	0	4	0	0	0	4	0
南京科技职业学院	31	20	10	20	0	3	12	5	0	14	6	0	0	15	0
常州工业职业技术学院	32	42	22	42	1	9	26	6	0	18	24	0	0	26	0
常州工程职业技术学院	33	2	0	2	1	0	1	0	0	2	0	0	0	2	0
江苏农林职业技术学院	34	17	6	17	0	3	13	1	0	3	14	0	0	4	0
江苏食品药品职业技术学院	35	4	2	4	0	0	4	0	0	0	4	0	0	1	0
南京铁道职业技术学院	36	30	20	30	3	5	21	1	0	16	14	0	0	25	0
徐州工业职业技术学院	37	6	5	6	0	2	1	3	0	5	1	0	0	6	0
江苏信息职业技术学院	38	37	22	37	5	13	18	1	0	25	12	0	3	30	0
南京信息职业技术学院	39	28	18	28	1	8	9	10	0	18	10	0	1	26	0
常州机电职业技术学院	40	19	7	19	1	5	13	0	0	10	9	0	1	12	0
江阴职业技术学院	41	30	19	30	2	4	16	8	0	13	17	0	0	19	0
无锡城市职业技术学院	42	57	36	57	0	13	28	16	0	45	12	0	0	46	0
无锡工艺职业技术学院	43	176	110	176	9	49	91	27	0	123	53	0	4	137	0
苏州健雄职业技术学院	44	22	11	22	0	7	11	4	0	12	10	0	0	16	0

续表

高校名称		总计		按职称划分						按最后学历划分			按最后学位划分		其他人员
			女性	小计	教授	副教授	讲师	助教	初级	研究生	本科生	其他	博士	硕士	
	编号	L01	L02	L03	L04	L05	L06	L07	L08	L09	L10	L11	L12	L13	L14
盐城工业职业技术学院	45	55	38	55	2	22	23	8	0	27	28	0	0	27	0
江苏财经职业技术学院	46	15	13	15	0	5	3	6	1	8	7	0	0	8	0
扬州工业职业技术学院	47	39	26	39	1	12	11	15	0	28	11	0	1	28	0
江苏城市职业学院	48	78	45	78	1	19	50	8	0	64	14	0	17	53	0
南京城市职业学院	49	33	29	33	1	5	26	1	0	22	11	0	0	24	0
南京机电职业技术学院	50	13	11	13	0	0	8	5	0	6	7	0	0	6	0
南京旅游职业学院	51	15	7	15	1	1	9	4	0	11	4	0	0	11	0
江苏卫生健康职业学院	52	3	3	3	0	0	2	1	0	2	1	0	0	2	0
苏州信息职业技术学院	53	2	2	2	1	0	0	1	0	0	2	0	0	0	0
苏州工业园区服务外包职业学院	54	18	11	18	0	6	12	0	0	15	3	0	0	17	0
徐州幼儿师范高等专科学校	55	63	41	63	6	18	26	13	0	21	42	0	3	19	0
徐州生物工程职业技术学院	56	5	4	5	0	0	5	0	0	2	3	0	0	2	0
江苏商贸职业学院	57	36	25	36	1	5	15	15	0	22	14	0	0	26	0
南通师范高等专科学校	58	90	53	90	2	21	36	31	0	39	51	0	4	46	0
江苏护理职业学院	59	1	1	1	0	0	1	0	0	0	1	0	0	1	0
江苏财会职业学院	60	7	5	7	0	1	3	3	0	2	5	0	0	2	0
江苏城乡建设职业学院	61	31	20	31	0	4	11	6	10	17	14	0	1	22	0
江苏航空职业技术学院	62	4	3	4	0	0	2	2	0	4	0	0	0	4	0
江苏安全技术职业学院	63	4	3	4	0	0	2	2	0	3	1	0	0	3	0
江苏旅游职业学院	64	46	32	46	0	4	31	11	0	16	30	0	0	34	0
常州幼儿师范高等专科学校	65	33	25	33	2	6	19	6	0	11	22	0	0	20	0

3.10 历史学人文、社会科学活动人员情况表

高校名称		总计		按职称划分						按最后学历划分			按最后学位划分		其他
			女性	小计	教授	副教授	讲师	助教	初级	研究生	本科生	其他	博士	硕士	人员
	编号	L01	L02	L03	L04	L05	L06	L07	L08	L09	L10	L11	L12	L13	L14
合　计	/	97	45	97	6	39	41	9	2	66	31	0	15	60	0
盐城幼儿师范高等专科学校	1	4	2	4	0	4	0	0	0	2	2	0	0	3	0
苏州幼儿师范高等专科学校	2	2	1	2	0	1	1	0	0	1	1	0	0	2	0
无锡职业技术学院	3	5	1	5	1	2	2	0	0	4	1	0	2	2	0
江苏建筑职业技术学院	4	3	1	3	0	2	1	0	0	3	0	0	0	3	0
江苏工程职业技术学院	5	2	1	2	0	2	0	0	0	2	0	0	0	2	0
苏州工艺美术职业技术学院	6	5	2	5	0	3	2	0	0	4	1	0	0	5	0
连云港职业技术学院	7	0	0	0	0	0	0	0	0	0	0	0	0	0	0
镇江市高等专科学校	8	3	2	3	1	1	1	0	0	1	2	0	0	1	0
南通职业大学	9	1	1	1	0	0	1	0	0	1	0	0	0	1	0
苏州市职业大学	10	3	0	3	0	3	0	0	0	3	0	0	2	1	0
沙洲职业工学院	11	0	0	0	0	0	0	0	0	0	0	0	0	0	0
扬州市职业大学	12	8	3	8	1	2	3	2	0	5	3	0	0	5	0
连云港师范高等专科学校	13	3	2	3	0	2	1	0	0	1	2	0	0	2	0
江苏经贸职业技术学院	14	1	0	1	1	0	0	0	0	1	0	0	1	0	0
泰州职业技术学院	15	0	0	0	0	0	0	0	0	0	0	0	0	0	0
常州信息职业技术学院	16	2	0	2	0	1	1	0	0	2	0	0	0	2	0
江苏海事职业技术学院	17	1	1	1	0	0	1	0	0	1	0	0	1	0	0
无锡科技职业学院	18	0	0	0	0	0	0	0	0	0	0	0	0	0	0
江苏医药职业学院	19	1	1	1	0	0	1	0	0	1	0	0	0	1	0
南通科技职业学院	20	0	0	0	0	0	0	0	0	0	0	0	0	0	0

续表

高校名称	编号	总计		按职称划分						按最后学历划分			按最后学位划分		其他人员
			女性	小计	教授	副教授	讲师	助教	初级	研究生	本科生	其他	博士	硕士	
	编号	L01	L02	L03	L04	L05	L06	L07	L08	L09	L10	L11	L12	L13	L14
苏州经贸职业技术学院	21	1	1	1	0	0	1	0	0	1	0	0	0	1	0
苏州工业职业技术学院	22	1	0	1	0	0	1	0	0	0	1	0	0	1	0
苏州卫生职业技术学院	23	0	0	0	0	0	0	0	0	0	0	0	0	0	0
无锡商业职业技术学院	24	0	0	0	0	0	0	0	0	0	0	0	0	0	0
江苏航运职业技术学院	25	0	0	0	0	0	0	0	0	0	0	0	0	0	0
南京交通职业技术学院	26	0	0	0	0	0	0	0	0	0	0	0	0	0	0
江苏电子信息职业学院	27	1	0	1	0	1	0	0	0	1	0	0	1	0	0
江苏农牧科技职业学院	28	0	0	0	0	0	0	0	0	0	0	0	0	0	0
常州纺织服装职业技术学院	29	1	1	1	0	0	1	0	0	0	1	0	0	0	0
苏州农业职业技术学院	30	0	0	0	0	0	0	0	0	0	0	0	0	0	0
南京科技职业学院	31	1	1	1	0	1	0	0	0	0	1	0	0	0	0
常州工业职业技术学院	32	0	0	0	0	0	0	0	0	0	0	0	0	0	0
常州工程职业技术学院	33	1	0	1	0	0	1	0	0	1	0	0	0	1	0
江苏农林职业技术学院	34	0	0	0	0	0	0	0	0	0	0	0	0	0	0
江苏食品药品职业技术学院	35	0	0	0	0	0	0	0	0	0	0	0	0	0	0
南京铁道职业技术学院	36	0	0	0	0	0	0	0	0	0	0	0	0	0	0
徐州工业职业技术学院	37	0	0	0	0	0	0	0	0	0	0	0	0	0	0
江苏信息职业技术学院	38	1	1	1	0	0	1	0	0	1	0	0	0	1	0
南京信息职业技术学院	39	0	0	0	0	0	0	0	0	0	0	0	0	0	0
常州机电职业技术学院	40	6	2	6	0	4	1	1	0	5	1	0	2	3	0
江阴职业技术学院	41	1	0	1	0	1	0	0	0	0	1	0	0	0	0

无锡城市职业技术学院	42	4	3	4	0	2	2	0	0	2	2	0	0	4	0
无锡工艺职业技术学院	43	0	0	0	0	0	0	0	0	0	0	0	0	0	0
苏州健雄职业技术学院	44	0	0	0	0	0	0	0	0	0	0	0	0	0	0
盐城工业职业技术学院	45	1	0	1	0	0	1	0	0	1	0	0	0	1	0
江苏财经职业技术学院	46	1	1	1	0	0	1	0	0	0	1	0	0	0	0
扬州工业职业技术学院	47	3	0	3	1	0	0	2	0	2	1	0	0	3	0
江苏城市职业学院	48	4	0	4	0	1	3	0	0	4	0	0	3	1	0
南京城市职业学院	49	2	1	2	0	0	2	0	0	2	0	0	0	2	0
南京机电职业技术学院	50	0	0	0	0	0	0	0	0	0	0	0	0	0	0
南京旅游职业学院	51	2	1	2	0	0	2	0	0	2	0	0	1	1	0
江苏卫生健康职业学院	52	0	0	0	0	0	0	0	0	0	0	0	0	0	0
苏州信息职业技术学院	53	0	0	0	0	0	0	0	0	0	0	0	0	0	0
苏州工业园区服务外包职业学院	54	1	1	1	0	0	1	0	0	1	0	0	0	1	0
徐州幼儿师范高等专科学校	55	2	2	2	0	2	0	0	0	0	2	0	0	0	0
徐州生物工程职业技术学院	56	1	0	1	0	0	1	0	0	0	1	0	0	0	0
江苏商贸职业学院	57	1	0	1	0	0	1	0	0	1	0	0	0	1	0
南通师范高等专科学校	58	3	3	3	0	1	2	0	0	0	3	0	0	1	0
江苏护理职业学院	59	4	1	4	0	1	2	1	0	4	0	0	1	3	0
江苏财会职业学院	60	1	0	1	1	0	0	0	0	1	0	0	1	0	0
江苏城乡建设职业学院	61	4	3	4	0	1	0	1	2	4	0	0	0	4	0
江苏航空职业技术学院	62	0	0	0	0	0	0	0	0	0	0	0	0	0	0
江苏安全技术职业学院	63	0	0	0	0	0	0	0	0	0	0	0	0	0	0
江苏旅游职业学院	64	0	0	0	0	0	0	0	0	0	0	0	0	0	0
常州幼儿师范高等专科学校	65	5	5	5	0	1	2	2	0	1	4	0	0	1	0

3.11 考古学人文、社会科学活动人员情况表

高校名称		总计		按职称划分						按最后学历划分			按最后学位划分		其他人员
			女性	小计	教授	副教授	讲师	助教	初级	研究生	本科生	其他	博士	硕士	
	编号	L01	L02	L03	L04	L05	L06	L07	L08	L09	L10	L11	L12	L13	L14
合　计	/	4	1	4	0	0	3	1	0	4	0	0	2	2	0
盐城幼儿师范高等专科学校	1	0	0	0	0	0	0	0	0	0	0	0	0	0	0
苏州幼儿师范高等专科学校	2	0	0	0	0	0	0	0	0	0	0	0	0	0	0
无锡职业技术学院	3	0	0	0	0	0	0	0	0	0	0	0	0	0	0
江苏建筑职业技术学院	4	0	0	0	0	0	0	0	0	0	0	0	0	0	0
江苏工程职业技术学院	5	0	0	0	0	0	0	0	0	0	0	0	0	0	0
苏州工艺美术职业技术学院	6	2	1	2	0	0	1	1	0	2	0	0	1	1	0
连云港职业技术学院	7	0	0	0	0	0	0	0	0	0	0	0	0	0	0
镇江市高等专科学校	8	1	0	1	0	0	1	0	0	1	0	0	1	0	0
南通职业大学	9	1	0	1	0	0	1	0	0	1	0	0	0	1	0
苏州市职业大学	10	0	0	0	0	0	0	0	0	0	0	0	0	0	0
沙洲职业工学院	11	0	0	0	0	0	0	0	0	0	0	0	0	0	0
扬州市职业大学	12	0	0	0	0	0	0	0	0	0	0	0	0	0	0
连云港师范高等专科学校	13	0	0	0	0	0	0	0	0	0	0	0	0	0	0
江苏经贸职业技术学院	14	0	0	0	0	0	0	0	0	0	0	0	0	0	0
泰州职业技术学院	15	0	0	0	0	0	0	0	0	0	0	0	0	0	0
常州信息职业技术学院	16	0	0	0	0	0	0	0	0	0	0	0	0	0	0
江苏海事职业技术学院	17	0	0	0	0	0	0	0	0	0	0	0	0	0	0
无锡科技职业学院	18	0	0	0	0	0	0	0	0	0	0	0	0	0	0
江苏医药职业学院	19	0	0	0	0	0	0	0	0	0	0	0	0	0	0
南通科技职业学院	20	0	0	0	0	0	0	0	0	0	0	0	0	0	0

苏州经贸职业技术学院	21	0	0	0	0	0	0	0	0	0	0	0	0	0	0
苏州工业职业技术学院	22	0	0	0	0	0	0	0	0	0	0	0	0	0	0
苏州卫生职业技术学院	23	0	0	0	0	0	0	0	0	0	0	0	0	0	0
无锡商业职业技术学院	24	0	0	0	0	0	0	0	0	0	0	0	0	0	0
江苏航运职业技术学院	25	0	0	0	0	0	0	0	0	0	0	0	0	0	0
南京交通职业技术学院	26	0	0	0	0	0	0	0	0	0	0	0	0	0	0
江苏电子信息职业学院	27	0	0	0	0	0	0	0	0	0	0	0	0	0	0
江苏农牧科技职业学院	28	0	0	0	0	0	0	0	0	0	0	0	0	0	0
常州纺织服装职业技术学院	29	0	0	0	0	0	0	0	0	0	0	0	0	0	0
苏州农业职业技术学院	30	0	0	0	0	0	0	0	0	0	0	0	0	0	0
南京科技职业学院	31	0	0	0	0	0	0	0	0	0	0	0	0	0	0
常州工业职业技术学院	32	0	0	0	0	0	0	0	0	0	0	0	0	0	0
常州工程职业技术学院	33	0	0	0	0	0	0	0	0	0	0	0	0	0	0
江苏农林职业技术学院	34	0	0	0	0	0	0	0	0	0	0	0	0	0	0
江苏食品药品职业技术学院	35	0	0	0	0	0	0	0	0	0	0	0	0	0	0
南京铁道职业技术学院	36	0	0	0	0	0	0	0	0	0	0	0	0	0	0
徐州工业职业技术学院	37	0	0	0	0	0	0	0	0	0	0	0	0	0	0
江苏信息职业技术学院	38	0	0	0	0	0	0	0	0	0	0	0	0	0	0
南京信息职业技术学院	39	0	0	0	0	0	0	0	0	0	0	0	0	0	0
常州机电职业技术学院	40	0	0	0	0	0	0	0	0	0	0	0	0	0	0
江阴职业技术学院	41	0	0	0	0	0	0	0	0	0	0	0	0	0	0
无锡城市职业技术学院	42	0	0	0	0	0	0	0	0	0	0	0	0	0	0
无锡工艺职业技术学院	43	0	0	0	0	0	0	0	0	0	0	0	0	0	0
苏州健雄职业技术学院	44	0	0	0	0	0	0	0	0	0	0	0	0	0	0

续表

高校名称		总计		按职称划分						按最后学历划分			按最后学位划分		其他
			女性	小计	教授	副教授	讲师	助教	初级	研究生	本科生	其他	博士	硕士	人员
	编号	L01	L02	L03	L04	L05	L06	L07	L08	L09	L10	L11	L12	L13	L14
盐城工业职业技术学院	45	0	0	0	0	0	0	0	0	0	0	0	0	0	0
江苏财经职业技术学院	46	0	0	0	0	0	0	0	0	0	0	0	0	0	0
扬州工业职业技术学院	47	0	0	0	0	0	0	0	0	0	0	0	0	0	0
江苏城市职业学院	48	0	0	0	0	0	0	0	0	0	0	0	0	0	0
南京城市职业学院	49	0	0	0	0	0	0	0	0	0	0	0	0	0	0
南京机电职业技术学院	50	0	0	0	0	0	0	0	0	0	0	0	0	0	0
南京旅游职业学院	51	0	0	0	0	0	0	0	0	0	0	0	0	0	0
江苏卫生健康职业学院	52	0	0	0	0	0	0	0	0	0	0	0	0	0	0
苏州信息职业技术学院	53	0	0	0	0	0	0	0	0	0	0	0	0	0	0
苏州工业园区服务外包职业学院	54	0	0	0	0	0	0	0	0	0	0	0	0	0	0
徐州幼儿师范高等专科学校	55	0	0	0	0	0	0	0	0	0	0	0	0	0	0
徐州生物工程职业技术学院	56	0	0	0	0	0	0	0	0	0	0	0	0	0	0
江苏商贸职业学院	57	0	0	0	0	0	0	0	0	0	0	0	0	0	0
南通师范高等专科学校	58	0	0	0	0	0	0	0	0	0	0	0	0	0	0
江苏护理职业学院	59	0	0	0	0	0	0	0	0	0	0	0	0	0	0
江苏财会职业学院	60	0	0	0	0	0	0	0	0	0	0	0	0	0	0
江苏城乡建设职业学院	61	0	0	0	0	0	0	0	0	0	0	0	0	0	0
江苏航空职业技术学院	62	0	0	0	0	0	0	0	0	0	0	0	0	0	0
江苏安全技术职业学院	63	0	0	0	0	0	0	0	0	0	0	0	0	0	0
江苏旅游职业学院	64	0	0	0	0	0	0	0	0	0	0	0	0	0	0
常州幼儿师范高等专科学校	65	0	0	0	0	0	0	0	0	0	0	0	0	0	0

3.12 经济学人文、社会科学活动人员情况表

高校名称		总计		按职称划分						按最后学历划分			按最后学位划分		其他
			女性	小计	教授	副教授	讲师	助教	初级	研究生	本科生	其他	博士	硕士	人员
	编号	L01	L02	L03	L04	L05	L06	L07	L08	L09	L10	L11	L12	L13	L14
合　计	/	1581	1092	1581	123	456	734	262	6	923	658	0	99	1113	0
盐城幼儿师范高等专科学校	1	7	6	7	0	1	5	1	0	2	5	0	0	4	0
苏州幼儿师范高等专科学校	2	1	0	1	0	0	1	0	0	0	1	0	0	0	0
无锡职业技术学院	3	27	18	27	2	9	9	7	0	20	7	0	6	17	0
江苏建筑职业技术学院	4	13	6	13	1	6	6	0	0	9	4	0	1	10	0
江苏工程职业技术学院	5	18	7	18	2	8	8	0	0	12	6	0	0	13	0
苏州工艺美术职业技术学院	6	6	4	6	0	1	5	0	0	1	5	0	0	1	0
连云港职业技术学院	7	23	17	23	1	6	12	4	0	6	17	0	1	12	0
镇江市高等专科学校	8	9	7	9	1	4	1	3	0	6	3	0	1	6	0
南通职业大学	9	46	25	46	3	15	23	5	0	22	24	0	3	35	0
苏州市职业大学	10	68	45	68	6	24	35	3	0	45	23	0	6	58	0
沙洲职业工学院	11	15	12	15	0	7	6	2	0	4	11	0	0	6	0
扬州市职业大学	12	73	43	73	7	27	27	12	0	44	29	0	3	53	0
连云港师范高等专科学校	13	10	7	10	1	5	4	0	0	7	3	0	1	8	0
江苏经贸职业技术学院	14	28	18	28	6	9	10	3	0	21	7	0	5	20	0
泰州职业技术学院	15	14	6	14	1	6	6	1	0	4	10	0	0	12	0
常州信息职业技术学院	16	30	23	30	4	3	18	5	0	23	7	0	4	23	0
江苏海事职业技术学院	17	16	5	16	5	4	7	0	0	10	6	0	3	10	0
无锡科技职业学院	18	18	15	18	1	3	14	0	0	7	11	0	1	12	0
江苏医药职业学院	19	5	4	5	1	0	4	0	0	1	4	0	0	1	0
南通科技职业学院	20	22	17	22	2	5	8	5	2	9	13	0	0	17	0

续表

高校名称		总计		按职称划分						按最后学历划分			按最后学位划分		其他
			女性	小计	教授	副教授	讲师	助教	初级	研究生	本科生	其他	博士	硕士	人员
	编号	L01	L02	L03	L04	L05	L06	L07	L08	L09	L10	L11	L12	L13	L14
苏州经贸职业技术学院	21	52	31	52	6	15	24	7	0	38	14	0	10	34	0
苏州工业职业技术学院	22	3	3	3	0	2	1	0	0	3	0	0	3	0	0
苏州卫生职业技术学院	23	13	8	13	0	2	5	6	0	7	6	0	0	7	0
无锡商业职业技术学院	24	48	33	48	5	12	16	14	1	32	16	0	5	36	0
江苏航运职业技术学院	25	26	15	26	1	8	17	0	0	10	16	0	0	18	0
南京交通职业技术学院	26	11	8	11	0	4	5	2	0	4	7	0	0	6	0
江苏电子信息职业学院	27	33	22	33	1	4	23	5	0	17	16	0	0	27	0
江苏农牧科技职业学院	28	14	7	14	2	4	7	1	0	6	8	0	0	12	0
常州纺织服装职业技术学院	29	24	16	24	0	10	8	6	0	16	8	0	1	18	0
苏州农业职业技术学院	30	24	15	24	5	15	4	0	0	13	11	0	3	19	0
南京科技职业学院	31	23	18	23	6	8	8	1	0	12	11	0	0	14	0
常州工业职业技术学院	32	20	17	20	0	1	10	8	1	17	3	0	1	17	0
常州工程职业技术学院	33	8	6	8	2	4	1	1	0	4	4	0	0	5	0
江苏农林职业技术学院	34	7	3	7	1	2	3	1	0	4	3	0	0	5	0
江苏食品药品职业技术学院	35	35	25	35	3	10	22	0	0	20	15	0	1	20	0
南京铁道职业技术学院	36	34	25	34	4	6	21	3	0	18	16	0	1	21	0
徐州工业职业技术学院	37	17	14	17	2	3	1	11	0	17	0	0	0	16	0
江苏信息职业技术学院	38	52	30	52	2	12	34	4	0	39	13	0	5	40	0
南京信息职业技术学院	39	21	18	21	3	5	5	8	0	14	7	0	3	15	0
常州机电职业技术学院	40	20	16	20	2	2	15	1	0	10	10	0	3	10	0
江阴职业技术学院	41	33	23	33	0	13	15	5	0	7	26	0	0	14	0

无锡城市职业技术学院	42	41	30	41	5	14	21	1	0	24	17	0	5	28	0
无锡工艺职业技术学院	43	13	9	13	1	6	5	1	0	4	9	0	0	6	0
苏州健雄职业技术学院	44	15	8	15	2	5	8	0	0	7	8	0	1	10	0
盐城工业职业技术学院	45	29	22	29	3	7	12	7	0	21	8	0	1	21	0
江苏财经职业技术学院	46	67	51	67	0	13	39	14	1	47	20	0	2	51	0
扬州工业职业技术学院	47	40	24	40	4	13	13	10	0	29	11	0	4	28	0
江苏城市职业学院	48	49	37	49	5	15	24	5	0	37	12	0	7	38	0
南京城市职业学院	49	47	39	47	4	11	29	3	0	18	29	0	1	29	0
南京机电职业技术学院	50	17	10	17	1	0	3	13	0	4	13	0	0	4	0
南京旅游职业学院	51	29	17	29	1	11	15	2	0	28	1	0	4	24	0
江苏卫生健康职业学院	52	1	0	1	1	0	0	0	0	1	0	0	0	1	0
苏州信息职业技术学院	53	22	19	22	0	5	9	8	0	10	12	0	0	19	0
苏州工业园区服务外包职业学院	54	11	10	11	0	5	6	0	0	11	0	0	0	11	0
徐州幼儿师范高等专科学校	55	1	1	1	0	0	1	0	0	1	0	0	0	1	0
徐州生物工程职业技术学院	56	9	8	9	0	3	5	1	0	3	6	0	0	5	0
江苏商贸职业学院	57	61	50	61	1	19	21	20	0	31	30	0	0	40	0
南通师范高等专科学校	58	7	5	7	1	0	3	3	0	5	2	0	0	7	0
江苏护理职业学院	59	0	0	0	0	0	0	0	0	0	0	0	0	0	0
江苏财会职业学院	60	95	68	95	5	27	41	21	1	46	49	0	2	74	0
江苏城乡建设职业学院	61	13	10	13	0	2	5	6	0	7	6	0	1	7	0
江苏航空职业技术学院	62	0	0	0	0	0	0	0	0	0	0	0	0	0	0
江苏安全技术职业学院	63	0	0	0	0	0	0	0	0	0	0	0	0	0	0
江苏旅游职业学院	64	47	36	47	0	15	20	12	0	28	19	0	0	37	0
常州幼儿师范高等专科学校	65	0	0	0	0	0	0	0	0	0	0	0	0	0	0

3.13 政治学人文、社会科学活动人员情况表

高校名称		总计		按职称划分						按最后学历划分			按最后学位划分		其他
			女性	小计	教授	副教授	讲师	助教	初级	研究生	本科生	其他	博士	硕士	人员
	编号	L01	L02	L03	L04	L05	L06	L07	L08	L09	L10	L11	L12	L13	L14
合　计	/	187	119	187	9	54	88	35	1	111	76	0	7	141	0
盐城幼儿师范高等专科学校	1	19	8	19	2	8	7	2	0	8	11	0	1	8	0
苏州幼儿师范高等专科学校	2	4	4	4	1	3	0	0	0	1	3	0	0	4	0
无锡职业技术学院	3	1	1	1	0	0	1	0	0	1	0	0	0	1	0
江苏建筑职业技术学院	4	4	0	4	0	2	2	0	0	2	2	0	0	2	0
江苏工程职业技术学院	5	1	1	1	1	0	0	0	0	1	0	0	0	1	0
苏州工艺美术职业技术学院	6	1	0	1	0	0	1	0	0	0	1	0	0	1	0
连云港职业技术学院	7	1	0	1	1	0	0	0	0	1	0	0	1	0	0
镇江市高等专科学校	8	4	2	4	0	1	1	2	0	3	1	0	0	4	0
南通职业大学	9	1	0	1	0	0	1	0	0	0	1	0	0	0	0
苏州市职业大学	10	3	2	3	0	1	2	0	0	3	0	0	1	2	0
沙洲职业工学院	11	2	0	2	0	0	2	0	0	0	2	0	0	0	0
扬州市职业大学	12	1	0	1	0	0	1	0	0	1	0	0	0	1	0
连云港师范高等专科学校	13	9	6	9	1	6	2	0	0	2	7	0	0	8	0
江苏经贸职业技术学院	14	2	2	2	0	0	0	2	0	2	0	0	0	2	0
泰州职业技术学院	15	1	0	1	0	0	0	1	0	1	0	0	0	1	0
常州信息职业技术学院	16	5	4	5	1	1	3	0	0	1	4	0	0	1	0
江苏海事职业技术学院	17	0	0	0	0	0	0	0	0	0	0	0	0	0	0
无锡科技职业学院	18	0	0	0	0	0	0	0	0	0	0	0	0	0	0
江苏医药职业学院	19	2	2	2	0	0	1	1	0	2	0	0	0	2	0
南通科技职业学院	20	0	0	0	0	0	0	0	0	0	0	0	0	0	0

苏州经贸职业技术学院	21	1	1	1	0	1	0	0	0	1	0	0	0	1	0
苏州工业职业技术学院	22	0	0	0	0	0	0	0	0	0	0	0	0	0	0
苏州卫生职业技术学院	23	6	3	6	0	0	4	2	0	5	1	0	1	4	0
无锡商业职业技术学院	24	1	1	1	0	1	0	0	0	0	1	0	0	1	0
江苏航运职业技术学院	25	2	1	2	0	0	2	0	0	2	0	0	1	1	0
南京交通职业技术学院	26	4	3	4	1	1	1	1	0	3	1	0	0	4	0
江苏电子信息职业学院	27	1	1	1	0	0	0	1	0	1	0	0	0	1	0
江苏农牧科技职业学院	28	2	0	2	0	2	0	0	0	2	0	0	0	2	0
常州纺织服装职业技术学院	29	1	1	1	0	0	1	0	0	0	1	0	0	1	0
苏州农业职业技术学院	30	0	0	0	0	0	0	0	0	0	0	0	0	0	0
南京科技职业学院	31	5	2	5	0	1	4	0	0	4	1	0	0	5	0
常州工业职业技术学院	32	3	2	3	0	1	0	2	0	3	0	0	0	3	0
常州工程职业技术学院	33	1	0	1	0	1	0	0	0	1	0	0	0	1	0
江苏农林职业技术学院	34	19	15	19	0	3	14	2	0	8	11	0	0	19	0
江苏食品药品职业技术学院	35	5	3	5	0	3	2	0	0	3	2	0	0	4	0
南京铁道职业技术学院	36	4	2	4	0	0	4	0	0	3	1	0	0	4	0
徐州工业职业技术学院	37	3	2	3	0	2	0	1	0	1	2	0	0	3	0
江苏信息职业技术学院	38	3	0	3	0	0	2	1	0	2	1	0	0	3	0
南京信息职业技术学院	39	0	0	0	0	0	0	0	0	0	0	0	0	0	0
常州机电职业技术学院	40	2	2	2	0	0	1	1	0	1	1	0	0	2	0
江阴职业技术学院	41	3	3	3	0	2	1	0	0	0	3	0	0	0	0
无锡城市职业技术学院	42	0	0	0	0	0	0	0	0	0	0	0	0	0	0
无锡工艺职业技术学院	43	0	0	0	0	0	0	0	0	0	0	0	0	0	0
苏州健雄职业技术学院	44	2	1	2	0	0	2	0	0	2	0	0	1	1	0

续表

高校名称		总计		按职称划分						按最后学历划分			按最后学位划分		其他人员
			女性	小计	教授	副教授	讲师	助教	初级	研究生	本科生	其他	博士	硕士	
	编号	L01	L02	L03	L04	L05	L06	L07	L08	L09	L10	L11	L12	L13	L14
盐城工业职业技术学院	45	4	3	4	0	0	0	4	0	4	0	0	0	4	0
江苏财经职业技术学院	46	1	0	1	0	1	0	0	0	1	0	0	1	0	0
扬州工业职业技术学院	47	4	2	4	0	0	2	2	0	4	0	0	0	3	0
江苏城市职业学院	48	2	2	2	0	0	2	0	0	2	0	0	0	2	0
南京城市职业学院	49	4	3	4	0	1	3	0	0	4	0	0	0	4	0
南京机电职业技术学院	50	0	0	0	0	0	0	0	0	0	0	0	0	0	0
南京旅游职业学院	51	2	2	2	0	0	1	1	0	1	1	0	0	2	0
江苏卫生健康职业学院	52	1	1	1	0	0	1	0	0	1	0	0	0	1	0
苏州信息职业技术学院	53	0	0	0	0	0	0	0	0	0	0	0	0	0	0
苏州工业园区服务外包职业学院	54	2	0	2	0	2	0	0	0	2	0	0	0	2	0
徐州幼儿师范高等专科学校	55	0	0	0	0	0	0	0	0	0	0	0	0	0	0
徐州生物工程职业技术学院	56	1	1	1	0	0	0	1	0	1	0	0	0	1	0
江苏商贸职业学院	57	6	6	6	0	2	4	0	0	4	2	0	0	4	0
南通师范高等专科学校	58	12	10	12	1	4	6	1	0	4	8	0	0	8	0
江苏护理职业学院	59	4	2	4	0	0	1	3	0	3	1	0	0	4	0
江苏财会职业学院	60	3	3	3	0	1	2	0	0	2	1	0	0	2	0
江苏城乡建设职业学院	61	4	3	4	0	2	1	0	1	1	3	0	0	1	0
江苏航空职业技术学院	62	0	0	0	0	0	0	0	0	0	0	0	0	0	0
江苏安全技术职业学院	63	5	4	5	0	1	2	2	0	3	2	0	0	2	0
江苏旅游职业学院	64	3	2	3	0	0	1	2	0	3	0	0	0	3	0
常州幼儿师范高等专科学校	65	0	0	0	0	0	0	0	0	0	0	0	0	0	0

3.14 法学人文、社会科学活动人员情况表

高校名称		总计		按职称划分						按最后学历划分			按最后学位划分		其他
			女性	小计	教授	副教授	讲师	助教	初级	研究生	本科生	其他	博士	硕士	人员
	编号	L01	L02	L03	L04	L05	L06	L07	L08	L09	L10	L11	L12	L13	L14
合　计	/	392	248	392	17	103	192	77	3	235	157	0	17	284	0
盐城幼儿师范高等专科学校	1	6	4	6	0	3	0	3	0	4	2	0	0	5	0
苏州幼儿师范高等专科学校	2	2	1	2	0	0	0	1	1	1	1	0	0	1	0
无锡职业技术学院	3	15	8	15	0	5	10	0	0	13	2	0	2	11	0
江苏建筑职业技术学院	4	8	4	8	1	3	4	0	0	6	2	0	0	7	0
江苏工程职业技术学院	5	6	4	6	0	2	4	0	0	6	0	0	0	6	0
苏州工艺美术职业技术学院	6	1	0	1	0	0	1	0	0	0	1	0	0	0	0
连云港职业技术学院	7	10	6	10	1	5	4	0	0	3	7	0	0	6	0
镇江市高等专科学校	8	11	6	11	0	2	9	0	0	6	5	0	0	10	0
南通职业大学	9	8	5	8	1	1	3	3	0	3	5	0	1	4	0
苏州市职业大学	10	17	12	17	1	5	11	0	0	8	9	0	0	12	0
沙洲职业工学院	11	5	5	5	0	2	2	1	0	1	4	0	0	1	0
扬州市职业大学	12	17	11	17	2	7	8	0	0	8	9	0	2	13	0
连云港师范高等专科学校	13	8	4	8	0	5	3	0	0	7	1	0	0	8	0
江苏经贸职业技术学院	14	13	5	13	2	4	7	0	0	7	6	0	2	8	0
泰州职业技术学院	15	0	0	0	0	0	0	0	0	0	0	0	0	0	0
常州信息职业技术学院	16	21	17	21	0	2	12	7	0	15	6	0	0	18	0
江苏海事职业技术学院	17	4	4	4	0	2	2	0	0	4	0	0	0	4	0
无锡科技职业学院	18	2	2	2	0	0	2	0	0	1	1	0	0	2	0
江苏医药职业学院	19	2	1	2	0	0	1	1	0	1	1	0	0	2	0
南通科技职业学院	20	13	10	13	0	4	4	3	2	6	7	0	0	7	0

续表

高校名称		总计		按职称划分						按最后学历划分			按最后学位划分		其他
			女性	小计	教授	副教授	讲师	助教	初级	研究生	本科生	其他	博士	硕士	人员
	编号	L01	L02	L03	L04	L05	L06	L07	L08	L09	L10	L11	L12	L13	L14
苏州经贸职业技术学院	21	7	2	7	0	1	6	0	0	5	2	0	1	5	0
苏州工业职业技术学院	22	1	1	1	0	0	1	0	0	0	1	0	0	1	0
苏州卫生职业技术学院	23	7	5	7	0	2	3	2	0	6	1	0	1	5	0
无锡商业职业技术学院	24	5	2	5	2	0	3	0	0	2	3	0	0	4	0
江苏航运职业技术学院	25	11	8	11	0	2	6	3	0	8	3	0	2	6	0
南京交通职业技术学院	26	6	4	6	0	3	3	0	0	4	2	0	0	5	0
江苏电子信息职业学院	27	9	5	9	0	0	0	9	0	9	0	0	0	9	0
江苏农牧科技职业学院	28	0	0	0	0	0	0	0	0	0	0	0	0	0	0
常州纺织服装职业技术学院	29	9	6	9	1	1	3	4	0	7	2	0	0	8	0
苏州农业职业技术学院	30	7	2	7	0	6	1	0	0	3	4	0	0	7	0
南京科技职业学院	31	9	5	9	1	2	5	1	0	7	2	0	1	7	0
常州工业职业技术学院	32	4	2	4	0	0	3	1	0	1	3	0	0	3	0
常州工程职业技术学院	33	3	2	3	0	0	2	1	0	1	2	0	0	1	0
江苏农林职业技术学院	34	5	3	5	0	0	5	0	0	3	2	0	0	5	0
江苏食品药品职业技术学院	35	1	1	1	0	0	1	0	0	1	0	0	0	1	0
南京铁道职业技术学院	36	6	4	6	0	1	1	4	0	5	1	0	1	4	0
徐州工业职业技术学院	37	2	2	2	0	0	1	1	0	2	0	0	0	2	0
江苏信息职业技术学院	38	6	3	6	0	2	2	2	0	4	2	0	0	5	0
南京信息职业技术学院	39	2	2	2	0	1	1	0	0	1	1	0	0	2	0
常州机电职业技术学院	40	0	0	0	0	0	0	0	0	0	0	0	0	0	0
江阴职业技术学院	41	5	2	5	1	1	2	1	0	0	5	0	0	1	0

无锡城市职业技术学院	42	3	2	3	0	2	1	0	0	1	2	0	1	1	0
无锡工艺职业技术学院	43	2	2	2	0	0	2	0	0	1	1	0	0	1	0
苏州健雄职业技术学院	44	3	2	3	0	1	2	0	0	3	0	0	0	3	0
盐城工业职业技术学院	45	2	0	2	0	0	1	1	0	1	1	0	0	1	0
江苏财经职业技术学院	46	19	10	19	1	6	8	4	0	11	8	0	1	13	0
扬州工业职业技术学院	47	4	2	4	0	1	1	2	0	3	1	0	0	3	0
江苏城市职业学院	48	13	9	13	2	4	7	0	0	9	4	0	2	9	0
南京城市职业学院	49	11	10	11	1	4	5	1	0	2	9	0	0	7	0
南京机电职业技术学院	50	2	2	2	0	1	1	0	0	1	1	0	0	1	0
南京旅游职业学院	51	2	2	2	0	0	0	2	0	2	0	0	0	2	0
江苏卫生健康职业学院	52	10	7	10	0	1	4	5	0	7	3	0	0	8	0
苏州信息职业技术学院	53	3	2	3	0	0	1	2	0	2	1	0	0	3	0
苏州工业园区服务外包职业学院	54	3	3	3	0	0	3	0	0	3	0	0	0	3	0
徐州幼儿师范高等专科学校	55	2	1	2	0	1	0	1	0	0	2	0	0	0	0
徐州生物工程职业技术学院	56	4	3	4	0	0	4	0	0	0	4	0	0	1	0
江苏商贸职业学院	57	9	8	9	0	3	5	1	0	4	5	0	0	6	0
南通师范高等专科学校	58	1	1	1	0	0	1	0	0	0	1	0	0	0	0
江苏护理职业学院	59	8	4	8	0	1	5	2	0	5	3	0	0	4	0
江苏财会职业学院	60	5	3	5	0	1	3	1	0	3	2	0	0	3	0
江苏城乡建设职业学院	61	3	1	3	0	2	1	0	0	1	2	0	0	1	0
江苏航空职业技术学院	62	3	2	3	0	0	0	3	0	3	0	0	0	3	0
江苏安全技术职业学院	63	0	0	0	0	0	0	0	0	0	0	0	0	0	0
江苏旅游职业学院	64	6	2	6	0	1	1	4	0	4	2	0	0	5	0
常州幼儿师范高等专科学校	65	0	0	0	0	0	0	0	0	0	0	0	0	0	0

3.15 社会学人文、社会科学活动人员情况表

高校名称		总计		按职称划分						按最后学历划分			按最后学位划分		其他
			女性	小计	教授	副教授	讲师	助教	初级	研究生	本科生	其他	博士	硕士	人员
	编号	L01	L02	L03	L04	L05	L06	L07	L08	L09	L10	L11	L12	L13	L14
合　计	/	264	192	264	14	63	128	56	3	174	76	14	17	199	0
盐城幼儿师范高等专科学校	1	2	1	2	0	1	1	0	0	1	1	0	0	0	0
苏州幼儿师范高等专科学校	2	0	0	0	0	0	0	0	0	0	0	0	0	0	0
无锡职业技术学院	3	4	3	4	0	0	3	1	0	4	0	0	0	4	0
江苏建筑职业技术学院	4	3	3	3	0	2	0	1	0	3	0	0	0	3	0
江苏工程职业技术学院	5	5	2	5	1	3	1	0	0	2	3	0	1	4	0
苏州工艺美术职业技术学院	6	3	0	3	0	2	1	0	0	1	2	0	0	2	0
连云港职业技术学院	7	3	2	3	0	0	2	1	0	2	1	0	0	3	0
镇江市高等专科学校	8	0	0	0	0	0	0	0	0	0	0	0	0	0	0
南通职业大学	9	2	2	2	0	0	2	0	0	1	0	1	0	1	0
苏州市职业大学	10	4	4	4	1	2	1	0	0	2	2	0	1	3	0
沙洲职业工学院	11	2	2	2	0	0	1	1	0	1	1	0	0	2	0
扬州市职业大学	12	2	0	2	0	0	0	2	0	2	0	0	0	2	0
连云港师范高等专科学校	13	3	1	3	1	1	0	1	0	1	2	0	0	2	0
江苏经贸职业技术学院	14	11	7	11	0	4	7	0	0	11	0	0	3	8	0
泰州职业技术学院	15	1	1	1	0	0	1	0	0	1	0	0	0	1	0
常州信息职业技术学院	16	2	0	2	1	0	1	0	0	2	0	0	1	1	0
江苏海事职业技术学院	17	4	2	4	2	2	0	0	0	2	2	0	1	3	0
无锡科技职业学院	18	1	1	1	0	0	1	0	0	1	0	0	1	0	0
江苏医药职业学院	19	7	6	7	0	1	2	4	0	5	2	0	0	6	0
南通科技职业学院	20	4	2	4	1	0	2	1	0	3	1	0	1	2	0

苏州经贸职业技术学院	21	2	1	2	0	0	0	2	0	2	0	0	0	2	0
苏州工业职业技术学院	22	0	0	0	0	0	0	0	0	0	0	0	0	0	0
苏州卫生职业技术学院	23	11	11	11	0	0	7	4	0	9	2	0	0	9	0
无锡商业职业技术学院	24	3	3	3	0	0	1	2	0	2	1	0	0	3	0
江苏航运职业技术学院	25	7	7	7	0	1	6	0	0	2	5	0	0	6	0
南京交通职业技术学院	26	2	1	2	1	0	0	1	0	2	0	0	1	1	0
江苏电子信息职业学院	27	0	0	0	0	0	0	0	0	0	0	0	0	0	0
江苏农牧科技职业学院	28	3	1	3	0	2	1	0	0	3	0	0	2	1	0
常州纺织服装职业技术学院	29	0	0	0	0	0	0	0	0	0	0	0	0	0	0
苏州农业职业技术学院	30	3	3	3	0	0	2	1	0	3	0	0	0	3	0
南京科技职业学院	31	6	5	6	0	1	5	0	0	6	0	0	0	6	0
常州工业职业技术学院	32	7	6	7	0	1	4	2	0	7	0	0	1	6	0
常州工程职业技术学院	33	0	0	0	0	0	0	0	0	0	0	0	0	0	0
江苏农林职业技术学院	34	2	2	2	0	0	2	0	0	0	2	0	0	1	0
江苏食品药品职业技术学院	35	7	4	7	0	1	6	0	0	2	5	0	0	6	0
南京铁道职业技术学院	36	1	1	1	0	0	0	1	0	1	0	0	0	1	0
徐州工业职业技术学院	37	2	1	2	0	0	1	1	0	2	0	0	0	2	0
江苏信息职业技术学院	38	9	3	9	0	2	7	0	0	9	0	0	2	7	0
南京信息职业技术学院	39	2	1	2	0	2	0	0	0	0	2	0	0	2	0
常州机电职业技术学院	40	5	5	5	0	1	3	1	0	4	1	0	0	4	0
江阴职业技术学院	41	2	1	2	0	2	0	0	0	1	1	0	0	1	0
无锡城市职业技术学院	42	1	1	1	0	0	0	1	0	1	0	0	0	1	0
无锡工艺职业技术学院	43	3	2	3	0	1	1	1	0	3	0	0	1	2	0
苏州健雄职业技术学院	44	2	2	2	0	0	2	0	0	1	1	0	0	2	0

续表

高校名称		总计		按职称划分						按最后学历划分			按最后学位划分		其他
			女性	小计	教授	副教授	讲师	助教	初级	研究生	本科生	其他	博士	硕士	人员
	编号	L01	L02	L03	L04	L05	L06	L07	L08	L09	L10	L11	L12	L13	L14
盐城工业职业技术学院	45	4	4	4	0	1	0	3	0	4	0	0	0	4	0
江苏财经职业技术学院	46	9	7	9	0	3	3	3	0	5	4	0	0	7	0
扬州工业职业技术学院	47	0	0	0	0	0	0	0	0	0	0	0	0	0	0
江苏城市职业学院	48	1	1	1	0	0	0	1	0	1	0	0	0	1	0
南京城市职业学院	49	8	8	8	1	1	6	0	0	7	1	0	0	8	0
南京机电职业技术学院	50	1	1	1	0	0	0	1	0	0	1	0	0	0	0
南京旅游职业学院	51	1	1	1	0	1	0	0	0	1	0	0	1	0	0
江苏卫生健康职业学院	52	1	0	1	0	1	0	0	0	1	0	0	0	1	0
苏州信息职业技术学院	53	0	0	0	0	0	0	0	0	0	0	0	0	0	0
苏州工业园区服务外包职业学院	54	3	2	3	0	0	3	0	0	3	0	0	0	3	0
徐州幼儿师范高等专科学校	55	0	0	0	0	0	0	0	0	0	0	0	0	0	0
徐州生物工程职业技术学院	56	0	0	0	0	0	0	0	0	0	0	0	0	0	0
江苏商贸职业学院	57	1	1	1	0	1	0	0	0	1	0	0	0	1	0
南通师范高等专科学校	58	1	1	1	0	0	0	1	0	1	0	0	0	1	0
江苏护理职业学院	59	73	54	73	5	18	36	14	0	34	26	13	0	46	0
江苏财会职业学院	60	11	8	11	0	4	4	3	0	6	5	0	0	9	0
江苏城乡建设职业学院	61	4	2	4	0	0	0	1	3	4	0	0	0	4	0
江苏航空职业技术学院	62	2	1	2	0	0	2	0	0	1	1	0	0	1	0
江苏安全技术职业学院	63	0	0	0	0	0	0	0	0	0	0	0	0	0	0
江苏旅游职业学院	64	1	1	1	0	1	0	0	0	0	1	0	0	0	0
常州幼儿师范高等专科学校	65	0	0	0	0	0	0	0	0	0	0	0	0	0	0

3.16 民族学与文化学人文、社会科学活动人员情况表

高校名称		总计		按职称划分						按最后学历划分			按最后学位划分		其他
			女性	小计	教授	副教授	讲师	助教	初级	研究生	本科生	其他	博士	硕士	人员
	编号	L01	L02	L03	L04	L05	L06	L07	L08	L09	L10	L11	L12	L13	L14
合　计	/	14	11	14	2	5	5	2	0	10	4	0	3	9	0
盐城幼儿师范高等专科学校	1	0	0	0	0	0	0	0	0	0	0	0	0	0	0
苏州幼儿师范高等专科学校	2	0	0	0	0	0	0	0	0	0	0	0	0	0	0
无锡职业技术学院	3	0	0	0	0	0	0	0	0	0	0	0	0	0	0
江苏建筑职业技术学院	4	0	0	0	0	0	0	0	0	0	0	0	0	0	0
江苏工程职业技术学院	5	0	0	0	0	0	0	0	0	0	0	0	0	0	0
苏州工艺美术职业技术学院	6	1	1	1	0	0	1	0	0	1	0	0	1	0	0
连云港职业技术学院	7	0	0	0	0	0	0	0	0	0	0	0	0	0	0
镇江市高等专科学校	8	0	0	0	0	0	0	0	0	0	0	0	0	0	0
南通职业大学	9	0	0	0	0	0	0	0	0	0	0	0	0	0	0
苏州市职业大学	10	2	1	2	1	1	0	0	0	1	1	0	1	1	0
沙洲职业工学院	11	0	0	0	0	0	0	0	0	0	0	0	0	0	0
扬州市职业大学	12	1	0	1	0	1	0	0	0	0	1	0	0	1	0
连云港师范高等专科学校	13	1	1	1	0	0	0	1	0	1	0	0	0	1	0
江苏经贸职业技术学院	14	0	0	0	0	0	0	0	0	0	0	0	0	0	0
泰州职业技术学院	15	0	0	0	0	0	0	0	0	0	0	0	0	0	0
常州信息职业技术学院	16	0	0	0	0	0	0	0	0	0	0	0	0	0	0
江苏海事职业技术学院	17	0	0	0	0	0	0	0	0	0	0	0	0	0	0
无锡科技职业学院	18	0	0	0	0	0	0	0	0	0	0	0	0	0	0
江苏医药职业学院	19	0	0	0	0	0	0	0	0	0	0	0	0	0	0
南通科技职业学院	20	0	0	0	0	0	0	0	0	0	0	0	0	0	0

续表

高校名称	编号	总计		按职称划分						按最后学历划分			按最后学位划分		其他人员
			女性	小计	教授	副教授	讲师	助教	初级	研究生	本科生	其他	博士	硕士	
		L01	L02	L03	L04	L05	L06	L07	L08	L09	L10	L11	L12	L13	L14
苏州经贸职业技术学院	21	0	0	0	0	0	0	0	0	0	0	0	0	0	0
苏州工业职业技术学院	22	0	0	0	0	0	0	0	0	0	0	0	0	0	0
苏州卫生职业技术学院	23	0	0	0	0	0	0	0	0	0	0	0	0	0	0
无锡商业职业技术学院	24	0	0	0	0	0	0	0	0	0	0	0	0	0	0
江苏航运职业技术学院	25	0	0	0	0	0	0	0	0	0	0	0	0	0	0
南京交通职业技术学院	26	0	0	0	0	0	0	0	0	0	0	0	0	0	0
江苏电子信息职业学院	27	0	0	0	0	0	0	0	0	0	0	0	0	0	0
江苏农牧科技职业学院	28	0	0	0	0	0	0	0	0	0	0	0	0	0	0
常州纺织服装职业技术学院	29	0	0	0	0	0	0	0	0	0	0	0	0	0	0
苏州农业职业技术学院	30	0	0	0	0	0	0	0	0	0	0	0	0	0	0
南京科技职业学院	31	0	0	0	0	0	0	0	0	0	0	0	0	0	0
常州工业职业技术学院	32	1	0	1	0	0	1	0	0	0	1	0	0	0	0
常州工程职业技术学院	33	0	0	0	0	0	0	0	0	0	0	0	0	0	0
江苏农林职业技术学院	34	0	0	0	0	0	0	0	0	0	0	0	0	0	0
江苏食品药品职业技术学院	35	0	0	0	0	0	0	0	0	0	0	0	0	0	0
南京铁道职业技术学院	36	0	0	0	0	0	0	0	0	0	0	0	0	0	0
徐州工业职业技术学院	37	1	1	1	0	0	0	1	0	1	0	0	0	1	0
江苏信息职业技术学院	38	0	0	0	0	0	0	0	0	0	0	0	0	0	0
南京信息职业技术学院	39	2	2	2	0	2	0	0	0	2	0	0	0	2	0
常州机电职业技术学院	40	0	0	0	0	0	0	0	0	0	0	0	0	0	0
江阴职业技术学院	41	0	0	0	0	0	0	0	0	0	0	0	0	0	0

无锡城市职业技术学院	42	0	0	0	0	0	0	0	0	0	0	0	0	0	0
无锡工艺职业技术学院	43	1	1	1	0	0	1	0	0	1	0	0	0	1	0
苏州健雄职业技术学院	44	0	0	0	0	0	0	0	0	0	0	0	0	0	0
盐城工业职业技术学院	45	0	0	0	0	0	0	0	0	0	0	0	0	0	0
江苏财经职业技术学院	46	0	0	0	0	0	0	0	0	0	0	0	0	0	0
扬州工业职业技术学院	47	1	1	1	0	0	1	0	0	0	1	0	0	0	0
江苏城市职业学院	48	0	0	0	0	0	0	0	0	0	0	0	0	0	0
南京城市职业学院	49	0	0	0	0	0	0	0	0	0	0	0	0	0	0
南京机电职业技术学院	50	0	0	0	0	0	0	0	0	0	0	0	0	0	0
南京旅游职业学院	51	1	1	1	0	1	0	0	0	1	0	0	0	1	0
江苏卫生健康职业学院	52	1	1	1	0	0	1	0	0	1	0	0	0	1	0
苏州信息职业技术学院	53	0	0	0	0	0	0	0	0	0	0	0	0	0	0
苏州工业园区服务外包职业学院	54	0	0	0	0	0	0	0	0	0	0	0	0	0	0
徐州幼儿师范高等专科学校	55	0	0	0	0	0	0	0	0	0	0	0	0	0	0
徐州生物工程职业技术学院	56	0	0	0	0	0	0	0	0	0	0	0	0	0	0
江苏商贸职业学院	57	0	0	0	0	0	0	0	0	0	0	0	0	0	0
南通师范高等专科学校	58	0	0	0	0	0	0	0	0	0	0	0	0	0	0
江苏护理职业学院	59	1	1	1	1	0	0	0	0	1	0	0	1	0	0
江苏财会职业学院	60	0	0	0	0	0	0	0	0	0	0	0	0	0	0
江苏城乡建设职业学院	61	0	0	0	0	0	0	0	0	0	0	0	0	0	0
江苏航空职业技术学院	62	0	0	0	0	0	0	0	0	0	0	0	0	0	0
江苏安全技术职业学院	63	0	0	0	0	0	0	0	0	0	0	0	0	0	0
江苏旅游职业学院	64	0	0	0	0	0	0	0	0	0	0	0	0	0	0
常州幼儿师范高等专科学校	65	0	0	0	0	0	0	0	0	0	0	0	0	0	0

3.17 新闻学与传播学人文、社会科学活动人员情况表

高校名称		总计		按职称划分						按最后学历划分			按最后学位划分		其他
			女性	小计	教授	副教授	讲师	助教	初级	研究生	本科生	其他	博士	硕士	人员
	编号	L01	L02	L03	L04	L05	L06	L07	L08	L09	L10	L11	L12	L13	L14
合　计	/	105	72	105	2	19	58	25	1	65	40	0	4	65	0
盐城幼儿师范高等专科学校	1	0	0	0	0	0	0	0	0	0	0	0	0	0	0
苏州幼儿师范高等专科学校	2	0	0	0	0	0	0	0	0	0	0	0	0	0	0
无锡职业技术学院	3	0	0	0	0	0	0	0	0	0	0	0	0	0	0
江苏建筑职业技术学院	4	0	0	0	0	0	0	0	0	0	0	0	0	0	0
江苏工程职业技术学院	5	5	4	5	0	1	4	0	0	4	1	0	0	4	0
苏州工艺美术职业技术学院	6	4	0	4	0	4	0	0	0	3	1	0	1	2	0
连云港职业技术学院	7	4	3	4	0	0	3	1	0	4	0	0	0	4	0
镇江市高等专科学校	8	3	3	3	0	1	2	0	0	1	2	0	0	2	0
南通职业大学	9	0	0	0	0	0	0	0	0	0	0	0	0	0	0
苏州市职业大学	10	7	5	7	1	1	5	0	0	6	1	0	1	5	0
沙洲职业工学院	11	0	0	0	0	0	0	0	0	0	0	0	0	0	0
扬州市职业大学	12	8	8	8	0	0	5	2	1	5	3	0	0	5	0
连云港师范高等专科学校	13	2	1	2	0	0	1	1	0	1	1	0	0	1	0
江苏经贸职业技术学院	14	1	1	1	0	1	0	0	0	0	1	0	0	0	0
泰州职业技术学院	15	1	1	1	0	0	0	1	0	1	0	0	0	1	0
常州信息职业技术学院	16	2	0	2	0	1	1	0	0	2	0	0	0	2	0
江苏海事职业技术学院	17	0	0	0	0	0	0	0	0	0	0	0	0	0	0
无锡科技职业学院	18	0	0	0	0	0	0	0	0	0	0	0	0	0	0
江苏医药职业学院	19	0	0	0	0	0	0	0	0	0	0	0	0	0	0
南通科技职业学院	20	1	1	1	0	0	0	1	0	0	1	0	0	0	0

苏州经贸职业技术学院	21	0	0	0	0	0	0	0	0	0	0	0	0	0	0
苏州工业职业技术学院	22	0	0	0	0	0	0	0	0	0	0	0	0	0	0
苏州卫生职业技术学院	23	1	1	1	0	0	1	0	0	0	1	0	0	0	0
无锡商业职业技术学院	24	0	0	0	0	0	0	0	0	0	0	0	0	0	0
江苏航运职业技术学院	25	3	1	3	0	0	3	0	0	0	3	0	0	0	0
南京交通职业技术学院	26	2	2	2	0	0	0	2	0	1	1	0	0	1	0
江苏电子信息职业学院	27	1	0	1	0	0	0	1	0	1	0	0	0	1	0
江苏农牧科技职业学院	28	1	0	1	0	0	1	0	0	1	0	0	1	0	0
常州纺织服装职业技术学院	29	2	2	2	0	0	2	0	0	1	1	0	0	1	0
苏州农业职业技术学院	30	1	1	1	0	1	0	0	0	0	1	0	0	1	0
南京科技职业学院	31	2	2	2	0	1	1	0	0	0	2	0	0	0	0
常州工业职业技术学院	32	1	1	1	0	0	1	0	0	1	0	0	0	1	0
常州工程职业技术学院	33	0	0	0	0	0	0	0	0	0	0	0	0	0	0
江苏农林职业技术学院	34	0	0	0	0	0	0	0	0	0	0	0	0	0	0
江苏食品药品职业技术学院	35	3	3	3	0	0	2	1	0	2	1	0	0	2	0
南京铁道职业技术学院	36	2	1	2	0	0	1	1	0	2	0	0	0	2	0
徐州工业职业技术学院	37	1	1	1	0	1	0	0	0	1	0	0	0	1	0
江苏信息职业技术学院	38	1	1	1	0	0	1	0	0	0	1	0	0	0	0
南京信息职业技术学院	39	1	1	1	0	0	1	0	0	1	0	0	0	1	0
常州机电职业技术学院	40	1	0	1	0	1	0	0	0	1	0	0	1	0	0
江阴职业技术学院	41	1	1	1	0	0	1	0	0	1	0	0	0	1	0
无锡城市职业技术学院	42	0	0	0	0	0	0	0	0	0	0	0	0	0	0
无锡工艺职业技术学院	43	0	0	0	0	0	0	0	0	0	0	0	0	0	0
苏州健雄职业技术学院	44	1	0	1	0	1	0	0	0	0	1	0	0	0	0

续表

高校名称		总计		按职称划分						按最后学历划分			按最后学位划分		其他
			女性	小计	教授	副教授	讲师	助教	初级	研究生	本科生	其他	博士	硕士	人员
	编号	L01	L02	L03	L04	L05	L06	L07	L08	L09	L10	L11	L12	L13	L14
盐城工业职业技术学院	45	1	0	1	0	0	0	1	0	1	0	0	0	1	0
江苏财经职业技术学院	46	1	1	1	0	1	0	0	0	0	1	0	0	0	0
扬州工业职业技术学院	47	1	0	1	0	0	1	0	0	1	0	0	0	1	0
江苏城市职业学院	48	9	8	9	0	3	6	0	0	5	4	0	0	6	0
南京城市职业学院	49	9	5	9	0	1	8	0	0	6	3	0	0	7	0
南京机电职业技术学院	50	3	1	3	0	0	0	3	0	0	3	0	0	0	0
南京旅游职业学院	51	0	0	0	0	0	0	0	0	0	0	0	0	0	0
江苏卫生健康职业学院	52	1	0	1	0	0	1	0	0	0	1	0	0	0	0
苏州信息职业技术学院	53	0	0	0	0	0	0	0	0	0	0	0	0	0	0
苏州工业园区服务外包职业学院	54	2	1	2	0	0	2	0	0	0	2	0	0	0	0
徐州幼儿师范高等专科学校	55	1	1	1	0	0	1	0	0	0	1	0	0	0	0
徐州生物工程职业技术学院	56	1	1	1	0	0	0	1	0	1	0	0	0	1	0
江苏商贸职业学院	57	4	4	4	0	0	1	3	0	4	0	0	0	4	0
南通师范高等专科学校	58	1	0	1	1	0	0	0	0	1	0	0	0	1	0
江苏护理职业学院	59	3	2	3	0	0	1	2	0	2	1	0	0	2	0
江苏财会职业学院	60	1	0	1	0	0	0	1	0	1	0	0	0	1	0
江苏城乡建设职业学院	61	1	1	1	0	0	0	1	0	1	0	0	0	1	0
江苏航空职业技术学院	62	2	2	2	0	0	1	1	0	1	1	0	0	1	0
江苏安全技术职业学院	63	0	0	0	0	0	0	0	0	0	0	0	0	0	0
江苏旅游职业学院	64	1	0	1	0	0	0	1	0	1	0	0	0	1	0
常州幼儿师范高等专科学校	65	0	0	0	0	0	0	0	0	0	0	0	0	0	0

3.18 图书馆、情报与文献学人文、社会科学活动人员情况表

高校名称		总计		按职称划分						按最后学历划分			按最后学位划分		其他
			女性	小计	教授	副教授	讲师	助教	初级	研究生	本科生	其他	博士	硕士	人员
	编号	L01	L02	L03	L04	L05	L06	L07	L08	L09	L10	L11	L12	L13	L14
合　计	/	487	332	487	17	86	342	41	1	133	341	13	4	201	0
盐城幼儿师范高等专科学校	1	2	2	2	0	0	1	1	0	1	1	0	0	1	0
苏州幼儿师范高等专科学校	2	2	2	2	0	0	2	0	0	2	0	0	0	2	0
无锡职业技术学院	3	14	7	14	1	2	9	2	0	6	8	0	0	8	0
江苏建筑职业技术学院	4	2	1	2	0	1	1	0	0	2	0	0	0	2	0
江苏工程职业技术学院	5	17	11	17	1	3	13	0	0	5	12	0	0	7	0
苏州工艺美术职业技术学院	6	10	8	10	0	2	8	0	0	3	7	0	0	3	0
连云港职业技术学院	7	17	13	17	0	4	11	2	0	0	17	0	0	5	0
镇江市高等专科学校	8	19	16	19	0	5	13	1	0	2	15	2	0	4	0
南通职业大学	9	5	4	5	0	2	2	1	0	0	5	0	0	3	0
苏州市职业大学	10	31	18	31	1	5	25	0	0	18	13	0	0	22	0
沙洲职业工学院	11	5	3	5	0	1	4	0	0	0	5	0	0	0	0
扬州市职业大学	12	13	6	13	0	5	8	0	0	3	10	0	0	4	0
连云港师范高等专科学校	13	6	5	6	0	0	5	1	0	3	3	0	0	5	0
江苏经贸职业技术学院	14	7	2	7	1	2	4	0	0	2	5	0	0	5	0
泰州职业技术学院	15	4	2	4	0	1	3	0	0	0	4	0	0	2	0
常州信息职业技术学院	16	15	7	15	1	1	6	7	0	2	13	0	0	5	0
江苏海事职业技术学院	17	14	12	14	0	1	13	0	0	1	13	0	0	11	0
无锡科技职业学院	18	6	3	6	0	1	5	0	0	2	4	0	1	1	0
江苏医药职业学院	19	6	4	6	0	0	6	0	0	2	2	2	0	2	0
南通科技职业学院	20	10	9	10	0	4	4	2	0	0	10	0	0	0	0

续表

高校名称		总计		按职称划分						按最后学历划分			按最后学位划分		其他
			女性	小计	教授	副教授	讲师	助教	初级	研究生	本科生	其他	博士	硕士	人员
	编号	L01	L02	L03	L04	L05	L06	L07	L08	L09	L10	L11	L12	L13	L14
苏州经贸职业技术学院	21	2	1	2	0	0	2	0	0	1	1	0	1	0	0
苏州工业职业技术学院	22	2	2	2	0	0	2	0	0	0	0	2	0	0	0
苏州卫生职业技术学院	23	11	5	11	0	2	4	5	0	8	3	0	0	8	0
无锡商业职业技术学院	24	15	12	15	0	5	10	0	0	2	13	0	0	8	0
江苏航运职业技术学院	25	3	0	3	0	2	1	0	0	0	3	0	0	0	0
南京交通职业技术学院	26	16	10	16	0	1	15	0	0	8	8	0	0	8	0
江苏电子信息职业学院	27	5	3	5	0	0	4	1	0	0	5	0	0	3	0
江苏农牧科技职业学院	28	2	1	2	0	0	1	1	0	1	1	0	0	1	0
常州纺织服装职业技术学院	29	11	7	11	0	1	10	0	0	0	11	0	0	3	0
苏州农业职业技术学院	30	2	1	2	0	1	1	0	0	0	2	0	0	0	0
南京科技职业学院	31	9	5	9	0	2	7	0	0	4	5	0	0	7	0
常州工业职业技术学院	32	1	0	1	0	0	1	0	0	0	1	0	0	1	0
常州工程职业技术学院	33	10	8	10	0	0	10	0	0	1	9	0	0	1	0
江苏农林职业技术学院	34	21	16	21	0	1	20	0	0	3	18	0	0	6	0
江苏食品药品职业技术学院	35	6	5	6	0	2	4	0	0	1	5	0	0	1	0
南京铁道职业技术学院	36	7	6	7	0	0	7	0	0	4	3	0	0	5	0
徐州工业职业技术学院	37	5	3	5	0	1	3	1	0	2	2	1	0	2	0
江苏信息职业技术学院	38	6	4	6	1	1	4	0	0	2	4	0	0	4	0
南京信息职业技术学院	39	5	4	5	0	1	3	1	0	2	3	0	0	3	0
常州机电职业技术学院	40	5	3	5	1	1	3	0	0	2	3	0	0	2	0
江阴职业技术学院	41	2	2	2	0	0	2	0	0	0	2	0	0	0	0

无锡城市职业技术学院	42	10	6	10	1	1	7	1	0	3	7	0	1	3	0
无锡工艺职业技术学院	43	12	9	12	0	1	11	0	0	1	11	0	0	2	0
苏州健雄职业技术学院	44	4	2	4	1	0	3	0	0	2	2	0	0	2	0
盐城工业职业技术学院	45	6	3	6	0	2	2	2	0	3	2	1	0	3	0
江苏财经职业技术学院	46	6	3	6	0	1	4	1	0	3	3	0	0	3	0
扬州工业职业技术学院	47	14	11	14	1	2	10	1	0	2	12	0	0	2	0
江苏城市职业学院	48	12	7	12	2	3	7	0	0	5	7	0	0	7	0
南京城市职业学院	49	8	7	8	2	1	4	1	0	3	5	0	1	3	0
南京机电职业技术学院	50	1	0	1	0	0	1	0	0	0	1	0	0	1	0
南京旅游职业学院	51	6	4	6	0	0	5	1	0	2	3	1	0	2	0
江苏卫生健康职业学院	52	5	4	5	1	1	3	0	0	1	4	0	0	3	0
苏州信息职业技术学院	53	0	0	0	0	0	0	0	0	0	0	0	0	0	0
苏州工业园区服务外包职业学院	54	1	1	1	0	0	1	0	0	1	0	0	0	0	0
徐州幼儿师范高等专科学校	55	7	7	7	0	2	4	1	0	2	3	2	0	2	0
徐州生物工程职业技术学院	56	3	2	3	0	1	2	0	0	1	2	0	0	1	0
江苏商贸职业学院	57	5	4	5	0	2	2	1	0	2	2	1	0	2	0
南通师范高等专科学校	58	16	14	16	1	5	9	1	0	0	16	0	0	1	0
江苏护理职业学院	59	5	5	5	0	1	2	2	0	4	1	0	0	4	0
江苏财会职业学院	60	2	2	2	0	0	2	0	0	0	2	0	0	0	0
江苏城乡建设职业学院	61	2	2	2	0	0	0	1	1	1	1	0	0	1	0
江苏航空职业技术学院	62	7	3	7	1	0	5	1	0	2	4	1	0	2	0
江苏安全技术职业学院	63	2	2	2	0	0	1	1	0	0	2	0	0	1	0
江苏旅游职业学院	64	2	1	2	0	2	0	0	0	0	2	0	0	1	0
常州幼儿师范高等专科学校	65	0	0	0	0	0	0	0	0	0	0	0	0	0	0

3.19 教育学人文、社会科学活动人员情况表

高校名称		总计		按职称划分						按最后学历划分			按最后学位划分		其他人员
			女性	小计	教授	副教授	讲师	助教	初级	研究生	本科生	其他	博士	硕士	
	编号	L01	L02	L03	L04	L05	L06	L07	L08	L09	L10	L11	L12	L13	L14
合 计	/	2832	1721	2832	217	776	1331	496	12	1647	1183	2	151	2066	0
盐城幼儿师范高等专科学校	1	50	41	50	1	10	16	23	0	35	15	0	0	41	0
苏州幼儿师范高等专科学校	2	54	44	54	6	14	24	8	2	39	15	0	5	42	0
无锡职业技术学院	3	58	37	58	4	12	35	7	0	43	15	0	4	48	0
江苏建筑职业技术学院	4	13	7	13	1	1	10	1	0	13	0	0	0	13	0
江苏工程职业技术学院	5	46	27	46	7	20	19	0	0	31	15	0	1	35	0
苏州工艺美术职业技术学院	6	44	27	44	2	16	24	2	0	26	18	0	2	29	0
连云港职业技术学院	7	41	21	41	3	20	16	2	0	22	19	0	6	26	0
镇江市高等专科学校	8	46	28	46	2	15	19	10	0	17	29	0	3	20	0
南通职业大学	9	45	24	45	2	9	27	7	0	22	23	0	3	34	0
苏州市职业大学	10	81	48	81	11	22	42	6	0	59	22	0	3	67	0
沙洲职业工学院	11	18	13	18	2	5	10	1	0	7	11	0	3	9	0
扬州市职业大学	12	43	33	43	3	9	20	10	1	25	18	0	0	39	0
连云港师范高等专科学校	13	116	74	116	10	39	43	24	0	74	42	0	3	105	0
江苏经贸职业技术学院	14	15	12	15	0	5	4	6	0	11	4	0	3	12	0
泰州职业技术学院	15	6	3	6	1	1	2	2	0	3	3	0	0	4	0
常州信息职业技术学院	16	69	44	69	7	21	27	9	5	39	30	0	3	59	0
江苏海事职业技术学院	17	30	18	30	3	13	13	1	0	16	14	0	1	26	0
无锡科技职业学院	18	16	11	16	0	4	12	0	0	4	12	0	1	10	0
江苏医药职业学院	19	36	25	36	0	6	13	17	0	24	12	0	1	27	0
南通科技职业学院	20	24	15	24	4	4	10	3	3	14	10	0	1	20	0

苏州经贸职业技术学院	21	13	9	13	0	4	4	5	0	9	4	0	1	11	0
苏州工业职业技术学院	22	12	11	12	0	3	9	0	0	0	12	0	0	9	0
苏州卫生职业技术学院	23	30	25	30	0	11	15	4	0	24	6	0	0	28	0
无锡商业职业技术学院	24	10	4	10	2	2	6	0	0	3	7	0	0	6	0
江苏航运职业技术学院	25	128	54	128	8	27	85	8	0	69	59	0	4	103	0
南京交通职业技术学院	26	18	11	18	0	4	11	3	0	14	4	0	2	16	0
江苏电子信息职业学院	27	51	26	51	0	7	22	22	0	33	18	0	0	44	0
江苏农牧科技职业学院	28	64	30	64	0	19	44	1	0	46	18	0	7	46	0
常州纺织服装职业技术学院	29	51	31	51	3	17	22	9	0	26	25	0	1	33	0
苏州农业职业技术学院	30	76	46	76	9	34	23	10	0	43	32	1	10	51	0
南京科技职业学院	31	66	41	66	8	32	23	3	0	45	21	0	3	50	0
常州工业职业技术学院	32	16	9	16	1	2	6	7	0	13	3	0	0	15	0
常州工程职业技术学院	33	70	40	70	0	29	32	9	0	24	46	0	0	33	0
江苏农林职业技术学院	34	31	16	31	0	11	19	1	0	16	15	0	3	27	0
江苏食品药品职业技术学院	35	82	48	82	6	20	55	1	0	61	21	0	8	67	0
南京铁道职业技术学院	36	47	31	47	3	6	35	3	0	30	17	0	3	37	0
徐州工业职业技术学院	37	25	12	25	3	1	6	15	0	24	1	0	1	23	0
江苏信息职业技术学院	38	28	20	28	0	10	17	1	0	14	14	0	0	21	0
南京信息职业技术学院	39	15	8	15	0	3	7	5	0	10	5	0	2	11	0
常州机电职业技术学院	40	139	61	139	26	47	65	1	0	66	73	0	25	73	0
江阴职业技术学院	41	29	16	29	1	9	16	3	0	5	24	0	0	14	0
无锡城市职业技术学院	42	41	37	41	2	8	23	8	0	17	24	0	0	35	0
无锡工艺职业技术学院	43	22	13	22	0	6	9	7	0	14	8	0	0	16	0
苏州健雄职业技术学院	44	34	20	34	6	16	12	0	0	18	16	0	3	29	0

续表

高校名称	编号	总计		按职称划分						按最后学历划分			按最后学位划分		其他人员
			女性	小计	教授	副教授	讲师	助教	初级	研究生	本科生	其他	博士	硕士	
	编号	L01	L02	L03	L04	L05	L06	L07	L08	L09	L10	L11	L12	L13	L14
盐城工业职业技术学院	45	42	21	42	8	5	13	16	0	33	9	0	1	32	0
江苏财经职业技术学院	46	15	10	15	1	5	3	6	0	9	6	0	0	10	0
扬州工业职业技术学院	47	44	23	44	3	3	13	25	0	39	5	0	1	40	0
江苏城市职业学院	48	121	80	121	17	32	69	3	0	98	23	0	11	98	0
南京城市职业学院	49	49	33	49	4	18	25	2	0	27	22	0	0	40	0
南京机电职业技术学院	50	67	46	67	1	5	36	25	0	31	36	0	0	39	0
南京旅游职业学院	51	24	15	24	1	3	11	9	0	18	5	1	1	17	0
江苏卫生健康职业学院	52	14	10	14	1	0	8	5	0	10	4	0	0	10	0
苏州信息职业技术学院	53	5	5	5	0	2	3	0	0	1	4	0	0	3	0
苏州工业园区服务外包职业学院	54	8	5	8	1	4	3	0	0	5	3	0	0	5	0
徐州幼儿师范高等专科学校	55	82	45	82	15	29	27	11	0	50	32	0	16	37	0
徐州生物工程职业技术学院	56	13	5	13	0	3	10	0	0	5	8	0	0	5	0
江苏商贸职业学院	57	28	19	28	2	6	11	9	0	14	14	0	0	15	0
南通师范高等专科学校	58	36	32	36	3	6	21	6	0	17	19	0	2	28	0
江苏护理职业学院	59	27	22	27	2	3	12	10	0	19	8	0	1	20	0
江苏财会职业学院	60	26	17	26	3	0	12	11	0	14	12	0	1	20	0
江苏城乡建设职业学院	61	57	35	57	2	16	24	14	1	22	35	0	0	34	0
江苏航空职业技术学院	62	26	17	26	0	2	14	10	0	22	4	0	0	23	0
江苏安全技术职业学院	63	9	5	9	0	5	4	0	0	4	5	0	0	7	0
江苏旅游职业学院	64	149	74	149	5	37	48	59	0	47	102	0	1	92	0
常州幼儿师范高等专科学校	65	41	31	41	1	18	12	10	0	14	27	0	0	27	0

3.20 统计学人文、社会科学活动人员情况表

高校名称		总计		按职称划分						按最后学历划分			按最后学位划分		其他
			女性	小计	教授	副教授	讲师	助教	初级	研究生	本科生	其他	博士	硕士	人员
	编号	L01	L02	L03	L04	L05	L06	L07	L08	L09	L10	L11	L12	L13	L14
合　计	/	74	44	74	3	19	40	12	0	35	39	0	7	42	0
盐城幼儿师范高等专科学校	1	0	0	0	0	0	0	0	0	0	0	0	0	0	0
苏州幼儿师范高等专科学校	2	0	0	0	0	0	0	0	0	0	0	0	0	0	0
无锡职业技术学院	3	0	0	0	0	0	0	0	0	0	0	0	0	0	0
江苏建筑职业技术学院	4	0	0	0	0	0	0	0	0	0	0	0	0	0	0
江苏工程职业技术学院	5	1	0	1	0	1	0	0	0	1	0	0	0	1	0
苏州工艺美术职业技术学院	6	1	1	1	0	0	1	0	0	0	1	0	0	1	0
连云港职业技术学院	7	0	0	0	0	0	0	0	0	0	0	0	0	0	0
镇江市高等专科学校	8	0	0	0	0	0	0	0	0	0	0	0	0	0	0
南通职业大学	9	1	0	1	0	0	1	0	0	0	1	0	0	0	0
苏州市职业大学	10	2	1	2	0	0	2	0	0	2	0	0	0	2	0
沙洲职业工学院	11	3	2	3	0	1	2	0	0	0	3	0	0	0	0
扬州市职业大学	12	1	1	1	0	0	0	1	0	1	0	0	0	1	0
连云港师范高等专科学校	13	2	1	2	1	1	0	0	0	2	0	0	0	2	0
江苏经贸职业技术学院	14	0	0	0	0	0	0	0	0	0	0	0	0	0	0
泰州职业技术学院	15	0	0	0	0	0	0	0	0	0	0	0	0	0	0
常州信息职业技术学院	16	0	0	0	0	0	0	0	0	0	0	0	0	0	0
江苏海事职业技术学院	17	0	0	0	0	0	0	0	0	0	0	0	0	0	0
无锡科技职业学院	18	0	0	0	0	0	0	0	0	0	0	0	0	0	0
江苏医药职业学院	19	0	0	0	0	0	0	0	0	0	0	0	0	0	0
南通科技职业学院	20	2	2	2	0	0	2	0	0	1	1	0	0	1	0

续表

高校名称		总计		按职称划分						按最后学历划分			按最后学位划分		其他
			女性	小计	教授	副教授	讲师	助教	初级	研究生	本科生	其他	博士	硕士	人员
	编号	L01	L02	L03	L04	L05	L06	L07	L08	L09	L10	L11	L12	L13	L14
苏州经贸职业技术学院	21	2	1	2	0	2	0	0	0	1	1	0	0	0	0
苏州工业职业技术学院	22	0	0	0	0	0	0	0	0	0	0	0	0	0	0
苏州卫生职业技术学院	23	4	3	4	0	0	2	2	0	0	4	0	0	0	0
无锡商业职业技术学院	24	2	1	2	0	0	0	2	0	2	0	0	0	2	0
江苏航运职业技术学院	25	3	1	3	0	0	3	0	0	0	3	0	0	1	0
南京交通职业技术学院	26	5	4	5	0	2	3	0	0	3	2	0	0	4	0
江苏电子信息职业学院	27	0	0	0	0	0	0	0	0	0	0	0	0	0	0
江苏农牧科技职业学院	28	1	1	1	0	0	1	0	0	1	0	0	0	1	0
常州纺织服装职业技术学院	29	2	1	2	2	0	0	0	0	0	2	0	0	0	0
苏州农业职业技术学院	30	0	0	0	0	0	0	0	0	0	0	0	0	0	0
南京科技职业学院	31	0	0	0	0	0	0	0	0	0	0	0	0	0	0
常州工业职业技术学院	32	0	0	0	0	0	0	0	0	0	0	0	0	0	0
常州工程职业技术学院	33	1	0	1	0	0	1	0	0	0	1	0	0	0	0
江苏农林职业技术学院	34	0	0	0	0	0	0	0	0	0	0	0	0	0	0
江苏食品药品职业技术学院	35	3	2	3	0	0	3	0	0	1	2	0	1	0	0
南京铁道职业技术学院	36	10	8	10	0	5	5	0	0	4	6	0	2	5	0
徐州工业职业技术学院	37	0	0	0	0	0	0	0	0	0	0	0	0	0	0
江苏信息职业技术学院	38	1	1	1	0	0	0	1	0	1	0	0	0	1	0
南京信息职业技术学院	39	9	4	9	0	6	2	1	0	5	4	0	3	6	0
常州机电职业技术学院	40	3	3	3	0	0	3	0	0	0	3	0	0	3	0
江阴职业技术学院	41	0	0	0	0	0	0	0	0	0	0	0	0	0	0

无锡城市职业技术学院	42	1	0	1	0	0	1	0	0	0	1	0	0	1	0
无锡工艺职业技术学院	43	0	0	0	0	0	0	0	0	0	0	0	0	0	0
苏州健雄职业技术学院	44	0	0	0	0	0	0	0	0	0	0	0	0	0	0
盐城工业职业技术学院	45	0	0	0	0	0	0	0	0	0	0	0	0	0	0
江苏财经职业技术学院	46	1	0	1	0	0	0	1	0	1	0	0	0	1	0
扬州工业职业技术学院	47	1	0	1	0	0	1	0	0	1	0	0	0	1	0
江苏城市职业学院	48	3	1	3	0	0	1	2	0	3	0	0	0	3	0
南京城市职业学院	49	1	1	1	0	0	1	0	0	0	1	0	0	0	0
南京机电职业技术学院	50	0	0	0	0	0	0	0	0	0	0	0	0	0	0
南京旅游职业学院	51	1	0	1	0	0	0	1	0	0	1	0	0	0	0
江苏卫生健康职业学院	52	1	0	1	0	0	1	0	0	1	0	0	0	1	0
苏州信息职业技术学院	53	1	1	1	0	0	1	0	0	0	1	0	0	1	0
苏州工业园区服务外包职业学院	54	0	0	0	0	0	0	0	0	0	0	0	0	0	0
徐州幼儿师范高等专科学校	55	1	0	1	0	1	0	0	0	1	0	0	1	0	0
徐州生物工程职业技术学院	56	0	0	0	0	0	0	0	0	0	0	0	0	0	0
江苏商贸职业学院	57	0	0	0	0	0	0	0	0	0	0	0	0	0	0
南通师范高等专科学校	58	0	0	0	0	0	0	0	0	0	0	0	0	0	0
江苏护理职业学院	59	1	1	1	0	0	1	0	0	1	0	0	0	1	0
江苏财会职业学院	60	1	0	1	0	0	1	0	0	1	0	0	0	1	0
江苏城乡建设职业学院	61	0	0	0	0	0	0	0	0	0	0	0	0	0	0
江苏航空职业技术学院	62	1	1	1	0	0	0	1	0	1	0	0	0	1	0
江苏安全技术职业学院	63	1	1	1	0	0	1	0	0	0	1	0	0	0	0
江苏旅游职业学院	64	0	0	0	0	0	0	0	0	0	0	0	0	0	0
常州幼儿师范高等专科学校	65	0	0	0	0	0	0	0	0	0	0	0	0	0	0

3.21 心理学人文、社会科学活动人员情况表

高校名称		总计		按职称划分						按最后学历划分			按最后学位划分		其他
			女性	小计	教授	副教授	讲师	助教	初级	研究生	本科生	其他	博士	硕士	人员
	编号	L01	L02	L03	L04	L05	L06	L07	L08	L09	L10	L11	L12	L13	L14
合 计	/	194	165	194	5	42	100	42	5	131	63	0	3	153	0
盐城幼儿师范高等专科学校	1	9	7	9	0	4	4	1	0	4	5	0	0	5	0
苏州幼儿师范高等专科学校	2	0	0	0	0	0	0	0	0	0	0	0	0	0	0
无锡职业技术学院	3	1	1	1	0	1	0	0	0	0	1	0	0	1	0
江苏建筑职业技术学院	4	3	2	3	0	0	3	0	0	3	0	0	0	3	0
江苏工程职业技术学院	5	0	0	0	0	0	0	0	0	0	0	0	0	0	0
苏州工艺美术职业技术学院	6	5	3	5	1	0	1	3	0	5	0	0	0	5	0
连云港职业技术学院	7	2	2	2	1	0	1	0	0	2	0	0	0	2	0
镇江市高等专科学校	8	8	6	8	1	3	2	2	0	5	3	0	0	6	0
南通职业大学	9	0	0	0	0	0	0	0	0	0	0	0	0	0	0
苏州市职业大学	10	14	10	14	0	5	9	0	0	6	8	0	0	12	0
沙洲职业工学院	11	1	1	1	0	0	1	0	0	1	0	0	0	1	0
扬州市职业大学	12	5	3	5	0	2	0	1	2	3	2	0	0	5	0
连云港师范高等专科学校	13	5	5	5	0	1	1	3	0	4	1	0	0	5	0
江苏经贸职业技术学院	14	3	3	3	0	0	3	0	0	2	1	0	0	2	0
泰州职业技术学院	15	1	0	1	0	1	0	0	0	1	0	0	0	1	0
常州信息职业技术学院	16	1	1	1	0	1	0	0	0	1	0	0	0	1	0
江苏海事职业技术学院	17	1	1	1	0	0	1	0	0	1	0	0	1	0	0
无锡科技职业学院	18	2	2	2	0	1	1	0	0	0	2	0	0	0	0
江苏医药职业学院	19	9	7	9	0	0	6	3	0	6	3	0	0	6	0
南通科技职业学院	20	3	3	3	1	0	2	0	0	1	2	0	0	2	0

苏州经贸职业技术学院	21	0	0	0	0	0	0	0	0	0	0	0	0	0	0
苏州工业职业技术学院	22	0	0	0	0	0	0	0	0	0	0	0	0	0	0
苏州卫生职业技术学院	23	6	6	6	0	0	0	6	0	3	3	0	0	3	0
无锡商业职业技术学院	24	0	0	0	0	0	0	0	0	0	0	0	0	0	0
江苏航运职业技术学院	25	5	5	5	0	0	5	0	0	3	2	0	0	5	0
南京交通职业技术学院	26	4	4	4	0	1	3	0	0	4	0	0	0	4	0
江苏电子信息职业学院	27	7	5	7	0	4	0	3	0	5	2	0	0	6	0
江苏农牧科技职业学院	28	6	5	6	0	0	6	0	0	4	2	0	0	5	0
常州纺织服装职业技术学院	29	5	4	5	0	1	4	0	0	1	4	0	0	1	0
苏州农业职业技术学院	30	2	2	2	0	2	0	0	0	2	0	0	0	2	0
南京科技职业学院	31	3	3	3	0	1	2	0	0	2	1	0	0	3	0
常州工业职业技术学院	32	2	0	2	0	0	2	0	0	1	1	0	0	1	0
常州工程职业技术学院	33	0	0	0	0	0	0	0	0	0	0	0	0	0	0
江苏农林职业技术学院	34	0	0	0	0	0	0	0	0	0	0	0	0	0	0
江苏食品药品职业技术学院	35	3	3	3	0	0	3	0	0	3	0	0	0	3	0
南京铁道职业技术学院	36	6	6	6	0	1	4	1	0	6	0	0	1	5	0
徐州工业职业技术学院	37	5	4	5	0	2	3	0	0	4	1	0	0	4	0
江苏信息职业技术学院	38	1	1	1	0	1	0	0	0	1	0	0	0	1	0
南京信息职业技术学院	39	5	4	5	0	3	2	0	0	1	4	0	0	4	0
常州机电职业技术学院	40	2	1	2	0	0	1	1	0	1	1	0	0	1	0
江阴职业技术学院	41	1	1	1	0	0	1	0	0	0	1	0	0	0	0
无锡城市职业技术学院	42	1	1	1	0	0	1	0	0	1	0	0	1	0	0
无锡工艺职业技术学院	43	2	2	2	0	1	0	1	0	2	0	0	0	2	0
苏州健雄职业技术学院	44	2	2	2	0	0	2	0	0	0	2	0	0	0	0

续表

高校名称		总计		按职称划分						按最后学历划分			按最后学位划分		其他人员
			女性	小计	教授	副教授	讲师	助教	初级	研究生	本科生	其他	博士	硕士	
	编号	L01	L02	L03	L04	L05	L06	L07	L08	L09	L10	L11	L12	L13	L14
盐城工业职业技术学院	45	2	1	2	0	1	0	1	0	2	0	0	0	2	0
江苏财经职业技术学院	46	1	1	1	0	1	0	0	0	1	0	0	0	1	0
扬州工业职业技术学院	47	1	1	1	0	0	1	0	0	1	0	0	0	1	0
江苏城市职业学院	48	5	5	5	0	1	2	2	0	3	2	0	0	5	0
南京城市职业学院	49	4	3	4	0	1	3	0	0	3	1	0	0	3	0
南京机电职业技术学院	50	1	1	1	0	0	0	1	0	1	0	0	0	1	0
南京旅游职业学院	51	1	1	1	0	0	1	0	0	0	1	0	0	1	0
江苏卫生健康职业学院	52	5	4	5	0	0	3	2	0	4	1	0	0	4	0
苏州信息职业技术学院	53	2	2	2	0	1	0	1	0	1	1	0	0	1	0
苏州工业园区服务外包职业学院	54	3	3	3	0	0	3	0	0	3	0	0	0	3	0
徐州幼儿师范高等专科学校	55	2	2	2	0	1	1	0	0	2	0	0	0	2	0
徐州生物工程职业技术学院	56	1	1	1	0	0	1	0	0	0	1	0	0	0	0
江苏商贸职业学院	57	7	7	7	0	0	4	3	0	7	0	0	0	7	0
南通师范高等专科学校	58	7	6	7	0	0	4	3	0	7	0	0	0	7	0
江苏护理职业学院	59	2	2	2	0	0	1	1	0	0	2	0	0	1	0
江苏财会职业学院	60	0	0	0	0	0	0	0	0	0	0	0	0	0	0
江苏城乡建设职业学院	61	4	4	4	0	0	0	1	3	4	0	0	0	4	0
江苏航空职业技术学院	62	2	2	2	0	0	2	0	0	2	0	0	0	2	0
江苏安全技术职业学院	63	0	0	0	0	0	0	0	0	0	0	0	0	0	0
江苏旅游职业学院	64	1	1	1	0	0	0	1	0	1	0	0	0	1	0
常州幼儿师范高等专科学校	65	2	2	2	1	0	0	1	0	0	2	0	0	0	0

3.22 体育科学人文、社会科学活动人员情况表

高校名称		总计		按职称划分						按最后学历划分			按最后学位划分		其他
			女性	小计	教授	副教授	讲师	助教	初级	研究生	本科生	其他	博士	硕士	人员
	编号	L01	L02	L03	L04	L05	L06	L07	L08	L09	L10	L11	L12	L13	L14
合　计	/	1034	333	1034	33	376	459	164	2	387	645	2	5	568	0
盐城幼儿师范高等专科学校	1	31	11	31	0	15	8	8	0	9	22	0	0	13	0
苏州幼儿师范高等专科学校	2	8	2	8	2	1	4	1	0	6	2	0	0	8	0
无锡职业技术学院	3	24	7	24	1	7	7	9	0	14	10	0	1	16	0
江苏建筑职业技术学院	4	19	7	19	1	11	7	0	0	8	11	0	0	10	0
江苏工程职业技术学院	5	15	5	15	0	5	10	0	0	8	7	0	0	9	0
苏州工艺美术职业技术学院	6	14	5	14	1	7	4	2	0	6	8	0	0	9	0
连云港职业技术学院	7	18	3	18	1	8	5	4	0	6	12	0	0	10	0
镇江市高等专科学校	8	18	6	18	2	8	7	1	0	1	17	0	0	7	0
南通职业大学	9	8	4	8	0	6	2	0	0	0	8	0	0	5	0
苏州市职业大学	10	27	10	27	3	12	9	3	0	12	15	0	0	17	0
沙洲职业工学院	11	9	2	9	0	5	2	2	0	2	7	0	0	2	0
扬州市职业大学	12	45	18	45	4	17	18	4	2	12	33	0	1	16	0
连云港师范高等专科学校	13	31	8	31	0	10	12	9	0	19	12	0	0	27	0
江苏经贸职业技术学院	14	27	9	27	1	9	17	0	0	16	11	0	0	20	0
泰州职业技术学院	15	12	4	12	0	8	2	2	0	4	8	0	0	7	0
常州信息职业技术学院	16	16	3	16	0	9	6	1	0	7	9	0	0	10	0
江苏海事职业技术学院	17	21	9	21	0	8	13	0	0	1	20	0	0	11	0
无锡科技职业学院	18	10	5	10	0	1	9	0	0	0	10	0	0	3	0
江苏医药职业学院	19	14	4	14	0	2	5	7	0	9	5	0	0	10	0
南通科技职业学院	20	10	2	10	0	2	6	2	0	2	8	0	0	2	0

续表

高校名称		总计		按职称划分						按最后学历划分			按最后学位划分		其他人员
			女性	小计	教授	副教授	讲师	助教	初级	研究生	本科生	其他	博士	硕士	
	编号	L01	L02	L03	L04	L05	L06	L07	L08	L09	L10	L11	L12	L13	L14
苏州经贸职业技术学院	21	14	4	14	0	6	7	1	0	9	5	0	0	9	0
苏州工业职业技术学院	22	16	5	16	1	4	10	1	0	1	15	0	0	7	0
苏州卫生职业技术学院	23	16	9	16	0	7	9	0	0	5	11	0	0	7	0
无锡商业职业技术学院	24	19	6	19	0	5	11	3	0	7	12	0	0	10	0
江苏航运职业技术学院	25	13	1	13	0	2	11	0	0	6	7	0	0	8	0
南京交通职业技术学院	26	16	5	16	1	6	8	1	0	5	11	0	0	14	0
江苏电子信息职业学院	27	20	6	20	1	4	9	6	0	5	14	1	0	18	0
江苏农牧科技职业学院	28	2	0	2	0	0	2	0	0	2	0	0	0	2	0
常州纺织服装职业技术学院	29	16	3	16	1	4	8	3	0	6	10	0	1	7	0
苏州农业职业技术学院	30	8	3	8	0	6	2	0	0	1	7	0	0	6	0
南京科技职业学院	31	18	7	18	0	9	8	1	0	7	11	0	0	9	0
常州工业职业技术学院	32	20	7	20	0	3	13	4	0	8	12	0	1	9	0
常州工程职业技术学院	33	12	3	12	0	4	6	2	0	2	10	0	0	2	0
江苏农林职业技术学院	34	18	6	18	0	3	13	2	0	5	13	0	0	10	0
江苏食品药品职业技术学院	35	10	2	10	0	2	8	0	0	1	9	0	0	2	0
南京铁道职业技术学院	36	15	10	15	0	4	11	0	0	13	2	0	0	12	0
徐州工业职业技术学院	37	17	6	17	2	10	3	2	0	4	13	0	0	10	0
江苏信息职业技术学院	38	12	2	12	1	3	8	0	0	1	11	0	0	3	0
南京信息职业技术学院	39	17	7	17	2	6	6	3	0	6	11	0	0	12	0
常州机电职业技术学院	40	8	3	8	0	1	5	2	0	7	1	0	0	6	0
江阴职业技术学院	41	22	5	22	0	12	7	3	0	1	21	0	0	10	0

无锡城市职业技术学院	42	19	7	19	0	12	5	2	0	5	14	0	0	8	0
无锡工艺职业技术学院	43	14	4	14	0	6	6	2	0	8	6	0	0	10	0
苏州健雄职业技术学院	44	12	3	12	0	5	5	2	0	4	8	0	0	5	0
盐城工业职业技术学院	45	17	4	17	1	6	6	4	0	9	8	0	1	8	0
江苏财经职业技术学院	46	20	6	20	2	10	6	2	0	4	16	0	0	9	0
扬州工业职业技术学院	47	25	5	25	1	10	9	5	0	12	13	0	0	12	0
江苏城市职业学院	48	12	5	12	0	6	3	3	0	6	6	0	0	10	0
南京城市职业学院	49	9	4	9	0	2	6	1	0	8	1	0	0	8	0
南京机电职业技术学院	50	13	7	13	0	0	9	4	0	2	11	0	0	4	0
南京旅游职业学院	51	14	5	14	0	3	6	5	0	5	9	0	0	7	0
江苏卫生健康职业学院	52	10	2	10	0	3	3	4	0	6	4	0	0	7	0
苏州信息职业技术学院	53	8	3	8	0	3	5	0	0	1	7	0	0	1	0
苏州工业园区服务外包职业学院	54	9	3	9	0	4	5	0	0	9	0	0	0	9	0
徐州幼儿师范高等专科学校	55	9	1	9	1	3	4	1	0	1	8	0	0	2	0
徐州生物工程职业技术学院	56	14	6	14	1	3	4	6	0	1	13	0	0	3	0
江苏商贸职业学院	57	17	6	17	0	8	6	3	0	3	14	0	0	8	0
南通师范高等专科学校	58	26	9	26	2	12	10	2	0	9	17	0	0	12	0
江苏护理职业学院	59	15	6	15	0	3	4	8	0	9	6	0	0	9	0
江苏财会职业学院	60	21	5	21	0	6	10	5	0	5	16	0	0	9	0
江苏城乡建设职业学院	61	18	2	18	0	5	7	6	0	9	9	0	0	10	0
江苏航空职业技术学院	62	6	1	6	0	1	3	2	0	2	3	1	0	2	0
江苏安全技术职业学院	63	11	3	11	0	2	8	1	0	4	7	0	0	5	0
江苏旅游职业学院	64	21	8	21	0	7	9	5	0	19	2	0	0	18	0
常州幼儿师范高等专科学校	65	8	4	8	0	4	2	2	0	2	6	0	0	7	0

3.23 其他学科人文、社会科学活动人员情况表

高校名称		总计		按职称划分						按最后学历划分			按最后学位划分		其他人员
			女性	小计	教授	副教授	讲师	助教	初级	研究生	本科生	其他	博士	硕士	
	编号	L01	L02	L03	L04	L05	L06	L07	L08	L09	L10	L11	L12	L13	L14
合　计	/	44	27	44	5	8	21	10	0	33	11	0	7	32	0
盐城幼儿师范高等专科学校	1	0	0	0	0	0	0	0	0	0	0	0	0	0	0
苏州幼儿师范高等专科学校	2	0	0	0	0	0	0	0	0	0	0	0	0	0	0
无锡职业技术学院	3	0	0	0	0	0	0	0	0	0	0	0	0	0	0
江苏建筑职业技术学院	4	0	0	0	0	0	0	0	0	0	0	0	0	0	0
江苏工程职业技术学院	5	2	1	2	0	0	2	0	0	1	1	0	1	0	0
苏州工艺美术职业技术学院	6	0	0	0	0	0	0	0	0	0	0	0	0	0	0
连云港职业技术学院	7	4	1	4	0	1	1	2	0	4	0	0	0	4	0
镇江市高等专科学校	8	1	1	1	0	1	0	0	0	1	0	0	0	1	0
南通职业大学	9	1	1	1	0	0	0	1	0	1	0	0	0	1	0
苏州市职业大学	10	0	0	0	0	0	0	0	0	0	0	0	0	0	0
沙洲职业工学院	11	0	0	0	0	0	0	0	0	0	0	0	0	0	0
扬州市职业大学	12	0	0	0	0	0	0	0	0	0	0	0	0	0	0
连云港师范高等专科学校	13	0	0	0	0	0	0	0	0	0	0	0	0	0	0
江苏经贸职业技术学院	14	0	0	0	0	0	0	0	0	0	0	0	0	0	0
泰州职业技术学院	15	0	0	0	0	0	0	0	0	0	0	0	0	0	0
常州信息职业技术学院	16	13	8	13	2	4	6	1	0	9	4	0	3	9	0
江苏海事职业技术学院	17	0	0	0	0	0	0	0	0	0	0	0	0	0	0
无锡科技职业学院	18	0	0	0	0	0	0	0	0	0	0	0	0	0	0
江苏医药职业学院	19	0	0	0	0	0	0	0	0	0	0	0	0	0	0
南通科技职业学院	20	4	3	4	0	0	0	4	0	4	0	0	0	4	0

苏州经贸职业技术学院	21	0	0	0	0	0	0	0	0	0	0	0	0	0	0
苏州工业职业技术学院	22	0	0	0	0	0	0	0	0	0	0	0	0	0	0
苏州卫生职业技术学院	23	0	0	0	0	0	0	0	0	0	0	0	0	0	0
无锡商业职业技术学院	24	0	0	0	0	0	0	0	0	0	0	0	0	0	0
江苏航运职业技术学院	25	0	0	0	0	0	0	0	0	0	0	0	0	0	0
南京交通职业技术学院	26	0	0	0	0	0	0	0	0	0	0	0	0	0	0
江苏电子信息职业学院	27	0	0	0	0	0	0	0	0	0	0	0	0	0	0
江苏农牧科技职业学院	28	1	1	1	0	0	1	0	0	1	0	0	0	1	0
常州纺织服装职业技术学院	29	0	0	0	0	0	0	0	0	0	0	0	0	0	0
苏州农业职业技术学院	30	0	0	0	0	0	0	0	0	0	0	0	0	0	0
南京科技职业学院	31	0	0	0	0	0	0	0	0	0	0	0	0	0	0
常州工业职业技术学院	32	0	0	0	0	0	0	0	0	0	0	0	0	0	0
常州工程职业技术学院	33	0	0	0	0	0	0	0	0	0	0	0	0	0	0
江苏农林职业技术学院	34	0	0	0	0	0	0	0	0	0	0	0	0	0	0
江苏食品药品职业技术学院	35	0	0	0	0	0	0	0	0	0	0	0	0	0	0
南京铁道职业技术学院	36	0	0	0	0	0	0	0	0	0	0	0	0	0	0
徐州工业职业技术学院	37	0	0	0	0	0	0	0	0	0	0	0	0	0	0
江苏信息职业技术学院	38	0	0	0	0	0	0	0	0	0	0	0	0	0	0
南京信息职业技术学院	39	0	0	0	0	0	0	0	0	0	0	0	0	0	0
常州机电职业技术学院	40	1	0	1	0	0	1	0	0	1	0	0	0	1	0
江阴职业技术学院	41	0	0	0	0	0	0	0	0	0	0	0	0	0	0
无锡城市职业技术学院	42	0	0	0	0	0	0	0	0	0	0	0	0	0	0
无锡工艺职业技术学院	43	0	0	0	0	0	0	0	0	0	0	0	0	0	0
苏州健雄职业技术学院	44	3	2	3	0	0	1	2	0	3	0	0	1	2	0

续表

高校名称		总计		按职称划分						按最后学历划分			按最后学位划分		其他
			女性	小计	教授	副教授	讲师	助教	初级	研究生	本科生	其他	博士	硕士	人员
	编号	L01	L02	L03	L04	L05	L06	L07	L08	L09	L10	L11	L12	L13	L14
盐城工业职业技术学院	45	0	0	0	0	0	0	0	0	0	0	0	0	0	0
江苏财经职业技术学院	46	0	0	0	0	0	0	0	0	0	0	0	0	0	0
扬州工业职业技术学院	47	2	2	2	0	0	2	0	0	2	0	0	0	2	0
江苏城市职业学院	48	0	0	0	0	0	0	0	0	0	0	0	0	0	0
南京城市职业学院	49	6	3	6	3	0	3	0	0	2	4	0	0	4	0
南京机电职业技术学院	50	0	0	0	0	0	0	0	0	0	0	0	0	0	0
南京旅游职业学院	51	0	0	0	0	0	0	0	0	0	0	0	0	0	0
江苏卫生健康职业学院	52	0	0	0	0	0	0	0	0	0	0	0	0	0	0
苏州信息职业技术学院	53	0	0	0	0	0	0	0	0	0	0	0	0	0	0
苏州工业园区服务外包职业学院	54	0	0	0	0	0	0	0	0	0	0	0	0	0	0
徐州幼儿师范高等专科学校	55	0	0	0	0	0	0	0	0	0	0	0	0	0	0
徐州生物工程职业技术学院	56	0	0	0	0	0	0	0	0	0	0	0	0	0	0
江苏商贸职业学院	57	0	0	0	0	0	0	0	0	0	0	0	0	0	0
南通师范高等专科学校	58	1	0	1	0	0	1	0	0	1	0	0	1	0	0
江苏护理职业学院	59	3	2	3	0	2	1	0	0	2	1	0	1	2	0
江苏财会职业学院	60	0	0	0	0	0	0	0	0	0	0	0	0	0	0
江苏城乡建设职业学院	61	0	0	0	0	0	0	0	0	0	0	0	0	0	0
江苏航空职业技术学院	62	0	0	0	0	0	0	0	0	0	0	0	0	0	0
江苏安全技术职业学院	63	0	0	0	0	0	0	0	0	0	0	0	0	0	0
江苏旅游职业学院	64	0	0	0	0	0	0	0	0	0	0	0	0	0	0
常州幼儿师范高等专科学校	65	2	2	2	0	0	2	0	0	1	1	0	0	1	0

4. 民办及中外合作办学高等学校人文、社会科学活动人员情况表

学科门类		总计		按职称划分						按最后学历划分			按最后学位划分		其他人员
			女性	小计	教授	副教授	讲师	助教	初级	研究生	本科生	其他	博士	硕士	
	编号	L01	L02	L03	L04	L05	L06	L07	L08	L09	L10	L11	L12	L13	L14
合　计	/	7627	5241	7617	202	1428	4036	1859	92	5326	2278	13	578	5376	10
管理学	1	1583	1037	1581	45	288	816	419	13	1042	538	1	109	1059	2
马克思主义	2	310	226	309	4	83	149	72	1	240	69	0	9	257	1
哲学	3	95	66	95	5	16	48	26	0	88	7	0	20	70	0
逻辑学	4	29	11	29	0	2	16	11	0	9	19	1	0	10	0
宗教学	5	2	0	2	1	0	1	0	0	2	0	0	2	0	0
语言学	6	1035	873	1032	8	204	655	161	4	746	286	0	65	763	3
中国文学	7	148	101	148	8	35	68	35	2	116	32	0	24	102	0
外国文学	8	176	139	176	3	24	120	29	0	137	39	0	13	129	0
艺术学	9	1372	915	1372	28	232	604	499	9	951	415	6	22	1089	0
历史学	10	49	19	49	4	14	23	8	0	40	9	0	18	24	0
考古学	11	4	3	4	0	0	2	2	0	4	0	0	0	4	0
经济学	12	858	632	858	53	177	430	192	6	720	138	0	143	601	0
政治学	13	62	34	62	2	7	38	15	0	53	9	0	20	35	0
法学	14	157	101	157	7	28	76	42	4	114	43	0	9	117	0
社会学	15	110	75	110	0	13	76	16	5	73	35	2	20	53	0
民族学与文化学	16	5	2	5	0	1	3	1	0	4	1	0	1	3	0
新闻学与传播学	17	168	115	167	6	36	83	41	1	121	46	0	25	111	1
图书馆、情报与文献学	18	135	98	135	1	15	98	15	6	33	100	2	2	41	0
教育学	19	759	515	758	14	123	444	146	31	491	266	1	42	533	1
统计学	20	36	23	36	1	6	17	10	2	28	8	0	1	28	0
心理学	21	86	78	86	3	11	40	25	7	67	19	0	5	69	0
体育科学	22	343	121	341	1	91	172	76	1	169	172	0	2	227	2
其他学科	23	105	57	105	8	22	57	18	0	78	27	0	26	51	0

4.1 管理学人文、社会科学活动人员情况表

高校名称		总计		按职称划分						按最后学历划分			按最后学位划分		其他
			女性	小计	教授	副教授	讲师	助教	初级	研究生	本科生	其他	博士	硕士	人员
	编号	L01	L02	L03	L04	L05	L06	L07	L08	L09	L10	L11	L12	L13	L14
合　计	/	1583	1037	1581	45	288	816	419	13	1042	538	1	109	1059	2
明达职业技术学院	1	6	4	6	0	0	3	3	0	0	6	0	0	0	0
三江学院	2	67	50	67	9	29	22	7	0	47	20	0	7	53	0
九州职业技术学院	3	58	35	58	1	3	28	26	0	22	36	0	0	24	0
南通理工学院	4	118	77	118	4	18	50	46	0	81	37	0	3	98	0
硅湖职业技术学院	5	25	16	25	0	8	14	3	0	12	13	0	0	16	0
应天职业技术学院	6	17	12	17	0	5	12	0	0	9	8	0	0	11	0
苏州托普信息职业技术学院	7	2	2	2	0	0	2	0	0	0	2	0	0	0	0
东南大学成贤学院	8	23	16	23	1	5	17	0	0	14	9	0	1	13	0
苏州工业园区职业技术学院	9	43	25	43	2	12	29	0	0	20	23	0	0	26	0
太湖创意职业技术学院	10	3	0	3	0	0	1	1	1	1	2	0	0	1	0
炎黄职业技术学院	11	12	8	12	0	2	10	0	0	2	10	0	0	7	0
正德职业技术学院	12	14	10	14	0	0	11	3	0	9	5	0	0	9	0
钟山职业技术学院	13	6	2	6	0	2	4	0	0	1	5	0	0	4	0
无锡南洋职业技术学院	14	36	27	36	0	10	23	3	0	8	27	1	0	11	0
江南影视艺术职业学院	15	26	16	26	0	2	6	18	0	22	4	0	1	21	0
金肯职业技术学院	16	50	33	50	1	5	26	18	0	27	23	0	2	27	0
建东职业技术学院	17	21	13	21	0	4	15	1	1	3	18	0	0	7	0
宿迁职业技术学院	18	10	5	10	0	1	6	2	1	2	8	0	0	2	0
江海职业技术学院	19	54	27	54	1	12	31	10	0	6	48	0	0	19	0
无锡太湖学院	20	120	85	120	6	24	61	29	0	90	30	0	5	93	0
中国矿业大学徐海学院	21	16	12	16	0	1	13	2	0	14	2	0	1	15	0
南京大学金陵学院	22	2	0	2	0	1	1	0	0	1	1	0	0	1	0
南京理工大学紫金学院	23	57	40	57	1	15	37	4	0	41	16	0	1	44	0

南京航空航天大学金城学院	24	40	28	40	0	3	18	19	0	26	14	0	0	29	0
南京传媒学院	25	28	20	28	0	7	13	8	0	21	7	0	0	22	0
金山职业技术学院	26	10	7	10	0	1	1	7	1	1	9	0	0	1	0
南京理工大学泰州科技学院	27	36	17	36	1	7	19	8	1	21	15	0	0	24	0
南京师范大学泰州学院	28	12	8	12	0	3	6	3	0	11	1	0	1	10	0
南京工业大学浦江学院	29	47	28	47	1	6	23	17	0	38	9	0	6	32	0
南京师范大学中北学院	30	22	20	22	0	2	12	8	0	21	1	0	0	22	0
苏州百年职业学院	31	16	14	15	0	0	11	4	0	14	1	0	0	14	1
昆山登云科技职业学院	32	45	29	45	1	5	15	20	4	21	24	0	1	22	0
南京视觉艺术职业学院	33	1	1	1	0	1	0	0	0	1	0	0	0	1	0
南京医科大学康达学院	34	17	9	17	0	4	11	2	0	13	4	0	1	12	0
南京中医药大学翰林学院	35	25	16	25	0	2	23	0	0	19	6	0	0	19	0
苏州大学应用技术学院	36	37	25	37	2	11	17	7	0	27	10	0	1	32	0
苏州科技大学天平学院	37	22	12	22	2	3	4	13	0	21	1	0	0	21	0
江苏大学京江学院	38	11	10	11	0	1	7	3	0	11	0	0	0	11	0
扬州大学广陵学院	39	16	11	16	0	3	10	3	0	14	2	0	0	16	0
江苏师范大学科文学院	40	22	19	22	0	3	12	7	0	21	1	0	0	22	0
南京邮电大学通达学院	41	8	8	8	0	1	3	4	0	7	1	0	0	7	0
南京财经大学红山学院	42	59	48	58	1	2	6	48	1	56	2	0	0	55	1
江苏科技大学苏州理工学院	43	27	14	27	0	4	22	1	0	27	0	0	5	22	0
常州大学怀德学院	44	63	35	63	1	3	26	33	0	59	4	0	1	58	0
南通大学杏林学院	45	34	19	34	0	11	20	3	0	25	9	0	0	28	0
南京审计大学金审学院	46	44	34	44	5	15	20	4	0	31	13	0	2	33	0
苏州高博软件技术职业学院	47	40	30	40	0	11	24	5	0	16	24	0	0	23	0
宿迁泽达职业技术学院	48	20	12	20	0	0	11	9	0	3	17	0	0	4	0
扬州中瑞酒店职业学院	49	11	7	11	0	1	4	6	0	3	8	0	0	4	0
西交利物浦大学	50	78	38	78	5	18	55	0	0	77	1	0	69	9	0
昆山杜克大学	51	6	3	6	0	1	1	1	3	5	1	0	1	4	0

4.2 马克思主义人文、社会科学活动人员情况表

高校名称		总计		按职称划分						按最后学历划分			按最后学位划分		其他人员
			女性	小计	教授	副教授	讲师	助教	初级	研究生	本科生	其他	博士	硕士	
	编号	L01	L02	L03	L04	L05	L06	L07	L08	L09	L10	L11	L12	L13	L14
合　计	/	310	226	309	4	83	149	72	1	240	69	0	9	257	1
明达职业技术学院	1	1	0	1	0	0	1	0	0	1	0	0	0	1	0
三江学院	2	44	31	44	0	16	24	4	0	28	16	0	1	35	0
九州职业技术学院	3	3	3	3	0	1	1	1	0	2	1	0	0	2	0
南通理工学院	4	10	9	10	0	3	3	4	0	8	2	0	0	9	0
硅湖职业技术学院	5	4	4	4	0	1	2	1	0	3	1	0	0	3	0
应天职业技术学院	6	6	5	6	0	0	5	1	0	5	1	0	0	6	0
苏州托普信息职业技术学院	7	2	1	2	0	0	0	2	0	2	0	0	0	2	0
东南大学成贤学院	8	2	2	2	0	0	2	0	0	1	1	0	0	1	0
苏州工业园区职业技术学院	9	2	1	2	0	0	2	0	0	1	1	0	0	1	0
太湖创意职业技术学院	10	2	0	2	0	0	1	1	0	1	1	0	0	1	0
炎黄职业技术学院	11	1	1	1	0	0	1	0	0	0	1	0	0	1	0
正德职业技术学院	12	5	3	5	1	1	3	0	0	1	4	0	0	3	0
钟山职业技术学院	13	9	8	9	0	4	2	3	0	7	2	0	1	8	0
无锡南洋职业技术学院	14	4	3	4	0	3	1	0	0	0	4	0	0	1	0
江南影视艺术职业学院	15	5	4	5	0	2	0	3	0	4	1	0	0	4	0
金肯职业技术学院	16	13	11	13	0	3	9	1	0	8	5	0	0	10	0
建东职业技术学院	17	3	3	3	0	3	0	0	0	1	2	0	0	2	0
宿迁职业技术学院	18	0	0	0	0	0	0	0	0	0	0	0	0	0	0
江海职业技术学院	19	9	8	9	0	4	1	4	0	7	2	0	0	8	0
无锡太湖学院	20	50	41	50	1	4	18	27	0	43	7	0	2	42	0
中国矿业大学徐海学院	21	3	1	3	0	1	2	0	0	2	1	0	0	3	0
南京大学金陵学院	22	3	0	3	0	0	3	0	0	3	0	0	0	3	0
南京理工大学紫金学院	23	8	5	8	0	5	3	0	0	7	1	0	2	5	0

南京航空航天大学金城学院	24	11	10	11	0	3	6	2	0	10	1	0	0	10	0
南京传媒学院	25	7	5	7	0	2	3	2	0	7	0	0	0	7	0
金山职业技术学院	26	1	0	1	1	0	0	0	0	0	1	0	0	0	0
南京理工大学泰州科技学院	27	8	7	8	0	1	6	1	0	6	2	0	0	7	0
南京师范大学泰州学院	28	4	2	4	0	3	1	0	0	4	0	0	0	4	0
南京工业大学浦江学院	29	1	1	1	0	0	1	0	0	1	0	0	0	1	0
南京师范大学中北学院	30	7	6	7	0	1	6	0	0	7	0	0	0	7	0
苏州百年职业学院	31	4	2	4	1	1	2	0	0	3	1	0	0	3	0
昆山登云科技职业学院	32	5	5	5	0	2	2	1	0	4	1	0	0	4	0
南京视觉艺术职业学院	33	1	0	1	0	1	0	0	0	0	1	0	0	0	0
南京医科大学康达学院	34	10	7	9	0	1	6	1	1	7	2	0	0	9	1
南京中医药大学翰林学院	35	4	1	4	0	2	2	0	0	4	0	0	1	3	0
苏州大学应用技术学院	36	1	1	1	0	0	1	0	0	0	1	0	0	1	0
苏州科技大学天平学院	37	1	1	1	0	0	0	1	0	1	0	0	0	1	0
江苏大学京江学院	38	4	2	4	0	1	3	0	0	4	0	0	0	4	0
扬州大学广陵学院	39	8	4	8	0	3	5	0	0	7	1	0	0	7	0
江苏师范大学科文学院	40	4	3	4	0	0	1	3	0	3	1	0	0	3	0
南京邮电大学通达学院	41	3	1	3	0	2	1	0	0	2	1	0	0	3	0
南京财经大学红山学院	42	17	11	17	0	0	10	7	0	17	0	0	0	17	0
江苏科技大学苏州理工学院	43	1	1	1	0	0	1	0	0	1	0	0	1	0	0
常州大学怀德学院	44	3	0	3	0	2	1	0	0	3	0	0	0	3	0
南通大学杏林学院	45	7	7	7	0	2	5	0	0	7	0	0	0	6	0
南京审计大学金审学院	46	3	3	3	0	2	1	0	0	3	0	0	0	3	0
苏州高博软件技术职业学院	47	2	0	2	0	2	0	0	0	2	0	0	0	2	0
宿迁泽达职业技术学院	48	2	1	2	0	0	1	1	0	0	2	0	0	0	0
扬州中瑞酒店职业学院	49	1	1	1	0	0	0	1	0	1	0	0	0	1	0
西交利物浦大学	50	0	0	0	0	0	0	0	0	0	0	0	0	0	0
昆山杜克大学	51	1	0	1	0	1	0	0	0	1	0	0	1	0	0

4.3 哲学人文、社会科学活动人员情况表

高校名称		总计		按职称划分						按最后学历划分			按最后学位划分		其他
			女性	小计	教授	副教授	讲师	助教	初级	研究生	本科生	其他	博士	硕士	人员
	编号	L01	L02	L03	L04	L05	L06	L07	L08	L09	L10	L11	L12	L13	L14
合　计	/	95	66	95	5	16	48	26	0	88	7	0	20	70	0
明达职业技术学院	1	1	0	1	0	1	0	0	0	1	0	0	0	1	0
三江学院	2	10	7	10	0	2	6	2	0	8	2	0	0	9	0
九州职业技术学院	3	1	1	1	0	0	1	0	0	1	0	0	0	1	0
南通理工学院	4	0	0	0	0	0	0	0	0	0	0	0	0	0	0
硅湖职业技术学院	5	1	1	1	1	0	0	0	0	1	0	0	1	0	0
应天职业技术学院	6	0	0	0	0	0	0	0	0	0	0	0	0	0	0
苏州托普信息职业技术学院	7	3	3	3	0	0	0	3	0	3	0	0	0	3	0
东南大学成贤学院	8	0	0	0	0	0	0	0	0	0	0	0	0	0	0
苏州工业园区职业技术学院	9	0	0	0	0	0	0	0	0	0	0	0	0	0	0
太湖创意职业技术学院	10	0	0	0	0	0	0	0	0	0	0	0	0	0	0
炎黄职业技术学院	11	0	0	0	0	0	0	0	0	0	0	0	0	0	0
正德职业技术学院	12	1	1	1	0	0	0	1	0	1	0	0	0	1	0
钟山职业技术学院	13	0	0	0	0	0	0	0	0	0	0	0	0	0	0
无锡南洋职业技术学院	14	0	0	0	0	0	0	0	0	0	0	0	0	0	0
江南影视艺术职业学院	15	0	0	0	0	0	0	0	0	0	0	0	0	0	0
金肯职业技术学院	16	0	0	0	0	0	0	0	0	0	0	0	0	0	0
建东职业技术学院	17	0	0	0	0	0	0	0	0	0	0	0	0	0	0
宿迁职业技术学院	18	1	0	1	0	0	1	0	0	1	0	0	0	1	0
江海职业技术学院	19	0	0	0	0	0	0	0	0	0	0	0	0	0	0
无锡太湖学院	20	2	1	2	0	1	0	1	0	2	0	0	0	2	0
中国矿业大学徐海学院	21	0	0	0	0	0	0	0	0	0	0	0	0	0	0
南京大学金陵学院	22	0	0	0	0	0	0	0	0	0	0	0	0	0	0
南京理工大学紫金学院	23	0	0	0	0	0	0	0	0	0	0	0	0	0	0

南京航空航天大学金城学院	24	1	1	1	0	0	1	0	0	1	0	0	0	1	0
南京传媒学院	25	8	8	8	0	0	4	4	0	7	1	0	0	8	0
金山职业技术学院	26	0	0	0	0	0	0	0	0	0	0	0	0	0	0
南京理工大学泰州科技学院	27	2	2	2	0	0	1	1	0	2	0	0	0	2	0
南京师范大学泰州学院	28	4	2	4	0	2	2	0	0	4	0	0	1	3	0
南京工业大学浦江学院	29	3	3	3	0	1	1	1	0	3	0	0	1	2	0
南京师范大学中北学院	30	3	2	3	0	1	1	1	0	3	0	0	0	3	0
苏州百年职业学院	31	1	1	1	0	0	1	0	0	0	1	0	0	0	0
昆山登云科技职业学院	32	1	1	1	0	0	0	1	0	1	0	0	0	1	0
南京视觉艺术职业学院	33	1	1	1	0	0	1	0	0	0	1	0	0	0	0
南京医科大学康达学院	34	1	1	1	0	0	1	0	0	1	0	0	0	1	0
南京中医药大学翰林学院	35	0	0	0	0	0	0	0	0	0	0	0	0	0	0
苏州大学应用技术学院	36	4	3	4	0	2	1	1	0	3	1	0	1	3	0
苏州科技大学天平学院	37	1	1	1	0	1	0	0	0	1	0	0	0	1	0
江苏大学京江学院	38	2	2	2	0	0	2	0	0	2	0	0	0	2	0
扬州大学广陵学院	39	3	2	3	1	0	2	0	0	2	1	0	0	1	0
江苏师范大学科文学院	40	5	3	5	0	1	3	1	0	5	0	0	0	5	0
南京邮电大学通达学院	41	0	0	0	0	0	0	0	0	0	0	0	0	0	0
南京财经大学红山学院	42	12	9	12	1	0	5	6	0	12	0	0	1	11	0
江苏科技大学苏州理工学院	43	3	1	3	0	1	2	0	0	3	0	0	0	3	0
常州大学怀德学院	44	3	2	3	2	0	0	1	0	3	0	0	2	1	0
南通大学杏林学院	45	1	0	1	0	0	1	0	0	1	0	0	0	1	0
南京审计大学金审学院	46	2	2	2	0	0	1	1	0	2	0	0	0	2	0
苏州高博软件技术职业学院	47	0	0	0	0	0	0	0	0	0	0	0	0	0	0
宿迁泽达职业技术学院	48	1	1	1	0	0	0	1	0	1	0	0	0	1	0
扬州中瑞酒店职业学院	49	0	0	0	0	0	0	0	0	0	0	0	0	0	0
西交利物浦大学	50	3	1	3	0	1	2	0	0	3	0	0	3	0	0
昆山杜克大学	51	10	3	10	0	2	8	0	0	10	0	0	10	0	0

4.4 逻辑学人文、社会科学活动人员情况表

高校名称		总计		按职称划分						按最后学历划分			按最后学位划分		其他
			女性	小计	教授	副教授	讲师	助教	初级	研究生	本科生	其他	博士	硕士	人员
	编号	L01	L02	L03	L04	L05	L06	L07	L08	L09	L10	L11	L12	L13	L14
合　计	/	29	11	29	0	2	16	11	0	9	19	1	0	10	0
明达职业技术学院	1	0	0	0	0	0	0	0	0	0	0	0	0	0	0
三江学院	2	0	0	0	0	0	0	0	0	0	0	0	0	0	0
九州职业技术学院	3	0	0	0	0	0	0	0	0	0	0	0	0	0	0
南通理工学院	4	0	0	0	0	0	0	0	0	0	0	0	0	0	0
硅湖职业技术学院	5	0	0	0	0	0	0	0	0	0	0	0	0	0	0
应天职业技术学院	6	0	0	0	0	0	0	0	0	0	0	0	0	0	0
苏州托普信息职业技术学院	7	0	0	0	0	0	0	0	0	0	0	0	0	0	0
东南大学成贤学院	8	0	0	0	0	0	0	0	0	0	0	0	0	0	0
苏州工业园区职业技术学院	9	0	0	0	0	0	0	0	0	0	0	0	0	0	0
太湖创意职业技术学院	10	0	0	0	0	0	0	0	0	0	0	0	0	0	0
炎黄职业技术学院	11	0	0	0	0	0	0	0	0	0	0	0	0	0	0
正德职业技术学院	12	0	0	0	0	0	0	0	0	0	0	0	0	0	0
钟山职业技术学院	13	0	0	0	0	0	0	0	0	0	0	0	0	0	0
无锡南洋职业技术学院	14	0	0	0	0	0	0	0	0	0	0	0	0	0	0
江南影视艺术职业学院	15	0	0	0	0	0	0	0	0	0	0	0	0	0	0
金肯职业技术学院	16	0	0	0	0	0	0	0	0	0	0	0	0	0	0
建东职业技术学院	17	0	0	0	0	0	0	0	0	0	0	0	0	0	0
宿迁职业技术学院	18	0	0	0	0	0	0	0	0	0	0	0	0	0	0
江海职业技术学院	19	0	0	0	0	0	0	0	0	0	0	0	0	0	0
无锡太湖学院	20	0	0	0	0	0	0	0	0	0	0	0	0	0	0
中国矿业大学徐海学院	21	0	0	0	0	0	0	0	0	0	0	0	0	0	0
南京大学金陵学院	22	0	0	0	0	0	0	0	0	0	0	0	0	0	0
南京理工大学紫金学院	23	0	0	0	0	0	0	0	0	0	0	0	0	0	0

南京航空航天大学金城学院	24	0	0	0	0	0	0	0	0	0	0	0	0	0	0
南京传媒学院	25	0	0	0	0	0	0	0	0	0	0	0	0	0	0
金山职业技术学院	26	0	0	0	0	0	0	0	0	0	0	0	0	0	0
南京理工大学泰州科技学院	27	0	0	0	0	0	0	0	0	0	0	0	0	0	0
南京师范大学泰州学院	28	0	0	0	0	0	0	0	0	0	0	0	0	0	0
南京工业大学浦江学院	29	0	0	0	0	0	0	0	0	0	0	0	0	0	0
南京师范大学中北学院	30	0	0	0	0	0	0	0	0	0	0	0	0	0	0
苏州百年职业学院	31	0	0	0	0	0	0	0	0	0	0	0	0	0	0
昆山登云科技职业学院	32	0	0	0	0	0	0	0	0	0	0	0	0	0	0
南京视觉艺术职业学院	33	0	0	0	0	0	0	0	0	0	0	0	0	0	0
南京医科大学康达学院	34	0	0	0	0	0	0	0	0	0	0	0	0	0	0
南京中医药大学翰林学院	35	0	0	0	0	0	0	0	0	0	0	0	0	0	0
苏州大学应用技术学院	36	0	0	0	0	0	0	0	0	0	0	0	0	0	0
苏州科技大学天平学院	37	0	0	0	0	0	0	0	0	0	0	0	0	0	0
江苏大学京江学院	38	0	0	0	0	0	0	0	0	0	0	0	0	0	0
扬州大学广陵学院	39	0	0	0	0	0	0	0	0	0	0	0	0	0	0
江苏师范大学科文学院	40	1	1	1	0	0	0	1	0	1	0	0	0	1	0
南京邮电大学通达学院	41	0	0	0	0	0	0	0	0	0	0	0	0	0	0
南京财经大学红山学院	42	1	1	1	0	0	1	0	0	1	0	0	0	1	0
江苏科技大学苏州理工学院	43	0	0	0	0	0	0	0	0	0	0	0	0	0	0
常州大学怀德学院	44	0	0	0	0	0	0	0	0	0	0	0	0	0	0
南通大学杏林学院	45	0	0	0	0	0	0	0	0	0	0	0	0	0	0
南京审计大学金审学院	46	0	0	0	0	0	0	0	0	0	0	0	0	0	0
苏州高博软件技术职业学院	47	0	0	0	0	0	0	0	0	0	0	0	0	0	0
宿迁泽达职业技术学院	48	27	9	27	0	2	15	10	0	7	19	1	0	8	0
扬州中瑞酒店职业学院	49	0	0	0	0	0	0	0	0	0	0	0	0	0	0
西交利物浦大学	50	0	0	0	0	0	0	0	0	0	0	0	0	0	0
昆山杜克大学	51	0	0	0	0	0	0	0	0	0	0	0	0	0	0

4.5 宗教学人文、社会科学活动人员情况表

高校名称		总计		按职称划分						按最后学历划分			按最后学位划分		其他人员
			女性	小计	教授	副教授	讲师	助教	初级	研究生	本科生	其他	博士	硕士	
	编号	L01	L02	L03	L04	L05	L06	L07	L08	L09	L10	L11	L12	L13	L14
合　计	/	2	0	2	1	0	1	0	0	2	0	0	2	0	0
明达职业技术学院	1	0	0	0	0	0	0	0	0	0	0	0	0	0	0
三江学院	2	0	0	0	0	0	0	0	0	0	0	0	0	0	0
九州职业技术学院	3	0	0	0	0	0	0	0	0	0	0	0	0	0	0
南通理工学院	4	0	0	0	0	0	0	0	0	0	0	0	0	0	0
硅湖职业技术学院	5	0	0	0	0	0	0	0	0	0	0	0	0	0	0
应天职业技术学院	6	0	0	0	0	0	0	0	0	0	0	0	0	0	0
苏州托普信息职业技术学院	7	0	0	0	0	0	0	0	0	0	0	0	0	0	0
东南大学成贤学院	8	0	0	0	0	0	0	0	0	0	0	0	0	0	0
苏州工业园区职业技术学院	9	0	0	0	0	0	0	0	0	0	0	0	0	0	0
太湖创意职业技术学院	10	0	0	0	0	0	0	0	0	0	0	0	0	0	0
炎黄职业技术学院	11	0	0	0	0	0	0	0	0	0	0	0	0	0	0
正德职业技术学院	12	0	0	0	0	0	0	0	0	0	0	0	0	0	0
钟山职业技术学院	13	0	0	0	0	0	0	0	0	0	0	0	0	0	0
无锡南洋职业技术学院	14	0	0	0	0	0	0	0	0	0	0	0	0	0	0
江南影视艺术职业学院	15	0	0	0	0	0	0	0	0	0	0	0	0	0	0
金肯职业技术学院	16	0	0	0	0	0	0	0	0	0	0	0	0	0	0
建东职业技术学院	17	0	0	0	0	0	0	0	0	0	0	0	0	0	0
宿迁职业技术学院	18	0	0	0	0	0	0	0	0	0	0	0	0	0	0
江海职业技术学院	19	0	0	0	0	0	0	0	0	0	0	0	0	0	0
无锡太湖学院	20	0	0	0	0	0	0	0	0	0	0	0	0	0	0
中国矿业大学徐海学院	21	0	0	0	0	0	0	0	0	0	0	0	0	0	0
南京大学金陵学院	22	0	0	0	0	0	0	0	0	0	0	0	0	0	0
南京理工大学紫金学院	23	0	0	0	0	0	0	0	0	0	0	0	0	0	0

南京航空航天大学金城学院	24	0	0	0	0	0	0	0	0	0	0	0	0	0	0
南京传媒学院	25	0	0	0	0	0	0	0	0	0	0	0	0	0	0
金山职业技术学院	26	0	0	0	0	0	0	0	0	0	0	0	0	0	0
南京理工大学泰州科技学院	27	0	0	0	0	0	0	0	0	0	0	0	0	0	0
南京师范大学泰州学院	28	0	0	0	0	0	0	0	0	0	0	0	0	0	0
南京工业大学浦江学院	29	0	0	0	0	0	0	0	0	0	0	0	0	0	0
南京师范大学中北学院	30	0	0	0	0	0	0	0	0	0	0	0	0	0	0
苏州百年职业学院	31	0	0	0	0	0	0	0	0	0	0	0	0	0	0
昆山登云科技职业学院	32	0	0	0	0	0	0	0	0	0	0	0	0	0	0
南京视觉艺术职业学院	33	0	0	0	0	0	0	0	0	0	0	0	0	0	0
南京医科大学康达学院	34	0	0	0	0	0	0	0	0	0	0	0	0	0	0
南京中医药大学翰林学院	35	0	0	0	0	0	0	0	0	0	0	0	0	0	0
苏州大学应用技术学院	36	0	0	0	0	0	0	0	0	0	0	0	0	0	0
苏州科技大学天平学院	37	0	0	0	0	0	0	0	0	0	0	0	0	0	0
江苏大学京江学院	38	0	0	0	0	0	0	0	0	0	0	0	0	0	0
扬州大学广陵学院	39	0	0	0	0	0	0	0	0	0	0	0	0	0	0
江苏师范大学科文学院	40	0	0	0	0	0	0	0	0	0	0	0	0	0	0
南京邮电大学通达学院	41	0	0	0	0	0	0	0	0	0	0	0	0	0	0
南京财经大学红山学院	42	0	0	0	0	0	0	0	0	0	0	0	0	0	0
江苏科技大学苏州理工学院	43	0	0	0	0	0	0	0	0	0	0	0	0	0	0
常州大学怀德学院	44	0	0	0	0	0	0	0	0	0	0	0	0	0	0
南通大学杏林学院	45	0	0	0	0	0	0	0	0	0	0	0	0	0	0
南京审计大学金审学院	46	0	0	0	0	0	0	0	0	0	0	0	0	0	0
苏州高博软件技术职业学院	47	0	0	0	0	0	0	0	0	0	0	0	0	0	0
宿迁泽达职业技术学院	48	0	0	0	0	0	0	0	0	0	0	0	0	0	0
扬州中瑞酒店职业学院	49	0	0	0	0	0	0	0	0	0	0	0	0	0	0
西交利物浦大学	50	0	0	0	0	0	0	0	0	0	0	0	0	0	0
昆山杜克大学	51	2	0	2	1	0	1	0	0	2	0	0	2	0	0

4.6 语言学人文、社会科学活动人员情况表

高校名称		总计		按职称划分						按最后学历划分			按最后学位划分		其他
			女性	小计	教授	副教授	讲师	助教	初级	研究生	本科生	其他	博士	硕士	人员
	编号	L01	L02	L03	L04	L05	L06	L07	L08	L09	L10	L11	L12	L13	L14
合　计	/	1035	873	1032	8	204	655	161	4	746	286	0	65	763	3
明达职业技术学院	1	1	1	1	0	1	0	0	0	0	1	0	0	0	0
三江学院	2	67	61	67	1	16	48	2	0	51	16	0	7	53	0
九州职业技术学院	3	6	5	6	0	3	3	0	0	1	5	0	0	4	0
南通理工学院	4	34	30	34	0	6	22	6	0	19	15	0	0	20	0
硅湖职业技术学院	5	13	11	13	0	5	6	2	0	6	7	0	0	6	0
应天职业技术学院	6	11	11	11	0	2	9	0	0	3	8	0	0	6	0
苏州托普信息职业技术学院	7	3	3	3	0	0	2	1	0	2	1	0	0	2	0
东南大学成贤学院	8	19	16	19	1	10	8	0	0	16	3	0	1	15	0
苏州工业园区职业技术学院	9	21	18	21	0	5	16	0	0	8	13	0	0	10	0
太湖创意职业技术学院	10	6	6	6	0	0	3	2	1	2	4	0	0	2	0
炎黄职业技术学院	11	14	10	14	0	2	9	3	0	2	12	0	0	3	0
正德职业技术学院	12	10	8	10	0	3	5	2	0	3	7	0	0	6	0
钟山职业技术学院	13	4	2	4	0	3	1	0	0	0	4	0	0	4	0
无锡南洋职业技术学院	14	13	11	13	0	4	7	2	0	3	10	0	0	5	0
江南影视艺术职业学院	15	12	11	12	0	0	7	5	0	3	9	0	0	3	0
金肯职业技术学院	16	12	10	12	0	2	6	4	0	8	4	0	0	9	0
建东职业技术学院	17	9	6	9	0	4	5	0	0	1	8	0	0	2	0
宿迁职业技术学院	18	7	5	7	0	1	4	2	0	4	3	0	0	4	0
江海职业技术学院	19	22	16	22	0	6	14	2	0	3	19	0	0	6	0
无锡太湖学院	20	69	62	69	1	13	42	13	0	53	16	0	1	55	0
中国矿业大学徐海学院	21	28	23	28	0	2	24	2	0	24	4	0	0	26	0
南京大学金陵学院	22	5	4	5	0	2	3	0	0	5	0	0	1	4	0
南京理工大学紫金学院	23	27	26	27	0	8	18	1	0	25	2	0	0	26	0

南京航空航天大学金城学院	24	37	36	37	0	2	34	1	0	36	1	0	0	37	0
南京传媒学院	25	69	60	69	2	17	34	16	0	56	13	0	1	63	0
金山职业技术学院	26	6	6	6	0	1	1	3	1	0	6	0	0	0	0
南京理工大学泰州科技学院	27	21	18	21	0	3	17	1	0	16	5	0	0	18	0
南京师范大学泰州学院	28	45	39	45	0	11	34	0	0	24	21	0	0	40	0
南京工业大学浦江学院	29	24	19	24	0	4	14	6	0	19	5	0	1	19	0
南京师范大学中北学院	30	30	24	30	0	1	18	11	0	28	2	0	0	28	0
苏州百年职业学院	31	14	14	14	0	1	7	6	0	10	4	0	0	10	0
昆山登云科技职业学院	32	11	10	11	0	1	9	0	1	1	10	0	0	1	0
南京视觉艺术职业学院	33	2	1	2	0	0	1	1	0	2	0	0	0	2	0
南京医科大学康达学院	34	21	16	18	0	1	16	1	0	18	0	0	0	18	3
南京中医药大学翰林学院	35	7	6	7	0	0	7	0	0	6	1	0	1	5	0
苏州大学应用技术学院	36	19	16	19	0	1	8	10	0	19	0	0	0	19	0
苏州科技大学天平学院	37	37	34	37	1	3	23	10	0	35	2	0	0	36	0
江苏大学京江学院	38	10	10	10	0	0	7	3	0	10	0	0	0	10	0
扬州大学广陵学院	39	18	14	18	0	5	12	1	0	17	1	0	2	16	0
江苏师范大学科文学院	40	22	20	22	0	3	8	11	0	22	0	0	0	22	0
南京邮电大学通达学院	41	12	11	12	0	3	8	1	0	11	1	0	0	11	0
南京财经大学红山学院	42	19	16	19	0	0	7	11	1	18	1	0	0	18	0
江苏科技大学苏州理工学院	43	7	5	7	0	2	5	0	0	4	3	0	0	4	0
常州大学怀德学院	44	31	23	31	1	6	16	8	0	21	10	0	3	25	0
南通大学杏林学院	45	29	22	29	0	13	14	2	0	23	6	0	0	23	0
南京审计大学金审学院	46	18	16	18	0	9	6	3	0	9	9	0	0	15	0
苏州高博软件技术职业学院	47	26	23	26	0	8	15	3	0	20	6	0	0	19	0
宿迁泽达职业技术学院	48	8	7	8	0	2	5	1	0	3	5	0	0	3	0
扬州中瑞酒店职业学院	49	4	4	4	0	0	2	2	0	1	3	0	0	2	0
西交利物浦大学	50	34	21	34	1	9	24	0	0	34	0	0	28	6	0
昆山杜克大学	51	41	26	41	0	0	41	0	0	41	0	0	19	22	0

4.7 中国文学人文、社会科学活动人员情况表

高校名称		总计		按职称划分						按最后学历划分			按最后学位划分		其他人员
			女性	小计	教授	副教授	讲师	助教	初级	研究生	本科生	其他	博士	硕士	
	编号	L01	L02	L03	L04	L05	L06	L07	L08	L09	L10	L11	L12	L13	L14
合 计	/	148	101	148	8	35	68	35	2	116	32	0	24	102	0
明达职业技术学院	1	2	2	2	0	0	0	2	0	0	2	0	0	0	0
三江学院	2	15	8	15	4	5	6	0	0	14	1	0	6	9	0
九州职业技术学院	3	3	1	3	0	1	2	0	0	0	3	0	0	1	0
南通理工学院	4	1	0	1	0	0	1	0	0	1	0	0	1	0	0
硅湖职业技术学院	5	0	0	0	0	0	0	0	0	0	0	0	0	0	0
应天职业技术学院	6	5	3	5	0	1	4	0	0	3	2	0	0	3	0
苏州托普信息职业技术学院	7	1	1	1	0	0	0	1	0	0	1	0	0	0	0
东南大学成贤学院	8	1	0	1	0	1	0	0	0	1	0	0	0	1	0
苏州工业园区职业技术学院	9	3	1	3	0	1	2	0	0	2	1	0	0	3	0
太湖创意职业技术学院	10	1	0	1	0	0	0	0	1	0	1	0	0	0	0
炎黄职业技术学院	11	1	1	1	0	1	0	0	0	0	1	0	0	1	0
正德职业技术学院	12	0	0	0	0	0	0	0	0	0	0	0	0	0	0
钟山职业技术学院	13	0	0	0	0	0	0	0	0	0	0	0	0	0	0
无锡南洋职业技术学院	14	3	3	3	0	1	1	1	0	1	2	0	0	3	0
江南影视艺术职业学院	15	6	5	6	0	1	1	4	0	3	3	0	0	3	0
金肯职业技术学院	16	0	0	0	0	0	0	0	0	0	0	0	0	0	0
建东职业技术学院	17	1	1	1	0	0	1	0	0	0	1	0	0	0	0
宿迁职业技术学院	18	0	0	0	0	0	0	0	0	0	0	0	0	0	0
江海职业技术学院	19	5	4	5	0	2	1	2	0	2	3	0	0	4	0
无锡太湖学院	20	1	1	1	0	1	0	0	0	1	0	0	0	1	0
中国矿业大学徐海学院	21	5	5	5	1	1	2	1	0	5	0	0	0	5	0
南京大学金陵学院	22	3	2	3	0	0	3	0	0	1	2	0	0	1	0
南京理工大学紫金学院	23	0	0	0	0	0	0	0	0	0	0	0	0	0	0

南京航空航天大学金城学院	24	2	1	2	0	1	1	0	0	2	0	0	0	2	0
南京传媒学院	25	5	3	5	0	1	4	0	0	5	0	0	1	4	0
金山职业技术学院	26	1	0	1	0	0	1	0	0	0	1	0	0	0	0
南京理工大学泰州科技学院	27	0	0	0	0	0	0	0	0	0	0	0	0	0	0
南京师范大学泰州学院	28	14	9	14	1	6	7	0	0	13	1	0	2	11	0
南京工业大学浦江学院	29	6	3	6	1	0	1	3	1	5	1	0	1	4	0
南京师范大学中北学院	30	11	9	11	0	4	4	3	0	11	0	0	1	10	0
苏州百年职业学院	31	0	0	0	0	0	0	0	0	0	0	0	0	0	0
昆山登云科技职业学院	32	3	1	3	0	0	1	2	0	1	2	0	0	1	0
南京视觉艺术职业学院	33	1	1	1	1	0	0	0	0	1	0	0	1	0	0
南京医科大学康达学院	34	0	0	0	0	0	0	0	0	0	0	0	0	0	0
南京中医药大学翰林学院	35	2	1	2	0	0	2	0	0	2	0	0	0	2	0
苏州大学应用技术学院	36	0	0	0	0	0	0	0	0	0	0	0	0	0	0
苏州科技大学天平学院	37	1	1	1	0	0	0	1	0	1	0	0	0	1	0
江苏大学京江学院	38	0	0	0	0	0	0	0	0	0	0	0	0	0	0
扬州大学广陵学院	39	4	3	4	0	2	1	1	0	4	0	0	1	3	0
江苏师范大学科文学院	40	11	10	11	0	0	3	8	0	11	0	0	0	11	0
南京邮电大学通达学院	41	1	0	1	0	0	1	0	0	0	1	0	0	0	0
南京财经大学红山学院	42	7	5	7	0	2	0	5	0	7	0	0	0	7	0
江苏科技大学苏州理工学院	43	1	1	1	0	0	0	1	0	0	1	0	0	0	0
常州大学怀德学院	44	1	0	1	0	0	1	0	0	0	1	0	0	1	0
南通大学杏林学院	45	6	5	6	0	1	5	0	0	6	0	0	0	6	0
南京审计大学金审学院	46	0	0	0	0	0	0	0	0	0	0	0	0	0	0
苏州高博软件技术职业学院	47	1	1	1	0	1	0	0	0	1	0	0	1	0	0
宿迁泽达职业技术学院	48	0	0	0	0	0	0	0	0	0	0	0	0	0	0
扬州中瑞酒店职业学院	49	0	0	0	0	0	0	0	0	0	0	0	0	0	0
西交利物浦大学	50	13	9	13	0	1	12	0	0	12	1	0	9	4	0
昆山杜克大学	51	0	0	0	0	0	0	0	0	0	0	0	0	0	0

4.8 外国文学人文、社会科学活动人员情况表

高校名称		总计		按职称划分						按最后学历划分			按最后学位划分		其他人员
			女性	小计	教授	副教授	讲师	助教	初级	研究生	本科生	其他	博士	硕士	
	编号	L01	L02	L03	L04	L05	L06	L07	L08	L09	L10	L11	L12	L13	L14
合　计	/	176	139	176	3	24	120	29	0	137	39	0	13	129	0
明达职业技术学院	1	0	0	0	0	0	0	0	0	0	0	0	0	0	0
三江学院	2	7	6	7	1	3	3	0	0	6	1	0	1	5	0
九州职业技术学院	3	0	0	0	0	0	0	0	0	0	0	0	0	0	0
南通理工学院	4	0	0	0	0	0	0	0	0	0	0	0	0	0	0
硅湖职业技术学院	5	0	0	0	0	0	0	0	0	0	0	0	0	0	0
应天职业技术学院	6	3	3	3	0	0	3	0	0	3	0	0	0	3	0
苏州托普信息职业技术学院	7	1	1	1	0	0	0	1	0	0	1	0	0	0	0
东南大学成贤学院	8	0	0	0	0	0	0	0	0	0	0	0	0	0	0
苏州工业园区职业技术学院	9	1	1	1	0	1	0	0	0	1	0	0	0	1	0
太湖创意职业技术学院	10	0	0	0	0	0	0	0	0	0	0	0	0	0	0
炎黄职业技术学院	11	0	0	0	0	0	0	0	0	0	0	0	0	0	0
正德职业技术学院	12	2	1	2	0	0	2	0	0	0	2	0	0	2	0
钟山职业技术学院	13	1	1	1	0	0	1	0	0	0	1	0	0	1	0
无锡南洋职业技术学院	14	2	2	2	0	0	2	0	0	0	2	0	0	0	0
江南影视艺术职业学院	15	1	1	1	0	0	1	0	0	1	0	0	0	1	0
金肯职业技术学院	16	1	0	1	0	0	1	0	0	0	1	0	0	0	0
建东职业技术学院	17	0	0	0	0	0	0	0	0	0	0	0	0	0	0
宿迁职业技术学院	18	1	1	1	0	0	1	0	0	1	0	0	0	1	0
江海职业技术学院	19	0	0	0	0	0	0	0	0	0	0	0	0	0	0
无锡太湖学院	20	0	0	0	0	0	0	0	0	0	0	0	0	0	0
中国矿业大学徐海学院	21	1	0	1	0	0	1	0	0	1	0	0	0	1	0
南京大学金陵学院	22	50	39	50	0	1	48	1	0	39	11	0	0	39	0
南京理工大学紫金学院	23	1	0	1	0	0	1	0	0	1	0	0	0	1	0

南京航空航天大学金城学院	24	6	6	6	0	1	4	1	0	6	0	0	0	6	0
南京传媒学院	25	5	4	5	0	0	4	1	0	5	0	0	0	4	0
金山职业技术学院	26	0	0	0	0	0	0	0	0	0	0	0	0	0	0
南京理工大学泰州科技学院	27	0	0	0	0	0	0	0	0	0	0	0	0	0	0
南京师范大学泰州学院	28	7	6	7	0	0	3	4	0	5	2	0	0	6	0
南京工业大学浦江学院	29	10	10	10	0	1	8	1	0	8	2	0	0	9	0
南京师范大学中北学院	30	7	5	7	0	1	3	3	0	7	0	0	1	6	0
苏州百年职业学院	31	1	1	1	0	0	0	1	0	1	0	0	0	1	0
昆山登云科技职业学院	32	3	1	3	0	1	0	2	0	3	0	0	0	3	0
南京视觉艺术职业学院	33	1	1	1	0	0	1	0	0	1	0	0	0	1	0
南京医科大学康达学院	34	2	2	2	0	1	1	0	0	2	0	0	0	2	0
南京中医药大学翰林学院	35	0	0	0	0	0	0	0	0	0	0	0	0	0	0
苏州大学应用技术学院	36	2	2	2	0	0	1	1	0	2	0	0	0	2	0
苏州科技大学天平学院	37	5	3	5	0	0	1	4	0	5	0	0	0	5	0
江苏大学京江学院	38	4	2	4	0	0	4	0	0	4	0	0	0	4	0
扬州大学广陵学院	39	0	0	0	0	0	0	0	0	0	0	0	0	0	0
江苏师范大学科文学院	40	21	16	21	0	6	13	2	0	10	11	0	0	10	0
南京邮电大学通达学院	41	0	0	0	0	0	0	0	0	0	0	0	0	0	0
南京财经大学红山学院	42	10	10	10	0	2	1	7	0	8	2	0	0	7	0
江苏科技大学苏州理工学院	43	0	0	0	0	0	0	0	0	0	0	0	0	0	0
常州大学怀德学院	44	0	0	0	0	0	0	0	0	0	0	0	0	0	0
南通大学杏林学院	45	4	4	4	0	1	3	0	0	4	0	0	0	4	0
南京审计大学金审学院	46	4	4	4	0	3	1	0	0	1	3	0	0	3	0
苏州高博软件技术职业学院	47	0	0	0	0	0	0	0	0	0	0	0	0	0	0
宿迁泽达职业技术学院	48	0	0	0	0	0	0	0	0	0	0	0	0	0	0
扬州中瑞酒店职业学院	49	0	0	0	0	0	0	0	0	0	0	0	0	0	0
西交利物浦大学	50	7	5	7	2	2	3	0	0	7	0	0	7	0	0
昆山杜克大学	51	5	1	5	0	0	5	0	0	5	0	0	4	1	0

4.9 艺术学人文、社会科学活动人员情况表

高校名称		总计		按职称划分						按最后学历划分			按最后学位划分		其他人员
			女性	小计	教授	副教授	讲师	助教	初级	研究生	本科生	其他	博士	硕士	
	编号	L01	L02	L03	L04	L05	L06	L07	L08	L09	L10	L11	L12	L13	L14
合　计	/	1372	915	1372	28	232	604	499	9	951	415	6	22	1089	0
明达职业技术学院	1	1	1	1	0	1	0	0	0	1	0	0	0	1	0
三江学院	2	50	31	50	2	24	21	3	0	29	21	0	0	48	0
九州职业技术学院	3	10	9	10	1	2	4	3	0	3	7	0	0	4	0
南通理工学院	4	51	37	51	3	2	16	30	0	42	9	0	1	47	0
硅湖职业技术学院	5	23	19	23	2	4	11	5	1	8	15	0	0	10	0
应天职业技术学院	6	15	11	15	0	2	12	1	0	6	9	0	0	10	0
苏州托普信息职业技术学院	7	1	1	1	0	0	1	0	0	0	1	0	0	0	0
东南大学成贤学院	8	0	0	0	0	0	0	0	0	0	0	0	0	0	0
苏州工业园区职业技术学院	9	18	14	18	0	5	13	0	0	9	9	0	0	9	0
太湖创意职业技术学院	10	7	3	7	0	1	4	2	0	5	2	0	0	5	0
炎黄职业技术学院	11	3	2	3	0	0	3	0	0	1	2	0	0	1	0
正德职业技术学院	12	26	21	26	1	1	14	9	1	9	17	0	0	17	0
钟山职业技术学院	13	7	4	7	0	5	2	0	0	3	4	0	0	7	0
无锡南洋职业技术学院	14	17	11	17	0	2	10	5	0	6	11	0	0	7	0
江南影视艺术职业学院	15	107	80	107	0	9	29	69	0	55	49	3	2	56	0
金肯职业技术学院	16	28	18	28	1	3	9	15	0	19	8	1	0	18	0
建东职业技术学院	17	4	3	4	0	1	3	0	0	0	4	0	0	0	0
宿迁职业技术学院	18	7	4	7	0	2	4	1	0	2	5	0	0	2	0
江海职业技术学院	19	30	19	30	0	6	9	15	0	13	17	0	0	18	0
无锡太湖学院	20	74	43	74	2	23	36	13	0	46	28	0	0	60	0
中国矿业大学徐海学院	21	5	3	5	0	1	1	3	0	5	0	0	0	5	0
南京大学金陵学院	22	29	22	29	0	5	24	0	0	23	6	0	1	22	0
南京理工大学紫金学院	23	1	1	1	0	0	1	0	0	0	1	0	0	0	0

南京航空航天大学金城学院	24	70	52	70	0	5	15	50	0	61	9	0	0	66	0
南京传媒学院	25	262	161	262	4	49	86	123	0	208	52	2	4	236	0
金山职业技术学院	26	4	4	4	0	1	0	3	0	1	3	0	0	1	0
南京理工大学泰州科技学院	27	20	16	20	0	1	9	7	3	15	5	0	0	15	0
南京师范大学泰州学院	28	67	45	67	2	26	38	1	0	31	36	0	0	59	0
南京工业大学浦江学院	29	40	24	40	0	2	17	21	0	31	9	0	0	38	0
南京师范大学中北学院	30	42	27	42	0	5	20	17	0	41	1	0	0	41	0
苏州百年职业学院	31	16	12	16	1	0	6	8	1	14	2	0	0	14	0
昆山登云科技职业学院	32	23	17	23	0	3	8	11	1	11	12	0	0	14	0
南京视觉艺术职业学院	33	49	30	49	1	5	21	22	0	35	14	0	1	34	0
南京医科大学康达学院	34	0	0	0	0	0	0	0	0	0	0	0	0	0	0
南京中医药大学翰林学院	35	0	0	0	0	0	0	0	0	0	0	0	0	0	0
苏州大学应用技术学院	36	18	13	18	0	1	14	3	0	15	3	0	0	16	0
苏州科技大学天平学院	37	36	25	36	1	5	15	15	0	32	4	0	0	34	0
江苏大学京江学院	38	5	5	5	0	0	3	2	0	5	0	0	0	5	0
扬州大学广陵学院	39	25	14	25	0	4	16	5	0	24	1	0	0	24	0
江苏师范大学科文学院	40	23	16	23	0	0	13	10	0	22	1	0	0	23	0
南京邮电大学通达学院	41	0	0	0	0	0	0	0	0	0	0	0	0	0	0
南京财经大学红山学院	42	6	4	6	1	0	0	5	0	5	1	0	0	5	0
江苏科技大学苏州理工学院	43	0	0	0	0	0	0	0	0	0	0	0	0	0	0
常州大学怀德学院	44	18	12	18	0	0	11	7	0	18	0	0	0	18	0
南通大学杏林学院	45	9	6	9	2	1	6	0	0	7	2	0	0	9	0
南京审计大学金审学院	46	43	28	43	3	12	20	8	0	26	17	0	1	33	0
苏州高博软件技术职业学院	47	26	16	26	0	8	16	2	0	14	12	0	1	16	0
宿迁泽达职业技术学院	48	10	7	10	0	1	6	3	0	6	4	0	0	7	0
扬州中瑞酒店职业学院	49	5	5	5	0	1	3	1	0	4	1	0	0	5	0
西交利物浦大学	50	21	10	21	1	1	19	0	0	21	0	0	5	16	0
昆山杜克大学	51	20	9	20	0	2	15	1	2	19	1	0	6	13	0

4.10 历史学人文、社会科学活动人员情况表

高校名称		总计		按职称划分						按最后学历划分			按最后学位划分		其他
			女性	小计	教授	副教授	讲师	助教	初级	研究生	本科生	其他	博士	硕士	人员
	编号	L01	L02	L03	L04	L05	L06	L07	L08	L09	L10	L11	L12	L13	L14
合　计	/	49	19	49	4	14	23	8	0	40	9	0	18	24	0
明达职业技术学院	1	1	0	1	0	0	0	1	0	0	1	0	0	0	0
三江学院	2	2	0	2	0	0	1	1	0	2	0	0	0	2	0
九州职业技术学院	3	0	0	0	0	0	0	0	0	0	0	0	0	0	0
南通理工学院	4	0	0	0	0	0	0	0	0	0	0	0	0	0	0
硅湖职业技术学院	5	0	0	0	0	0	0	0	0	0	0	0	0	0	0
应天职业技术学院	6	0	0	0	0	0	0	0	0	0	0	0	0	0	0
苏州托普信息职业技术学院	7	0	0	0	0	0	0	0	0	0	0	0	0	0	0
东南大学成贤学院	8	0	0	0	0	0	0	0	0	0	0	0	0	0	0
苏州工业园区职业技术学院	9	1	0	1	1	0	0	0	0	1	0	0	0	1	0
太湖创意职业技术学院	10	0	0	0	0	0	0	0	0	0	0	0	0	0	0
炎黄职业技术学院	11	1	0	1	0	0	0	1	0	0	1	0	0	0	0
正德职业技术学院	12	0	0	0	0	0	0	0	0	0	0	0	0	0	0
钟山职业技术学院	13	1	1	1	0	0	0	1	0	0	1	0	0	0	0
无锡南洋职业技术学院	14	0	0	0	0	0	0	0	0	0	0	0	0	0	0
江南影视艺术职业学院	15	1	1	1	0	1	0	0	0	1	0	0	0	1	0
金肯职业技术学院	16	0	0	0	0	0	0	0	0	0	0	0	0	0	0
建东职业技术学院	17	0	0	0	0	0	0	0	0	0	0	0	0	0	0
宿迁职业技术学院	18	0	0	0	0	0	0	0	0	0	0	0	0	0	0
江海职业技术学院	19	0	0	0	0	0	0	0	0	0	0	0	0	0	0
无锡太湖学院	20	3	2	3	1	0	2	0	0	2	1	0	0	2	0
中国矿业大学徐海学院	21	0	0	0	0	0	0	0	0	0	0	0	0	0	0
南京大学金陵学院	22	0	0	0	0	0	0	0	0	0	0	0	0	0	0
南京理工大学紫金学院	23	0	0	0	0	0	0	0	0	0	0	0	0	0	0

南京航空航天大学金城学院	24	0	0	0	0	0	0	0	0	0	0	0	0	0	0
南京传媒学院	25	1	1	1	0	0	1	0	0	1	0	0	0	1	0
金山职业技术学院	26	0	0	0	0	0	0	0	0	0	0	0	0	0	0
南京理工大学泰州科技学院	27	0	0	0	0	0	0	0	0	0	0	0	0	0	0
南京师范大学泰州学院	28	6	2	6	0	3	3	0	0	4	2	0	0	5	0
南京工业大学浦江学院	29	1	1	1	0	0	0	1	0	1	0	0	0	1	0
南京师范大学中北学院	30	0	0	0	0	0	0	0	0	0	0	0	0	0	0
苏州百年职业学院	31	0	0	0	0	0	0	0	0	0	0	0	0	0	0
昆山登云科技职业学院	32	0	0	0	0	0	0	0	0	0	0	0	0	0	0
南京视觉艺术职业学院	33	0	0	0	0	0	0	0	0	0	0	0	0	0	0
南京医科大学康达学院	34	1	1	1	0	0	1	0	0	1	0	0	0	1	0
南京中医药大学翰林学院	35	0	0	0	0	0	0	0	0	0	0	0	0	0	0
苏州大学应用技术学院	36	0	0	0	0	0	0	0	0	0	0	0	0	0	0
苏州科技大学天平学院	37	3	1	3	0	2	0	1	0	3	0	0	0	3	0
江苏大学京江学院	38	0	0	0	0	0	0	0	0	0	0	0	0	0	0
扬州大学广陵学院	39	1	0	1	0	1	0	0	0	1	0	0	0	1	0
江苏师范大学科文学院	40	3	1	3	0	2	0	1	0	1	2	0	0	1	0
南京邮电大学通达学院	41	0	0	0	0	0	0	0	0	0	0	0	0	0	0
南京财经大学红山学院	42	1	0	1	0	0	1	0	0	1	0	0	0	1	0
江苏科技大学苏州理工学院	43	2	1	2	0	1	1	0	0	2	0	0	2	0	0
常州大学怀德学院	44	1	0	1	0	0	0	1	0	1	0	0	0	1	0
南通大学杏林学院	45	0	0	0	0	0	0	0	0	0	0	0	0	0	0
南京审计大学金审学院	46	0	0	0	0	0	0	0	0	0	0	0	0	0	0
苏州高博软件技术职业学院	47	2	1	2	0	1	1	0	0	2	0	0	1	1	0
宿迁泽达职业技术学院	48	0	0	0	0	0	0	0	0	0	0	0	0	0	0
扬州中瑞酒店职业学院	49	0	0	0	0	0	0	0	0	0	0	0	0	0	0
西交利物浦大学	50	1	1	1	0	0	1	0	0	0	1	0	0	1	0
昆山杜克大学	51	16	5	16	2	3	11	0	0	16	0	0	15	1	0

4.11 考古学人文、社会科学活动人员情况表

高校名称		总计		按职称划分						按最后学历划分			按最后学位划分		其他
			女性	小计	教授	副教授	讲师	助教	初级	研究生	本科生	其他	博士	硕士	人员
	编号	L01	L02	L03	L04	L05	L06	L07	L08	L09	L10	L11	L12	L13	L14
合　计	/	4	3	4	0	0	2	2	0	4	0	0	0	4	0
明达职业技术学院	1	0	0	0	0	0	0	0	0	0	0	0	0	0	0
三江学院	2	0	0	0	0	0	0	0	0	0	0	0	0	0	0
九州职业技术学院	3	0	0	0	0	0	0	0	0	0	0	0	0	0	0
南通理工学院	4	0	0	0	0	0	0	0	0	0	0	0	0	0	0
硅湖职业技术学院	5	0	0	0	0	0	0	0	0	0	0	0	0	0	0
应天职业技术学院	6	0	0	0	0	0	0	0	0	0	0	0	0	0	0
苏州托普信息职业技术学院	7	0	0	0	0	0	0	0	0	0	0	0	0	0	0
东南大学成贤学院	8	0	0	0	0	0	0	0	0	0	0	0	0	0	0
苏州工业园区职业技术学院	9	1	1	1	0	0	1	0	0	1	0	0	0	1	0
太湖创意职业技术学院	10	0	0	0	0	0	0	0	0	0	0	0	0	0	0
炎黄职业技术学院	11	0	0	0	0	0	0	0	0	0	0	0	0	0	0
正德职业技术学院	12	0	0	0	0	0	0	0	0	0	0	0	0	0	0
钟山职业技术学院	13	0	0	0	0	0	0	0	0	0	0	0	0	0	0
无锡南洋职业技术学院	14	0	0	0	0	0	0	0	0	0	0	0	0	0	0
江南影视艺术职业学院	15	0	0	0	0	0	0	0	0	0	0	0	0	0	0
金肯职业技术学院	16	0	0	0	0	0	0	0	0	0	0	0	0	0	0
建东职业技术学院	17	0	0	0	0	0	0	0	0	0	0	0	0	0	0
宿迁职业技术学院	18	0	0	0	0	0	0	0	0	0	0	0	0	0	0
江海职业技术学院	19	0	0	0	0	0	0	0	0	0	0	0	0	0	0
无锡太湖学院	20	0	0	0	0	0	0	0	0	0	0	0	0	0	0
中国矿业大学徐海学院	21	0	0	0	0	0	0	0	0	0	0	0	0	0	0
南京大学金陵学院	22	0	0	0	0	0	0	0	0	0	0	0	0	0	0
南京理工大学紫金学院	23	0	0	0	0	0	0	0	0	0	0	0	0	0	0

南京航空航天大学金城学院	24	0	0	0	0	0	0	0	0	0	0	0	0	0	0
南京传媒学院	25	0	0	0	0	0	0	0	0	0	0	0	0	0	0
金山职业技术学院	26	0	0	0	0	0	0	0	0	0	0	0	0	0	0
南京理工大学泰州科技学院	27	0	0	0	0	0	0	0	0	0	0	0	0	0	0
南京师范大学泰州学院	28	1	0	1	0	0	1	0	0	1	0	0	0	1	0
南京工业大学浦江学院	29	1	1	1	0	0	0	1	0	1	0	0	0	1	0
南京师范大学中北学院	30	0	0	0	0	0	0	0	0	0	0	0	0	0	0
苏州百年职业学院	31	0	0	0	0	0	0	0	0	0	0	0	0	0	0
昆山登云科技职业学院	32	0	0	0	0	0	0	0	0	0	0	0	0	0	0
南京视觉艺术职业学院	33	0	0	0	0	0	0	0	0	0	0	0	0	0	0
南京医科大学康达学院	34	0	0	0	0	0	0	0	0	0	0	0	0	0	0
南京中医药大学翰林学院	35	0	0	0	0	0	0	0	0	0	0	0	0	0	0
苏州大学应用技术学院	36	0	0	0	0	0	0	0	0	0	0	0	0	0	0
苏州科技大学天平学院	37	0	0	0	0	0	0	0	0	0	0	0	0	0	0
江苏大学京江学院	38	0	0	0	0	0	0	0	0	0	0	0	0	0	0
扬州大学广陵学院	39	0	0	0	0	0	0	0	0	0	0	0	0	0	0
江苏师范大学科文学院	40	0	0	0	0	0	0	0	0	0	0	0	0	0	0
南京邮电大学通达学院	41	0	0	0	0	0	0	0	0	0	0	0	0	0	0
南京财经大学红山学院	42	1	1	1	0	0	0	1	0	1	0	0	0	1	0
江苏科技大学苏州理工学院	43	0	0	0	0	0	0	0	0	0	0	0	0	0	0
常州大学怀德学院	44	0	0	0	0	0	0	0	0	0	0	0	0	0	0
南通大学杏林学院	45	0	0	0	0	0	0	0	0	0	0	0	0	0	0
南京审计大学金审学院	46	0	0	0	0	0	0	0	0	0	0	0	0	0	0
苏州高博软件技术职业学院	47	0	0	0	0	0	0	0	0	0	0	0	0	0	0
宿迁泽达职业技术学院	48	0	0	0	0	0	0	0	0	0	0	0	0	0	0
扬州中瑞酒店职业学院	49	0	0	0	0	0	0	0	0	0	0	0	0	0	0
西交利物浦大学	50	0	0	0	0	0	0	0	0	0	0	0	0	0	0
昆山杜克大学	51	0	0	0	0	0	0	0	0	0	0	0	0	0	0

4.12 经济学人文、社会科学活动人员情况表

高校名称		总计		按职称划分						按最后学历划分			按最后学位划分		其他人员
			女性	小计	教授	副教授	讲师	助教	初级	研究生	本科生	其他	博士	硕士	
	编号	L01	L02	L03	L04	L05	L06	L07	L08	L09	L10	L11	L12	L13	L14
合　计	/	858	632	858	53	177	430	192	6	720	138	0	143	601	0
明达职业技术学院	1	6	5	6	0	1	2	3	0	0	6	0	0	0	0
三江学院	2	28	18	28	5	13	8	2	0	25	3	0	5	21	0
九州职业技术学院	3	15	9	15	1	1	8	5	0	6	9	0	0	6	0
南通理工学院	4	23	19	23	2	8	4	9	0	16	7	0	0	22	0
硅湖职业技术学院	5	4	2	4	0	1	2	1	0	2	2	0	0	2	0
应天职业技术学院	6	8	8	8	0	1	7	0	0	5	3	0	0	7	0
苏州托普信息职业技术学院	7	0	0	0	0	0	0	0	0	0	0	0	0	0	0
东南大学成贤学院	8	18	17	18	1	12	4	1	0	18	0	0	2	16	0
苏州工业园区职业技术学院	9	10	8	10	0	3	7	0	0	6	4	0	0	6	0
太湖创意职业技术学院	10	1	0	1	1	0	0	0	0	0	1	0	0	0	0
炎黄职业技术学院	11	7	4	7	1	0	6	0	0	1	6	0	1	2	0
正德职业技术学院	12	7	4	7	0	2	4	1	0	5	2	0	0	4	0
钟山职业技术学院	13	6	5	6	1	2	3	0	0	3	3	0	0	5	0
无锡南洋职业技术学院	14	8	4	8	0	1	5	2	0	2	6	0	0	3	0
江南影视艺术职业学院	15	8	8	8	0	0	1	7	0	6	2	0	0	6	0
金肯职业技术学院	16	8	5	8	1	0	6	1	0	6	2	0	0	6	0
建东职业技术学院	17	6	5	6	0	3	3	0	0	1	5	0	0	2	0
宿迁职业技术学院	18	4	3	4	0	0	2	1	1	2	2	0	0	2	0
江海职业技术学院	19	23	15	23	1	11	9	2	0	9	14	0	0	9	0
无锡太湖学院	20	85	67	85	6	14	50	15	0	77	8	0	11	66	0
中国矿业大学徐海学院	21	11	9	11	0	0	8	3	0	9	2	0	0	10	0
南京大学金陵学院	22	41	31	41	3	8	29	1	0	36	5	0	7	29	0
南京理工大学紫金学院	23	24	22	24	2	10	5	7	0	23	1	0	0	24	0

南京航空航天大学金城学院	24	25	23	25	0	4	13	8	0	24	1	0	0	25	0
南京传媒学院	25	3	2	3	0	0	2	1	0	3	0	0	0	3	0
金山职业技术学院	26	2	2	2	0	0	0	2	0	0	2	0	0	0	0
南京理工大学泰州科技学院	27	34	24	34	2	10	18	4	0	29	5	0	0	29	0
南京师范大学泰州学院	28	16	12	16	0	8	5	3	0	14	2	0	3	11	0
南京工业大学浦江学院	29	21	16	21	1	2	8	10	0	19	2	0	1	18	0
南京师范大学中北学院	30	10	9	10	0	0	6	4	0	10	0	0	0	10	0
苏州百年职业学院	31	5	5	5	0	1	3	1	0	5	0	0	0	5	0
昆山登云科技职业学院	32	7	3	7	1	2	3	0	1	5	2	0	1	4	0
南京视觉艺术职业学院	33	1	1	1	0	0	1	0	0	1	0	0	0	1	0
南京医科大学康达学院	34	0	0	0	0	0	0	0	0	0	0	0	0	0	0
南京中医药大学翰林学院	35	7	5	7	0	1	6	0	0	5	2	0	0	5	0
苏州大学应用技术学院	36	15	11	15	2	4	5	4	0	15	0	0	3	12	0
苏州科技大学天平学院	37	13	12	13	1	2	6	4	0	12	1	0	0	12	0
江苏大学京江学院	38	6	5	6	0	1	3	2	0	6	0	0	0	6	0
扬州大学广陵学院	39	8	5	8	1	0	6	1	0	6	2	0	0	6	0
江苏师范大学科文学院	40	20	18	20	1	0	10	9	0	20	0	0	0	20	0
南京邮电大学通达学院	41	2	1	2	0	0	0	2	0	2	0	0	0	2	0
南京财经大学红山学院	42	84	74	84	0	2	19	60	3	81	3	0	0	81	0
江苏科技大学苏州理工学院	43	13	9	13	1	1	10	1	0	12	1	0	2	10	0
常州大学怀德学院	44	16	9	16	2	7	5	2	0	10	6	0	1	11	0
南通大学杏林学院	45	14	9	14	0	4	9	1	0	12	2	0	0	13	0
南京审计大学金审学院	46	58	46	58	4	7	36	11	0	52	6	0	4	51	0
苏州高博软件技术职业学院	47	16	13	16	3	1	10	1	1	9	7	0	1	9	0
宿迁泽达职业技术学院	48	1	1	1	0	0	1	0	0	1	0	0	0	1	0
扬州中瑞酒店职业学院	49	2	1	2	0	0	2	0	0	1	1	0	0	1	0
西交利物浦大学	50	99	44	99	8	28	63	0	0	99	0	0	92	7	0
昆山杜克大学	51	9	4	9	1	1	7	0	0	9	0	0	9	0	0

4.13 政治学人文、社会科学活动人员情况表

高校名称		总计		按职称划分						按最后学历划分			按最后学位划分		其他人员
			女性	小计	教授	副教授	讲师	助教	初级	研究生	本科生	其他	博士	硕士	
	编号	L01	L02	L03	L04	L05	L06	L07	L08	L09	L10	L11	L12	L13	L14
合　计	/	62	34	62	2	7	38	15	0	53	9	0	20	35	0
明达职业技术学院	1	0	0	0	0	0	0	0	0	0	0	0	0	0	0
三江学院	2	7	6	7	0	2	5	0	0	4	3	0	0	5	0
九州职业技术学院	3	0	0	0	0	0	0	0	0	0	0	0	0	0	0
南通理工学院	4	12	8	12	1	0	4	7	0	8	4	0	0	9	0
硅湖职业技术学院	5	1	1	1	0	0	1	0	0	1	0	0	0	1	0
应天职业技术学院	6	0	0	0	0	0	0	0	0	0	0	0	0	0	0
苏州托普信息职业技术学院	7	0	0	0	0	0	0	0	0	0	0	0	0	0	0
东南大学成贤学院	8	0	0	0	0	0	0	0	0	0	0	0	0	0	0
苏州工业园区职业技术学院	9	0	0	0	0	0	0	0	0	0	0	0	0	0	0
太湖创意职业技术学院	10	0	0	0	0	0	0	0	0	0	0	0	0	0	0
炎黄职业技术学院	11	1	0	1	0	0	1	0	0	1	0	0	0	1	0
正德职业技术学院	12	0	0	0	0	0	0	0	0	0	0	0	0	0	0
钟山职业技术学院	13	0	0	0	0	0	0	0	0	0	0	0	0	0	0
无锡南洋职业技术学院	14	0	0	0	0	0	0	0	0	0	0	0	0	0	0
江南影视艺术职业学院	15	0	0	0	0	0	0	0	0	0	0	0	0	0	0
金肯职业技术学院	16	0	0	0	0	0	0	0	0	0	0	0	0	0	0
建东职业技术学院	17	0	0	0	0	0	0	0	0	0	0	0	0	0	0
宿迁职业技术学院	18	0	0	0	0	0	0	0	0	0	0	0	0	0	0
江海职业技术学院	19	0	0	0	0	0	0	0	0	0	0	0	0	0	0
无锡太湖学院	20	0	0	0	0	0	0	0	0	0	0	0	0	0	0
中国矿业大学徐海学院	21	0	0	0	0	0	0	0	0	0	0	0	0	0	0
南京大学金陵学院	22	1	0	1	0	0	1	0	0	1	0	0	0	1	0
南京理工大学紫金学院	23	2	1	2	0	1	1	0	0	2	0	0	0	2	0

南京航空航天大学金城学院	24	3	2	3	0	0	3	0	0	2	1	0	0	2	0
南京传媒学院	25	2	1	2	1	0	0	1	0	2	0	0	1	1	0
金山职业技术学院	26	1	1	1	0	0	0	1	0	1	0	0	0	1	0
南京理工大学泰州科技学院	27	0	0	0	0	0	0	0	0	0	0	0	0	0	0
南京师范大学泰州学院	28	2	2	2	0	2	0	0	0	2	0	0	0	2	0
南京工业大学浦江学院	29	1	0	1	0	0	0	1	0	0	1	0	0	0	0
南京师范大学中北学院	30	0	0	0	0	0	0	0	0	0	0	0	0	0	0
苏州百年职业学院	31	0	0	0	0	0	0	0	0	0	0	0	0	0	0
昆山登云科技职业学院	32	0	0	0	0	0	0	0	0	0	0	0	0	0	0
南京视觉艺术职业学院	33	0	0	0	0	0	0	0	0	0	0	0	0	0	0
南京医科大学康达学院	34	0	0	0	0	0	0	0	0	0	0	0	0	0	0
南京中医药大学翰林学院	35	0	0	0	0	0	0	0	0	0	0	0	0	0	0
苏州大学应用技术学院	36	0	0	0	0	0	0	0	0	0	0	0	0	0	0
苏州科技大学天平学院	37	0	0	0	0	0	0	0	0	0	0	0	0	0	0
江苏大学京江学院	38	0	0	0	0	0	0	0	0	0	0	0	0	0	0
扬州大学广陵学院	39	0	0	0	0	0	0	0	0	0	0	0	0	0	0
江苏师范大学科文学院	40	1	1	1	0	0	1	0	0	1	0	0	0	1	0
南京邮电大学通达学院	41	0	0	0	0	0	0	0	0	0	0	0	0	0	0
南京财经大学红山学院	42	4	1	4	0	0	1	3	0	4	0	0	0	4	0
江苏科技大学苏州理工学院	43	2	1	2	0	0	2	0	0	2	0	0	0	2	0
常州大学怀德学院	44	1	1	1	0	0	0	1	0	1	0	0	0	1	0
南通大学杏林学院	45	0	0	0	0	0	0	0	0	0	0	0	0	0	0
南京审计大学金审学院	46	1	1	1	0	0	0	1	0	1	0	0	0	1	0
苏州高博软件技术职业学院	47	0	0	0	0	0	0	0	0	0	0	0	0	0	0
宿迁泽达职业技术学院	48	0	0	0	0	0	0	0	0	0	0	0	0	0	0
扬州中瑞酒店职业学院	49	0	0	0	0	0	0	0	0	0	0	0	0	0	0
西交利物浦大学	50	2	0	2	0	0	2	0	0	2	0	0	1	1	0
昆山杜克大学	51	18	7	18	0	2	16	0	0	18	0	0	18	0	0

4.14 法学人文、社会科学活动人员情况表

高校名称		总计		按职称划分						按最后学历划分			按最后学位划分		其他人员
			女性	小计	教授	副教授	讲师	助教	初级	研究生	本科生	其他	博士	硕士	
	编号	L01	L02	L03	L04	L05	L06	L07	L08	L09	L10	L11	L12	L13	L14
合　计	/	157	101	157	7	28	76	42	4	114	43	0	9	117	0
明达职业技术学院	1	1	1	1	0	0	0	1	0	0	1	0	0	0	0
三江学院	2	14	9	14	2	6	6	0	0	9	5	0	2	11	0
九州职业技术学院	3	6	5	6	0	1	3	2	0	1	5	0	0	1	0
南通理工学院	4	0	0	0	0	0	0	0	0	0	0	0	0	0	0
硅湖职业技术学院	5	5	3	5	0	0	3	2	0	2	3	0	0	2	0
应天职业技术学院	6	1	1	1	0	0	0	1	0	1	0	0	0	1	0
苏州托普信息职业技术学院	7	3	2	3	1	0	0	2	0	2	1	0	0	2	0
东南大学成贤学院	8	1	0	1	0	1	0	0	0	1	0	0	0	1	0
苏州工业园区职业技术学院	9	1	1	1	0	1	0	0	0	0	1	0	0	1	0
太湖创意职业技术学院	10	0	0	0	0	0	0	0	0	0	0	0	0	0	0
炎黄职业技术学院	11	1	1	1	0	0	1	0	0	0	1	0	0	0	0
正德职业技术学院	12	4	2	4	0	0	4	0	0	2	2	0	0	2	0
钟山职业技术学院	13	2	1	2	0	1	1	0	0	0	2	0	0	0	0
无锡南洋职业技术学院	14	2	1	2	0	0	2	0	0	0	2	0	0	1	0
江南影视艺术职业学院	15	4	3	4	0	1	1	2	0	1	3	0	0	1	0
金肯职业技术学院	16	3	1	3	0	1	1	1	0	1	2	0	0	1	0
建东职业技术学院	17	1	1	1	0	0	1	0	0	0	1	0	0	1	0
宿迁职业技术学院	18	2	2	2	0	1	1	0	0	2	0	0	0	2	0
江海职业技术学院	19	0	0	0	0	0	0	0	0	0	0	0	0	0	0
无锡太湖学院	20	8	4	8	0	1	4	3	0	8	0	0	0	8	0
中国矿业大学徐海学院	21	1	1	1	0	0	1	0	0	1	0	0	0	1	0
南京大学金陵学院	22	0	0	0	0	0	0	0	0	0	0	0	0	0	0
南京理工大学紫金学院	23	8	7	8	0	1	6	1	0	7	1	0	0	7	0

南京航空航天大学金城学院	24	3	1	3	0	0	2	1	0	3	0	0	0	3	0
南京传媒学院	25	8	5	8	0	2	4	2	0	7	1	0	1	7	0
金山职业技术学院	26	1	1	1	0	0	1	0	0	0	1	0	0	0	0
南京理工大学泰州科技学院	27	4	3	4	0	1	2	0	1	3	1	0	0	3	0
南京师范大学泰州学院	28	9	4	9	0	6	3	0	0	9	0	0	0	9	0
南京工业大学浦江学院	29	0	0	0	0	0	0	0	0	0	0	0	0	0	0
南京师范大学中北学院	30	5	4	5	0	0	4	1	0	4	1	0	0	4	0
苏州百年职业学院	31	0	0	0	0	0	0	0	0	0	0	0	0	0	0
昆山登云科技职业学院	32	5	4	5	0	0	1	1	3	4	1	0	0	4	0
南京视觉艺术职业学院	33	1	1	1	0	0	1	0	0	1	0	0	0	1	0
南京医科大学康达学院	34	1	1	1	0	0	1	0	0	1	0	0	0	1	0
南京中医药大学翰林学院	35	1	1	1	0	0	1	0	0	1	0	0	0	1	0
苏州大学应用技术学院	36	7	6	7	0	0	2	5	0	7	0	0	0	7	0
苏州科技大学天平学院	37	2	2	2	0	1	0	1	0	2	0	0	0	2	0
江苏大学京江学院	38	1	0	1	0	0	1	0	0	1	0	0	0	1	0
扬州大学广陵学院	39	7	3	7	2	0	5	0	0	6	1	0	1	6	0
江苏师范大学科文学院	40	1	0	1	0	0	0	1	0	1	0	0	0	1	0
南京邮电大学通达学院	41	0	0	0	0	0	0	0	0	0	0	0	0	0	0
南京财经大学红山学院	42	14	11	14	0	0	1	13	0	14	0	0	0	14	0
江苏科技大学苏州理工学院	43	4	1	4	0	1	3	0	0	4	0	0	0	4	0
常州大学怀德学院	44	0	0	0	0	0	0	0	0	0	0	0	0	0	0
南通大学杏林学院	45	1	0	1	0	0	1	0	0	0	1	0	0	1	0
南京审计大学金审学院	46	3	3	3	0	0	3	0	0	2	1	0	0	2	0
苏州高博软件技术职业学院	47	3	1	3	2	1	0	0	0	1	2	0	1	2	0
宿迁泽达职业技术学院	48	3	2	3	0	0	1	2	0	0	3	0	0	0	0
扬州中瑞酒店职业学院	49	0	0	0	0	0	0	0	0	0	0	0	0	0	0
西交利物浦大学	50	4	0	4	0	1	3	0	0	4	0	0	3	1	0
昆山杜克大学	51	1	1	1	0	0	1	0	0	1	0	0	1	0	0

4.15 社会学人文、社会科学活动人员情况表

高校名称		总计		按职称划分						按最后学历划分			按最后学位划分		其他
			女性	小计	教授	副教授	讲师	助教	初级	研究生	本科生	其他	博士	硕士	人员
	编号	L01	L02	L03	L04	L05	L06	L07	L08	L09	L10	L11	L12	L13	L14
合　计	/	110	75	110	0	13	76	16	5	73	35	2	20	53	0
明达职业技术学院	1	0	0	0	0	0	0	0	0	0	0	0	0	0	0
三江学院	2	4	3	4	0	0	2	2	0	3	1	0	1	2	0
九州职业技术学院	3	1	1	1	0	0	1	0	0	0	1	0	0	0	0
南通理工学院	4	0	0	0	0	0	0	0	0	0	0	0	0	0	0
硅湖职业技术学院	5	3	3	3	0	0	1	1	1	3	0	0	0	3	0
应天职业技术学院	6	2	2	2	0	1	1	0	0	2	0	0	0	2	0
苏州托普信息职业技术学院	7	2	2	2	0	0	0	2	0	2	0	0	0	2	0
东南大学成贤学院	8	46	26	46	0	3	36	6	1	16	28	2	0	16	0
苏州工业园区职业技术学院	9	0	0	0	0	0	0	0	0	0	0	0	0	0	0
太湖创意职业技术学院	10	0	0	0	0	0	0	0	0	0	0	0	0	0	0
炎黄职业技术学院	11	3	2	3	0	0	3	0	0	1	2	0	0	1	0
正德职业技术学院	12	0	0	0	0	0	0	0	0	0	0	0	0	0	0
钟山职业技术学院	13	1	1	1	0	0	1	0	0	1	0	0	0	1	0
无锡南洋职业技术学院	14	1	0	1	0	0	1	0	0	0	1	0	0	0	0
江南影视艺术职业学院	15	0	0	0	0	0	0	0	0	0	0	0	0	0	0
金肯职业技术学院	16	0	0	0	0	0	0	0	0	0	0	0	0	0	0
建东职业技术学院	17	1	1	1	0	0	1	0	0	0	1	0	0	0	0
宿迁职业技术学院	18	0	0	0	0	0	0	0	0	0	0	0	0	0	0
江海职业技术学院	19	0	0	0	0	0	0	0	0	0	0	0	0	0	0
无锡太湖学院	20	0	0	0	0	0	0	0	0	0	0	0	0	0	0
中国矿业大学徐海学院	21	0	0	0	0	0	0	0	0	0	0	0	0	0	0
南京大学金陵学院	22	0	0	0	0	0	0	0	0	0	0	0	0	0	0
南京理工大学紫金学院	23	1	1	1	0	0	1	0	0	1	0	0	0	1	0

南京航空航天大学金城学院	24	1	1	1	0	0	1	0	0	1	0	0	0	1	0
南京传媒学院	25	2	2	2	0	2	0	0	0	2	0	0	0	2	0
金山职业技术学院	26	0	0	0	0	0	0	0	0	0	0	0	0	0	0
南京理工大学泰州科技学院	27	0	0	0	0	0	0	0	0	0	0	0	0	0	0
南京师范大学泰州学院	28	0	0	0	0	0	0	0	0	0	0	0	0	0	0
南京工业大学浦江学院	29	3	1	3	0	1	2	0	0	3	0	0	1	2	0
南京师范大学中北学院	30	0	0	0	0	0	0	0	0	0	0	0	0	0	0
苏州百年职业学院	31	0	0	0	0	0	0	0	0	0	0	0	0	0	0
昆山登云科技职业学院	32	2	2	2	0	0	0	1	1	2	0	0	0	2	0
南京视觉艺术职业学院	33	1	0	1	0	0	1	0	0	1	0	0	0	1	0
南京医科大学康达学院	34	0	0	0	0	0	0	0	0	0	0	0	0	0	0
南京中医药大学翰林学院	35	7	6	7	0	2	5	0	0	7	0	0	1	6	0
苏州大学应用技术学院	36	0	0	0	0	0	0	0	0	0	0	0	0	0	0
苏州科技大学天平学院	37	0	0	0	0	0	0	0	0	0	0	0	0	0	0
江苏大学京江学院	38	0	0	0	0	0	0	0	0	0	0	0	0	0	0
扬州大学广陵学院	39	1	1	1	0	0	0	1	0	1	0	0	0	1	0
江苏师范大学科文学院	40	1	0	1	0	0	1	0	0	0	1	0	0	0	0
南京邮电大学通达学院	41	0	0	0	0	0	0	0	0	0	0	0	0	0	0
南京财经大学红山学院	42	2	2	2	0	0	0	2	0	2	0	0	0	2	0
江苏科技大学苏州理工学院	43	1	0	1	0	0	1	0	0	1	0	0	0	1	0
常州大学怀德学院	44	0	0	0	0	0	0	0	0	0	0	0	0	0	0
南通大学杏林学院	45	2	2	2	0	0	2	0	0	2	0	0	0	2	0
南京审计大学金审学院	46	2	2	2	0	1	0	1	0	2	0	0	0	2	0
苏州高博软件技术职业学院	47	0	0	0	0	0	0	0	0	0	0	0	0	0	0
宿迁泽达职业技术学院	48	0	0	0	0	0	0	0	0	0	0	0	0	0	0
扬州中瑞酒店职业学院	49	0	0	0	0	0	0	0	0	0	0	0	0	0	0
西交利物浦大学	50	4	4	4	0	1	3	0	0	4	0	0	4	0	0
昆山杜克大学	51	16	10	16	0	2	12	0	2	16	0	0	13	3	0

4.16 民族学与文化学人文、社会科学活动人员情况表

高校名称		总计		按职称划分						按最后学历划分			按最后学位划分		其他
			女性	小计	教授	副教授	讲师	助教	初级	研究生	本科生	其他	博士	硕士	人员
	编号	L01	L02	L03	L04	L05	L06	L07	L08	L09	L10	L11	L12	L13	L14
合　计	/	5	2	5	0	1	3	1	0	4	1	0	1	3	0
明达职业技术学院	1	0	0	0	0	0	0	0	0	0	0	0	0	0	0
三江学院	2	0	0	0	0	0	0	0	0	0	0	0	0	0	0
九州职业技术学院	3	0	0	0	0	0	0	0	0	0	0	0	0	0	0
南通理工学院	4	0	0	0	0	0	0	0	0	0	0	0	0	0	0
硅湖职业技术学院	5	0	0	0	0	0	0	0	0	0	0	0	0	0	0
应天职业技术学院	6	0	0	0	0	0	0	0	0	0	0	0	0	0	0
苏州托普信息职业技术学院	7	0	0	0	0	0	0	0	0	0	0	0	0	0	0
东南大学成贤学院	8	0	0	0	0	0	0	0	0	0	0	0	0	0	0
苏州工业园区职业技术学院	9	1	1	1	0	0	1	0	0	1	0	0	0	1	0
太湖创意职业技术学院	10	0	0	0	0	0	0	0	0	0	0	0	0	0	0
炎黄职业技术学院	11	1	0	1	0	0	0	1	0	0	1	0	0	0	0
正德职业技术学院	12	0	0	0	0	0	0	0	0	0	0	0	0	0	0
钟山职业技术学院	13	0	0	0	0	0	0	0	0	0	0	0	0	0	0
无锡南洋职业技术学院	14	0	0	0	0	0	0	0	0	0	0	0	0	0	0
江南影视艺术职业学院	15	0	0	0	0	0	0	0	0	0	0	0	0	0	0
金肯职业技术学院	16	0	0	0	0	0	0	0	0	0	0	0	0	0	0
建东职业技术学院	17	0	0	0	0	0	0	0	0	0	0	0	0	0	0
宿迁职业技术学院	18	0	0	0	0	0	0	0	0	0	0	0	0	0	0
江海职业技术学院	19	0	0	0	0	0	0	0	0	0	0	0	0	0	0
无锡太湖学院	20	0	0	0	0	0	0	0	0	0	0	0	0	0	0
中国矿业大学徐海学院	21	0	0	0	0	0	0	0	0	0	0	0	0	0	0
南京大学金陵学院	22	1	1	1	0	0	1	0	0	1	0	0	0	1	0
南京理工大学紫金学院	23	0	0	0	0	0	0	0	0	0	0	0	0	0	0

南京航空航天大学金城学院	24	0	0	0	0	0	0	0	0	0	0	0	0	0	0
南京传媒学院	25	0	0	0	0	0	0	0	0	0	0	0	0	0	0
金山职业技术学院	26	0	0	0	0	0	0	0	0	0	0	0	0	0	0
南京理工大学泰州科技学院	27	0	0	0	0	0	0	0	0	0	0	0	0	0	0
南京师范大学泰州学院	28	0	0	0	0	0	0	0	0	0	0	0	0	0	0
南京工业大学浦江学院	29	0	0	0	0	0	0	0	0	0	0	0	0	0	0
南京师范大学中北学院	30	0	0	0	0	0	0	0	0	0	0	0	0	0	0
苏州百年职业学院	31	0	0	0	0	0	0	0	0	0	0	0	0	0	0
昆山登云科技职业学院	32	0	0	0	0	0	0	0	0	0	0	0	0	0	0
南京视觉艺术职业学院	33	0	0	0	0	0	0	0	0	0	0	0	0	0	0
南京医科大学康达学院	34	0	0	0	0	0	0	0	0	0	0	0	0	0	0
南京中医药大学翰林学院	35	0	0	0	0	0	0	0	0	0	0	0	0	0	0
苏州大学应用技术学院	36	1	0	1	0	1	0	0	0	1	0	0	0	1	0
苏州科技大学天平学院	37	0	0	0	0	0	0	0	0	0	0	0	0	0	0
江苏大学京江学院	38	0	0	0	0	0	0	0	0	0	0	0	0	0	0
扬州大学广陵学院	39	0	0	0	0	0	0	0	0	0	0	0	0	0	0
江苏师范大学科文学院	40	0	0	0	0	0	0	0	0	0	0	0	0	0	0
南京邮电大学通达学院	41	0	0	0	0	0	0	0	0	0	0	0	0	0	0
南京财经大学红山学院	42	0	0	0	0	0	0	0	0	0	0	0	0	0	0
江苏科技大学苏州理工学院	43	0	0	0	0	0	0	0	0	0	0	0	0	0	0
常州大学怀德学院	44	0	0	0	0	0	0	0	0	0	0	0	0	0	0
南通大学杏林学院	45	0	0	0	0	0	0	0	0	0	0	0	0	0	0
南京审计大学金审学院	46	0	0	0	0	0	0	0	0	0	0	0	0	0	0
苏州高博软件技术职业学院	47	0	0	0	0	0	0	0	0	0	0	0	0	0	0
宿迁泽达职业技术学院	48	0	0	0	0	0	0	0	0	0	0	0	0	0	0
扬州中瑞酒店职业学院	49	0	0	0	0	0	0	0	0	0	0	0	0	0	0
西交利物浦大学	50	0	0	0	0	0	0	0	0	0	0	0	0	0	0
昆山杜克大学	51	1	0	1	0	0	1	0	0	1	0	0	1	0	0

4.17 新闻学与传播学人文、社会科学活动人员情况表

高校名称		总计		按职称划分						按最后学历划分			按最后学位划分		其他人员
			女性	小计	教授	副教授	讲师	助教	初级	研究生	本科生	其他	博士	硕士	
	编号	L01	L02	L03	L04	L05	L06	L07	L08	L09	L10	L11	L12	L13	L14
合　计	/	168	115	167	6	36	83	41	1	121	46	0	25	111	1
明达职业技术学院	1	0	0	0	0	0	0	0	0	0	0	0	0	0	0
三江学院	2	19	10	19	2	8	8	1	0	13	6	0	3	13	0
九州职业技术学院	3	0	0	0	0	0	0	0	0	0	0	0	0	0	0
南通理工学院	4	2	1	2	0	0	1	1	0	2	0	0	0	2	0
硅湖职业技术学院	5	0	0	0	0	0	0	0	0	0	0	0	0	0	0
应天职业技术学院	6	0	0	0	0	0	0	0	0	0	0	0	0	0	0
苏州托普信息职业技术学院	7	0	0	0	0	0	0	0	0	0	0	0	0	0	0
东南大学成贤学院	8	0	0	0	0	0	0	0	0	0	0	0	0	0	0
苏州工业园区职业技术学院	9	3	2	3	0	0	3	0	0	0	3	0	0	0	0
太湖创意职业技术学院	10	0	0	0	0	0	0	0	0	0	0	0	0	0	0
炎黄职业技术学院	11	0	0	0	0	0	0	0	0	0	0	0	0	0	0
正德职业技术学院	12	3	2	3	0	0	1	2	0	0	3	0	0	1	0
钟山职业技术学院	13	0	0	0	0	0	0	0	0	0	0	0	0	0	0
无锡南洋职业技术学院	14	1	1	1	0	0	0	1	0	1	0	0	0	1	0
江南影视艺术职业学院	15	10	8	10	0	1	5	4	0	3	7	0	0	5	0
金肯职业技术学院	16	0	0	0	0	0	0	0	0	0	0	0	0	0	0
建东职业技术学院	17	0	0	0	0	0	0	0	0	0	0	0	0	0	0
宿迁职业技术学院	18	2	1	2	0	1	1	0	0	0	2	0	0	0	0
江海职业技术学院	19	1	1	1	0	0	0	1	0	0	1	0	0	0	0
无锡太湖学院	20	0	0	0	0	0	0	0	0	0	0	0	0	0	0
中国矿业大学徐海学院	21	0	0	0	0	0	0	0	0	0	0	0	0	0	0
南京大学金陵学院	22	18	11	18	2	3	13	0	0	12	6	0	1	12	0
南京理工大学紫金学院	23	1	1	1	0	0	0	1	0	1	0	0	0	1	0

南京航空航天大学金城学院	24	0	0	0	0	0	0	0	0	0	0	0	0	0	0
南京传媒学院	25	54	43	54	1	14	23	16	0	45	9	0	5	47	0
金山职业技术学院	26	0	0	0	0	0	0	0	0	0	0	0	0	0	0
南京理工大学泰州科技学院	27	0	0	0	0	0	0	0	0	0	0	0	0	0	0
南京师范大学泰州学院	28	5	2	5	0	2	3	0	0	3	2	0	0	3	0
南京工业大学浦江学院	29	2	2	2	0	0	1	1	0	1	1	0	0	1	0
南京师范大学中北学院	30	7	3	7	0	0	3	4	0	7	0	0	1	6	0
苏州百年职业学院	31	0	0	0	0	0	0	0	0	0	0	0	0	0	0
昆山登云科技职业学院	32	1	0	1	0	0	0	0	1	0	1	0	0	0	0
南京视觉艺术职业学院	33	2	2	2	0	0	0	2	0	1	1	0	0	1	0
南京医科大学康达学院	34	2	2	1	0	0	1	0	0	1	0	0	0	1	1
南京中医药大学翰林学院	35	0	0	0	0	0	0	0	0	0	0	0	0	0	0
苏州大学应用技术学院	36	2	2	2	0	0	1	1	0	2	0	0	0	2	0
苏州科技大学天平学院	37	0	0	0	0	0	0	0	0	0	0	0	0	0	0
江苏大学京江学院	38	0	0	0	0	0	0	0	0	0	0	0	0	0	0
扬州大学广陵学院	39	2	2	2	0	0	2	0	0	2	0	0	0	2	0
江苏师范大学科文学院	40	6	4	6	0	0	2	4	0	5	1	0	0	5	0
南京邮电大学通达学院	41	1	0	1	0	1	0	0	0	1	0	0	0	1	0
南京财经大学红山学院	42	4	4	4	0	0	2	2	0	2	2	0	0	3	0
江苏科技大学苏州理工学院	43	0	0	0	0	0	0	0	0	0	0	0	0	0	0
常州大学怀德学院	44	0	0	0	0	0	0	0	0	0	0	0	0	0	0
南通大学杏林学院	45	3	2	3	0	1	2	0	0	3	0	0	0	3	0
南京审计大学金审学院	46	1	1	1	0	0	1	0	0	0	1	0	0	0	0
苏州高博软件技术职业学院	47	0	0	0	0	0	0	0	0	0	0	0	0	0	0
宿迁泽达职业技术学院	48	0	0	0	0	0	0	0	0	0	0	0	0	0	0
扬州中瑞酒店职业学院	49	0	0	0	0	0	0	0	0	0	0	0	0	0	0
西交利物浦大学	50	16	8	16	1	5	10	0	0	16	0	0	15	1	0
昆山杜克大学	51	0	0	0	0	0	0	0	0	0	0	0	0	0	0

4.18 图书馆、情报与文献学人文、社会科学活动人员情况表

高校名称		总计		按职称划分						按最后学历划分			按最后学位划分		其他人员
			女性	小计	教授	副教授	讲师	助教	初级	研究生	本科生	其他	博士	硕士	
	编号	L01	L02	L03	L04	L05	L06	L07	L08	L09	L10	L11	L12	L13	L14
合　计	/	135	98	135	1	15	98	15	6	33	100	2	2	41	0
明达职业技术学院	1	1	0	1	0	0	0	1	0	0	0	1	0	0	0
三江学院	2	7	6	7	0	3	4	0	0	1	6	0	0	2	0
九州职业技术学院	3	1	0	1	0	0	1	0	0	0	1	0	0	0	0
南通理工学院	4	10	9	10	0	1	8	1	0	3	7	0	0	4	0
硅湖职业技术学院	5	1	0	1	0	0	1	0	0	0	1	0	0	0	0
应天职业技术学院	6	1	1	1	0	0	1	0	0	0	1	0	0	0	0
苏州托普信息职业技术学院	7	0	0	0	0	0	0	0	0	0	0	0	0	0	0
东南大学成贤学院	8	0	0	0	0	0	0	0	0	0	0	0	0	0	0
苏州工业园区职业技术学院	9	4	3	4	0	1	3	0	0	1	3	0	0	2	0
太湖创意职业技术学院	10	0	0	0	0	0	0	0	0	0	0	0	0	0	0
炎黄职业技术学院	11	1	1	1	0	0	1	0	0	1	0	0	0	1	0
正德职业技术学院	12	0	0	0	0	0	0	0	0	0	0	0	0	0	0
钟山职业技术学院	13	1	0	1	0	0	1	0	0	0	1	0	0	1	0
无锡南洋职业技术学院	14	0	0	0	0	0	0	0	0	0	0	0	0	0	0
江南影视艺术职业学院	15	2	0	2	0	0	2	0	0	0	2	0	0	0	0
金肯职业技术学院	16	1	0	1	0	0	1	0	0	0	1	0	0	0	0
建东职业技术学院	17	3	3	3	0	0	2	0	1	0	3	0	0	0	0
宿迁职业技术学院	18	1	0	1	0	1	0	0	0	0	1	0	0	0	0
江海职业技术学院	19	8	6	8	0	0	8	0	0	0	8	0	0	1	0
无锡太湖学院	20	0	0	0	0	0	0	0	0	0	0	0	0	0	0
中国矿业大学徐海学院	21	0	0	0	0	0	0	0	0	0	0	0	0	0	0
南京大学金陵学院	22	2	2	2	0	1	0	1	0	1	1	0	0	1	0
南京理工大学紫金学院	23	0	0	0	0	0	0	0	0	0	0	0	0	0	0

南京航空航天大学金城学院	24	4	4	4	0	0	0	4	0	0	4	0	0	0	0
南京传媒学院	25	10	6	10	0	0	9	1	0	2	8	0	0	3	0
金山职业技术学院	26	0	0	0	0	0	0	0	0	0	0	0	0	0	0
南京理工大学泰州科技学院	27	15	10	15	0	0	15	0	0	0	15	0	0	0	0
南京师范大学泰州学院	28	7	5	7	0	2	4	1	0	0	7	0	0	4	0
南京工业大学浦江学院	29	0	0	0	0	0	0	0	0	0	0	0	0	0	0
南京师范大学中北学院	30	0	0	0	0	0	0	0	0	0	0	0	0	0	0
苏州百年职业学院	31	1	1	1	0	0	1	0	0	0	1	0	0	0	0
昆山登云科技职业学院	32	1	0	1	0	0	1	0	0	0	1	0	0	0	0
南京视觉艺术职业学院	33	1	1	1	0	0	0	1	0	0	1	0	0	0	0
南京医科大学康达学院	34	12	8	12	0	0	11	0	1	4	8	0	0	4	0
南京中医药大学翰林学院	35	9	8	9	0	2	7	0	0	1	8	0	0	1	0
苏州大学应用技术学院	36	2	0	2	0	1	1	0	0	0	2	0	0	0	0
苏州科技大学天平学院	37	4	4	4	0	0	3	1	0	1	3	0	0	1	0
江苏大学京江学院	38	0	0	0	0	0	0	0	0	0	0	0	0	0	0
扬州大学广陵学院	39	2	2	2	0	1	1	0	0	2	0	0	1	1	0
江苏师范大学科文学院	40	1	1	1	0	0	1	0	0	0	1	0	0	0	0
南京邮电大学通达学院	41	3	3	3	0	0	2	1	0	2	1	0	0	2	0
南京财经大学红山学院	42	1	1	1	0	0	1	0	0	0	0	1	0	0	0
江苏科技大学苏州理工学院	43	1	1	1	0	0	0	1	0	1	0	0	0	1	0
常州大学怀德学院	44	3	1	3	0	1	1	1	0	1	2	0	0	1	0
南通大学杏林学院	45	1	0	1	0	1	0	0	0	1	0	0	0	1	0
南京审计大学金审学院	46	1	1	1	0	0	1	0	0	1	0	0	0	1	0
苏州高博软件技术职业学院	47	1	0	1	0	0	1	0	0	0	1	0	0	0	0
宿迁泽达职业技术学院	48	1	1	1	0	0	0	1	0	0	1	0	0	0	0
扬州中瑞酒店职业学院	49	0	0	0	0	0	0	0	0	0	0	0	0	0	0
西交利物浦大学	50	0	0	0	0	0	0	0	0	0	0	0	0	0	0
昆山杜克大学	51	10	9	10	1	0	5	0	4	10	0	0	1	9	0

4.19 教育学人文、社会科学活动人员情况表

高校名称		总计		按职称划分						按最后学历划分			按最后学位划分		其他人员
			女性	小计	教授	副教授	讲师	助教	初级	研究生	本科生	其他	博士	硕士	
	编号	L01	L02	L03	L04	L05	L06	L07	L08	L09	L10	L11	L12	L13	L14
合　计	/	759	515	758	14	123	444	146	31	491	266	1	42	533	1
明达职业技术学院	1	1	0	1	0	0	0	1	0	0	1	0	0	0	0
三江学院	2	28	23	28	0	8	14	6	0	17	11	0	1	22	0
九州职业技术学院	3	14	11	14	0	4	7	3	0	3	11	0	0	7	0
南通理工学院	4	29	21	29	1	2	22	4	0	15	14	0	0	25	0
硅湖职业技术学院	5	24	18	24	0	6	7	10	1	16	8	0	0	16	0
应天职业技术学院	6	12	8	12	1	2	8	1	0	8	4	0	0	10	0
苏州托普信息职业技术学院	7	3	3	3	0	0	0	3	0	3	0	0	0	3	0
东南大学成贤学院	8	6	4	6	0	0	5	1	0	1	5	0	0	1	0
苏州工业园区职业技术学院	9	8	6	8	0	5	3	0	0	5	3	0	0	7	0
太湖创意职业技术学院	10	3	2	3	0	1	0	1	1	1	2	0	0	1	0
炎黄职业技术学院	11	3	2	3	0	1	2	0	0	0	3	0	0	2	0
正德职业技术学院	12	5	3	5	0	2	1	2	0	3	2	0	0	3	0
钟山职业技术学院	13	69	46	69	0	12	52	5	0	31	38	0	2	48	0
无锡南洋职业技术学院	14	16	12	16	0	1	11	4	0	6	9	1	0	6	0
江南影视艺术职业学院	15	16	14	16	0	3	5	8	0	9	7	0	0	9	0
金肯职业技术学院	16	11	9	11	0	0	11	0	0	5	6	0	0	4	0
建东职业技术学院	17	2	2	2	0	0	2	0	0	0	2	0	0	0	0
宿迁职业技术学院	18	9	3	9	0	2	6	1	0	3	6	0	0	3	0
江海职业技术学院	19	13	10	13	1	2	4	6	0	5	8	0	0	7	0
无锡太湖学院	20	3	3	3	0	1	1	1	0	2	1	0	0	3	0
中国矿业大学徐海学院	21	4	2	4	0	0	4	0	0	4	0	0	0	4	0
南京大学金陵学院	22	4	4	4	0	0	4	0	0	3	1	0	0	3	0
南京理工大学紫金学院	23	7	2	7	0	0	4	3	0	4	3	0	0	5	0

南京航空航天大学金城学院	24	7	6	7	0	0	6	1	0	5	2	0	0	6	0
南京传媒学院	25	7	5	7	0	0	4	3	0	5	2	0	0	7	0
金山职业技术学院	26	1	1	1	0	0	0	1	0	1	0	0	0	1	0
南京理工大学泰州科技学院	27	34	15	34	1	6	21	1	5	6	28	0	0	11	0
南京师范大学泰州学院	28	16	12	16	0	5	10	1	0	13	3	0	0	15	0
南京工业大学浦江学院	29	30	15	30	2	11	7	10	0	23	7	0	3	25	0
南京师范大学中北学院	30	3	2	3	0	0	2	1	0	3	0	0	0	3	0
苏州百年职业学院	31	3	3	3	0	2	0	1	0	3	0	0	0	3	0
昆山登云科技职业学院	32	32	23	32	0	0	4	6	22	13	19	0	0	13	0
南京视觉艺术职业学院	33	4	2	4	0	1	2	1	0	1	3	0	0	2	0
南京医科大学康达学院	34	10	5	9	1	3	5	0	0	8	1	0	3	5	1
南京中医药大学翰林学院	35	30	16	30	0	3	27	0	0	23	7	0	1	22	0
苏州大学应用技术学院	36	15	8	15	0	1	9	5	0	14	1	0	0	14	0
苏州科技大学天平学院	37	1	0	1	0	0	0	1	0	1	0	0	0	1	0
江苏大学京江学院	38	13	9	13	1	0	12	0	0	13	0	0	1	12	0
扬州大学广陵学院	39	22	15	22	0	4	16	2	0	20	2	0	0	20	0
江苏师范大学科文学院	40	7	5	7	0	0	2	4	1	5	2	0	0	7	0
南京邮电大学通达学院	41	2	1	2	0	1	1	0	0	2	0	0	0	2	0
南京财经大学红山学院	42	11	11	11	0	0	1	10	0	11	0	0	0	11	0
江苏科技大学苏州理工学院	43	17	5	17	0	2	12	3	0	17	0	0	1	16	0
常州大学怀德学院	44	2	1	2	0	0	1	1	0	2	0	0	0	2	0
南通大学杏林学院	45	48	32	48	0	6	41	1	0	44	4	0	0	47	0
南京审计大学金审学院	46	26	24	26	0	6	17	3	0	22	4	0	2	23	0
苏州高博软件技术职业学院	47	70	51	70	3	12	28	26	1	38	32	0	1	49	0
宿迁泽达职业技术学院	48	5	3	5	0	1	1	3	0	1	4	0	0	1	0
扬州中瑞酒店职业学院	49	1	1	1	0	0	1	0	0	1	0	0	0	1	0
西交利物浦大学	50	49	34	49	3	7	39	0	0	49	0	0	25	24	0
昆山杜克大学	51	3	2	3	0	0	2	1	0	3	0	0	2	1	0

4.20 统计学人文、社会科学活动人员情况表

高校名称		总计		按职称划分						按最后学历划分			按最后学位划分		其他人员
			女性	小计	教授	副教授	讲师	助教	初级	研究生	本科生	其他	博士	硕士	
	编号	L01	L02	L03	L04	L05	L06	L07	L08	L09	L10	L11	L12	L13	L14
合　计	/	36	23	36	1	6	17	10	2	28	8	0	1	28	0
明达职业技术学院	1	0	0	0	0	0	0	0	0	0	0	0	0	0	0
三江学院	2	0	0	0	0	0	0	0	0	0	0	0	0	0	0
九州职业技术学院	3	0	0	0	0	0	0	0	0	0	0	0	0	0	0
南通理工学院	4	0	0	0	0	0	0	0	0	0	0	0	0	0	0
硅湖职业技术学院	5	0	0	0	0	0	0	0	0	0	0	0	0	0	0
应天职业技术学院	6	0	0	0	0	0	0	0	0	0	0	0	0	0	0
苏州托普信息职业技术学院	7	0	0	0	0	0	0	0	0	0	0	0	0	0	0
东南大学成贤学院	8	0	0	0	0	0	0	0	0	0	0	0	0	0	0
苏州工业园区职业技术学院	9	0	0	0	0	0	0	0	0	0	0	0	0	0	0
太湖创意职业技术学院	10	1	0	1	0	0	1	0	0	0	1	0	0	0	0
炎黄职业技术学院	11	0	0	0	0	0	0	0	0	0	0	0	0	0	0
正德职业技术学院	12	0	0	0	0	0	0	0	0	0	0	0	0	0	0
钟山职业技术学院	13	0	0	0	0	0	0	0	0	0	0	0	0	0	0
无锡南洋职业技术学院	14	0	0	0	0	0	0	0	0	0	0	0	0	0	0
江南影视艺术职业学院	15	1	0	1	0	0	0	1	0	1	0	0	0	1	0
金肯职业技术学院	16	0	0	0	0	0	0	0	0	0	0	0	0	0	0
建东职业技术学院	17	0	0	0	0	0	0	0	0	0	0	0	0	0	0
宿迁职业技术学院	18	1	0	1	0	0	1	0	0	0	1	0	0	0	0
江海职业技术学院	19	0	0	0	0	0	0	0	0	0	0	0	0	0	0
无锡太湖学院	20	0	0	0	0	0	0	0	0	0	0	0	0	0	0
中国矿业大学徐海学院	21	1	0	1	0	1	0	0	0	1	0	0	1	0	0
南京大学金陵学院	22	0	0	0	0	0	0	0	0	0	0	0	0	0	0
南京理工大学紫金学院	23	0	0	0	0	0	0	0	0	0	0	0	0	0	0

南京航空航天大学金城学院	24	8	8	8	0	1	7	0	0	8	0	0	0	8	0
南京传媒学院	25	0	0	0	0	0	0	0	0	0	0	0	0	0	0
金山职业技术学院	26	1	0	1	0	0	1	0	0	0	1	0	0	1	0
南京理工大学泰州科技学院	27	0	0	0	0	0	0	0	0	0	0	0	0	0	0
南京师范大学泰州学院	28	0	0	0	0	0	0	0	0	0	0	0	0	0	0
南京工业大学浦江学院	29	0	0	0	0	0	0	0	0	0	0	0	0	0	0
南京师范大学中北学院	30	0	0	0	0	0	0	0	0	0	0	0	0	0	0
苏州百年职业学院	31	0	0	0	0	0	0	0	0	0	0	0	0	0	0
昆山登云科技职业学院	32	3	1	3	0	0	1	0	2	1	2	0	0	1	0
南京视觉艺术职业学院	33	0	0	0	0	0	0	0	0	0	0	0	0	0	0
南京医科大学康达学院	34	0	0	0	0	0	0	0	0	0	0	0	0	0	0
南京中医药大学翰林学院	35	1	1	1	0	0	1	0	0	1	0	0	0	1	0
苏州大学应用技术学院	36	0	0	0	0	0	0	0	0	0	0	0	0	0	0
苏州科技大学天平学院	37	0	0	0	0	0	0	0	0	0	0	0	0	0	0
江苏大学京江学院	38	0	0	0	0	0	0	0	0	0	0	0	0	0	0
扬州大学广陵学院	39	0	0	0	0	0	0	0	0	0	0	0	0	0	0
江苏师范大学科文学院	40	1	1	1	0	0	1	0	0	1	0	0	0	1	0
南京邮电大学通达学院	41	0	0	0	0	0	0	0	0	0	0	0	0	0	0
南京财经大学红山学院	42	13	8	13	0	2	2	9	0	12	1	0	0	12	0
江苏科技大学苏州理工学院	43	1	1	1	0	0	1	0	0	1	0	0	0	1	0
常州大学怀德学院	44	0	0	0	0	0	0	0	0	0	0	0	0	0	0
南通大学杏林学院	45	1	1	1	0	1	0	0	0	1	0	0	0	1	0
南京审计大学金审学院	46	1	1	1	0	1	0	0	0	1	0	0	0	1	0
苏州高博软件技术职业学院	47	1	0	1	1	0	0	0	0	0	1	0	0	0	0
宿迁泽达职业技术学院	48	1	1	1	0	0	1	0	0	0	1	0	0	0	0
扬州中瑞酒店职业学院	49	0	0	0	0	0	0	0	0	0	0	0	0	0	0
西交利物浦大学	50	0	0	0	0	0	0	0	0	0	0	0	0	0	0
昆山杜克大学	51	0	0	0	0	0	0	0	0	0	0	0	0	0	0

4.21 心理学人文、社会科学活动人员情况表

高校名称		总计		按职称划分						按最后学历划分			按最后学位划分		其他人员
			女性	小计	教授	副教授	讲师	助教	初级	研究生	本科生	其他	博士	硕士	
	编号	L01	L02	L03	L04	L05	L06	L07	L08	L09	L10	L11	L12	L13	L14
合　计	/	86	78	86	3	11	40	25	7	67	19	0	5	69	0
明达职业技术学院	1	0	0	0	0	0	0	0	0	0	0	0	0	0	0
三江学院	2	0	0	0	0	0	0	0	0	0	0	0	0	0	0
九州职业技术学院	3	1	1	1	0	0	1	0	0	0	1	0	0	0	0
南通理工学院	4	3	3	3	0	0	2	1	0	3	0	0	0	3	0
硅湖职业技术学院	5	3	3	3	0	1	1	1	0	3	0	0	0	3	0
应天职业技术学院	6	3	3	3	0	1	1	1	0	3	0	0	0	3	0
苏州托普信息职业技术学院	7	0	0	0	0	0	0	0	0	0	0	0	0	0	0
东南大学成贤学院	8	0	0	0	0	0	0	0	0	0	0	0	0	0	0
苏州工业园区职业技术学院	9	5	5	5	1	1	3	0	0	4	1	0	0	5	0
太湖创意职业技术学院	10	0	0	0	0	0	0	0	0	0	0	0	0	0	0
炎黄职业技术学院	11	0	0	0	0	0	0	0	0	0	0	0	0	0	0
正德职业技术学院	12	1	1	1	0	0	1	0	0	1	0	0	0	1	0
钟山职业技术学院	13	2	2	2	0	0	2	0	0	0	2	0	0	1	0
无锡南洋职业技术学院	14	0	0	0	0	0	0	0	0	0	0	0	0	0	0
江南影视艺术职业学院	15	0	0	0	0	0	0	0	0	0	0	0	0	0	0
金肯职业技术学院	16	3	3	3	0	0	3	0	0	2	1	0	0	3	0
建东职业技术学院	17	2	2	2	0	0	2	0	0	0	2	0	0	0	0
宿迁职业技术学院	18	0	0	0	0	0	0	0	0	0	0	0	0	0	0
江海职业技术学院	19	1	1	1	0	0	1	0	0	0	1	0	0	1	0
无锡太湖学院	20	1	1	1	0	0	1	0	0	1	0	0	0	1	0
中国矿业大学徐海学院	21	0	0	0	0	0	0	0	0	0	0	0	0	0	0
南京大学金陵学院	22	0	0	0	0	0	0	0	0	0	0	0	0	0	0
南京理工大学紫金学院	23	2	2	2	0	1	1	0	0	2	0	0	0	2	0

南京航空航天大学金城学院	24	2	2	2	0	0	2	0	0	1	1	0	0	2	0
南京传媒学院	25	7	6	7	0	4	1	2	0	6	1	0	0	7	0
金山职业技术学院	26	0	0	0	0	0	0	0	0	0	0	0	0	0	0
南京理工大学泰州科技学院	27	3	2	3	0	1	1	1	0	2	1	0	0	2	0
南京师范大学泰州学院	28	2	1	2	0	1	0	1	0	2	0	0	0	2	0
南京工业大学浦江学院	29	2	2	2	0	0	0	2	0	2	0	0	0	2	0
南京师范大学中北学院	30	0	0	0	0	0	0	0	0	0	0	0	0	0	0
苏州百年职业学院	31	3	2	3	0	0	2	1	0	3	0	0	0	3	0
昆山登云科技职业学院	32	9	8	9	0	0	1	1	7	5	4	0	0	5	0
南京视觉艺术职业学院	33	0	0	0	0	0	0	0	0	0	0	0	0	0	0
南京医科大学康达学院	34	1	1	1	0	0	1	0	0	1	0	0	0	1	0
南京中医药大学翰林学院	35	2	2	2	0	0	2	0	0	1	1	0	0	1	0
苏州大学应用技术学院	36	0	0	0	0	0	0	0	0	0	0	0	0	0	0
苏州科技大学天平学院	37	0	0	0	0	0	0	0	0	0	0	0	0	0	0
江苏大学京江学院	38	1	1	1	0	0	1	0	0	0	1	0	0	1	0
扬州大学广陵学院	39	1	1	1	0	0	0	1	0	1	0	0	0	1	0
江苏师范大学科文学院	40	1	1	1	0	0	1	0	0	1	0	0	0	1	0
南京邮电大学通达学院	41	0	0	0	0	0	0	0	0	0	0	0	0	0	0
南京财经大学红山学院	42	8	8	8	0	0	1	7	0	8	0	0	0	8	0
江苏科技大学苏州理工学院	43	1	1	1	0	0	1	0	0	1	0	0	0	1	0
常州大学怀德学院	44	2	2	2	0	0	0	2	0	2	0	0	0	2	0
南通大学杏林学院	45	0	0	0	0	0	0	0	0	0	0	0	0	0	0
南京审计大学金审学院	46	4	3	4	1	0	1	2	0	4	0	0	0	4	0
苏州高博软件技术职业学院	47	4	4	4	0	1	1	2	0	3	1	0	0	3	0
宿迁泽达职业技术学院	48	1	0	1	0	0	1	0	0	0	1	0	0	0	0
扬州中瑞酒店职业学院	49	1	1	1	0	0	1	0	0	1	0	0	1	0	0
西交利物浦大学	50	1	1	1	0	0	1	0	0	1	0	0	1	0	0
昆山杜克大学	51	3	2	3	1	0	2	0	0	3	0	0	3	0	0

4.22 体育科学人文、社会科学活动人员情况表

高校名称		总计		按职称划分						按最后学历划分			按最后学位划分		其他人员
			女性	小计	教授	副教授	讲师	助教	初级	研究生	本科生	其他	博士	硕士	
	编号	L01	L02	L03	L04	L05	L06	L07	L08	L09	L10	L11	L12	L13	L14
合　计	/	343	121	341	1	91	172	76	1	169	172	0	2	227	2
明达职业技术学院	1	1	0	1	0	0	1	0	0	0	1	0	0	0	0
三江学院	2	22	8	22	0	16	5	1	0	7	15	0	0	21	0
九州职业技术学院	3	5	1	5	0	1	2	2	0	1	4	0	0	2	0
南通理工学院	4	12	4	12	0	7	4	1	0	4	8	0	0	6	0
硅湖职业技术学院	5	4	1	4	0	1	1	2	0	1	3	0	0	1	0
应天职业技术学院	6	2	0	2	0	0	2	0	0	0	2	0	0	2	0
苏州托普信息职业技术学院	7	1	1	1	0	0	0	1	0	0	1	0	0	0	0
东南大学成贤学院	8	0	0	0	0	0	0	0	0	0	0	0	0	0	0
苏州工业园区职业技术学院	9	12	5	12	0	2	10	0	0	7	5	0	0	8	0
太湖创意职业技术学院	10	2	0	2	0	0	2	0	0	0	2	0	0	0	0
炎黄职业技术学院	11	5	0	5	0	0	5	0	0	0	5	0	0	0	0
正德职业技术学院	12	8	2	8	0	3	4	1	0	1	7	0	0	5	0
钟山职业技术学院	13	1	0	1	0	1	0	0	0	0	1	0	0	0	0
无锡南洋职业技术学院	14	7	2	7	0	2	3	2	0	1	6	0	0	2	0
江南影视艺术职业学院	15	3	1	3	0	0	1	2	0	0	3	0	0	0	0
金肯职业技术学院	16	4	2	4	0	0	3	1	0	2	2	0	0	2	0
建东职业技术学院	17	4	2	4	0	2	1	1	0	0	4	0	0	1	0
宿迁职业技术学院	18	0	0	0	0	0	0	0	0	0	0	0	0	0	0
江海职业技术学院	19	10	2	10	0	0	8	2	0	1	9	0	0	3	0
无锡太湖学院	20	23	7	23	0	2	15	6	0	10	13	0	0	12	0
中国矿业大学徐海学院	21	10	3	10	0	1	7	2	0	7	3	0	0	7	0
南京大学金陵学院	22	5	1	5	0	2	3	0	0	5	0	0	0	5	0
南京理工大学紫金学院	23	8	2	8	0	7	1	0	0	4	4	0	0	8	0

南京航空航天大学金城学院	24	13	6	13	0	2	10	1	0	9	4	0	0	9	0
南京传媒学院	25	18	6	18	0	1	10	7	0	10	8	0	0	16	0
金山职业技术学院	26	4	2	4	0	1	1	2	0	2	2	0	1	2	0
南京理工大学泰州科技学院	27	8	2	8	0	2	6	0	0	1	7	0	0	5	0
南京师范大学泰州学院	28	18	8	18	0	8	8	2	0	12	6	0	0	17	0
南京工业大学浦江学院	29	7	3	7	0	5	2	0	0	3	4	0	0	5	0
南京师范大学中北学院	30	6	1	6	0	0	1	5	0	5	1	0	0	5	0
苏州百年职业学院	31	6	3	4	0	0	3	1	0	4	0	0	0	4	2
昆山登云科技职业学院	32	2	1	2	0	0	0	2	0	1	1	0	0	1	0
南京视觉艺术职业学院	33	3	0	3	0	0	2	1	0	1	2	0	0	1	0
南京医科大学康达学院	34	8	5	8	0	0	8	0	0	4	4	0	0	4	0
南京中医药大学翰林学院	35	3	2	3	0	0	3	0	0	2	1	0	0	2	0
苏州大学应用技术学院	36	4	1	4	0	0	3	1	0	3	1	0	0	3	0
苏州科技大学天平学院	37	12	6	12	1	6	1	4	0	7	5	0	1	7	0
江苏大学京江学院	38	4	1	4	0	0	1	3	0	4	0	0	0	4	0
扬州大学广陵学院	39	8	3	8	0	1	4	3	0	7	1	0	0	7	0
江苏师范大学科文学院	40	6	2	6	0	1	5	0	0	4	2	0	0	4	0
南京邮电大学通达学院	41	6	1	6	0	5	1	0	0	5	1	0	0	5	0
南京财经大学红山学院	42	15	6	15	0	3	2	9	1	11	4	0	0	11	0
江苏科技大学苏州理工学院	43	6	2	6	0	0	6	0	0	6	0	0	0	6	0
常州大学怀德学院	44	12	6	12	0	3	4	5	0	4	8	0	0	8	0
南通大学杏林学院	45	8	2	8	0	3	5	0	0	4	4	0	0	6	0
南京审计大学金审学院	46	7	3	7	0	1	5	1	0	6	1	0	0	6	0
苏州高博软件技术职业学院	47	8	3	8	0	2	3	3	0	2	6	0	0	3	0
宿迁泽达职业技术学院	48	1	1	1	0	0	0	1	0	1	0	0	0	1	0
扬州中瑞酒店职业学院	49	1	1	1	0	0	0	1	0	0	1	0	0	0	0
西交利物浦大学	50	0	0	0	0	0	0	0	0	0	0	0	0	0	0
昆山杜克大学	51	0	0	0	0	0	0	0	0	0	0	0	0	0	0

4.23 其他学科人文、社会科学活动人员情况表

高校名称		总计		按职称划分						按最后学历划分			按最后学位划分		其他
			女性	小计	教授	副教授	讲师	助教	初级	研究生	本科生	其他	博士	硕士	人员
	编号	L01	L02	L03	L04	L05	L06	L07	L08	L09	L10	L11	L12	L13	L14
合　计	/	105	57	105	8	22	57	18	0	78	27	0	26	51	0
明达职业技术学院	1	0	0	0	0	0	0	0	0	0	0	0	0	0	0
三江学院	2	0	0	0	0	0	0	0	0	0	0	0	0	0	0
九州职业技术学院	3	0	0	0	0	0	0	0	0	0	0	0	0	0	0
南通理工学院	4	0	0	0	0	0	0	0	0	0	0	0	0	0	0
硅湖职业技术学院	5	0	0	0	0	0	0	0	0	0	0	0	0	0	0
应天职业技术学院	6	0	0	0	0	0	0	0	0	0	0	0	0	0	0
苏州托普信息职业技术学院	7	0	0	0	0	0	0	0	0	0	0	0	0	0	0
东南大学成贤学院	8	0	0	0	0	0	0	0	0	0	0	0	0	0	0
苏州工业园区职业技术学院	9	1	1	1	0	0	1	0	0	1	0	0	0	1	0
太湖创意职业技术学院	10	0	0	0	0	0	0	0	0	0	0	0	0	0	0
炎黄职业技术学院	11	0	0	0	0	0	0	0	0	0	0	0	0	0	0
正德职业技术学院	12	0	0	0	0	0	0	0	0	0	0	0	0	0	0
钟山职业技术学院	13	0	0	0	0	0	0	0	0	0	0	0	0	0	0
无锡南洋职业技术学院	14	0	0	0	0	0	0	0	0	0	0	0	0	0	0
江南影视艺术职业学院	15	0	0	0	0	0	0	0	0	0	0	0	0	0	0
金肯职业技术学院	16	44	26	44	5	13	21	5	0	25	19	0	1	22	0
建东职业技术学院	17	0	0	0	0	0	0	0	0	0	0	0	0	0	0
宿迁职业技术学院	18	0	0	0	0	0	0	0	0	0	0	0	0	0	0
江海职业技术学院	19	0	0	0	0	0	0	0	0	0	0	0	0	0	0
无锡太湖学院	20	0	0	0	0	0	0	0	0	0	0	0	0	0	0
中国矿业大学徐海学院	21	0	0	0	0	0	0	0	0	0	0	0	0	0	0
南京大学金陵学院	22	0	0	0	0	0	0	0	0	0	0	0	0	0	0
南京理工大学紫金学院	23	0	0	0	0	0	0	0	0	0	0	0	0	0	0

南京航空航天大学金城学院	24	12	9	12	0	0	11	1	0	12	0	0	0	12	0
南京传媒学院	25	0	0	0	0	0	0	0	0	0	0	0	0	0	0
金山职业技术学院	26	0	0	0	0	0	0	0	0	0	0	0	0	0	0
南京理工大学泰州科技学院	27	0	0	0	0	0	0	0	0	0	0	0	0	0	0
南京师范大学泰州学院	28	0	0	0	0	0	0	0	0	0	0	0	0	0	0
南京工业大学浦江学院	29	0	0	0	0	0	0	0	0	0	0	0	0	0	0
南京师范大学中北学院	30	0	0	0	0	0	0	0	0	0	0	0	0	0	0
苏州百年职业学院	31	2	1	2	0	0	2	0	0	1	1	0	0	1	0
昆山登云科技职业学院	32	1	0	1	0	0	1	0	0	0	1	0	0	0	0
南京视觉艺术职业学院	33	0	0	0	0	0	0	0	0	0	0	0	0	0	0
南京医科大学康达学院	34	0	0	0	0	0	0	0	0	0	0	0	0	0	0
南京中医药大学翰林学院	35	0	0	0	0	0	0	0	0	0	0	0	0	0	0
苏州大学应用技术学院	36	0	0	0	0	0	0	0	0	0	0	0	0	0	0
苏州科技大学天平学院	37	1	1	1	0	0	0	1	0	1	0	0	0	1	0
江苏大学京江学院	38	5	4	5	0	0	3	2	0	4	1	0	0	5	0
扬州大学广陵学院	39	0	0	0	0	0	0	0	0	0	0	0	0	0	0
江苏师范大学科文学院	40	0	0	0	0	0	0	0	0	0	0	0	0	0	0
南京邮电大学通达学院	41	0	0	0	0	0	0	0	0	0	0	0	0	0	0
南京财经大学红山学院	42	0	0	0	0	0	0	0	0	0	0	0	0	0	0
江苏科技大学苏州理工学院	43	0	0	0	0	0	0	0	0	0	0	0	0	0	0
常州大学怀德学院	44	0	0	0	0	0	0	0	0	0	0	0	0	0	0
南通大学杏林学院	45	0	0	0	0	0	0	0	0	0	0	0	0	0	0
南京审计大学金审学院	46	0	0	0	0	0	0	0	0	0	0	0	0	0	0
苏州高博软件技术职业学院	47	0	0	0	0	0	0	0	0	0	0	0	0	0	0
宿迁泽达职业技术学院	48	2	2	2	0	0	0	2	0	0	2	0	0	0	0
扬州中瑞酒店职业学院	49	7	3	7	0	0	0	7	0	4	3	0	0	4	0
西交利物浦大学	50	29	9	29	2	9	18	0	0	29	0	0	24	5	0
昆山杜克大学	51	1	1	1	1	0	0	0	0	1	0	0	1	0	0

五、社科研究与发展经费

1. 全省高等学校人文、社会科学研究与发展经费情况表

经费名称	编号	单位(千元)	经费名称	编号	单位(千元)
上年结转经费	1	837 124.623	当年R&D经费支出合计	23	1 850 693.297
当年经费收入合计	2	1 891 727.132	转拨给外单位经费	24	30 661.754
政府资金投入	3	792 303.235	其中:对境内研究机构支出	25	1451.557
科研活动经费	4	499 438.192	对境内高等学校支出	26	3523.274
其中:教育部科研项目经费	5	30 444.401	对境内企业支出	27	18 163.041
教育部其他科研经费	6	62 001.187	对境外机构支出	28	0
其中:中央高校基本科研业务费	7	42 826.2	R&D经费内部支出合计	29	1 820 031.543
中央其他部门科研项目经费	8	184 652.547	其中:基础研究支出	30	627 219.509
省、市、自治区社科基金项目	9	45 111.994	应用研究支出	31	1 190 758.129
省教育厅科研项目经费	10	26 515.732	试验发展支出	32	2053.905
省教育厅其他科研经费	11	21 812	其中:政府资金	33	865 459.238
其他各类地方政府经费	12	128 900.331	企业资金	34	871 755.985
科技活动人员工资	13	292 865.043	境外资金	35	410.418

科研基建费	14	0	其他	36	82 405.902
非政府资金投入	15	1 099 423.897	其中:科研人员费	37	408 641.792
企、事业单位委托项目经费	16	815 350.938	业务费	38	907 584.286
金融机构贷款	17	720.48	科研基建费	39	0
自筹经费	18	247 452.234	仪器设备费	40	96 030.436
境外资金	19	775.563	其中:单位在1万元以上的设备费	41	10 709.446
其中:港、澳、台地区合作项目经费	20	0	图书资料费	42	176 694.299
其他收入	21	8096.18	间接费	43	165 154.442
科技活动人员工资	22	27 028.502	其中:管理费	44	48 771.461
			其他支出	45	65 926.288
			当年结余经费	46	878 158.458
			银行存款	47	875 359.829
			暂付款	48	2798.629

2. 公办本科高等学校人文、社会科学研究与发展经费情况表

高校名称	编号	上年结转经费（千元）	当年经费收入合计（千元）	拨入（千元）																			
				政府资金投入	其中										非政府资金投入	其中							
					科研活动经费	其中							科技活动人员工资	科研基建费		企、事业单位委托项目经费	金融机构贷款	自筹经费	境外资金	其中	其他收入	科技活动人员工资
						教育部科研项目经费	教育部其他科研经费	其中	中央其他部门科研项目经费	省、市、自治区社科基金项目	省教育厅科研项目经费	省教育厅其他科研经费	其他各类地方政府经费								港、澳、台地区合作项目经费		
								中央高校基本科研业务费															
	编号	L01	L02	L03	L04	L05	L06	L07	L08	L09	L10	L11	L12	L13	L14	L15	L16	L17	L18	L19	L20	L21	L22
合　计	/	759 291.732	1 626 351.757	695 139.027	467 151.593	28 520.901	61 121.187	42 826.2	182 433.412	43 400.938	22 329.375	18 995	110 350.78	227 987.434	0	931 212.73	735 385.681	0	191 539.729	426.32	0	3861	0
南京大学	1	113 526.805	146 472.138	49 900.511	43 836.761	1925	12 960	11 235	20 515.431	4663.3	1520	0	2253.03	6063.75	0	96 571.627	83 393.515	0	10 350	34.112	0	2794	0
东南大学	2	7580.112	43 807.227	31 701.356	25 691.356	761.8	5260	5260	9675.688	5569.5	1368	0	3056.368	6010	0	12 105.871	11 989.871	0	16	0	0	100	0
江南大学	3	10 251	81 398.15	36 234	23 234	2930	8900	8900	8230	1598	720	0	856	13 000	0	45 164.15	43 154.15	0	2010	0	0	0	0
南京农业大学	4	6127.958	44 143.767	22 953.147	16 270.147	200	4016.2	4016.2	6142.992	991.6	116	3800	1003.355	6683	0	21 190.62	21 190.62	0	0	0	0	0	0
中国矿业大学	5	39 307.122	33 755.145	20 251.9	11 826.9	390	4115	2815	4280.4	931.5	1488	0	622	8425	0	13 503.245	13 453.245	0	50	0	0	0	0
河海大学	6	18 138.298	58 520.65	33 617.358	27 557.358	605	7173.687	7160	7748.876	1533	704	200	9592.795	6060	0	24 903.292	24 903.292	0	0	0	0	0	0
南京理工大学	7	11 079.209	23 838.71	12 723.5	9512.53	434.43	385	310	6400.1	908	689	0	696	3210.97	0	11 115.21	10 686.21	0	10	0	0	419	0
南京航空航天大学	8	1096	22 961.8	20 245	17 032	837	3130	3130	9000	820	1136	0	2109	3213	0	2716.8	2708.8	0	0	0	0	8	0
中国药科大学	9	5164.958	25 815.69	2748.26	1148.26	70	80	0	913.26	5	0	0	80	1600	0	23 067.43	23 062.43	0	0	0	0	5	0
南京森林警察学院	10	3880.796	7082.1	2213.6	164	0	0	0	10	90	64	0	0	2049.6	0	4868.5	2131	0	2737.5	0	0	0	0
苏州大学	11	66 279.535	46 853.239	14 468.6	8143.5	642	0	0	4632	1262	235	850	522.5	6325.1	0	32 384.639	27 964.639	0	4420	0	0	0	0
江苏科技大学	12	4184.73	12 025	8288.5	4083.5	400	0	0	1485	504	255	0	1439.5	4205	0	3736.5	1808	0	1928.5	0	0	0	0
南京工业大学	13	286.3	11491.45	6399.45	3949.45	660	0	0	1359.45	654	300	265	711	2450	0	5092	235	0	4660	197	0	0	0
常州大学	14	10 049.46	18 877.91	11 454.3	4601.3	457	0	0	2221	678	280	0	965.3	6853	0	7423.61	7053.61	0	220	0	0	150	0
南京邮电大学	15	8541.55	24 759.787	12 159	5943	1010	0	0	1600	632	712	450	1539	6216	0	12 600.787	11 490.587	0	1110.2	0	0	0	0
南京林业大学	16	4138.28	6742.55	4505.45	3200.65	796	0	0	1060	526	304	0	514.65	1304.8	0	2237.1	37	0	2150.1	0	0	50	0
江苏大学	17	1031.63	25 149.85	12 412.9	9118.9	1241	0	0	4617.9	649	370	0	2241	3294	0	12 736.95	12 242.95	0	494	0	0	0	0
南京信息工程大学	18	34 271.442	38 163.2	17 129.8	10 697.8	1059	0	0	6915.8	1076	700	0	947	6432	0	21 033.4	18 283.4	0	2750	0	0	0	0
南通大学	19	6667.75	15 483.9	10 223.8	8762.8	1085	0	0	3845	1679	1423.8	0	730	1461	0	5260.1	4610.1	0	450	0	0	200	0

盐城工学院	20	426.86	8345.228	2173	960	60	0	0	359	144	122	0	275	1213	0	6172.228	5952.228	0	220	0	0	0	0
南京医科大学	21	566	1750	650	0	0	0	0	0	0	0	0	0	650	0	1100	0	0	1100	0	0	0	0
徐州医科大学	22	811.07	2080.5	1743.5	865.5	170	0	0	20	190	400	0	85.5	878	0	337	3	0	334	0	0	0	0
南京中医药大学	23	2371.83	8336.1	6760.9	1870.9	148	0	0	1156.9	230	120	0	216	4890	0	1575.2	1142.2	0	433	0	0	0	0
南京师范大学	24	98 021.06	117 896.913	56 304.612	46 758.868	3658.499	0	0	37 494.947	3738.038	1543.415	0	323.969	9545.744	0	61 592.301	55 460.55	0	5976.543	155.208	0	0	0
江苏师范大学	25	4978.346	100 205	65 117.37	44 461.47	180	0	0	6040	2056	970	0	35 215.47	20 655.9	0	35 087.63	14 716.68	0	20 370.95	0	0	0	0
淮阴师范学院	26	6442.2	61 740.982	9719	4689	724	0	0	1148	2405	256	0	156	5030	0	52 021.982	33 541.982	0	18 480	0	0	0	0
盐城师范学院	27	31 633.219	75 218.045	13 528.6	4522	100	0	0	1600	1410	1186	0	226	9006.6	0	61 689.445	58 587.445	0	3067	0	0	35	0
南京财经大学	28	38 972.356	55 033.011	34 562.81	28 832.81	880.242	282.2	0	12 447.168	1030	593	0	13 600.2	5730	0	20 470.201	19 415.201	0	1055	0	0	0	0
江苏警官学院	29	2816	7856	4614	3164	180	0	0	0	80	0	2535	369	1450	0	3242	171	0	3021	0	0	50	0
南京体育学院	30	6977.324	8085.2	1542.7	936.9	80	0	0	666.9	150	40	0	0	605.8	0	6542.5	542.5	0	6000	0	0	0	0
南京艺术学院	31	17 345.889	40 958.5	31 855	28 246	80	14 800	0	997	260	40	9554	2515	3609	0	9103.5	5339.5	0	3764	0	0	0	0
苏州科技大学	32	1031	23 590.759	8269.6	5176.6	710	0	0	1457.1	280	294	0	2435.5	3093	0	15 321.159	10 861.759	0	4459.4	0	0	0	0
常熟理工学院	33	15 186.796	39 745.934	16 322.1	12 237.5	340	0	0	689.5	210	296	0	10 702	4084.6	0	23 423.834	14 481.965	0	8941.869	0	0	0	0
淮阴工学院	34	8356.3	45 559.72	5575.32	928	120	0	0	270	200	125	0	213	4647.32	0	39 984.4	29 888.1	0	10 096.3	0	0	0	0
常州工学院	35	12 285.98	30 200.166	6523	2723	370	0	0	450	310	560	0	1033	3800	0	23 677.166	20 541.966	0	3085.2	0	0	50	0
扬州大学	36	31 632.68	41 351.597	18 398	10 744	1812	0	0	7030	1052	120	0	730	7654	0	22 953.597	14 413.597	0	8540	0	0	0	0
南京工程学院	37	7905.668	41 160.54	6279.16	2040.16	233	0	0	184	340	474.16	440	369	4239	0	34 881.38	28 718.4	0	6162.98	0	0	0	0
南京审计大学	38	49 364.408	36 975.128	14 819.138	8969.138	1074	0	0	5276	1064	641	275	639.138	5850	0	22 155.99	4921.19	0	17 234.8	0	0	0	0
南京晓庄学院	39	2982.6	43 386.541	5790.43	2723.03	642.93	4.1	0	960	782	96	150	88	3067.4	0	37 596.111	20 151.64	0	17 444.471	0	0	0	0
江苏理工学院	40	15 670.28	23 143.034	7492	2272	300	0	0	650	334	276	0	712	5220	0	15 651.034	13 075.234	0	2575.8	0	0	0	0
江苏海洋大学	41	9129.4	24 984.4	7595	4908	80	0	0	484	515	495	0	3334	2687	0	17 389.4	17 062.4	0	287	40	0	0	0
徐州工程学院	42	9238.2	29 450.562	9035	3235	180	0	0	1640	1070	0	0	345	5800	0	20 415.562	16 992.562	0	3423	0	0	0	0
南京特殊教育师范学院	43	2398.29	13 485	8886	5986	30	15	0	240	90	180	476	4955	2900	0	4599	3599	0	1000	0	0	0	0
泰州学院	44	1707.2	3870	1665	138	0	0	0	0	10	82	0	46	1527	0	2205	875	0	1330	0	0	0	0
金陵科技学院	45	4821.06	11 618.756	3408	1403	525	0	0	10	230	80	0	558	2005	0	8210.756	7760.756	0	450	0	0	0	0
江苏第二师范学院	46	18 407.607	13 389.958	5908	1932	160	0	0	450	316	433	0	573	3976	0	7481.958	5900.842	0	1581.116	0	0	0	0
南京工业职业技术大学	47	3557.967	8469.7	4553.85	790	110	0	0	60	55	358	0	207	3763.85	0	3915.85	2810.85	0	1105	0	0	0	0
无锡学院	48	662.04	6353.405	1793.405	576.405	0	0	0	0	80	84	0	412.405	1217	0	4560	480	0	4080	0	0	0	0
苏州城市学院	49	790.467	1064.715	546	30	0	0	0	0	0	0	0	30	516	0	518.715	308.715	0	210	0	0	0	0
宿迁学院	50	1198.7	13704.1	4078.1	258.1	70	0	0	0	0	80	0	108.1	3820	0	9626	7271	0	2355	0	0	0	0

高校名称	编号	当年R&D经费支出合计(千元)	转拨给外单位经费	其中:对境内研究机构支出	其中:对境内高等学校支出	其中:对境内企业支出	其中:对境外机构支出	R&D经费内部支出合计	其中:基础研究支出	其中:应用研究支出	其中:试验发展支出	其中:政府资金	其中:企业资金	其中:境外资金	其中:其他	其中:科研人员费	其中:业务费	其中:科研基建费	其中:仪器设备费	其中:单价在1万元以上的设备费	其中:图书资料费	其中:间接费	其中:管理费	其中:其他支出	当年结余经费(千元)	其中:银行存款(千元)	其中:暂付款(千元)
			支出(千元)																								
	编号	L23	L24	L25	L26	L27	L28	L29	L30	L31	L32	L33	L34	L35	L36	L37	L38	L39	L40	L41	L42	L43	L44	L45	L46	L47	L48
合计		1 600 351.386	28 792.638	1018.557	2928.274	18 042.641	0	1 571 558.748	563 818.65	1 005 687.759	2052.339	734 873.292	788 387.774	147.874	48 149.808	298 713.633	818 161.07	0	89 683.808	10 064.087	160 003.764	151 631.31	45 746.66	53 365.163	785 292.103	784 079.631	1212.472
南京大学	1	180 078.619	2800	300	1600	900	0	177 278.619	94 882.072	80 376.092	2020.455	83 904.616	80 468.396	34.375	12 871.232	16 063.75	116 871.446	0	6693.58	400	22 634.32	14 815.523	7370.373	200	79 920.324	79 920.324	0
东南大学	2	43 620.819	0	0	0	0	0	43 620.819	19 665.453	23 955.366	0	28 566.749	14 918.753	0.123	135.194	6300	21 340.73	0	2154.789	140	1911.631	10 609.582	2657.175	1304.087	7766.52	7766.52	0
江南大学	3	81 545	85	0	85	0	0	81 460	18 896.058	62 563.942	0	30 278.099	48 901.921	0	2279.98	13 900	32 570.782	0	9051.22	0	17 331.886	7906.332	2881.312	699.78	10 104.15	10 098.75	5.4
南京农业大学	4	44 009.496	1389.837	366.823	225.329	162.54	0	42 619.659	3076.185	39 543.474	0	15 338.669	27 280.99	0	0	7330	12 938.329	0	5288.67	249.555	9033.7	3103.731	2359.731	4925.229	6262.229	6262.229	0
中国矿业大学	5	29 601.051	0	0	0	0	0	29 601.051	18 349.841	11 251.21	0	15 085.476	14 515.575	0	0	8430	9577.986	0	472.799	0	3569.579	6267.806	1433.302	1282.881	43 461.216	43 461.216	0
河海大学	6	52 993.1	381.028	0	0	118.2	0	52 612.072	15 012.683	37 599.389	0	28 109.744	24 478.327	24.001	0	6208.3	26 408.966	0	3112.84	23.152	4643.941	9116.054	3639.446	3121.971	23 665.848	23 665.848	0
南京理工大学	7	20 233.066	42	0	42	0	0	20 191.066	4424.527	15 766.539	0	11 501.454	8386.957	0	302.655	3410.97	12 268.08	0	1005.833	0	857.81	1506.476	295.659	1141.897	14 684.853	14 684.853	0
南京航空航天大学	8	21 311.7	80	0	80	0	0	21 231.7	8702.358	12 529.342	0	17 900.231	3321.871	0	9.598	3213	10 346.89	0	1032.31	0	795.48	3818.38	1152.132	2025.64	2746.1	2746.1	0
中国药科大学	9	26 073.63	0	0	0	0	0	26 073.63	508.079	25 565.551	0	2742.849	23 330.531	0	0.25	1725	9853.281	0	0	0	7.1	12 500.395	2146.159	1987.854	4907.018	4907.018	0
南京森林警察学院	10	5583.028	0	0	0	0	0	5583.028	3045.094	2537.934	0	2977.731	1343.361	0	1261.936	2253.1	3039.61	0	0	0	50.318	240	0	0	5379.868	5379.868	0
苏州大学	11	84 681.853	0	0	0	0	0	84 681.853	36 707.182	47 974.671	0	28 626.759	55 240.037	0	815.057	8700	37 515.263	0	17 613.54	1717	13 840.042	5143.008	1791	1870	28 450.921	28 450.921	0
江苏科技大学	12	11 014.03	0	0	0	0	0	11 014.03	2964.556	8049.474	0	8475.558	2221.969	0	316.503	4960	4026.82	0	18.4	0	209.6	1781.11	224.8	18.1	5195.7	5195.7	0
南京工业大学	13	11 470.02	846	190	339	170	0	10 624.02	6454.725	4169.295	0	9801.449	59.494	0	763.077	2696.5	2847.22	0	1020	180	2200.3	1839	0	21	307.73	307.73	0
常州大学	14	22 837.71	0	0	0	0	0	22 837.71	4589.69	18 248.02	0	14725.12	8030.09	0	82.5	6893	7048.932	0	1026.91	580.2	1376.39	335.5	220.1	6156.978	6089.66	6089.66	0
南京邮电大学	15	26 262.757	0	0	0	0	0	26 262.757	2562.391	23 700.366	0	15 389.189	10 436.971	0	436.597	7055	10 895.502	0	782.656	0	838.007	6637.235	1685.401	54.357	7038.58	7038.58	0
南京林业大学	16	6432.37	3.3	3.3	0	0	0	6429.07	4455.389	1973.681	0	6320.929	45.991	0	62.15	2576.5	1194.8	0	503	335	929.31	1220.46	599.56	5	4448.46	4448.46	0
江苏大学	17	25 283.97	0	0	0	0	0	25 283.97	420.812	24 863.158	0	13 110.75	12 159.22	0	14	3774	6622.405	0	5	0	5889.965	7425.475	1401.633	1567.125	897.51	897.51	0
南京信息工程大学	18	30 708.87	45.98	0	45.98	0	0	30 662.89	4360.991	26 301.899	0	17 832.213	12 830.677	0	0	6532	19 077.18	0	1708.52	0	796.29	2548.9	848.66	0	41 725.772	41 725.772	0
南通大学	19	15 985.4	0	0	0	0	0	15 985.4	9902.559	6082.841	0	11 165.581	4632.899	0	186.92	1761	6845	0	3617.7	0	2770.4	74.5	52	916.8	6166.25	6166.25	0
盐城工学院	20	8247.755	0	0	0	0	0	8247.755	59.183	8188.572	0	2410.8	5836.955	0	0	1433	5070.95	0	0	0	911.042	832.763	398.233	0	524.333	524.333	0
南京医科大学	21	2286	0	0	0	0	0	2286	2286	0	0	2286	0	0	0	1865	40	0	72	0	299	10	0	0	30	0	30

徐州医科大学	22	1920.57	0	0	0	0	0	1920.57	575.716	1344.854	0	1734.084	186.486	0	0	905	817.8	0	0	0	155.77	42	0	0	971	971	0
南京中医药大学	23	8348.593	0	0	0	0	0	8348.593	6292.095	2056.498	0	7456.643	888.57	0	3.38	5440	1928.574	0	85.88	0	335.643	556.016	107.876	2.48	2359.337	2353.747	5.59
南京师范大学	24	62 740.154	12 582.601	0	0	12 579.901	0	50 157.553	25 632.356	24 525.197	0	25 115.632	24 981.546	60.375	0	15 198.287	22 284.533	0	1091.553	0	1962.591	6214.801	4270.588	3405.788	153 177.819	152 186.937	990.882
江苏师范大学	25	101 045.146	0	0	0	0	0	101 045.146	68 120.573	32 924.573	0	65 861.516	14 812.68	0	20 370.95	20 655.9	66 782.956	0	4079.505	2699.783	8086.664	1439.121	1206.925	1	4138.2	4138.2	0
淮阴师范学院	26	55 269.282	16	10	6	0	0	55 253.282	12 300.4	42 952.882	0	13 229.766	42 023.516	0	0	6360	39 306.917	0	113	0	4601.85	719	0	4152.515	12 913.9	12 913.9	0
盐城师范学院	27	74 477.04	0	0	0	0	0	74 477.04	19 771.062	54 705.978	0	16 495.69	57 890.65	0	90.7	11 943.6	41 659.185	0	9445.326	1104.2	10 506.279	410.25	295	512.4	32 374.224	32 374.224	0
南京财经大学	28	61 644.84	3752.193	0	0	0	0	57 892.647	32 755.53	25 137.117	0	33 890.407	23 534.682	0	467.558	6365.527	34 960.65	0	534.403	0	2627.178	12 190.226	2860.102	1214.663	32 360.527	32 360.527	0
江苏警官学院	29	9275.07	0	0	0	0	0	9275.07	519.979	8755.091	0	6895.971	922.092	0	1457.007	2000	6725.07	0	200	0	323	27	27	0	1396.93	1396.93	0
南京体育学院	30	8935.426	0	0	0	0	0	8935.426	2881.66	6053.766	0	5995.109	2940.317	0	0	1106.4	6120.435	0	269.249	185.46	836.567	561.778	101	40.997	6127.098	6127.098	0
南京艺术学院	31	36 568.759	294.041	39.434	254.607	0	0	36 274.718	22 722.737	13 551.981	0	17 961.932	17 835.677	0	477.109	3661	18 971.04	0	7425.268	2063.431	5219.838	997.572	181.44	0	21 735.63	21 735.63	0
苏州科技大学	32	22 898.759	0	0	0	0	0	22 898.759	4227.353	18 671.406	0	12 505.934	10 392.825	0	0	7102.4	8512.608	0	89.5	0	3371.505	2961.369	1119.544	861.377	1723	1723	0
常熟理工学院	33	36 843.828	0	0	0	0	0	36 843.828	1700.782	35 143.046	0	12 743.117	24 052.332	0	48.379	9561.6	25 905.782	0	279.71	0	319.631	777.105	329.221	0	18 088.902	18 088.902	0
淮阴工学院	34	48 363.02	0	0	0	0	0	48 363.02	3351.824	45 011.196	0	10 344.069	37 818.921	0	200.03	9290.73	31 769.59	0	3172.8	0	3837.6	167.3	39.8	125	5553	5423	130
常州工学院	35	27 691.296	3235	100	0	3135	0	24 456.296	938.969	23 517.327	0	8839.839	14 893.11	0	723.347	5602.2	17 183.045	0	404.33	0	158.521	1108.2	0	0	14 794.85	14 794.85	0
扬州大学	36	37 707.763	0	0	0	0	0	37 707.763	16 905.017	20 802.746	0	23 193.946	14 413.817	0	100	10 674.11	13 252.945	0	2325.007	258	4453.138	3781.85	702.33	3220.713	35 276.514	35 276.514	0
南京工程学院	37	40 699.868	0	0	0	0	0	40 699.868	25 476.089	15 223.779	0	6617.835	33 196.282	0	885.751	4529	25 027.324	0	21.456	0	9818.51	0	0	1303.578	8366.34	8366.34	0
南京审计大学	38	33 120.521	83	0	50	33	0	33 037.521	7833.814	25 203.707	0	23 431.786	9242.717	0	363.018	12 440	15 701.222	0	43.175	14.959	659.089	1934.483	313.92	2259.552	53 219.015	53 189.015	30
南京晓庄学院	39	35 777.512	299	0	0	299	0	35 478.512	20 578.831	14 899.681	0	18 165.849	16 915.99	0	396.673	13 439.129	13 237.615	0	405	0	1491.648	6905.12	22.428	0	10 591.629	10 591.629	0
江苏理工学院	40	29 269.604	0	0	0	0	0	29 269.604	1362.881	27 906.723	0	8337.918	19 948.407	0	983.279	5330	11 811.004	0	1118.532	0	2137.792	6969.708	0	1902.568	9543.71	9523.11	20.6
江苏海洋大学	41	22 671.16	0	0	0	0	0	22 671.16	2891.831	19 779.329	0	6747.45	15 647.65	29	247.06	2761	16 317.925	0	262.5	0	1723.6	1043.885	1006.885	562.25	11 442.64	11 442.64	0
徐州工程学院	42	26 346.281	0	0	0	0	0	26 346.281	5017.33	21 328.951	0	9319.767	16 676.501	0	350.013	6000	7888.733	0	0.3	0	3862.075	2441.211	1335.111	6153.962	12 342.481	12 342.481	0
南京特殊教育师范学院	43	12 016.1	0	0	0	0	0	12 016.1	3377.811	8638.289	0	6587.285	5428.815	0	0	3200	7497.1	0	468	0	257	594	30	0	3867.19	3867.19	0
泰州学院	44	3811.4	0	0	0	0	0	3811.4	1875.19	1936.21	0	2545.318	925.815	0	340.267	1907	1494.3	0	0	0	26	384.1	7.6	0	1765.8	1765.8	0
金陵科技学院	45	13 492.456	1882.3	9	10	0	0	11 610.156	4483.523	7126.633	0	4709.9	6890.256	0	10	2045	5471.556	0	788	0	1941.7	1180.9	402.9	183	2947.36	2947.36	0
江苏第二师范学院	46	13 462.907	190.358	0	190.358	0	0	13 272.549	5032.374	8240.175	0	6683.643	6584.238	0	4.668	4066	8829.457	0	122.33	21.747	124.555	90.6	90.6	39.607	18 334.658	18 334.658	0
南京工业职业技术大学	47	8004.074	140	0	0	0	0	7864.074	2896.691	4967.383	0	4610.61	2396.098	0	857.366	3772.63	2362.14	0	1397.24	81.6	47.07	173.75	105.314	111.244	4023.593	4023.593	0
无锡学院	48	6585.145	0	0	0	0	0	6585.145	1977.109	4576.152	31.884	3082.238	3462.209	0	40.698	1677	4630.078	0	106.067	0	77.8	90	27.9	4.2	430.3	430.3	0
苏州城市学院	49	1074.568	0	0	0	0	0	1074.568	606.218	468.35	0	674.672	385.99	0	13.906	600	280.564	0	28.91	0	56.289	99.235	0	9.57	780.614	780.614	0
宿迁学院	50	10 030	645	0	0	645	0	9385	387.077	8997.923	0	4545.4	4658.6	0	181	4000	5030.75	0	227	10	88.75	38.5	6.5	0	4872.8	4872.8	0

3. 公办专科高等学校人文、社会科学研究与发展经费情况表

高校名称	编号	上年结转经费（千元）	当年经费收入合计（千元）	拨入（千元）：政府资金投入	其中：科研活动经费	其中：教育部科研项目经费	教育部其他科研经费	其中：中央高校基本科研业务费	中央其他部门科研项目经费	省、市、自治区社科基金项目	省教育厅科研项目经费	省教育厅其他科研经费	其他各类地方政府经费	科技活动人员工资	科研基建费	非政府资金投入	其中：企、事业单位委托项目经费	金融机构贷款	自筹经费	境外资金	其中：港、澳、台地区合作项目经费	其他收入	科技活动人员工资
		L01	L02	L03	L04	L05	L06	L07	L08	L09	L10	L11	L12	L13	L14	L15	L16	L17	L18	L19	L20	L21	L22
合　计	/	51 063.354	185 336.283	86 993.24	22 649.44	1571.5	880	0	901.44	1238.5	2963	2623	12 472	64 343.8	0	98 343.043	57 821.868	720.48	37 672.695	0	0	2128	0
盐城幼儿师范高等专科学校	1	1260.3	4661.296	2553.7	981.7	114.5	0	0	0	0	212	96	559.2	1572	0	2107.596	22.576	0	2085.02	0	0	0	0
苏州幼儿师范高等专科学校	2	563.14	1289.26	939.06	640	30	30	0	0	0	0	142	438	299.06	0	350.2	50	0	260.2	0	0	40	0
无锡职业技术学院	3	1327.5	3535	3127	952	30	0	0	0	120	56	200	546	2175	0	408	150	0	258	0	0	0	0
江苏建筑职业技术学院	4	268.5	2566.151	1600	150	0	0	0	0	0	40	0	110	1450	0	966.151	307.151	0	659	0	0	0	0
江苏工程职业技术学院	5	0	915.5	832	272	0	0	0	0	0	57	0	215	560	0	83.5	0	0	83.5	0	0	0	0
苏州工艺美术职业技术学院	6	92	3120	1740	1230	58	560	0	70	3	171	90	278	510	0	1380	248	0	502	0	0	630	0
连云港职业技术学院	7	0	810	575	11	0	0	0	0	0	0	0	11	564	0	235	20	0	200	0	0	15	0
镇江市高等专科学校	8	55.5	2479	1840	340	140	0	0	0	0	0	0	200	1500	0	639	0	0	571	0	0	68	0
南通职业大学	9	254	1789.9	1311	391	0	0	0	0	0	0	0	391	920	0	478.9	190.9	0	288	0	0	0	0
苏州市职业大学	10	1552.617	12 826.1	5539.1	848.5	40	0	0	170	0	80	0	558.5	4690.6	0	7287	3576	0	3711	0	0	0	0
沙洲职业工学院	11	424.65	871.2	841.2	561.2	0	0	0	0	0	0	120	441.2	280	0	30	0	0	30	0	0	0	0
扬州市职业大学	12	1191.392	10 952.356	3096.8	140	0	0	0	0	0	0	0	140	2956.8	0	7855.556	6560.556	0	1295	0	0	0	0
连云港师范高等专科学校	13	399.6	1520	1196	236	0	0	0	0	0	30	0	206	960	0	324	0	0	324	0	0	0	0
江苏经贸职业技术学院	14	4958.735	5863.625	3480	186	0	0	0	0	40	100	0	46	3294	0	2383.625	1468	0	915.625	0	0	0	0
泰州职业技术学院	15	1350.067	614.14	490.14	40	0	0	0	0	0	0	0	40	450.14	0	124	50	0	74	0	0	0	0
常州信息职业技术学院	16	154.4	4913	2407	647	40	40	0	0	0	0	25	542	1760	0	2506	0	0	1425	0	0	1081	0

江苏海事职业技术学院	17	1545.73	5693.9	1692.54	516.64	0	0	0	61.44	44	112	0	299.2	1175.9	0	4001.36	3170.48	720.48	110.4	0	0	0	0
无锡科技职业学院	18	127	2181	1886	678	80	40	0	0	0	0	40	518	1208	0	295	0	0	209	0	0	86	0
江苏医药职业学院	19	1503.203	2630.6	2240.6	420	0	210	0	0	210	0	0	0	1820.6	0	390	0	0	390	0	0	0	0
南通科技职业学院	20	192.44	3576	1501	691	0	0	0	0	3	25	0	663	810	0	2075	0	0	2075	0	0	0	0
苏州经贸职业技术学院	21	1996.032	5567	3354	2104	70	0	0	0	0	40	0	1994	1250	0	2213	50	0	2128	0	0	35	0
苏州工业职业技术学院	22	328.18	2375.2	1086	630	0	0	0	0	20	130	0	480	456	0	1289.2	1289.2	0	0	0	0	0	0
苏州卫生职业技术学院	23	819.35	1313	913	550	0	0	0	0	131	320	0	99	363	0	400	0	0	398	0	0	2	0
无锡商业职业技术学院	24	3008.52	6806.3	1562.5	321.9	160	0	0	75	55.5	0	0	31.4	1240.6	0	5243.8	4597.8	0	646	0	0	0	0
江苏航运职业技术学院	25	354.35	1166.5	594	92	0	0	0	0	0	0	0	92	502	0	572.5	0	0	572.5	0	0	0	0
南京交通职业技术学院	26	2379.12	2020	940	76	40	0	0	0	0	0	0	36	864	0	1080	225	0	855	0	0	0	0
江苏电子信息职业学院	27	368.5	1596	1528	168	0	0	0	0	0	0	0	168	1360	0	68	0	0	68	0	0	0	0
江苏农牧科技职业学院	28	280.56	532	322	30	0	0	0	0	0	0	0	30	292	0	210	0	0	210	0	0	0	0
常州纺织服装职业技术学院	29	2617.52	1180.9	587.9	149	80	0	0	0	0	0	0	69	438.9	0	593	22	0	571	0	0	0	0
苏州农业职业技术学院	30	17	464.5	347.5	139	0	0	0	0	18	0	0	121	208.5	0	117	0	0	117	0	0	0	0
南京科技职业学院	31	385.7	3133	1799	43	0	0	0	0	0	0	0	43	1756	0	1334	542	0	792	0	0	0	0
常州工业职业技术学院	32	2543.26	4938.28	2327	227	160	0	0	0	40	0	0	27	2100	0	2611.28	1993.08	0	618.2	0	0	0	0
常州工程职业技术学院	33	1942.5	2903.79	872	262	5	0	0	165	0	0	0	92	610	0	2031.79	768.49	0	1263.3	0	0	0	0
江苏农林职业技术学院	34	54	811	557	135	50	0	0	0	40	0	0	45	422	0	254	0	0	200	0	0	54	0
江苏食品药品职业技术学院	35	720.6	1862.8	794	114	0	0	0	0	0	0	0	114	680	0	1068.8	938	0	130.8	0	0	0	0
南京铁道职业技术学院	36	3435.5	5896.5	2751	1801	0	0	0	0	0	40	1631	130	950	0	3145.5	0	0	3145.5	0	0	0	0
徐州工业职业技术学院	37	446.84	1787.6	822	340	0	0	0	0	0	0	0	340	482	0	965.6	208	0	757.6	0	0	0	0
江苏信息职业技术学院	38	1321.537	3337.476	1283.3	664.5	0	0	0	20	0	220	0	424.5	618.8	0	2054.176	2043.176	0	11	0	0	0	0
南京信息职业技术学院	39	817.27	4074.74	1266	309	100	0	0	0	40	104	0	65	957	0	2808.74	861.24	0	1947.5	0	0	0	0
常州机电职业技术学院	40	822.3	1106	722	92	80	0	0	0	0	0	0	12	630	0	384	95	0	289	0	0	0	0
江阴职业技术学院	41	161.5	683	446	174	0	0	0	0	58	0	0	116	272	0	237	135	0	102	0	0	0	0
无锡城市职业技术学院	42	448.2	2448	1668	458	0	0	0	0	0	370	0	88	1210	0	780	730	0	50	0	0	0	0
无锡工艺职业技术学院	43	867.125	10126.8	1553	53	32	0	0	0	0	0	0	21	1500	0	8573.8	8187.2	0	336.6	0	0	50	0

续表

高校名称	编号	上年结转经费（千元）	当年经费收入合计（千元）	拨入（千元）：政府资金投入	其中：科研活动经费	其中：教育部科研项目经费	教育部其他科研经费	其中：中央高校基本科研业务费	中央其他部门科研项目经费	省、市、自治区社科基金项目	省教育厅科研项目经费	省教育厅其他科研经费	其他各类地方政府经费	科技活动人员工资	科研基建费	非政府资金投入	其中：企、事业单位委托项目经费	金融机构贷款	自筹经费	境外资金	其中：港、澳、台地区合作项目经费	其他收入	科技活动人员工资
		L01	L02	L03	L04	L05	L06	L07	L08	L09	L10	L11	L12	L13	L14	L15	L16	L17	L18	L19	L20	L21	L22
苏州健雄职业技术学院	44	551	1706	726	96	60	0	0	0	0	0	0	36	630	0	980	555	0	425	0	0	0	0
盐城工业职业技术学院	45	545.2	1212	704	146	20	0	0	0	0	80	0	46	558	0	508	0	0	508	0	0	0	0
江苏财经职业技术学院	46	1101.166	8113.297	1475.6	210	0	0	0	0	8	114	0	88	1265.6	0	6637.697	6135.697	0	500	0	0	2	0
扬州工业职业技术学院	47	472	3519	937	398	70	0	0	0	20	0	0	308	539	0	2582	2086	0	496	0	0	0	0
江苏城市职业学院	48	977.725	11 810.347	4159.5	1165.5	60	0	0	340	352	135	100	178.5	2994	0	7650.847	6119.847	0	1531	0	0	0	0
南京城市职业学院	49	24	926	703	145	0	0	0	0	0	0	24	121	558	0	223	52	0	171	0	0	0	0
南京机电职业技术学院	50	161.573	489	380	260	0	0	0	0	0	0	0	260	120	0	109	0	0	109	0	0	0	0
南京旅游职业学院	51	337.49	1286.675	575	275	0	0	0	0	20	220	0	35	300	0	711.675	235.675	0	476	0	0	0	0
江苏卫生健康职业学院	52	484.26	821	707	32	0	0	0	0	0	0	0	32	675	0	114	0	0	94	0	0	20	0
苏州信息职业技术学院	53	565.7	494.8	272	32	0	0	0	0	0	16	0	16	240	0	222.8	20	0	202.8	0	0	0	0
苏州工业园区服务外包职业学院	54	456.05	5122.6	1174	55	0	0	0	0	0	10	0	45	1119	0	3948.6	3306.1	0	642.5	0	0	0	0
徐州幼儿师范高等专科学校	55	202	1526	1096	496	0	0	0	0	0	90	102	304	600	0	430	0	0	400	0	0	30	0
徐州生物工程职业技术学院	56	89	412.8	262.8	34	0	0	0	0	16	0	0	18	228.8	0	150	0	0	150	0	0	0	0
江苏商贸职业学院	57	400.271	3051.4	1996	95.5	0	0	0	0	0	90	0	5.5	1900.5	0	1055.4	381.2	0	674.2	0	0	0	0
南通师范高等专科学校	58	651.493	470.7	376	2	0	0	0	0	0	0	0	2	374	0	94.7	0	0	94.7	0	0	0	0
江苏护理职业学院	59	111	1066	1066	66	0	0	0	0	0	1	53	12	1000	0	0	0	0	0	0	0	0	0
江苏财会职业学院	60	23.24	1095.4	1003.9	108	0	0	0	0	0	65	0	43	895.9	0	91.5	11.5	0	80	0	0	0	0
江苏城乡建设职业学院	61	135.35	2729.85	1986.1	134	52	0	0	0	0	20	0	62	1852.1	0	743.75	420	0	323.75	0	0	0	0
江苏航空职业技术学院	62	418.598	545	410	35	0	0	0	0	0	15	0	20	375	0	135	0	0	120	0	0	15	0
江苏安全技术职业学院	63	48.3	694	200	68	0	0	0	0	0	0	0	68	132	0	494	0	0	354	0	0	140	0
江苏旅游职业学院	64	0	498	474	204	0	0	0	50	154	0	0	0	270	0	24	0	0	24	0	0	0	0
常州幼儿师范高等专科学校	65	0	351.258	341.258	219.449	0	0	0	0	0	0	0	219.449	121.809	0	10	0	0	0	0	0	10	0

高校名称	编号	当年R&D经费支出合计(千元)	支出(千元) 转拨给外单位经费	其中 对境内研究机构支出	其中 对境内高等学校支出	其中 对境内企业支出	其中 对境外机构支出	R&D经费内部支出合计	其中 基础研究支出	其中 应用研究支出	其中 试验发展支出	其中 政府资金	其中 企业资金	其中 境外资金	其中 其他	其中 科研人员费	其中 业务费	其中 科研基建费	其中 仪器设备费	其中 单价在1万元以上的设备费	其中 图书资料费	其中 间接费	其中 管理费	其中 其他支出	当年结余经费(千元)	其中 银行存款(千元)	其中 暂付款(千元)
		L23	L24	L25	L26	L27	L28	L29	L30	L31	L32	L33	L34	L35	L36	L37	L38	L39	L40	L41	L42	L43	L44	L45	L46	L47	L48
合 计	/	181 334.473	1743.016	433	595	60.4	0	179 591.457	38 181.066	141 408.825	1.566	111 885.007	59 323.702	0	8382.748	79 138.21	63 154.545	0	4905.013	503.5	13 450.589	9569.917	2201.813	9373.183	55 065.164	54 146.917	918.247
盐城幼儿师范高等专科学校	1	5393.548	0	0	0	0	0	5393.548	0	5393.548	0	4997.575	395.973	0	0	1801.32	939.2	0	0	0	907.62	288.66	176.72	1456.748	528.048	528.048	0
苏州幼儿师范高等专科学校	2	1446.282	43.216	0	0	26.4	0	1403.066	915.27	487.796	0	1372.11	30.956	0	0	594.557	576.669	0	175.932	0	45.706	0	0	10.202	406.118	406.118	0
无锡职业技术学院	3	3279.2	0	0	0	0	0	3279.2	286.458	2992.742	0	2955	129.4	0	194.8	2550	225.6	0	224.5	0	33.6	227.2	89.8	18.3	1583.3	1583.3	0
江苏建筑职业技术学院	4	2506.651	0	0	0	0	0	2506.651	62.059	2444.592	0	1669.321	405.561	0	431.769	1600	798.5	0	0	0	22.151	86	80	0	328	328	0
江苏工程职业技术学院	5	912.5	0	0	0	0	0	912.5	552.523	359.977	0	912.5	0	0	0	560	0	0	0	0	275	77.5	33	0	3	3	0
苏州工艺美术职业技术学院	6	3120	0	0	0	0	0	3120	7.411	3112.589	0	2448.384	640.618	0	30.998	945	1271	0	486	0	268	5	0	145	92	92	0
连云港职业技术学院	7	810	0	0	0	0	0	810	140.87	669.13	0	642.609	95.652	0	71.739	590	220	0	0	0	0	0	0	0	0	0	0
镇江市高等专科学校	8	2499	0	0	0	0	0	2499	6.951	2492.049	0	2300.083	44.451	0	154.466	1700	493.6	0	0	0	284.6	20.8	0.5	0	35.5	35.5	0
南通职业大学	9	1801	0	0	0	0	0	1801	264.111	1536.889	0	1405.09	323.218	0	72.692	930	689	0	0	0	106	0	0	76	242.9	242.9	0
苏州市职业大学	10	13 592.974	0	0	0	0	0	13 592.974	3867.046	9725.928	0	7616.83	5839.5	0	136.644	5964.689	2545.744	0	418.011	35.5	280.7	3918.55	156.2	465.28	785.743	785.743	0
沙洲职业工学院	11	1173.6	0	0	0	0	0	1173.6	0	1173.6	0	1104.791	0	0	68.809	380	520	0	0	0	0	41	0	232.6	122.25	122.25	0
扬州市职业大学	12	10 505.968	0	0	0	0	0	10 505.968	227.869	10 278.099	0	5017.242	5488.726	0	0	4757	4989.163	0	24.86	0	285.164	449.781	146.381	0	1637.78	1637.78	0
连云港师范高等专科学校	13	1425.323	0	0	0	0	0	1425.323	105.857	1319.466	0	1425.323	0	0	0	986	134	0	29.64	0	275.683	0	0	0	494.277	79.8	414.477

续表

高校名称	经费名称	当年R&D经费支出合计(千元)	支出(千元)																					当年结余经费(千元)	其中	
			转拨给外单位经费	其中				R&D经费内部支出合计	其中			其中				其中										
				对境内研究机构支出	对境内高等学校支出	对境内企业支出	对境外机构支出		基础研究支出	应用研究支出	试验发展支出	政府资金	企业资金	境外资金	其他	科研人员费	业务费	科研基建费	仪器设备费	其中：单价在1万元以上的设备费	图书资料费	间接费	其中：管理费	其他支出		银行存款(千元)	暂付款(千元)
	编号	L23	L24	L25	L26	L27	L28	L29	L30	L31	L32	L33	L34	L35	L36	L37	L38	L39	L40	L41	L42	L43	L44	L45	L46	L47	L48
江苏经贸职业技术学院	14	6594.225	0	0	0	0	0	6594.225	0	6594.225	0	3899.5	2258.725	0	436	3659	1144.975	0	490.4	0	405.95	627	82.2	266.9	4228.135	4228.135	0
泰州职业技术学院	15	890.521	0	0	0	0	0	890.521	62.974	827.547	0	627.641	209.4	0	53.48	466.004	294.411	0	2.8	0	101.716	25.59	9.726	0	1073.686	1069.766	3.92
常州信息职业技术学院	16	4991.75	0	0	0	0	0	4991.75	532.453	4459.297	0	4991.75	0	0	0	2198.5	2177	0	119	0	145	5	0	347.25	75.65	75.65	0
江苏海事职业技术学院	17	6135.974	0	0	0	0	0	6135.974	236.594	5899.38	0	2277.592	3785.81	0	72.572	1652	3973.584	0	165.4	112	123.22	93.87	93.87	127.9	1103.656	1103.656	0
无锡科技职业学院	18	2131	0	0	0	0	0	2131	644.256	1486.744	0	2131	0	0	0	1218	452.5	0	92.5	0	202.9	0	0	165.1	177	177	0
江苏医药职业学院	19	2807.7	402.3	0	0	0	0	2405.4	1202.7	1202.7	0	1820.6	0	0	584.8	2031.6	0	0	260.5	0	78	35.3	35.3	0	1326.103	1321.103	5
南通科技职业学院	20	3693.24	0	0	0	0	0	3693.24	1892.979	1798.695	1.566	3540.86	22.4	0	129.98	2750	888.43	0	0	0	54.57	0.24	0	0	75.2	75.2	0
苏州经贸职业技术学院	21	5092.786	0	0	0	0	0	5092.786	0.725	5092.061	0	3280.321	1024.188	0	788.277	1450	2328.974	0	0	0	176.922	893.083	169.05	243.807	2470.246	2470.246	0
苏州工业职业技术学院	22	2383.1	0	0	0	0	0	2383.1	0	2383.1	0	1081.9	1289.2	0	12	456	1178.224	0	0	0	674.7	74.176	69.176	0	320.28	320.28	0
苏州卫生职业技术学院	23	1291.3	0	0	0	0	0	1291.3	470.83	820.47	0	1056.438	0	0	234.862	387	168.4	0	254.5	0	136.1	137.1	28.7	208.2	841.05	430.35	410.7
无锡商业职业技术学院	24	5739.1	1040	415	595	30	0	4699.1	3860.348	838.752	0	1552.8	3009.8	0	136.5	1323.6	1706.7	0	469	0	471.8	379	22	349	4075.72	4075.72	0
江苏航运职业技术学院	25	1143.5	0	0	0	0	0	1143.5	155.39	988.11	0	853.169	0	0	290.331	535	267.2	0	0	0	94.65	188.35	58	58.3	377.35	377.35	0
南京交通职业技术学院	26	2237.71	0	0	0	0	0	2237.71	0	2237.71	0	1455.955	386.066	0	395.689	1128	681.03	0	50	0	56.1	101	0	221.58	2161.41	2161.41	0
江苏电子信息职业学院	27	1645.6	0	0	0	0	0	1645.6	1029.727	615.873	0	1579.5	2.5	0	63.6	1360.5	189.5	0	35.9	0	59.7	0	0	0	318.9	318.9	0
江苏农牧科技职业学院	28	516.07	0	0	0	0	0	516.07	161.047	355.023	0	516.07	0	0	0	294	158.43	0	0	0	50.14	6.8	6.8	6.7	296.49	296.49	0

常州纺织服装职业技术学院	29	1252.31	0	0	0	0	0	1252.31	72.04	1180.27	0	752.239	76.391	0	423.68	503	689.65	0	4.36	0	12.9	19.2	2.8	23.2	2546.11	2546.11	0
苏州农业职业技术学院	30	460.5	9	8	0	0	0	451.5	308.055	143.445	0	400.5	0	0	51	259.5	49.5	0	8	2	72.5	40	19	22	21	21	0
南京科技职业学院	31	3495.7	0	0	0	0	0	3495.7	108.582	3387.118	0	1986.84	1221.591	0	287.269	1771	867.5	0	0	0	751.2	106	10.6	0	23	23	0
常州工业职业技术学院	32	4711.46	0	0	0	0	0	4711.46	1428.514	3282.946	0	3097.2	1540.26	0	74	2673.2	901	0	537	354	393.96	13	0	193.3	2770.08	2770.08	0
常州工程职业技术学院	33	3557.39	0	0	0	0	0	3557.39	1374.467	2182.923	0	1819.681	1545.54	0	192.169	1117	1780.65	0	0	0	35.8	57.89	57.89	566.05	1288.9	1288.9	0
江苏农林职业技术学院	34	851.5	0	0	0	0	0	851.5	536.13	315.37	0	851.5	0	0	0	476	130	0	10	0	172	12	0	51.5	13.5	13.5	0
江苏食品药品职业技术学院	35	1815.7	0	0	0	0	0	1815.7	122.056	1693.644	0	929.853	833.355	0	52.492	690	151.5	0	0	0	83.6	0	0	890.6	767.7	767.7	0
南京铁道职业技术学院	36	4959.1	0	0	0	0	0	4959.1	1715.483	3243.617	0	3306.918	255.553	0	1396.629	1042	2895.5	0	77.6	0	943	1	0	0	4372.9	4372.9	0
徐州工业职业技术学院	37	1781.06	0	0	0	0	0	1781.06	1270.846	510.214	0	1575.063	198.792	0	7.205	602.5	274.13	0	263.3	0	303.36	170.58	54.08	167.19	453.38	453.38	0
江苏信息职业技术学院	38	2821.809	4	0	0	4	0	2817.809	567.193	2250.616	0	1014.298	1779.916	0	23.595	628.7	671.675	0	0	0	716.423	128.46	127.46	672.551	1837.204	1832.204	5
南京信息职业技术学院	39	4464.41	0	0	0	0	0	4464.41	261.73	4202.68	0	2297.872	1652.57	0	513.968	1228.6	2589.898	0	298.2	0	175.242	172.47	0	0	427.6	427.6	0
常州机电职业技术学院	40	1016.45	0	0	0	0	0	1016.45	213.192	803.258	0	927.692	88.758	0	0	630	177.8	0	46	0	153.8	8.85	8.85	0	911.85	872.7	39.15
江阴职业技术学院	41	724.5	0	0	0	0	0	724.5	35.14	689.36	0	529.134	173.516	0	21.85	274	40	0	0	0	410.5	0	0	0	120	120	0
无锡城市职业技术学院	42	2318.2	0	0	0	0	0	2318.2	247.225	2070.975	0	1552.614	765.586	0	0	1220	912.3	0	47.5	0	84.5	53.9	53.9	0	578	578	0
无锡工艺职业技术学院	43	10 050.595	0	0	0	0	0	10 050.595	17.812	10 032.783	0	1754.175	8248.764	0	47.656	1580	6342.915	0	0	0	841.41	434.26	434.26	852.01	943.33	943.33	0
苏州健雄职业技术学院	44	1671	0	0	0	0	0	1671	1155.594	515.406	0	1351.292	319.708	0	0	755	807.5	0	0	0	108.5	0	0	0	586	586	0
盐城工业职业技术学院	45	1499.43	0	0	0	0	0	1499.43	26.071	1473.359	0	1391.078	49.661	0	58.691	807.03	612.8	0	0	0	78.6	1	0	0	257.77	257.77	0
江苏财经职业技术学院	46	6212.603	0	0	0	0	0	6212.603	304.154	5908.449	0	1824.286	4304.697	0	83.62	1681.6	4346.406	0	1.21	0	152.877	4.04	0.24	26.47	3001.86	3001.86	0
扬州工业职业技术学院	47	3901	209.5	0	0	0	0	3691.5	719.347	2972.153	0	920.874	2770.626	0	0	541	1261.1	0	198.5	0	1068.1	402.6	28	220.2	90	90	0
江苏城市职业学院	48	7948.373	0	0	0	0	0	7948.373	1661.427	6286.946	0	4663.531	3146.41	0	138.432	3624.76	3154.296	0	4.04	0	377.058	76.507	48.25	711.712	4839.699	4839.699	0
南京城市职业学院	49	950	0	0	0	0	0	950	639.896	310.104	0	745.751	59.005	0	145.244	731	153	0	0	0	26	13	0	27	0	0	0

续表

高校名称	经费名称	当年R&D经费支出合计(千元)	支出(千元)																						当年结余经费(千元)	其中	
			转拨给外单位经费	其中				R&D经费内部支出合计	其中			其中				其中										银行存款(千元)	暂付款(千元)
				对境内研究机构支出	对境内高等学校支出	对境内企业支出	对境外机构支出		基础研究支出	应用研究支出	试验发展支出	政府资金	企业资金	境外资金	其他	科研人员费	业务费	科研基建费	仪器设备费	其中 单价在1万元以上的设备费	图书资料费	间接费	其中 管理费	其他支出			
	编号	L23	L24	L25	L26	L27	L28	L29	L30	L31	L32	L33	L34	L35	L36	L37	L38	L39	L40	L41	L42	L43	L44	L45	L46	L47	L48
南京机电职业技术学院	50	491.393	0	0	0	0	0	491.393	430.408	60.985	0	443.887	0	0	47.506	300	100.22	0	3	0	4	60	60	24.173	159.18	159.18	0
南京旅游职业学院	51	1048.19	5	0	0	0	0	1043.19	587.069	456.121	0	860.04	142.3	0	40.85	680	130.2	0	10.5	0	140.59	4.3	0.3	77.6	575.975	535.975	40
江苏卫生健康职业学院	52	961.5	0	0	0	0	0	961.5	501.799	459.701	0	839.5	25	0	97	676	285.5	0	0	0	0	0	0	0	343.76	343.76	0
苏州信息职业技术学院	53	390.6	0	0	0	0	0	390.6	0	390.6	0	336.007	54.593	0	0	260	64	0	40.86	0	2.64	23.1	7	0	669.9	669.9	0
苏州工业园区服务外包职业学院	54	4861.4	0	0	0	0	0	4861.4	0	4861.4	0	1352.41	3371.278	0	137.712	1189	3308	0	0	0	362.4	2	2	0	717.25	717.25	0
徐州幼儿师范高等专科学校	55	1678	10	10	0	0	0	1668	1668	0	0	1668	0	0	0	1416	95	0	3	0	54	30	10	70	50	50	0
徐州生物工程职业技术学院	56	398.8	0	0	0	0	0	398.8	364.122	34.678	0	370.104	0	0	28.696	343.8	26	0	0	0	16	2	0	11	103	103	0
江苏商贸职业学院	57	2955.431	0	0	0	0	0	2955.431	2388.159	567.272	0	2408.697	438.781	0	107.953	2285.65	648.621	0	0	0	1.4	19.76	19.76	0	496.24	496.24	0
南通师范高等专科学校	58	1007.4	0	0	0	0	0	1007.4	1001.79	5.61	0	567.4	436	0	4	468.7	100	0	39	0	187.7	0	0	212	114.793	114.793	0
江苏护理职业学院	59	1177	20	0	0	0	0	1157	1129.008	27.992	0	1157	0	0	0	1000	104	0	14	0	6	33	0	0	0	0	0
江苏财会职业学院	60	1091.5	0	0	0	0	0	1091.5	137.008	954.492	0	1076.593	14.907	0	0	936.6	130.7	0	0	0	23.7	0	0	0.5	27.14	27.14	0
江苏城乡建设职业学院	61	2562.15	0	0	0	0	0	2562.15	248.261	2313.889	0	2109.2	428	0	24.95	2083.8	264.4	0	0	0	74.95	0	0	139	303.05	303.05	0
江苏航空职业技术学院	62	488.397	0	0	0	0	0	488.397	254.04	234.357	0	471.824	0	0	16.573	395	76.95	0	0	0	0.187	0	0	16.26	475.201	475.201	0
江苏安全技术职业学院	63	674	0	0	0	0	0	674	674	0	0	606.154	0	0	67.846	170	312.8	0	0	0	110.6	0	0	80.6	68.3	68.3	0
江苏旅游职业学院	64	400	0	0	0	0	0	400	15.094	384.906	0	400	0	0	0	280	71	0	0	0	30	0	0	19	98	98	0
常州幼儿师范高等专科学校	65	340.258	0	0	0	0	0	340.258	170.129	170.129	0	86.643	0	0	253.615	132.729	138.099	0	0	0	69.43	0	0	0	11	11	0

4. 民办及中外合作办学高等学校人文、社会科学研究与发展经费情况表

高校名称	编号	上年结转经费(千元)	当年经费收入合计(千元)	拨入(千元)：政府资金投入	其中：科研活动经费	其中：教育部科研项目经费	教育部其他科研经费	其中：中央高校基本科研业务费	中央其他部门科研项目经费	省、市、自治区社科基金项目	省教育厅科研项目经费	省教育厅其他科研经费	其他各类地方政府经费	科技活动人员工资	科研基建费	非政府资金投入	其中：企、事业单位委托项目经费	金融机构贷款	自筹经费	境外资金	其中：港、澳、台地区合作项目经费	其他收入	科技活动人员工资
	编号	L01	L02	L03	L04	L05	L06	L07	L08	L09	L10	L11	L12	L13	L14	L15	L16	L17	L18	L19	L20	L21	L22
合　计	/	26 721.237	78 495.834	9155.71	9145.71	352	0	0	1267.695	318.556	1223.357	194	5790.102	10	0	69 340.124	22 143.389	0	17 861.81	349.243	0	1957.18	27 028.502
明达职业技术学院	1	14	3	0	0	0	0	0	0	0	0	0	0	0	0	3	0	0	0	0	0	0	3
三江学院	2	4761.9	9840.26	269	269	0	0	0	10	90	41	0	128	0	0	9571.26	4720.679	0	1928.581	0	0	0	2922
九州职业技术学院	3	244.2	859	0	0	0	0	0	0	0	0	0	0	0	0	859	20	0	159	0	0	0	680
南通理工学院	4	1626.685	6268.875	246.4	246.4	0	0	0	0	0	100	0	146.4	0	0	6022.475	3902.18	0	1110.295	0	0	0	1010
硅湖职业技术学院	5	235.4	701.1	170.1	170.1	0	0	0	0	78.5	25	31	35.6	0	0	531	90	0	198	0	0	0	243
应天职业技术学院	6	288	156.5	0	0	0	0	0	0	0	0	0	0	0	0	156.5	0	0	46.7	0	0	12.4	97.4
苏州托普信息职业技术学院	7	0	218.117	0	0	0	0	0	0	0	0	0	0	0	0	218.117	0	0	0	0	0	0	218.117
东南大学成贤学院	8	312.68	346.39	5	5	0	0	0	0	5	0	0	0	0	0	341.39	0	0	135.57	0	0	0	205.82
苏州工业园区职业技术学院	9	57.9	1016.4	157	157	0	0	0	0	14	25	0	118	0	0	859.4	512	0	227	0	0	0	120.4
太湖创意职业技术学院	10	0	85	23	23	0	0	0	0	0	10	0	13	0	0	62	0	0	37	0	0	0	25
炎黄职业技术学院	11	0	121	80	70	0	0	0	0	0	50	0	20	10	0	41	0	0	6	0	0	25	10
正德职业技术学院	12	51	721	0	0	0	0	0	0	0	0	0	0	0	0	721	0	0	115	0	0	0	606
钟山职业技术学院	13	90.975	290	0	0	0	0	0	0	0	0	0	0	0	0	290	0	0	180	0	0	5	105
无锡南洋职业技术学院	14	227.25	666.565	0	0	0	0	0	0	0	0	0	0	0	0	666.565	8	0	155	0	0	104	399.565
江南影视艺术职业学院	15	39.18	748.3	24.5	24.5	0	0	0	0	0	0	0	24.5	0	0	723.8	0	0	27.5	0	0	0	696.3
金肯职业技术学院	16	53	716	101	101	0	0	0	0	0	1	100	0	0	0	615	0	0	350	0	0	0	265
建东职业技术学院	17	2	148	10	10	0	0	0	0	0	9	0	1	0	0	138	1	0	37	0	0	0	100
宿迁职业技术学院	18	0	31	4	4	0	0	0	0	0	4	0	0	0	0	27	0	0	7	0	0	0	20
江海职业技术学院	19	66	1402.5	40	40	0	0	0	0	0	0	0	40	0	0	1362.5	116	0	314	0	0	0	932.5
无锡太湖学院	20	1281.507	15 596.039	1487	1487	98	0	0	190	0	0	0	1199	0	0	14 109.039	9084.894	0	1232.145	0	0	0	3792
中国矿业大学徐海学院	21	198.199	309.6	50	50	0	0	0	0	0	40	0	10	0	0	259.6	0	0	100	0	0	0	159.6
南京大学金陵学院	22	2345.874	849.4	53	53	0	0	0	0	50	0	0	3	0	0	796.4	0	0	100	0	0	0	696.4
南京理工大学紫金学院	23	428	1557	30	30	0	0	0	0	10	0	0	20	0	0	1527	36	0	1091	0	0	0	400
南京航空航天大学金城学院	24	140.63	602	0	0	0	0	0	0	0	0	0	0	0	0	602	0	0	302	0	0	0	300
南京传媒学院	25	339.99	1457.26	170	170	0	0	0	0	0	40	0	130	0	0	1287.26	0	0	666.52	0	0	312.74	308
金山职业技术学院	26	84	106.4	0	0	0	0	0	0	0	0	0	0	0	0	106.4	0	0	56.4	0	0	0	50

续表

高校名称	编号	上年结转经费(千元)	当年经费收入合计(千元)	拨入(千元) 政府资金投入	其中 科研活动经费	其中 教育部科研项目经费	教育部其他科研经费	其中 中央高校基本科研业务费	中央其他部门科研项目经费	省、市、自治区社科基金项目	省教育厅科研项目经费	省教育厅其他科研经费	其他各类地方政府经费	科技活动人员工资	科研基建费	非政府资金投入	其中 企、事业单位委托项目经费	金融机构贷款	自筹经费	境外资金	其中 港、澳、台地区合作项目经费	其他收入	科技活动人员工资
		L01	L02	L03	L04	L05	L06	L07	L08	L09	L10	L11	L12	L13	L14	L15	L16	L17	L18	L19	L20	L21	L22
南京理工大学泰州科技学院	27	638.4	998.077	187.885	187.885	0	0	0	0	18.056	11.057	0	158.772	0	0	810.192	61.392	0	0	0	0	0	748.8
南京师范大学泰州学院	28	130	1740	150	150	110	0	0	0	0	40	0	0	0	0	1590	922	0	256	0	0	2	410
南京工业大学浦江学院	29	689.705	1476	170	170	0	0	0	0	0	170	0	0	0	0	1306	50	0	770	0	0	30	456
南京师范大学中北学院	30	486.1	717	150	150	0	0	0	0	0	150	0	0	0	0	567	0	0	0	0	0	0	567
苏州百年职业学院	31	94.2	322.8	75.3	75.3	0	0	0	0	3	60.3	4	8	0	0	247.5	0	0	140.5	0	0	0	107
昆山登云科技职业学院	32	306.27	1132.7	566	566	0	0	0	0	50	0	0	516	0	0	566.7	0	0	341	0	0	23.7	202
南京视觉艺术职业学院	33	148	552	0	0	0	0	0	0	0	0	0	0	0	0	552	0	0	0	0	0	0	552
南京医科大学康达学院	34	128	681	269	269	0	0	0	0	0	0	17	252	0	0	412	0	0	354	0	0	0	58
南京中医药大学翰林学院	35	452.44	559	31	31	0	0	0	0	0	10	0	21	0	0	528	0	0	130	0	0	168	230
苏州大学应用技术学院	36	40.8	721.3	23	23	0	0	0	0	0	0	0	23	0	0	698.3	145.3	0	355	0	0	0	198
苏州科技大学天平学院	37	363.2	525	60	60	0	0	0	0	0	0	0	60	0	0	465	0	0	150	0	0	0	315
江苏大学京江学院	38	0	70	0	0	0	0	0	0	0	0	0	0	0	0	70	0	0	10	0	0	0	60
扬州大学广陵学院	39	447.42	1233	78	78	0	0	0	0	0	61	0	17	0	0	1155	0	0	95	0	0	100	960
江苏师范大学科文学院	40	636.374	347	0	0	0	0	0	0	0	0	0	0	0	0	347	9	0	180	0	0	0	158
南京邮电大学通达学院	41	10.8	22	5	5	0	0	0	0	0	0	0	5	0	0	17	0	0	0	0	0	0	17
南京财经大学红山学院	42	698.095	436	218	218	0	0	0	0	0	200	0	18	0	0	218	0	0	197	0	0	0	21
江苏科技大学苏州理工学院	43	75	352	90	90	0	0	0	0	0	0	0	90	0	0	262	0	0	112	0	0	0	150
常州大学怀德学院	44	189.97	791	36	36	0	0	0	0	0	36	0	0	0	0	755	4	0	373	0	0	0	378
南通大学杏林学院	45	54.5	326	68	68	0	0	0	0	0	68	0	0	0	0	258	0	0	60	0	0	0	198
南京审计大学金审学院	46	319.8	829.2	10	10	0	0	0	0	0	0	0	10	0	0	819.2	20	0	218.6	0	0	0	580.6
苏州高博软件技术职业学院	47	99.8	776	104	104	0	0	0	0	0	42	42	20	0	0	672	45	0	147	0	0	30	450
宿迁泽达职业技术学院	48	208.5	830	0	0	0	0	0	0	0	0	0	0	0	0	830	0	0	0	0	0	0	830
扬州中瑞酒店职业学院	49	128.254	219	0	0	0	0	0	0	0	0	0	0	0	0	219	31	0	73	0	0	0	115
西交利物浦大学	50	7187.875	13 797.774	2253.959	2253.959	144	0	0	1067.695	0	30	0	1012.264	0	0	11 543.815	2351.216	0	5070.599	0	0	0	4122
昆山杜克大学	51	299.364	4225.277	1690.566	1690.566	0	0	0	0	0	0	0	1690.566	0	0	2534.711	13.728	0	247.4	349.243	0	1144.34	780

高校名称	经费名称	当年R&D经费支出合计(千元)	转拨给外单位经费	其中：对境内研究机构支出	其中：对境内高等学校支出	其中：对境内企业支出	其中：对境外机构支出	R&D经费内部支出合计	其中：基础研究支出	其中：应用研究支出	其中：试验发展支出	其中：政府资金	其中：企业资金	其中：境外资金	其中：其他	其中：科研人员费	其中：业务费	其中：科研基建费	其中：仪器设备费	其中：单价在1万元以上的设备费	其中：图书资料费	其中：间接费	其中：管理费	其中：其他支出	当年结余经费(千元)	其中：银行存款(千元)	其中：暂付款(千元)
	编号	L23	L24	L25	L26	L27	L28	L29	L30	L31	L32	L33	L34	L35	L36	L37	L38	L39	L40	L41	L42	L43	L44	L45	L46	L47	L48
合　计	/	67 593.18	126.1	0	0	60	0	67 467.08	24 360.57	43 106.51	0	17 608.142	24 044.509	262.544	25 551.885	30 207.22	25 746.772	0	1441.615	141.859	3029.916	3953.215	822.988	3088.342	37 623.891	36 955.981	667.91
明达职业技术学院	1	13	0	0	0	0	0	13	0	13	0	10	0	0	3	3	10	0	0	0	0	0	0	0	4	4	0
三江学院	2	8818.814	0	0	0	0	0	8818.814	232.186	8586.628	0	2162.354	4511.142	0	2145.318	3515.668	4913.732	0	210.414	0	64	115	0	0	5783.346	5783.346	0
九州职业技术学院	3	901.2	0	0	0	0	0	901.2	9.514	891.686	0	231.073	25.713	0	644.414	682	176.2	0	3	0	24.2	6.8	6.8	9	202	202	0
南通理工学院	4	6349.45	0	0	0	0	0	6349.45	5776.966	572.484	0	862.613	4547.117	0	939.72	1086.18	3967.9	0	23	0	28.6	39.57	39.57	1204.2	1546.11	1546.11	0
硅湖职业技术学院	5	673	0	0	0	0	0	673	315.861	357.139	0	353.689	155.2	0	164.111	285	146.3	0	0	0	216.5	0	0	25.2	263.5	263.5	0
应天职业技术学院	6	198.9	0	0	0	0	0	198.9	121.087	77.813	0	108.8	0	0	90.1	125.9	51.5	0	6.8	0	10.4	0	0	4.3	245.6	245.6	0
苏州托普信息职业技术学院	7	218.117	0	0	0	0	0	218.117	109.059	109.058	0	0	0	0	218.117	218.117	0	0	0	0	0	0	0	0	0	0	0
东南大学成贤学院	8	489.86	0	0	0	0	0	489.86	155.896	333.964	0	307.787	0	0	182.073	236.31	73.88	0	0	0	169.32	10.35	10	0	169.21	169.21	0
苏州工业园区职业技术学院	9	792.9	0	0	0	0	0	792.9	6.754	786.146	0	176.007	553.873	0	63.02	150	433.9	0	0	0	85.95	117.05	38.9	6	281.4	281.4	0
太湖创意职业技术学院	10	85	0	0	0	0	0	85	62.027	22.973	0	16.946	0	0	68.054	26	7	0	12	0	17	2	0	21	0	0	0
炎黄职业技术学院	11	121	0	0	0	0	0	121	72.6	48.4	0	113.778	0	0	7.222	26	45	0	4	0	10	18	0	18	0	0	0
正德职业技术学院	12	713.5	0	0	0	0	0	713.5	281.234	432.266	0	69.5	0	0	644	645	67	0	0	0	1.5	0	0	0	58.5	58.5	0
钟山职业技术学院	13	186.377	0	0	0	0	0	186.377	96.416	89.961	0	81.377	0	0	105	110	0	0	0	0	3.75	0	0	72.627	194.598	194.598	0
无锡南洋职业技术学院	14	601.343	0	0	0	0	0	601.343	0	601.343	0	0	170.724	0	430.619	418.6	0	0	0	0	34.7	133.13	0	14.913	292.472	292.472	0
江南影视艺术职业学院	15	769.42	0	0	0	0	0	769.42	769.42	0	0	40.61	0	0	728.81	696.3	3	0	2	0	66.52	0	0	1.6	18.06	18.06	0

高校名称	经费名称	当年R&D经费支出合计(千元)	支出(千元)																							当年结余经费(千元)	其中	
			转拨给外单位经费	其中				R&D经费内部支出合计	其中			其中				其中											银行存款(千元)	暂付款(千元)
				对境内研究机构支出	对境内高等学校支出	对境内企业支出	对境外机构支出		基础研究支出	应用研究支出	试验发展支出	政府资金	企业资金	境外资金	其他	科研人员费	业务费	科研基建费	仪器设备费	其中：单价在1万元以上的设备费	图书资料费	间接费	其中：管理费	其他支出			
	编号	L23	L24	L25	L26	L27	L28	L29	L30	L31	L32	L33	L34	L35	L36	L37	L38	L39	L40	L41	L42	L43	L44	L45	L46	L47	L48
金肯职业技术学院	16	689	50	0	0	0	0	639	58.091	580.909	0	408.631	0	0	230.369	306	46	0	85	43	172	0	0	30	80	75	5
建东职业技术学院	17	150	0	0	0	0	0	150	0	150	0	37.291	3.063	0	109.646	101	5.4	0	0	0	41	0	0	2.6	0	0	0
宿迁职业技术学院	18	31	0	0	0	0	0	31	7.75	23.25	0	13.979	0	0	17.021	20	5.5	0	0	0	5.5	0	0	0	0	0	0
江海职业技术学院	19	1363.5	0	0	0	0	0	1363.5	392.873	970.627	0	315	116	0	932.5	1186.5	118.5	0	0	0	58.5	0	0	0	105	105	0
无锡太湖学院	20	15 569.446	0	0	0	0	0	15 569.446	1639.512	13 929.934	0	2312.373	10 704.778	0	2552.295	4122	8706.363	0	0	0	46.828	2694.255	98.147	0	1308.1	1308.1	0
中国矿业大学徐海学院	21	301.17	0	0	0	0	0	301.17	220.143	81.027	0	164.316	0	0	136.854	216.6	73.554	0	0	0	11.016	0	0	0	206.629	206.629	0
南京大学金陵学院	22	1124.468	0	0	0	0	0	1124.468	258.005	866.463	0	60.313	402.007	0	662.148	696.4	428.068	0	0	0	0	0	0	0	2070.806	2070.806	0
南京理工大学紫金学院	23	1803	60	0	0	60	0	1743	1685.423	57.577	0	480.739	712.952	0	549.309	500	2	0	537	0	634	0	0	70	182	129	53
南京航空航天大学金城学院	24	548	0	0	0	0	0	548	274	274	0	0	0	0	548	350	55	0	0	0	113	25	0	5	194.63	194.63	0
南京传媒学院	25	1313.54	0	0	0	0	0	1313.54	950.658	362.882	0	1225.135	0	0	88.405	310	969.74	0	0	0	0	33.8	33.8	0	483.71	0	483.71
金山职业技术学院	26	106.4	0	0	0	0	0	106.4	88.667	17.733	0	57.862	0	0	48.538	66.4	4	0	0	0	36	0	0	0	84	84	0
南京理工大学泰州科技学院	27	1004.131	0	0	0	0	0	1004.131	63.671	940.46	0	188.299	67.032	0	748.8	818.716	16.662	0	3.8	0	4.414	10.19	10.19	150.349	632.346	632.346	0
南京师范大学泰州学院	28	1863	0	0	0	0	0	1863	265.365	1597.635	0	429	1022	0	412	666	1072	0	73	0	52	0	0	0	7	7	0
南京工业大学浦江学院	29	705.296	0	0	0	0	0	705.296	0	705.296	0	140.383	0	0	564.913	460	145	0	0	0	18.096	0	0	82.2	1460.409	1460.409	0
南京师范大学中北学院	30	878.8	0	0	0	0	0	878.8	856.83	21.97	0	390.415	3.997	0	484.388	599	258.2	0	0	0	21.1	0.5	0	0	324.3	324.3	0
苏州百年职业学院	31	274.2	0	0	0	0	0	274.2	0	274.2	0	93.541	0	0	180.659	110	12.1	0	65	0	85.1	2	2	0	142.8	138.8	4

昆山登云科技职业学院	32	725	0	0	0	0	0	725	267.71	457.29	0	578.147	55.299	0	91.554	202	459.75	0	1	0	54.95	4.3	1.5	3	713.97	713.97	0
南京视觉艺术职业学院	33	626	0	0	0	0	0	626	458.479	167.521	0	74	0	0	552	555	58	0	0	0	3	0	0	10	74	74	0
南京医科大学康达学院	34	359.9	0	0	0	0	0	359.9	312.052	47.848	0	327.352	0	0	32.548	80.6	218.6	0	0	0	47.9	12.8	0	0	449.1	449.1	0
南京中医药大学翰林学院	35	606.64	0	0	0	0	0	606.64	383.589	223.051	0	410.342	0.475	0	195.823	238	352.84	0	8	0	7.8	0	0	0	404.8	404.8	0
苏州大学应用技术学院	36	643.3	0	0	0	0	0	643.3	547.741	95.559	0	193.389	317.359	0	132.552	320	213.6	0	0	0	100	5.6	5.6	4.1	118.8	118.8	0
苏州科技大学天平学院	37	653.3	0	0	0	0	0	653.3	488.018	165.282	0	362.538	21.991	0	268.771	323	135	0	27.1	0	168.2	0	0	0	234.9	234.9	0
江苏大学京江学院	38	60	0	0	0	0	0	60	30	30	0	0	0	0	60	60	0	0	0	0	0	0	0	0	10	10	0
扬州大学广陵学院	39	1181.95	0	0	0	0	0	1181.95	132.028	1049.922	0	209.3	0	0	972.65	985	115.8	0	0	0	20.85	3.5	3	56.8	498.47	498.47	0
江苏师范大学科文学院	40	445.591	0	0	0	0	0	445.591	386.486	59.105	0	358.212	13.026	0	74.353	160	275.591	0	0	0	0	0	0	10	537.783	537.783	0
南京邮电大学通达学院	41	22.9	0	0	0	0	0	22.9	0	22.9	0	5.9	0	0	17	20	0	0	0	0	0	1.9	0.9	1	9.9	3	6.9
南京财经大学红山学院	42	126.173	0	0	0	0	0	126.173	126.173	0	0	113.689	0	0	12.484	30.456	50.858	0	0	0	42.459	0	0	2.4	1007.922	892.622	115.3
江苏科技大学苏州理工学院	43	427	0	0	0	0	0	427	46.582	380.418	0	321.531	0	0	105.469	180	190.5	0	0	0	50.9	5.6	1.1	0	0	0	0
常州大学怀德学院	44	813.72	0	0	0	0	0	813.72	791.98	21.74	0	454.29	9.958	0	349.472	441	183.72	0	145	0	42	2	0.12	0	167.25	167.25	0
南通大学杏林学院	45	345	0	0	0	0	0	345	242.69	102.31	0	147	0	0	198	258	51	0	0	0	29.6	0	0	6.4	35.5	35.5	0
南京审计大学金审学院	46	920.4	0	0	0	0	0	920.4	0	920.4	0	364.198	0	0	556.202	652	47.5	0	0	0	215.9	5	5	0	228.6	228.6	0
苏州高博软件技术职业学院	47	776.5	16.1	0	0	0	0	760.4	58.197	702.203	0	228.288	97.521	0	434.591	464.2	291.3	0	1.2	0	2.4	1.3	1.3	0	99.3	99.3	0
宿迁泽达职业技术学院	48	830	0	0	0	0	0	830	415	415	0	0	0	0	830	830	0	0	0	0	0	0	0	0	208.5	208.5	0
扬州中瑞酒店职业学院	49	228.53	0	0	0	0	0	228.53	48.814	179.716	0	55.83	41	0	131.7	115	71.17	0	18.634	0	17.653	0.6	0.6	5.473	118.724	118.724	0
西交利物浦大学	50	6381.986	0	0	0	0	0	6381.986	2130.556	4251.43	0	1236.578	480.842	0	4664.566	4740.273	813.279	0	215.667	98.859	195.31	315.082	191.812	102.375	14603.663	14603.663	0
昆山杜克大学	51	2762.458	0	0	0	0	0	2762.458	2724.467	37.991	0	1315.747	11.44	262.544	1172.727	800	404.765	0	0	0	0	387.888	372.649	1169.805	1762.183	1762.183	0

六、社科研究与发展机构

全省高等学校人文、社会科学研究机构一览表

机构名称	编号	成立时间	批准部门	组成方式	机构类型	学科分类	服务的国民经济行业	组成类型	R&D活动人员(人) 合计	其中 博士毕业	其中 硕士毕业	其中 高级职称	其中 中级职称	其中 初级职称	培养研究生(人)	R&D经费支出(千元)	仪器设备原价(千元)	其中 进口(千元)
		L01	L02	L03	L04	L05	L06	L07	L08	L09	L10	L11	L12	L13	L14	L15	L16	L17
南京大学	001	/	/	/	/	/	/	/	575	409	85	329	145	21	713	13419	2355.785	650.26
长江三角洲经济社会发展研究中心	1	2000/8/10	学校上级主管部门	独立设置研究所	教育部重点研究基地	经济学	商务服务业	政府部门办	15	12	2	10	4	1	30	150	200	0
当代外国文学与文化研究中心	2	2009/12/1	非学校上级主管部门	独立设置研究所	省级重点研究基地	外国文学	文化艺术业	政府部门办	42	42	0	34	2	6	76	234	72.525	0
非洲研究所	3	2021/12/31	学校上级主管部门	独立设置研究所	教育部国别和区域研究中心	国际问题研究	国际组织	单位自办	5	4	1	5	0	0	5	100	10	0
公共事务与地方治理研究中心	4	2009/12/1	非学校上级主管部门	独立设置研究所	省级重点研究基地	政治学	中国共产党机关	政府部门办	16	16	0	3	0	3	29	250	80	0
江苏省城市现代化研究中心	5	2008/1/1	非学校上级主管部门	跨系所	省级重点研究基地	社会学	公共设施管理业	政府部门办	8	8	0	7	1	0	16	860	200	0
江苏省社会风险管理研究中心	6	2008/1/1	非学校上级主管部门	跨系所	省级重点研究基地	管理学	社会保障	政府部门办	6	5	1	3	1	2	9	200	10	0
江苏省数据工程与知识服务重点实验室	7	2014/7/1	非学校上级主管部门	独立设置研究所	省级重点实验室	图书馆、情报与文献学	软件和信息技术服务业	政府部门办	8	4	3	4	2	0	22	600	400	300
马克思主义社会理论研究中心	8	2003/9/8	学校上级主管部门	独立设置研究所	教育部重点研究基地	马克思主义	中国共产党机关	政府部门办	15	10	5	12	3	0	10	450	10	0
区域经济转型与管理变革协同创新中心	9	2007/6/1	非学校上级主管部门	独立设置研究所	省级2011协同创新中心	经济学	商务服务业	政府部门办	168	160	8	88	68	0	80	200	20	0
全国中国特色社会主义政治经济学研究中心	10	2017/3/30	非学校上级主管部门	独立设置研究所	中央其他部委重点研究基地	经济学	商务服务业	与国内独立研究结构合办	22	18	4	14	8	0	0	1000	20	0
儒佛道与中国传统文化研究中心	11	2010/3/1	非学校上级主管部门	独立设置研究所	省级重点研究基地	宗教学	群众团体、社会团体和其他成员组织	政府部门办	10	5	4	6	1	1	0	400	60	0
社会保障研究中心	12	2019/5/1	非学校上级主管部门	独立设置研究所	中央其他部委重点研究基地	管理学	社会保障	政府部门办	15	10	5	10	4	1	8	200	10	0

社会舆情分析与决策支持研究中心	13	2004/1/1	非学校上级主管部门	跨系所	省级重点研究基地	新闻学与传播学	新闻和出版业	政府部门办	36	18	12	16	4	0	40	200	10	0
社会与行为科学实验中心	14	2014/7/1	非学校上级主管部门	独立设置研究所	省级重点研究基地	社会学	社会工作	政府部门办	11	3	8	8	0	3	40	100	350.26	350.26
数据智能与交叉创新实验室	15	2021/12/31	学校上级主管部门	跨系所	教育部重点实验室	图书馆、情报与文献学	软件和信息技术服务业	单位自办	10	8	2	7	3	0	10	400	100	0
苏南率先基本实现现代化研究中心	16	2004/1/1	非学校上级主管部门	跨系所	省级重点研究基地	经济学	商务服务业	政府部门办	10	5	3	3	2	1	0	50	10	0
文化和旅游研究基地	17	2007/1/1	非学校上级主管部门	与校外合办所	中央其他部委重点实验室	经济学	文化艺术业	政府部门办	16	12	4	8	6	0	0	2000	30	0
智慧出版与知识服务重点实验室	18	2021/12/31	非学校上级主管部门	独立设置研究所	中央其他部委重点研究基地	图书馆、情报与文献学	软件和信息技术服务业	单位自办	5	3	2	4	1	0	5	200	10	0
中国南海研究协同创新中心	19	2013/6/1	学校上级主管部门	与校外合办所	国家级 2011 协同创新中心	国际问题研究	国际组织	政府部门办	10	7	2	5	3	2	1	2150	268	0
中国特色社会主义理论体系研究基地	20	2004/1/1	非学校上级主管部门	跨系所	省级重点研究基地	马克思主义	中国共产党机关	政府部门办	28	17	4	12	8	0	28	200	50	0
中国文学与东亚文明研究协同创新中心	21	2007/1/1	非学校上级主管部门	独立设置研究所	省级 2011 协同创新中心	中国文学	文化艺术业	政府部门办	64	2	6	40	12	0	25	2600	200	0
中国新文学研究中心	22	1999/12/31	学校上级主管部门	独立设置研究所	教育部重点研究基地	中国文学	文化艺术业	政府部门办	28	18	5	14	8	0	160	300	15	0
中国语言战略研究中心	23	2007/1/1	非学校上级主管部门	与校外合办所	中央其他部委重点研究基地	语言学	教育	政府部门办	10	8	2	4	1	0	9	150	20	0
中华民国史研究中心	24	1993/6/18	学校上级主管部门	独立设置研究所	教育部重点研究基地	历史学	社会工作	政府部门办	17	14	2	12	3	1	110	425	200	0
东南大学	002	/	/	/	/	/	/	/	443	340	48	286	127	25	301	13172.435	1925.876	0
道德发展智库	1	2015/12/1	非学校上级主管部门	独立设置研究所	省级重点研究基地	哲学	社会工作	政府部门办	45	45	0	29	16	0	23	2762.194	83.95	0
反腐败法治研究中心	2	2015/1/30	非学校上级主管部门	独立设置研究所	省级重点研究基地	法学	国家机构	政府部门办	26	25	1	15	10	1	18	90	77	0
公民道德与社会风尚协同创新中心	3	2014/3/13	非学校上级主管部门	独立设置研究所	省级 2011 协同创新中心	哲学	社会工作	政府部门办	45	0	0	29	16	0	0	349.951	105.2	0
国家发展与政策研究院	4	2016/9/16	学校自建	跨系所	校级重点研究基地	经济学	资本市场服务	单位自办	26	26	0	15	11	0	5	250	2	0
国家智能社会治理实验基地	5	2021/9/29	非学校上级主管部门	跨系所	共建国家高端智库	教育学	国家机构	政府部门办	36	35	1	27	7	1	5	760	26	0
江苏创新驱动研究基地	6	2011/9/10	非学校上级主管部门	独立设置研究所	省级重点研究基地	经济学	科技推广和应用服务业	单位自办	14	8	6	7	4	3	8	105	59	0
江苏民生幸福研究基地	7	2011/9/10	非学校上级主管部门	独立设置研究所	省级重点研究基地	经济学	社会保障	单位自办	6	6	0	5	1	0	7	360	0	0

续表

机构名称		成立时间	批准部门	组成方式	机构类型	学科分类	服务的国民经济行业	组成类型	R&D活动人员(人)						培养研究生(人)	R&D经费支出(千元)	仪器设备原价(千元)	其中
									合计	其中								进口(千元)
										博士毕业	硕士毕业	高级职称	中级职称	初级职称				
	编号	L01	L02	L03	L04	L05	L06	L07	L08	L09	L10	L11	L12	L13	L14	L15	L16	L17
江苏省青少年工作研究基地(预防青少年违法犯罪)	8	2017/12/1	非学校上级主管部门	与校外合办所	省级重点研究基地	法学	中国共产党机关	政府部门办	12	9	3	10	2	0	18	150	20	0
江苏省区域经济与发展研究基地	9	2008/8/20	非学校上级主管部门	独立设置研究所	省级重点研究基地	管理学	科技推广和应用服务业	单位自办	6	6	0	5	1	0	24	450	0	0
江苏省学生体质健康数据信息管理中心	10	2020/3/12	非学校上级主管部门	独立设置研究所	省级重点研究基地	体育科学	教育	政府部门办	9	4	5	7	1	1	15	300	124	0
教育立法研究基地	11	2017/12/7	非学校上级主管部门	与校外合办所	教育部政策法规司与东南大学合作共建	法学	国家机构	政府部门办	26	24	2	16	8	2	8	62	6	0
金融安全大数据实验室	12	2018/5/19	学校自建	独立设置研究所	校级重点研究基地	经济学	货币金融服务	单位自办	20	20	0	15	5	0	5	200	23	0
民事检察研究中心	13	2019/8/20	非学校上级主管部门	独立设置研究所	最高人民检察院检察研究基地	法学	社会保障	政府部门办	20	20	0	17	3	0	0	300	51.749	0
区域国别研究中心	14	2021/11/1	学校自建	独立设置研究所	校级重点研究基地	语言学	国家机构	单位自办	48	42	6	33	13	2	30	463.29	7	0
人民法院司法大数据研究基地	15	2016/7/1	非学校上级主管部门	与校外合办所	中央其他部委重点研究基地	法学	国家机构	其他	17	7	10	8	4	1	60	1790	905	0
人权研究院	16	2020/3/25	非学校上级主管部门	独立设置研究所	共建国家高端智库	法学	国家机构	政府部门办	9	9	0	6	3	0	20	1000	20	0
网络安全法治研究中心	17	2019/8/28	非学校上级主管部门	独立设置研究所	省级重点研究基地	法学	社会保障	政府部门办	21	11	10	7	4	10	20	100	9	0
中国画研究基地	18	2020/5/1	非学校上级主管部门	独立设置研究所	省级重点研究基地	艺术学	文教、工美、体育和娱乐用品制造业	单位自办	5	5	0	5	0	0	3	80	2	0
中国特色社会主义发展研究院	19	2015/12/1	非学校上级主管部门	独立设置研究所	省级重点研究基地	政治学	中国共产党机关	政府部门办	12	12	0	3	9	0	13	300	87.977	0
中国艺术发展评价研究院	20	2021/8/19	非学校上级主管部门	跨系所	省级智库	艺术学	文化艺术业	政府部门办	10	0	0	5	2	3	2	300	50	0
中华民族视觉形象研究基地	21	2019/10/29	非学校上级主管部门	独立设置研究所	共建国家高端智库	民族学与文化学	文化艺术业	单位自办	30	26	4	22	7	1	17	3000	267	0
江南大学	003	/	/	/	/	/	/	/	258	136	110	181	64	1	315	2870	449	0
国家智能社会治理(养老)特色基地	1	2021/9/29	非学校上级主管部门	与校外合办所	中央其他部委重点研究基地	社会学	社会工作	单位自办	10	5	5	7	3	0	5	100	10	0

“互联网＋教育”研究基地	2	2020/9/1	非学校上级主管部门	独立设置研究所	其他重点研究基地，省教育厅	教育学	教育	单位自办	16	12	4	12	4	0	40	200	10	0
江南民族音乐研究中心	3	2017/7/1	学校自建	独立设置研究所	校级重点研究基地	艺术学	广播、电视、电影和录音制作业	单位自办	10	3	7	9	1	0	5	20	5	0
江南设计文化整合创新研究基地	4	2021/4/12	学校自建	独立设置研究所	校级重点研究基地	艺术学	教育	单位自办	5	0	2	2	0	0	2	100	20	0
江苏党风廉政建设创新研究基地	5	2011/11/1	非学校上级主管部门	独立设置研究所	省级重点研究基地	马克思主义	中国共产党机关	单位自办	15	0	10	10	4	0	15	200	20	0
江苏省产品创意与文化重点研究基地	6	2010/1/1	非学校上级主管部门	跨系所	省级重点研究基地	艺术学	广播、电视、电影和录音制作业	单位自办	12	5	7	10	1	1	7	100	30	0
江苏省中国特色社会主义理论体系研究基地	7	2015/9/7	非学校上级主管部门	跨系所	其他重点研究基地，省委宣传部	马克思主义	中国共产党机关	政府部门办	18	15	3	15	3	0	13	200	30	0
金融创新与风险管理研究基地	8	2017/7/1	学校自建	独立设置研究所	校级重点研究基地	经济学	货币金融服务	单位自办	10	2	8	6	4	0	19	100	20	0
品牌战略与管理创新研究基地	9	2017/1/20	非学校上级主管部门	跨系所	省级智库，其他重点研究基地，省教育厅	管理学	资本市场服务	与国内高校合办	22	10	12	10	5	0	26	300	30	0
食品安全风险治理研究院	10	2016/7/8	非学校上级主管部门	跨系所	省级智库，其他重点研究基地，省规划办	管理学	社会保障	与国内高校合办	22	10	12	21	0	0	26	500	40	0
体育与健康科学研究基地	11	2017/7/1	学校自建	独立设置研究所	校级重点研究基地	体育科学	教育	单位自办	5	0	3	1	4	0	3	80	20	0
无锡党的建设研究基地	12	2013/3/6	学校自建	与校外合办所	校级重点研究基地	政治学	中国共产党机关	政府部门办	10	6	2	3	7	0	8	80	10	0
无锡古运河文化创意中心	13	2015/10/12	学校自建	与校外合办所	校级重点研究基地	艺术学	广播、电视、电影和录音制作业	政府部门办	9	5	4	6	3	0	0	120	30	0
无锡江南文化研究中心	14	2007/12/27	学校自建	与校外合办所	校级重点研究基地	中国文学	广播、电视、电影和录音制作业	政府部门办	14	8	6	9	5	0	12	10	20	0
无锡老龄科学研究中心	15	2010/11/1	学校自建	与校外合办所	校级重点研究基地	社会学	卫生	其他	14	10	4	13	1	0	30	100	20	0
无锡旅游与区域发展研究基地	16	2013/3/6	学校自建	与校外合办所	校级重点研究基地	经济学	社会工作	政府部门办	8	5	3	3	5	0	10	70	20	0
无锡人力资源开发研究基地	17	2013/3/8	学校自建	与校外合办所	校级重点研究基地	管理学	商务服务业	与国内高校合办	16	14	2	15	1	0	6	80	20	0
语言认知与文化传播研究中心	18	2017/7/1	学校自建	独立设置研究所	校级重点研究基地	语言学	教育	单位自办	10	7	3	9	1	0	20	100	30	0
中国物联网发展战略研究基地	19	2012/3/15	非学校上级主管部门	独立设置研究所	省级重点研究基地	管理学	商务服务业	与国内独立研究结构合办	10	8	2	6	4	0	10	150	20	0

续表

机构名称		成立时间	批准部门	组成方式	机构类型	学科分类	服务的国民经济行业	组成类型	R&D活动人员(人)						培养研究生(人)	R&D经费支出(千元)	仪器设备原价(千元)	其中
									合计	其中								进口(千元)
										博士毕业	硕士毕业	高级职称	中级职称	初级职称				
	编号	L01	L02	L03	L04	L05	L06	L07	L08	L09	L10	L11	L12	L13	L14	L15	L16	L17
中华优秀传统文化传承基地	20	2020/9/9	学校上级主管部门	独立设置研究所	其他重点研究基地,教育部	艺术学	纺织服装、服饰业	政府部门办	12	3	9	10	2	0	48	200	40	0
铸牢中华民族共同体意识研究基地	21	2021/4/12	学校自建	独立设置研究所	校级重点研究基地	民族学与文化学	群众团体、社会团体和其他成员组织	政府部门办	10	8	2	4	6	0	10	60	4	0
南京农业大学	004	/	/	/	/	/	/	/	560	418	137	385	150	24	439	15278.3	2523.34	208.9
长三角农村基层党建研究院	1	2022/10/6	学校自建	独立设置研究所	校级重点研究基地	马克思主义	农业	单位自办	58	44	14	34	24	0	10	100	5	0
地方治理与政策研究中心	2	2017/7/1	非学校上级主管部门	与校外合办所	省级重点研究基地	管理学	国家机构	政府部门办	10	2	8	6	2	2	15	1000	20	0
典籍翻译与海外汉学研究中心	3	2015/11/23	学校自建	独立设置研究所	校级重点研究基地	外国文学	教育	单位自办	13	1	12	2	4	7	23	28	2	0
电子商务与品牌研究中心	4	2004/1/1	学校自建	独立设置研究所	校级重点研究基地	管理学	互联网和相关服务	单位自办	10	5	5	5	5	0	12	100	3	0
管理工程研究室	5	2004/1/1	学校自建	独立设置研究所	校级重点研究基地	管理学	农业	单位自办	29	15	14	13	16	0	20	300	150	0
国际食品与农业经济研究中心	6	2004/6/10	学校自建	独立设置研究所	校级重点研究基地	管理学	农业	单位自办	23	13	10	13	10	0	15	35	30	0
江苏粮食安全研究中心	7	2015/6/1	非学校上级主管部门	独立设置研究所	省级重点研究基地	管理学	农业	单位自办	16	12	4	9	7	0	12	50	0	0
江苏农业现代化研究基地	8	2011/11/20	非学校上级主管部门	独立设置研究所	省级重点研究基地	管理学	农业	政府部门办	12	12	0	12	0	0	0	60	60	0
江苏省统计科学研究基地	9	2013/12/13	非学校上级主管部门	独立设置研究所	省级重点研究基地	统计学	农业	政府部门办	14	12	2	12	2	0	12	168	10	0
江苏省新农村科技创新思想库	10	2012/10/1	非学校上级主管部门	独立设置研究所	省级重点研究基地	管理学	农业	政府部门办	5	5	0	5	0	0	5	22	30	0
金善宝农业现代化发展研究院	11	2015/12/1	非学校上级主管部门	独立设置研究所	省级智库	管理学	农业	政府部门办	34	30	4	28	4	2	0	2400	30	0
科技与社会发展研究所	12	1996/1/1	学校自建	独立设置研究所	校级重点研究基地	哲学	教育	单位自办	12	12	0	6	6	0	15	60	25	0
劳动就业与公共政策研究中心	13	2004/1/1	学校自建	独立设置研究所	校级重点研究基地	管理学	社会保障	单位自办	10	6	4	6	0	4	5	100	4	0

领域知识关联研究中心	14	2004/6/1	学校自建	跨系所	校级重点研究基地	图书馆、情报与文献学	科技推广和应用服务业	单位自办	7	5	2	5	2	0	8	135	600	0
马克思主义基本原理研究中心	15	2008/9/25	学校自建	独立设置研究所	校级重点研究基地	马克思主义	中国共产党机关	单位自办	15	13	2	9	6	0	5	50	2	0
美洲研究中心	16	2017/4/1	学校上级主管部门	跨系所	其他重点研究基地，教育部国别和区域研究培育基地	政治学	农业	单位自办	10	8	2	6	3	1	5	100	2	0
民俗学研究所	17	2016/12/16	学校自建	跨系所	校级重点研究基地	民族学与文化学	文化艺术业	单位自办	7	6	1	7	0	0	19	100	5	0
农村土地资源利用与整治国家地方联合工程研究中心	18	2012/10/2	非学校上级主管部门	跨系所	中央其他部委重点研究基地	管理学	专业技术服务业	与境内注册其他企业合办	36	36	0	31	5	0	55	8000	357.2	158.9
农村专业技术培训与服务国家智能社会治理实验基地	19	2021/9/29	非学校上级主管部门	跨系所	中央其他部委重点研究基地	图书馆、情报与文献学	农业	单位自办	8	8	0	7	1	0	3	12	30	0
农业考古研究中心	20	2020/10/21	学校自建	独立设置研究所	校级重点研究基地	考古学	农业	单位自办	8	8	0	5	1	2	0	150	120	0
农业伦理研究中心	21	2019/11/7	学校自建	独立设置研究所	校级重点研究基地	哲学	农业	单位自办	18	18	0	15	3	0	16	10	15	0
农业园区研究中心	22	2004/1/1	学校自建	跨系所	校级重点研究基地	管理学	农、林、牧、渔专业及辅助性活动	单位自办	17	11	6	11	6	0	4	68	35	0
农业转基因生物安全管理政策研究中心	23	2009/1/1	学校自建	与校外合办所	校级重点研究基地	经济学	农、林、牧、渔专业及辅助性活动	政府部门办	6	1	5	1	5	0	5	150	20	0
区域农业研究院	24	2016/12/26	学校自建	独立设置研究所	校级重点研究基地	管理学	农业	单位自办	12	10	2	10	0	2	30	500	80	0
人文与社会计算研究中心	25	2020/9/24	非学校上级主管部门	跨系所	省级重点研究基地	图书馆、情报与文献学	科技推广和应用服务业	单位自办	11	11	0	9	2	0	9	290	700	0
日本语言文化研究所	26	2004/10/1	学校自建	独立设置研究所	校级重点研究基地	外国文学	教育	单位自办	14	4	10	5	9	0	25	53	4.15	0
数字人文研究中心	27	2018/4/4	学校自建	独立设置研究所	校级重点研究基地	历史学	农业	单位自办	5	5	0	5	0	0	6	50	70.47	0
数字乡村发展与工程研究院	28	2009/9/1	学校自建	独立设置研究所	校级重点研究基地	管理学	科技推广和应用服务业	单位自办	15	8	4	9	4	2	5	264	5.05	0
英语语言文化研究所	29	2004/1/1	学校自建	独立设置研究所	校级重点研究基地	外国文学	教育	单位自办	14	8	6	8	6	0	23	83	4	0
中国地标文化研究中心	30	2017/8/14	学校自建	独立设置研究所	校级重点研究基地	管理学	农业	单位自办	7	3	2	3	4	0	3	70	10	0
中国农业历史研究中心	31	2009/11/20	非学校上级主管部门	独立设置研究所	省级重点研究基地	历史学	农业	单位自办	9	8	1	7	1	1	6	30	10	0
中国农业遗产研究室	32	1955/8/5	非学校上级主管部门	独立设置研究所	省级重点研究基地	历史学	教育	单位自办	14	14	0	11	2	1	22	150	50	50

续表

机构名称	编号	成立时间	批准部门	组成方式	机构类型	学科分类	服务的国民经济行业	组成类型	R&D活动人员(人) 合计	其中 博士毕业	其中 硕士毕业	其中 高级职称	其中 中级职称	其中 初级职称	培养研究生(人)	R&D经费支出(千元)	仪器设备原价(千元)	其中 进口(千元)
		L01	L02	L03	L04	L05	L06	L07	L08	L09	L10	L11	L12	L13	L14	L15	L16	L17
中国资源环境与发展研究院	33	2020/4/20	非学校上级主管部门	独立设置研究所	省级智库	管理学	农业	单位自办	43	42	1	42	1	0	3	500	21.82	0
中华农业文明研究院	34	2014/10/1	非学校上级主管部门	独立设置研究所	省级重点研究基地	历史学	农业	单位自办	10	9	1	8	2	0	12	50	10	0
中日农业史比较中心	35	2015/3/31	学校自建	独立设置研究所	校级重点研究基地	历史学	农业	单位自办	14	12	2	12	2	0	6	0.3	0	0
中外语言比较中心	36	2012/10/1	学校自建	独立设置研究所	校级重点研究基地	外国文学	教育	单位自办	14	1	13	8	5	0	25	40	2.65	0
中国矿业大学	005	/	/	/	/	/	/	/	205	173	32	155	50	0	279	6667.8	243	0
安全管理研究中心	1	2018/7/19	非学校上级主管部门	独立设置研究所	省级重点研究基地	管理学	国家机构	政府部门办	26	21	5	18	8	0	59	240	80	0
安全科学与应急管理研究中心	2	2020/7/6	非学校上级主管部门	独立设置研究所	省级重点研究基地	管理学	国家机构	政府部门办	25	11	14	15	10	0	46	1676.8	85	0
澳大利亚研究中心	3	2017/6/13	非学校上级主管部门	独立设置研究所	其他重点研究基地,其他重点研究基地	国际问题研究	国家机构	政府部门办	14	10	4	10	4	0	6	120	3	0
国际能源政策研究中心	4	2013/7/1	非学校上级主管部门	独立设置研究所	省级重点研究基地	管理学	国家机构	政府部门办	30	29	1	28	2	0	90	1595	25	0
江苏省公共安全创新研究中心	5	2017/11/2	非学校上级主管部门	独立设置研究所	其他重点研究基地,其他重点研究基地	管理学	国家机构	政府部门办	16	13	3	12	4	0	8	660	28	0
江苏省能源经济管理研究基地	6	2008/10/1	非学校上级主管部门	独立设置研究所	省级重点研究基地	管理学	国家机构	政府部门办	18	18	0	17	1	0	31	2120	10	0
江苏省统一战线理论研究中国矿业大学基地	7	2022/6/1	非学校上级主管部门	独立设置研究所	其他重点研究基地,其他重点研究基地	政治学	国家机构	政府部门办	18	18	0	12	6	0	0	36	0	0
江苏省习近平新时代中国特色社会主义思想理论研究基地	8	2022/11/1	非学校上级主管部门	独立设置研究所	其他重点研究基地,其他重点研究基地	马克思主义	国家机构	政府部门办	20	20	0	15	5	0	0	100	0	0
江苏自然资源智库研究基地	9	2018/11/4	非学校上级主管部门	与校外合办所	其他重点研究基地,其他重点研究基地	管理学	国家机构	政府部门办	38	33	5	28	10	0	39	120	12	0

河海大学	006	/	/	/	/	/	/	/	506	395	111	365	141	0	511	10830	3330	0
“世界水谷”与水生态文明协同创新中心	1	2014/12/4	非学校上级主管部门	独立设置研究所	省级 2011 协同创新中心	管理学	生态保护和环境治理业	政府部门办	26	23	3	21	5	0	35	900	520	0
东部资源环境与持续发展研究中心	2	1994/12/1	非学校上级主管部门	与校外合办所	中央其他部委重点研究基地	经济学	中国共产党机关	政府部门办	17	14	3	13	4	0	13	300	100	0
公民道德发展与人的现代化研究基地	3	2012/12/12	非学校上级主管部门	独立设置研究所	省级重点研究基地	哲学	中国共产党机关	政府部门办	20	16	4	16	4	0	18	300	300	0
国际河流研究中心	4	2013/7/6	非学校上级主管部门	独立设置研究所	省级重点研究基地	国际问题研究	水利管理业	政府部门办	26	19	7	17	9	0	24	800	450	0
国家级人才理论研究基地	5	2014/5/9	非学校上级主管部门	独立设置研究所	中央其他部委重点研究基地	管理学	中国共产党机关	政府部门办	12	8	4	10	2	0	16	180	15	0
环境与社会研究中心	6	2015/2/4	非学校上级主管部门	独立设置研究所	省级重点研究基地	社会学	人民政协、民主党派	政府部门办	19	15	4	14	5	0	20	400	50	0
几内亚湾一科特迪瓦研究中心	7	2021/3/1	学校上级主管部门	独立设置研究所	教育部国别和区域研究中心	国际问题研究	教育	单位自办	10	6	4	6	4	0	4	150	100	0
江苏长江保护与高质量发展研究基地	8	2019/8/13	非学校上级主管部门	与校外合办所	省级重点研究基地	管理学	生态保护和环境治理业	单位自办	23	19	4	18	5	0	22	800	100	0
江苏企业国际化发展研究基地	9	2011/11/20	非学校上级主管部门	独立设置研究所	省级重点研究基地	逻辑学	商务服务业	政府部门办	21	16	5	15	6	0	25	700	100	0
江苏省科技体制改革科技思想库	10	2012/9/21	非学校上级主管部门	独立设置研究所	省级重点研究基地	管理学	中国共产党机关	政府部门办	12	10	2	10	2	0	15	100	20	0
江苏省老年学研究与培训基地	11	2015/12/6	非学校上级主管部门	与校外合办所	中央其他部委重点研究基地	社会学	人民政协、民主党派	政府部门办	19	14	5	13	6	0	25	300	200	0
江苏省水资源与可持续发展研究中心	12	2010/11/11	非学校上级主管部门	独立设置研究所	省级重点研究基地	经济学	中国共产党机关	政府部门办	19	16	3	17	2	0	26	350	30	0
江苏省循环经济工程研究中心	13	2005/12/1	非学校上级主管部门	独立设置研究所	省级重点研究基地	管理学	中国共产党机关	政府部门办	22	18	4	15	7	0	24	210	18	0
江苏省中国特色社会主义理论体系研究基地	14	2015/4/9	非学校上级主管部门	独立设置研究所	省级重点研究基地	马克思主义	中国共产党机关	政府部门办	21	16	5	16	5	0	28	300	32	0
江苏沿海资源经济研究中心	15	2011/12/31	非学校上级主管部门	与校外合办所	省级重点研究基地	经济学	水利管理业	政府部门办	18	14	4	13	5	0	24	400	30	0
澜湄国家区域研究中心	16	2021/3/1	学校上级主管部门	独立设置研究所	教育部国别和区域研究中心	国际问题研究	教育	单位自办	10	6	4	6	4	0	2	50	40	0
全国性别/妇女研究与培训基地	17	2013/9/16	非学校上级主管部门	与校外合办所	中央其他部委重点研究基地	社会学	社会保障	政府部门办	19	14	5	14	5	0	23	180	30	0
人口老龄化科研基地	18	2014/10/16	非学校上级主管部门	独立设置研究所	省级重点研究基地	社会学	人民政协、民主党派	政府部门办	13	10	3	10	3	0	20	300	60	0
水利部人力资源研究院	19	2011/4/29	非学校上级主管部门	与校外合办所	中央其他部委重点研究基地	马克思主义	中国共产党机关	政府部门办	20	15	5	14	6	0	18	700	85	0

续表

机构名称		成立时间	批准部门	组成方式	机构类型	学科分类	服务的国民经济行业	组成类型	R&D活动人员(人)						培养研究生(人)	R&D经费支出(千元)	仪器设备原价(千元)	其中
									合计	其中								进口(千元)
										博士毕业	硕士毕业	高级职称	中级职称	初级职称				
	编号	L01	L02	L03	L04	L05	L06	L07	L08	L09	L10	L11	L12	L13	L14	L15	L16	L17
水利部水库移民经济研究中心	20	1992/9/15	非学校上级主管部门	独立设置研究所	中央其他部委重点研究基地	社会学	水利管理业	政府部门办	27	22	5	17	10	0	26	1000	100	0
水利部水利经济研究所	21	1985/12/28	非学校上级主管部门	独立设置研究所	中央其他部委重点研究基地	经济学	中国共产党机关	政府部门办	17	13	4	12	5	0	20	550	78	0
水利法治研究中心	22	2017/7/20	非学校上级主管部门	与校外合办所	省级重点研究基地	法学	中国共产党机关	政府部门办	21	17	4	8	13	0	15	650	80	0
水利政策法制研究与培训中心	23	2011/10/18	非学校上级主管部门	独立设置研究所	中央其他部委重点研究基地	法学	生态保护和环境治理业	政府部门办	16	12	4	10	6	0	22	260	60	0
西非国家经济共同体研究中心	24	2021/3/1	学校上级主管部门	独立设置研究所	教育部国别和区域研究中心	国际问题研究	教育	单位自办	15	8	7	5	10	0	5	200	100	0
新时代基层党建与思想文化建设研究基地	25	2020/10/1	非学校上级主管部门	独立设置研究所	省级重点研究基地	马克思主义	教育	单位自办	27	23	4	25	2	0	15	450	400	0
亚洲研究中心	26	2017/7/1	学校上级主管部门	独立设置研究所	教育部国别和区域研究中心	民族学与文化学	教育	单位自办	20	17	3	16	4	0	10	200	200	0
中国(南京)人才发展研究中心	27	2012/3/28	非学校上级主管部门	独立设置研究所	省级重点研究基地	管理学	教育	政府部门办	16	14	2	14	2	0	16	100	32	0
南京理工大学	007	/	/	/	/	/	/	/	243	190	50	128	84	8	434	3702	2262	450
国防知识产权研究中心	1	2016/1/1	非学校上级主管部门	独立设置研究所	中央其他部委重点研究基地	法学	教育	单位自办	4	3	1	2	2	0	6	90	60	0
江苏服务型政府建设研究基地	2	2011/11/5	非学校上级主管部门	独立设置研究所	省级重点研究基地	社会学	中国共产党机关	其他	15	6	9	0	7	2	2	50	20	0
江苏人才发展战略研究院	3	2016/7/7	非学校上级主管部门	独立设置研究所	省级智库	管理学	教育	政府部门办	10	5	5	0	5	2	2	12	50	0
江苏商标品牌研究中心	4	2018/7/15	非学校上级主管部门	独立设置研究所	省级重点研究基地	法学	科技推广和应用服务业	政府部门办	6	5	1	3	3	0	20	100	60	0
江苏省版权研究中心	5	2017/4/6	非学校上级主管部门	独立设置研究所	省级重点研究基地	法学	文化艺术业	政府部门办	6	5	1	3	3	0	22	100	50	0
江苏省国防科技工业军民融合发展政策评估中心	6	2021/11/1	非学校上级主管部门	跨系所	省级重点研究基地	管理学	社会工作	单位自办	30	28	2	25	5	0	0	150	0	0
江苏省军民融合发展研究院	7	2017/8/31	非学校上级主管部门	独立设置研究所	省级重点研究基地	管理学	研究和试验发展	政府部门办	7	5	2	0	2	0	0	15	50	0
江苏省军民融合科技与产业创新研究中心	8	2016/4/14	非学校上级主管部门	独立设置研究所	省级重点研究基地	管理学	科技推广和应用服务业	政府部门办	6	4	2	0	2	0	0	50	6	0

江苏省习近平新时代中国特色社会主义思想研究中心理论研究基地	9	2022/6/1	非学校上级主管部门	独立设置研究所	省级智库	马克思主义	教育	政府部门办	71	53	17	37	30	3	244	300	0	0
江苏省知识产权思想库	10	2016/2/3	非学校上级主管部门	独立设置研究所	省级重点研究基地	法学	科技推广和应用服务业	政府部门办	6	5	1	3	3	0	4	150	60	0
企业大数据质量管理与风险控制工业和信息化部重点实验室	11	2022/12/1	学校上级主管部门	独立设置研究所	中央其他部委重点实验室，工业和信息化部重点实验室	管理学	货币金融服务	政府部门办	49	39	8	39	9	1	125	2500	1850	450
沙特研究中心	12	2017/9/29	非学校上级主管部门	独立设置研究所	其他重点研究基地	国际问题研究	国家机构	单位自办	6	5	1	0	2	0	0	50	6	0
语言信息智能处理及应用工信部重点实验室	13	2020/1/1	非学校上级主管部门	独立设置研究所	中央其他部委重点实验室	语言学	软件和信息技术服务业	单位自办	17	17	0	10	7	0	3	120	50	0
中国工业文化研究中心	14	2019/3/27	学校自建	独立设置研究所	校级重点研究基地	马克思主义	文化艺术业	其他	10	10	0	6	4	0	6	15	0	0
南京航空航天大学	008	/	/	/	/	/	/	/	223	133	69	129	60	0	392	2629.5	928	0
巴尔干地区研究中心	1	2017/6/13	非学校上级主管部门	独立设置研究所	其他重点研究基地，教育部国际合作与交流司	国际问题研究	国家机构	单位自办	12	10	2	9	3	0	7	80	5	0
共青团中央中国特色社会主义理论体系研究基地	2	2018/5/30	非学校上级主管部门	独立设置研究所	中央其他部委重点研究基地	马克思主义	群众团体、社会团体和其他成员组织	单位自办	20	10	8	10	8	0	20	51.5	35	0
江苏军民融合发展研究基地	3	2019/7/1	非学校上级主管部门	独立设置研究所	省级重点研究基地	管理学	科技推广和应用服务业	单位自办	30	15	12	15	3	0	51	215	61	0
江苏省非物质文化遗产研究基地	4	2014/6/25	非学校上级主管部门	独立设置研究所	省级重点研究基地	艺术学	文化艺术业	单位自办	18	8	8	10	8	0	11	80	45	0
江苏省高校思想政治教育研究中心	5	2018/7/19	非学校上级主管部门	独立设置研究所	省级重点研究基地	马克思主义	科技推广和应用服务业	单位自办	19	13	6	12	7	0	30	40	10	0
江苏省人力资源发展研究基地	6	2017/7/7	非学校上级主管部门	独立设置研究所	省级重点研究基地	管理学	科技推广和应用服务业	单位自办	29	6	16	9	5	0	28	145	10	0
江苏省中国特色社会主义理论体系研究基地	7	2015/4/2	非学校上级主管部门	独立设置研究所	省级重点研究基地	马克思主义	国家机构	单位自办	22	11	6	10	7	0	15	115	11	0
科学发展研究中心	8	2010/8/5	非学校上级主管部门	独立设置研究所	省级重点研究基地	管理学	科技推广和应用服务业	单位自办	35	32	3	31	4	0	79	1443	531	0
能源软科学研究中心	9	2010/8/5	非学校上级主管部门	独立设置研究所	省级重点研究基地	管理学	科技推广和应用服务业	单位自办	20	20	0	13	7	0	140	380	180	0
文化和旅游研究基地	10	2019/10/14	非学校上级主管部门	独立设置研究所	中央其他部委重点研究基地	艺术学	国家机构	单位自办	18	8	8	10	8	0	11	80	40	0

续表

机构名称		成立时间	批准部门	组成方式	机构类型	学科分类	服务的国民经济行业	组成类型	R&D活动人员(人)						培养研究生(人)	R&D经费支出(千元)	仪器设备原价(千元)	其中
									合计	其中								进口(千元)
										博士毕业	硕士毕业	高级职称	中级职称	初级职称				
	编号	L01	L02	L03	L04	L05	L06	L07	L08	L09	L10	L11	L12	L13	L14	L15	L16	L17
苏州大学	009	/	/	/	/	/	/	/	139	113	26	95	37	3	66	3625.5	624	0
东吴智库	1	2015/6/18	学校上级主管部门	跨系所	省级智库,省级重点研究基地	经济学	国家机构	单位自办	24	21	3	10	14	0	15	590	112	0
公法研究中心	2	2009/10/27	学校上级主管部门	独立设置研究所	省级重点研究基地	法学	国家机构	单位自办	25	19	6	21	4	0	10	452	51	0
国家体育总局体育社会科学重点研究基地	3	2001/5/18	非学校上级主管部门	独立设置研究所	中央其他部委重点研究基地	体育科学	体育	单位自办	17	12	5	9	5	3	11	497	246	0
江苏省吴文化研究基地	4	1996/12/5	非学校上级主管部门	独立设置研究所	省级重点研究基地	历史学	文化艺术业	单位自办	10	8	2	8	2	0	5	80.5	20	0
江苏省新型城镇化与社会治理协同创新中心	5	2014/3/20	学校上级主管部门	与校外合办所	省级2011协同创新中心	管理学	国家机构	与国内高校合办	28	24	4	22	6	0	8	801	108	0
苏州基层党建研究所	6	2007/6/26	学校上级主管部门	与校外合办所	省级重点研究基地	马克思主义	中国共产党机关	政府部门办	7	5	2	7	0	0	2	300	20	0
中国特色城镇化研究中心	7	2003/4/28	非学校上级主管部门	跨系所	教育部重点研究基地	管理学	国家机构	单位自办	28	24	4	18	6	0	15	905	67	0
江苏科技大学	010	/	/	/	/	/	/	/	15	9	6	10	5	0	29	100	10	0
服务制造模式与信息化研究中心	1	2015/5/1	学校上级主管部门	独立设置研究所	省级重点研究基地	管理学	铁路、船舶、航空航天和其他运输设备制造业	与国内独立研究结构合办	15	9	6	10	5	0	29	100	10	0
南京工业大学	011	/	/	/	/	/	/	/	180	99	80	80	86	11	31	1290	131.58	0
高校国家知识产权信息服务中心	1	2019/12/1	非学校上级主管部门	独立设置研究所	中央其他部委重点研究基地	图书馆、情报与文献学	教育	单位自办	18	13	4	10	7	0	6	55	20	0
互联网金融科技研究中心	2	2019/5/1	非学校上级主管部门	独立设置研究所	其他重点研究基地,江苏省教育厅	经济学	资本市场服务	与国内独立研究结构合办	8	3	5	2	5	0	3	50	4.5	0
江苏产业科技创新研究中心	3	2017/3/5	非学校上级主管部门	与校外合办所	省级重点研究基地	管理学	科技推广和应用服务业	与国内独立研究结构合办	10	5	5	3	6	0	6	250	16	0
江苏社会管理法制建设研究基地	4	2018/1/5	非学校上级主管部门	独立设置研究所	其他重点研究基地,江苏省社科联	法学	社会保障	政府部门办	9	1	8	2	3	4	2	50	12	0

江苏省地方立法研究基地	5	2022/5/13	非学校上级主管部门	与校外合办所	其他重点研究基地，省级基地	法学	社会保障	政府部门办	25	20	5	8	14	3	4	50	2	0
江苏省军民融合发展智库“协同创新与产业发展研究中心”	6	2019/10/1	非学校上级主管部门	独立设置研究所	其他智库，江苏省委军民融合办	管理学	科技推广和应用服务业	单位自办	16	6	10	9	7	0	0	50	21	0
江苏省科技政策思想库	7	2014/5/1	学校上级主管部门	独立设置研究所	省级智库	管理学	科技推广和应用服务业	单位自办	18	5	13	5	13	0	3	55	5.1	0
江苏省科协科技创新智库基地	8	2019/5/1	非学校上级主管部门	独立设置研究所	其他重点研究基地，江苏省科协	管理学	教育	单位自办	9	5	4	2	5	2	3	50	4.6	0
江苏省习近平新时代中国特色社会主义思想研究中心南京工业大学基地	9	2022/9/9	非学校上级主管部门	跨系所	其他重点研究基地，省级基地	马克思主义	中国共产党机关	政府部门办	20	13	7	10	8	2	4	10	0	0
新型城镇化研究院	10	2020/1/1	非学校上级主管部门	跨系所	省级智库	社会学	国家机构	单位自办	10	8	2	8	2	0	0	120	18.5	0
一带一路化工与建筑行业中外人文交流研究院	11	2020/1/1	学校上级主管部门	跨系所	其他重点研究基地	管理学	教育	单位自办	15	10	5	5	10	0	0	500	21.2	0
知识产权科普教育基地	12	2018/10/12	学校上级主管部门	跨系所	其他重点研究基地，省科技协会、科技厅、教育厅	教育学	教育	单位自办	22	10	12	16	6	0	0	50	6.68	0
常州大学	012	/	/	/	/	/	/	/	140	90	50	78	54	8	5	1440	660	0
常州现代服务业研究院	1	2014/9/23	非学校上级主管部门	与校外合办所	校级重点研究基地	管理学	商务服务业	单位自办	6	4	2	5	1	0	0	200	30	0
城乡文明研究所	2	2014/6/5	学校自建	独立设置研究所	校级重点研究基地	马克思主义	中国共产党机关	单位自办	4	1	3	3	1	0	0	20	20	0
江南文化研究中心	3	2013/4/10	学校自建	与校外合办所	校级重点研究基地	历史学	其他服务业	与国内独立研究结构合办	6	4	2	2	4	0	0	100	20	0
江苏能源战略研究基地	4	2013/3/19	学校上级主管部门	与校外合办所	省级重点研究基地	管理学	石油、煤炭及其他燃料加工业	政府部门办	10	6	4	6	4	0	0	100	50	0
江苏省非物质文化遗产研究基地	5	2014/10/20	学校上级主管部门	跨系所	省级重点研究基地	艺术学	中国共产党机关	政府部门办	10	5	5	6	4	0	0	100	50	0
江苏省统一战线理论研究基地	6	2022/5/1	学校上级主管部门	独立设置研究所	省级重点研究基地	交叉学科	人民政协、民主党派	政府部门办	10	6	4	4	4	2	0	100	50	0
江苏省习近平新时代中国特色社会主义思想研究中心	7	2022/6/1	学校上级主管部门	独立设置研究所	省级重点研究基地	马克思主义	中国共产党机关	政府部门办	12	8	4	5	4	3	0	100	50	0
江苏省知识产权培训基地	8	2017/10/1	学校上级主管部门	独立设置研究所	省级重点研究基地	法学	科技推广和应用服务业	政府部门办	8	7	1	5	2	1	2	100	50	0

续表

机构名称	编号	成立时间	批准部门	组成方式	机构类型	学科分类	服务的国民经济行业	组成类型	R&D活动人员(人) 合计	其中 博士毕业	硕士毕业	高级职称	中级职称	初级职称	培养研究生(人)	R&D经费支出(千元)	仪器设备原价(千元)	其中 进口(千元)
		L01	L02	L03	L04	L05	L06	L07	L08	L09	L10	L11	L12	L13	L14	L15	L16	L17
江苏中国特色社会主义理论研究基地	9	2015/5/6	学校上级主管部门	跨系所	省级重点研究基地	马克思主义	国家机构	政府部门办	10	6	4	7	3	0	0	100	50	0
旅游产业战略研究所	10	2014/1/7	学校自建	跨系所	校级重点研究基地	管理学	商务服务业	单位自办	4	2	2	2	2	0	0	20	20	0
人力资源管理研究中心	11	2014/2/1	学校自建	与校外合办所	校级重点研究基地	管理学	其他服务业	单位自办	6	4	2	3	3	0	0	20	20	0
书画艺术研究院	12	2014/8/6	学校自建	独立设置研究所	校级重点研究基地	艺术学	广播、电视、电影和录音制作业	单位自办	4	2	2	2	2	0	0	20	20	0
苏南现代化研究协同创新中心	13	2020/10/1	学校上级主管部门	独立设置研究所	省级重点研究基地	社会学	研究和试验发展	政府部门办	10	9	1	7	2	1	1	100	50	0
苏台经贸合作和科技创新研究中心	14	2015/5/18	学校上级主管部门	与校外合办所	省级重点研究基地	管理学	商务服务业	单位自办	10	6	4	5	5	0	0	100	50	0
体育健康教育研究所	15	2011/10/17	学校自建	独立设置研究所	校级重点研究基地	体育科学	文化艺术业	单位自办	4	2	2	2	2	0	0	20	20	0
现代服务业发展与治理研究基地	16	2017/7/1	学校上级主管部门	独立设置研究所	省级重点研究基地	管理学	商务服务业	政府部门办	10	8	2	5	4	1	2	100	50	0
语言教育与语言政策研究中心	17	2014/1/7	学校自建	独立设置研究所	校级重点研究基地	语言学	其他服务业	单位自办	5	3	2	3	2	0	0	20	20	0
语言应用研究基地	18	2015/10/19	非学校上级主管部门	与校外合办所	省级重点研究基地	语言学	其他服务业	与国内独立研究结构合办	7	5	2	4	3	0	0	100	20	0
周有光研究中心	19	2013/6/5	学校自建	独立设置研究所	校级重点研究基地	中国文学	广播、电视、电影和录音制作业	单位自办	4	2	2	2	2	0	0	20	20	0
南京邮电大学	013	/	/	/	/	/	/	/	210	165	41	135	75	0	0	2190	286	0
高质量发展评价研究院	1	2020/4/30	非学校上级主管部门	与校外合办所	省级智库	管理学	中国共产党机关	政府部门办	15	10	5	10	5	0	0	400	20	0
江苏高质量发展综合评估研究基地	2	2019/7/15	非学校上级主管部门	独立设置研究所	其他重点研究基地，江苏省社科联批准决策咨询研究基地	管理学	国家机构	单位自办	20	17	3	14	6	0	0	60	10	0
江苏省统计科学研究基地	3	2010/6/7	非学校上级主管部门	跨系所	其他重点研究基地，江苏省统计局批准	统计学	软件和信息技术服务业	单位自办	15	12	3	9	6	0	0	160	20	0

江苏省物联网产业发展研究基地	4	2010/8/5	学校上级主管部门	跨系所	其他重点研究基地，江苏省教育厅批准江苏高校哲学社会科学重点研究基地	管理学	互联网和相关服务	单位自办	18	16	2	11	7	0	0	160	40	0
江苏现代信息服务业研究基地	5	2012/3/15	非学校上级主管部门	跨系所	其他重点研究基地，江苏省社科联批准决策咨询研究基地	图书馆、情报与文献学	软件和信息技术服务业	单位自办	19	14	5	11	8	0	0	200	31	0
江苏现代信息社会研究基地	6	2011/11/15	非学校上级主管部门	跨系所	其他重点研究基地，江苏省社科联批准决策咨询研究基地	管理学	科技推广和应用服务业	单位自办	28	24	0	24	4	0	0	200	25	0
江苏智慧养老研究院	7	2017/7/7	学校上级主管部门	与校外合办所	校级重点研究基地，其他重点研究基地，江苏省教育厅批准江苏高校人文社会科学校外研究基地	社会学	社会工作	与国内独立研究结构合办	20	15	5	12	8	0	0	300	30	0
教育人工智能研究中心	8	2020/9/16	学校上级主管部门	跨系所	其他重点研究基地，江苏高校哲学社会科学重点研究基地	教育学	教育	单位自办	14	11	3	6	8	0	0	100	20	0
科普动漫研究所	9	2019/9/16	非学校上级主管部门	独立设置研究所	其他重点研究基地，江苏省社科联批准社会科学普及研发基地	艺术学	文化艺术业	单位自办	21	18	3	14	7	0	0	200	30	0
网络空间国际治理研究基地	10	2022/11/24	非学校上级主管部门	独立设置研究所	国家高端智库	管理学	国家机构	单位自办	15	10	5	8	7	0	0	200	30	0
习近平新时代中国特色社会主义思想研究中心理论研究基地	11	2022/6/6	非学校上级主管部门	独立设置研究所	省级智库	政治学	中国共产党机关	单位自办	10	7	3	7	3	0	0	100	10	0

续表

机构名称	编号	成立时间	批准部门	组成方式	机构类型	学科分类	服务的国民经济行业	组成类型	R&D活动人员(人) 合计	其中 博士毕业	其中 硕士毕业	其中 高级职称	其中 中级职称	其中 初级职称	培养研究生(人)	R&D经费支出(千元)	仪器设备原价(千元)	其中 进口(千元)
	编号	L01	L02	L03	L04	L05	L06	L07	L08	L09	L10	L11	L12	L13	L14	L15	L16	L17
信息产业融合创新与应急管理研究中心	12	2018/7/19	学校上级主管部门	跨系所	其他重点研究基地,江苏省教育厅批准江苏高校哲学社会科学重点研究基地	管理学	互联网和相关服务	单位自办	15	11	4	9	6	0	0	110	20	0
南京林业大学	014	/	/	/	/	/	/	/	69	37	27	47	22	0	0	886.8	1205.2	281.8
国家林业和草原局林业遗产与森林环境史研究中心	1	2020/5/1	学校上级主管部门	独立设置研究所	研究中心	历史学	林业	政府部门办	38	28	10	26	12	0	0	300	5	0
江苏环境与发展研究中心	2	2009/12/15	学校上级主管部门	独立设置研究所	省级重点研究基地	哲学	生态保护和环境治理业	政府部门办	10	4	5	7	3	0	0	334.7	854.2	246
生态经济研究中心	3	2010/10/28	学校上级主管部门	独立设置研究所	省级重点研究基地	经济学	生态保护和环境治理业	政府部门办	21	5	12	14	7	0	0	252.1	346	35.8
江苏大学	015	/	/	/	/	/	/	/	33	25	7	23	5	0	37	920	350	0
产业经济研究院	1	2019/6/6	学校自建	独立设置研究所	校级重点研究基地	经济学	其他金融业	单位自办	3	2	0	2	1	0	15	150	50	0
高等教育研究所	2	1983/8/1	学校自建	独立设置研究所	研究所	教育学	其他服务业	单位自办	2	1	1	1	0	0	1	40	10	0
江苏省统计应用研究基地	3	2012/1/11	非学校上级主管部门	与校外合办所	省级重点研究基地	统计学	其他服务业	与国内独立研究结构合办	3	3	0	3	0	0	3	100	10	0
江苏省知识产权研究中心	4	2008/9/27	非学校上级主管部门	独立设置研究所	省级重点研究基地	管理学	专业技术服务业	单位自办	4	2	2	2	0	0	2	80	20	0
江苏省中小企业发展研究基地	5	2008/10/3	非学校上级主管部门	跨系所	省级重点研究基地	管理学	专业技术服务业	政府部门办	4	2	2	2	0	0	2	90	10	0
江苏镇江法治政府研究院	6	2017/6/8	学校上级主管部门	与校外合办所	省级重点研究基地	法学	其他服务业	单位自办	5	3	2	3	2	0	5	50	50	0
绿色发展与环境治理研究中心	7	2020/6/10	学校上级主管部门	独立设置研究所	省级重点研究基地	管理学	生态保护和环境治理业	单位自办	5	5	0	4	1	0	0	80	50	0
能源发展与环境保护战略研究中心	8	2009/11/11	学校上级主管部门	独立设置研究所	省级重点研究基地	经济学	专业技术服务业	政府部门办	4	4	0	4	0	0	4	280	100	0
新时代“三农”问题研究中心	9	2018/5/9	学校上级主管部门	独立设置研究所	省级重点研究基地	马克思主义	农业	单位自办	3	3	0	2	1	0	5	50	50	0

南京信息工程大学	016	/	/	/	/	/	/	/	319	275	12	228	85	4	189	5242.61	2037.6	0
风险治理与应急决策研究院	1	2020/6/15	学校上级主管部门	独立设置研究所	省级重点研究基地	管理学	国家机构	单位自办	17	17	0	11	6	0	10	680	235	0
国家体育总局体育文化研究基地	2	2013/11/3	非学校上级主管部门	独立设置研究所	中央其他部委重点研究基地	体育科学	文化艺术业	单位自办	26	9	0	19	7	0	10	200.35	78.6	0
江北新区发展研究院	3	2017/8/29	学校上级主管部门	与校外合办所	省级重点研究基地	管理学	中国共产党机关	其他	38	36	0	26	10	0	11	1156.2	398	0
江苏人才强省建设研究基地	4	2011/10/22	非学校上级主管部门	与校外合办所	省级重点研究基地	管理学	中国共产党机关	其他	22	14	0	15	7	0	12	203.6	104.3	0
江苏省中国特色社会主义理论体系研究基地	5	2015/4/2	非学校上级主管部门	跨系所	省级重点研究基地	马克思主义	国家机构	单位自办	23	18	0	15	8	0	32	681.3	91.2	0
欧美再工业化战略研究中心	6	2013/7/2	学校上级主管部门	独立设置研究所	省级重点研究基地	管理学	其他制造业	单位自办	22	22	0	13	7	2	7	275.42	71.4	0
气候变化与公共政策研究院	7	2007/3/6	学校上级主管部门	跨系所	省级重点研究基地	政治学	中国共产党机关	单位自办	21	21	0	18	3	0	24	280.44	70.6	0
气候与环境治理研究院	8	2016/7/8	非学校上级主管部门	跨系所	省级智库	管理学	中国共产党机关	单位自办	49	47	2	40	9	0	16	479.3	148.2	0
清华大学技术创新研究中心分中心	9	2008/5/15	非学校上级主管部门	与校外合办所	其他重点研究基地,教育部人文社会科学重点研究基地分支机构	管理学	专业技术服务业	与国内高校合办	16	16	0	13	3	0	13	150.3	112.7	0
文化遗产科学认知与保护研究基地	10	2017/7/7	学校上级主管部门	与校外合办所	省级重点研究基地	历史学	广播、电视、电影和录音制作业	与国内独立研究结构合办	26	23	3	17	7	2	10	271.8	184.8	0
中国科协科技人力资源研究基地	11	2007/6/3	非学校上级主管部门	与校外合办所	中央其他部委重点研究基地	管理学	科技推广和应用服务业	与国内独立研究结构合办	23	22	1	15	8	0	14	261.5	130.1	0
中国制造业发展研究院	12	2006/5/18	学校上级主管部门	独立设置研究所	省级重点研究基地	经济学	其他制造业	单位自办	36	30	6	26	10	0	30	602.4	412.7	0
南通大学	017	/	/	/	/	/	/	/	114	72	36	88	17	9	52	3206	1294.8	0
东亚文化研究中心	1	2018/7/14	非学校上级主管部门	跨系所	江苏省高校哲学社会科学重点建设基地	中国文学	文化艺术业	其他	9	7	2	4	4	1	0	135	36.8	0
江苏长江经济带研究院	2	2016/4/20	非学校上级主管部门	与校外合办所	省级智库	管理学	生态保护和环境治理业	与国内独立研究结构合办	9	7	2	4	4	1	8	459.8	387.6	0
江苏省统一战线理论研究基地(南通大学)	3	2022/7/15	非学校上级主管部门	与校外合办所	江苏省理论研究基地	马克思主义	社会工作	其他	20	13	7	18	1	1	6	130	36.5	0
江苏省习近平新时代中国特色社会主义思想研究中心南通大学基地	4	2022/6/15	非学校上级主管部门	与校外合办所	江苏省理论研究基地	马克思主义	社会工作	其他	20	13	7	18	1	1	8	130	36.8	0

续表

机构名称	编号	成立时间	批准部门	组成方式	机构类型	学科分类	服务的国民经济行业	组成类型	R&D活动人员(人) 合计	其中 博士毕业	硕士毕业	高级职称	中级职称	初级职称	培养研究生(人)	R&D经费支出(千元)	仪器设备原价(千元)	其中 进口(千元)
		L01	L02	L03	L04	L05	L06	L07	L08	L09	L10	L11	L12	L13	L14	L15	L16	L17
江苏省中国特色社会主义理论体系研究基地南通大学研究中心	5	2015/4/10	非学校上级主管部门	跨系所	省级研究基地	马克思主义	社会工作	其他	20	13	7	18	1	1	6	130	36.8	0
江苏先进典型研究中心	6	2011/4/18	学校上级主管部门	与校外合办所	省高校人文社会科学校外研究基地	马克思主义	教育	单位自办	8	5	2	6	1	1	6	512	98.6	0
江苏沿海沿江发展研究中心	7	2009/10/12	学校上级主管部门	与校外合办所	其他重点研究基地,省教育厅校外研究基地	经济学	生态保护和环境治理业	与国内独立研究结构合办	6	4	2	4	1	1	6	453	125.4	0
南通大学楚辞研究中心	8	2007/4/12	学校上级主管部门	独立设置研究所	省高校哲学社会科学重点研究基地	中国文学	文化艺术业	单位自办	11	7	2	8	2	1	7	587.8	357.4	0
南通廉政文化研究中心	9	2007/4/11	学校自建	与校外合办所	省高校哲学社会科学重点研究基地	政治学	文化艺术业	其他	11	3	5	8	2	1	5	668.4	178.9	0
盐城工学院	018	/	/	/	/	/	/	/	48	23	25	31	16	1	0	75	0	0
公共安全与应急管理研究中心	1	2020/1/31	非学校上级主管部门	跨系所	省级智库	管理学	国家机构	政府部门办	10	6	4	5	5	0	0	15	0	0
黄海湿地生态文明建设研究中心	2	2020/1/26	非学校上级主管部门	跨系所	智库	管理学	国家机构	政府部门办	21	12	9	18	3	0	0	30	0	0
盐城产业经济研究院	3	2020/1/27	非学校上级主管部门	跨系所	智库	经济学	国家机构	政府部门办	17	5	12	8	8	1	0	30	0	0
南京医科大学	019	/	/	/	/	/	/	/	64	43	21	57	7	0	5	925.08	20	0
健康江苏建设与发展研究院	1	2016/6/30	非学校上级主管部门	与校外合办所	省级智库	管理学	教育	与国内高校合办	64	43	21	57	7	0	5	925.08	20	0
南京中医药大学	020	/	/	/	/	/	/	/	34	30	4	27	7	0	52	624	234	0
江苏重大健康风险管理与中医药防控政策研究中心	1	2020/9/14	学校上级主管部门	独立设置研究所	省级重点研究基地	管理学	卫生	单位自办	14	10	4	10	4	0	30	144	132	0
中医文化研究中心	2	1994/6/1	学校上级主管部门	独立设置研究所	省级重点研究基地	民族学与文化学	其他服务业	单位自办	20	20	0	17	3	0	22	480	102	0
南京师范大学	021	/	/	/	/	/	/	/	591	523	63	429	102	12	1411	8916.344	76967	66221
道德教育研究所	1	2000/1/1	非学校上级主管部门	独立设置研究所	教育部重点研究基地	教育学	教育	政府部门办	10	9	1	8	1	0	147	422.344	500	0

江苏法治发展研究院	2	2008/1/1	非学校上级主管部门	独立设置研究所	省级重点研究基地	法学	教育	政府部门办	57	55	1	40	16	0	160	1730	770	0
江苏高校心理健康与脑科学社科普及基地	3	2022/6/1	非学校上级主管部门	独立设置研究所	省级重点研究基地	心理学	教育	政府部门办	64	60	4	56	8	0	138	900	60 000	56 000
江苏国际法治动态研究中心	4	2015/3/26	非学校上级主管部门	独立设置研究所	省级重点研究基地	语言学	教育	政府部门办	15	15	0	10	5	0	30	50	0	0
江苏省创新经济研究基地	5	2008/6/30	非学校上级主管部门	独立设置研究所	省级重点研究基地	经济学	商务服务业	政府部门办	23	23	0	19	4	0	65	300	200	0
江苏省地方立法研究基地	6	2022/5/13	非学校上级主管部门	与校外合办所	省级重点研究基地	法学	教育	政府部门办	9	9	0	3	4	2	2	20	0	0
江苏省儿童青少年心理发展与危机干预高校国际合作联合实验室	7	2022/6/30	学校上级主管部门	独立设置研究所	省级重点实验室	心理学	教育	政府部门办	27	18	9	15	6	6	138	800	12 532	8619
江苏省老年学研究基地	8	2006/9/1	非学校上级主管部门	跨系所	省级重点研究基地	社会学	社会保障	政府部门办	18	16	2	11	7	0	8	30	0	0
江苏省新的社会阶层人士统战工作分众研究基地	9	2022/5/27	非学校上级主管部门	与校外合办所	省级重点研究基地	新闻学与传播学	文化艺术业	政府部门办	5	2	3	1	1	0	1	50	0	0
江苏文学翻译与研究中心	10	2013/11/1	非学校上级主管部门	独立设置研究所	省级重点研究基地	外国文学	教育	政府部门办	7	6	1	5	2	0	20	50	0	0
教育社会学研究中心	11	2009/6/30	学校上级主管部门	独立设置研究所	省级重点研究基地	教育学	教育	政府部门办	14	4	10	6	2	0	45	200	0	0
联合国教科文组织国际农村教育研究与培训中心南京基地	12	1999/1/1	非学校上级主管部门	独立设置研究所	其他重点研究基地，联合国教科文组织	教育学	国际组织	与境外结构合办	6	6	0	6	0	0	8	26	0	0
全国妇联妇女/性别研究与培训基地	13	2006/6/1	非学校上级主管部门	独立设置研究所	中央其他部委重点研究基地	社会学	群众团体、社会团体和其他成员组织	政府部门办	23	15	8	20	3	0	15	50	0	0
司法现代化研究中心	14	2012/3/31	学校上级主管部门	与校外合办所	省级重点研究基地	法学	教育	政府部门办	19	16	3	11	0	0	50	20	0	0
乡村文化振兴研究中心	15	2018/7/18	学校上级主管部门	独立设置研究所	省级重点研究基地	哲学	社会保障	政府部门办	46	42	4	22	16	4	66	600	72	0
语言信息科技研究中心	16	2010/8/1	学校上级主管部门	跨系所	省级重点研究基地	语言学	教育	政府部门办	39	39	0	33	6	0	512	960	1620	1590
中国法治现代化研究院	17	2015/11/10	非学校上级主管部门	独立设置研究所	省级智库	法学	教育	政府部门办	203	183	17	158	20	0	2	2608	1253	0
中华优秀传统文化传承基地	18	2019/9/1	学校上级主管部门	跨系所	省级重点研究基地	艺术学	文化艺术业	政府部门办	6	5	0	5	1	0	4	100	20	12
江苏师范大学	022	/	/	/	/	/	/	/	578	548	30	452	126	0	411	12800	20430	3100
“一带一路”妇女发展研究基地	1	2019/9/2	非学校上级主管部门	与校外合办所	其他智库，省妇联共建	历史学	国家机构	单位自办	12	12	0	9	3	0	4	100	30	0

续表

机构名称	编号	成立时间	批准部门	组成方式	机构类型	学科分类	服务的国民经济行业	组成类型	R&D活动人员(人) 合计	其中 博士毕业	硕士毕业	高级职称	中级职称	初级职称	培养研究生(人)	R&D经费支出(千元)	仪器设备原价(千元)	其中 进口(千元)
		L01	L02	L03	L04	L05	L06	L07	L08	L09	L10	L11	L12	L13	L14	L15	L16	L17
“一带一路”研究院	2	2016/7/4	非学校上级主管部门	独立设置研究所	省级智库	经济学	国家机构	单位自办	30	29	1	25	5	0	15	1900	600	0
澳大利亚研究中心	3	2013/6/18	非学校上级主管部门	独立设置研究所	其他重点研究基地,教育部国别和区域研究中心	国际问题研究	中国共产党机关	单位自办	15	15	0	12	3	0	5	100	170	0
巴基斯坦研究中心	4	2017/6/13	非学校上级主管部门	独立设置研究所	其他重点研究基地,教育部国别和区域研究中心	国际问题研究	中国共产党机关	单位自办	10	9	1	8	2	0	4	100	120	0
大运河文化带建设研究院徐州分院	5	2018/8/23	非学校上级主管部门	独立设置研究所	其他智库,江苏省高端智库分院	历史学	生态保护和环境治理业	单位自办	20	19	1	17	3	0	16	100	300	0
独联体国家研究中心	6	2017/6/13	非学校上级主管部门	独立设置研究所	其他重点研究基地,教育部国别和区域研究中心	国际问题研究	中国共产党机关	单位自办	14	14	0	12	2	0	6	100	120	0
国家民委“一带一路”国别和区域研究中心澳大利亚研究中心	7	2020/8/4	非学校上级主管部门	独立设置研究所	其他智库,国家民委	国际问题研究	国家机构	单位自办	16	16	0	12	4	0	7	100	60	0
国家体育总局体育文化发展中心体育文化研究基地	8	2011/11/1	非学校上级主管部门	与校外合办所	其他重点研究基地,国家体育总局体育文化发展中心	体育科学	其他服务业	单位自办	15	9	6	10	5	0	10	50	220	0
国务院侨务办公室侨务理论研究江苏基地	9	2013/1/18	非学校上级主管部门	与校外合办所	中央其他部委重点研究基地	历史学	其他服务业	单位自办	15	15	0	12	3	0	6	100	110	0
汉文化研究院	10	2008/12/12	学校上级主管部门	独立设置研究所	省级重点研究基地	艺术学	其他服务业	单位自办	18	18	0	16	2	0	10	100	250	0
华侨华人与“一带一路”沿线国家发展研究中心	11	2020/9/14	学校上级主管部门	独立设置研究所	省级重点研究基地	历史学	国家机构	单位自办	15	15	0	10	5	0	9	100	60	0
淮海发展研究院	12	1998/7/1	学校上级主管部门	独立设置研究所	省级重点研究基地	经济学	软件和信息技术服务业	单位自办	10	9	1	8	2	0	8	200	120	0

江苏省决策咨询研究基地江苏区域协调发展研究基地	13	2011/11/1	学校上级主管部门	独立设置研究所	省级重点研究基地	经济学	国家机构	单位自办	12	11	1	10	2	0	5	100	380	0
江苏省中国特色社会主义理论体系研究基地	14	2015/4/2	学校上级主管部门	独立设置研究所	省级重点研究基地	马克思主义	国家机构	单位自办	20	20	0	15	5	0	5	100	150	0
留学生与中国现代化研究基地	15	2018/7/19	学校上级主管部门	独立设置研究所	省级重点研究基地	历史学	教育	单位自办	15	14	1	12	3	0	10	350	700	0
欧美同学会留学报国研究基地	16	2016/11/22	非学校上级主管部门	与校外合办所	中央其他部委重点研究基地	历史学	教育	单位自办	12	12	0	7	5	0	12	100	200	0
苏北农村治理创新研究基地	17	2009/3/18	学校上级主管部门	与校外合办所	省级重点研究基地	社会学	社会工作	单位自办	15	15	0	12	3	0	8	100	500	0
苏台合作与发展研究中心	18	2017/10/18	非学校上级主管部门	与校外合办所	其他智库,江苏省人民政府台湾事务办公室立项建设	管理学	教育	单位自办	16	16	0	14	2	0	10	100	350	0
特色镇村建设与土地管理研究基地	19	2017/7/7	学校上级主管部门	与校外合办所	省级重点研究基地	经济学	土地管理业	单位自办	16	16	0	12	4	0	12	300	360	0
退役军人事务研究基地-江苏师范大学基地	20	2021/9/23	非学校上级主管部门	独立设置研究所	中央其他部委重点研究基地	管理学	国家机构	单位自办	28	24	4	20	8	0	20	100	100	0
语言能力高等研究院	21	2017/6/27	非学校上级主管部门	独立设置研究所	省级智库	中国文学	其他服务业	单位自办	40	40	0	36	4	0	16	500	3000	0
语言能力协同创新中心	22	2014/3/14	非学校上级主管部门	与校外合办所	省级 2011 协同创新中心	语言学	其他服务业	与国内高校合办	88	84	4	73	15	0	100	7000	8410	2200
语言研究所	23	1997/3/30	学校上级主管部门	独立设置研究所	省级重点研究基地	语言学	教育	单位自办	36	31	5	19	17	0	35	300	3000	900
智慧教育研究中心	24	2015/1/30	学校上级主管部门	独立设置研究所	省级重点研究基地	教育学	其他服务业	单位自办	21	21	0	17	4	0	24	100	350	0
中共中央编译局发展理论研究中心	25	2011/7/1	非学校上级主管部门	与校外合办所	中央其他部委重点研究基地	马克思主义	其他服务业	单位自办	12	12	0	9	3	0	9	100	200	0
中国一巴基斯坦教育文化研究中心	26	2013/6/18	学校上级主管部门	独立设置研究所	省级重点研究基地	国际问题研究	中国共产党机关	单位自办	10	9	1	8	2	0	8	100	120	0
中华家文化研究基地	27	2017/6/27	学校上级主管部门	独立设置研究所	省级重点研究基地	马克思主义	社会工作	单位自办	15	11	4	12	3	0	12	200	200	0
中拉人文交流研究基地	28	2019/9/2	非学校上级主管部门	与校外合办所	其他智库,中科院、省外事办	外国文学	国家机构	单位自办	20	20	0	16	4	0	16	100	150	0
自贸区研究院	29	2019/9/2	非学校上级主管部门	与校外合办所	其他智库,江苏省商务厅	经济学	国家机构	单位自办	12	12	0	9	3	0	9	100	100	0
淮阴师范学院	023	/	/	/	/	/	/	/	221	162	45	160	60	1	0	2013	7942	0
楚州十番锣鼓非遗传承基地	1	2020/12/23	学校上级主管部门	独立设置研究所	其他重点研究基地,市级重点研究基地	艺术学	文化艺术业	单位自办	6	3	3	3	3	0	0	55	49	0

续表

机构名称		成立时间	批准部门	组成方式	机构类型	学科分类	服务的国民经济行业	组成类型	R&D活动人员(人)						培养研究生(人)	R&D经费支出(千元)	仪器设备原价(千元)	其中
									合计	其中								进口(千元)
										博士毕业	硕士毕业	高级职称	中级职称	初级职称				
	编号	L01	L02	L03	L04	L05	L06	L07	L08	L09	L10	L11	L12	L13	L14	L15	L16	L17
大运河文化带建设研究院淮安分院	2	2018/7/25	学校上级主管部门	与校外合办所	省级智库	法学	文化艺术业	政府部门办	23	20	3	20	3	0	0	240	30	0
淮安市大运河保护与利用研究基地	3	2022/7/14	学校上级主管部门	与校外合办所	其他智库,市级	经济学	文化艺术业	其他	30	10	13	10	19	1	0	60	50	0
淮安市碳中和研究院	4	2022/7/14	学校上级主管部门	与校外合办所	其他智库,市级	交叉学科	生态保护和环境治理业	其他	32	30	2	24	8	0	0	90	150	0
淮河生态经济带研究院	5	2020/9/14	学校上级主管部门	跨系所	省级重点研究基地	经济学	生态保护和环境治理业	政府部门办	25	24	1	20	5	0	0	250	7000	0
江苏省性别平等示范基地(淮安)	6	2019/9/20	学校上级主管部门	独立设置研究所	其他重点研究基地,市级重点研究基地	社会学	社会工作	单位自办	6	3	3	3	3	0	0	18	18	0
教师教育协同创新研究中心	7	2018/7/19	学校上级主管部门	独立设置研究所	省级重点研究基地	教育学	教育	政府部门办	18	17	1	16	2	0	0	160	50	0
欧美国家边界争端与化解研究中心	8	2013/10/9	学校上级主管部门	独立设置研究所	省级重点研究基地	历史学	其他服务业	政府部门办	7	6	1	6	1	0	0	80	135	0
社会风险评估与治理法治化研究基地	9	2017/7/7	学校上级主管部门	独立设置研究所	省级重点研究基地	法学	社会保障	政府部门办	18	13	4	16	2	0	0	360	90	0
文化创意产业研究中心	10	2015/1/15	学校上级主管部门	跨系所	省级重点研究基地	中国文学	文化艺术业	政府部门办	32	20	8	27	5	0	0	680	100	0
周恩来精神与青少年教育研究中心	11	2010/10/22	学校上级主管部门	独立设置研究所	省级重点研究基地	教育学	教育	政府部门办	24	16	6	15	9	0	0	20	270	0
盐城师范学院	024	/	/	/	/	/	/	/	102	60	38	76	25	1	2	4919	4724	1794
江苏农村教育发展研究中心	1	2007/5/1	学校上级主管部门	独立设置研究所	省级重点研究基地	教育学	教育	政府部门办	17	12	3	12	4	1	0	200	1500	0
江苏省沿海开发研究基地	2	2009/3/1	非学校上级主管部门	独立设置研究所	省级重点研究基地	经济学	其他服务业	政府部门办	13	9	4	10	3	0	0	382	746	513
江苏沿海发展研究基地	3	2011/12/9	非学校上级主管部门	独立设置研究所	省级重点研究基地	经济学	其他服务业	政府部门办	13	9	4	10	3	0	0	365	746	399
苏北农业农村现代化研究院	4	2020/9/23	学校上级主管部门	独立设置研究所	省级重点研究基地	社会学	农业	政府部门办	23	11	12	11	12	0	2	3000	800	200
新四军研究院	5	2018/6/1	学校上级主管部门	独立设置研究所	省级重点研究基地	历史学	社会工作	政府部门办	22	10	10	22	0	0	0	180	55	0

沿海发展智库	6	2016/12/10	非学校上级主管部门	独立设置研究所	省级智库	经济学	其他服务业	政府部门办	14	9	5	11	3	0	0	792	877	682
南京财经大学	025	/	/	/	/	/	/	/	66	44	17	42	18	0	39	3642.04	4714.7	0
江苏省现代物流重点实验室	1	2014/6/26	学校上级主管部门	独立设置研究所	省级重点实验室	管理学	多式联运和运输代理业	政府部门办	21	19	2	11	10	0	39	1159.7	4602.7	0
江苏现代财税治理协同创新中心	2	2017/7/7	非学校上级主管部门	与校外合办所	其他，省级协同创新中心	管理学	其他服务业	政府部门办	20	20	0	19	1	0	0	2402	107	0
江苏一带一路研究院	3	2016/6/6	非学校上级主管部门	与校外合办所	其他重点研究基地	管理学	农业	政府部门办	10	1	4	5	0	0	0	20	5	0
全国普通高校中华优秀传统文化传承基地(篆刻)	4	2019/11/1	学校上级主管部门	独立设置研究所	教育部重点研究基地	交叉学科	文化艺术业	单位自办	15	4	11	7	7	0	0	60.34	0	0
江苏警官学院	026	/	/	/	/	/	/	/	19	6	9	9	10	0	0	390	680	0
江苏现代警务研究中心	1	2010/7/20	学校上级主管部门	独立设置研究所	省级智库，其他智库，省级重点研究基地	法学	社会保障	其他	19	6	9	9	10	0	0	390	680	0
南京体育学院	027	/	/	/	/	/	/	/	73	19	50	39	14	19	18	3675.766	3211.511	0
奥林匹克教育研究中心	1	2016/12/1	学校自建	独立设置研究所	校级重点研究基地	体育科学	体育	单位自办	8	2	6	2	4	2	0	3	0	0
江苏省体育赛事研究中心	2	2018/7/20	学校上级主管部门	独立设置研究所	其他重点研究基地，省高校社科重点建设基地	体育科学	体育	单位自办	7	2	5	1	3	3	2	2.8	0	0
江苏省体育足球研究中心	3	2017/6/8	学校上级主管部门	独立设置研究所	校级重点研究基地，省教育厅批准研究中心	体育科学	体育	单位自办	11	2	5	10	1	0	3	5	0	0
江苏省学校体育高质量发展研究中心	4	2015/7/1	学校上级主管部门	独立设置研究所	校级重点研究基地，省教育厅批准研究中心	体育科学	教育	单位自办	9	1	8	2	3	4	1	1672.274	189.81	0
科学训练研究中心	5	2019/3/30	学校自建	独立设置研究所	校级重点研究基地	体育科学	体育	单位自办	13	2	11	4	0	9	1	1197.602	3019.802	0
体育发展与规划研究院	6	2018/3/28	学校自建	独立设置研究所	校级重点研究基地	体育科学	体育	单位自办	5	3	2	5	0	0	3	182.057	1.899	0
中国近代武术研究中心	7	2018/9/26	学校自建	独立设置研究所	校级重点研究基地	体育科学	体育	单位自办	11	3	8	7	2	1	3	603.033	0	0
中国体育非物质文化遗产研究中心	8	2019/9/12	学校自建	独立设置研究所	校级重点研究基地	体育科学	体育	单位自办	9	4	5	8	1	0	5	10	0	0
南京艺术学院	028	/	/	/	/	/	/	/	81	63	18	61	19	1	53	1260.95	179.104	0
奥林匹克教育研究中心	1	2016/12/1	学校自建	独立设置研究所	校级重点研究基地	体育科学	体育	单位自办	8	8	0	6	2	0	5	100	32.1	0

续表

机构名称	编号	成立时间	批准部门	组成方式	机构类型	学科分类	服务的国民经济行业	组成类型	R&D活动人员(人) 合计	其中 博士毕业	硕士毕业	高级职称	中级职称	初级职称	培养研究生(人)	R&D经费支出(千元)	仪器设备原价(千元)	其中 进口(千元)
		L01	L02	L03	L04	L05	L06	L07	L08	L09	L10	L11	L12	L13	L14	L15	L16	L17
江苏省体育赛事研究中心	2	2018/7/20	学校上级主管部门	独立设置研究所	其他重点研究基地,省高校社科重点建设基地	体育科学	体育	单位自办	9	7	2	6	3	0	13	46.5	31.23	0
江苏省体育足球研究中心	3	2017/6/8	学校上级主管部门	独立设置研究所	校级重点研究基地,省教育厅批准研究中心	体育科学	体育	单位自办	12	6	6	8	4	0	10	65.2	23.5	0
江苏省学校体育高质量发展研究中心	4	2015/7/1	学校上级主管部门	独立设置研究所	校级重点研究基地,省教育厅批准研究中心	体育科学	教育	单位自办	21	14	7	17	3	1	9	487.2	45	0
科学训练研究中心	5	2019/3/30	学校自建	独立设置研究所	校级重点研究基地	体育科学	体育	单位自办	1	1	0	1	0	0	0	24.3	8.5	0
体育发展与规划研究院	6	2018/3/28	学校自建	独立设置研究所	校级重点研究基地	体育科学	体育	单位自办	14	13	1	10	4	0	11	144.26	8.28	0
中国近代武术研究中心	7	2018/9/26	学校自建	独立设置研究所	校级重点研究基地	体育科学	体育	单位自办	1	1	0	1	0	0	0	8	3.1	0
中国体育非物质文化遗产研究中心	8	2019/9/12	学校自建	独立设置研究所	校级重点研究基地	体育科学	体育	单位自办	15	13	2	12	3	0	5	385.49	27.394	0
苏州科技大学	029	/	/	/	/	/	/	/	222	154	54	153	69	0	115	2480	1442.7	0
长三角一体化发展研究基地	1	2019/8/15	非学校上级主管部门	与校外合办所	省级重点研究基地	管理学	生态保护和环境治理业	政府部门办	25	23	2	20	5	0	15	250	50	0
城市发展智库	2	2018/7/26	学校上级主管部门	与校外合办所	省级智库	管理学	国家机构	政府部门办	50	45	5	38	12	0	20	450	50	0
江苏省军民融合发展智库	3	2022/9/22	非学校上级主管部门	独立设置研究所	省级智库	管理学	国家机构	政府部门办	12	12	0	10	2	0	0	150	0	0
苏州城乡一体化改革发展研究院	4	2012/1/17	学校上级主管部门	与校外合办所	省级重点研究基地	管理学	生态保护和环境治理业	政府部门办	60	35	25	41	19	0	20	1200	800	0
苏州国家历史文化名城保护研究院	5	2014/3/26	学校上级主管部门	与校外合办所	省级重点研究基地	管理学	生态保护和环境治理业	政府部门办	49	21	14	28	21	0	25	280	212.7	0
心理与行为科学研究中心	6	2020/9/14	学校上级主管部门	独立设置研究所	省级重点研究基地	教育学	教育	政府部门办	15	12	3	7	8	0	4	100	300	0

亚太国家现代化与国际问题研究中心	7	2013/6/3	学校上级主管部门	独立设置研究所	省级重点研究基地	政治学	国际组织	政府部门办	11	6	5	9	2	0	31	50	30	0
常熟理工学院	030	/	/	/	/	/	/	/	106	59	39	89	17	0	0	125	108	0
"琴川清风"预防职务犯罪研究中心	1	2014/12/1	学校自建	与校外合办所	校级重点研究基地	法学	中国共产党机关	单位自办	6	3	3	5	1	0	0	9	10	0
苏南经济与社会发展研究基地	2	2012/9/2	学校自建	与校外合办所	校级重点研究基地	社会学	国家机构	单位自办	18	12	5	18	0	0	0	11	10	0
苏南区域文化建设研究中心	3	2009/7/1	学校自建	与校外合办所	校级重点研究基地	中国文学	国家机构	单位自办	16	7	5	15	1	0	0	11	5	0
苏州农业现代化研究中心	4	2017/7/7	学校上级主管部门	与校外合办所	省级重点研究基地	管理学	农业	政府部门办	15	9	6	12	3	0	0	29	30	0
苏州琴川智库	5	2019/6/12	非学校上级主管部门	与校外合办所	其他智库，苏州市新型智库	管理学	国家机构	单位自办	12	9	3	9	3	0	0	20	20	0
县域科技体制综合改革与发展研究中心	6	2015/11/30	学校自建	与校外合办所	校级重点研究基地	管理学	中国共产党机关	单位自办	10	7	3	8	2	0	0	11	10	0
现代民政研究中心	7	2015/4/30	学校自建	与校外合办所	校级重点研究基地	社会学	人民政协、民主党派	单位自办	7	4	3	6	1	0	0	14	10	0
学前教育研究中心	8	2018/11/9	学校自建	跨系所	校级重点研究基地	教育学	教育	与境内注册其他企业合办	15	5	7	11	4	0	0	11	10	0
中国县域金融研究中心	9	2014/12/1	学校自建	与校外合办所	校级重点研究基地	经济学	其他金融业	单位自办	7	3	4	5	2	0	0	9	3	0
淮阴工学院	031	/	/	/	/	/	/	/	118	56	62	67	31	0	0	2225	264.87	0
创新创业研究中心	1	2018/10/18	学校上级主管部门	跨系所	省级重点研究基地	教育学	教育	单位自办	15	9	6	8	7	0	0	100	24.27	0
工业设计中心	2	2013/6/5	非学校上级主管部门	与校外合办所	其他重点实验室，江苏经济和信息化委员会批准	艺术学	文化艺术业	其他	28	5	23	14	14	0	0	100	78	0
苏北发展研究院	3	2015/2/3	非学校上级主管部门	与校外合办所	省级智库	经济学	其他服务业	与国内独立研究结构合办	44	20	24	23	1	0	0	1825	86.6	0
苏北社区治理现代化研究中心	4	2020/9/24	学校上级主管部门	跨系所	省级重点研究基地	社会学	社会工作	单位自办	19	11	8	11	8	0	0	100	56	0
台商研究中心	5	2017/7/20	学校上级主管部门	与校外合办所	省级重点研究基地	经济学	商务服务业	政府部门办	12	11	1	11	1	0	0	100	20	0
常州工学院	032	/	/	/	/	/	/	/	151	78	44	89	62	0	0	3833.02	102.21	0
产业工人队伍建设改革常州研究院	1	2020/12/1	非学校上级主管部门	独立设置研究所	其他智库，市级智库	管理学	社会工作	单位自办	5	3	1	4	1	0	0	76	0	0

续表

机构名称	编号	成立时间	批准部门	组成方式	机构类型	学科分类	服务的国民经济行业	组成类型	R&D活动人员(人) 合计	其中 博士毕业	硕士毕业	高级职称	中级职称	初级职称	培养研究生(人)	R&D经费支出(千元)	仪器设备原价(千元)	其中 进口(千元)
		L01	L02	L03	L04	L05	L06	L07	L08	L09	L10	L11	L12	L13	L14	L15	L16	L17
长三角文旅休闲产业研究院	2	2020/7/1	学校自建	独立设置研究所	其他智库，校级智库	经济学	其他服务业	单位自办	13	10	3	5	8	0	0	173.5	0	0
常州市创新创业与改革发展研究中心	3	2016/3/29	非学校上级主管部门	与校外合办所	市级科技平台	经济学	专业技术服务业	政府部门办	10	4	6	10	0	0	0	55.6	7.5	0
常州市发展规划研究中心常工院分中心	4	2020/7/1	非学校上级主管部门	独立设置研究所	其他智库，市级高校智库	经济学	社会工作	单位自办	6	5	1	2	4	0	0	65.9	0	0
常州市社会科学院数据科学与经济社会发展研究中心	5	2016/10/26	非学校上级主管部门	独立设置研究所	市级科研平台	经济学	专业技术服务业	其他	6	2	4	5	1	0	0	92	0	0
常州市手球研究中心	6	2020/11/1	非学校上级主管部门	独立设置研究所	其他重点研究基地，市级研究基地	体育科学	体育	单位自办	5	2	0	4	1	0	0	1461.16	0	0
常州市未成年人思想道德建设研究会	7	2014/2/1	非学校上级主管部门	独立设置研究所	其他智库，市级智库	教育学	教育	单位自办	6	3	2	4	2	0	0	85	0	0
常州中外文化交流研究院	8	2020/7/1	学校自建	独立设置研究所	其他智库，校级智库	语言学	文化艺术业	单位自办	14	9	5	5	9	0	0	16.48	0	0
大运河文化带建设研究院常州分院	9	2019/8/20	非学校上级主管部门	与校外合办所	省级智库	管理学	其他服务业	与国内独立研究结构合办	8	7	1	5	3	0	0	1142.12	79.61	0
江南文史与文化传播研究院	10	2020/7/1	学校自建	独立设置研究所	其他智库，校级智库	中国文学	文化艺术业	单位自办	21	14	5	12	9	0	0	30.5	7	0
江苏当代文学研究基地	11	2020/11/1	非学校上级主管部门	独立设置研究所	其他重点研究基地，市级研究基地	中国文学	文化艺术业	单位自办	5	4	0	2	3	0	0	30.6	0	0
江苏高校文化创意协同创新中心	12	2014/3/13	非学校上级主管部门	与校外合办所	省级2011协同创新中心	艺术学	文化艺术业	政府部门办	19	9	6	9	10	0	0	365.46	0	0
瞿秋白研究中心	13	2020/6/1	非学校上级主管部门	独立设置研究所	其他重点研究基地，市级社科普及示范基地	中国文学	中国共产党机关	单位自办	5	1	2	4	1	0	0	57.1	0	0
习近平新时代中国特色社会主义思想研究院	14	2020/7/1	学校自建	独立设置研究所	其他智库，校级智库	马克思主义	中国共产党机关	单位自办	13	0	0	8	5	0	0	42	0	0

先进制造产业研究院	15	2020/7/1	学校自建	独立设置研究所	其他智库，校级智库	经济学	通用设备制造业	单位自办	6	3	3	3	3	0	0	109.6	8.1	0
乡村振兴战略研究院	16	2020/7/1	学校自建	独立设置研究所	其他智库，校级智库	经济学	农业	单位自办	9	2	5	7	2	0	0	30	0	0
扬州大学	033	/	/	/	/	/	/	/	289	201	66	230	40	7	116	2300	498	0
“美声之林”声乐艺术中心	1	2016/9/15	学校自建	独立设置研究所	校研究机构	艺术学	广播、电视、电影和录音制作业	单位自办	7	0	7	3	1	1	12	100	15	0
当代中国民主政治研究中心	2	2016/9/15	学校自建	独立设置研究所	校研究机构	艺术学	广播、电视、电影和录音制作业	单位自办	7	0	7	3	1	1	2	0	0	0
淮扬文化研究中心	3	2014/3/28	学校自建	独立设置研究所	校级重点研究基地	马克思主义	中国共产党机关	单位自办	12	10	2	12	0	0	0	0	0	0
江苏城乡融合发展研究中心	4	2010/8/5	学校上级主管部门	独立设置研究所	其他重点研究基地，江苏高校哲学社会科学重点研究基地	历史学	文化艺术业	单位自办	15	2	4	15	0	0	0	0	0	0
江苏省学生心理健康运动干预研究中心	5	2018/8/16	学校上级主管部门	跨系所	其他重点研究基地，江苏高校哲学社会科学重点研究基地	经济学	科技推广和应用服务业	单位自办	12	10	1	12	0	0	2	0	0	0
江苏苏中发展研究基地	6	2016/4/6	学校上级主管部门	独立设置研究所	省教育厅研究基地	体育科学	教育	单位自办	6	0	2	4	2	0	0	0	0	0
江苏现代物流研究基地	7	2013/8/6	非学校上级主管部门	独立设置研究所	省决策咨询研究基地	管理学	中国共产党机关	单位自办	3	3	0	3	0	0	0	0	0	0
旅游文化研究所	8	2019/11/20	非学校上级主管部门	独立设置研究所	省决策咨询研究基地	管理学	装卸搬运和仓储业	单位自办	24	19	4	22	2	0	5	200	65	0
马克思主义大众化研究与传播中心	9	1999/3/3	学校自建	独立设置研究所	校级重点研究基地	经济学	资本市场服务	单位自办	4	3	0	3	0	0	2	100	12	0
儒家经典诠释与域外传播研究中心	10	2012/11/30	学校上级主管部门	跨系所	省马克思主义大众化学习实践基地	马克思主义	中国共产党机关	单位自办	16	12	4	16	0	0	2	0	0	0
苏丹和南苏丹研究中心	11	2020/6/22	学校上级主管部门	独立设置研究所	其他重点研究基地，江苏高校哲学社会科学重点研究基地	中国文学	文化艺术业	单位自办	33	31	2	30	3	0	20	200	32	0
苏中发展研究院	12	2020/8/4	非学校上级主管部门	独立设置研究所	国家民委“一带一路”国别和区域研究中心	国际问题研究	国际组织	单位自办	16	12	4	10	6	0	8	300	35	0

续表

机构名称	编号	成立时间	批准部门	组成方式	机构类型	学科分类	服务的国民经济行业	组成类型	R&D活动人员(人) 合计	其中 博士毕业	硕士毕业	高级职称	中级职称	初级职称	培养研究生(人)	R&D经费支出(千元)	仪器设备原价(千元)	其中 进口(千元)
		L01	L02	L03	L04	L05	L06	L07	L08	L09	L10	L11	L12	L13	L14	L15	L16	L17
体育运动与脑科学研究所	13	1997/1/1	学校上级主管部门	独立设置研究所	江苏省哲学社会科学研究基地	经济学	科技推广和应用服务业	政府部门办	8	7	0	5	2	0	6	300	42	0
政府治理与公共政策研究中心	14	2017/2/24	学校自建	独立设置研究所	校研究机构	体育科学	体育	单位自办	14	5	9	9	5	0	4	200	120	0
中餐非遗技艺传承文化和旅游部重点实验室	15	2016/9/15	学校自建	与校外合办所	校研究机构	管理学	中国共产党机关	与国内高校合办	10	7	0	6	0	0	8	200	45	0
中国大运河研究院	16	2021/6/2	非学校上级主管部门	独立设置研究所	中央其他部委重点实验室	管理学	文化艺术业	单位自办	27	19	6	10	12	5	25	300	80	0
中国法律文化与法治发展研究中心	17	2017/5/12	学校上级主管部门	独立设置研究所	江苏高校人文社会科学校外研究基地	管理学	生态保护和环境治理业	单位自办	5	4	1	3	0	0	2	300	22	0
中国近代史研究中心	18	2014/3/28	学校自建	独立设置研究所	校级重点研究基地	法学	社会保障	单位自办	15	13	2	14	1	0	6	100	30	0
中国特色社会主义研究中心	19	1999/1/10	学校自建	独立设置研究所	校级重点研究基地	历史学	文化艺术业	单位自办	5	4	1	5	0	0	2	0	0	0
中外语言文化比较研究中心	20	2012/12/22	学校上级主管部门	跨系所	江苏省中国特色社会主义理论体系研究基地	马克思主义	中国共产党机关	单位自办	50	40	10	45	5	0	10	0	0	0
南京审计大学	034	/	/	/	/	/	/	/	290	242	18	143	140	3	235	1610.25	4145.68	0
“一带一路”国家审计研究院	1	2022/6/9	学校自建	独立设置研究所	校级重点研究基地	经济学	国际组织	与境外结构合办	35	35	0	13	22	0	10	300	0	0
城市发展研究院	2	2016/12/1	学校自建	独立设置研究所	校级研究院	管理学	其他服务业	单位自办	18	18	0	5	13	0	5	95	418	0
管理科学与工程研究中心	3	2018/1/19	学校自建	独立设置研究所	校级重点研究基地	管理学	商务服务业	单位自办	6	6	0	3	3	0	5	110	67	0
国家监察与审计法治研究院	4	2017/3/31	学校自建	独立设置研究所	校级研究院	法学	商务服务业	单位自办	14	13	1	10	4	0	20	14.98	0	0

国家审计大数据研究中心	5	2016/3/1	学校自建	独立设置研究所	校级研究中心	管理学	商务服务业	单位自办	3	3	0	1	2	0	3	100	2500	0
技术经济与管理研究所	6	2014/5/10	学校自建	独立设置研究所	校级重点研究基地	管理学	商务服务业	单位自办	3	3	0	2	1	0	4	20	23	0
江苏省劳动法治研究基地	7	2017/3/15	非学校上级主管部门	与校外合办所	省级重点研究基地	法学	其他服务业	政府部门办	22	3	4	10	10	2	7	3	10	0
金融风险管理研究中心	8	2010/8/1	学校上级主管部门	独立设置研究所	省级重点研究基地	经济学	其他金融业	政府部门办	15	9	0	6	9	0	10	30	50	0
经济与金融研究院	9	2015/10/27	学校自建	独立设置研究所	校级研究中心	经济学	其他金融业	单位自办	26	23	3	5	18	1	0	500	15	0
平台战略研究所	10	2014/5/10	学校自建	独立设置研究所	校级重点研究基地	管理学	科技推广和应用服务业	单位自办	5	3	0	2	1	0	4	42	10	0
区块链实验室(新零售研究中心)	11	2018/12/19	学校自建	跨系所	其他重点实验室,院级实验室	经济学	社会工作	单位自办	8	7	1	4	4	0	5	54	0	0
社会与经济研究院	12	2016/9/1	学校自建	独立设置研究所	校级研究中心	经济学	商务服务业	单位自办	12	12	0	6	6	0	10	14.96	132.93	0
新经济研究院	13	2017/11/1	学校自建	独立设置研究所	校级研究院	经济学	商务服务业	单位自办	8	7	1	7	1	0	17	13.99	141.44	0
银行与货币研究院	14	2017/9/1	学校自建	独立设置研究所	校级重点研究基地	经济学	资本市场服务	单位自办	6	6	0	0	6	0	0	1	10	0
泽尔腾经济学实验室	15	2018/8/1	学校自建	独立设置研究所	校级重点实验室	经济学	其他服务业	单位自办	8	8	0	2	6	0	4	130.41	600	0
政府审计与区域治理法治化研究院	16	2018/7/19	非学校上级主管部门	跨系所	省级重点研究基地	法学	商务服务业	政府部门办	60	46	8	44	16	0	98	61	30	0
政治与经济研究院	17	2016/4/1	学校自建	独立设置研究所	校级研究院	管理学	其他服务业	单位自办	16	16	0	6	10	0	18	14.95	138.31	0
智能管理会计与内部控制研究院	18	2020/10/28	学校自建	独立设置研究所	其他智库,校级智库	管理学	社会工作	单位自办	15	15	0	8	7	0	10	60	0	0
中国古典学研究中心	19	2014/9/24	学校自建	独立设置研究所	校级研究中心	中国文学	文化艺术业	单位自办	8	7	0	7	1	0	0	30	0	0
中匈学术文化研究中心	20	2021/2/26	学校自建	独立设置研究所	校级研究中心	经济学	文化艺术业	单位自办	2	2	0	2	0	0	5	14.96	0	0
南京晓庄学院	035	/	/	/	/	/	/	/	59	28	31	25	27	7	0	560	170	0
江苏红色文化资源保护利用研究中心	1	2018/10/1	学校上级主管部门	独立设置研究所	其他重点研究基地,江苏高校人文社科重点研究基地	马克思主义	教育	单位自办	20	8	12	7	12	1	0	250	50	0

续表

机构名称	编号	成立时间	批准部门	组成方式	机构类型	学科分类	服务的国民经济行业	组成类型	R&D活动人员(人) 合计	其中 博士毕业	其中 硕士毕业	其中 高级职称	其中 中级职称	其中 初级职称	培养研究生(人)	R&D经费支出(千元)	仪器设备原价(千元)	其中 进口(千元)
		L01	L02	L03	L04	L05	L06	L07	L08	L09	L10	L11	L12	L13	L14	L15	L16	L17
南京区域文化传承与创新研究基地	2	2021/11/15	学校上级主管部门	独立设置研究所	其他重点研究基地,市级哲学社会科学重点研究基地	历史学	其他服务业	单位自办	6	4	2	3	2	1	0	80	20	0
陶行知教育思想及其当代价值研究基地	3	2021/11/15	学校上级主管部门	独立设置研究所	其他重点研究基地,市级哲学社会科学重点研究基地	教育学	教育	单位自办	8	5	3	4	4	0	0	80	30	0
新时代师德教育研究基地	4	2021/11/15	学校上级主管部门	独立设置研究所	其他重点研究基地,市级哲学社会科学重点研究基地	教育学	教育	单位自办	12	8	4	6	5	1	0	80	20	0
幼儿体育与健康促进研究基地	5	2021/11/15	学校上级主管部门	独立设置研究所	其他重点研究基地,市级哲学社会科学重点研究基地	体育科学	体育	单位自办	13	3	10	5	4	4	0	70	50	0
江苏理工学院	036	/	/	/	/	/	/	/	275	121	125	165	105	0	3	488	201.9	0
财税法学研究中心	1	2014/9/17	学校自建	独立设置研究所	校级重点研究基地	经济学	商务服务业	单位自办	17	7	10	9	8	0	0	12	6	0
财务与会计研究中心	2	2014/7/16	学校自建	独立设置研究所	校级重点研究基地	经济学	商务服务业	单位自办	15	5	10	7	8	0	0	11	4	0
常州画派研究所	3	2009/3/27	学校自建	独立设置研究所	校级重点研究基地	艺术学	文化艺术业	单位自办	5	0	2	4	1	0	0	3	2	0
常州历史文化研究所	4	2015/7/14	学校自建	独立设置研究所	校级重点研究基地	民族学与文化学	文化艺术业	单位自办	12	6	6	5	7	0	0	3	2	0
常州旅游文化研究所	5	2015/9/16	学校自建	独立设置研究所	校级重点研究基地	民族学与文化学	文化艺术业	单位自办	14	6	8	7	7	0	0	11	4	0
常州民营经济研究所	6	2006/6/2	学校自建	独立设置研究所	校级重点研究基地	经济学	商务服务业	单位自办	8	2	5	7	1	0	0	20	5.2	0
常州市名人研究院	7	2015/10/16	学校自建	独立设置研究所	校级重点研究基地	民族学与文化学	文化艺术业	单位自办	10	7	3	6	4	0	0	30	5	0
常州市青少年心理研究与指导中心	8	2015/3/2	学校自建	独立设置研究所	校级重点研究基地	教育学	教育	单位自办	8	5	0	5	3	0	0	20	4.6	0

传统壁画研究所	9	2014/10/14	学校自建	独立设置研究所	校级重点研究基地	艺术学	文化艺术业	单位自办	11	3	8	5	6	0	0	3	2	0
传统文化艺术研究所	10	2006/4/6	学校自建	独立设置研究所	校级重点研究基地	艺术学	文化艺术业	单位自办	7	1	4	7	0	0	0	10	3.7	0
江苏理工学院创新设计研究院	11	2018/7/12	学校自建	独立设置研究所	校级重点研究基地	艺术学	文化艺术业	政府部门办	30	20	10	19	11	0	0	3	2	0
江苏省职业技术教育科学研究中心	12	1989/5/1	非学校上级主管部门	独立设置研究所	其他	教育学	教育	政府部门办	16	4	7	12	0	0	0	182	110	0
江苏职业教育研究基地	13	2011/11/1	非学校上级主管部门	独立设置研究所	江苏省决策咨询研究基地	教育学	教育	政府部门办	12	4	4	12	0	0	0	25	5.6	0
跨语际文化与翻译研究所	14	2014/9/10	学校自建	独立设置研究所	校级重点研究基地	外国文学	文化艺术业	单位自办	14	4	10	7	7	0	0	11	4	0
马克思主义中国化研究所	15	2015/7/15	学校自建	独立设置研究所	校级重点研究基地	马克思主义	文化艺术业	单位自办	12	4	8	5	7	0	0	11	4	0
农村职业教育研究所	16	2006/2/10	学校自建	独立设置研究所	校级重点研究基地	教育学	其他服务业	单位自办	6	1	3	5	1	0	0	3	2	0
人力资源开发研究中心	17	2006/10/9	学校自建	独立设置研究所	校级重点研究基地	管理学	商务服务业	单位自办	6	4	1	5	1	0	0	5	3.6	0
双语教育研究所	18	2015/9/24	学校自建	独立设置研究所	校级重点研究基地	教育学	教育	单位自办	8	5	3	4	4	0	0	10	4	0
心理教育研究所	19	2004/4/8	学校自建	独立设置研究所	校级重点研究基地	心理学	教育	单位自办	8	5	0	5	3	0	0	10	5.6	0
艺术设计研究所	20	2014/8/20	学校自建	独立设置研究所	校级重点研究基地	艺术学	文化艺术业	单位自办	9	4	5	3	6	0	0	3	2	0
应用经济研究所	21	2015/2/19	学校自建	独立设置研究所	校级重点研究基地	经济学	商务服务业	单位自办	11	5	6	4	7	0	0	12	3	0
职教教师教育协同创新实验区	22	2019/6/13	学校自建	独立设置研究所	校级重点研究基地	教育学	教育	与国内独立研究结构合办	15	10	5	2	12	0	3	50	2.5	0
职业教育研究院	23	1989/5/11	学校自建	独立设置研究所	校级重点研究基地	教育学	教育	单位自办	11	5	4	11	0	0	0	20	4.6	0
职业教育与社会发展研究所	24	2006/10/20	学校自建	独立设置研究所	校级重点研究基地	教育学	教育	单位自办	5	4	1	5	0	0	0	10	4.2	0
职业心理研究所	25	2009/3/26	学校自建	独立设置研究所	校级重点研究基地	心理学	教育	单位自办	5	0	2	4	1	0	0	10	6.3	0
江苏海洋大学	037	/	/	/	/	/	/	/	141	74	67	82	59	0	0	640	93	0
国家东中西合作示范区研究基地	1	2013/11/1	非学校上级主管部门	与校外合办所	其他重点研究基地，国家东中西合作示范区研究基地	经济学	专业技术服务业	与国内独立研究结构合办	10	5	5	6	4	0	0	50	8	0

续表

机构名称		成立时间	批准部门	组成方式	机构类型	学科分类	服务的国民经济行业	组成类型	R&D活动人员(人)						培养研究生(人)	R&D经费支出(千元)	仪器设备原价(千元)	其中
									合计	其中								进口(千元)
										博士毕业	硕士毕业	高级职称	中级职称	初级职称				
	编号	L01	L02	L03	L04	L05	L06	L07	L08	L09	L10	L11	L12	L13	L14	L15	L16	L17
江苏海洋发展研究院	2	2016/11/4	学校自建	与校外合办所	校级重点研究基地,江苏海洋发展研究院	经济学	专业技术服务业	与国内独立研究结构合办	16	8	8	12	4	0	0	80	8	0
江苏省"一带一路"法律服务研究中心	3	2015/11/20	学校自建	与校外合办所	其他智库,江苏省"一带一路"法律服务研究中心	法学	专业技术服务业	与国内独立研究结构合办	12	6	6	4	8	0	0	75	9	0
江苏省海洋经济研究中心	4	2009/11/15	非学校上级主管部门	独立设置研究所	其他智库,江苏省海洋经济研究中心	经济学	专业技术服务业	单位自办	14	8	6	8	6	0	0	60	15	0
江苏省海洋文化产业研究院	5	2012/9/12	学校自建	与校外合办所	其他智库,江苏省海洋文化产业研究院	艺术学	广播、电视、电影和录音制作业	其他	9	3	6	3	6	0	0	65	15	0
江苏知识产权培训(江苏海洋大学)基地	6	2022/11/9	非学校上级主管部门	跨系所	省级重点研究基地	社会学	专业技术服务业	政府部门办	16	10	6	8	8	0	0	40	5	0
连云港市地方立法咨询研究基地	7	2016/7/10	学校自建	独立设置研究所	其他智库,连云港市地方立法咨询研究基地	法学	专业技术服务业	单位自办	9	4	5	4	5	0	0	90	10	0
乡村振兴学院(省智库)	8	2022/7/28	非学校上级主管部门	独立设置研究所	省级智库	管理学	社会工作	单位自办	20	10	10	14	6	0	0	50	10	0
中国社科院"一带一路"(连云港)研究基地	9	2016/12/8	学校自建	独立设置研究所	其他智库,中国社科院"一带一路"(连云港)研究基地	经济学	专业技术服务业	与国内独立研究结构合办	21	12	9	15	6	0	0	65	8	0
中国社科院知识社会(连云港)研究基地	10	2016/12/8	学校自建	独立设置研究所	其他智库,中国社科院知识社会(连云港)研究基地	经济学	专业技术服务业	与国内独立研究结构合办	14	8	6	8	6	0	0	65	5	0

南京特殊教育师范学院	038	/	/	/	/	/	/	/	37	4	0	27	7	0	0	386.5	826	140
残障与发展研究基地	1	2017/7/15	学校上级主管部门	跨系所	省级重点研究基地	管理学	社会工作	政府部门办	10	0	0	8	2	0	0	108	260	0
江苏共享发展研究基地	2	2019/10/9	非学校上级主管部门	独立设置研究所	省级重点研究基地	管理学	社会保障	与国内高校合办	9	0	0	6	2	0	0	86	198	0
特殊教育发展研究中心	3	2020/9/14	学校上级主管部门	跨系所	省级重点研究基地	教育学	教育	单位自办	6	4	0	2	2	0	0	140	18	0
中国手语盲文研究院	4	2018/8/16	学校上级主管部门	跨系所	省级重点研究基地	语言学	教育	单位自办	12	0	0	11	1	0	0	52.5	350	140
泰州学院	039	/	/	/	/	/	/	/	312	186	80	128	132	8	0	1358	226	0
高二适研究院	1	2020/10/18	学校自建	独立设置研究所	校级科研机构	艺术学	文化艺术业	单位自办	1	0	1	1	0	0	0	2	0	0
里下河文学研究中心	2	2018/2/15	学校上级主管部门	与校外合办所	市级研究机构	中国文学	文化艺术业	与国内高校合办	2	1	1	1	1	0	0	5	0	0
泰州历史文化传承与创新研究中心	3	2017/10/16	学校上级主管部门	独立设置研究所	校外研究基地	中国文学	文化艺术业	单位自办	2	1	1	2	0	0	0	40	0	0
泰州市地方法治研究中心	4	2018/4/9	学校上级主管部门	与校外合办所	其他智库,市级研究智库	法学	社会工作	单位自办	1	1	0	1	0	0	0	3	0	0
泰州市学前教育研学中心	5	2014/2/5	学校上级主管部门	独立设置研究所	市级研究机构	教育学	教育	单位自办	1	0	0	1	0	0	0	4	0	0
泰州台湾经济文化交流研究中心	6	2021/2/7	学校上级主管部门	独立设置研究所	市级研究机构	中国文学	文化艺术业	政府部门办	3	2	1	3	0	0	0	16	0	0
外国文学文化研究所	7	2018/10/14	学校自建	独立设置研究所	校内研究机构	外国文学	文化艺术业	单位自办	1	0	1	1	0	0	0	2	0	0
心理健康研究所	8	2017/9/24	学校自建	独立设置研究所	校内研究机构	法学	社会工作	单位自办	3	2	1	3	0	0	0	3	0	0
金陵科技学院	040	/	/	/	/	/	/	/	156	93	40	64	66	4	0	679	113	0
互联网经济与产业研究中心	1	2015/10/22	学校自建	独立设置研究所	校级重点研究基地	经济学	货币金融服务	单位自办	10	3	7	3	7	0	0	30	7	0
江苏省企业知识产权战略研究中心	2	2011/5/1	学校自建	独立设置研究所	校级重点研究基地	经济学	其他金融业	与国内独立研究结构合办	16	4	10	3	10	0	0	260	15	0
科技创新与区域经济高质量发展研究中心	3	2021/9/30	学校自建	独立设置研究所	校级重点研究基地	经济学	科技推广和应用服务业	政府部门办	20	14	0	11	3	0	0	60	12	0
南京产业协同创新研究院	4	2015/10/8	学校自建	与校外合办所	校级重点研究基地	经济学	科技推广和应用服务业	单位自办	36	28	7	5	30	0	0	20	7	0
南京城市文化数字创意研究基地	5	2021/12/13	学校自建	独立设置研究所	校级重点研究基地	艺术学	文化艺术业	单位自办	12	8	2	5	5	0	0	60	22	0

续表

机构名称		成立时间	批准部门	组成方式	机构类型	学科分类	服务的国民经济行业	组成类型	R&D活动人员(人)						培养研究生(人)	R&D经费支出(千元)	仪器设备原价(千元)	其中
									合计	其中								进口(千元)
										博士毕业	硕士毕业	高级职称	中级职称	初级职称				
	编号	L01	L02	L03	L04	L05	L06	L07	L08	L09	L10	L11	L12	L13	L14	L15	L16	L17
数字艺术创意与应用实验室	6	2014/9/10	非学校上级主管部门	跨系所	省级重点实验室	艺术学	广播、电视、电影和录音制作业	政府部门办	10	0	3	2	3	0	0	75	16	0
文旅融合与数字化研究中心	7	2021/9/30	学校自建	独立设置研究所	校级重点研究基地	民族学与文化学	文化艺术业	政府部门办	39	27	10	29	8	0	0	120	22	0
智能物流运输与配送技术研究中心	8	2016/12/10	学校自建	独立设置研究所	校级重点实验室	管理学	道路运输业	单位自办	13	9	1	6	0	4	0	54	12	0
江苏第二师范学院	041	/	/	/	/	/	/	/	43	42	1	38	5	0	0	901.19	0	0
江苏区域文学与文化研究中心	1	2020/9/14	非学校上级主管部门	独立设置研究所	省级重点研究基地	中国文学	文化艺术业	单位自办	20	20	0	20	0	0	0	800	0	0
教育现代化研究院	2	2016/7/4	非学校上级主管部门	独立设置研究所	省级智库	教育学	教育	单位自办	7	6	1	6	1	0	0	21.95	0	0
新时代师德教育研究中心	3	2018/7/19	非学校上级主管部门	独立设置研究所	省级重点研究基地	教育学	教育	单位自办	16	16	0	12	4	0	0	79.24	0	0
南京工业职业技术大学	042	/	/	/	/	/	/	/	33	21	11	16	16	0	0	339.1	162.3	0
黄炎培职业教育思想研究会学术中心	1	2013/11/18	学校上级主管部门	独立设置研究所	其他重点研究基地,江苏省教育厅高校哲社研究基地	教育学	其他服务业	与国内独立研究结构合办	13	5	7	10	2	0	0	98	35	0
江苏工匠文化传承与发展研究协同创新基地	2	2021/1/1	非学校上级主管部门	跨系所	其他重点研究基地,江苏省高职院校社科应用研究协同创新基地	民族学与文化学	教育	单位自办	9	7	2	3	6	0	0	53.6	29.3	0
思政课虚拟仿真资源创新研究中心	3	2021/1/1	学校上级主管部门	独立设置研究所	其他重点研究基地,江苏省教育厅高校哲社研究基地	教育学	教育	单位自办	11	9	2	3	8	0	0	187.5	98	0
无锡学院	043	/	/	/	/	/	/	/	18	6	11	3	5	10	0	89	20	0
数字经济与产业发展研究院	1	2020/10/26	学校自建	独立设置研究所	研究院	经济学	其他金融业	单位自办	18	6	11	3	5	10	0	89	20	0

苏州城市学院	044	/	/	/	/	/	/	/	22	12	3	20	0	2	0	223.11	0	0
苏州发展研究院	1	2021/9/15	学校自建	独立设置研究所	校级科研平台	交叉学科	社会工作	单位自办	9	1	2	7	0	2	0	13.397	0	0
文正智库	2	2021/12/1	非学校上级主管部门	独立设置研究所	其他智库,市级新型智库	交叉学科	社会工作	单位自办	13	11	1	13	0	0	0	209.713	0	0
宿迁学院	045	/	/	/	/	/	/	/	66	37	29	47	16	3	12	200	336	0
“道德建设研究中心”重点研究基地	1	2020/11/26	学校上级主管部门	独立设置研究所	省级重点研究基地	马克思主义	教育	单位自办	12	6	6	10	1	1	0	60	48	0
江苏省科技创新智库基地	2	2022/11/15	非学校上级主管部门	与校外合办所	省级智库	管理学	社会工作	单位自办	25	21	4	17	8	0	12	100	200	0
宿迁市学生心理健康教育中心	3	2022/7/8	非学校上级主管部门	跨系所	省级重点研究基地	心理学	教育	单位自办	14	4	10	8	4	2	0	10	28	0
乡村振兴研究院	4	2022/7/28	非学校上级主管部门	独立设置研究所	省级智库	经济学	国家机构	单位自办	15	6	9	12	3	0	0	30	60	0
无锡职业技术学院	046	/	/	/	/	/	/	/	38	16	22	21	17	0	0	350	113	0
高职思想政治教育研究所	1	2016/7/1	学校自建	独立设置研究所	校级重点研究基地	马克思主义	教育	单位自办	10	4	6	6	4	0	0	100	37	0
管理与创新研究所	2	2016/6/15	学校自建	独立设置研究所	校级重点研究基地,江苏高校哲学社会科学重点研究基地	管理学	社会工作	单位自办	15	7	8	10	5	0	0	100	43	0
无锡现代职教研究中心	3	2016/7/1	学校自建	独立设置研究所	校级重点研究基地	教育学	教育	单位自办	13	5	8	5	8	0	0	150	33	0
苏州工艺美术职业技术学院	047	/	/	/	/	/	/	/	8	1	6	5	2	1	0	268	55	0
高等教育研究所	1	2017/4/15	学校自建	独立设置研究所	校级重点研究基地	教育学	教育	单位自办	4	1	2	3	1	0	0	260	25	0
桃花坞木刻年画研究所	2	2009/4/16	学校自建	与校外合办所	校级重点研究基地	艺术学	文化艺术业	与境内注册其他企业合办	4	0	4	2	1	1	0	8	30	0
苏州市职业大学	048	/	/	/	/	/	/	/	162	41	119	94	67	1	0	1047.601	0	0
大运河(江苏段)文旅融合研究协同创新基地	1	2020/11/26	非学校上级主管部门	独立设置研究所	省级重点研究基地	中国文学	文化艺术业	政府部门办	14	2	12	12	2	0	0	364.014	0	0
石湖智库	2	2017/11/25	非学校上级主管部门	跨系所	其他智库,苏州市人民政府	管理学	教育	其他	5	1	4	3	2	0	0	171.077	0	0
数字经济研究中心	3	2018/12/20	学校自建	独立设置研究所	校级重点研究基地	经济学	其他服务业	单位自办	11	5	6	11	0	0	0	9	0	0
外国语言文化研究中心	4	2013/6/13	学校自建	独立设置研究所	校级重点研究基地	外国文学	教育	单位自办	19	3	15	9	10	0	0	73.877	0	0

续表

机构名称	编号	成立时间	批准部门	组成方式	机构类型	学科分类	服务的国民经济行业	组成类型	R&D活动人员(人) 合计	其中 博士毕业	其中 硕士毕业	其中 高级职称	其中 中级职称	其中 初级职称	培养研究生(人)	R&D经费支出(千元)	仪器设备原价(千元)	其中 进口(千元)
		L01	L02	L03	L04	L05	L06	L07	L08	L09	L10	L11	L12	L13	L14	L15	L16	L17
吴文化传承与创新研究中心	5	2018/9/13	学校上级主管部门	跨系所	省级重点研究基地	中国文学	文化艺术业	政府部门办	61	16	45	23	38	0	0	344.653	0	0
吴文化研究院	6	2000/12/6	学校自建	独立设置研究所	校级重点研究基地	历史学	广播、电视、电影和录音制作业	与国内独立研究结构合办	14	5	9	10	3	1	0	5	0	0
新媒体艺术与技术融合研究中心	7	2022/6/24	学校自建	独立设置研究所	校级重点研究基地	艺术学	文化艺术业	单位自办	20	4	16	14	6	0	0	42.98	0	0
运动与健康产业协同创新中心	8	2022/6/16	学校自建	独立设置研究所	校级重点研究基地	体育科学	体育	单位自办	18	5	12	12	6	0	0	37	0	0
泰州职业技术学院	049	/	/	/	/	/	/	/	6	1	3	4	2	0	0	8.5	4.6	0
泰州市工业经济研究院	1	2014/7/2	学校上级主管部门	与校外合办所	其他	经济学	研究和试验发展	政府部门办	6	1	3	4	2	0	0	8.5	4.6	0
江苏海事职业技术学院	050	/	/	/	/	/	/	/	35	11	23	12	19	0	0	400	253	0
江苏海事智慧航运研究	1	2021/6/30	非学校上级主管部门	跨系所	其他智库,江苏省社科应用协同创新智库	管理学	水上运输业	单位自办	12	5	7	6	6	0	0	100	23	0
一带一路应用型海事人才研究院	2	2018/10/18	学校上级主管部门	独立设置研究所	其他智库,省教育哲社基地	管理学	水上运输业	单位自办	23	6	16	6	13	0	0	300	230	0
无锡科技职业学院	051	/	/	/	/	/	/	/	12	3	8	2	8	2	0	10	0	0
新吴习近平新时代中国特色社会主义思想研究中心	1	2020/12/1	非学校上级主管部门	与校外合办所	其他智库,无锡高新区党工委(新吴区委宣传部)共建	马克思主义	国家机构	政府部门办	12	3	8	2	8	2	0	10	0	0
江苏医药职业学院	052	/	/	/	/	/	/	/	41	18	23	24	10	7	0	293	100	0
江苏基层卫生发展与全科医学教育研究中心	1	2018/7/19	学校上级主管部门	独立设置研究所	省级重点研究基地	管理学	卫生	单位自办	41	18	23	24	10	7	0	293	100	0
苏州经贸职业技术学院	053	/	/	/	/	/	/	/	12	5	7	3	7	2	0	100	0	0
跨境电子商务应用研究与人才培养协同创新中心	1	2019/6/10	非学校上级主管部门	独立设置研究所	协同创新中心	管理学	教育	单位自办	12	5	7	3	7	2	0	100	0	0

无锡商业职业技术学院	054	/	/	/	/	/	/	/	40	14	25	22	18	0	0	24.3	70	0
江苏省非物质文化遗产研究基地	1	2014/6/18	非学校上级主管部门	独立设置研究所	其他重点研究基地,江苏省文化厅非遗研究基地	艺术学	文教、工美、体育和娱乐用品制造业	单位自办	11	0	11	7	4	0	0	19.3	65	0
江苏省社科应用研究协同创新基地	2	2020/11/16	学校上级主管部门	与校外合办所	其他重点研究基地,江苏省高职院校社科应用研究协同创新基地	经济学	商务服务业	单位自办	29	14	14	15	14	0	0	5	5	0
常州纺织服装职业技术学院	055	/	/	/	/	/	/	/	37	4	31	16	20	1	0	142.4	27.296	0
江苏服饰文化研究院	1	2020/9/14	学校上级主管部门	跨系所	省级重点研究基地	艺术学	纺织服装、服饰业	单位自办	29	4	23	13	15	1	0	136.8	23.999	0
乡村文化传承与创新设计研究工作室	2	2022/1/1	学校上级主管部门	独立设置研究所	社科创新团队	艺术学	文化艺术业	单位自办	8	0	8	3	5	0	0	5.6	3.297	0
苏州农业职业技术学院	056	/	/	/	/	/	/	/	25	3	22	13	10	2	0	90	30	0
苏州农村改革与发展研究院	1	2014/6/20	学校自建	独立设置研究所	校级重点研究基地	经济学	农、林、牧、渔专业及辅助性活动	单位自办	25	3	22	13	10	2	0	90	30	0
南京科技职业学院	057	/	/	/	/	/	/	/	5	0	4	4	1	0	0	110	55	0
现代职业教育研究院	1	2020/10/9	学校自建	跨系所	校级重点研究基地	教育学	教育	单位自办	5	0	4	4	1	0	0	110	55	0
南京铁道职业技术学院	058	/	/	/	/	/	/	/	13	0	9	8	5	0	0	400	160	0
高等教育研究所	1	2005/3/9	学校自建	独立设置研究所	校级研究机构	教育学	教育	单位自办	4	0	3	2	2	0	0	100	20	0
江苏轨道交通产业发展研究协同创新基地	2	2020/10/20	非学校上级主管部门	跨系所	其他重点研究基地,江苏高职院校社科联协同创新培育基地	民族学与文化学	铁路运输业	单位自办	3	0	3	2	1	0	0	100	30	0
江苏铁路文化研究中心	3	2013/7/1	学校自建	独立设置研究所	校级研究机构	民族学与文化学	教育	单位自办	3	0	0	2	1	0	0	100	100	0
铁路文化研究基地	4	2020/6/20	学校上级主管部门	跨系所	其他重点研究基地,江苏高校铁路文化研究基地	民族学与文化学	铁路运输业	单位自办	3	0	3	2	1	0	0	100	10	0
南京信息职业技术学院	059	/	/	/	/	/	/	/	42	6	32	22	20	0	0	149.8	22.72	0
党建与思想政治教育研究会	1	2004/7/1	学校自建	独立设置研究所	校级研究会	马克思主义	教育	单位自办	19	3	15	10	9	0	0	56.8	5.6	0

续表

机构名称	编号	成立时间	批准部门	组成方式	机构类型	学科分类	服务的国民经济行业	组成类型	R&D活动人员(人) 合计	其中 博士毕业	其中 硕士毕业	其中 高级职称	其中 中级职称	其中 初级职称	培养研究生(人)	R&D经费支出(千元)	仪器设备原价(千元)	其中 进口(千元)
		L01	L02	L03	L04	L05	L06	L07	L08	L09	L10	L11	L12	L13	L14	L15	L16	L17
江苏民营经济统战研究协同创新基地	2	2020/11/16	非学校上级主管部门	独立设置研究所	其他重点研究基地,江苏省社科应用协同创新研究基地	经济学	商务服务业	单位自办	13	2	11	8	5	0	0	48.6	10.3	0
江苏协创民营经济研究院	3	2020/7/6	学校自建	独立设置研究所	校级重点研究基地	经济学	商务服务业	单位自办	10	1	6	4	6	0	0	44.4	6.82	0
盐城工业职业技术学院	060	/	/	/	/	/	/	/	18	2	15	10	8	0	0	140	100	0
盐城产教融合发展研究中心	1	2020/9/5	非学校上级主管部门	独立设置研究所	其他智库,盐城市重点培育新型智库	教育学	教育	单位自办	18	2	15	10	8	0	0	140	100	0
江苏财经职业技术学院	061	/	/	/	/	/	/	/	12	3	7	6	6	0	0	32	112	0
周恩来文化研究所	1	2014/3/1	学校自建	跨系所	校级重点研究基地	教育学	文化艺术业	单位自办	12	3	7	6	6	0	0	32	112	0
扬州工业职业技术学院	062	/	/	/	/	/	/	/	63	10	48	26	26	2	0	76	0	0
高职院校“大思政”研究协同创新基地	1	2020/11/27	非学校上级主管部门	独立设置研究所	其他重点研究基地,江苏省高职院校社科应用研究协同创新	马克思主义	教育	单位自办	31	6	24	18	10	1	0	45	0	0
运河城市文化艺术研究中心	2	2021/12/8	学校自建	独立设置研究所	校级重点研究基地	艺术学	文化艺术业	单位自办	24	2	19	4	12	1	0	11	0	0
中国特色社会主义研究中心	3	2017/1/5	学校自建	独立设置研究所	校级重点研究基地	马克思主义	教育	单位自办	8	2	5	4	4	0	0	20	0	0
江苏城市职业学院	063	/	/	/	/	/	/	/	65	21	36	46	19	0	0	283.503	5.96	0
红色文化研究传播中心	1	2021/4/3	学校自建	独立设置研究所	校级研究机构	马克思主义	教育	单位自办	16	0	11	14	2	0	0	23	0	0
互联网产业链管理创新研究所	2	2018/10/31	学校自建	独立设置研究所	校级重点研究基地	管理学	装卸搬运和仓储业	单位自办	10	5	5	4	6	0	0	12.89	5.96	0
江苏基层社会治理研究协同创新基地	3	2020/11/27	学校上级主管部门	独立设置研究所	省级智库	管理学	社会保障	单位自办	14	9	5	14	0	0	0	78	0	0

马克思主义中国化与中华传统文化研究中心	4	2018/10/31	学校自建	独立设置研究所	校级重点研究基地	马克思主义	教育	单位自办	6	4	1	4	2	0	0	17.315	0	0
美业文化研究中心	5	2018/10/31	学校自建	独立设置研究所	校级重点研究基地	艺术学	文化艺术业	单位自办	8	0	6	2	6	0	0	76.151	0	0
数字创意研发中心	6	2018/10/31	学校自建	独立设置研究所	校级重点研究基地	艺术学	科技推广和应用服务业	单位自办	11	3	8	8	3	0	0	76.147	0	0
江苏卫生健康职业学院	064	/	/	/	/	/	/	/	5	1	4	1	3	1	0	90	25	0
江苏省卫生职业院校文化研究室	1	2015/2/19	学校自建	与校外合办所	校级重点研究基地	教育学	卫生	单位自办	5	1	4	1	3	1	0	90	25	0
苏州工业园区服务外包职业学院	065	/	/	/	/	/	/	/	10	3	7	5	5	0	0	100	96	0
江苏服务外包研究中心	1	2017/7/13	学校上级主管部门	与校外合办所	省级重点研究基地	经济学	商务服务业	政府部门办	10	3	7	5	5	0	0	100	96	0
徐州幼儿师范高等专科学校	066	/	/	/	/	/	/	/	91	5	86	41	0	0	0	60	21	0
儿童数字音乐研究中心	1	2019/9/15	学校自建	独立设置研究所	内设科研机构	艺术学	教育	单位自办	7	1	6	0	0	0	0	5	1	0
儿童戏曲教育研究中心	2	2019/9/15	学校自建	独立设置研究所	内设科研机构	艺术学	教育	单位自办	9	0	9	4	0	0	0	5	1	0
儿童音乐剧教育研究中心	3	2019/9/15	学校自建	独立设置研究所	内设科研机构	艺术学	教育	单位自办	6	1	5	2	0	0	0	5	1	0
淮海民间美术幼儿玩具研究中心	4	2019/9/15	学校自建	独立设置研究所	内设科研机构	艺术学	教育	单位自办	9	0	9	3	0	0	0	5	1	0
睢宁儿童画研究中心	5	2019/9/15	学校自建	独立设置研究所	内设科研机构	艺术学	教育	单位自办	6	0	6	3	0	0	0	5	1	0
特殊儿童音乐干预研究中心	6	2019/9/15	学校自建	独立设置研究所	内设科研机构	艺术学	教育	单位自办	8	0	8	5	0	0	0	5	1	0
幼儿健康大数据研究中心	7	2019/9/15	学校自建	独立设置研究所	内设科研机构	统计学	教育	单位自办	4	0	4	2	0	0	0	5	1	0
幼儿教育人工智能研究中心	8	2019/9/15	学校自建	独立设置研究所	内设科研机构	交叉学科	教育	单位自办	5	0	5	2	0	0	0	5	1	0
幼儿科学教育课程研究中心	9	2019/9/15	学校自建	独立设置研究所	内设科研机构	教育学	教育	单位自办	9	0	9	5	0	0	0	5	1	0
幼儿园空间与环境创设研究中心	10	2019/9/15	学校自建	独立设置研究所	内设科研机构	教育学	教育	单位自办	9	0	9	4	0	0	0	5	10	0
幼师生师德养成研究中心	11	2019/9/15	学校自建	独立设置研究所	内设科研机构	教育学	教育	单位自办	11	2	9	8	0	0	0	5	1	0
中外儿童文学比较研究中心	12	2019/9/15	学校自建	独立设置研究所	内设科研机构	语言学	教育	单位自办	8	1	7	3	0	0	0	5	1	0

续表

机构名称	编号	成立时间	批准部门	组成方式	机构类型	学科分类	服务的国民经济行业	组成类型	R&D活动人员(人) 合计	其中 博士毕业	其中 硕士毕业	其中 高级职称	其中 中级职称	其中 初级职称	培养研究生(人)	R&D经费支出(千元)	仪器设备原价(千元)	其中 进口(千元)
		L01	L02	L03	L04	L05	L06	L07	L08	L09	L10	L11	L12	L13	L14	L15	L16	L17
三江学院	067	/	/	/	/	/	/	/	18	2	12	7	11	0	0	63.704	9.38	0
中外南海历史舆图研究基地	1	2020/9/14	学校上级主管部门	独立设置研究所	其他重点研究基地,江苏高校哲学社会科学重点研究基地	历史学	专业技术服务业	单位自办	18	2	12	7	11	0	0	63.704	9.38	0
南通理工学院	068	/	/	/	/	/	/	/	18	5	10	12	4	2	0	130	380	0
沪通产业协同发展研究基地	1	2017/7/1	学校上级主管部门	与校外合办所	省级重点研究基地	管理学	研究和试验发展	与境内注册其他企业合办	15	5	8	11	3	1	0	100	300	0
企业研究院	2	2021/8/31	学校自建	独立设置研究所	研究院	管理学	科技推广和应用服务业	单位自办	3	0	2	1	1	1	0	30	80	0
硅湖职业技术学院	069	/	/	/	/	/	/	/	32	4	12	8	12	10	0	110	150	0
电子商务重点实验室	1	2017/9/1	学校自建	独立设置研究所	校级重点实验室	管理学	其他服务业	单位自办	7	1	2	2	3	2	0	10	10	0
丝绸服饰文化创意产业设计研发中心	2	2017/9/11	学校自建	独立设置研究所	校级重点研究基地	艺术学	广播、电视、电影和录音制作业	与境内注册其他企业合办	9	1	3	2	3	3	0	80	120	0
物流管理研究基地	3	2017/11/1	学校自建	独立设置研究所	校级重点研究基地	管理学	其他服务业	单位自办	8	1	3	2	3	3	0	10	10	0
现代服务业研究室	4	2017/11/15	学校自建	独立设置研究所	校级重点实验室	管理学	商务服务业	与境内注册其他企业合办	8	1	4	2	3	2	0	10	10	0
无锡太湖学院	070	/	/	/	/	/	/	/	49	24	25	44	2	0	0	114	58	0
苏南产业转型创新发展研究中心	1	2018/7/19	学校上级主管部门	独立设置研究所	省级重点研究基地	管理学	商务服务业	单位自办	30	9	21	28	0	0	0	34	28	0
苏南资本市场研究中心	2	2017/9/1	学校上级主管部门	与校外合办所	省级重点研究基地	经济学	资本市场服务	与境内注册其他企业合办	19	15	4	16	2	0	0	80	30	0
南京大学金陵学院	071	/	/	/	/	/	/	/	46	8	32	19	27	0	0	322.8	180	0
拉丁美洲研究中心	1	2006/11/1	学校自建	独立设置研究所	校级重点研究基地	外国文学	其他服务业	单位自办	5	0	5	2	3	0	0	25	0	0
企业生态研究中心	2	2014/6/1	学校自建	独立设置研究所	校级重点研究基地	经济学	生态保护和环境治理业	单位自办	20	6	14	10	10	0	0	182	0	0

塞万提斯研究中心	3	2006/11/1	学校自建	独立设置研究所	校级重点研究基地	外国文学	其他服务业	单位自办	9	0	6	2	7	0	0	15	0	0
数字传播媒介研究中心	4	2014/12/30	学校自建	独立设置研究所	校级重点研究基地	新闻学与传播学	新闻和出版业	单位自办	2	0	0	2	0	0	0	20	100	0
丝路文明研究中心	5	2018/5/1	学校自建	独立设置研究所	校级重点研究基地	外国文学	教育	单位自办	6	0	5	2	4	0	0	5	80	0
学科交叉研究院	6	2019/9/5	学校自建	独立设置研究所	校级重点研究院	教育学	教育	单位自办	4	2	2	1	3	0	0	75.8	0	0
南京师范大学中北学院	072	/	/	/	/	/	/	/	36	1	35	6	24	6	0	34.4	13.5	0
城乡环境设计研究所	1	2020/7/14	学校自建	独立设置研究所	校级社科重点研究基地	艺术学	文化艺术业	单位自办	8	0	8	2	4	2	0	1	8.5	0
思想政治理论课研究中心	2	2020/7/14	学校自建	独立设置研究所	校级社科重点研究基地	马克思主义	教育	单位自办	12	0	12	1	10	1	0	15.1	0	0
外国语言文化研究中心	3	2020/7/14	学校自建	独立设置研究所	校级社科重点研究基地	语言学	教育	单位自办	7	1	6	1	4	2	0	5.3	0	0
音乐应用研究所	4	2021/6/27	学校自建	独立设置研究所	校级社科重点研究基地	艺术学	文化艺术业	单位自办	9	0	9	2	6	1	0	13	5	0
苏州高博软件技术职业学院	073	/	/	/	/	/	/	/	10	0	6	7	3	0	0	10	0	0
苏南非遗文化传承与创新研究基地	1	2017/9/12	学校上级主管部门	与校外合办所	其他重点研究基地	艺术学	广播、电视、电影和录音制作业	其他	10	0	6	7	3	0	0	10	0	0
西交利物浦大学	074	/	/	/	/	/	/	/	30	14	16	8	6	8	52	1119.6	26	0
和谐管理研究中心	1	2019/1/6	学校自建	独立设置研究所	校级重点研究基地,学术研究机构	管理学	商务服务业	单位自办	12	4	8	2	2	0	49	230	26	0
西浦文化、传播与社会研究中心	2	2021/9/4	学校自建	独立设置研究所	学术研究机构	中国文学	文化艺术业	单位自办	5	5	0	5	0	0	0	5.2	0	0
西浦智库	3	2017/10/1	非学校上级主管部门	与校外合办所	其他智库,校外合办智库	社会学	其他服务业	其他	13	5	8	1	4	8	3	884.4	0	0

七、社科研究、课题与成果

1. 全省高等学校人文、社会科学研究与课题成果情况表

学科门类	编号	总数					出版著作(部)							古籍整理(部)	译著(部)	发表译文(篇)	电子出版物(件)	发表论文(篇)				获奖成果数(项)				研究与咨询报告(篇)	
		课题数(项)	当年投入人数(人年)	其中:研究生(人年)	当年拨入经费(千元)	当年支出经费(千元)	合计	专著	其中:被译成外文	编著教材	工具书参考书	皮书/发展报告	科普读物					合计	国内学术刊物 内地(大陆)	国内学术刊物 港、澳、台地区	国外学术刊物	合计	国家级奖	部级奖	省级奖	合计	其中:被采纳数
		L01	L02	L03	L04	L05	L06	L07	L08	L09	L10	L11	L12	L13	L14	L15	L16	L17	L18	L19	L20	L21	L22	L23	L24	L25	L26
合　计	/	50 053	9708.1	772.9	1 255 318.771	1 216 983.15	1547	1028	25	460	11	35	13	13	124	11	51	28 366	25 516	16	2834	12	0	10	2	4490	2662
管理学	1	12 325	2275.5	197.2	404 730.989	388 626.051	242	160	4	70	3	6	3	0	1	0	28	5984	4933	0	1051	3	0	3	0	1507	952
马克思主义	2	3049	616.9	40.8	42 865.216	37 485.058	77	59	2	14	0	1	3	1	0	0	2	1561	1534	0	27	0	0	0	0	142	92
哲学	3	497	114.4	10.8	11 667.513	12 034.589	20	16	0	4	0	0	0	0	2	0	0	458	431	1	26	0	0	0	0	13	9
逻辑学	4	17	3	0.1	66	110.362	1	0	0	1	0	0	0	0	0	0	0	25	24	0	1	0	0	0	0	1	1
宗教学	5	45	9.2	0.3	425.6	1127.661	0	0	0	0	0	0	0	0	0	0	0	14	12	0	2	0	0	0	0	2	0
语言学	6	1680	368	31.7	44 197.72	40 671.087	115	83	9	32	0	0	0	0	19	0	0	1254	1067	0	187	0	0	0	0	120	63
中国文学	7	1096	248.9	23.4	30 228.58	30 728.769	115	85	1	28	1	0	1	6	6	0	0	1060	1046	3	11	0	0	0	0	56	44
外国文学	8	651	131.5	9.8	12 963.734	11 594.393	33	23	2	9	0	1	0	4	45	5	0	497	421	3	73	0	0	0	0	15	7
艺术学	9	3814	806.6	75	132 643.753	137 859.102	225	126	0	89	0	10	0	0	7	0	8	3221	3048	2	171	0	0	0	0	353	188
历史学	10	708	155.9	17.2	21 042.675	26 097.942	77	55	2	19	0	1	2	1	6	1	0	415	389	1	25	1	0	0	1	46	14
考古学	11	309	54.5	38.4	70 573.388	56 581.134	2	2	0	0	0	0	0	0	0	0	0	27	23	0	4	0	0	0	0	115	11
经济学	12	4865	902.8	68.1	142 746.262	141 749.762	135	90	0	40	0	5	0	0	3	1	5	2720	2148	0	572	5	0	5	0	533	360
政治学	13	877	156.6	10.7	14 580.698	14 395.529	13	11	0	1	1	0	0	0	0	0	5	372	351	0	21	0	0	0	0	71	42
法学	14	1555	334.6	40.2	47 870.631	44 168.455	78	57	1	19	1	0	1	0	8	0	0	915	883	3	29	1	0	1	0	182	120
社会学	15	2627	537.1	39.9	60 690.94	61 326.941	42	31	1	7	0	3	1	0	11	0	0	874	775	0	99	1	0	0	1	320	199
民族学与文化学	16	376	67.1	1	6298.965	5173.557	10	6	0	4	0	0	0	0	2	4	0	103	97	0	6	0	0	0	0	60	37
新闻学与传播学	17	746	139.7	9.3	19 218.357	20 032.516	25	19	1	6	0	0	0	0	2	0	0	572	523	0	49	0	0	0	0	83	48
图书馆、情报与文献学	18	804	157.7	22.2	21 798.448	24 771.648	20	12	0	3	3	2	0	1	0	0	0	630	579	2	49	0	0	0	0	82	67
教育学	19	11 533	2145	107.8	111 435.074	106 423.271	243	147	0	89	2	3	2	0	9	0	3	6080	5860	0	220	1	0	1	0	567	295
统计学	20	247	47.5	2.8	7275.389	5602.312	4	1	0	1	0	2	0	0	0	0	0	132	121	0	11	0	0	0	0	45	27
心理学	21	476	86.6	4.4	7204.664	7662.576	11	7	1	4	0	0	0	0	3	0	0	273	195	0	78	0	0	0	0	31	14
体育科学	22	1296	248.9	12.6	30 013.847	29 776.787	47	28	0	18	0	1	0	0	0	0	0	968	871	0	97	0	0	0	0	98	46
其他学科	23	460	100.1	9.2	14 780.328	12 983.648	12	10	1	2	0	0	0	0	0	0	0	211	185	1	25	0	0	0	0	48	26

2. 公办本科高等学校人文、社会科学研究与课题成果情况表

学科门类	编号	总数：课题数（项）	总数：当年投入人数（人年）	总数：其中：研究生（人年）	总数：当年拨入经费（千元）	总数：当年支出经费（千元）	出版著作（部）：合计	出版著作（部）：专著	出版著作（部）：其中：被译成外文	出版著作（部）：编著教材	出版著作（部）：工具书参考书	出版著作（部）：皮书/发展报告	出版著作（部）：科普读物	古籍整理（部）	译著（部）	发表译文（篇）	电子出版物（件）	发表论文（篇）：合计	发表论文（篇）：国内学术刊物：内地（大陆）	发表论文（篇）：国内学术刊物：港、澳、台地区	发表论文（篇）：国外学术刊物	获奖成果数（项）：合计	获奖成果数（项）：国家级奖	获奖成果数（项）：部级奖	获奖成果数（项）：省级奖	研究与咨询报告（篇）：合计	研究与咨询报告（篇）：其中：被采纳数
		L01	L02	L03	L04	L05	L06	L07	L08	L09	L10	L11	L12	L13	L14	L15	L16	L17	L18	L19	L20	L21	L22	L23	L24	L25	L26
合　计	/	33 847	6843.9	771.4	1 140 392.082	1 113 517.976	1193	853	24	298	11	18	13	12	118	9	45	17 679	15 263	16	2400	12	0	10	2	3045	1963
管理学	1	8875	1662.9	196.8	368 362.721	356 371.812	169	121	4	37	3	5	3	0	1	0	28	3791	2875	0	916	3	0	3	0	951	691
马克思主义	2	2108	462.6	40.8	40 834.316	35 010.083	71	55	2	12	0	1	3	1	0	0	1	1068	1045	0	23	0	0	0	0	114	74
哲学	3	442	102.4	10.8	11 476.713	11 897.304	19	15	0	4	0	0	0	0	2	0	0	410	393	1	16	0	0	0	0	5	4
逻辑学	4	11	1.6	0.1	50	101.442	0	0	0	0	0	0	0	0	0	0	0	14	13	0	1	0	0	0	0	0	0
宗教学	5	43	8.7	0.3	376	1123.101	0	0	0	0	0	0	0	0	0	0	0	14	12	0	2	0	0	0	0	1	0
语言学	6	1259	284.7	31.7	38 717.192	36 303.83	95	72	9	23	0	0	0	0	16	0	0	787	637	0	150	0	0	0	0	79	36
中国文学	7	967	224.5	23.4	29 664.58	30 069.46	103	77	1	24	1	0	1	5	6	0	0	875	865	3	7	0	0	0	0	49	40
外国文学	8	600	120.2	9.8	12 501.984	11 168.339	28	21	2	7	0	0	0	4	42	4	0	429	361	3	65	0	0	0	0	13	6
艺术学	9	2592	569.2	75	114 179.81	120 161.563	169	106	0	60	0	3	0	0	7	0	5	1922	1784	2	136	0	0	0	0	189	107
历史学	10	652	145.6	17.2	20 033.175	25 081.832	71	51	2	17	0	1	2	1	6	0	0	389	365	1	23	1	0	0	1	34	11
考古学	11	302	52.4	38.4	70 544.52	56 566.663	2	2	0	0	0	0	0	0	0	0	0	27	23	0	4	0	0	0	0	111	11
经济学	12	3653	668.7	67.7	127 749.619	128 661.231	94	75	0	19	0	0	0	0	3	1	5	1836	1339	0	497	5	0	5	0	364	270
政治学	13	649	122.8	10.7	14 142.698	13 800.127	12	10	0	1	1	0	0	0	0	0	5	311	296	0	15	0	0	0	0	64	41
法学	14	1459	315.7	40.2	47 095.031	43 494.677	74	55	1	17	1	0	1	0	8	0	0	858	827	3	28	1	0	1	0	175	117
社会学	15	2017	432.3	39.6	56 620.898	58 560.982	38	28	1	7	0	2	1	0	11	0	0	633	549	0	84	1	0	0	1	253	178
民族学与文化学	16	194	33.8	1	4296.165	3845.557	6	5	0	1	0	0	0	0	2	4	0	52	48	0	4	0	0	0	0	27	19
新闻学与传播学	17	619	112.7	9.2	17 487.757	19 016.266	22	16	1	6	0	0	0	0	2	0	0	456	410	0	46	0	0	0	0	73	43
图书馆、情报与文献学	18	708	139.5	22.2	21 468.748	24 348.706	14	7	0	3	3	1	0	1	0	0	0	523	474	2	47	0	0	0	0	75	61
教育学	19	4859	1017.3	107.7	94 092.524	87 740.908	148	102	0	40	2	2	2	0	9	0	1	2241	2088	0	153	1	0	1	0	292	168
统计学	20	202	39.5	2.8	5891.559	5035.869	4	1	0	1	0	2	0	0	0	0	0	116	107	0	9	0	0	0	0	43	25
心理学	21	286	53	4.4	5902.767	6647.324	6	4	1	2	0	0	0	0	3	0	0	174	102	0	72	0	0	0	0	23	11
体育科学	22	1030	201.7	12.6	27 917.647	27 630.562	42	26	0	15	0	1	0	0	0	0	0	604	521	0	83	0	0	0	0	68	28
其他学科	23	320	72.1	9	10 985.658	10 880.338	6	4	0	2	0	0	0	0	0	0	0	149	129	1	19	0	0	0	0	42	22

2.1 管理学人文、社会科学研究与课题成果情况表

高校名称		总数					出版著作(部)							古籍整理(部)	译著(部)	发表译文(篇)	电子出版物(件)	发表论文(篇)				获奖成果数(项)				研究与咨询报告(篇)	
		课题数(项)	当年投入人数(人年)	其中：研究生(人年)	当年拨入经费(千元)	当年支出经费(千元)	合计	专著	其中：被译成外文	编著教材	工具书参考书	皮书/发展报告	科普读物					合计	国内学术刊物 内地(大陆)	国内学术刊物 港、澳、台地区	国外学术刊物	合计	国家级奖	部级奖	省级奖	合计	其中：被采纳数
	编号	L01	L02	L03	L04	L05	L06	L07	L08	L09	L10	L11	L12	L13	L14	L15	L16	L17	L18	L19	L20	L21	L22	L23	L24	L25	L26
合　计	/	8875	1662.9	196.8	368 362.721	356 371.812	169	121	4	37	3	5	3	0	1	0	28	3791	2875	0	916	3	0	3	0	951	691
南京大学	1	133	18.8	5.6	13 740.745	11 014.281	2	2	0	0	0	0	0	0	0	0	0	240	123	0	117	0	0	0	0	13	13
东南大学	2	185	31.4	0.8	8475.542	8154.155	2	2	0	0	0	0	0	0	0	0	0	213	85	0	128	0	0	0	0	31	31
江南大学	3	163	127.6	73	14 122.65	13 912.977	3	2	0	1	0	0	0	0	0	0	0	82	40	0	42	1	0	1	0	37	37
南京农业大学	4	1034	126.3	8.1	18 802.855	18 689.583	9	5	0	4	0	0	0	0	0	0	0	278	198	0	80	0	0	0	0	39	38
中国矿业大学	5	442	67.1	14.9	12 832.333	13 931.556	5	3	0	2	0	0	0	0	0	0	0	122	57	0	65	0	0	0	0	75	32
河海大学	6	469	155.2	15.1	20 357.123	19 079.494	24	6	0	7	3	5	3	0	0	0	28	297	297	0	0	0	0	0	0	69	56
南京理工大学	7	244	34.8	0.2	12 536.11	9516.18	10	7	1	3	0	0	0	0	0	0	0	71	41	0	30	1	0	1	0	19	19
南京航空航天大学	8	220	39.3	0	10712	8854.9	7	6	0	1	0	0	0	0	0	0	0	98	61	0	37	0	0	0	0	1	1
中国药科大学	9	400	41.3	0	10 525.818	11 248.779	0	0	0	0	0	0	0	0	0	0	0	32	32	0	0	0	0	0	0	0	0
南京森林警察学院	10	20	6.6	0	755	50.47	0	0	0	0	0	0	0	0	0	0	0	15	15	0	0	0	0	0	0	0	0
苏州大学	11	224	25.7	0.3	1241.85	14 083.384	2	2	0	0	0	0	0	0	0	0	0	52	39	0	13	0	0	0	0	19	19
江苏科技大学	12	225	44.2	6.3	3719.5	2746.85	3	3	0	0	0	0	0	0	1	0	0	63	49	0	14	0	0	0	0	1	0
南京工业大学	13	179	24.5	3.6	1299	1215.27	1	1	0	0	0	0	0	0	0	0	0	157	141	0	16	0	0	0	0	19	19
常州大学	14	146	37.7	0.1	1874.75	4056.213	5	5	0	0	0	0	0	0	0	0	0	88	82	0	6	0	0	0	0	0	0
南京邮电大学	15	271	65.5	3.4	9290.827	8495.697	7	4	0	3	0	0	0	0	0	0	0	116	71	0	45	0	0	0	0	17	9
南京林业大学	16	129	13.1	0	691	631.62	3	3	0	0	0	0	0	0	0	0	0	40	40	0	0	0	0	0	0	0	0
江苏大学	17	297	41.2	5.8	11 319.65	10 980.64	7	5	0	2	0	0	0	0	0	0	0	104	65	0	39	1	0	1	0	14	10
南京信息工程大学	18	380	115.2	36.4	14 770.7	10 780.06	2	2	0	0	0	0	0	0	0	0	0	92	57	0	35	0	0	0	0	26	17
南通大学	19	60	8.5	0	948	733	2	1	0	1	0	0	0	0	0	0	0	58	50	0	8	0	0	0	0	21	21
盐城工学院	20	113	11.3	0	927	944.94	3	3	0	0	0	0	0	0	0	0	0	45	37	0	8	0	0	0	0	0	0
南京医科大学	21	63	7.7	0	0	401	5	5	0	0	0	0	0	0	0	0	0	33	33	0	0	0	0	0	0	2	2
徐州医科大学	22	43	10.4	1.4	231	304.87	0	0	0	0	0	0	0	0	0	0	0	24	17	0	7	0	0	0	0	13	13

南京中医药大学	23	112	31.6	0	1764.1	1445.591	1	1	0	0	0	0	0	0	0	0	0	37	34	0	3	0	0	0	0	9	9
南京师范大学	24	29	11.8	3.8	758.522	223.379	9	2	0	7	0	0	0	0	0	0	0	40	13	0	27	0	0	0	0	0	0
江苏师范大学	25	98	43.7	0.6	53 602.07	53 576.67	4	3	0	1	0	0	0	0	0	0	0	83	72	0	11	0	0	0	0	27	27
淮阴师范学院	26	118	15.6	0	10 096.394	7631.894	3	3	0	0	0	0	0	0	0	0	0	51	48	0	3	0	0	0	0	16	5
盐城师范学院	27	240	38.3	0	25 285.606	22 161.544	1	1	0	0	0	0	0	0	0	0	0	69	58	0	11	0	0	0	0	72	11
南京财经大学	28	368	67.2	7.4	23 602.003	18 706.984	8	7	0	1	0	0	0	0	0	0	0	149	86	0	63	0	0	0	0	28	28
江苏警官学院	29	121	17.4	0	293	283.07	2	2	0	0	0	0	0	0	0	0	0	41	40	0	1	0	0	0	0	0	0
南京体育学院	30	4	0.4	0	0	0	0	0	0	0	0	0	0	0	0	0	0	6	6	0	0	0	0	0	0	0	0
南京艺术学院	31	23	5.2	0	1800	62.5	0	0	0	0	0	0	0	0	0	0	0	28	28	0	0	0	0	0	0	0	0
苏州科技大学	32	186	28.8	1.1	9496.709	8867.709	1	1	0	0	0	0	0	0	0	0	0	96	78	0	18	0	0	0	0	36	35
常熟理工学院	33	175	27.1	0	8075.331	7201.035	1	1	0	0	0	0	0	0	0	0	0	50	33	0	17	0	0	0	0	78	78
淮阴工学院	34	117	24.7	0	15 279.3	16 019.1	1	1	0	0	0	0	0	0	0	0	0	30	28	0	2	0	0	0	0	20	20
常州工学院	35	179	20.3	0	8354.695	7117.335	2	2	0	0	0	0	0	0	0	0	0	17	12	0	5	0	0	0	0	45	20
扬州大学	36	239	30.8	0.5	9406.7	9424.72	7	7	2	0	0	0	0	0	0	0	0	63	42	0	21	0	0	0	0	35	32
南京工程学院	37	83	15.7	0	7998.9	7041.124	1	1	0	0	0	0	0	0	0	0	0	93	93	0	0	0	0	0	0	3	0
南京审计大学	38	201	59.9	8.1	2511.138	2544.097	5	5	0	0	0	0	0	0	0	0	0	243	224	0	19	0	0	0	0	12	11
南京晓庄学院	39	67	7	0	3711	3336.5	2	2	0	0	0	0	0	0	0	0	0	17	9	0	8	0	0	0	0	0	0
江苏理工学院	40	169	24.1	0	2528.05	6859.574	1	1	0	0	0	0	0	0	0	0	0	12	12	0	0	0	0	0	0	36	11
江苏海洋大学	41	255	25.4	0.3	6933.9	6899.25	3	3	0	0	0	0	0	0	0	0	0	91	88	0	3	0	0	0	0	96	53
徐州工程学院	42	119	16.7	0	1003	630.1	0	0	0	0	0	0	0	0	0	0	0	23	18	0	5	0	0	0	0	2	2
南京特殊教育师范学院	43	25	3.9	0	290	397.5	1	1	0	0	0	0	0	0	0	0	0	10	9	0	1	0	0	0	0	3	3
泰州学院	44	20	6.8	0	142	75	1	1	0	0	0	0	0	0	0	0	0	31	29	0	2	0	0	0	0	0	0
金陵科技学院	45	100	11.1	0	1498.3	1979.4	3	2	0	1	0	0	0	0	0	0	0	28	25	0	3	0	0	0	0	0	0
江苏第二师范学院	46	12	2.2	0	556	633.998	0	0	0	0	0	0	0	0	0	0	0	7	6	0	1	0	0	0	0	1	1
南京工业职业技术大学	47	160	44.7	0	1540.75	1341.31	2	2	1	0	0	0	0	0	0	0	0	81	79	0	2	0	0	0	0	0	0
无锡学院	48	44	9.6	0	509	585.468	3	1	0	2	0	0	0	0	0	0	0	8	8	0	0	0	0	0	0	7	0
苏州城市学院	49	19	3.3	0	39.8	19.741	1	0	0	1	0	0	0	0	0	0	0	24	24	0	0	0	0	0	0	6	5
宿迁学院	50	152	16.2	0	2113	1481.3	4	4	0	0	0	0	0	0	0	0	0	43	43	0	0	0	0	0	0	3	3

2.2 马克思主义人文、社会科学研究与课题成果情况表

高校名称	编号	总数：课题数(项)	总数：当年投入人数(人年)	总数：其中：研究生(人年)	总数：当年拨入经费(千元)	总数：当年支出经费(千元)	出版著作(部)：合计	出版著作(部)：专著	出版著作(部)：其中：被译成外文	出版著作(部)：编著教材	出版著作(部)：工具书参考书	出版著作(部)：皮书/发展报告	出版著作(部)：科普读物	古籍整理(部)	译著(部)	发表译文(篇)	电子出版物(件)	发表论文(篇)：合计	发表论文(篇)：国内学术刊物：内地(大陆)	发表论文(篇)：国内学术刊物：港澳、台地区	发表论文(篇)：国外学术刊物	获奖成果数(项)：合计	获奖成果数(项)：国家级奖	获奖成果数(项)：部级奖	获奖成果数(项)：省级奖	研究与咨询报告(篇)：合计	研究与咨询报告(篇)：其中：被采纳数
		L01	L02	L03	L04	L05	L06	L07	L08	L09	L10	L11	L12	L13	L14	L15	L16	L17	L18	L19	L20	L21	L22	L23	L24	L25	L26
合　计	/	2108	462.6	40.8	40 834.316	35 010.083	71	55	2	12	0	1	3	1	0	0	1	1068	1045	0	23	0	0	0	0	114	74
南京大学	1	91	15.7	5.7	4391.431	5485.689	1	1	0	0	0	0	0	0	0	0	0	52	50	0	2	0	0	0	0	0	0
东南大学	2	46	8.6	0.1	1638	1297.478	3	2	0	1	0	0	0	0	0	0	0	42	38	0	4	0	0	0	0	11	7
江南大学	3	43	33.1	18.9	2347.4	2411.843	6	5	0	1	0	0	0	0	0	0	0	26	26	0	0	0	0	0	0	0	0
南京农业大学	4	47	8	0.2	218	64.38	1	1	0	0	0	0	0	0	0	0	0	10	10	0	0	0	0	0	0	0	0
中国矿业大学	5	100	23.5	2.8	2539	628.922	2	1	1	1	0	0	0	0	0	0	0	24	23	0	1	0	0	0	0	3	0
河海大学	6	189	67.3	3.4	1426	1394.2	3	0	0	0	0	1	2	0	0	0	0	75	75	0	0	0	0	0	0	18	13
南京理工大学	7	54	22.4	0	875.2	198.6	2	2	1	0	0	0	0	0	0	0	0	19	19	0	0	0	0	0	0	1	1
南京航空航天大学	8	55	9.2	0	1480	1670	9	7	0	2	0	0	0	0	0	0	0	66	63	0	3	0	0	0	0	1	1
中国药科大学	9	9	0.9	0	65	5	1	1	0	0	0	0	0	0	0	0	0	10	10	0	0	0	0	0	0	0	0
南京森林警察学院	10	2	0.6	0	0	0	0	0	0	0	0	0	0	0	0	0	0	4	4	0	0	0	0	0	0	0	0
苏州大学	11	75	8.2	0	350	1753	4	4	0	0	0	0	0	0	0	0	0	36	36	0	0	0	0	0	0	10	10
江苏科技大学	12	35	8.1	0.5	49	190.6	0	0	0	0	0	0	0	0	0	0	0	9	9	0	0	0	0	0	0	0	0
南京工业大学	13	67	10.8	2.6	195	185	4	4	0	0	0	0	0	0	0	0	0	37	34	0	3	0	0	0	0	0	0
常州大学	14	55	14.7	0	575	761.44	3	3	0	0	0	0	0	0	0	0	0	48	48	0	0	0	0	0	0	1	1
南京邮电大学	15	35	8	0.6	300	427.3	0	0	0	0	0	0	0	0	0	0	0	5	5	0	0	0	0	0	0	0	0
南京林业大学	16	38	3.9	0	100	85	1	1	0	0	0	0	0	0	0	0	0	14	14	0	0	0	0	0	0	0	0
江苏大学	17	29	7.7	0.2	540	520	2	0	0	2	0	0	0	0	0	0	0	16	16	0	0	0	0	0	0	3	1
南京信息工程大学	18	53	17.5	2.4	1561	1242.44	1	1	0	0	0	0	0	0	0	0	0	17	17	0	0	0	0	0	0	1	1
南通大学	19	73	8.8	0	826.5	816.5	7	3	0	3	0	0	1	0	0	0	0	55	55	0	0	0	0	0	0	1	1
盐城工学院	20	27	2.8	0	112	154.3	0	0	0	0	0	0	0	0	0	0	0	24	19	0	5	0	0	0	0	0	0
南京医科大学	21	6	0.7	0	0	0	0	0	0	0	0	0	0	0	0	0	0	0	0	0	0	0	0	0	0	0	0
徐州医科大学	22	7	1.5	0	110	33.5	0	0	0	0	0	0	0	0	0	0	0	3	3	0	0	0	0	0	0	13	13

南京中医药大学	23	9	2.7	0	40	32.308	0	0	0	0	0	0	0	0	0	0	0	6	6	0	0	0	0	0	0	0	0
南京师范大学	24	84	23.8	1.9	7577.385	1658.196	3	3	0	0	0	0	0	1	0	0	0	34	34	0	0	0	0	0	0	14	3
江苏师范大学	25	18	14	0	756	704.3	0	0	0	0	0	0	0	0	0	0	0	23	23	0	0	0	0	0	0	10	10
淮阴师范学院	26	61	10.8	0	1584.4	1887.8	0	0	0	0	0	0	0	0	0	0	0	43	43	0	0	0	0	0	0	0	0
盐城师范学院	27	70	13.7	0	897	1015.275	1	0	0	1	0	0	0	0	0	0	0	15	15	0	0	0	0	0	0	2	0
南京财经大学	28	48	7.4	1	615	709.758	2	2	0	0	0	0	0	0	0	0	0	26	26	0	0	0	0	0	0	0	0
江苏警官学院	29	17	3.3	0	50	36	0	0	0	0	0	0	0	0	0	0	0	6	5	0	1	0	0	0	0	0	0
南京体育学院	30	4	0.4	0	0	145.146	0	0	0	0	0	0	0	0	0	0	0	7	7	0	0	0	0	0	0	0	0
南京艺术学院	31	20	5.4	0	0	52.289	0	0	0	0	0	0	0	0	0	0	1	12	12	0	0	0	0	0	0	0	0
苏州科技大学	32	22	4.4	0.1	216	216	0	0	0	0	0	0	0	0	0	0	0	7	7	0	0	0	0	0	0	0	0
常熟理工学院	33	25	4.2	0	45	299.037	3	3	0	0	0	0	0	0	0	0	0	31	29	0	2	0	0	0	0	1	1
淮阴工学院	34	74	14.5	0	3930.5	3650.5	0	0	0	0	0	0	0	0	0	0	0	34	34	0	0	0	0	0	0	0	0
常州工学院	35	54	5.6	0	488	504.04	0	0	0	0	0	0	0	0	0	0	0	11	11	0	0	0	0	0	0	2	0
扬州大学	36	80	13.8	0.4	1016	1209.66	5	5	0	0	0	0	0	0	0	0	0	71	69	0	2	0	0	0	0	0	0
南京工程学院	37	5	0.9	0	420	352	0	0	0	0	0	0	0	0	0	0	0	4	4	0	0	0	0	0	0	0	0
南京审计大学	38	24	6.6	0	444	189.033	1	1	0	0	0	0	0	0	0	0	0	17	17	0	0	0	0	0	0	0	0
南京晓庄学院	39	48	4.8	0	80	281	3	2	0	1	0	0	0	0	0	0	0	30	30	0	0	0	0	0	0	0	0
江苏理工学院	40	23	4.3	0	454	490.15	0	0	0	0	0	0	0	0	0	0	0	2	2	0	0	0	0	0	0	5	1
江苏海洋大学	41	59	5.9	0	1067	864.65	1	1	0	0	0	0	0	0	0	0	0	10	10	0	0	0	0	0	0	11	6
徐州工程学院	42	62	7.8	0	38	53.5	1	1	0	0	0	0	0	0	0	0	0	12	12	0	0	0	0	0	0	1	1
南京特殊教育师范学院	43	25	4.4	0	10	28	0	0	0	0	0	0	0	0	0	0	0	3	3	0	0	0	0	0	0	0	0
泰州学院	44	9	2.3	0	250	246	0	0	0	0	0	0	0	0	0	0	0	7	7	0	0	0	0	0	0	1	0
金陵科技学院	45	33	3.3	0	25	261.8	0	0	0	0	0	0	0	0	0	0	0	10	10	0	0	0	0	0	0	0	0
江苏第二师范学院	46	8	1.4	0	25	10.209	0	0	0	0	0	0	0	0	0	0	0	7	7	0	0	0	0	0	0	0	0
南京工业职业技术大学	47	26	6.5	0	261	223.44	0	0	0	0	0	0	0	0	0	0	0	17	17	0	0	0	0	0	0	1	1
无锡学院	48	10	2.2	0	15	16.75	0	0	0	0	0	0	0	0	0	0	0	3	3	0	0	0	0	0	0	1	0
苏州城市学院	49	2	0.4	0	0	0	0	0	0	0	0	0	0	0	0	0	0	12	12	0	0	0	0	0	0	0	0
宿迁学院	50	52	5.8	0	831.5	548.05	1	1	0	0	0	0	0	0	0	0	0	16	16	0	0	0	0	0	0	2	2

2.3 哲学人文、社会科学研究与课题成果情况表

高校名称		总数					出版著作(部)							古籍整理(部)	译著(部)	发表译文(篇)	电子出版物(件)	发表论文(篇)				获奖成果数(项)				研究与咨询报告(篇)	
		课题数(项)	当年投入人数(人年)	其中:研究生(人年)	当年拨入经费(千元)	当年支出经费(千元)	合计	专著	其中:被译成外文	编著教材	工具书参考书	皮书/发展报告	科普读物					合计	国内学术刊物 内地(大陆)	国内学术刊物 港、澳、台地区	国外学术刊物	合计	国家级奖	部级奖	省级奖	合计	其中:被采纳数
	编号	L01	L02	L03	L04	L05	L06	L07	L08	L09	L10	L11	L12	L13	L14	L15	L16	L17	L18	L19	L20	L21	L22	L23	L24	L25	L26
合　计	/	442	102.4	10.8	11 476.713	11 897.304	19	15	0	4	0	0	0	0	2	0	0	410	393	1	16	0	0	0	0	5	4
南京大学	1	43	9.2	1.3	1994	2780.574	2	2	0	0	0	0	0	0	0	0	0	121	116	0	5	0	0	0	0	0	0
东南大学	2	63	12.9	0.4	3688.168	2826.155	0	0	0	0	0	0	0	0	0	0	0	18	15	0	3	0	0	0	0	1	1
江南大学	3	19	13.5	6.4	250	883.6	2	1	0	1	0	0	0	0	0	0	0	13	12	0	1	0	0	0	0	0	0
南京农业大学	4	11	3.8	0.6	108	124.833	2	1	0	1	0	0	0	0	0	0	0	9	9	0	0	0	0	0	0	0	0
中国矿业大学	5	4	1.3	0	0	15.074	0	0	0	0	0	0	0	0	0	0	0	2	2	0	0	0	0	0	0	0	0
河海大学	6	18	7.2	0.8	278	313.6	0	0	0	0	0	0	0	0	0	0	0	16	16	0	0	0	0	0	0	1	1
南京理工大学	7	6	0.8	0	0	2.52	0	0	0	0	0	0	0	0	0	0	0	2	2	0	0	0	0	0	0	0	0
南京航空航天大学	8	5	1.2	0	16	68	1	1	0	0	0	0	0	0	0	0	0	4	4	0	0	0	0	0	0	0	0
中国药科大学	9	2	0.2	0	0	0	0	0	0	0	0	0	0	0	0	0	0	5	5	0	0	0	0	0	0	0	0
南京森林警察学院	10	3	0.9	0	0	0	0	0	0	0	0	0	0	0	0	0	0	5	4	0	1	0	0	0	0	0	0
苏州大学	11	43	4.8	0	1464.8	2491.8	3	3	0	0	0	0	0	0	0	0	0	26	24	0	2	0	0	0	0	0	0
江苏科技大学	12	6	1.5	0.2	35	36.5	0	0	0	0	0	0	0	0	0	0	0	1	1	0	0	0	0	0	0	0	0
南京工业大学	13	7	1.1	0.4	300	240	0	0	0	0	0	0	0	0	2	0	0	7	7	0	0	0	0	0	0	0	0
常州大学	14	4	1.3	0	0	28.5	0	0	0	0	0	0	0	0	0	0	0	1	1	0	0	0	0	0	0	0	0
南京邮电大学	15	6	2.1	0	0	64	0	0	0	0	0	0	0	0	0	0	0	2	2	0	0	0	0	0	0	0	0
南京林业大学	16	17	1.7	0	10	8.5	1	1	0	0	0	0	0	0	0	0	0	5	5	0	0	0	0	0	0	0	0
江苏大学	17	1	0.5	0	0	0	0	0	0	0	0	0	0	0	0	0	0	2	2	0	0	0	0	0	0	0	0
南京信息工程大学	18	21	5.2	0	270	389.16	0	0	0	0	0	0	0	0	0	0	0	12	12	0	0	0	0	0	0	0	0
南通大学	19	1	0.1	0	10	20	0	0	0	0	0	0	0	0	0	0	0	1	1	0	0	0	0	0	0	0	0
盐城工学院	20	3	0.3	0	0	0	0	0	0	0	0	0	0	0	0	0	0	1	1	0	0	0	0	0	0	0	0
南京医科大学	21	2	0.3	0	0	20	0	0	0	0	0	0	0	0	0	0	0	0	0	0	0	0	0	0	0	0	0
徐州医科大学	22	1	0.2	0	0	4	0	0	0	0	0	0	0	0	0	0	0	1	1	0	0	0	0	0	0	1	1

南京中医药大学	23	11	3.8	0	309	251.01	0	0	0	0	0	0	0	0	0	0	0	19	19	0	0	0	0	0	0	0	0
南京师范大学	24	22	8.1	0.6	1740.245	193.815	3	2	0	1	0	0	0	0	0	0	0	50	48	1	1	0	0	0	0	0	0
江苏师范大学	25	3	1.7	0	60	54.2	1	1	0	0	0	0	0	0	0	0	0	26	24	0	2	0	0	0	0	0	0
淮阴师范学院	26	10	1.7	0	250	192	0	0	0	0	0	0	0	0	0	0	0	4	4	0	0	0	0	0	0	0	0
盐城师范学院	27	4	1	0	40	56	1	0	0	1	0	0	0	0	0	0	0	2	2	0	0	0	0	0	0	0	0
南京财经大学	28	7	1	0.1	130	88.907	0	0	0	0	0	0	0	0	0	0	0	13	12	0	1	0	0	0	0	0	0
江苏警官学院	29	2	0.4	0	0	0	1	1	0	0	0	0	0	0	0	0	0	0	0	0	0	0	0	0	0	0	0
南京体育学院	30	1	0.1	0	0	0	0	0	0	0	0	0	0	0	0	0	0	0	0	0	0	0	0	0	0	0	0
南京艺术学院	31	1	0.1	0	22.5	1.35	0	0	0	0	0	0	0	0	0	0	0	1	1	0	0	0	0	0	0	0	0
苏州科技大学	32	10	2	0	20	20	0	0	0	0	0	0	0	0	0	0	0	4	4	0	0	0	0	0	0	0	0
常熟理工学院	33	2	0.3	0	0	41.3	2	2	0	0	0	0	0	0	0	0	0	2	2	0	0	0	0	0	0	1	1
淮阴工学院	34	1	0.2	0	0	0	0	0	0	0	0	0	0	0	0	0	0	5	5	0	0	0	0	0	0	0	0
常州工学院	35	9	0.9	0	70	47.55	0	0	0	0	0	0	0	0	0	0	0	2	2	0	0	0	0	0	0	0	0
扬州大学	36	15	3.7	0	80	299.56	0	0	0	0	0	0	0	0	0	0	0	12	12	0	0	0	0	0	0	0	0
南京工程学院	37	0	0	0	0	0	0	0	0	0	0	0	0	0	0	0	0	0	0	0	0	0	0	0	0	0	0
南京审计大学	38	15	1.5	0	0	25.534	0	0	0	0	0	0	0	0	0	0	0	1	1	0	0	0	0	0	0	0	0
南京晓庄学院	39	3	0.3	0	0	28	0	0	0	0	0	0	0	0	0	0	0	1	1	0	0	0	0	0	0	0	0
江苏理工学院	40	7	0.8	0	55	58.15	0	0	0	0	0	0	0	0	0	0	0	0	0	0	0	0	0	0	0	0	0
江苏海洋大学	41	2	0.2	0	0	40	0	0	0	0	0	0	0	0	0	0	0	3	3	0	0	0	0	0	0	1	0
徐州工程学院	42	0	0	0	0	0	0	0	0	0	0	0	0	0	0	0	0	0	0	0	0	0	0	0	0	0	0
南京特殊教育师范学院	43	0	0	0	0	0	0	0	0	0	0	0	0	0	0	0	0	1	1	0	0	0	0	0	0	0	0
泰州学院	44	0	0	0	0	0	0	0	0	0	0	0	0	0	0	0	0	0	0	0	0	0	0	0	0	0	0
金陵科技学院	45	2	0.2	0	40	18	0	0	0	0	0	0	0	0	0	0	0	0	0	0	0	0	0	0	0	0	0
江苏第二师范学院	46	4	1.2	0	0	26.352	0	0	0	0	0	0	0	0	0	0	0	3	3	0	0	0	0	0	0	0	0
南京工业职业技术大学	47	6	1.2	0	49	48.26	0	0	0	0	0	0	0	0	0	0	0	2	2	0	0	0	0	0	0	0	0
无锡学院	48	0	0	0	0	0	0	0	0	0	0	0	0	0	0	0	0	0	0	0	0	0	0	0	0	0	0
苏州城市学院	49	0	0	0	0	0	0	0	0	0	0	0	0	0	0	0	0	3	3	0	0	0	0	0	0	0	0
宿迁学院	50	19	1.9	0	187	90.5	0	0	0	0	0	0	0	0	0	0	0	2	2	0	0	0	0	0	0	0	0

2.4 逻辑学人文、社会科学研究与课题成果情况表

高校名称	编号	总数：课题数(项)	总数：当年投入人数(人年)	总数：其中：研究生(人年)	总数：当年拨入经费(千元)	总数：当年支出经费(千元)	出版著作(部)：合计	出版著作(部)：专著	出版著作(部)：其中：被译成外文	出版著作(部)：编著教材	出版著作(部)：工具书参考书	出版著作(部)：皮书/发展报告	出版著作(部)：科普读物	古籍整理(部)	译著(部)	发表译文(篇)	电子出版物(件)	发表论文(篇)：合计	发表论文(篇)：国内学术刊物：内地(大陆)	发表论文(篇)：国内学术刊物：港澳、台地区	发表论文(篇)：国外学术刊物	获奖成果数(项)：合计	获奖成果数(项)：国家级奖	获奖成果数(项)：部级奖	获奖成果数(项)：省级奖	研究与咨询报告(篇)：合计	研究与咨询报告(篇)：其中：被采纳数
		L01	L02	L03	L04	L05	L06	L07	L08	L09	L10	L11	L12	L13	L14	L15	L16	L17	L18	L19	L20	L21	L22	L23	L24	L25	L26
合　计	/	11	1.6	0.1	50	101.442	0	0	0	0	0	0	0	0	0	0	0	14	13	0	1	0	0	0	0	0	0
南京大学	1	1	0.1	0	50	50	0	0	0	0	0	0	0	0	0	0	0	2	2	0	0	0	0	0	0	0	0
东南大学	2	0	0	0	0	0	0	0	0	0	0	0	0	0	0	0	0	0	0	0	0	0	0	0	0	0	0
江南大学	3	0	0	0	0	0	0	0	0	0	0	0	0	0	0	0	0	0	0	0	0	0	0	0	0	0	0
南京农业大学	4	0	0	0	0	0	0	0	0	0	0	0	0	0	0	0	0	0	0	0	0	0	0	0	0	0	0
中国矿业大学	5	0	0	0	0	0	0	0	0	0	0	0	0	0	0	0	0	0	0	0	0	0	0	0	0	0	0
河海大学	6	2	0.3	0.1	0	4	0	0	0	0	0	0	0	0	0	0	0	2	2	0	0	0	0	0	0	0	0
南京理工大学	7	0	0	0	0	0	0	0	0	0	0	0	0	0	0	0	0	0	0	0	0	0	0	0	0	0	0
南京航空航天大学	8	0	0	0	0	0	0	0	0	0	0	0	0	0	0	0	0	0	0	0	0	0	0	0	0	0	0
中国药科大学	9	0	0	0	0	0	0	0	0	0	0	0	0	0	0	0	0	0	0	0	0	0	0	0	0	0	0
南京森林警察学院	10	0	0	0	0	0	0	0	0	0	0	0	0	0	0	0	0	0	0	0	0	0	0	0	0	0	0
苏州大学	11	0	0	0	0	0	0	0	0	0	0	0	0	0	0	0	0	0	0	0	0	0	0	0	0	0	0
江苏科技大学	12	0	0	0	0	0	0	0	0	0	0	0	0	0	0	0	0	0	0	0	0	0	0	0	0	0	0
南京工业大学	13	0	0	0	0	0	0	0	0	0	0	0	0	0	0	0	0	7	6	0	1	0	0	0	0	0	0
常州大学	14	0	0	0	0	0	0	0	0	0	0	0	0	0	0	0	0	0	0	0	0	0	0	0	0	0	0
南京邮电大学	15	0	0	0	0	0	0	0	0	0	0	0	0	0	0	0	0	0	0	0	0	0	0	0	0	0	0
南京林业大学	16	0	0	0	0	0	0	0	0	0	0	0	0	0	0	0	0	0	0	0	0	0	0	0	0	0	0
江苏大学	17	0	0	0	0	0	0	0	0	0	0	0	0	0	0	0	0	0	0	0	0	0	0	0	0	0	0
南京信息工程大学	18	1	0.3	0	0	0	0	0	0	0	0	0	0	0	0	0	0	0	0	0	0	0	0	0	0	0	0
南通大学	19	0	0	0	0	0	0	0	0	0	0	0	0	0	0	0	0	0	0	0	0	0	0	0	0	0	0
盐城工学院	20	0	0	0	0	0	0	0	0	0	0	0	0	0	0	0	0	0	0	0	0	0	0	0	0	0	0
南京医科大学	21	0	0	0	0	0	0	0	0	0	0	0	0	0	0	0	0	0	0	0	0	0	0	0	0	0	0
徐州医科大学	22	0	0	0	0	0	0	0	0	0	0	0	0	0	0	0	0	0	0	0	0	0	0	0	0	0	0

南京中医药大学	23	0	0	0	0	0	0	0	0	0	0	0	0	0	0	0	0	0	0	0	0	0	0	0	0	0	0
南京师范大学	24	0	0	0	0	0	0	0	0	0	0	0	0	0	0	0	0	0	0	0	0	0	0	0	0	0	0
江苏师范大学	25	0	0	0	0	0	0	0	0	0	0	0	0	0	0	0	0	0	0	0	0	0	0	0	0	0	0
淮阴师范学院	26	0	0	0	0	0	0	0	0	0	0	0	0	0	0	0	0	1	1	0	0	0	0	0	0	0	0
盐城师范学院	27	0	0	0	0	0	0	0	0	0	0	0	0	0	0	0	0	0	0	0	0	0	0	0	0	0	0
南京财经大学	28	1	0.1	0	0	2.442	0	0	0	0	0	0	0	0	0	0	0	0	0	0	0	0	0	0	0	0	0
江苏警官学院	29	0	0	0	0	0	0	0	0	0	0	0	0	0	0	0	0	0	0	0	0	0	0	0	0	0	0
南京体育学院	30	0	0	0	0	0	0	0	0	0	0	0	0	0	0	0	0	0	0	0	0	0	0	0	0	0	0
南京艺术学院	31	0	0	0	0	0	0	0	0	0	0	0	0	0	0	0	0	0	0	0	0	0	0	0	0	0	0
苏州科技大学	32	0	0	0	0	0	0	0	0	0	0	0	0	0	0	0	0	0	0	0	0	0	0	0	0	0	0
常熟理工学院	33	0	0	0	0	0	0	0	0	0	0	0	0	0	0	0	0	0	0	0	0	0	0	0	0	0	0
淮阴工学院	34	0	0	0	0	0	0	0	0	0	0	0	0	0	0	0	0	0	0	0	0	0	0	0	0	0	0
常州工学院	35	0	0	0	0	0	0	0	0	0	0	0	0	0	0	0	0	0	0	0	0	0	0	0	0	0	0
扬州大学	36	2	0.4	0	0	0	0	0	0	0	0	0	0	0	0	0	0	0	0	0	0	0	0	0	0	0	0
南京工程学院	37	0	0	0	0	0	0	0	0	0	0	0	0	0	0	0	0	0	0	0	0	0	0	0	0	0	0
南京审计大学	38	0	0	0	0	0	0	0	0	0	0	0	0	0	0	0	0	0	0	0	0	0	0	0	0	0	0
南京晓庄学院	39	0	0	0	0	0	0	0	0	0	0	0	0	0	0	0	0	0	0	0	0	0	0	0	0	0	0
江苏理工学院	40	0	0	0	0	0	0	0	0	0	0	0	0	0	0	0	0	0	0	0	0	0	0	0	0	0	0
江苏海洋大学	41	0	0	0	0	0	0	0	0	0	0	0	0	0	0	0	0	0	0	0	0	0	0	0	0	0	0
徐州工程学院	42	4	0.4	0	0	45	0	0	0	0	0	0	0	0	0	0	0	0	0	0	0	0	0	0	0	0	0
南京特殊教育师范学院	43	0	0	0	0	0	0	0	0	0	0	0	0	0	0	0	0	0	0	0	0	0	0	0	0	0	0
泰州学院	44	0	0	0	0	0	0	0	0	0	0	0	0	0	0	0	0	0	0	0	0	0	0	0	0	0	0
金陵科技学院	45	0	0	0	0	0	0	0	0	0	0	0	0	0	0	0	0	0	0	0	0	0	0	0	0	0	0
江苏第二师范学院	46	0	0	0	0	0	0	0	0	0	0	0	0	0	0	0	0	0	0	0	0	0	0	0	0	0	0
南京工业职业技术大学	47	0	0	0	0	0	0	0	0	0	0	0	0	0	0	0	0	2	2	0	0	0	0	0	0	0	0
无锡学院	48	0	0	0	0	0	0	0	0	0	0	0	0	0	0	0	0	0	0	0	0	0	0	0	0	0	0
苏州城市学院	49	0	0	0	0	0	0	0	0	0	0	0	0	0	0	0	0	0	0	0	0	0	0	0	0	0	0
宿迁学院	50	0	0	0	0	0	0	0	0	0	0	0	0	0	0	0	0	0	0	0	0	0	0	0	0	0	0

2.5 宗教学人文、社会科学研究与课题成果情况表

高校名称	编号	总数：课题数(项)	总数：当年投入人数(人年)	总数：其中：研究生(人年)	总数：当年拨入经费(千元)	总数：当年支出经费(千元)	出版著作(部)：合计	出版著作(部)：专著	出版著作(部)：其中：被译成外文	出版著作(部)：编著教材	出版著作(部)：工具书参考书	出版著作(部)：皮书/发展报告	出版著作(部)：科普读物	古籍整理(部)	译著(部)	发表译文(篇)	电子出版物(件)	发表论文(篇)：合计	发表论文(篇)：国内学术刊物：内地(大陆)	发表论文(篇)：国内学术刊物：港澳、台地区	发表论文(篇)：国外学术刊物	获奖成果数(项)：合计	获奖成果数(项)：国家级奖	获奖成果数(项)：部级奖	获奖成果数(项)：省级奖	研究与咨询报告(篇)：合计	研究与咨询报告(篇)：其中：被采纳数
		L01	L02	L03	L04	L05	L06	L07	L08	L09	L10	L11	L12	L13	L14	L15	L16	L17	L18	L19	L20	L21	L22	L23	L24	L25	L26
合　计	/	43	8.7	0.3	376	1123.101	0	0	0	0	0	0	0	0	0	0	0	14	12	0	2	0	0	0	0	1	0
南京大学	1	11	1.4	0.3	48	711.744	0	0	0	0	0	0	0	0	0	0	0	3	3	0	0	0	0	0	0	0	0
东南大学	2	4	0.8	0	0	1.217	0	0	0	0	0	0	0	0	0	0	0	1	1	0	0	0	0	0	0	0	0
江南大学	3	0	0	0	0	0	0	0	0	0	0	0	0	0	0	0	0	1	0	0	1	0	0	0	0	0	0
南京农业大学	4	8	1.1	0	0	0	0	0	0	0	0	0	0	0	0	0	0	0	0	0	0	0	0	0	0	0	0
中国矿业大学	5	1	0.1	0	0	0	0	0	0	0	0	0	0	0	0	0	0	0	0	0	0	0	0	0	0	0	0
河海大学	6	1	0.2	0	0	24	0	0	0	0	0	0	0	0	0	0	0	3	3	0	0	0	0	0	0	1	0
南京理工大学	7	0	0	0	0	0	0	0	0	0	0	0	0	0	0	0	0	0	0	0	0	0	0	0	0	0	0
南京航空航天大学	8	0	0	0	0	0	0	0	0	0	0	0	0	0	0	0	0	0	0	0	0	0	0	0	0	0	0
中国药科大学	9	0	0	0	0	0	0	0	0	0	0	0	0	0	0	0	0	0	0	0	0	0	0	0	0	0	0
南京森林警察学院	10	0	0	0	0	0	0	0	0	0	0	0	0	0	0	0	0	0	0	0	0	0	0	0	0	0	0
苏州大学	11	2	0.2	0	0	30	0	0	0	0	0	0	0	0	0	0	0	0	0	0	0	0	0	0	0	0	0
江苏科技大学	12	1	0.2	0	0	0.04	0	0	0	0	0	0	0	0	0	0	0	1	1	0	0	0	0	0	0	0	0
南京工业大学	13	1	0.2	0	0	0	0	0	0	0	0	0	0	0	0	0	0	0	0	0	0	0	0	0	0	0	0
常州大学	14	0	0	0	0	0	0	0	0	0	0	0	0	0	0	0	0	1	1	0	0	0	0	0	0	0	0
南京邮电大学	15	0	0	0	0	0	0	0	0	0	0	0	0	0	0	0	0	0	0	0	0	0	0	0	0	0	0
南京林业大学	16	1	0.1	0	0	0	0	0	0	0	0	0	0	0	0	0	0	0	0	0	0	0	0	0	0	0	0
江苏大学	17	0	0	0	0	0	0	0	0	0	0	0	0	0	0	0	0	0	0	0	0	0	0	0	0	0	0
南京信息工程大学	18	0	0	0	0	0	0	0	0	0	0	0	0	0	0	0	0	1	1	0	0	0	0	0	0	0	0
南通大学	19	1	0.2	0	100	50	0	0	0	0	0	0	0	0	0	0	0	0	0	0	0	0	0	0	0	0	0
盐城工学院	20	0	0	0	0	0	0	0	0	0	0	0	0	0	0	0	0	0	0	0	0	0	0	0	0	0	0
南京医科大学	21	0	0	0	0	0	0	0	0	0	0	0	0	0	0	0	0	0	0	0	0	0	0	0	0	0	0
徐州医科大学	22	0	0	0	0	0	0	0	0	0	0	0	0	0	0	0	0	0	0	0	0	0	0	0	0	0	0

南京中医药大学	23	0	0	0	0	0	0	0	0	0	0	0	0	0	0	0	0	0	0	0	0	0	0	0	0	0	0
南京师范大学	24	0	0	0	0	103	0	0	0	0	0	0	0	0	0	0	0	0	0	0	0	0	0	0	0	0	0
江苏师范大学	25	2	2.4	0	0	48	0	0	0	0	0	0	0	0	0	0	0	0	0	0	0	0	0	0	0	0	0
淮阴师范学院	26	1	0.3	0	0	0	0	0	0	0	0	0	0	0	0	0	0	0	0	0	0	0	0	0	0	0	0
盐城师范学院	27	3	0.7	0	100	58.5	0	0	0	0	0	0	0	0	0	0	0	1	1	0	0	0	0	0	0	0	0
南京财经大学	28	0	0	0	0	0	0	0	0	0	0	0	0	0	0	0	0	0	0	0	0	0	0	0	0	0	0
江苏警官学院	29	1	0.1	0	0	3	0	0	0	0	0	0	0	0	0	0	0	0	0	0	0	0	0	0	0	0	0
南京体育学院	30	0	0	0	0	0	0	0	0	0	0	0	0	0	0	0	0	0	0	0	0	0	0	0	0	0	0
南京艺术学院	31	1	0.1	0	0	0	0	0	0	0	0	0	0	0	0	0	0	0	0	0	0	0	0	0	0	0	0
苏州科技大学	32	0	0	0	0	0	0	0	0	0	0	0	0	0	0	0	0	0	0	0	0	0	0	0	0	0	0
常熟理工学院	33	0	0	0	0	0	0	0	0	0	0	0	0	0	0	0	0	0	0	0	0	0	0	0	0	0	0
淮阴工学院	34	0	0	0	0	0	0	0	0	0	0	0	0	0	0	0	0	0	0	0	0	0	0	0	0	0	0
常州工学院	35	0	0	0	0	0	0	0	0	0	0	0	0	0	0	0	0	0	0	0	0	0	0	0	0	0	0
扬州大学	36	3	0.5	0	48	43.6	0	0	0	0	0	0	0	0	0	0	0	2	1	0	1	0	0	0	0	0	0
南京工程学院	37	0	0	0	0	0	0	0	0	0	0	0	0	0	0	0	0	0	0	0	0	0	0	0	0	0	0
南京审计大学	38	0	0	0	0	0	0	0	0	0	0	0	0	0	0	0	0	0	0	0	0	0	0	0	0	0	0
南京晓庄学院	39	0	0	0	0	0	0	0	0	0	0	0	0	0	0	0	0	0	0	0	0	0	0	0	0	0	0
江苏理工学院	40	0	0	0	0	0	0	0	0	0	0	0	0	0	0	0	0	0	0	0	0	0	0	0	0	0	0
江苏海洋大学	41	0	0	0	0	0	0	0	0	0	0	0	0	0	0	0	0	0	0	0	0	0	0	0	0	0	0
徐州工程学院	42	0	0	0	0	0	0	0	0	0	0	0	0	0	0	0	0	0	0	0	0	0	0	0	0	0	0
南京特殊教育师范学院	43	0	0	0	0	0	0	0	0	0	0	0	0	0	0	0	0	0	0	0	0	0	0	0	0	0	0
泰州学院	44	0	0	0	0	0	0	0	0	0	0	0	0	0	0	0	0	0	0	0	0	0	0	0	0	0	0
金陵科技学院	45	1	0.1	0	80	50	0	0	0	0	0	0	0	0	0	0	0	0	0	0	0	0	0	0	0	0	0
江苏第二师范学院	46	0	0	0	0	0	0	0	0	0	0	0	0	0	0	0	0	0	0	0	0	0	0	0	0	0	0
南京工业职业技术大学	47	0	0	0	0	0	0	0	0	0	0	0	0	0	0	0	0	0	0	0	0	0	0	0	0	0	0
无锡学院	48	0	0	0	0	0	0	0	0	0	0	0	0	0	0	0	0	0	0	0	0	0	0	0	0	0	0
苏州城市学院	49	0	0	0	0	0	0	0	0	0	0	0	0	0	0	0	0	0	0	0	0	0	0	0	0	0	0
宿迁学院	50	0	0	0	0	0	0	0	0	0	0	0	0	0	0	0	0	0	0	0	0	0	0	0	0	0	0

2.6 语言学人文、社会科学研究与课题成果情况表

高校名称	编号	总数：课题数(项)	总数：当年投入人数(人年)	总数：其中：研究生(人年)	总数：当年拨入经费(千元)	总数：当年支出经费(千元)	出版著作(部)：合计	出版著作(部)：专著	出版著作(部)：其中：被译成外文	出版著作(部)：编著教材	出版著作(部)：工具书参考书	出版著作(部)：皮书/发展报告	出版著作(部)：科普读物	古籍整理(部)	译著(部)	发表译文(篇)	电子出版物(件)	发表论文(篇)：合计	发表论文(篇)：国内学术刊物：内地(大陆)	发表论文(篇)：国内学术刊物：港澳、台地区	发表论文(篇)：国外学术刊物	获奖成果数(项)：合计	获奖成果数(项)：国家级奖	获奖成果数(项)：部级奖	获奖成果数(项)：省级奖	研究与咨询报告(篇)：合计	研究与咨询报告(篇)：其中：被采纳数
		L01	L02	L03	L04	L05	L06	L07	L08	L09	L10	L11	L12	L13	L14	L15	L16	L17	L18	L19	L20	L21	L22	L23	L24	L25	L26
合　计	/	1259	284.7	31.7	38 717.192	36 303.83	95	72	9	23	0	0	0	0	16	0	0	787	637	0	150	0	0	0	0	79	36
南京大学	1	41	6.3	1.5	1055	1934.073	9	5	1	4	0	0	0	0	0	0	0	36	28	0	8	0	0	0	0	0	0
东南大学	2	36	6.8	0	618.9	539.335	7	7	2	0	0	0	0	0	0	0	0	29	19	0	10	0	0	0	0	0	0
江南大学	3	45	32.7	17.4	3052	2952.98	6	3	1	3	0	0	0	0	0	0	0	39	31	0	8	0	0	0	0	2	2
南京农业大学	4	42	6.1	0.2	336.5	36.033	2	1	0	1	0	0	0	0	0	0	0	16	10	0	6	0	0	0	0	0	0
中国矿业大学	5	25	8.1	0	245	107.9	0	0	0	0	0	0	0	0	0	0	0	13	11	0	2	0	0	0	0	9	0
河海大学	6	6	0.9	0.1	0	0	0	0	0	0	0	0	0	0	0	0	0	2	2	0	0	0	0	0	0	2	2
南京理工大学	7	13	2.8	0	0	163.06	0	0	0	0	0	0	0	0	0	0	0	13	8	0	5	0	0	0	0	0	0
南京航空航天大学	8	22	4.8	0	486	486	6	4	1	2	0	0	0	0	5	0	0	12	12	0	0	0	0	0	0	0	0
中国药科大学	9	4	0.4	0	30	30	0	0	0	0	0	0	0	0	0	0	0	0	0	0	0	0	0	0	0	0	0
南京森林警察学院	10	2	0.5	0	0	0	0	0	0	0	0	0	0	0	0	0	0	1	1	0	0	0	0	0	0	0	0
苏州大学	11	35	4.6	0	202	1218	1	1	0	0	0	0	0	0	0	0	0	26	20	0	6	0	0	0	0	0	0
江苏科技大学	12	37	10.4	1.1	195.5	164	0	0	0	0	0	0	0	0	0	0	0	19	12	0	7	0	0	0	0	0	0
南京工业大学	13	36	4.5	0.5	45	49	1	1	0	0	0	0	0	0	0	0	0	31	29	0	2	0	0	0	0	0	0
常州大学	14	22	5.8	0	121.5	237.4	0	0	0	0	0	0	0	0	1	0	0	31	31	0	0	0	0	0	0	2	2
南京邮电大学	15	44	10.9	0	407	723	0	0	0	0	0	0	0	0	0	0	0	30	23	0	7	0	0	0	0	3	2
南京林业大学	16	28	3.1	0	70	59.5	2	2	0	0	0	0	0	0	0	0	0	4	4	0	0	0	0	0	0	0	0
江苏大学	17	16	4.9	0	646	478.5	1	1	0	0	0	0	0	0	0	0	0	7	5	0	2	0	0	0	0	0	0
南京信息工程大学	18	42	14	4.3	704.3	567.61	0	0	0	0	0	0	0	0	0	0	0	15	14	0	1	0	0	0	0	2	0
南通大学	19	17	2.1	0	142	142	3	3	1	0	0	0	0	0	1	0	0	31	29	0	2	0	0	0	0	0	0
盐城工学院	20	15	1.5	0	540	527.4	5	5	2	0	0	0	0	0	0	0	0	13	9	0	4	0	0	0	0	0	0
南京医科大学	21	3	0.3	0	0	0	0	0	0	0	0	0	0	0	0	0	0	0	0	0	0	0	0	0	0	0	0
徐州医科大学	22	2	0.2	0	0	4	0	0	0	0	0	0	0	0	0	0	0	0	0	0	0	0	0	0	0	0	0

南京中医药大学	23	18	6.5	0	188	186.462	0	0	0	0	0	0	0	0	0	0	0	8	7	0	1	0	0	0	0	0	0
南京师范大学	24	78	24.7	6.3	4168.767	502.596	6	3	1	3	0	0	0	0	2	0	0	54	45	0	9	0	0	0	0	6	1
江苏师范大学	25	41	28.8	0.3	2433.83	3102.902	3	3	0	0	0	0	0	0	0	0	0	46	30	0	16	0	0	0	0	2	2
淮阴师范学院	26	49	7.6	0	5288.051	4581.051	7	7	0	0	0	0	0	0	0	0	0	26	13	0	13	0	0	0	0	0	0
盐城师范学院	27	45	8.2	0	3834.931	5528.953	3	3	0	0	0	0	0	0	0	0	0	14	14	0	0	0	0	0	0	5	0
南京财经大学	28	1	0.1	0	25	17.098	5	0	0	5	0	0	0	0	2	0	0	5	5	0	0	0	0	0	0	0	0
江苏警官学院	29	8	1.7	0	5	7	0	0	0	0	0	0	0	0	0	0	0	3	3	0	0	0	0	0	0	0	0
南京体育学院	30	2	0.2	0	0	0	0	0	0	0	0	0	0	0	0	0	0	2	2	0	0	0	0	0	0	0	0
南京艺术学院	31	3	0.6	0	0	3	0	0	0	0	0	0	0	0	0	0	0	2	2	0	0	0	0	0	0	0	0
苏州科技大学	32	10	1.8	0	20	134	2	1	0	1	0	0	0	0	0	0	0	16	14	0	2	0	0	0	0	0	0
常熟理工学院	33	47	7.3	0	474.59	305.989	1	0	0	1	0	0	0	0	0	0	0	19	13	0	6	0	0	0	0	3	3
淮阴工学院	34	28	5.8	0	4200	3570	4	4	0	0	0	0	0	0	0	0	0	26	19	0	7	0	0	0	0	4	4
常州工学院	35	62	7.6	0	2328.22	2463.81	0	0	0	0	0	0	0	0	0	0	0	6	5	0	1	0	0	0	0	7	3
扬州大学	36	35	6.7	0	284	500.68	3	3	0	0	0	0	0	0	0	0	0	36	29	0	7	0	0	0	0	1	1
南京工程学院	37	5	1	0	24	74.8	1	1	0	0	0	0	0	0	0	0	0	4	4	0	0	0	0	0	0	0	0
南京审计大学	38	21	4.4	0	276	173.213	2	2	0	0	0	0	0	0	0	0	0	15	15	0	0	0	0	0	0	0	0
南京晓庄学院	39	16	1.7	0	0	210	6	4	0	2	0	0	0	0	0	0	0	26	19	0	7	0	0	0	0	0	0
江苏理工学院	40	39	7.1	0	799.25	752.919	3	3	0	0	0	0	0	0	5	0	0	6	6	0	0	0	0	0	0	5	3
江苏海洋大学	41	62	6.2	0	3096	2030.1	2	2	0	0	0	0	0	0	0	0	0	11	8	0	3	0	0	0	0	16	5
徐州工程学院	42	28	6.1	0	3	92.5	0	0	0	0	0	0	0	0	0	0	0	11	10	0	1	0	0	0	0	2	2
南京特殊教育师范学院	43	25	3	0	979	663	0	0	0	0	0	0	0	0	0	0	0	3	2	0	1	0	0	0	0	0	0
泰州学院	44	7	2	0	0	26	0	0	0	0	0	0	0	0	0	0	0	5	4	0	1	0	0	0	0	0	0
金陵科技学院	45	11	1.1	0	267.939	297.439	1	1	0	0	0	0	0	0	0	0	0	12	10	0	2	0	0	0	0	5	2
江苏第二师范学院	46	22	4.1	0	149.914	59.027	0	0	0	0	0	0	0	0	0	0	0	0	0	0	0	0	0	0	0	2	2
南京工业职业技术大学	47	4	0.8	0	0	0	0	0	0	0	0	0	0	0	0	0	0	17	15	0	2	0	0	0	0	0	0
无锡学院	48	4	1	0	0	0	0	0	0	0	0	0	0	0	0	0	0	1	1	0	0	0	0	0	0	1	0
苏州城市学院	49	4	0.6	0	0	0	1	0	0	1	0	0	0	0	0	0	0	7	6	0	1	0	0	0	0	0	0
宿迁学院	50	51	6.3	0	975	601.5	2	2	0	0	0	0	0	0	0	0	0	38	38	0	0	0	0	0	0	0	0

2.7 中国文学人文、社会科学研究与课题成果情况表

高校名称	编号	总数					出版著作(部)							古籍整理(部)	译著(部)	发表译文(篇)	电子出版物(件)	发表论文(篇)				获奖成果数(项)				研究与咨询报告(篇)	
		课题数(项)	当年投入人数(人年)	其中：研究生(人年)	当年拨入经费(千元)	当年支出经费(千元)	合计	专著	其中：被译成外文	编著教材	工具书参考书	皮书/发展报告	科普读物					合计	国内学术刊物 内地(大陆)	国内学术刊物 港澳、台地区	国外学术刊物	合计	国家级奖	部级奖	省级奖	合计	其中：被采纳数
		L01	L02	L03	L04	L05	L06	L07	L08	L09	L10	L11	L12	L13	L14	L15	L16	L17	L18	L19	L20	L21	L22	L23	L24	L25	L26
合　计	/	967	224.5	23.4	29 664.58	30 069.46	103	77	1	24	1	0	1	5	6	0	0	875	865	3	7	0	0	0	0	49	40
南京大学	1	96	17.1	3.8	9152	10 830.38	9	4	0	5	0	0	0	1	0	0	0	164	164	0	0	0	0	0	0	2	2
东南大学	2	27	5.4	0	290	305.682	0	0	0	0	0	0	0	0	1	0	0	7	7	0	0	0	0	0	0	0	0
江南大学	3	32	26.7	12.9	752	1005.897	5	1	0	4	0	0	0	0	0	0	0	59	59	0	0	0	0	0	0	0	0
南京农业大学	4	3	0.3	0	0	0	0	0	0	0	0	0	0	0	0	0	0	0	0	0	0	0	0	0	0	0	0
中国矿业大学	5	28	6.7	0	171	115.046	2	2	1	0	0	0	0	0	0	0	0	11	10	1	0	0	0	0	0	0	0
河海大学	6	3	1.2	0.2	0	38.8	0	0	0	0	0	0	0	0	0	0	0	6	6	0	0	0	0	0	0	1	1
南京理工大学	7	2	0.2	0	0	0	0	0	0	0	0	0	0	0	0	0	0	0	0	0	0	0	0	0	0	0	0
南京航空航天大学	8	4	0.5	0	290	290	2	2	0	0	0	0	0	0	0	0	0	3	3	0	0	0	0	0	0	0	0
中国药科大学	9	0	0	0	0	0	0	0	0	0	0	0	0	0	0	0	0	0	0	0	0	0	0	0	0	0	0
南京森林警察学院	10	0	0	0	0	0	0	0	0	0	0	0	0	0	0	0	0	0	0	0	0	0	0	0	0	0	0
苏州大学	11	68	8.8	0.3	620	2435	15	14	0	1	0	0	0	0	0	0	0	74	73	0	1	0	0	0	0	0	0
江苏科技大学	12	16	1.7	0	30	39.63	1	1	0	0	0	0	0	0	0	0	0	3	3	0	0	0	0	0	0	0	0
南京工业大学	13	8	1.3	0.3	45	45	1	0	0	1	0	0	0	0	2	0	0	4	4	0	0	0	0	0	0	0	0
常州大学	14	15	4.1	0	185	307.05	0	0	0	0	0	0	0	0	0	0	0	0	0	0	0	0	0	0	0	0	0
南京邮电大学	15	0	0	0	0	0	0	0	0	0	0	0	0	0	0	0	0	0	0	0	0	0	0	0	0	0	0
南京林业大学	16	14	1.4	0	530	457.27	0	0	0	0	0	0	0	0	0	0	0	7	7	0	0	0	0	0	0	0	0
江苏大学	17	10	1.5	0	170	270	2	2	0	0	0	0	0	0	0	0	0	15	15	0	0	0	0	0	0	0	0
南京信息工程大学	18	20	8	1.6	222	250.62	0	0	0	0	0	0	0	0	0	0	0	11	11	0	0	0	0	0	0	0	0
南通大学	19	63	7.5	0	617.8	1177.8	6	5	0	0	0	0	1	0	0	0	0	45	45	0	0	0	0	0	0	0	0
盐城工学院	20	8	0.8	0	302	284	0	0	0	0	0	0	0	0	0	0	0	13	11	0	2	0	0	0	0	0	0
南京医科大学	21	0	0	0	0	0	0	0	0	0	0	0	0	0	0	0	0	0	0	0	0	0	0	0	0	0	0
徐州医科大学	22	1	0.3	0	0	0	0	0	0	0	0	0	0	0	0	0	0	0	0	0	0	0	0	0	0	0	0

南京中医药大学	23	0	0	0	0	0	0	0	0	0	0	0	0	0	0	0	0	0	0	0	0	0	0	0	0	0	0
南京师范大学	24	49	18.9	3.5	3552.04	643.03	4	4	0	0	0	0	0	1	1	0	0	36	34	1	1	0	0	0	0	0	0
江苏师范大学	25	26	20.6	0	2310	1999.42	4	4	0	0	0	0	0	0	0	0	0	79	79	0	0	0	0	0	0	3	3
淮阴师范学院	26	22	6.4	0	666	693	2	2	0	0	0	0	0	0	1	0	0	15	14	1	0	0	0	0	0	0	0
盐城师范学院	27	48	11.8	0	1339	1359.538	6	5	0	1	0	0	0	0	0	0	0	21	21	0	0	0	0	0	0	3	0
南京财经大学	28	5	1.2	0.4	236	169.279	0	0	0	0	0	0	0	0	0	0	0	9	8	0	1	0	0	0	0	0	0
江苏警官学院	29	3	0.6	0	0	0	0	0	0	0	0	0	0	0	0	0	0	9	9	0	0	0	0	0	0	0	0
南京体育学院	30	0	0	0	0	0	0	0	0	0	0	0	0	0	0	0	0	0	0	0	0	0	0	0	0	0	0
南京艺术学院	31	2	0.3	0	0	0	0	0	0	0	0	0	0	0	0	0	0	2	2	0	0	0	0	0	0	0	0
苏州科技大学	32	24	4.7	0	395.1	361.1	2	2	0	0	0	0	0	0	0	0	0	9	8	0	1	0	0	0	0	0	0
常熟理工学院	33	25	4.6	0	680	378.996	10	1	0	9	0	0	0	0	0	0	0	21	21	0	0	0	0	0	0	3	3
淮阴工学院	34	11	2.2	0	40	53	0	0	0	0	0	0	0	0	0	0	0	9	9	0	0	0	0	0	0	0	0
常州工学院	35	25	2.7	0	577.27	450.27	0	0	0	0	0	0	0	0	0	0	0	7	7	0	0	0	0	0	0	1	0
扬州大学	36	65	14.3	0.4	1331.5	1606.06	9	7	0	2	0	0	0	0	0	0	0	87	87	0	0	0	0	0	0	1	1
南京工程学院	37	0	0	0	0	0	0	0	0	0	0	0	0	0	0	0	0	0	0	0	0	0	0	0	0	0	0
南京审计大学	38	8	2.1	0	50	19.794	1	1	0	0	0	0	0	0	0	0	0	6	6	0	0	0	0	0	0	0	0
南京晓庄学院	39	47	5.8	0	2423.37	2016.375	4	3	0	1	0	0	0	0	0	0	0	37	37	0	0	0	0	0	0	0	0
江苏理工学院	40	24	4.2	0	770	496.073	1	1	0	0	0	0	0	0	0	0	0	1	1	0	0	0	0	0	0	0	0
江苏海洋大学	41	24	2.4	0	584	679	1	1	0	0	0	0	0	0	0	0	0	3	3	0	0	0	0	0	0	5	1
徐州工程学院	42	39	8.1	0	108	359	7	7	0	0	0	0	0	0	0	0	0	41	40	0	1	0	0	0	0	1	1
南京特殊教育师范学院	43	9	1.4	0	0	16	0	0	0	0	0	0	0	0	0	0	0	0	0	0	0	0	0	0	0	0	0
泰州学院	44	13	3.3	0	30	61	2	2	0	0	0	0	0	2	1	0	0	18	18	0	0	0	0	0	0	1	0
金陵科技学院	45	12	1.5	0	305	255	0	0	0	0	0	0	0	0	0	0	0	10	10	0	0	0	0	0	0	28	28
江苏第二师范学院	46	37	9.5	0	336	418.001	7	6	0	0	1	0	0	1	0	0	0	21	21	0	0	0	0	0	0	0	0
南京工业职业技术大学	47	5	1	0	55	83.65	0	0	0	0	0	0	0	0	0	0	0	1	1	0	0	0	0	0	0	0	0
无锡学院	48	3	0.4	0	0	0.4	0	0	0	0	0	0	0	0	0	0	0	0	0	0	0	0	0	0	0	0	0
苏州城市学院	49	3	0.4	0	0	12	0	0	0	0	0	0	0	0	0	0	0	1	1	0	0	0	0	0	0	0	0
宿迁学院	50	20	2.6	0	499.5	87.3	0	0	0	0	0	0	0	0	0	0	0	10	10	0	0	0	0	0	0	0	0

2.8 外国文学人文、社会科学研究与课题成果情况表

高校名称		总数					出版著作(部)							古籍整理(部)	译著(部)	发表译文(篇)	电子出版物(件)	发表论文(篇)				获奖成果数(项)				研究与咨询报告(篇)	
		课题数(项)	当年投入人数(人年)	其中：研究生(人年)	当年拨入经费(千元)	当年支出经费(千元)	合计	专著	其中：被译成外文	编著教材	工具书参考书	皮书/发展报告	科普读物					合计	国内学术刊物 内地(大陆)	国内学术刊物 港澳、台地区	国外学术刊物	合计	国家级奖	部级奖	省级奖	合计	其中：被采纳数
	编号	L01	L02	L03	L04	L05	L06	L07	L08	L09	L10	L11	L12	L13	L14	L15	L16	L17	L18	L19	L20	L21	L22	L23	L24	L25	L26
合　计	/	600	120.2	9.8	12 501.984	11 168.339	28	21	2	7	0	0	0	4	42	4	0	429	361	3	65	0	0	0	0	13	6
南京大学	1	62	10.7	3.6	2201	3272.113	3	1	1	2	0	0	0	0	5	0	0	74	59	0	15	0	0	0	0	0	0
东南大学	2	25	4	0	1198.73	1045.563	0	0	0	0	0	0	0	0	0	0	0	13	12	0	1	0	0	0	0	0	0
江南大学	3	6	5.6	3.2	290	52	0	0	0	0	0	0	0	0	1	0	0	14	7	0	7	0	0	0	0	0	0
南京农业大学	4	19	2.2	0	0	0	1	0	0	1	0	0	0	0	3	0	0	8	7	0	1	0	0	0	0	0	0
中国矿业大学	5	1	0.3	0	0	0	1	1	0	0	0	0	0	0	1	0	0	3	1	0	2	0	0	0	0	0	0
河海大学	6	10	4	0.1	67.5	107.6	1	0	0	1	0	0	0	0	0	0	0	9	9	0	0	0	0	0	0	1	1
南京理工大学	7	12	2.8	0	117.23	192.48	1	1	0	0	0	0	0	0	4	0	0	6	2	0	4	0	0	0	0	0	0
南京航空航天大学	8	17	4	0	130	141	1	1	0	0	0	0	0	0	2	0	0	15	15	0	0	0	0	0	0	0	0
中国药科大学	9	6	0.6	0	0	0	0	0	0	0	0	0	0	0	0	0	0	0	0	0	0	0	0	0	0	0	0
南京森林警察学院	10	0	0	0	0	0	0	0	0	0	0	0	0	0	0	0	0	0	0	0	0	0	0	0	0	0	0
苏州大学	11	24	2.7	0	308.595	1016.595	1	1	0	0	0	0	0	0	4	0	0	13	13	0	0	0	0	0	0	0	0
江苏科技大学	12	23	7	0.2	25	56.95	0	0	0	0	0	0	0	0	0	0	0	10	9	0	1	0	0	0	0	0	0
南京工业大学	13	19	2.7	0.2	202	202	0	0	0	0	0	0	0	0	0	0	0	15	13	0	2	0	0	0	0	0	0
常州大学	14	8	2.6	0	180	183.88	0	0	0	0	0	0	0	0	0	0	0	0	0	0	0	0	0	0	0	0	0
南京邮电大学	15	22	7	0	146	306	3	2	0	1	0	0	0	0	3	0	0	11	8	0	3	0	0	0	0	1	0
南京林业大学	16	10	1	0	80	68	0	0	0	0	0	0	0	0	0	0	0	5	5	0	0	0	0	0	0	0	0
江苏大学	17	1	0.6	0	0	0	0	0	0	0	0	0	0	0	0	0	0	7	7	0	0	0	0	0	0	0	0
南京信息工程大学	18	16	7.5	1.6	300	286.3	0	0	0	0	0	0	0	0	0	0	0	2	2	0	0	0	0	0	0	0	0
南通大学	19	32	3.7	0	526	515	1	1	1	0	0	0	0	4	0	0	0	9	9	0	0	0	0	0	0	0	0
盐城工学院	20	6	0.6	0	0	0	0	0	0	0	0	0	0	0	0	0	0	0	0	0	0	0	0	0	0	0	0
南京医科大学	21	0	0	0	0	0	0	0	0	0	0	0	0	0	0	0	0	0	0	0	0	0	0	0	0	0	0
徐州医科大学	22	0	0	0	0	0	0	0	0	0	0	0	0	0	0	0	0	0	0	0	0	0	0	0	0	0	0

南京中医药大学	23	0	0	0	0	0	0	0	0	0	0	0	0	0	0	0	0	0	0	0	0	0	0	0	0	0	0
南京师范大学	24	33	8.1	0.6	2019.129	670.305	4	3	0	1	0	0	0	0	10	4	0	21	19	0	2	0	0	0	0	1	0
江苏师范大学	25	1	0.3	0	0	3	0	0	0	0	0	0	0	0	0	0	0	0	0	0	0	0	0	0	0	0	0
淮阴师范学院	26	2	0.4	0	114.5	164.5	0	0	0	0	0	0	0	0	0	0	0	4	4	0	0	0	0	0	0	0	0
盐城师范学院	27	11	2.5	0	10	45.6	2	2	0	0	0	0	0	0	0	0	0	12	6	0	6	0	0	0	0	0	0
南京财经大学	28	14	1.8	0	100	109.271	2	1	0	1	0	0	0	0	1	0	0	1	0	0	1	0	0	0	0	0	0
江苏警官学院	29	0	0	0	0	0	0	0	0	0	0	0	0	0	0	0	0	0	0	0	0	0	0	0	0	0	0
南京体育学院	30	0	0	0	0	0	0	0	0	0	0	0	0	0	0	0	0	0	0	0	0	0	0	0	0	0	0
南京艺术学院	31	1	0.1	0	0	0	0	0	0	0	0	0	0	0	0	0	0	0	0	0	0	0	0	0	0	0	0
苏州科技大学	32	12	2.7	0.2	500	432	1	1	0	0	0	0	0	0	1	0	0	9	8	0	1	0	0	0	0	0	0
常熟理工学院	33	12	2.4	0	170	19.555	0	0	0	0	0	0	0	0	0	0	0	6	4	0	2	0	0	0	0	3	3
淮阴工学院	34	7	1.3	0	40	40	4	4	0	0	0	0	0	0	1	0	0	10	9	0	1	0	0	0	0	0	0
常州工学院	35	19	1.9	0	78	63	0	0	0	0	0	0	0	0	0	0	0	4	4	0	0	0	0	0	0	0	0
扬州大学	36	24	4.8	0.1	230	296.36	1	1	0	0	0	0	0	0	0	0	0	22	18	0	4	0	0	0	0	0	0
南京工程学院	37	9	1.8	0	120	108	0	0	0	0	0	0	0	0	0	0	0	9	9	0	0	0	0	0	0	0	0
南京审计大学	38	3	0.6	0	40	6.454	0	0	0	0	0	0	0	0	1	0	0	1	1	0	0	0	0	0	0	0	0
南京晓庄学院	39	11	1.3	0	650	316.746	0	0	0	0	0	0	0	0	0	0	0	2	2	0	0	0	0	0	0	0	0
江苏理工学院	40	19	4.3	0	310	225	0	0	0	0	0	0	0	0	0	0	0	1	1	0	0	0	0	0	0	0	0
江苏海洋大学	41	14	1.4	0	580	330	0	0	0	0	0	0	0	0	0	0	0	7	3	3	1	0	0	0	0	7	2
徐州工程学院	42	61	7.8	0	1358.3	679.15	1	1	0	0	0	0	0	0	2	0	0	43	38	0	5	0	0	0	0	0	0
南京特殊教育师范学院	43	1	0.2	0	0	0	0	0	0	0	0	0	0	0	0	0	0	0	0	0	0	0	0	0	0	0	0
泰州学院	44	5	2.2	0	0	6	0	0	0	0	0	0	0	0	0	0	0	5	4	0	1	0	0	0	0	0	0
金陵科技学院	45	3	0.3	0	35	36	0	0	0	0	0	0	0	0	2	0	0	4	3	0	1	0	0	0	0	0	0
江苏第二师范学院	46	6	2	0	170	11.5	0	0	0	0	0	0	0	0	0	0	0	22	18	0	4	0	0	0	0	0	0
南京工业职业技术大学	47	2	0.4	0	30	50.3	0	0	0	0	0	0	0	0	0	0	0	1	1	0	0	0	0	0	0	0	0
无锡学院	48	2	0.7	0	0	5.117	0	0	0	0	0	0	0	0	0	0	0	4	4	0	0	0	0	0	0	0	0
苏州城市学院	49	0	0	0	0	0	0	0	0	0	0	0	0	0	0	0	0	0	0	0	0	0	0	0	0	0	0
宿迁学院	50	9	1.3	0	175	105	0	0	0	0	0	0	0	0	1	0	0	27	27	0	0	0	0	0	0	0	0

2.9 艺术学人文、社会科学研究与课题成果情况表

高校名称	编号	总数：课题数（项）	总数：当年投入人数（人年）	总数：其中：研究生（人年）	总数：当年拨入经费（千元）	总数：当年支出经费（千元）	出版著作（部）：合计	出版著作（部）：专著	出版著作（部）：其中：被译成外文	出版著作（部）：编著教材	出版著作（部）：工具书参考书	出版著作（部）：皮书/发展报告	出版著作（部）：科普读物	古籍整理（部）	译著（部）	发表译文（篇）	电子出版物（件）	发表论文（篇）：合计	发表论文（篇）：国内学术刊物：内地（大陆）	发表论文（篇）：国内学术刊物：港、澳、台地区	发表论文（篇）：国外学术刊物	获奖成果数（项）：合计	获奖成果数（项）：国家级奖	获奖成果数（项）：部级奖	获奖成果数（项）：省级奖	研究与咨询报告（篇）：合计	研究与咨询报告（篇）：其中：被采纳数
		L01	L02	L03	L04	L05	L06	L07	L08	L09	L10	L11	L12	L13	L14	L15	L16	L17	L18	L19	L20	L21	L22	L23	L24	L25	L26
合　计	/	2592	569.2	75	114 179.81	120 161.563	169	106	0	60	0	3	0	0	7	0	5	1922	1784	2	136	0	0	0	0	189	107
南京大学	1	48	7	2.2	22 295.5	24 818.298	3	2	0	1	0	0	0	0	2	0	0	80	78	0	2	0	0	0	0	0	0
东南大学	2	108	19.5	0.1	2882.199	2814.07	3	1	0	2	0	0	0	0	1	0	0	66	47	0	19	0	0	0	0	8	8
江南大学	3	175	114.4	56.7	26 013.2	25 753.692	19	10	0	9	0	0	0	0	1	0	0	184	138	0	46	0	0	0	0	5	5
南京农业大学	4	11	1.3	0	32	47	0	0	0	0	0	0	0	0	0	0	0	5	5	0	0	0	0	0	0	0	0
中国矿业大学	5	52	13.3	2.3	801	439.825	0	0	0	0	0	0	0	0	0	0	0	13	11	0	2	0	0	0	0	2	0
河海大学	6	3	0.8	0.1	0	12.16	0	0	0	0	0	0	0	0	0	0	0	6	6	0	0	0	0	0	0	0	0
南京理工大学	7	31	3.3	0	0	786.022	0	0	0	0	0	0	0	0	0	0	0	0	0	0	0	0	0	0	0	0	0
南京航空航天大学	8	32	6.1	0	265.8	265.8	0	0	0	0	0	0	0	0	0	0	0	0	0	0	0	0	0	0	0	0	0
中国药科大学	9	0	0	0	0	0	0	0	0	0	0	0	0	0	0	0	0	0	0	0	0	0	0	0	0	0	0
南京森林警察学院	10	1	0.4	0	0	0	0	0	0	0	0	0	0	0	0	0	0	2	2	0	0	0	0	0	0	0	0
苏州大学	11	103	13.3	0.4	2542.04	4513.04	17	2	0	15	0	0	0	0	0	0	1	58	55	0	3	0	0	0	0	0	0
江苏科技大学	12	2	0.5	0	0	0.05	0	0	0	0	0	0	0	0	0	0	0	3	3	0	0	0	0	0	0	0	0
南京工业大学	13	44	6.8	1.3	358	333	2	2	0	0	0	0	0	0	0	0	0	35	30	0	5	0	0	0	0	0	0
常州大学	14	63	17.6	0	1018.28	1392.4	3	3	0	0	0	0	0	0	0	0	0	43	41	0	2	0	0	0	0	1	1
南京邮电大学	15	25	5.9	0	313.76	428.76	2	2	0	0	0	0	0	0	0	0	0	13	13	0	0	0	0	0	0	3	2
南京林业大学	16	73	7.5	0	244	259.94	9	8	0	1	0	0	0	0	0	0	0	33	33	0	0	0	0	0	0	0	0
江苏大学	17	89	10.2	4.3	1928.2	2018.2	4	1	0	3	0	0	0	0	0	0	0	27	26	0	1	0	0	0	0	0	0
南京信息工程大学	18	37	11.8	3.2	3380	1410.79	0	0	0	0	0	0	0	0	0	0	0	11	10	0	1	0	0	0	0	2	0
南通大学	19	72	9.1	0	1815.9	1657.9	6	5	0	1	0	0	0	0	0	0	0	67	66	0	1	0	0	0	0	1	1
盐城工学院	20	61	6.3	0	930.328	984.129	0	0	0	0	0	0	0	0	0	0	0	25	25	0	0	0	0	0	0	0	0
南京医科大学	21	0	0	0	0	0	0	0	0	0	0	0	0	0	0	0	0	0	0	0	0	0	0	0	0	0	0
徐州医科大学	22	1	0.2	0	0	0	0	0	0	0	0	0	0	0	0	0	0	0	0	0	0	0	0	0	0	1	1

南京中医药大学	23	2	0.6	0	37	28.46	0	0	0	0	0	0	0	0	0	0	0	0	0	0	0	0	0	0	0	0	0
南京师范大学	24	65	15.8	2.3	2153.012	1913.707	5	2	0	3	0	0	0	0	1	0	1	55	46	2	7	0	0	0	0	3	2
江苏师范大学	25	38	21.3	0.2	620.9	702.25	12	9	0	3	0	0	0	0	0	0	0	106	105	0	1	0	0	0	0	9	9
淮阴师范学院	26	106	13.2	0	6034.037	5352.037	2	1	0	0	0	1	0	0	0	0	0	55	53	0	2	0	0	0	0	1	1
盐城师范学院	27	71	13	0	5322.561	9184.871	5	5	0	0	0	0	0	0	0	0	0	34	34	0	0	0	0	0	0	20	1
南京财经大学	28	29	4.2	0.1	566	456.666	4	4	0	0	0	0	0	0	0	0	0	15	13	0	2	0	0	0	0	0	0
江苏警官学院	29	1	0.2	0	0	0	0	0	0	0	0	0	0	0	0	0	0	4	4	0	0	0	0	0	0	0	0
南京体育学院	30	1	0.1	0	0	0	0	0	0	0	0	0	0	0	0	0	0	0	0	0	0	0	0	0	0	1	0
南京艺术学院	31	330	99.1	1.1	5240	4338.594	37	20	0	15	0	2	0	0	2	0	0	432	430	0	2	0	0	0	0	21	19
苏州科技大学	32	70	13.2	0.4	838	850	6	6	0	0	0	0	0	0	0	0	0	36	34	0	2	0	0	0	0	1	1
常熟理工学院	33	39	6.9	0	1407.6	1962.449	2	0	0	2	0	0	0	0	0	0	0	54	48	0	6	0	0	0	0	3	3
淮阴工学院	34	33	6.7	0	840	3180.5	1	1	0	0	0	0	0	0	0	0	0	16	16	0	0	0	0	0	0	12	11
常州工学院	35	131	14.7	0	3591.686	4305.876	2	1	0	1	0	0	0	0	0	0	0	34	33	0	1	0	0	0	0	22	4
扬州大学	36	89	15.2	0.3	2650.08	2468.72	6	5	0	1	0	0	0	0	0	0	0	101	93	0	8	0	0	0	0	2	2
南京工程学院	37	37	6.6	0	836.7	747.06	2	2	0	0	0	0	0	0	0	0	0	33	33	0	0	0	0	0	0	0	0
南京审计大学	38	4	0.4	0	0	141.342	0	0	0	0	0	0	0	0	0	0	0	2	2	0	0	0	0	0	0	0	0
南京晓庄学院	39	80	8.1	0	5756.76	2302.15	6	6	0	0	0	0	0	0	0	0	0	35	32	0	3	0	0	0	0	0	0
江苏理工学院	40	64	10.1	0	1052	1385.401	1	1	0	0	0	0	0	0	0	0	0	4	4	0	0	0	0	0	0	5	3
江苏海洋大学	41	65	6.5	0	3517	3031.25	2	2	0	0	0	0	0	0	0	0	3	15	11	0	4	0	0	0	0	23	8
徐州工程学院	42	46	7.8	0	139	2109.5	0	0	0	0	0	0	0	0	0	0	0	8	8	0	0	0	0	0	0	1	1
南京特殊教育师范学院	43	14	2	0	288	258	1	1	0	0	0	0	0	0	0	0	0	4	3	0	1	0	0	0	0	0	0
泰州学院	44	23	6.5	0	66	192.3	2	1	0	1	0	0	0	0	0	0	0	32	30	0	2	0	0	0	0	1	0
金陵科技学院	45	52	5.6	0	3775.267	3847.267	1	1	0	0	0	0	0	0	0	0	0	39	30	0	9	0	0	0	0	39	22
江苏第二师范学院	46	38	8.7	0	747	452.303	1	1	0	0	0	0	0	0	0	0	0	50	49	0	1	0	0	0	0	1	1
南京工业职业技术大学	47	57	17.9	0	1474	1325.6	0	0	0	0	0	0	0	0	0	0	0	23	20	0	3	0	0	0	0	1	1
无锡学院	48	6	1.1	0	90	91.5	1	0	0	1	0	0	0	0	0	0	0	3	3	0	0	0	0	0	0	0	0
苏州城市学院	49	10	1.4	0	0	8.684	1	0	0	1	0	0	0	0	0	0	0	7	7	0	0	0	0	0	0	0	0
宿迁学院	50	60	7	0	2317	1590	1	1	0	0	0	0	0	0	0	0	0	54	54	0	0	0	0	0	0	0	0

2.10 历史学人文、社会科学研究与课题成果情况表

高校名称	编号	总数：课题数（项）	总数：当年投入人数（人年）	总数：其中：研究生（人年）	总数：当年拨入经费（千元）	总数：当年支出经费（千元）	出版著作（部）：合计	出版著作（部）：专著	出版著作（部）：其中：被译成外文	出版著作（部）：编著教材	出版著作（部）：工具书参考书	出版著作（部）：皮书/发展报告	出版著作（部）：科普读物	古籍整理（部）	译著（部）	发表译文（篇）	电子出版物（件）	发表论文（篇）：合计	发表论文（篇）：国内学术刊物：内地（大陆）	发表论文（篇）：国内学术刊物：港澳、台地区	发表论文（篇）：国外学术刊物	获奖成果数（项）：合计	获奖成果数（项）：国家级奖	获奖成果数（项）：部级奖	获奖成果数（项）：省级奖	研究与咨询报告（篇）：合计	研究与咨询报告（篇）：其中：被采纳数
		L01	L02	L03	L04	L05	L06	L07	L08	L09	L10	L11	L12	L13	L14	L15	L16	L17	L18	L19	L20	L21	L22	L23	L24	L25	L26
合　计	/	652	145.6	17.2	20 033.175	25 081.832	71	51	2	17	0	1	2	1	6	0	0	389	365	1	23	1	0	0	1	34	11
南京大学	1	134	23.4	7	7081.3	13 393.522	8	4	0	4	0	0	0	0	1	0	0	94	84	0	10	0	0	0	0	0	0
东南大学	2	18	3.2	0	675	550.701	2	2	0	0	0	0	0	0	0	0	0	25	24	1	0	0	0	0	0	0	0
江南大学	3	14	10.9	6.4	1330	1247.2	2	2	0	0	0	0	0	0	0	0	0	4	4	0	0	0	0	0	0	0	0
南京农业大学	4	94	12.7	0.4	538.6	695.164	9	3	0	6	0	0	0	1	0	0	0	26	26	0	0	0	0	0	0	2	2
中国矿业大学	5	8	1.9	0	40	102.045	0	0	0	0	0	0	0	0	0	0	0	0	0	0	0	0	0	0	0	0	0
河海大学	6	9	2.1	0.1	40	23.1	0	0	0	0	0	0	0	0	0	0	0	10	10	0	0	0	0	0	0	1	0
南京理工大学	7	6	0.8	0	0	22	0	0	0	0	0	0	0	0	0	0	0	0	0	0	0	0	0	0	0	0	0
南京航空航天大学	8	2	0.2	0	303	303	0	0	0	0	0	0	0	0	0	0	0	0	0	0	0	0	0	0	0	0	0
中国药科大学	9	2	0.2	0	0	0	3	3	0	0	0	0	0	0	0	0	0	4	4	0	0	0	0	0	0	0	0
南京森林警察学院	10	0	0	0	0	0	0	0	0	0	0	0	0	0	0	0	0	0	0	0	0	0	0	0	0	0	0
苏州大学	11	31	3.7	0	140	1592	11	11	0	0	0	0	0	0	0	0	0	38	38	0	0	0	0	0	0	1	1
江苏科技大学	12	18	4.9	0.6	520	289	0	0	0	0	0	0	0	0	0	0	0	1	1	0	0	0	0	0	0	0	0
南京工业大学	13	4	0.6	0.2	0	0	1	1	0	0	0	0	0	0	0	0	0	0	0	0	0	0	0	0	0	0	0
常州大学	14	7	2.9	0	40	153.1	0	0	0	0	0	0	0	0	0	0	0	3	3	0	0	0	0	0	0	0	0
南京邮电大学	15	12	4.2	0	50	319	0	0	0	0	0	0	0	0	0	0	0	5	5	0	0	0	0	0	0	0	0
南京林业大学	16	4	0.4	0	20	17	1	1	0	0	0	0	0	0	0	0	0	3	3	0	0	0	0	0	0	0	0
江苏大学	17	4	1	0	110	109	1	0	0	1	0	0	0	0	0	0	0	10	6	0	4	0	0	0	0	0	0
南京信息工程大学	18	15	5.1	0.8	345.8	289.4	0	0	0	0	0	0	0	0	0	0	0	4	4	0	0	0	0	0	0	0	0
南通大学	19	3	0.3	0	20	20	4	3	0	0	0	0	1	0	0	0	0	10	10	0	0	0	0	0	0	1	1
盐城工学院	20	3	0.3	0	10	9.4	1	1	1	0	0	0	0	0	0	0	0	6	5	0	1	0	0	0	0	0	0
南京医科大学	21	1	0.2	0	0	0	0	0	0	0	0	0	0	0	0	0	0	0	0	0	0	0	0	0	0	0	0
徐州医科大学	22	2	0.4	0	0	0	0	0	0	0	0	0	0	0	0	0	0	1	1	0	0	0	0	0	0	0	0

南京中医药大学	23	15	5.1	0	234	159.56	1	1	0	0	0	0	0	0	0	0	0	4	4	0	0	0	0	0	0	0	0
南京师范大学	24	39	9.4	0.3	3331.48	599.762	6	4	1	2	0	0	0	0	1	0	0	34	33	0	1	0	0	0	0	6	1
江苏师范大学	25	23	16.5	0.3	1480	1401.2	2	1	0	1	0	0	0	0	0	0	0	13	13	0	0	0	0	0	0	3	3
淮阴师范学院	26	12	2.3	0	308	293	2	0	0	2	0	0	0	0	0	0	0	11	11	0	0	1	0	0	1	0	0
盐城师范学院	27	17	4.6	0	81	200.55	2	2	0	0	0	0	0	0	0	0	0	9	7	0	2	0	0	0	0	14	0
南京财经大学	28	4	0.9	0.3	10	6.84	0	0	0	0	0	0	0	0	1	0	0	1	1	0	0	0	0	0	0	0	0
江苏警官学院	29	1	0.3	0	0	0	0	0	0	0	0	0	0	0	0	0	0	2	0	0	2	0	0	0	0	0	0
南京体育学院	30	1	0.2	0	30	2.658	0	0	0	0	0	0	0	0	0	0	0	0	0	0	0	0	0	0	0	0	0
南京艺术学院	31	1	0.5	0	0	0	0	0	0	0	0	0	0	0	0	0	0	0	0	0	0	0	0	0	0	0	0
苏州科技大学	32	33	6.3	0.3	660	672	5	5	0	0	0	0	0	0	0	0	0	22	20	0	2	0	0	0	0	0	0
常熟理工学院	33	8	1.5	0	688	294.681	0	0	0	0	0	0	0	0	0	0	0	1	1	0	0	0	0	0	0	2	2
淮阴工学院	34	2	0.2	0	0	0	1	1	0	0	0	0	0	0	0	0	0	0	0	0	0	0	0	0	0	0	0
常州工学院	35	13	1.4	0	91	89.27	0	0	0	0	0	0	0	0	0	0	0	2	2	0	0	0	0	0	0	3	0
扬州大学	36	37	8.1	0.5	1070	1266.52	5	4	0	1	0	0	0	0	1	0	0	32	32	0	0	0	0	0	0	0	0
南京工程学院	37	0	0	0	0	0	0	0	0	0	0	0	0	0	0	0	0	0	0	0	0	0	0	0	0	0	0
南京审计大学	38	2	0.2	0	0	42.664	1	1	0	0	0	0	0	0	0	0	0	2	2	0	0	0	0	0	0	0	0
南京晓庄学院	39	8	1.2	0	210	188	0	0	0	0	0	0	0	0	0	0	0	4	4	0	0	0	0	0	0	0	0
江苏理工学院	40	6	1.6	0	48	154	1	1	0	0	0	0	0	0	0	0	0	0	0	0	0	0	0	0	0	0	0
江苏海洋大学	41	7	0.7	0	130	220.5	2	0	0	0	0	1	1	0	0	0	0	1	0	0	1	0	0	0	0	1	1
徐州工程学院	42	11	1.4	0	70	35	0	0	0	0	0	0	0	0	0	0	0	0	0	0	0	0	0	0	0	0	0
南京特殊教育师范学院	43	0	0	0	0	0	0	0	0	0	0	0	0	0	0	0	0	2	2	0	0	0	0	0	0	0	0
泰州学院	44	1	0.2	0	0	0	0	0	0	0	0	0	0	0	0	0	0	0	0	0	0	0	0	0	0	0	0
金陵科技学院	45	3	0.4	0	10	103	0	0	0	0	0	0	0	0	2	0	0	0	0	0	0	0	0	0	0	0	0
江苏第二师范学院	46	7	1.8	0	0	0	0	0	0	0	0	0	0	0	0	0	0	3	3	0	0	0	0	0	0	0	0
南京工业职业技术大学	47	2	0.5	0	15	15	0	0	0	0	0	0	0	0	0	0	0	2	2	0	0	0	0	0	0	0	0
无锡学院	48	1	0.3	0	0	0	0	0	0	0	0	0	0	0	0	0	0	0	0	0	0	0	0	0	0	0	0
苏州城市学院	49	3	0.2	0	177.995	177.995	0	0	0	0	0	0	0	0	0	0	0	0	0	0	0	0	0	0	0	0	0
宿迁学院	50	4	0.4	0	125	25	0	0	0	0	0	0	0	0	0	0	0	0	0	0	0	0	0	0	0	0	0

2.11 考古学人文、社会科学研究与课题成果情况表

高校名称	编号	总数 课题数(项)	总数 当年投入人数(人年)	总数 其中：研究生(人年)	总数 当年拨入经费(千元)	总数 当年支出经费(千元)	出版著作(部) 合计	出版著作(部) 专著	出版著作(部) 其中：被译成外文	出版著作(部) 编著教材	出版著作(部) 工具书参考书	出版著作(部) 皮书/发展报告	出版著作(部) 科普读物	古籍整理(部)	译著(部)	发表译文(篇)	电子出版物(件)	发表论文(篇) 合计	发表论文(篇) 国内学术刊物 内地(大陆)	发表论文(篇) 国内学术刊物 港、澳、台地区	发表论文(篇) 国外学术刊物	获奖成果数(项) 合计	获奖成果数(项) 国家级奖	获奖成果数(项) 部级奖	获奖成果数(项) 省级奖	研究与咨询报告(篇) 合计	研究与咨询报告(篇) 其中：被采纳数
		L01	L02	L03	L04	L05	L06	L07	L08	L09	L10	L11	L12	L13	L14	L15	L16	L17	L18	L19	L20	L21	L22	L23	L24	L25	L26
合　计	/	302	52.4	38.4	70 544.52	56 566.663	2	2	0	0	0	0	0	0	0	0	0	27	23	0	4	0	0	0	0	111	11
南京大学	1	187	34.7	31.5	29 200.06	30 169.311	0	0	0	0	0	0	0	0	0	0	0	8	7	0	1	0	0	0	0	0	0
东南大学	2	1	0.1	0	0	0	0	0	0	0	0	0	0	0	0	0	0	0	0	0	0	0	0	0	0	0	0
江南大学	3	0	0	0	0	0	0	0	0	0	0	0	0	0	0	0	0	0	0	0	0	0	0	0	0	0	0
南京农业大学	4	1	0.1	0	0	0	0	0	0	0	0	0	0	0	0	0	0	2	1	0	1	0	0	0	0	0	0
中国矿业大学	5	0	0	0	0	0	0	0	0	0	0	0	0	0	0	0	0	0	0	0	0	0	0	0	0	0	0
河海大学	6	0	0	0	0	0	0	0	0	0	0	0	0	0	0	0	0	0	0	0	0	0	0	0	0	0	0
南京理工大学	7	0	0	0	0	0	0	0	0	0	0	0	0	0	0	0	0	0	0	0	0	0	0	0	0	0	0
南京航空航天大学	8	0	0	0	0	0	0	0	0	0	0	0	0	0	0	0	0	0	0	0	0	0	0	0	0	0	0
中国药科大学	9	0	0	0	0	0	0	0	0	0	0	0	0	0	0	0	0	0	0	0	0	0	0	0	0	0	0
南京森林警察学院	10	0	0	0	0	0	0	0	0	0	0	0	0	0	0	0	0	0	0	0	0	0	0	0	0	0	0
苏州大学	11	0	0	0	0	0	0	0	0	0	0	0	0	0	0	0	0	0	0	0	0	0	0	0	0	0	0
江苏科技大学	12	3	0.5	0.2	0	33.5	0	0	0	0	0	0	0	0	0	0	0	0	0	0	0	0	0	0	0	0	0
南京工业大学	13	0	0	0	0	0	0	0	0	0	0	0	0	0	0	0	0	0	0	0	0	0	0	0	0	0	0
常州大学	14	0	0	0	0	0	0	0	0	0	0	0	0	0	0	0	0	0	0	0	0	0	0	0	0	0	0
南京邮电大学	15	0	0	0	0	0	0	0	0	0	0	0	0	0	0	0	0	0	0	0	0	0	0	0	0	0	0
南京林业大学	16	0	0	0	0	0	0	0	0	0	0	0	0	0	0	0	0	0	0	0	0	0	0	0	0	0	0
江苏大学	17	0	0	0	0	0	0	0	0	0	0	0	0	0	0	0	0	0	0	0	0	0	0	0	0	0	0
南京信息工程大学	18	3	1.2	0	0	0	0	0	0	0	0	0	0	0	0	0	0	0	0	0	0	0	0	0	0	0	0
南通大学	19	0	0	0	0	0	0	0	0	0	0	0	0	0	0	0	0	1	1	0	0	0	0	0	0	0	0
盐城工学院	20	0	0	0	0	0	0	0	0	0	0	0	0	0	0	0	0	0	0	0	0	0	0	0	0	0	0
南京医科大学	21	0	0	0	0	0	0	0	0	0	0	0	0	0	0	0	0	0	0	0	0	0	0	0	0	0	0
徐州医科大学	22	0	0	0	0	0	0	0	0	0	0	0	0	0	0	0	0	0	0	0	0	0	0	0	0	0	0

南京中医药大学	23	1	0.3	0	0	0.48	0	0	0	0	0	0	0	0	0	0	0	0	0	0	0	0	0	0	0	0	0
南京师范大学	24	95	11.1	6.7	40 968.46	26 068.372	1	1	0	0	0	0	0	0	0	0	0	6	4	0	2	0	0	0	0	111	11
江苏师范大学	25	5	3.7	0	340	270	0	0	0	0	0	0	0	0	0	0	0	6	6	0	0	0	0	0	0	0	0
淮阴师范学院	26	0	0	0	0	0	0	0	0	0	0	0	0	0	0	0	0	0	0	0	0	0	0	0	0	0	0
盐城师范学院	27	0	0	0	0	0	0	0	0	0	0	0	0	0	0	0	0	0	0	0	0	0	0	0	0	0	0
南京财经大学	28	0	0	0	0	0	0	0	0	0	0	0	0	0	0	0	0	0	0	0	0	0	0	0	0	0	0
江苏警官学院	29	0	0	0	0	0	0	0	0	0	0	0	0	0	0	0	0	0	0	0	0	0	0	0	0	0	0
南京体育学院	30	0	0	0	0	0	0	0	0	0	0	0	0	0	0	0	0	0	0	0	0	0	0	0	0	0	0
南京艺术学院	31	0	0	0	0	0	0	0	0	0	0	0	0	0	0	0	0	0	0	0	0	0	0	0	0	0	0
苏州科技大学	32	0	0	0	0	0	0	0	0	0	0	0	0	0	0	0	0	0	0	0	0	0	0	0	0	0	0
常熟理工学院	33	0	0	0	0	0	0	0	0	0	0	0	0	0	0	0	0	0	0	0	0	0	0	0	0	0	0
淮阴工学院	34	0	0	0	0	0	0	0	0	0	0	0	0	0	0	0	0	0	0	0	0	0	0	0	0	0	0
常州工学院	35	1	0.1	0	0	2	0	0	0	0	0	0	0	0	0	0	0	0	0	0	0	0	0	0	0	0	0
扬州大学	36	0	0	0	0	0	0	0	0	0	0	0	0	0	0	0	0	0	0	0	0	0	0	0	0	0	0
南京工程学院	37	0	0	0	0	0	0	0	0	0	0	0	0	0	0	0	0	0	0	0	0	0	0	0	0	0	0
南京审计大学	38	0	0	0	0	0	0	0	0	0	0	0	0	0	0	0	0	0	0	0	0	0	0	0	0	0	0
南京晓庄学院	39	1	0.1	0	0	0	0	0	0	0	0	0	0	0	0	0	0	1	1	0	0	0	0	0	0	0	0
江苏理工学院	40	0	0	0	0	0	0	0	0	0	0	0	0	0	0	0	0	0	0	0	0	0	0	0	0	0	0
江苏海洋大学	41	0	0	0	0	0	0	0	0	0	0	0	0	0	0	0	0	0	0	0	0	0	0	0	0	0	0
徐州工程学院	42	2	0.2	0	6	3	1	1	0	0	0	0	0	0	0	0	0	3	3	0	0	0	0	0	0	0	0
南京特殊教育师范学院	43	2	0.3	0	30	20	0	0	0	0	0	0	0	0	0	0	0	0	0	0	0	0	0	0	0	0	0
泰州学院	44	0	0	0	0	0	0	0	0	0	0	0	0	0	0	0	0	0	0	0	0	0	0	0	0	0	0
金陵科技学院	45	0	0	0	0	0	0	0	0	0	0	0	0	0	0	0	0	0	0	0	0	0	0	0	0	0	0
江苏第二师范学院	46	0	0	0	0	0	0	0	0	0	0	0	0	0	0	0	0	0	0	0	0	0	0	0	0	0	0
南京工业职业技术大学	47	0	0	0	0	0	0	0	0	0	0	0	0	0	0	0	0	0	0	0	0	0	0	0	0	0	0
无锡学院	48	0	0	0	0	0	0	0	0	0	0	0	0	0	0	0	0	0	0	0	0	0	0	0	0	0	0
苏州城市学院	49	0	0	0	0	0	0	0	0	0	0	0	0	0	0	0	0	0	0	0	0	0	0	0	0	0	0
宿迁学院	50	0	0	0	0	0	0	0	0	0	0	0	0	0	0	0	0	0	0	0	0	0	0	0	0	0	0

2.12 经济学人文、社会科学研究与课题成果情况表

高校名称	编号	总数					出版著作(部)							古籍整理(部)	译著(部)	发表译文(篇)	电子出版物(件)	发表论文(篇)				获奖成果数(项)				研究与咨询报告(篇)	
		课题数(项)	当年投入人数(人年)	其中:研究生(人年)	当年拨入经费(千元)	当年支出经费(千元)	合计	专著	其中:被译成外文	编著教材	工具书参考书	皮书/发展报告	科普读物					合计	国内学术刊物:内地(大陆)	国内学术刊物:港澳、台地区	国外学术刊物	合计	国家级奖	部级奖	省级奖	合计	其中:被采纳数
		L01	L02	L03	L04	L05	L06	L07	L08	L09	L10	L11	L12	L13	L14	L15	L16	L17	L18	L19	L20	L21	L22	L23	L24	L25	L26
合　计	/	3653	668.7	67.7	127 749.619	128 661.231	94	75	0	19	0	0	0	0	3	1	5	1836	1339	0	497	5	0	5	0	364	270
南京大学	1	186	27.1	7.2	11 045.24	17 018.625	4	3	0	1	0	0	0	0	1	0	0	157	123	0	34	0	0	0	0	4	4
东南大学	2	98	16.3	0.5	3128.4	3058.527	6	5	0	1	0	0	0	0	0	0	0	95	40	0	55	0	0	0	0	7	6
江南大学	3	50	36.1	18.3	2612.6	2886	2	2	0	0	0	0	0	0	0	0	0	29	16	0	13	0	0	0	0	0	0
南京农业大学	4	142	20.1	2	6024.975	6274.389	8	6	0	2	0	0	0	0	0	0	0	110	73	0	37	0	0	0	0	11	8
中国矿业大学	5	57	8.6	2	1618	759.086	0	0	0	0	0	0	0	0	0	0	0	28	4	0	24	0	0	0	0	11	9
河海大学	6	93	30.5	1.8	1601.622	1625.982	7	5	0	2	0	0	0	0	0	0	4	71	71	0	0	0	0	0	0	9	6
南京理工大学	7	42	4.5	0	187.1	445.66	3	3	0	0	0	0	0	0	0	0	0	23	5	0	18	0	0	0	0	0	0
南京航空航天大学	8	25	4.7	0	536	536	1	1	0	0	0	0	0	0	0	0	0	20	11	0	9	0	0	0	0	3	3
中国药科大学	9	312	31.4	0	13 449.872	13 044.851	0	0	0	0	0	0	0	0	0	0	0	8	8	0	0	0	0	0	0	0	0
南京森林警察学院	10	0	0	0	0	0	0	0	0	0	0	0	0	0	0	0	0	2	2	0	0	0	0	0	0	0	0
苏州大学	11	132	14.2	0	10 615.418	11 953.597	4	2	0	2	0	0	0	0	0	0	0	47	22	0	25	0	0	0	0	72	72
江苏科技大学	12	50	9.2	0.6	11	178.81	1	1	0	0	0	0	0	0	0	0	0	24	19	0	5	0	0	0	0	2	2
南京工业大学	13	41	5.7	0.7	391	381	0	0	0	0	0	0	0	0	0	0	0	21	20	0	1	0	0	0	0	2	2
常州大学	14	65	18.4	0.2	1357	1595.81	0	0	0	0	0	0	0	0	0	0	0	23	16	0	7	0	0	0	0	0	0
南京邮电大学	15	69	19	2.7	716	868.42	1	0	0	1	0	0	0	0	0	0	0	35	29	0	6	0	0	0	0	12	5
南京林业大学	16	36	3.7	0	336	310.14	1	1	0	0	0	0	0	0	0	0	0	20	20	0	0	0	0	0	0	0	0
江苏大学	17	54	10.1	0.6	2089	2289	2	0	0	2	0	0	0	0	0	0	1	43	25	0	18	2	0	2	0	5	3
南京信息工程大学	18	65	18.7	7	2805.1	1942.09	3	3	0	0	0	0	0	0	0	0	0	49	34	0	15	0	0	0	0	9	5
南通大学	19	165	18.3	0	4417.4	4836.9	2	2	0	0	0	0	0	0	0	0	0	60	59	0	1	0	0	0	0	18	18
盐城工学院	20	79	8	0	1453.9	1441.626	3	3	0	0	0	0	0	0	0	0	0	17	12	0	5	0	0	0	0	0	0
南京医科大学	21	0	0	0	0	0	0	0	0	0	0	0	0	0	0	0	0	0	0	0	0	0	0	0	0	0	0
徐州医科大学	22	5	1.2	0.2	160	157	1	1	0	0	0	0	0	0	0	0	0	5	4	0	1	0	0	0	0	0	0

南京中医药大学	23	3	1.1	0	20	17.344	0	0	0	0	0	0	0	0	0	0	0	1	1	0	0	0	0	0	0	0	0
南京师范大学	24	43	15.3	5.3	3689.249	1080.796	1	1	0	0	0	0	0	0	0	0	0	35	19	0	16	0	0	0	0	17	3
江苏师范大学	25	82	41.5	0.3	3052.2	3073.5	0	0	0	0	0	0	0	0	0	0	0	32	27	0	5	0	0	0	0	22	22
淮阴师范学院	26	31	4.9	0	1976	1583.5	1	1	0	0	0	0	0	0	0	0	0	17	15	0	2	1	0	1	0	2	1
盐城师范学院	27	44	8.4	0	2580.8	1634.343	3	2	0	1	0	0	0	0	0	0	0	16	13	0	3	0	0	0	0	18	6
南京财经大学	28	442	74.2	3.3	12 848.407	14 824.483	9	4	0	5	0	0	0	0	0	0	0	190	99	0	91	0	0	0	0	4	4
江苏警官学院	29	4	0.7	0	20.5	12.5	0	0	0	0	0	0	0	0	0	0	0	1	1	0	0	0	0	0	0	0	0
南京体育学院	30	0	0	0	0	0	0	0	0	0	0	0	0	0	0	0	0	3	3	0	0	0	0	0	0	0	0
南京艺术学院	31	0	0	0	0	0	0	0	0	0	0	0	0	0	0	0	0	0	0	0	0	0	0	0	0	0	0
苏州科技大学	32	44	8	0.4	1356	1190	2	2	0	0	0	0	0	0	0	0	0	26	23	0	3	0	0	0	0	13	13
常熟理工学院	33	27	4.5	0	743.512	938.555	0	0	0	0	0	0	0	0	0	0	0	9	7	0	2	0	0	0	0	7	7
淮阴工学院	34	34	6.8	0	322.5	732.5	1	1	0	0	0	0	0	0	0	0	0	12	12	0	0	0	0	0	0	7	7
常州工学院	35	46	4.8	0	380	383.93	1	0	0	1	0	0	0	0	0	0	0	4	4	0	0	0	0	0	0	12	7
扬州大学	36	60	9.1	0.1	804	954.64	1	1	0	0	0	0	0	0	0	0	0	36	29	0	7	0	0	0	0	5	4
南京工程学院	37	42	8.1	0	3642.94	3192.252	0	0	0	0	0	0	0	0	0	0	0	26	26	0	0	0	0	0	0	1	1
南京审计大学	38	271	79.9	14.5	7155.39	4903.073	5	5	0	0	0	0	0	0	1	0	0	248	220	0	28	2	0	2	0	5	4
南京晓庄学院	39	51	5.4	0	2276	2333	12	11	0	1	0	0	0	0	0	0	0	46	19	0	27	0	0	0	0	0	0
江苏理工学院	40	110	17	0	5743.694	4924.151	2	2	0	0	0	0	0	0	0	0	0	13	13	0	0	0	0	0	0	10	3
江苏海洋大学	41	103	10.3	0	3556	3463.9	2	2	0	0	0	0	0	0	0	0	0	46	44	0	2	0	0	0	0	44	18
徐州工程学院	42	232	28.6	0	10 918.2	8526.4	2	2	0	0	0	0	0	0	0	1	0	115	84	0	31	0	0	0	0	14	14
南京特殊教育师范学院	43	3	0.4	0	20	17	0	0	0	0	0	0	0	0	0	0	0	0	0	0	0	0	0	0	0	0	0
泰州学院	44	8	2.4	0	190	68.1	0	0	0	0	0	0	0	0	0	0	0	6	6	0	0	0	0	0	0	0	0
金陵科技学院	45	47	6.5	0	782	2232.5	2	2	0	0	0	0	0	0	0	0	0	7	7	0	0	0	0	0	0	13	10
江苏第二师范学院	46	3	0.5	0	0	15.495	0	0	0	0	0	0	0	0	1	0	0	7	3	0	4	0	0	0	0	0	0
南京工业职业技术大学	47	36	8.3	0	177.6	323.324	0	0	0	0	0	0	0	0	0	0	0	31	29	0	2	0	0	0	0	0	0
无锡学院	48	20	4.6	0	60	167.477	0	0	0	0	0	0	0	0	0	0	0	3	3	0	0	0	0	0	0	2	0
苏州城市学院	49	9	1.3	0	0	22.855	0	0	0	0	0	0	0	0	0	0	0	1	1	0	0	0	0	0	0	0	0
宿迁学院	50	92	10.3	0	879	442.1	1	1	0	0	0	0	0	0	0	0	0	18	18	0	0	0	0	0	0	3	3

2.13 政治学人文、社会科学研究与课题成果情况表

高校名称	编号	总数：课题数(项)	总数：当年投入人数(人年)	总数：其中：研究生(人年)	总数：当年拨入经费(千元)	总数：当年支出经费(千元)	出版著作(部)：合计	出版著作(部)：专著	出版著作(部)：其中：被译成外文	出版著作(部)：编著教材	出版著作(部)：工具书参考书	出版著作(部)：皮书/发展报告	出版著作(部)：科普读物	古籍整理(部)	译著(部)	发表译文(篇)	电子出版物(件)	发表论文(篇)：合计	发表论文(篇)：国内学术刊物：内地(大陆)	发表论文(篇)：国内学术刊物：港澳、台地区	发表论文(篇)：国外学术刊物	获奖成果数(项)：合计	获奖成果数(项)：国家级奖	获奖成果数(项)：部级奖	获奖成果数(项)：省级奖	研究与咨询报告(篇)：合计	研究与咨询报告(篇)：其中：被采纳数
		L01	L02	L03	L04	L05	L06	L07	L08	L09	L10	L11	L12	L13	L14	L15	L16	L17	L18	L19	L20	L21	L22	L23	L24	L25	L26
合　计	/	649	122.8	10.7	14 142.698	13 800.127	12	10	0	1	1	0	0	0	0	0	5	311	296	0	15	0	0	0	0	64	41
南京大学	1	77	10.1	1.5	2728	5529.639	3	3	0	0	0	0	0	0	0	0	0	65	58	0	7	0	0	0	0	14	14
东南大学	2	11	2.1	0	123	125.697	0	0	0	0	0	0	0	0	0	0	0	1	1	0	0	0	0	0	0	3	1
江南大学	3	11	7.9	5.2	110	129.2	0	0	0	0	0	0	0	0	0	0	0	2	2	0	0	0	0	0	0	0	0
南京农业大学	4	7	0.8	0	0	0	0	0	0	0	0	0	0	0	0	0	0	4	4	0	0	0	0	0	0	0	0
中国矿业大学	5	34	5.2	0.1	330	233.713	1	1	0	0	0	0	0	0	0	0	0	5	5	0	0	0	0	0	0	1	0
河海大学	6	14	5.3	0.8	130	80.8	1	1	0	0	0	0	0	0	0	0	5	15	15	0	0	0	0	0	0	3	1
南京理工大学	7	11	1.5	0	60	100.98	0	0	0	0	0	0	0	0	0	0	0	0	0	0	0	0	0	0	0	0	0
南京航空航天大学	8	2	0.4	0	10	10	0	0	0	0	0	0	0	0	0	0	0	1	1	0	0	0	0	0	0	0	0
中国药科大学	9	0	0	0	0	0	0	0	0	0	0	0	0	0	0	0	0	0	0	0	0	0	0	0	0	0	0
南京森林警察学院	10	3	0.8	0	10	19.296	0	0	0	0	0	0	0	0	0	0	0	1	1	0	0	0	0	0	0	0	0
苏州大学	11	34	5.5	0.1	2262	2401	1	1	0	0	0	0	0	0	0	0	0	38	38	0	0	0	0	0	0	0	0
江苏科技大学	12	9	1.8	0.1	0	17.1	0	0	0	0	0	0	0	0	0	0	0	1	1	0	0	0	0	0	0	0	0
南京工业大学	13	15	2.7	0.6	213.45	184.45	0	0	0	0	0	0	0	0	0	0	0	1	1	0	0	0	0	0	0	0	0
常州大学	14	5	1.8	0	170	76	0	0	0	0	0	0	0	0	0	0	0	5	5	0	0	0	0	0	0	0	0
南京邮电大学	15	7	2	0	16	76	0	0	0	0	0	0	0	0	0	0	0	0	0	0	0	0	0	0	0	1	1
南京林业大学	16	8	0.8	0	170	144.5	0	0	0	0	0	0	0	0	0	0	0	1	1	0	0	0	0	0	0	0	0
江苏大学	17	0	0	0	0	0	2	1	0	0	1	0	0	0	0	0	0	1	1	0	0	0	0	0	0	0	0
南京信息工程大学	18	12	3.9	0.8	136	142.45	0	0	0	0	0	0	0	0	0	0	0	5	4	0	1	0	0	0	0	0	0
南通大学	19	41	4.3	0	746	533	0	0	0	0	0	0	0	0	0	0	0	10	10	0	0	0	0	0	0	0	0
盐城工学院	20	61	6.1	0	13	13	0	0	0	0	0	0	0	0	0	0	0	0	0	0	0	0	0	0	0	0	0
南京医科大学	21	1	0.1	0	0	0	0	0	0	0	0	0	0	0	0	0	0	0	0	0	0	0	0	0	0	0	0
徐州医科大学	22	17	2.8	0	16	27	0	0	0	0	0	0	0	0	0	0	0	0	0	0	0	0	0	0	0	10	10

南京中医药大学	23	3	1.1	0	0	0	0	0	0	0	0	0	0	0	0	0	0	0	0	0	0	0	0	0	0	0	0
南京师范大学	24	56	17.5	1.3	2965.548	406.871	0	0	0	0	0	0	0	0	0	0	0	55	53	0	2	0	0	0	0	14	4
江苏师范大学	25	17	8.4	0	382	346.52	0	0	0	0	0	0	0	0	0	0	0	1	1	0	0	0	0	0	0	2	2
淮阴师范学院	26	7	0.9	0	0	53	0	0	0	0	0	0	0	0	0	0	0	1	1	0	0	0	0	0	0	0	0
盐城师范学院	27	13	2.6	0	660	566.551	0	0	0	0	0	0	0	0	0	0	0	8	8	0	0	0	0	0	0	4	1
南京财经大学	28	11	1.4	0.1	70	53.973	0	0	0	0	0	0	0	0	0	0	0	3	3	0	0	0	0	0	0	0	0
江苏警官学院	29	25	4	0	55.5	102.5	0	0	0	0	0	0	0	0	0	0	0	11	10	0	1	0	0	0	0	0	0
南京体育学院	30	0	0	0	0	0	0	0	0	0	0	0	0	0	0	0	0	0	0	0	0	0	0	0	0	0	0
南京艺术学院	31	0	0	0	0	0	0	0	0	0	0	0	0	0	0	0	0	0	0	0	0	0	0	0	0	0	0
苏州科技大学	32	19	3.6	0	362	332	2	1	0	1	0	0	0	0	0	0	0	8	8	0	0	0	0	0	0	0	0
常熟理工学院	33	1	0.1	0	0	1.65	1	1	0	0	0	0	0	0	0	0	0	10	10	0	0	0	0	0	0	0	0
淮阴工学院	34	0	0	0	0	0	0	0	0	0	0	0	0	0	0	0	0	4	4	0	0	0	0	0	0	0	0
常州工学院	35	20	2	0	647.2	416	0	0	0	0	0	0	0	0	0	0	0	5	5	0	0	0	0	0	0	4	1
扬州大学	36	32	4.7	0.1	870	775	0	0	0	0	0	0	0	0	0	0	0	11	10	0	1	0	0	0	0	0	0
南京工程学院	37	1	0.2	0	0	0.72	0	0	0	0	0	0	0	0	0	0	0	1	1	0	0	0	0	0	0	0	0
南京审计大学	38	13	1.3	0	10	148.921	1	1	0	0	0	0	0	0	0	0	0	27	24	0	3	0	0	0	0	1	1
南京晓庄学院	39	2	0.2	0	740	500	0	0	0	0	0	0	0	0	0	0	0	3	3	0	0	0	0	0	0	0	0
江苏理工学院	40	7	1.3	0	1	23.5	0	0	0	0	0	0	0	0	0	0	0	0	0	0	0	0	0	0	0	0	0
江苏海洋大学	41	10	1	0	83	111.15	0	0	0	0	0	0	0	0	0	0	0	5	5	0	0	0	0	0	0	5	3
徐州工程学院	42	10	1.1	0	13	16.5	0	0	0	0	0	0	0	0	0	0	0	0	0	0	0	0	0	0	0	0	0
南京特殊教育师范学院	43	7	1.3	0	0	26	0	0	0	0	0	0	0	0	0	0	0	0	0	0	0	0	0	0	0	0	0
泰州学院	44	7	2.8	0	40	14.5	0	0	0	0	0	0	0	0	0	0	0	0	0	0	0	0	0	0	0	0	0
金陵科技学院	45	1	0.1	0	0	0	0	0	0	0	0	0	0	0	0	0	0	0	0	0	0	0	0	0	0	0	0
江苏第二师范学院	46	3	0.5	0	0	56.188	0	0	0	0	0	0	0	0	0	0	0	0	0	0	0	0	0	0	0	2	2
南京工业职业技术大学	47	2	0.4	0	0	0	0	0	0	0	0	0	0	0	0	0	0	1	1	0	0	0	0	0	0	0	0
无锡学院	48	2	0.4	0	0	4.758	0	0	0	0	0	0	0	0	0	0	0	1	1	0	0	0	0	0	0	0	0
苏州城市学院	49	0	0	0	0	0	0	0	0	0	0	0	0	0	0	0	0	0	0	0	0	0	0	0	0	0	0
宿迁学院	50	0	0	0	0	0	0	0	0	0	0	0	0	0	0	0	0	0	0	0	0	0	0	0	0	0	0

2.14 法学人文、社会科学研究与课题成果情况表

高校名称		总数					出版著作(部)							古籍整理(部)	译著(部)	发表译文(篇)	电子出版物(件)	发表论文(篇)				获奖成果数(项)				研究与咨询报告(篇)	
		课题数(项)	当年投入人数(人年)	其中:研究生(人年)	当年拨入经费(千元)	当年支出经费(千元)	合计	专著	其中:被译成外文	编著教材	工具书参考书	皮书/发展报告	科普读物					合计	国内学术刊物 内地(大陆)	国内学术刊物 港、澳、台地区	国外学术刊物	合计	国家级奖	部级奖	省级奖	合计	其中:被采纳数
	编号	L01	L02	L03	L04	L05	L06	L07	L08	L09	L10	L11	L12	L13	L14	L15	L16	L17	L18	L19	L20	L21	L22	L23	L24	L25	L26
合　计	/	1459	315.7	40.2	47 095.031	43 494.677	74	55	1	17	1	0	1	0	8	0	0	858	827	3	28	1	0	1	0	175	117
南京大学	1	84	16.2	4.8	3913	5094.765	2	1	0	1	0	0	0	0	0	0	0	152	143	0	9	0	0	0	0	0	0
东南大学	2	192	32.2	1.9	6765.3	6703.027	14	11	0	3	0	0	0	0	1	0	0	72	67	0	5	0	0	0	0	28	28
江南大学	3	33	23.3	14.4	1692.8	1519.14	1	0	0	1	0	0	0	0	0	0	0	14	14	0	0	0	0	0	0	6	6
南京农业大学	4	26	4.6	0.5	779.637	660.837	1	1	1	0	0	0	0	0	0	0	0	8	7	0	1	0	0	0	0	0	0
中国矿业大学	5	14	1.5	0	124	38.211	0	0	0	0	0	0	0	0	0	0	0	7	6	0	1	0	0	0	0	1	0
河海大学	6	60	19.9	1.9	3170.6	2831.34	4	2	0	2	0	0	0	0	0	0	0	66	66	0	0	0	0	0	0	8	6
南京理工大学	7	82	10.8	0	3695.2	3525.72	6	4	0	2	0	0	0	0	0	0	0	38	34	0	4	0	0	0	0	23	23
南京航空航天大学	8	32	5.7	0	896	952	3	3	0	0	0	0	0	0	0	0	0	34	34	0	0	0	0	0	0	1	1
中国药科大学	9	0	0	0	0	0	0	0	0	0	0	0	0	0	0	0	0	0	0	0	0	0	0	0	0	0	0
南京森林警察学院	10	56	18.1	0	1331	590.328	0	0	0	0	0	0	0	0	1	0	0	39	37	0	2	0	0	0	0	1	1
苏州大学	11	106	11.6	0	2419.1	5187.1	5	5	0	0	0	0	0	0	0	0	0	53	53	0	0	0	0	0	0	12	12
江苏科技大学	12	14	4.3	0.3	185	106.7	2	2	0	0	0	0	0	0	0	0	0	1	1	0	0	0	0	0	0	0	0
南京工业大学	13	47	7.1	1	360	348	2	0	0	2	0	0	0	0	0	0	0	27	24	0	3	0	0	0	0	1	1
常州大学	14	75	18.6	0.1	1943.9	1955.627	1	0	0	0	0	0	1	0	0	0	0	31	31	0	0	0	0	0	0	4	4
南京邮电大学	15	2	0.6	0	76	76	0	0	0	0	0	0	0	0	0	0	0	0	0	0	0	0	0	0	0	1	1
南京林业大学	16	3	0.3	0	40	34	0	0	0	0	0	0	0	0	0	0	0	3	3	0	0	0	0	0	0	0	0
江苏大学	17	55	13.7	0	1790	1860	2	1	0	0	1	0	0	0	1	0	0	11	11	0	0	0	0	0	0	0	0
南京信息工程大学	18	55	19.8	10.4	1909.9	1619.3	2	1	0	1	0	0	0	0	0	0	0	20	20	0	0	0	0	0	0	6	4
南通大学	19	7	0.9	0	165	165	3	3	0	0	0	0	0	0	0	0	0	7	7	0	0	0	0	0	0	2	2
盐城工学院	20	4	0.5	0	31	31	0	0	0	0	0	0	0	0	0	0	0	3	3	0	0	0	0	0	0	0	0
南京医科大学	21	0	0	0	0	0	0	0	0	0	0	0	0	0	0	0	0	0	0	0	0	0	0	0	0	0	0
徐州医科大学	22	7	1.1	0.2	10	11	0	0	0	0	0	0	0	0	0	0	0	2	2	0	0	0	0	0	0	1	1

南京中医药大学	23	7	1.9	0	217	129.255	2	2	0	0	0	0	0	0	0	0	0	3	3	0	0	0	0	0	0	1	1
南京师范大学	24	103	26.9	3.5	6749.071	1878.356	6	3	0	3	0	0	0	0	1	0	0	71	67	3	1	1	0	1	0	50	6
江苏师范大学	25	18	8.4	0.1	1628.4	1704.4	0	0	0	0	0	0	0	0	0	0	0	16	16	0	0	0	0	0	0	6	6
淮阴师范学院	26	21	2.8	0	1136	906	1	1	0	0	0	0	0	0	0	0	0	10	10	0	0	0	0	0	0	4	4
盐城师范学院	27	27	5.2	0	1030.674	1197.467	2	2	0	0	0	0	0	0	0	0	0	3	3	0	0	0	0	0	0	6	1
南京财经大学	28	44	7	0.7	947.4	1113.668	2	2	0	0	0	0	0	0	1	0	0	13	11	0	2	0	0	0	0	0	0
江苏警官学院	29	61	10.5	0	166	105	0	0	0	0	0	0	0	0	3	0	0	26	26	0	0	0	0	0	0	0	0
南京体育学院	30	0	0	0	0	0	0	0	0	0	0	0	0	0	0	0	0	0	0	0	0	0	0	0	0	0	0
南京艺术学院	31	2	0.2	0	0	0	0	0	0	0	0	0	0	0	0	0	0	0	0	0	0	0	0	0	0	0	0
苏州科技大学	32	2	0.3	0	35.25	35.25	0	0	0	0	0	0	0	0	0	0	0	0	0	0	0	0	0	0	0	0	0
常熟理工学院	33	15	2.6	0	204.099	125.954	0	0	0	0	0	0	0	0	0	0	0	6	6	0	0	0	0	0	0	2	2
淮阴工学院	34	3	0.7	0	0	180	0	0	0	0	0	0	0	0	0	0	0	1	1	0	0	0	0	0	0	0	0
常州工学院	35	8	0.8	0	391.5	310.5	0	0	0	0	0	0	0	0	0	0	0	0	0	0	0	0	0	0	0	0	0
扬州大学	36	49	9.1	0	333	555.78	2	2	0	0	0	0	0	0	0	0	0	43	43	0	0	0	0	0	0	2	2
南京工程学院	37	2	0.4	0	8	9.2	0	0	0	0	0	0	0	0	0	0	0	2	2	0	0	0	0	0	0	0	0
南京审计大学	38	59	15.5	0.4	881.8	440.904	5	5	0	0	0	0	0	0	0	0	0	45	45	0	0	0	0	0	0	3	2
南京晓庄学院	39	2	0.2	0	0	11	4	4	0	0	0	0	0	0	0	0	0	2	2	0	0	0	0	0	0	0	0
江苏理工学院	40	4	0.4	0	0	107.1	0	0	0	0	0	0	0	0	0	0	0	0	0	0	0	0	0	0	0	0	0
江苏海洋大学	41	18	1.8	0	558	560	0	0	0	0	0	0	0	0	0	0	0	6	6	0	0	0	0	0	0	5	2
徐州工程学院	42	1	0.1	0	100	50	0	0	0	0	0	0	0	0	0	0	0	0	0	0	0	0	0	0	0	0	0
南京特殊教育师范学院	43	1	0.1	0	0	8	0	0	0	0	0	0	0	0	0	0	0	0	0	0	0	0	0	0	0	1	1
泰州学院	44	15	4	0	259	160.5	0	0	0	0	0	0	0	0	0	0	0	3	3	0	0	0	0	0	0	0	0
金陵科技学院	45	12	1.3	0	502.5	282.5	0	0	0	0	0	0	0	0	0	0	0	2	2	0	0	0	0	0	0	0	0
江苏第二师范学院	46	3	0.6	0	0	0	0	0	0	0	0	0	0	0	0	0	0	0	0	0	0	0	0	0	0	0	0
南京工业职业技术大学	47	3	0.9	0	0	0	0	0	0	0	0	0	0	0	0	0	0	7	7	0	0	0	0	0	0	0	0
无锡学院	48	0	0	0	0	0.2	0	0	0	0	0	0	0	0	0	0	0	0	0	0	0	0	0	0	0	0	0
苏州城市学院	49	4	0.6	0	9.9	18.848	2	0	0	2	0	0	0	0	0	0	0	1	1	0	0	0	0	0	0	0	0
宿迁学院	50	21	2.6	0	640	295.7	0	0	0	0	0	0	0	0	0	0	0	10	10	0	0	0	0	0	0	0	0

2.15 社会学人文、社会科学研究与课题成果情况表

高校名称	编号	总数：课题数(项)	总数：当年投入人数(人年)	总数：其中：研究生(人年)	总数：当年拨入经费(千元)	总数：当年支出经费(千元)	出版著作(部)：合计	出版著作(部)：专著	出版著作(部)：其中：被译成外文	出版著作(部)：编著教材	出版著作(部)：工具书参考书	出版著作(部)：皮书/发展报告	出版著作(部)：科普读物	古籍整理(部)	译著(部)	发表译文(篇)	电子出版物(件)	发表论文(篇)：合计	发表论文(篇)：国内学术刊物：内地(大陆)	发表论文(篇)：国内学术刊物：港、澳、台地区	发表论文(篇)：国外学术刊物	获奖成果数(项)：合计	获奖成果数(项)：国家级奖	获奖成果数(项)：部级奖	获奖成果数(项)：省级奖	研究与咨询报告(篇)：合计	研究与咨询报告(篇)：其中：被采纳数
		L01	L02	L03	L04	L05	L06	L07	L08	L09	L10	L11	L12	L13	L14	L15	L16	L17	L18	L19	L20	L21	L22	L23	L24	L25	L26
合　计	/	2017	432.3	39.6	56 620.898	58 560.982	38	28	1	7	0	2	1	0	11	0	0	633	549	0	84	1	0	0	1	253	178
南京大学	1	108	14	2.6	3665.112	6434.327	1	1	0	0	0	0	0	0	0	0	0	50	35	0	15	0	0	0	0	1	1
东南大学	2	83	14.9	0	1281.2	1082.152	2	2	0	0	0	0	0	0	1	0	0	13	7	0	6	0	0	0	0	10	7
江南大学	3	28	20.1	12.2	1110.9	1251.624	1	1	1	0	0	0	0	0	2	0	0	8	4	0	4	0	0	0	0	0	0
南京农业大学	4	48	7.6	1.3	545	430.567	3	2	0	1	0	0	0	0	1	0	0	16	13	0	3	0	0	0	0	5	5
中国矿业大学	5	29	3.7	0	205	94.72	1	1	0	0	0	0	0	0	0	0	0	2	2	0	0	0	0	0	0	5	3
河海大学	6	184	61.7	5.6	12 936.317	10 101.435	5	2	0	0	0	2	1	0	0	0	0	146	146	0	0	0	0	0	0	40	36
南京理工大学	7	55	6.3	0	378	616.86	3	3	0	0	0	0	0	0	0	0	0	19	15	0	4	1	0	0	1	0	0
南京航空航天大学	8	15	2.1	0	450	464	1	0	0	1	0	0	0	0	0	0	0	9	9	0	0	0	0	0	0	0	0
中国药科大学	9	0	0	0	0	0	0	0	0	0	0	0	0	0	0	0	0	0	0	0	0	0	0	0	0	0	0
南京森林警察学院	10	4	1.1	0	289	69.2	0	0	0	0	0	0	0	0	0	0	0	0	0	0	0	0	0	0	0	0	0
苏州大学	11	115	15.9	0.1	5602.866	9727.866	1	0	0	1	0	0	0	0	0	0	0	38	31	0	7	0	0	0	0	2	2
江苏科技大学	12	68	12.5	0.5	21	114.27	0	0	0	0	0	0	0	0	0	0	0	0	0	0	0	0	0	0	0	0	0
南京工业大学	13	65	9	2.1	230	225	0	0	0	0	0	0	0	0	1	0	0	13	12	0	1	0	0	0	0	18	18
常州大学	14	46	14.1	0	2103	1967.99	0	0	0	0	0	0	0	0	0	0	0	11	11	0	0	0	0	0	0	0	0
南京邮电大学	15	148	36.1	4.3	2796	3024.38	2	2	0	0	0	0	0	0	0	0	0	38	24	0	14	0	0	0	0	39	32
南京林业大学	16	24	2.5	0	131	115.25	2	2	0	0	0	0	0	0	0	0	0	14	14	0	0	0	0	0	0	0	0
江苏大学	17	0	0	0	0	0	0	0	0	0	0	0	0	0	0	0	0	3	0	0	3	0	0	0	0	0	0
南京信息工程大学	18	29	9.9	1.6	506	615.58	0	0	0	0	0	0	0	0	0	0	0	7	4	0	3	0	0	0	0	0	0
南通大学	19	87	8.9	0	464.5	551.5	0	0	0	0	0	0	0	0	1	0	0	16	10	0	6	0	0	0	0	2	2
盐城工学院	20	19	2	0	768	723.8	0	0	0	0	0	0	0	0	0	0	0	5	5	0	0	0	0	0	0	0	0
南京医科大学	21	2	0.2	0	0	0	0	0	0	0	0	0	0	0	0	0	0	0	0	0	0	0	0	0	0	0	0
徐州医科大学	22	12	2.2	0	140	28.6	0	0	0	0	0	0	0	0	0	0	0	13	11	0	2	0	0	0	0	3	3

南京中医药大学	23	26	7.9	0	127	141.455	1	1	0	0	0	0	0	0	0	0	0	28	26	0	2	0	0	0	0	0	0
南京师范大学	24	70	21.3	4.9	3275.285	1086.959	2	2	0	0	0	0	0	0	4	0	0	8	6	0	2	0	0	0	0	25	6
江苏师范大学	25	79	34.6	0.3	2504.62	2660.904	1	0	0	1	0	0	0	0	0	0	0	9	9	0	0	0	0	0	0	8	8
淮阴师范学院	26	26	2.9	0	1760.7	1261.7	0	0	0	0	0	0	0	0	0	0	0	1	1	0	0	0	0	0	0	2	0
盐城师范学院	27	32	6.2	0	1501.928	1451.466	0	0	0	0	0	0	0	0	0	0	0	16	16	0	0	0	0	0	0	33	10
南京财经大学	28	22	4.4	1	769	731.566	0	0	0	0	0	0	0	0	0	0	0	12	7	0	5	0	0	0	0	0	0
江苏警官学院	29	18	3	0	119.5	72.5	0	0	0	0	0	0	0	0	1	0	0	12	8	0	4	0	0	0	0	0	0
南京体育学院	30	0	0	0	0	0	0	0	0	0	0	0	0	0	0	0	0	1	1	0	0	0	0	0	0	0	0
南京艺术学院	31	0	0	0	0	3.83	0	0	0	0	0	0	0	0	0	0	0	0	0	0	0	0	0	0	0	0	0
苏州科技大学	32	41	7.4	0.8	1539	1590	2	2	0	0	0	0	0	0	0	0	0	14	13	0	1	0	0	0	0	3	2
常熟理工学院	33	10	1.3	0	16	85.327	3	0	0	3	0	0	0	0	0	0	0	5	4	0	1	0	0	0	0	2	2
淮阴工学院	34	42	8.9	0	2678.8	3308.8	3	3	0	0	0	0	0	0	0	0	0	20	20	0	0	0	0	0	0	3	3
常州工学院	35	18	1.9	0	437.99	285.99	0	0	0	0	0	0	0	0	0	0	0	3	3	0	0	0	0	0	0	7	2
扬州大学	36	102	15.4	0.2	767	1087.58	0	0	0	0	0	0	0	0	0	0	0	22	21	0	1	0	0	0	0	34	31
南京工程学院	37	63	12	0	3324.68	3013.65	2	2	0	0	0	0	0	0	0	0	0	32	32	0	0	0	0	0	0	4	2
南京审计大学	38	35	18.5	2.1	1675	424.326	0	0	0	0	0	0	0	0	0	0	0	0	0	0	0	0	0	0	0	0	0
南京晓庄学院	39	20	2.1	0	97	206	0	0	0	0	0	0	0	0	0	0	0	2	2	0	0	0	0	0	0	0	0
江苏理工学院	40	29	4.5	0	175	219.153	0	0	0	0	0	0	0	0	0	0	0	2	2	0	0	0	0	0	0	0	0
江苏海洋大学	41	7	0.7	0	10	61.5	0	0	0	0	0	0	0	0	0	0	0	7	7	0	0	0	0	0	0	6	2
徐州工程学院	42	118	17.4	0	1519	2273	0	0	0	0	0	0	0	0	0	0	0	4	4	0	0	0	0	0	0	1	1
南京特殊教育师范学院	43	31	5.2	0	255	474	0	0	0	0	0	0	0	0	0	0	0	5	5	0	0	0	0	0	0	0	0
泰州学院	44	3	1	0	0	0	0	0	0	0	0	0	0	0	0	0	0	0	0	0	0	0	0	0	0	0	0
金陵科技学院	45	2	0.2	0	20	40	1	1	0	0	0	0	0	0	0	0	0	0	0	0	0	0	0	0	0	0	0
江苏第二师范学院	46	2	0.7	0	20	139.11	0	0	0	0	0	0	0	0	0	0	0	0	0	0	0	0	0	0	0	0	0
南京工业职业技术大学	47	21	6.6	0	175.5	210.42	0	0	0	0	0	0	0	0	0	0	0	1	1	0	0	0	0	0	0	0	0
无锡学院	48	1	0.3	0	0	0	0	0	0	0	0	0	0	0	0	0	0	5	5	0	0	0	0	0	0	0	0
苏州城市学院	49	3	0.4	0	0	0.625	0	0	0	0	0	0	0	0	0	0	0	0	0	0	0	0	0	0	0	0	0
宿迁学院	50	27	2.7	0	230	92	1	1	0	0	0	0	0	0	0	0	0	3	3	0	0	0	0	0	0	0	0

2.16 民族学与文化学人文、社会科学研究与课题成果情况表

高校名称		总数					出版著作(部)							古籍整理(部)	译著(部)	发表译文(篇)	电子出版物(件)	发表论文(篇)				获奖成果数(项)				研究与咨询报告(篇)	
		课题数(项)	当年投入人数(人年)	其中：研究生(人年)	当年拨入经费(千元)	当年支出经费(千元)	合计	专著	其中：被译成外文	编著教材	工具书参考书	皮书/发展报告	科普读物					合计	国内学术刊物 内地(大陆)	国内学术刊物 港澳、台地区	国外学术刊物	合计	国家级奖	部级奖	省级奖	合计	其中：被采纳数
	编号	L01	L02	L03	L04	L05	L06	L07	L08	L09	L10	L11	L12	L13	L14	L15	L16	L17	L18	L19	L20	L21	L22	L23	L24	L25	L26
合　计	/	194	33.8	1	4296.165	3845.557	6	5	0	1	0	0	0	0	2	4	0	52	48	0	4	0	0	0	0	27	19
南京大学	1	3	0.4	0.1	0	0	0	0	0	0	0	0	0	0	0	0	0	0	0	0	0	0	0	0	0	0	0
东南大学	2	6	0.9	0	302.5	302.976	0	0	0	0	0	0	0	0	1	4	0	2	1	0	1	0	0	0	0	2	2
江南大学	3	0	0	0	0	0	0	0	0	0	0	0	0	0	0	0	0	0	0	0	0	0	0	0	0	0	0
南京农业大学	4	5	0.5	0	0	0	0	0	0	0	0	0	0	0	0	0	0	1	0	0	1	0	0	0	0	0	0
中国矿业大学	5	1	0.1	0	0	0	0	0	0	0	0	0	0	0	0	0	0	0	0	0	0	0	0	0	0	0	0
河海大学	6	9	2.3	0.4	776.185	787.487	0	0	0	0	0	0	0	0	1	0	0	15	15	0	0	0	0	0	0	0	0
南京理工大学	7	1	0.1	0	100	98	0	0	0	0	0	0	0	0	0	0	0	0	0	0	0	0	0	0	0	0	0
南京航空航天大学	8	2	0.3	0	0	0	0	0	0	0	0	0	0	0	0	0	0	0	0	0	0	0	0	0	0	0	0
中国药科大学	9	0	0	0	0	0	0	0	0	0	0	0	0	0	0	0	0	0	0	0	0	0	0	0	0	0	0
南京森林警察学院	10	0	0	0	0	0	0	0	0	0	0	0	0	0	0	0	0	0	0	0	0	0	0	0	0	0	0
苏州大学	11	2	0.6	0	200	89	0	0	0	0	0	0	0	0	0	0	0	0	0	0	0	0	0	0	0	0	0
江苏科技大学	12	11	2.7	0.4	0	41.13	0	0	0	0	0	0	0	0	0	0	0	1	0	0	1	0	0	0	0	0	0
南京工业大学	13	10	0.8	0	0	0	0	0	0	0	0	0	0	0	0	0	0	9	8	0	1	0	0	0	0	1	1
常州大学	14	10	2.3	0	406.48	417.57	1	1	0	0	0	0	0	0	0	0	0	0	0	0	0	0	0	0	0	0	0
南京邮电大学	15	0	0	0	0	0	0	0	0	0	0	0	0	0	0	0	0	0	0	0	0	0	0	0	0	0	0
南京林业大学	16	8	0.8	0	0	0	0	0	0	0	0	0	0	0	0	0	0	2	2	0	0	0	0	0	0	0	0
江苏大学	17	0	0	0	0	0	1	0	0	1	0	0	0	0	0	0	0	0	0	0	0	0	0	0	0	0	0
南京信息工程大学	18	0	0	0	0	0	0	0	0	0	0	0	0	0	0	0	0	0	0	0	0	0	0	0	0	0	0
南通大学	19	10	1.1	0	59	86	2	2	0	0	0	0	0	0	0	0	0	0	0	0	0	0	0	0	0	0	0
盐城工学院	20	5	0.5	0	43	32.3	0	0	0	0	0	0	0	0	0	0	0	0	0	0	0	0	0	0	0	0	0
南京医科大学	21	0	0	0	0	0	0	0	0	0	0	0	0	0	0	0	0	0	0	0	0	0	0	0	0	0	0
徐州医科大学	22	4	0.9	0	3	3	0	0	0	0	0	0	0	0	0	0	0	0	0	0	0	0	0	0	0	3	3

南京中医药大学	23	3	1	0	0	168.82	0	0	0	0	0	0	0	0	0	0	0	1	1	0	0	0	0	0	0	0	0
南京师范大学	24	1	0.2	0	20	2.5	0	0	0	0	0	0	0	0	0	0	0	0	0	0	0	0	0	0	0	0	0
江苏师范大学	25	3	1.4	0	0	21.5	0	0	0	0	0	0	0	0	0	0	0	1	1	0	0	0	0	0	0	1	1
淮阴师范学院	26	0	0	0	0	0	0	0	0	0	0	0	0	0	0	0	0	0	0	0	0	0	0	0	0	0	0
盐城师范学院	27	2	0.3	0	200	99.466	0	0	0	0	0	0	0	0	0	0	0	0	0	0	0	0	0	0	0	3	0
南京财经大学	28	2	0.2	0	96	65.656	0	0	0	0	0	0	0	0	0	0	0	0	0	0	0	0	0	0	0	0	0
江苏警官学院	29	2	0.5	0	0	0	0	0	0	0	0	0	0	0	0	0	0	0	0	0	0	0	0	0	0	0	0
南京体育学院	30	0	0	0	0	0	0	0	0	0	0	0	0	0	0	0	0	0	0	0	0	0	0	0	0	0	0
南京艺术学院	31	1	0.4	0	0	20.796	0	0	0	0	0	0	0	0	0	0	0	2	2	0	0	0	0	0	0	0	0
苏州科技大学	32	7	1.1	0	0	0	1	1	0	0	0	0	0	0	0	0	0	2	2	0	0	0	0	0	0	1	1
常熟理工学院	33	5	1.1	0	46	7.477	0	0	0	0	0	0	0	0	0	0	0	1	1	0	0	0	0	0	0	0	0
淮阴工学院	34	1	0.1	0	0	0	0	0	0	0	0	0	0	0	0	0	0	0	0	0	0	0	0	0	0	0	0
常州工学院	35	5	0.7	0	0	159.45	0	0	0	0	0	0	0	0	0	0	0	0	0	0	0	0	0	0	0	0	0
扬州大学	36	25	3.6	0.1	469	424.68	1	1	0	0	0	0	0	0	0	0	0	5	5	0	0	0	0	0	0	4	4
南京工程学院	37	1	0.2	0	12	12	0	0	0	0	0	0	0	0	0	0	0	1	1	0	0	0	0	0	0	0	0
南京审计大学	38	2	0.2	0	0	0	0	0	0	0	0	0	0	0	0	0	0	0	0	0	0	0	0	0	0	0	0
南京晓庄学院	39	0	0	0	0	0	0	0	0	0	0	0	0	0	0	0	0	0	0	0	0	0	0	0	0	0	0
江苏理工学院	40	4	0.4	0	22.5	32.999	0	0	0	0	0	0	0	0	0	0	0	0	0	0	0	0	0	0	0	12	7
江苏海洋大学	41	0	0	0	0	0	0	0	0	0	0	0	0	0	0	0	0	0	0	0	0	0	0	0	0	0	0
徐州工程学院	42	39	7.2	0	877.5	438.75	0	0	0	0	0	0	0	0	0	0	0	5	5	0	0	0	0	0	0	0	0
南京特殊教育师范学院	43	1	0.1	0	0	0	0	0	0	0	0	0	0	0	0	0	0	3	3	0	0	0	0	0	0	0	0
泰州学院	44	0	0	0	0	4	0	0	0	0	0	0	0	0	0	0	0	0	0	0	0	0	0	0	0	0	0
金陵科技学院	45	3	0.8	0	663	530	0	0	0	0	0	0	0	0	0	0	0	1	1	0	0	0	0	0	0	0	0
江苏第二师范学院	46	0	0	0	0	0	0	0	0	0	0	0	0	0	0	0	0	0	0	0	0	0	0	0	0	0	0
南京工业职业技术大学	47	0	0	0	0	0	0	0	0	0	0	0	0	0	0	0	0	0	0	0	0	0	0	0	0	0	0
无锡学院	48	0	0	0	0	0	0	0	0	0	0	0	0	0	0	0	0	0	0	0	0	0	0	0	0	0	0
苏州城市学院	49	0	0	0	0	0	0	0	0	0	0	0	0	0	0	0	0	0	0	0	0	0	0	0	0	0	0
宿迁学院	50	0	0	0	0	0	0	0	0	0	0	0	0	0	0	0	0	0	0	0	0	0	0	0	0	0	0

2.17 新闻学与传播学人文、社会科学研究与课题成果情况表

高校名称		总数					出版著作(部)							古籍整理(部)	译著(部)	发表译文(篇)	电子出版物(件)	发表论文(篇)				获奖成果数(项)				研究与咨询报告(篇)	
		课题数(项)	当年投入人数(人年)	其中:研究生(人年)	当年拨入经费(千元)	当年支出经费(千元)	合计	专著	其中:被译成外文	编著教材	工具书参考书	皮书/发展报告	科普读物					合计	国内学术刊物 内地(大陆)	国内学术刊物 港澳、台地区	国外学术刊物	合计	国家级奖	部级奖	省级奖	合计	其中:被采纳数
	编号	L01	L02	L03	L04	L05	L06	L07	L08	L09	L10	L11	L12	L13	L14	L15	L16	L17	L18	L19	L20	L21	L22	L23	L24	L25	L26
合　计	/	619	112.7	9.2	17 487.757	19 016.266	22	16	1	6	0	0	0	0	2	0	0	456	410	0	46	0	0	0	0	73	43
南京大学	1	75	12	2.8	2426.8	4455.178	2	2	0	0	0	0	0	0	1	0	0	130	117	0	13	0	0	0	0	0	0
东南大学	2	3	0.5	0	0	0	0	0	0	0	0	0	0	0	0	0	0	0	0	0	0	0	0	0	0	1	1
江南大学	3	2	1.5	0.8	0	0	0	0	0	0	0	0	0	0	0	0	0	0	0	0	0	0	0	0	0	0	0
南京农业大学	4	0	0	0	0	0	0	0	0	0	0	0	0	0	0	0	0	0	0	0	0	0	0	0	0	0	0
中国矿业大学	5	9	0.9	0	128	25.173	0	0	0	0	0	0	0	0	0	0	0	0	0	0	0	0	0	0	0	0	0
河海大学	6	16	5.1	0.7	70	61.2	1	0	0	1	0	0	0	0	0	0	0	12	12	0	0	0	0	0	0	5	3
南京理工大学	7	5	0.5	0	0	0	0	0	0	0	0	0	0	0	0	0	0	0	0	0	0	0	0	0	0	0	0
南京航空航天大学	8	13	1.8	0	350	364	0	0	0	0	0	0	0	0	0	0	0	0	0	0	0	0	0	0	0	0	0
中国药科大学	9	0	0	0	0	0	0	0	0	0	0	0	0	0	0	0	0	0	0	0	0	0	0	0	0	0	0
南京森林警察学院	10	4	1	0	0	0	0	0	0	0	0	0	0	0	0	0	0	2	2	0	0	0	0	0	0	0	0
苏州大学	11	87	11.4	0.1	1972	5345	9	6	1	3	0	0	0	0	0	0	0	91	70	0	21	0	0	0	0	18	18
江苏科技大学	12	3	1.4	0	0	0	0	0	0	0	0	0	0	0	0	0	0	0	0	0	0	0	0	0	0	0	0
南京工业大学	13	4	0.5	0.1	5	5	0	0	0	0	0	0	0	0	0	0	0	6	6	0	0	0	0	0	0	0	0
常州大学	14	6	2.1	0	170	91.5	0	0	0	0	0	0	0	0	0	0	0	2	2	0	0	0	0	0	0	0	0
南京邮电大学	15	24	7.7	0.4	30	204	0	0	0	0	0	0	0	0	0	0	0	9	9	0	0	0	0	0	0	0	0
南京林业大学	16	27	3	0	142	120.7	2	2	0	0	0	0	0	0	0	0	0	5	5	0	0	0	0	0	0	0	0
江苏大学	17	4	0.8	0	0	0	0	0	0	0	0	0	0	0	0	0	0	0	0	0	0	0	0	0	0	0	0
南京信息工程大学	18	9	3.2	0.8	60	163.53	0	0	0	0	0	0	0	0	0	0	0	1	1	0	0	0	0	0	0	0	0
南通大学	19	9	1	0	4	4	2	2	0	0	0	0	0	0	0	0	0	9	6	0	3	0	0	0	0	13	13
盐城工学院	20	0	0	0	0	0	0	0	0	0	0	0	0	0	0	0	0	0	0	0	0	0	0	0	0	0	0
南京医科大学	21	0	0	0	0	0	0	0	0	0	0	0	0	0	0	0	0	0	0	0	0	0	0	0	0	0	0
徐州医科大学	22	7	1.2	0	1	13	0	0	0	0	0	0	0	0	0	0	0	2	2	0	0	0	0	0	0	2	2

南京中医药大学	23	2	0.6	0	0	3.3	0	0	0	0	0	0	0	0	0	0	0	0	0	0	0	0	0	0	0	0	0
南京师范大学	24	69	20.8	2.5	4215.576	1662.674	2	1	0	1	0	0	0	0	0	0	0	36	31	0	5	0	0	0	0	18	1
江苏师范大学	25	11	3	0.1	846.2	861.7	0	0	0	0	0	0	0	0	0	0	0	31	31	0	0	0	0	0	0	2	2
淮阴师范学院	26	24	3.1	0	969	498	0	0	0	0	0	0	0	0	0	0	0	12	12	0	0	0	0	0	0	0	0
盐城师范学院	27	16	2.4	0	2193.043	1592.056	0	0	0	0	0	0	0	0	1	0	0	4	4	0	0	0	0	0	0	3	1
南京财经大学	28	28	4.3	0.4	416.801	451.669	1	1	0	0	0	0	0	0	0	0	0	13	13	0	0	0	0	0	0	0	0
江苏警官学院	29	2	0.5	0	0	0	0	0	0	0	0	0	0	0	0	0	0	0	0	0	0	0	0	0	0	0	0
南京体育学院	30	3	0.3	0	0	0	0	0	0	0	0	0	0	0	0	0	0	3	3	0	0	0	0	0	0	0	0
南京艺术学院	31	1	0.3	0	0	0	0	0	0	0	0	0	0	0	0	0	0	2	2	0	0	0	0	0	0	0	0
苏州科技大学	32	3	0.8	0.3	40	40	1	1	0	0	0	0	0	0	0	0	0	11	11	0	0	0	0	0	0	2	2
常熟理工学院	33	1	0.1	0	0	0	0	0	0	0	0	0	0	0	0	0	0	2	2	0	0	0	0	0	0	0	0
淮阴工学院	34	1	0.2	0	0	0	0	0	0	0	0	0	0	0	0	0	0	0	0	0	0	0	0	0	0	0	0
常州工学院	35	33	3.5	0	1070	752.73	1	1	0	0	0	0	0	0	0	0	0	13	13	0	0	0	0	0	0	7	0
扬州大学	36	39	6.4	0.2	854.417	752.537	0	0	0	0	0	0	0	0	0	0	0	21	17	0	4	0	0	0	0	0	0
南京工程学院	37	0	0	0	0	0	0	0	0	0	0	0	0	0	0	0	0	0	0	0	0	0	0	0	0	0	0
南京审计大学	38	1	0.1	0	0	0	0	0	0	0	0	0	0	0	0	0	0	1	1	0	0	0	0	0	0	0	0
南京晓庄学院	39	24	2.8	0	634	860	0	0	0	0	0	0	0	0	0	0	0	17	17	0	0	0	0	0	0	0	0
江苏理工学院	40	7	1	0	0	137.9	0	0	0	0	0	0	0	0	0	0	0	0	0	0	0	0	0	0	0	0	0
江苏海洋大学	41	6	0.6	0	140	185	0	0	0	0	0	0	0	0	0	0	0	6	6	0	0	0	0	0	0	2	0
徐州工程学院	42	1	0.1	0	78	39	0	0	0	0	0	0	0	0	0	0	0	2	2	0	0	0	0	0	0	0	0
南京特殊教育师范学院	43	10	1.3	0	444	217	0	0	0	0	0	0	0	0	0	0	0	0	0	0	0	0	0	0	0	0	0
泰州学院	44	2	0.6	0	0	0	0	0	0	0	0	0	0	0	0	0	0	2	2	0	0	0	0	0	0	0	0
金陵科技学院	45	5	0.5	0	0	19	0	0	0	0	0	0	0	0	0	0	0	3	3	0	0	0	0	0	0	0	0
江苏第二师范学院	46	1	0.3	0	0	1.158	0	0	0	0	0	0	0	0	0	0	0	1	1	0	0	0	0	0	0	0	0
南京工业职业技术大学	47	4	0.9	0	40	0	0	0	0	0	0	0	0	0	0	0	0	0	0	0	0	0	0	0	0	0	0
无锡学院	48	2	0.7	0	0	0	0	0	0	0	0	0	0	0	0	0	0	1	1	0	0	0	0	0	0	0	0
苏州城市学院	49	5	0.6	0	7.92	5.261	1	0	0	1	0	0	0	0	0	0	0	2	2	0	0	0	0	0	0	0	0
宿迁学院	50	11	1.3	0	180	85	0	0	0	0	0	0	0	0	0	0	0	4	4	0	0	0	0	0	0	0	0

2.18 图书馆、情报与文献学人文、社会科学研究与课题成果情况表

高校名称	编号	总数：课题数(项)	总数：当年投入人数(人年)	总数：其中：研究生(人年)	总数：当年拨入经费(千元)	总数：当年支出经费(千元)	出版著作(部)：合计	出版著作(部)：专著	出版著作(部)：其中：被译成外文	出版著作(部)：编著教材	出版著作(部)：工具书参考书	出版著作(部)：皮书/发展报告	出版著作(部)：科普读物	古籍整理(部)	译著(部)	发表译文(篇)	电子出版物(件)	发表论文(篇)：合计	发表论文(篇)：国内学术刊物：内地(大陆)	发表论文(篇)：国内学术刊物：港澳、台地区	发表论文(篇)：国外学术刊物	获奖成果数(项)：合计	获奖成果数(项)：国家级奖	获奖成果数(项)：部级奖	获奖成果数(项)：省级奖	研究与咨询报告(篇)：合计	研究与咨询报告(篇)：其中：被采纳数
		L01	L02	L03	L04	L05	L06	L07	L08	L09	L10	L11	L12	L13	L14	L15	L16	L17	L18	L19	L20	L21	L22	L23	L24	L25	L26
合　计	/	708	139.5	22.2	21 468.748	24 348.706	14	7	0	3	3	1	0	1	0	0	0	523	474	2	47	0	0	0	0	75	61
南京大学	1	155	23.6	8.4	8266.2	13 751.679	3	1	0	1	1	0	0	0	0	0	0	127	100	0	27	0	0	0	0	0	0
东南大学	2	14	2.8	0	10	14.264	0	0	0	0	0	0	0	0	0	0	0	8	7	0	1	0	0	0	0	0	0
江南大学	3	7	6.9	3.6	0	0	0	0	0	0	0	0	0	0	0	0	0	5	4	0	1	0	0	0	0	0	0
南京农业大学	4	68	12.1	3.1	1878	1050.733	2	0	0	0	2	0	0	0	0	0	0	43	36	0	7	0	0	0	0	0	0
中国矿业大学	5	12	1.7	0	260	83.672	0	0	0	0	0	0	0	0	0	0	0	3	3	0	0	0	0	0	0	0	0
河海大学	6	59	17.1	1.6	2113.098	1567.198	1	0	0	0	0	1	0	0	0	0	0	57	57	0	0	0	0	0	0	22	15
南京理工大学	7	33	3.3	0	450.9	478.81	0	0	0	0	0	0	0	0	0	0	0	7	7	0	0	0	0	0	0	0	0
南京航空航天大学	8	7	1.8	0	0	0	0	0	0	0	0	0	0	0	0	0	0	7	7	0	0	0	0	0	0	38	38
中国药科大学	9	1	0.1	0	0	0	0	0	0	0	0	0	0	0	0	0	0	14	14	0	0	0	0	0	0	0	0
南京森林警察学院	10	4	1.2	0	0	45.355	0	0	0	0	0	0	0	0	0	0	0	0	0	0	0	0	0	0	0	0	0
苏州大学	11	13	2.4	0.1	360	360	0	0	0	0	0	0	0	0	0	0	0	0	0	0	0	0	0	0	0	0	0
江苏科技大学	12	1	0.1	0	0	0.8	0	0	0	0	0	0	0	0	0	0	0	6	6	0	0	0	0	0	0	0	0
南京工业大学	13	20	2.1	0.3	170	160	0	0	0	0	0	0	0	0	0	0	0	25	24	0	1	0	0	0	0	0	0
常州大学	14	3	1.2	0	1	41	1	1	0	0	0	0	0	0	0	0	0	3	3	0	0	0	0	0	0	0	0
南京邮电大学	15	22	8.9	1.8	1065	899	0	0	0	0	0	0	0	0	0	0	0	19	16	0	3	0	0	0	0	0	0
南京林业大学	16	11	1.1	0	30	25.5	0	0	0	0	0	0	0	0	0	0	0	6	6	0	0	0	0	0	0	0	0
江苏大学	17	31	5.1	0.2	488	488	1	0	0	1	0	0	0	0	0	0	0	15	12	0	3	0	0	0	0	3	2
南京信息工程大学	18	19	6.9	1.6	472	394.63	0	0	0	0	0	0	0	0	0	0	0	12	11	0	1	0	0	0	0	0	0
南通大学	19	24	3	0	387	528.5	0	0	0	0	0	0	0	0	0	0	0	9	9	0	0	0	0	0	0	0	0
盐城工学院	20	7	0.8	0	13	13	0	0	0	0	0	0	0	0	0	0	0	12	12	0	0	0	0	0	0	0	0
南京医科大学	21	5	0.6	0	0	0	0	0	0	0	0	0	0	0	0	0	0	0	0	0	0	0	0	0	0	0	0
徐州医科大学	22	9	1.6	0	43	31	0	0	0	0	0	0	0	0	0	0	0	17	17	0	0	0	0	0	0	0	0

南京中医药大学	23	15	4.2	0	0	48.565	0	0	0	0	0	0	0	0	0	0	0	14	14	0	0	0	0	0	0	0	0
南京师范大学	24	8	2.8	1.2	543.5	193.1	2	2	0	0	0	0	0	0	0	0	0	9	6	2	1	0	0	0	0	2	1
江苏师范大学	25	7	2.7	0	30	42	0	0	0	0	0	0	0	0	0	0	0	5	5	0	0	0	0	0	0	2	2
淮阴师范学院	26	7	1.9	0	200	202.1	0	0	0	0	0	0	0	0	0	0	0	10	10	0	0	0	0	0	0	0	0
盐城师范学院	27	10	2.2	0	1960	1014.472	0	0	0	0	0	0	0	0	0	0	0	10	10	0	0	0	0	0	0	1	0
南京财经大学	28	5	0.7	0	125.8	87.118	0	0	0	0	0	0	0	0	0	0	0	1	0	0	1	0	0	0	0	0	0
江苏警官学院	29	7	1.4	0	5	5	0	0	0	0	0	0	0	0	0	0	0	4	4	0	0	0	0	0	0	0	0
南京体育学院	30	3	0.3	0	0	0	0	0	0	0	0	0	0	0	0	0	0	0	0	0	0	0	0	0	0	0	0
南京艺术学院	31	2	0.6	0	0	1.65	0	0	0	0	0	0	0	0	0	0	0	0	0	0	0	0	0	0	0	0	0
苏州科技大学	32	0	0	0	0	0	0	0	0	0	0	0	0	0	0	0	0	5	5	0	0	0	0	0	0	0	0
常熟理工学院	33	5	0.9	0	0	5.015	0	0	0	0	0	0	0	0	0	0	0	6	6	0	0	0	0	0	0	0	0
淮阴工学院	34	6	1.2	0	9	9	0	0	0	0	0	0	0	0	0	0	0	4	4	0	0	0	0	0	0	0	0
常州工学院	35	6	0.6	0	7	6	0	0	0	0	0	0	0	1	0	0	0	5	5	0	0	0	0	0	0	4	0
扬州大学	36	25	4.9	0.3	640	828.256	3	2	0	1	0	0	0	0	0	0	0	12	12	0	0	0	0	0	0	0	0
南京工程学院	37	0	0	0	0	0	0	0	0	0	0	0	0	0	0	0	0	0	0	0	0	0	0	0	0	0	0
南京审计大学	38	1	0.1	0	0	0.186	0	0	0	0	0	0	0	0	0	0	0	8	8	0	0	0	0	0	0	0	0
南京晓庄学院	39	11	1.3	0	192	131	0	0	0	0	0	0	0	0	0	0	0	13	13	0	0	0	0	0	0	0	0
江苏理工学院	40	7	1.4	0	0	50.823	0	0	0	0	0	0	0	0	0	0	0	0	0	0	0	0	0	0	0	0	0
江苏海洋大学	41	3	0.3	0	3	4	0	0	0	0	0	0	0	0	0	0	0	4	4	0	0	0	0	0	0	1	1
徐州工程学院	42	5	0.5	0	1050	725	1	1	0	0	0	0	0	0	0	0	0	0	0	0	0	0	0	0	0	0	0
南京特殊教育师范学院	43	3	0.4	0	0	35	0	0	0	0	0	0	0	0	0	0	0	4	3	0	1	0	0	0	0	0	0
泰州学院	44	1	0.5	0	0	0	0	0	0	0	0	0	0	0	0	0	0	1	1	0	0	0	0	0	0	0	0
金陵科技学院	45	31	3.8	0	694.75	1020.65	0	0	0	0	0	0	0	0	0	0	0	1	1	0	0	0	0	0	0	0	0
江苏第二师范学院	46	1	0.1	0	0	0	0	0	0	0	0	0	0	0	0	0	0	0	0	0	0	0	0	0	0	0	0
南京工业职业技术大学	47	4	0.9	0	0	3.63	0	0	0	0	0	0	0	0	0	0	0	4	4	0	0	0	0	0	0	0	0
无锡学院	48	0	0	0	0	0	0	0	0	0	0	0	0	0	0	0	0	0	0	0	0	0	0	0	0	0	0
苏州城市学院	49	4	0.8	0	0	1.5	0	0	0	0	0	0	0	0	0	0	0	7	7	0	0	0	0	0	0	2	2
宿迁学院	50	6	0.6	0	1.5	1.5	0	0	0	0	0	0	0	0	0	0	0	1	1	0	0	0	0	0	0	0	0

2.19 教育学人文、社会科学研究与课题成果情况表

高校名称	编号	总数：课题数(项)	总数：当年投入人数(人年)	总数：其中：研究生(人年)	总数：当年拨入经费(千元)	总数：当年支出经费(千元)	出版著作(部)：合计	出版著作(部)：专著	出版著作(部)：其中：被译成外文	出版著作(部)：编著教材	出版著作(部)：工具书参考书	出版著作(部)：皮书/发展报告	出版著作(部)：科普读物	古籍整理(部)	译著(部)	发表译文(篇)	电子出版物(件)	发表论文(篇)：合计	发表论文(篇)：国内学术刊物：内地(大陆)	发表论文(篇)：国内学术刊物：港澳、台地区	发表论文(篇)：国外学术刊物	获奖成果数(项)：合计	获奖成果数(项)：国家级奖	获奖成果数(项)：部级奖	获奖成果数(项)：省级奖	研究与咨询报告(篇)：合计	研究与咨询报告(篇)：其中：被采纳数
		L01	L02	L03	L04	L05	L06	L07	L08	L09	L10	L11	L12	L13	L14	L15	L16	L17	L18	L19	L20	L21	L22	L23	L24	L25	L26
合　计	/	4859	1017.3	107.7	94 092.524	87 740.908	148	102	0	40	2	2	2	0	9	0	1	2241	2088	0	153	1	0	1	0	292	168
南京大学	1	37	5.9	1.5	2400	3232.2	5	2	0	3	0	0	0	0	0	0	0	80	66	0	14	0	0	0	0	0	0
东南大学	2	50	8.7	0	614.5	594.638	0	0	0	0	0	0	0	0	0	0	0	3	3	0	0	0	0	0	0	3	3
江南大学	3	136	104.5	64	4534.6	4512.047	9	7	0	2	0	0	0	0	2	0	0	92	87	0	5	1	0	1	0	0	0
南京农业大学	4	77	9.6	0.6	180	281.976	0	0	0	0	0	0	0	0	0	0	0	38	34	0	4	0	0	0	0	2	2
中国矿业大学	5	89	14.1	4.6	522.312	117.465	0	0	0	0	0	0	0	0	0	0	0	25	24	0	1	0	0	0	0	0	0
河海大学	6	81	30.8	1.3	698	554.6	7	1	0	2	0	2	2	0	0	0	1	45	45	0	0	0	0	0	0	36	32
南京理工大学	7	20	2.4	0	28	27.6	0	0	0	0	0	0	0	0	0	0	0	5	5	0	0	0	0	0	0	1	1
南京航空航天大学	8	30	5.9	0	64	64	0	0	0	0	0	0	0	0	0	0	0	7	7	0	0	0	0	0	0	0	0
中国药科大学	9	1	0.1	0	0	0	0	0	0	0	0	0	0	0	0	0	0	3	3	0	0	0	0	0	0	0	0
南京森林警察学院	10	41	12.6	0	364	511.279	1	0	0	1	0	0	0	0	0	0	0	16	16	0	0	0	0	0	0	0	0
苏州大学	11	134	18.6	0.2	3234.67	3887.571	9	5	0	4	0	0	0	0	0	0	0	112	74	0	38	0	0	0	0	6	6
江苏科技大学	12	90	22	0.9	216.5	243.97	0	0	0	0	0	0	0	0	0	0	0	36	35	0	1	0	0	0	0	0	0
南京工业大学	13	202	23	4.3	118	118	1	1	0	0	0	0	0	0	0	0	0	28	24	0	4	0	0	0	0	3	3
常州大学	14	64	16	0	10	357.7	0	0	0	0	0	0	0	0	0	0	0	34	33	0	1	0	0	0	0	0	0
南京邮电大学	15	123	32.4	1.4	774	981.2	2	1	0	1	0	0	0	0	0	0	0	35	34	0	1	0	0	0	0	2	1
南京林业大学	16	32	3.2	0	26	22.1	1	1	0	0	0	0	0	0	0	0	0	5	5	0	0	0	0	0	0	0	0
江苏大学	17	53	9.8	0	1432.9	1634.53	8	7	0	1	0	0	0	0	0	0	0	24	19	0	5	0	0	0	0	2	2
南京信息工程大学	18	129	49.5	16.8	1005.4	963.5	1	1	0	0	0	0	0	0	0	0	0	38	36	0	2	0	0	0	0	8	6
南通大学	19	128	15.2	0	1622.8	1650.3	6	4	0	2	0	0	0	0	0	0	0	74	70	0	4	0	0	0	0	2	2
盐城工学院	20	35	3.6	0	759	684.26	0	0	0	0	0	0	0	0	0	0	0	20	18	0	2	0	0	0	0	0	0
南京医科大学	21	9	1	0	0	0	4	4	0	0	0	0	0	0	0	0	0	4	4	0	0	0	0	0	0	0	0
徐州医科大学	22	55	9	0	94	73.6	0	0	0	0	0	0	0	0	0	0	0	8	7	0	1	0	0	0	0	12	12

南京中医药大学	23	61	19	0	40	209.461	0	0	0	0	0	0	0	0	0	0	0	31	31	0	0	0	0	0	0	0	0
南京师范大学	24	226	52.7	11.1	9702.454	4667.792	15	8	0	7	0	0	0	0	4	0	0	87	80	0	7	0	0	0	0	73	9
江苏师范大学	25	146	81.3	0.1	9072.88	9225.48	9	5	0	4	0	0	0	0	0	0	0	217	202	0	15	0	0	0	0	1	1
淮阴师范学院	26	87	10.7	0	5979.9	4321.9	2	2	0	0	0	0	0	0	0	0	0	51	45	0	6	0	0	0	0	2	0
盐城师范学院	27	164	30.8	0	9406.802	8763.69	13	13	0	0	0	0	0	0	0	0	0	93	90	0	3	0	0	0	0	14	3
南京财经大学	28	58	7	0.2	190	148.817	1	1	0	0	0	0	0	0	0	0	0	23	19	0	4	0	0	0	0	0	0
江苏警官学院	29	37	5.5	0	40	37	0	0	0	0	0	0	0	0	0	0	0	13	13	0	0	0	0	0	0	0	0
南京体育学院	30	50	5.1	0	170	22.86	0	0	0	0	0	0	0	0	0	0	0	11	11	0	0	0	0	0	0	0	0
南京艺术学院	31	16	3.6	0.1	0	9.819	0	0	0	0	0	0	0	0	0	0	0	1	1	0	0	0	0	0	0	0	0
苏州科技大学	32	101	17.3	0.2	558.8	604.8	0	0	0	0	0	0	0	0	0	0	0	46	43	0	3	0	0	0	0	0	0
常熟理工学院	33	196	36.3	0	2822.833	2687.039	5	1	0	4	0	0	0	1	0	0	0	63	57	0	6	0	0	0	0	21	21
淮阴工学院	34	66	11.9	0	116	116	3	3	0	0	0	0	0	0	0	0	0	52	52	0	0	0	0	0	0	0	0
常州工学院	35	183	19.7	0	2317.245	2491.635	2	1	0	1	0	0	0	0	0	0	0	53	51	0	2	0	0	0	0	20	5
扬州大学	36	166	25.3	0.1	2013	2282.24	6	6	0	0	0	0	0	0	0	0	0	104	99	0	5	0	0	0	0	7	6
南京工程学院	37	239	45.9	0	14 217.32	15 476.672	0	0	0	0	0	0	0	0	0	0	0	142	142	0	0	0	0	0	0	12	3
南京审计大学	38	59	12.4	0.3	7	119.951	1	1	0	0	0	0	0	0	1	0	0	50	50	0	0	0	0	0	0	1	0
南京晓庄学院	39	152	16.3	0	5710	4075.8	11	9	0	2	0	0	0	0	1	0	0	67	57	0	10	0	0	0	0	0	0
江苏理工学院	40	254	39.4	0	2753.18	4458.024	6	6	0	0	0	0	0	0	0	0	0	14	14	0	0	0	0	0	0	27	17
江苏海洋大学	41	36	3.6	0	106.5	115.41	1	1	0	0	0	0	0	0	0	0	0	51	51	0	0	0	0	0	0	1	0
徐州工程学院	42	132	17.6	0	2032.4	1345.6	2	2	0	0	0	0	0	0	0	0	0	61	61	0	0	0	0	0	0	2	2
南京特殊教育师范学院	43	148	23.7	0	1768	1262.6	4	2	0	0	2	0	0	0	0	0	0	20	17	0	3	0	0	0	0	0	0
泰州学院	44	45	15.6	0	36	101	6	2	0	4	0	0	0	0	0	0	0	29	27	0	2	0	0	0	0	1	1
金陵科技学院	45	38	3.8	0	105	112.9	0	0	0	0	0	0	0	0	0	0	0	5	5	0	0	0	0	0	0	0	0
江苏第二师范学院	46	229	50.7	0	5658.928	3902.43	2	2	0	0	0	0	0	0	0	0	0	73	70	0	3	0	0	0	0	27	27
南京工业职业技术大学	47	118	32.3	0	327	228.07	3	3	0	0	0	0	0	0	0	0	0	79	78	0	1	0	0	0	0	2	2
无锡学院	48	63	11.6	0	50	64.475	1	0	0	1	0	0	0	0	0	0	0	17	17	0	0	0	0	0	0	3	0
苏州城市学院	49	45	6.2	0	10	177.357	1	0	0	1	0	0	0	0	0	0	0	19	19	0	0	0	0	0	0	0	0
宿迁学院	50	128	14.1	0	182.6	199.55	0	0	0	0	0	0	0	0	0	0	0	37	37	0	0	0	0	0	0	1	1

2.20 统计学人文、社会科学研究与课题成果情况表

高校名称		总数					出版著作(部)							古籍整理(部)	译著(部)	发表译文(篇)	电子出版物(件)	发表论文(篇)				获奖成果数(项)				研究与咨询报告(篇)	
		课题数(项)	当年投入人数(人年)	其中:研究生(人年)	当年拨入经费(千元)	当年支出经费(千元)	合计	专著	其中:被译成外文	编著教材	工具书参考书	皮书/发展报告	科普读物					合计	国内学术刊物 内地(大陆)	国内学术刊物 港澳、台地区	国外学术刊物	合计	国家级奖	部级奖	省级奖	合计	其中:被采纳数
	编号	L01	L02	L03	L04	L05	L06	L07	L08	L09	L10	L11	L12	L13	L14	L15	L16	L17	L18	L19	L20	L21	L22	L23	L24	L25	L26
合　计	/	202	39.5	2.8	5891.559	5035.869	4	1	0	1	0	2	0	0	0	0	0	116	107	0	9	0	0	0	0	43	25
南京大学	1	2	0.5	0.3	160	160	0	0	0	0	0	0	0	0	0	0	0	0	0	0	0	0	0	0	0	0	0
东南大学	2	0	0	0	0	0	0	0	0	0	0	0	0	0	0	0	0	0	0	0	0	0	0	0	0	0	0
江南大学	3	0	0	0	0	0	0	0	0	0	0	0	0	0	0	0	0	0	0	0	0	0	0	0	0	0	0
南京农业大学	4	1	0.2	0.1	40	4.8	0	0	0	0	0	0	0	0	0	0	0	0	0	0	0	0	0	0	0	1	1
中国矿业大学	5	3	0.3	0	4	4.868	0	0	0	0	0	0	0	0	0	0	0	0	0	0	0	0	0	0	0	1	0
河海大学	6	33	9.5	0.4	915.042	658.567	1	0	0	0	0	1	0	0	0	0	0	65	65	0	0	0	0	0	0	13	10
南京理工大学	7	1	0.1	0	0	0	0	0	0	0	0	0	0	0	0	0	0	1	1	0	0	0	0	0	0	0	0
南京航空航天大学	8	1	0.1	0	350	350	0	0	0	0	0	0	0	0	0	0	0	0	0	0	0	0	0	0	0	0	0
中国药科大学	9	0	0	0	0	0	0	0	0	0	0	0	0	0	0	0	0	0	0	0	0	0	0	0	0	0	0
南京森林警察学院	10	3	0.9	0	0	0	0	0	0	0	0	0	0	0	0	0	0	0	0	0	0	0	0	0	0	0	0
苏州大学	11	0	0	0	0	0	0	0	0	0	0	0	0	0	0	0	0	0	0	0	0	0	0	0	0	0	0
江苏科技大学	12	1	0.3	0	0	0	0	0	0	0	0	0	0	0	0	0	0	1	1	0	0	0	0	0	0	0	0
南京工业大学	13	1	0.1	0	0	0	0	0	0	0	0	0	0	0	0	0	0	1	1	0	0	0	0	0	0	0	0
常州大学	14	5	2.1	0	10	88.45	0	0	0	0	0	0	0	0	0	0	0	0	0	0	0	0	0	0	0	0	0
南京邮电大学	15	4	0.7	0	93	93	0	0	0	0	0	0	0	0	0	0	0	3	2	0	1	0	0	0	0	0	0
南京林业大学	16	2	0.2	0	0	0	0	0	0	0	0	0	0	0	0	0	0	0	0	0	0	0	0	0	0	0	0
江苏大学	17	15	1.6	0	862.1	862.1	1	0	0	1	0	0	0	0	0	0	0	5	4	0	1	0	0	0	0	0	0
南京信息工程大学	18	5	0.8	0	349	164.67	0	0	0	0	0	0	0	0	0	0	0	0	0	0	0	0	0	0	0	0	0
南通大学	19	4	0.6	0	80	65	0	0	0	0	0	0	0	0	0	0	0	4	3	0	1	0	0	0	0	0	0
盐城工学院	20	0	0	0	0	0	0	0	0	0	0	0	0	0	0	0	0	0	0	0	0	0	0	0	0	0	0
南京医科大学	21	0	0	0	0	0	0	0	0	0	0	0	0	0	0	0	0	0	0	0	0	0	0	0	0	0	0
徐州医科大学	22	1	0.2	0	0	0	0	0	0	0	0	0	0	0	0	0	0	2	2	0	0	0	0	0	0	0	0

南京中医药大学	23	3	0.9	0	0	6.09	0	0	0	0	0	0	0	0	0	0	0	2	2	0	0	0	0	0	0	0	0
南京师范大学	24	1	0.3	0	82.655	14.43	0	0	0	0	0	0	0	0	0	0	0	1	1	0	0	0	0	0	0	0	0
江苏师范大学	25	1	0.2	0.2	0	1	0	0	0	0	0	0	0	0	0	0	0	0	0	0	0	0	0	0	0	0	0
淮阴师范学院	26	1	0.3	0	0	0	0	0	0	0	0	0	0	0	0	0	0	0	0	0	0	0	0	0	0	0	0
盐城师范学院	27	4	1.4	0	10	171.95	0	0	0	0	0	0	0	0	0	0	0	5	5	0	0	0	0	0	0	0	0
南京财经大学	28	4	0.5	0	5	22.455	0	0	0	0	0	0	0	0	0	0	0	3	3	0	0	0	0	0	0	0	0
江苏警官学院	29	0	0	0	0	0	0	0	0	0	0	0	0	0	0	0	0	0	0	0	0	0	0	0	0	0	0
南京体育学院	30	0	0	0	0	0	0	0	0	0	0	0	0	0	0	0	0	0	0	0	0	0	0	0	0	0	0
南京艺术学院	31	0	0	0	0	0	0	0	0	0	0	0	0	0	0	0	0	0	0	0	0	0	0	0	0	0	0
苏州科技大学	32	0	0	0	0	0	0	0	0	0	0	0	0	0	0	0	0	1	1	0	0	0	0	0	0	0	0
常熟理工学院	33	11	1.5	0	0	108.87	1	1	0	0	0	0	0	0	0	0	0	7	3	0	4	0	0	0	0	5	5
淮阴工学院	34	0	0	0	0	0	0	0	0	0	0	0	0	0	0	0	0	0	0	0	0	0	0	0	0	0	0
常州工学院	35	11	1.3	0	641	405.26	0	0	0	0	0	0	0	0	0	0	0	2	1	0	1	0	0	0	0	3	0
扬州大学	36	9	1.2	0	738.6	738.6	0	0	0	0	0	0	0	0	0	0	0	1	1	0	0	0	0	0	0	6	4
南京工程学院	37	0	0	0	0	0	0	0	0	0	0	0	0	0	0	0	0	0	0	0	0	0	0	0	0	0	0
南京审计大学	38	30	8.1	1.8	520	286.396	0	0	0	0	0	0	0	0	0	0	0	3	2	0	1	0	0	0	0	0	0
南京晓庄学院	39	0	0	0	0	0	0	0	0	0	0	0	0	0	0	0	0	0	0	0	0	0	0	0	0	0	0
江苏理工学院	40	11	1.5	0	135	155.082	0	0	0	0	0	0	0	0	0	0	0	0	0	0	0	0	0	0	0	11	3
江苏海洋大学	41	0	0	0	0	0	0	0	0	0	0	0	0	0	0	0	0	0	0	0	0	0	0	0	0	1	0
徐州工程学院	42	15	1.7	0	651.162	400.581	0	0	0	0	0	0	0	0	0	0	0	0	0	0	0	0	0	0	0	0	0
南京特殊教育师范学院	43	11	1.2	0	200	212	1	0	0	0	0	1	0	0	0	0	0	8	8	0	0	0	0	0	0	2	2
泰州学院	44	0	0	0	0	0	0	0	0	0	0	0	0	0	0	0	0	1	1	0	0	0	0	0	0	0	0
金陵科技学院	45	0	0	0	0	0	0	0	0	0	0	0	0	0	0	0	0	0	0	0	0	0	0	0	0	0	0
江苏第二师范学院	46	0	0	0	0	0	0	0	0	0	0	0	0	0	0	0	0	0	0	0	0	0	0	0	0	0	0
南京工业职业技术大学	47	0	0	0	0	0	0	0	0	0	0	0	0	0	0	0	0	0	0	0	0	0	0	0	0	0	0
无锡学院	48	1	0.3	0	25	25	0	0	0	0	0	0	0	0	0	0	0	0	0	0	0	0	0	0	0	0	0
苏州城市学院	49	0	0	0	0	0	0	0	0	0	0	0	0	0	0	0	0	0	0	0	0	0	0	0	0	0	0
宿迁学院	50	7	0.9	0	20	36.7	0	0	0	0	0	0	0	0	0	0	0	0	0	0	0	0	0	0	0	0	0

2.21 心理学人文、社会科学研究与课题成果情况表

高校名称	编号	总数 课题数(项)	当年投入人数(人年)	其中:研究生(人年)	当年拨入经费(千元)	当年支出经费(千元)	出版著作(部) 合计	专著	其中:被译成外文	编著教材	工具书参考书	皮书/发展报告	科普读物	古籍整理(部)	译著(部)	发表译文(篇)	电子出版物(件)	发表论文(篇) 合计	国内学术刊物 内地(大陆)	港澳、台地区	国外学术刊物	获奖成果数(项) 合计	国家级奖	部级奖	省级奖	研究与咨询报告(篇) 合计	其中:被采纳数
		L01	L02	L03	L04	L05	L06	L07	L08	L09	L10	L11	L12	L13	L14	L15	L16	L17	L18	L19	L20	L21	L22	L23	L24	L25	L26
合　计	/	286	53	4.4	5902.767	6647.324	6	4	1	2	0	0	0	0	3	0	0	174	102	0	72	0	0	0	0	23	11
南京大学	1	6	0.7	0.1	0	104	0	0	0	0	0	0	0	0	0	0	0	25	8	0	17	0	0	0	0	0	0
东南大学	2	15	2.5	0.9	46	44.821	0	0	0	0	0	0	0	0	1	0	0	8	2	0	6	0	0	0	0	2	2
江南大学	3	0	0	0	0	0	0	0	0	0	0	0	0	0	0	0	0	0	0	0	0	0	0	0	0	0	0
南京农业大学	4	0	0	0	0	0	0	0	0	0	0	0	0	0	0	0	0	0	0	0	0	0	0	0	0	0	0
中国矿业大学	5	1	0.1	0	0	0	0	0	0	0	0	0	0	0	0	0	0	0	0	0	0	0	0	0	0	0	0
河海大学	6	15	4.8	1	100	97.5	0	0	0	0	0	0	0	0	0	0	0	7	7	0	0	0	0	0	0	2	1
南京理工大学	7	2	0.2	0	0	0	0	0	0	0	0	0	0	0	0	0	0	0	0	0	0	0	0	0	0	0	0
南京航空航天大学	8	1	0.2	0	0	0	0	0	0	0	0	0	0	0	1	0	0	1	1	0	0	0	0	0	0	0	0
中国药科大学	9	0	0	0	0	0	0	0	0	0	0	0	0	0	0	0	0	0	0	0	0	0	0	0	0	0	0
南京森林警察学院	10	1	0.4	0	40	44	0	0	0	0	0	0	0	0	0	0	0	3	2	0	1	0	0	0	0	0	0
苏州大学	11	24	2.4	0.1	0	676	0	0	0	0	0	0	0	0	0	0	0	1	1	0	0	0	0	0	0	0	0
江苏科技大学	12	0	0	0	0	0	0	0	0	0	0	0	0	0	0	0	0	3	2	0	1	0	0	0	0	0	0
南京工业大学	13	3	0.3	0	0	0	0	0	0	0	0	0	0	0	0	0	0	3	2	0	1	0	0	0	0	0	0
常州大学	14	1	0.2	0	0	5	0	0	0	0	0	0	0	0	0	0	0	0	0	0	0	0	0	0	0	0	0
南京邮电大学	15	7	1.7	0	0	0	0	0	0	0	0	0	0	0	0	0	0	3	1	0	2	0	0	0	0	1	0
南京林业大学	16	5	0.5	0	0	0	0	0	0	0	0	0	0	0	0	0	0	3	3	0	0	0	0	0	0	0	0
江苏大学	17	0	0	0	0	0	0	0	0	0	0	0	0	0	0	0	0	2	0	0	2	0	0	0	0	0	0
南京信息工程大学	18	2	1.1	0.8	0	0	0	0	0	0	0	0	0	0	0	0	0	1	1	0	0	0	0	0	0	0	0
南通大学	19	14	1.4	0	208	217	0	0	0	0	0	0	0	0	0	0	0	0	0	0	0	0	0	0	0	0	0
盐城工学院	20	1	0.1	0	0	0	0	0	0	0	0	0	0	0	0	0	0	0	0	0	0	0	0	0	0	0	0
南京医科大学	21	0	0	0	0	0	0	0	0	0	0	0	0	0	0	0	0	0	0	0	0	0	0	0	0	0	0
徐州医科大学	22	7	1.3	0	40	12	0	0	0	0	0	0	0	0	0	0	0	12	5	0	7	0	0	0	0	1	1

南京中医药大学	23	11	3.4	0	40	28.125	0	0	0	0	0	0	0	0	0	0	0	5	5	0	0	0	0	0	0	0	0
南京师范大学	24	43	10.5	1.5	2625.367	3208.807	1	1	0	0	0	0	0	0	1	0	0	13	6	0	7	0	0	0	0	12	5
江苏师范大学	25	5	1.3	0	0	6.5	0	0	0	0	0	0	0	0	0	0	0	0	0	0	0	0	0	0	0	1	1
淮阴师范学院	26	2	0.4	0	0	2.5	0	0	0	0	0	0	0	0	0	0	0	0	0	0	0	0	0	0	0	0	0
盐城师范学院	27	15	2.9	0	2335	1597.571	2	1	0	1	0	0	0	0	0	0	0	4	2	0	2	0	0	0	0	4	1
南京财经大学	28	3	0.4	0	0	0	0	0	0	0	0	0	0	0	0	0	0	0	0	0	0	0	0	0	0	0	0
江苏警官学院	29	2	0.3	0	20.5	15.5	0	0	0	0	0	0	0	0	0	0	0	0	0	0	0	0	0	0	0	0	0
南京体育学院	30	1	0.1	0	0	0	0	0	0	0	0	0	0	0	0	0	0	0	0	0	0	0	0	0	0	0	0
南京艺术学院	31	1	0.3	0	0	0	0	0	0	0	0	0	0	0	0	0	0	0	0	0	0	0	0	0	0	0	0
苏州科技大学	32	7	1.2	0	0	0	0	0	0	0	0	0	0	0	0	0	0	9	5	0	4	0	0	0	0	0	0
常熟理工学院	33	2	0.6	0	0	0	0	0	0	0	0	0	0	0	0	0	0	0	0	0	0	0	0	0	0	0	0
淮阴工学院	34	4	0.5	0	0	0	0	0	0	0	0	0	0	0	0	0	0	1	1	0	0	0	0	0	0	0	0
常州工学院	35	13	1.5	0	140	91.68	0	0	0	0	0	0	0	0	0	0	0	6	6	0	0	0	0	0	0	0	0
扬州大学	36	11	1.9	0	100	136.32	0	0	0	0	0	0	0	0	0	0	0	22	14	0	8	0	0	0	0	0	0
南京工程学院	37	0	0	0	0	0	0	0	0	0	0	0	0	0	0	0	0	0	0	0	0	0	0	0	0	0	0
南京审计大学	38	1	0.1	0	0	6.859	0	0	0	0	0	0	0	0	0	0	0	3	3	0	0	0	0	0	0	0	0
南京晓庄学院	39	20	2.1	0	30	83	3	2	1	1	0	0	0	0	0	0	0	22	16	0	6	0	0	0	0	0	0
江苏理工学院	40	16	2	0	36.9	120.201	0	0	0	0	0	0	0	0	0	0	0	1	1	0	0	0	0	0	0	0	0
江苏海洋大学	41	2	0.2	0	70	48	0	0	0	0	0	0	0	0	0	0	0	1	1	0	0	0	0	0	0	0	0
徐州工程学院	42	1	0.8	0	0	0	0	0	0	0	0	0	0	0	0	0	0	0	0	0	0	0	0	0	0	0	0
南京特殊教育师范学院	43	3	0.4	0	0	6	0	0	0	0	0	0	0	0	0	0	0	6	0	0	6	0	0	0	0	0	0
泰州学院	44	1	0.3	0	0	20	0	0	0	0	0	0	0	0	0	0	0	0	0	0	0	0	0	0	0	0	0
金陵科技学院	45	1	0.1	0	0	2	0	0	0	0	0	0	0	0	0	0	0	1	1	0	0	0	0	0	0	0	0
江苏第二师范学院	46	5	1	0	0	0	0	0	0	0	0	0	0	0	0	0	0	4	2	0	2	0	0	0	0	0	0
南京工业职业技术大学	47	9	2.6	0	71	73.94	0	0	0	0	0	0	0	0	0	0	0	2	2	0	0	0	0	0	0	0	0
无锡学院	48	2	0.2	0	0	0	0	0	0	0	0	0	0	0	0	0	0	0	0	0	0	0	0	0	0	0	0
苏州城市学院	49	0	0	0	0	0	0	0	0	0	0	0	0	0	0	0	0	2	2	0	0	0	0	0	0	0	0
宿迁学院	50	0	0	0	0	0	0	0	0	0	0	0	0	0	0	0	0	0	0	0	0	0	0	0	0	0	0

2.22 体育科学人文、社会科学研究与课题成果情况表

高校名称	编号	总数：课题数(项)	总数：当年投入人数(人年)	总数：其中：研究生(人年)	总数：当年拨入经费(千元)	总数：当年支出经费(千元)	出版著作(部)：合计	出版著作(部)：专著	出版著作(部)：其中：被译成外文	出版著作(部)：编著教材	出版著作(部)：工具书参考书	出版著作(部)：皮书/发展报告	出版著作(部)：科普读物	古籍整理(部)	译著(部)	发表译文(篇)	电子出版物(件)	发表论文(篇)：合计	发表论文(篇)：国内学术刊物：内地(大陆)	发表论文(篇)：国内学术刊物：港澳、台地区	发表论文(篇)：国外学术刊物	获奖成果数(项)：合计	获奖成果数(项)：国家级奖	获奖成果数(项)：部级奖	获奖成果数(项)：省级奖	研究与咨询报告(篇)：合计	研究与咨询报告(篇)：其中：被采纳数
		L01	L02	L03	L04	L05	L06	L07	L08	L09	L10	L11	L12	L13	L14	L15	L16	L17	L18	L19	L20	L21	L22	L23	L24	L25	L26
合 计	/	1030	201.7	12.6	27 917.647	27 630.562	42	26	0	15	0	1	0	0	0	0	0	604	521	0	83	0	0	0	0	68	28
南京大学	1	8	1.7	0	0	54.48	0	0	0	0	0	0	0	0	0	0	0	9	9	0	0	0	0	0	0	0	0
东南大学	2	7	1.2	0	150.188	141.732	0	0	0	0	0	0	0	0	0	0	0	14	9	0	5	0	0	0	0	1	1
江南大学	3	17	13.6	8.2	350	288	0	0	0	0	0	0	0	0	0	0	0	5	1	0	4	0	0	0	0	0	0
南京农业大学	4	23	4.2	0	16	7.001	4	3	0	1	0	0	0	0	0	0	0	18	17	0	1	0	0	0	0	1	1
中国矿业大学	5	32	9.1	0	422	207.893	2	0	0	2	0	0	0	0	0	0	0	1	1	0	0	0	0	0	0	0	0
河海大学	6	25	8.3	1.7	407.476	384.187	1	0	0	0	0	1	0	0	0	0	0	3	3	0	0	0	0	0	0	2	2
南京理工大学	7	12	3.2	0	19	19.004	0	0	0	0	0	0	0	0	0	0	0	13	11	0	2	0	0	0	0	0	0
南京航空航天大学	8	17	2.8	0	250	250	0	0	0	0	0	0	0	0	0	0	0	3	3	0	0	0	0	0	0	0	0
中国药科大学	9	16	1.6	0	0	0	0	0	0	0	0	0	0	0	0	0	0	4	3	0	1	0	0	0	0	0	0
南京森林警察学院	10	12	3.7	0	40	0	0	0	0	0	0	0	0	0	0	0	0	5	5	0	0	0	0	0	0	0	0
苏州大学	11	80	10.6	0	1722.8	4326.8	5	3	0	2	0	0	0	0	0	0	0	21	12	0	9	0	0	0	0	3	3
江苏科技大学	12	47	17.2	0.1	112	59.13	0	0	0	0	0	0	0	0	0	0	0	4	4	0	0	0	0	0	0	0	0
南京工业大学	13	20	3.4	0.6	220	195	0	0	0	0	0	0	0	0	0	0	0	21	19	0	2	0	0	0	0	0	0
常州大学	14	49	12	0	1117	1317.28	1	1	0	0	0	0	0	0	0	0	0	21	18	0	3	0	0	0	0	1	1
南京邮电大学	15	15	3.7	0	60	92	0	0	0	0	0	0	0	0	0	0	0	9	8	0	1	0	0	0	0	0	0
南京林业大学	16	11	1.1	0	0	0	0	0	0	0	0	0	0	0	0	0	0	4	4	0	0	0	0	0	0	0	0
江苏大学	17	7	0.7	0	0	0	0	0	0	0	0	0	0	0	0	0	0	4	4	0	0	0	0	0	0	0	0
南京信息工程大学	18	4	2	0	40	30.8	0	0	0	0	0	0	0	0	0	0	0	3	3	0	0	0	0	0	0	0	0
南通大学	19	27	3.2	0	353	375	2	2	0	0	0	0	0	0	0	0	0	42	38	0	4	0	0	0	0	1	1
盐城工学院	20	23	2.8	0	1010	971.6	0	0	0	0	0	0	0	0	0	0	0	18	16	0	2	0	0	0	0	0	0
南京医科大学	21	0	0	0	0	0	0	0	0	0	0	0	0	0	0	0	0	0	0	0	0	0	0	0	0	0	0
徐州医科大学	22	2	0.4	0	0	7.5	0	0	0	0	0	0	0	0	0	0	0	0	0	0	0	0	0	0	0	0	0

南京中医药大学	23	2	0.7	0	0	8.34	0	0	0	0	0	0	0	0	0	0	0	0	0	0	0	0	0	0	0	0	0
南京师范大学	24	55	13.8	1.7	2103.483	488.096	4	2	0	2	0	0	0	0	0	0	0	28	21	0	7	0	0	0	0	18	2
江苏师范大学	25	8	7.4	0.2	230	256.6	0	0	0	0	0	0	0	0	0	0	0	23	23	0	0	0	0	0	0	0	0
淮阴师范学院	26	35	4.1	0	1868	1798	0	0	0	0	0	0	0	0	0	0	0	17	13	0	4	0	0	0	0	0	0
盐城师范学院	27	73	14.5	0	3976.1	4598.45	6	2	0	4	0	0	0	0	0	0	0	35	35	0	0	0	0	0	0	4	0
南京财经大学	28	11	1.5	0	419	412.608	0	0	0	0	0	0	0	0	0	0	0	3	3	0	0	0	0	0	0	0	0
江苏警官学院	29	1	0.2	0	0	0	0	0	0	0	0	0	0	0	0	0	0	12	12	0	0	0	0	0	0	0	0
南京体育学院	30	149	15.7	0	1279.4	2104.855	4	2	0	2	0	0	0	0	0	0	0	102	94	0	8	0	0	0	0	11	0
南京艺术学院	31	1	0.3	0	0	0	0	0	0	0	0	0	0	0	0	0	0	1	1	0	0	0	0	0	0	0	0
苏州科技大学	32	15	3.3	0	1.5	1.5	3	3	0	0	0	0	0	0	0	0	0	1	1	0	0	0	0	0	0	0	0
常熟理工学院	33	17	2.4	0	307	354.958	0	0	0	0	0	0	0	0	0	0	0	6	4	0	2	0	0	0	0	5	5
淮阴工学院	34	16	3.4	0	3533	2933	0	0	0	0	0	0	0	0	0	0	0	3	3	0	0	0	0	0	0	2	2
常州工学院	35	15	1.6	0	2804.16	1646.54	1	0	0	1	0	0	0	0	0	0	0	1	1	0	0	0	0	0	0	2	0
扬州大学	36	26	5.3	0.1	941.3	903.34	3	3	0	0	0	0	0	0	0	0	0	27	10	0	17	0	0	0	0	0	0
南京工程学院	37	7	1.4	0	170	143.08	0	0	0	0	0	0	0	0	0	0	0	8	8	0	0	0	0	0	0	0	0
南京审计大学	38	1	0.1	0	10	72	0	0	0	0	0	0	0	0	0	0	0	9	9	0	0	0	0	0	0	0	0
南京晓庄学院	39	17	1.9	0	580.44	516.44	3	3	0	0	0	0	0	0	0	0	0	13	8	0	5	0	0	0	0	0	0
江苏理工学院	40	28	4.7	0	254.8	294.174	0	0	0	0	0	0	0	0	0	0	0	5	5	0	0	0	0	0	0	7	4
江苏海洋大学	41	26	2.6	0	1863	1266.45	0	0	0	0	0	0	0	0	0	0	0	6	6	0	0	0	0	0	0	9	6
徐州工程学院	42	32	3.6	0	780	651	2	2	0	0	0	0	0	0	0	0	0	8	7	0	1	0	0	0	0	0	0
南京特殊教育师范学院	43	3	0.6	0	60	39	0	0	0	0	0	0	0	0	0	0	0	0	0	0	0	0	0	0	0	0	0
泰州学院	44	0	0	0	0	0	0	0	0	0	0	0	0	0	0	0	0	15	10	0	5	0	0	0	0	0	0
金陵科技学院	45	1	0.1	0	0	0	0	0	0	0	0	0	0	0	0	0	0	0	0	0	0	0	0	0	0	0	0
江苏第二师范学院	46	6	1.4	0	20	57.924	0	0	0	0	0	0	0	0	0	0	0	19	19	0	0	0	0	0	0	0	0
南京工业职业技术大学	47	5	1.1	0	0	4	0	0	0	0	0	0	0	0	0	0	0	15	15	0	0	0	0	0	0	0	0
无锡学院	48	4	0.9	0	4	4	1	0	0	1	0	0	0	0	0	0	0	0	0	0	0	0	0	0	0	0	0
苏州城市学院	49	2	0.2	0	0	0	0	0	0	0	0	0	0	0	0	0	0	6	6	0	0	0	0	0	0	1	0
宿迁学院	50	20	2.4	0	423	348.8	0	0	0	0	0	0	0	0	0	0	0	19	19	0	0	0	0	0	0	0	0

2.23 其他学科人文、社会科学研究与课题成果情况表

高校名称		总数					出版著作(部)							古籍整理(部)	译著(部)	发表译文(篇)	电子出版物(件)	发表论文(篇)				获奖成果数(项)				研究与咨询报告(篇)	
		课题数(项)	当年投入人数(人年)	其中:研究生(人年)	当年拨入经费(千元)	当年支出经费(千元)	合计	专著	其中:被译成外文	编著教材	工具书参考书	皮书/发展报告	科普读物					合计	国内学术刊物 内地(大陆)	国内学术刊物 港澳、台地区	国外学术刊物	合计	国家级奖	部级奖	省级奖	合计	其中:被采纳数
	编号	L01	L02	L03	L04	L05	L06	L07	L08	L09	L10	L11	L12	L13	L14	L15	L16	L17	L18	L19	L20	L21	L22	L23	L24	L25	L26
合　计	/	320	72.1	9	10 985.658	10 880.338	6	4	0	2	0	0	0	0	0	0	0	149	129	1	19	0	0	0	0	42	22
南京大学	1	29	4.1	1.4	1635	2484.992	2	1	0	1	0	0	0	0	0	0	0	12	10	1	1	0	0	0	0	1	0
东南大学	2	24	4.5	0.5	649.6	619.629	0	0	0	0	0	0	0	0	0	0	0	0	0	0	0	0	0	0	0	3	3
江南大学	3	4	1.6	0.8	930	838.8	0	0	0	0	0	0	0	0	0	0	0	0	0	0	0	0	0	0	0	0	0
南京农业大学	4	8	2.1	0.9	145	143	2	1	0	1	0	0	0	0	0	0	0	0	0	0	0	0	0	0	0	0	0
中国矿业大学	5	20	2	0	923.5	100.882	0	0	0	0	0	0	0	0	0	0	0	0	0	0	0	0	0	0	0	0	0
河海大学	6	0	0	0	0	0	0	0	0	0	0	0	0	0	0	0	0	0	0	0	0	0	0	0	0	0	0
南京理工大学	7	18	5.6	0	1796	628.6	0	0	0	0	0	0	0	0	0	0	0	0	0	0	0	0	0	0	0	0	0
南京航空航天大学	8	4	0.7	0	30	30	0	0	0	0	0	0	0	0	0	0	0	4	4	0	0	0	0	0	0	0	0
中国药科大学	9	1	0.1	0	20	20	0	0	0	0	0	0	0	0	0	0	0	0	0	0	0	0	0	0	0	0	0
南京森林警察学院	10	0	0	0	0	0	0	0	0	0	0	0	0	0	0	0	0	0	0	0	0	0	0	0	0	0	0
苏州大学	11	0	0	0	0	0	0	0	0	0	0	0	0	0	0	0	0	0	0	0	0	0	0	0	0	0	0
江苏科技大学	12	2	1.8	0.8	130	45	0	0	0	0	0	0	0	0	0	0	0	1	1	0	0	0	0	0	0	0	0
南京工业大学	13	4	0.8	0.4	25	25	0	0	0	0	0	0	0	0	0	0	0	0	0	0	0	0	0	0	0	1	1
常州大学	14	10	2.7	0	522	910.8	0	0	0	0	0	0	0	0	0	0	0	0	0	0	0	0	0	0	0	0	0
南京邮电大学	15	3	1.3	0	0	80	0	0	0	0	0	0	0	0	0	0	0	5	3	0	2	0	0	0	0	0	0
南京林业大学	16	25	2.5	0	328	278.8	1	1	0	0	0	0	0	0	0	0	0	12	12	0	0	0	0	0	0	1	1
江苏大学	17	0	0	0	0	0	0	0	0	0	0	0	0	0	0	0	0	0	0	0	0	0	0	0	0	0	0
南京信息工程大学	18	13	6.4	3.5	144	173.94	0	0	0	0	0	0	0	0	0	0	0	0	0	0	0	0	0	0	0	0	0
南通大学	19	1	0.1	0	10	10	0	0	0	0	0	0	0	0	0	0	0	0	0	0	0	0	0	0	0	0	0
盐城工学院	20	0	0	0	0	0	0	0	0	0	0	0	0	0	0	0	0	0	0	0	0	0	0	0	0	0	0
南京医科大学	21	0	0	0	0	0	0	0	0	0	0	0	0	0	0	0	0	0	0	0	0	0	0	0	0	0	0
徐州医科大学	22	3	0.7	0.2	20.5	11.5	0	0	0	0	0	0	0	0	0	0	0	0	0	0	0	0	0	0	0	0	0

南京中医药大学	23	2	0.7	0	0	43.967	0	0	0	0	0	0	0	0	0	0	0	0	0	0	0	0	0	0	0	0	0
南京师范大学	24	6	4.2	0.4	289.398	275.324	0	0	0	0	0	0	0	0	0	0	0	1	0	0	1	0	0	0	0	0	0
江苏师范大学	25	9	6.9	0	200	327.2	0	0	0	0	0	0	0	0	0	0	0	0	0	0	0	0	0	0	0	0	0
淮阴师范学院	26	8	2.4	0	0	337.3	0	0	0	0	0	0	0	0	0	0	0	0	0	0	0	0	0	0	0	0	0
盐城师范学院	27	4	0.6	0	510	235.127	1	1	0	0	0	0	0	0	0	0	0	16	16	0	0	0	0	0	0	3	0
南京财经大学	28	7	0.9	0.1	72.2	74.389	0	0	0	0	0	0	0	0	0	0	0	16	4	0	12	0	0	0	0	0	0
江苏警官学院	29	0	0	0	0	0	0	0	0	0	0	0	0	0	0	0	0	0	0	0	0	0	0	0	0	0	0
南京体育学院	30	0	0	0	0	0	0	0	0	0	0	0	0	0	0	0	0	0	0	0	0	0	0	0	0	0	0
南京艺术学院	31	0	0	0	0	0	0	0	0	0	0	0	0	0	0	0	0	8	8	0	0	0	0	0	0	0	0
苏州科技大学	32	0	0	0	0	0	0	0	0	0	0	0	0	0	0	0	0	0	0	0	0	0	0	0	0	0	0
常熟理工学院	33	17	3	0	1159.5	1283.241	0	0	0	0	0	0	0	0	0	0	0	0	0	0	0	0	0	0	0	1	1
淮阴工学院	34	1	0.2	0	0	0	0	0	0	0	0	0	0	0	0	0	0	0	0	0	0	0	0	0	0	0	0
常州工学院	35	14	1.4	0	3	3	0	0	0	0	0	0	0	0	0	0	0	3	1	0	2	0	0	0	0	19	8
扬州大学	36	8	1.5	0	511	478.8	0	0	0	0	0	0	0	0	0	0	0	8	8	0	0	0	0	0	0	6	5
南京工程学院	37	0	0	0	0	0	0	0	0	0	0	0	0	0	0	0	0	48	48	0	0	0	0	0	0	0	0
南京审计大学	38	4	3.2	0	80	45.774	0	0	0	0	0	0	0	0	0	0	0	0	0	0	0	0	0	0	0	0	0
南京晓庄学院	39	0	0	0	0	0	0	0	0	0	0	0	0	0	0	0	0	0	0	0	0	0	0	0	0	0	0
江苏理工学院	40	7	1	0	208.86	529.43	0	0	0	0	0	0	0	0	0	0	0	0	0	0	0	0	0	0	0	5	1
江苏海洋大学	41	0	0	0	0	0	0	0	0	0	0	0	0	0	0	0	0	0	0	0	0	0	0	0	0	0	0
徐州工程学院	42	37	3.7	0	0	332.5	0	0	0	0	0	0	0	0	0	0	0	0	0	0	0	0	0	0	0	0	0
南京特殊教育师范学院	43	2	0.3	0	0	17	0	0	0	0	0	0	0	0	0	0	0	2	2	0	0	0	0	0	0	0	0
泰州学院	44	3	0.4	0	0	0	0	0	0	0	0	0	0	0	0	0	0	0	0	0	0	0	0	0	0	0	0
金陵科技学院	45	2	0.2	0	360	360	0	0	0	0	0	0	0	0	0	0	0	0	0	0	0	0	0	0	0	0	0
江苏第二师范学院	46	3	0.6	0	150	100	0	0	0	0	0	0	0	0	0	0	0	0	0	0	0	0	0	0	0	2	2
南京工业职业技术大学	47	7	2.3	0	40	20.5	0	0	0	0	0	0	0	0	0	0	0	2	2	0	0	0	0	0	0	0	0
无锡学院	48	4	0.8	0	0	0	0	0	0	0	0	0	0	0	0	0	0	8	8	0	0	0	0	0	0	0	0
苏州城市学院	49	6	0.8	0	93.1	15.843	0	0	0	0	0	0	0	0	0	0	0	3	2	0	1	0	0	0	0	0	0
宿迁学院	50	0	0	0	0	0	0	0	0	0	0	0	0	0	0	0	0	0	0	0	0	0	0	0	0	0	0

3. 公办专科高等学校人文、社会科学研究与课题成果情况表

学科门类		总数					出版著作(部)							古籍整理(部)	译著(部)	发表译文(篇)	电子出版物(件)	发表论文(篇)				获奖成果数(项)				研究与咨询报告(篇)	
		课题数(项)	当年投入人数(人年)	其中：研究生(人年)	当年拨入经费(千元)	当年支出经费(千元)	合计	专著	其中：被译成外文	编著教材	工具书参考书	皮书/发展报告	科普读物					合计	国内学术刊物 内地(大陆)	国内学术刊物 港、澳、台地区	国外学术刊物	合计	国家级奖	部级奖	省级奖	合计	其中：被采纳数
	编号	L01	L02	L03	L04	L05	L06	L07	L08	L09	L10	L11	L12	L13	L14	L15	L16	L17	L18	L19	L20	L21	L22	L23	L24	L25	L26
合　计	/	12 405	2116.1	0	78 411.408	75 649.783	252	138	0	112	0	2	0	1	3	1	2	7831	7643	0	188	0	0	0	0	1220	574
管理学	1	2596	439	0	24 143.059	22 780.335	50	31	0	19	0	0	0	0	0	0	0	1635	1581	0	54	0	0	0	0	458	198
马克思主义	2	768	125.8	0	1898.1	2086.405	5	4	0	1	0	0	0	0	0	0	1	408	406	0	2	0	0	0	0	27	18
哲学	3	35	7.5	0	73	62.384	1	1	0	0	0	0	0	0	0	0	0	22	22	0	0	0	0	0	0	7	5
逻辑学	4	4	0.8	0	16	8.92	1	0	0	1	0	0	0	0	0	0	0	7	7	0	0	0	0	0	0	0	0
宗教学	5	1	0.2	0	0	0	0	0	0	0	0	0	0	0	0	0	0	0	0	0	0	0	0	0	0	1	0
语言学	6	234	45.1	0	3844.77	3159.094	11	8	0	3	0	0	0	0	1	0	0	240	217	0	23	0	0	0	0	36	25
中国文学	7	96	17.7	0	338.5	524.315	11	8	0	3	0	0	0	1	0	0	0	130	130	0	0	0	0	0	0	7	4
外国文学	8	25	5	0	110.5	94.818	2	0	0	2	0	0	0	0	2	0	0	35	34	0	1	0	0	0	0	1	0
艺术学	9	712	130.2	0	13 348.7	12 697.225	34	16	0	18	0	0	0	0	0	0	0	760	750	0	10	0	0	0	0	132	69
历史学	10	45	8.6	0	798	806.71	6	4	0	2	0	0	0	0	0	1	0	21	21	0	0	0	0	0	0	11	2
考古学	11	5	1.9	0	10	10	0	0	0	0	0	0	0	0	0	0	0	0	0	0	0	0	0	0	0	4	0
经济学	12	858	146.7	0	8973.376	9224.124	28	12	0	16	0	0	0	0	0	0	0	523	505	0	18	0	0	0	0	138	69
政治学	13	187	27.7	0	355	493.51	1	1	0	0	0	0	0	0	0	0	0	40	40	0	0	0	0	0	0	7	1
法学	14	58	11.1	0	502.6	574.128	3	2	0	1	0	0	0	0	0	0	0	32	31	0	1	0	0	0	0	5	2
社会学	15	498	83.7	0	1829.64	1904.217	4	3	0	0	0	1	0	0	0	0	0	169	160	0	9	0	0	0	0	56	21
民族学与文化学	16	165	27.6	0	1991.8	1226.85	3	0	0	3	0	0	0	0	0	0	0	51	49	0	2	0	0	0	0	33	18
新闻学与传播学	17	64	14.6	0	1234.6	791.581	2	2	0	0	0	0	0	0	0	0	0	36	36	0	0	0	0	0	0	6	4
图书馆、情报与文献学	18	72	13.1	0	128	136.937	4	4	0	0	0	0	0	0	0	0	0	91	89	0	2	0	0	0	0	6	5
教育学	19	5474	922.5	0	13 448.396	15 061.35	77	37	0	39	0	1	0	0	0	0	1	3236	3185	0	51	0	0	0	0	245	110
统计学	20	40	7.1	0	1373.83	559.543	0	0	0	0	0	0	0	0	0	0	0	10	10	0	0	0	0	0	0	2	2
心理学	21	143	24.6	0	1042.397	775.922	4	2	0	2	0	0	0	0	0	0	0	77	72	0	5	0	0	0	0	8	3
体育科学	22	216	38	0	2030.2	2072.025	3	1	0	2	0	0	0	0	0	0	0	261	253	0	8	0	0	0	0	26	16
其他学科	23	109	17.6	0	920.94	599.39	2	2	0	0	0	0	0	0	0	0	0	47	45	0	2	0	0	0	0	4	2

3.1 管理学人文、社会科学研究与课题成果情况表

高校名称		总数					出版著作(部)							古籍整理(部)	译著(部)	发表译文(篇)	电子出版物(件)	发表论文(篇)				获奖成果数(项)				研究与咨询报告(篇)	
		课题数(项)	当年投入人数(人年)	其中：研究生(人年)	当年拨入经费(千元)	当年支出经费(千元)	合计	专著	其中：被译成外文	编著教材	工具书参考书	皮书/发展报告	科普读物					合计	国内学术刊物 内地(大陆)	国内学术刊物 港、澳、台地区	国外学术刊物	合计	国家级奖	部级奖	省级奖	合计	其中：被采纳数
	编号	L01	L02	L03	L04	L05	L06	L07	L08	L09	L10	L11	L12	L13	L14	L15	L16	L17	L18	L19	L20	L21	L22	L23	L24	L25	L26
合　计	/	2596	439	0	24 143.059	22 780.335	50	31	0	19	0	0	0	0	0	0	0	1635	1581	0	54	0	0	0	0	458	198
盐城幼儿师范高等专科学校	1	42	5.5	0	92	92	0	0	0	0	0	0	0	0	0	0	0	5	5	0	0	0	0	0	0	0	0
苏州幼儿师范高等专科学校	2	0	0	0	0	0	0	0	0	0	0	0	0	0	0	0	0	0	0	0	0	0	0	0	0	0	0
无锡职业技术学院	3	64	11.2	0	178	146.1	3	3	0	0	0	0	0	0	0	0	0	49	40	0	9	0	0	0	0	0	0
江苏建筑职业技术学院	4	95	21.5	0	372.151	343.151	3	1	0	2	0	0	0	0	0	0	0	87	87	0	0	0	0	0	0	5	5
江苏工程职业技术学院	5	7	1.3	0	5	3.5	0	0	0	0	0	0	0	0	0	0	0	20	20	0	0	0	0	0	0	0	0
苏州工艺美术职业技术学院	6	0	0	0	0	0	0	0	0	0	0	0	0	0	0	0	0	1	1	0	0	0	0	0	0	0	0
连云港职业技术学院	7	25	4.5	0	10	10	0	0	0	0	0	0	0	0	0	0	0	6	6	0	0	0	0	0	0	1	1
镇江市高等专科学校	8	15	7.4	0	22	52.5	0	0	0	0	0	0	0	0	0	0	0	12	12	0	0	0	0	0	0	9	0
南通职业大学	9	4	0.6	0	6	0	0	0	0	0	0	0	0	0	0	0	0	12	12	0	0	0	0	0	0	6	6
苏州市职业大学	10	62	17.7	0	970	1081.35	2	2	0	0	0	0	0	0	0	0	0	45	45	0	0	0	0	0	0	17	8
沙洲职业工学院	11	8	0.8	0	1.2	31.3	0	0	0	0	0	0	0	0	0	0	0	5	5	0	0	0	0	0	0	0	0
扬州市职业大学	12	139	27.2	0	2386.056	2138.136	2	2	0	0	0	0	0	0	0	0	0	37	37	0	0	0	0	0	0	91	65
连云港师范高等专科学校	13	8	0.9	0	7	0	0	0	0	0	0	0	0	0	0	0	0	10	10	0	0	0	0	0	0	3	1
江苏经贸职业技术学院	14	168	32.2	0	1338	1741.45	0	0	0	0	0	0	0	0	0	0	0	77	77	0	0	0	0	0	0	40	0
泰州职业技术学院	15	18	3	0	88	86.85	2	0	0	2	0	0	0	0	0	0	0	12	12	0	0	0	0	0	0	2	1

续表

高校名称	编号	总数：课题数(项)	总数：当年投入人数(人年)	总数：其中：研究生(人年)	总数：当年拨入经费(千元)	总数：当年支出经费(千元)	出版著作(部)：合计	出版著作(部)：专著	出版著作(部)：其中：被译成外文	出版著作(部)：编著教材	出版著作(部)：工具书参考书	出版著作(部)：皮书/发展报告	出版著作(部)：科普读物	古籍整理(部)	译著(部)	发表译文(篇)	电子出版物(件)	发表论文(篇)：合计	发表论文(篇)：国内学术刊物：内地(大陆)	发表论文(篇)：国内学术刊物：港、澳、台地区	发表论文(篇)：国外学术刊物	获奖成果数(项)：合计	获奖成果数(项)：国家级奖	获奖成果数(项)：部级奖	获奖成果数(项)：省级奖	研究与咨询报告(篇)：合计	研究与咨询报告(篇)：其中：被采纳数
		L01	L02	L03	L04	L05	L06	L07	L08	L09	L10	L11	L12	L13	L14	L15	L16	L17	L18	L19	L20	L21	L22	L23	L24	L25	L26
常州信息职业技术学院	16	31	8.8	0	63	63	0	0	0	0	0	0	0	0	0	0	0	28	27	0	1	0	0	0	0	0	0
江苏海事职业技术学院	17	25	6.3	0	606.4	796.96	4	4	0	0	0	0	0	0	0	0	0	20	14	0	6	0	0	0	0	5	5
无锡科技职业学院	18	23	7.2	0	0	0	0	0	0	0	0	0	0	0	0	0	0	13	12	0	1	0	0	0	0	0	0
江苏医药职业学院	19	139	26.8	0	210	0	0	0	0	0	0	0	0	0	0	0	0	122	122	0	0	0	0	0	0	0	0
南通科技职业学院	20	8	1.4	0	70	72.5	0	0	0	0	0	0	0	0	0	0	0	9	9	0	0	0	0	0	0	1	1
苏州经贸职业技术学院	21	130	36.3	0	984	1040.794	2	2	0	0	0	0	0	0	0	0	0	97	91	0	6	0	0	0	0	66	0
苏州工业职业技术学院	22	70	8.6	0	1108.2	1086.7	0	0	0	0	0	0	0	0	0	0	0	29	29	0	0	0	0	0	0	39	39
苏州卫生职业技术学院	23	25	3.3	0	189	154.1	0	0	0	0	0	0	0	0	0	0	0	12	12	0	0	0	0	0	0	0	0
无锡商业职业技术学院	24	49	6.5	0	874.8	1234.65	3	3	0	0	0	0	0	0	0	0	0	2	0	0	2	0	0	0	0	12	12
江苏航运职业技术学院	25	37	4.8	0	3	47.7	1	1	0	0	0	0	0	0	0	0	0	9	9	0	0	0	0	0	0	0	0
南京交通职业技术学院	26	26	2.8	0	3	25.6	0	0	0	0	0	0	0	0	0	0	0	14	13	0	1	0	0	0	0	0	0
江苏电子信息职业学院	27	14	3.3	0	26	47.1	0	0	0	0	0	0	0	0	0	0	0	14	14	0	0	0	0	0	0	0	0
江苏农牧科技职业学院	28	1	0.1	0	0	1.33	0	0	0	0	0	0	0	0	0	0	0	0	0	0	0	0	0	0	0	0	0
常州纺织服装职业技术学院	29	88	9.8	0	166	94.5	2	1	0	1	0	0	0	0	0	0	0	81	76	0	5	0	0	0	0	10	10
苏州农业职业技术学院	30	2	1.1	0	0	0	0	0	0	0	0	0	0	0	0	0	0	2	2	0	0	0	0	0	0	0	0

南京科技职业学院	31	35	3.9	0	11.5	249.5	4	1	0	3	0	0	0	0	0	0	0	31	31	0	0	0	0	0	0	3	3
常州工业职业技术学院	32	105	19.8	0	887.3	1133.66	1	0	0	1	0	0	0	0	0	0	0	13	13	0	0	0	0	0	0	13	0
常州工程职业技术学院	33	101	10.1	0	690.79	653.79	0	0	0	0	0	0	0	0	0	0	0	26	26	0	0	0	0	0	0	2	2
江苏农林职业技术学院	34	16	1.9	0	40	64	0	0	0	0	0	0	0	0	0	0	0	7	7	0	0	0	0	0	0	0	0
江苏食品药品职业技术学院	35	1	0.2	0	0	3.5	0	0	0	0	0	0	0	0	0	0	0	5	5	0	0	0	0	0	0	0	0
南京铁道职业技术学院	36	51	5.1	0	230.5	153.5	0	0	0	0	0	0	0	0	0	0	0	38	38	0	0	0	0	0	0	0	0
徐州工业职业技术学院	37	14	1.4	0	0	12	1	0	0	1	0	0	0	0	0	0	0	4	4	0	0	0	0	0	0	0	0
江苏信息职业技术学院	38	24	2.6	0	3	58.855	1	0	0	1	0	0	0	0	0	0	0	95	95	0	0	0	0	0	0	1	1
南京信息职业技术学院	39	55	6	0	346	398.945	3	3	0	0	0	0	0	0	0	0	0	24	24	0	0	0	0	0	0	3	0
常州机电职业技术学院	40	21	2.5	0	15	17.05	1	1	0	0	0	0	0	0	0	0	0	18	13	0	5	0	0	0	0	5	0
江阴职业技术学院	41	8	0.8	0	0	14.5	0	0	0	0	0	0	0	0	0	0	0	7	7	0	0	0	0	0	0	0	0
无锡城市职业技术学院	42	10	2.1	0	40	78	4	1	0	3	0	0	0	0	0	0	0	40	40	0	0	0	0	0	0	2	2
无锡工艺职业技术学院	43	55	7.7	0	1699	1699.65	2	0	0	2	0	0	0	0	0	0	0	49	49	0	0	0	0	0	0	30	0
苏州健雄职业技术学院	44	25	6.1	0	513	220	1	0	0	1	0	0	0	0	0	0	0	41	41	0	0	0	0	0	0	0	0
盐城工业职业技术学院	45	61	6.2	0	36	128.5	0	0	0	0	0	0	0	0	0	0	0	15	15	0	0	0	0	0	0	4	4
江苏财经职业技术学院	46	185	18.6	0	4135	2861.866	1	0	0	1	0	0	0	0	0	0	0	41	38	0	3	0	0	0	0	0	0
扬州工业职业技术学院	47	40	4.3	0	462	592	0	0	0	0	0	0	0	0	0	0	0	13	12	0	1	0	0	0	0	5	4
江苏城市职业学院	48	84	16.1	0	2178.087	1225.203	1	1	0	0	0	0	0	0	0	0	0	36	30	0	6	0	0	0	0	1	1
南京城市职业学院	49	16	2.2	0	0	0	0	0	0	0	0	0	0	0	0	0	0	29	29	0	0	0	0	0	0	0	0

续表

高校名称		总数					出版著作(部)							古籍整理(部)	译著(部)	发表译文(篇)	电子出版物(件)	发表论文(篇)				获奖成果数(项)				研究与咨询报告(篇)	
		课题数(项)	当年投入人数(人年)	其中：研究生(人年)	当年拨入经费(千元)	当年支出经费(千元)	合计	专著	其中：被译成外文	编著教材	工具书参考书	皮书/发展报告	科普读物					合计	国内学术刊物：内地(大陆)	国内学术刊物：港、澳、台地区	国外学术刊物	合计	国家级奖	部级奖	省级奖	合计	其中：被采纳数
	编号	L01	L02	L03	L04	L05	L06	L07	L08	L09	L10	L11	L12	L13	L14	L15	L16	L17	L18	L19	L20	L21	L22	L23	L24	L25	L26
南京机电职业技术学院	50	6	0.6	0	0	0	0	0	0	0	0	0	0	0	0	0	0	6	6	0	0	0	0	0	0	0	0
南京旅游职业学院	51	51	7.4	0	366.775	163.6	1	1	0	0	0	0	0	0	0	0	0	30	28	0	2	0	0	0	0	0	0
江苏卫生健康职业学院	52	35	5.8	0	17	86	0	0	0	0	0	0	0	0	0	0	0	13	10	0	3	0	0	0	0	0	0
苏州信息职业技术学院	53	2	0.3	0	1.2	12.6	0	0	0	0	0	0	0	0	0	0	0	1	1	0	0	0	0	0	0	3	3
苏州工业园区服务外包职业学院	54	56	9.6	0	2260.1	2297.2	4	4	0	0	0	0	0	0	0	0	0	14	14	0	0	0	0	0	0	23	23
徐州幼儿师范高等专科学校	55	0	0	0	0	0	0	0	0	0	0	0	0	0	0	0	0	0	0	0	0	0	0	0	0	0	0
徐州生物工程职业技术学院	56	8	0.8	0	0	1	1	0	0	1	0	0	0	0	0	0	0	6	6	0	0	0	0	0	0	0	0
江苏商贸职业学院	57	45	9.5	0	120	79.25	0	0	0	0	0	0	0	0	0	0	0	28	28	0	0	0	0	0	0	16	1
南通师范高等专科学校	58	5	0.9	0	0	0	0	0	0	0	0	0	0	0	0	0	0	2	2	0	0	0	0	0	0	0	0
江苏护理职业学院	59	3	0.3	0	3	5	0	0	0	0	0	0	0	0	0	0	0	2	2	0	0	0	0	0	0	0	0
江苏财会职业学院	60	2	0.4	0	5	5	0	0	0	0	0	0	0	0	0	0	0	2	2	0	0	0	0	0	0	2	0
江苏城乡建设职业学院	61	76	10.1	0	146	116.65	0	0	0	0	0	0	0	0	0	0	0	81	81	0	0	0	0	0	0	38	0
江苏航空职业技术学院	62	35	10	0	54	17.745	0	0	0	0	0	0	0	0	0	0	0	47	45	0	2	0	0	0	0	0	0
江苏安全技术职业学院	63	11	1.7	0	48	24.5	0	0	0	0	0	0	0	0	0	0	0	2	2	0	0	0	0	0	0	0	0
江苏旅游职业学院	64	31	3.1	0	56	16	0	0	0	0	0	0	0	0	0	0	0	39	38	0	1	0	0	0	0	0	0
常州幼儿师范高等专科学校	65	0	0	0	0	0	0	0	0	0	0	0	0	0	0	0	0	0	0	0	0	0	0	0	0	0	0

3.2 马克思主义人文、社会科学研究与课题成果情况表

高校名称		总数					出版著作(部)							古籍整理(部)	译著(部)	发表译文(篇)	电子出版物(件)	发表论文(篇)				获奖成果数(项)				研究与咨询报告(篇)	
		课题数(项)	当年投入人数(人年)	其中：研究生(人年)	当年拨入经费(千元)	当年支出经费(千元)	合计	专著	其中：被译成外文	编著教材	工具书参考书	皮书/发展报告	科普读物					合计	国内学术刊物 内地(大陆)	国内学术刊物 港、澳、台地区	国外学术刊物	合计	国家级奖	部级奖	省级奖	合计	其中：被采纳数
	编号	L01	L02	L03	L04	L05	L06	L07	L08	L09	L10	L11	L12	L13	L14	L15	L16	L17	L18	L19	L20	L21	L22	L23	L24	L25	L26
合　计	/	768	125.8	0	1898.1	2086.405	5	4	0	1	0	0	0	0	0	0	1	408	406	0	2	0	0	0	0	27	18
盐城幼儿师范高等专科学校	1	14	1.5	0	87.5	117.5	0	0	0	0	0	0	0	0	0	0	0	0	0	0	0	0	0	0	0	0	0
苏州幼儿师范高等专科学校	2	8	0.8	0	57.5	66.2	1	1	0	0	0	0	0	0	0	0	1	4	4	0	0	0	0	0	0	0	0
无锡职业技术学院	3	27	4.1	0	56	52.9	0	0	0	0	0	0	0	0	0	0	0	19	19	0	0	0	0	0	0	0	0
江苏建筑职业技术学院	4	5	1.1	0	47	29	0	0	0	0	0	0	0	0	0	0	0	7	7	0	0	0	0	0	0	0	0
江苏工程职业技术学院	5	5	1	0	2	2	0	0	0	0	0	0	0	0	0	0	0	19	19	0	0	0	0	0	0	0	0
苏州工艺美术职业技术学院	6	1	0.1	0	0	0	0	0	0	0	0	0	0	0	0	0	0	4	4	0	0	0	0	0	0	0	0
连云港职业技术学院	7	9	1.6	0	0	0	0	0	0	0	0	0	0	0	0	0	0	4	4	0	0	0	0	0	0	0	0
镇江市高等专科学校	8	1	0.2	0	0	2	0	0	0	0	0	0	0	0	0	0	0	1	1	0	0	0	0	0	0	1	0
南通职业大学	9	26	5.2	0	69	69	0	0	0	0	0	0	0	0	0	0	0	16	16	0	0	0	0	0	0	4	4
苏州市职业大学	10	19	6.3	0	23	36	0	0	0	0	0	0	0	0	0	0	0	7	7	0	0	0	0	0	0	1	0
沙洲职业工学院	11	0	0	0	0	0	0	0	0	0	0	0	0	0	0	0	0	0	0	0	0	0	0	0	0	0	0
扬州市职业大学	12	25	7.1	0	140	162.28	0	0	0	0	0	0	0	0	0	0	0	5	5	0	0	0	0	0	0	2	1
连云港师范高等专科学校	13	3	0.3	0	2	0	0	0	0	0	0	0	0	0	0	0	0	12	12	0	0	0	0	0	0	0	0
江苏经贸职业技术学院	14	26	6	0	90	90	0	0	0	0	0	0	0	0	0	0	0	7	7	0	0	0	0	0	0	3	0
泰州职业技术学院	15	2	0.5	0	0	4.03	0	0	0	0	0	0	0	0	0	0	0	2	2	0	0	0	0	0	0	0	0

续表

高校名称	编号	总数：课题数(项)	总数：当年投入人数(人年)	总数：其中：研究生(人年)	总数：当年拨入经费(千元)	总数：当年支出经费(千元)	出版著作(部)：合计	出版著作(部)：专著	出版著作(部)：其中：被译成外文	出版著作(部)：编著教材	出版著作(部)：工具书参考书	出版著作(部)：皮书/发展报告	出版著作(部)：科普读物	古籍整理(部)	译著(部)	发表译文(篇)	电子出版物(件)	发表论文(篇)：合计	发表论文(篇)：国内学术刊物：内地(大陆)	发表论文(篇)：国内学术刊物：港澳、台地区	发表论文(篇)：国外学术刊物	获奖成果数(项)：合计	获奖成果数(项)：国家级奖	获奖成果数(项)：部级奖	获奖成果数(项)：省级奖	研究与咨询报告(篇)：合计	研究与咨询报告(篇)：其中：被采纳数
		L01	L02	L03	L04	L05	L06	L07	L08	L09	L10	L11	L12	L13	L14	L15	L16	L17	L18	L19	L20	L21	L22	L23	L24	L25	L26
常州信息职业技术学院	16	24	6.8	0	3	3	0	0	0	0	0	0	0	0	0	0	0	8	8	0	0	0	0	0	0	0	0
江苏海事职业技术学院	17	13	3.2	0	44.4	54.38	0	0	0	0	0	0	0	0	0	0	0	27	27	0	0	0	0	0	0	7	7
无锡科技职业学院	18	0	0	0	0	0	0	0	0	0	0	0	0	0	0	0	0	0	0	0	0	0	0	0	0	0	0
江苏医药职业学院	19	3	0.7	0	0	0	0	0	0	0	0	0	0	0	0	0	0	4	4	0	0	0	0	0	0	0	0
南通科技职业学院	20	3	0.7	0	0	28.8	0	0	0	0	0	0	0	0	0	0	0	2	2	0	0	0	0	0	0	0	0
苏州经贸职业技术学院	21	3	0.6	0	0	0.312	0	0	0	0	0	0	0	0	0	0	0	17	17	0	0	0	0	0	0	0	0
苏州工业职业技术学院	22	9	1.3	0	50	39.1	0	0	0	0	0	0	0	0	0	0	0	10	10	0	0	0	0	0	0	1	1
苏州卫生职业技术学院	23	1	0.1	0	0	3.1	0	0	0	0	0	0	0	0	0	0	0	8	8	0	0	0	0	0	0	0	0
无锡商业职业技术学院	24	0	0	0	0	0	0	0	0	0	0	0	0	0	0	0	0	0	0	0	0	0	0	0	0	1	1
江苏航运职业技术学院	25	5	0.9	0	0	17	0	0	0	0	0	0	0	0	0	0	0	10	10	0	0	0	0	0	0	0	0
南京交通职业技术学院	26	12	1.2	0	0	6	0	0	0	0	0	0	0	0	0	0	0	2	2	0	0	0	0	0	0	0	0
江苏电子信息职业学院	27	15	2.5	0	3	38	0	0	0	0	0	0	0	0	0	0	0	7	7	0	0	0	0	0	0	0	0
江苏农牧科技职业学院	28	15	1.5	0	10	47.78	0	0	0	0	0	0	0	0	0	0	0	16	16	0	0	0	0	0	0	0	0
常州纺织服装职业技术学院	29	4	0.5	0	0	3	0	0	0	0	0	0	0	0	0	0	0	4	4	0	0	0	0	0	0	0	0
苏州农业职业技术学院	30	0	0	0	0	0	0	0	0	0	0	0	0	0	0	0	0	0	0	0	0	0	0	0	0	0	0

南京科技职业学院	31	54	6.6	0	45	48	1	1	0	0	0	0	0	0	0	0	0	9	9	0	0	0	0	0	0	0	0
常州工业职业技术学院	32	24	4.8	0	10	52	1	0	0	1	0	0	0	0	0	0	0	27	27	0	0	0	0	0	0	3	0
常州工程职业技术学院	33	1	0.1	0	0	0	0	0	0	0	0	0	0	0	0	0	0	0	0	0	0	0	0	0	0	0	0
江苏农林职业技术学院	34	29	4.4	0	50	57	0	0	0	0	0	0	0	0	0	0	0	9	9	0	0	0	0	0	0	0	0
江苏食品药品职业技术学院	35	2	0.4	0	0	0.5	0	0	0	0	0	0	0	0	0	0	0	0	0	0	0	0	0	0	0	0	0
南京铁道职业技术学院	36	42	4.2	0	76	146	0	0	0	0	0	0	0	0	0	0	0	19	19	0	0	0	0	0	0	0	0
徐州工业职业技术学院	37	3	0.3	0	30	23.9	0	0	0	0	0	0	0	0	0	0	0	0	0	0	0	0	0	0	0	2	2
江苏信息职业技术学院	38	17	2.7	0	135	91.33	0	0	0	0	0	0	0	0	0	0	0	7	7	0	0	0	0	0	0	0	0
南京信息职业技术学院	39	77	7.7	0	108	178.31	0	0	0	0	0	0	0	0	0	0	0	17	15	0	2	0	0	0	0	0	0
常州机电职业技术学院	40	3	0.3	0	0	0	0	0	0	0	0	0	0	0	0	0	0	6	6	0	0	0	0	0	0	0	0
江阴职业技术学院	41	2	0.2	0	0	6	0	0	0	0	0	0	0	0	0	0	0	4	4	0	0	0	0	0	0	0	0
无锡城市职业技术学院	42	34	7	0	230	150.5	0	0	0	0	0	0	0	0	0	0	0	4	4	0	0	0	0	0	0	1	1
无锡工艺职业技术学院	43	4	0.4	0	5	5.475	0	0	0	0	0	0	0	0	0	0	0	2	2	0	0	0	0	0	0	0	0
苏州健雄职业技术学院	44	5	1	0	0	39	0	0	0	0	0	0	0	0	0	0	0	3	3	0	0	0	0	0	0	0	0
盐城工业职业技术学院	45	14	1.5	0	0	52	0	0	0	0	0	0	0	0	0	0	0	5	5	0	0	0	0	0	0	1	1
江苏财经职业技术学院	46	22	2.2	0	14	13.4	0	0	0	0	0	0	0	0	0	0	0	5	5	0	0	0	0	0	0	0	0
扬州工业职业技术学院	47	18	2.1	0	26	41	0	0	0	0	0	0	0	0	0	0	0	1	1	0	0	0	0	0	0	0	0
江苏城市职业学院	48	22	4.8	0	427.1	192.258	0	0	0	0	0	0	0	0	0	0	0	15	15	0	0	0	0	0	0	0	0
南京城市职业学院	49	3	0.5	0	0	0	0	0	0	0	0	0	0	0	0	0	0	0	0	0	0	0	0	0	0	0	0

续表

高校名称	编号	总数：课题数（项）	总数：当年投入人数（人年）	总数：其中：研究生（人年）	总数：当年拨入经费（千元）	总数：当年支出经费（千元）	出版著作（部）：合计	出版著作（部）：专著	出版著作（部）：其中：被译成外文	出版著作（部）：编著教材	出版著作（部）：工具书参考书	出版著作（部）：皮书/发展报告	出版著作（部）：科普读物	古籍整理（部）	译著（部）	发表译文（篇）	电子出版物（件）	发表论文（篇）：合计	发表论文（篇）：国内学术刊物：内地（大陆）	发表论文（篇）：国内学术刊物：港、澳、台地区	发表论文（篇）：国外学术刊物	获奖成果数（项）：合计	获奖成果数（项）：国家级奖	获奖成果数（项）：部级奖	获奖成果数（项）：省级奖	研究与咨询报告（篇）：合计	研究与咨询报告（篇）：其中：被采纳数
		L01	L02	L03	L04	L05	L06	L07	L08	L09	L10	L11	L12	L13	L14	L15	L16	L17	L18	L19	L20	L21	L22	L23	L24	L25	L26
南京机电职业技术学院	50	17	1.7	0	0	4	0	0	0	0	0	0	0	0	0	0	0	10	10	0	0	0	0	0	0	0	0
南京旅游职业学院	51	7	0.9	0	29	11.5	0	0	0	0	0	0	0	0	0	0	0	10	10	0	0	0	0	0	0	0	0
江苏卫生健康职业学院	52	28	4.9	0	18	58.5	0	0	0	0	0	0	0	0	0	0	0	4	4	0	0	0	0	0	0	0	0
苏州信息职业技术学院	53	4	0.8	0	0	0	0	0	0	0	0	0	0	0	0	0	0	0	0	0	0	0	0	0	0	0	0
苏州工业园区服务外包职业学院	54	11	1.8	0	0	15.85	0	0	0	0	0	0	0	0	0	0	0	5	5	0	0	0	0	0	0	0	0
徐州幼儿师范高等专科学校	55	8	1.6	0	0	0	2	2	0	0	0	0	0	0	0	0	0	0	0	0	0	0	0	0	0	0	0
徐州生物工程职业技术学院	56	4	0.4	0	0	0	0	0	0	0	0	0	0	0	0	0	0	7	7	0	0	0	0	0	0	0	0
江苏商贸职业学院	57	10	2.8	0	10.6	19	0	0	0	0	0	0	0	0	0	0	0	1	1	0	0	0	0	0	0	0	0
南通师范高等专科学校	58	3	0.5	0	0	0	0	0	0	0	0	0	0	0	0	0	0	0	0	0	0	0	0	0	0	0	0
江苏护理职业学院	59	3	0.5	0	0	0	0	0	0	0	0	0	0	0	0	0	0	9	9	0	0	0	0	0	0	0	0
江苏财会职业学院	60	0	0	0	0	0	0	0	0	0	0	0	0	0	0	0	0	0	0	0	0	0	0	0	0	0	0
江苏城乡建设职业学院	61	1	0.2	0	0	0	0	0	0	0	0	0	0	0	0	0	0	0	0	0	0	0	0	0	0	0	0
江苏航空职业技术学院	62	2	0.5	0	0	0	0	0	0	0	0	0	0	0	0	0	0	0	0	0	0	0	0	0	0	0	0
江苏安全技术职业学院	63	5	1.1	0	0	9.5	0	0	0	0	0	0	0	0	0	0	0	0	0	0	0	0	0	0	0	0	0
江苏旅游职业学院	64	7	0.7	0	0	0	0	0	0	0	0	0	0	0	0	0	0	7	7	0	0	0	0	0	0	0	0
常州幼儿师范高等专科学校	65	4	0.4	0	0	0	0	0	0	0	0	0	0	0	0	0	0	0	0	0	0	0	0	0	0	0	0

3.3 哲学人文、社会科学研究与课题成果情况表

高校名称	编号	总数 课题数(项)	当年投入人数(人年)	其中：研究生(人年)	当年拨入经费(千元)	当年支出经费(千元)	出版著作(部) 合计	专著	其中：被译成外文	编著教材	工具书参考书	皮书/发展报告	科普读物	古籍整理(部)	译著(部)	发表译文(篇)	电子出版物(件)	发表论文(篇) 合计	国内学术刊物 内地(大陆)	国内学术刊物 港、澳、台地区	国外学术刊物	获奖成果数(项) 合计	国家级奖	部级奖	省级奖	研究与咨询报告(篇) 合计	其中：被采纳数
		L01	L02	L03	L04	L05	L06	L07	L08	L09	L10	L11	L12	L13	L14	L15	L16	L17	L18	L19	L20	L21	L22	L23	L24	L25	L26
合　计	/	35	7.5	0	73	62.384	1	1	0	0	0	0	0	0	0	0	0	22	22	0	0	0	0	0	0	7	5
盐城幼儿师范高等专科学校	1	0	0	0	0	0	0	0	0	0	0	0	0	0	0	0	0	0	0	0	0	0	0	0	0	0	0
苏州幼儿师范高等专科学校	2	0	0	0	0	0	0	0	0	0	0	0	0	0	0	0	0	0	0	0	0	0	0	0	0	0	0
无锡职业技术学院	3	0	0	0	0	0	0	0	0	0	0	0	0	0	0	0	0	0	0	0	0	0	0	0	0	0	0
江苏建筑职业技术学院	4	0	0	0	0	0	0	0	0	0	0	0	0	0	0	0	0	0	0	0	0	0	0	0	0	0	0
江苏工程职业技术学院	5	0	0	0	0	0	0	0	0	0	0	0	0	0	0	0	0	0	0	0	0	0	0	0	0	0	0
苏州工艺美术职业技术学院	6	0	0	0	0	0	0	0	0	0	0	0	0	0	0	0	0	0	0	0	0	0	0	0	0	0	0
连云港职业技术学院	7	1	0.2	0	0	0	0	0	0	0	0	0	0	0	0	0	0	2	2	0	0	0	0	0	0	0	0
镇江市高等专科学校	8	0	0	0	0	0	0	0	0	0	0	0	0	0	0	0	0	0	0	0	0	0	0	0	0	0	0
南通职业大学	9	0	0	0	0	0	0	0	0	0	0	0	0	0	0	0	0	0	0	0	0	0	0	0	0	0	0
苏州市职业大学	10	11	3	0	20	22.5	0	0	0	0	0	0	0	0	0	0	0	7	7	0	0	0	0	0	0	2	0
沙洲职业工学院	11	0	0	0	0	0	0	0	0	0	0	0	0	0	0	0	0	0	0	0	0	0	0	0	0	0	0
扬州市职业大学	12	0	0	0	0	0	0	0	0	0	0	0	0	0	0	0	0	0	0	0	0	0	0	0	0	0	0
连云港师范高等专科学校	13	0	0	0	0	0	0	0	0	0	0	0	0	0	0	0	0	1	1	0	0	0	0	0	0	0	0
江苏经贸职业技术学院	14	0	0	0	0	0	0	0	0	0	0	0	0	0	0	0	0	0	0	0	0	0	0	0	0	0	0
泰州职业技术学院	15	0	0	0	0	0	0	0	0	0	0	0	0	0	0	0	0	0	0	0	0	0	0	0	0	0	0

续表

高校名称		总数					出版著作(部)							古籍整理(部)	译著(部)	发表译文(篇)	电子出版物(件)	发表论文(篇)				获奖成果数(项)				研究与咨询报告(篇)	
		课题数(项)	当年投入人数(人年)	其中：研究生(人年)	当年拨入经费(千元)	当年支出经费(千元)	合计	专著	其中：被译成外文	编著教材	工具书参考书	皮书/发展报告	科普读物					合计	国内学术刊物 内地(大陆)	国内学术刊物 港、澳、台地区	国外学术刊物	合计	国家级奖	部级奖	省级奖	合计	其中：被采纳数
	编号	L01	L02	L03	L04	L05	L06	L07	L08	L09	L10	L11	L12	L13	L14	L15	L16	L17	L18	L19	L20	L21	L22	L23	L24	L25	L26
常州信息职业技术学院	16	0	0	0	0	0	0	0	0	0	0	0	0	0	0	0	0	0	0	0	0	0	0	0	0	0	0
江苏海事职业技术学院	17	6	1.2	0	4	9.9	0	0	0	0	0	0	0	0	0	0	0	2	2	0	0	0	0	0	0	0	0
无锡科技职业学院	18	0	0	0	0	0	0	0	0	0	0	0	0	0	0	0	0	1	1	0	0	0	0	0	0	0	0
江苏医药职业学院	19	1	0.2	0	0	0	0	0	0	0	0	0	0	0	0	0	0	0	0	0	0	0	0	0	0	0	0
南通科技职业学院	20	0	0	0	0	0	0	0	0	0	0	0	0	0	0	0	0	0	0	0	0	0	0	0	0	0	0
苏州经贸职业技术学院	21	1	0.2	0	0	0.112	0	0	0	0	0	0	0	0	0	0	0	0	0	0	0	0	0	0	0	0	0
苏州工业职业技术学院	22	0	0	0	0	0	0	0	0	0	0	0	0	0	0	0	0	0	0	0	0	0	0	0	0	0	0
苏州卫生职业技术学院	23	1	0.1	0	0	3.9	0	0	0	0	0	0	0	0	0	0	0	0	0	0	0	0	0	0	0	0	0
无锡商业职业技术学院	24	0	0	0	0	0	0	0	0	0	0	0	0	0	0	0	0	2	2	0	0	0	0	0	0	0	0
江苏航运职业技术学院	25	0	0	0	0	0	0	0	0	0	0	0	0	0	0	0	0	2	2	0	0	0	0	0	0	0	0
南京交通职业技术学院	26	0	0	0	0	0	0	0	0	0	0	0	0	0	0	0	0	0	0	0	0	0	0	0	0	0	0
江苏电子信息职业学院	27	0	0	0	0	0	0	0	0	0	0	0	0	0	0	0	0	0	0	0	0	0	0	0	0	0	0
江苏农牧科技职业学院	28	0	0	0	0	0	0	0	0	0	0	0	0	0	0	0	0	0	0	0	0	0	0	0	0	0	0
常州纺织服装职业技术学院	29	0	0	0	0	0	0	0	0	0	0	0	0	0	0	0	0	0	0	0	0	0	0	0	0	0	0
苏州农业职业技术学院	30	0	0	0	0	0	0	0	0	0	0	0	0	0	0	0	0	0	0	0	0	0	0	0	0	0	0

南京科技职业学院	31	1	0.1	0	0	0	0	0	0	0	0	0	0	0	0	0	0	0	0	0	0	0	0	0	0	0	0
常州工业职业技术学院	32	0	0	0	0	0	0	0	0	0	0	0	0	0	0	0	0	0	0	0	0	0	0	0	0	0	0
常州工程职业技术学院	33	0	0	0	0	0	0	0	0	0	0	0	0	0	0	0	0	2	2	0	0	0	0	0	0	5	5
江苏农林职业技术学院	34	0	0	0	0	0	0	0	0	0	0	0	0	0	0	0	0	0	0	0	0	0	0	0	0	0	0
江苏食品药品职业技术学院	35	0	0	0	0	0	0	0	0	0	0	0	0	0	0	0	0	0	0	0	0	0	0	0	0	0	0
南京铁道职业技术学院	36	0	0	0	0	0	0	0	0	0	0	0	0	0	0	0	0	0	0	0	0	0	0	0	0	0	0
徐州工业职业技术学院	37	1	0.1	0	0	0.1	0	0	0	0	0	0	0	0	0	0	0	0	0	0	0	0	0	0	0	0	0
江苏信息职业技术学院	38	0	0	0	0	0	0	0	0	0	0	0	0	0	0	0	0	0	0	0	0	0	0	0	0	0	0
南京信息职业技术学院	39	0	0	0	0	0	0	0	0	0	0	0	0	0	0	0	0	0	0	0	0	0	0	0	0	0	0
常州机电职业技术学院	40	0	0	0	0	0	0	0	0	0	0	0	0	0	0	0	0	0	0	0	0	0	0	0	0	0	0
江阴职业技术学院	41	0	0	0	0	0	0	0	0	0	0	0	0	0	0	0	0	0	0	0	0	0	0	0	0	0	0
无锡城市职业技术学院	42	0	0	0	0	0	0	0	0	0	0	0	0	0	0	0	0	0	0	0	0	0	0	0	0	0	0
无锡工艺职业技术学院	43	0	0	0	0	0	0	0	0	0	0	0	0	0	0	0	0	0	0	0	0	0	0	0	0	0	0
苏州健雄职业技术学院	44	0	0	0	0	0	0	0	0	0	0	0	0	0	0	0	0	0	0	0	0	0	0	0	0	0	0
盐城工业职业技术学院	45	0	0	0	0	0	1	1	0	0	0	0	0	0	0	0	0	0	0	0	0	0	0	0	0	0	0
江苏财经职业技术学院	46	0	0	0	0	0	0	0	0	0	0	0	0	0	0	0	0	0	0	0	0	0	0	0	0	0	0
扬州工业职业技术学院	47	1	0.1	0	6	6	0	0	0	0	0	0	0	0	0	0	0	0	0	0	0	0	0	0	0	0	0
江苏城市职业学院	48	3	1.1	0	40	13.672	0	0	0	0	0	0	0	0	0	0	0	1	1	0	0	0	0	0	0	0	0
南京城市职业学院	49	4	0.5	0	0	0	0	0	0	0	0	0	0	0	0	0	0	0	0	0	0	0	0	0	0	0	0

续表

高校名称	编号	总数					出版著作(部)							古籍整理(部)	译著(部)	发表译文(篇)	电子出版物(件)	发表论文(篇)				获奖成果数(项)				研究与咨询报告(篇)	
		课题数(项)	当年投入人数(人年)	其中：研究生(人年)	当年拨入经费(千元)	当年支出经费(千元)	合计	专著	其中：被译成外文	编著教材	工具书参考书	皮书/发展报告	科普读物					合计	国内学术刊物 内地(大陆)	国内学术刊物 港、澳、台地区	国外学术刊物	合计	国家级奖	部级奖	省级奖	合计	其中：被采纳数
		L01	L02	L03	L04	L05	L06	L07	L08	L09	L10	L11	L12	L13	L14	L15	L16	L17	L18	L19	L20	L21	L22	L23	L24	L25	L26
南京机电职业技术学院	50	0	0	0	0	0	0	0	0	0	0	0	0	0	0	0	0	0	0	0	0	0	0	0	0	0	0
南京旅游职业学院	51	0	0	0	0	0	0	0	0	0	0	0	0	0	0	0	0	1	1	0	0	0	0	0	0	0	0
江苏卫生健康职业学院	52	1	0.1	0	3	1	0	0	0	0	0	0	0	0	0	0	0	0	0	0	0	0	0	0	0	0	0
苏州信息职业技术学院	53	0	0	0	0	0	0	0	0	0	0	0	0	0	0	0	0	0	0	0	0	0	0	0	0	0	0
苏州工业园区服务外包职业学院	54	3	0.6	0	0	5.2	0	0	0	0	0	0	0	0	0	0	0	0	0	0	0	0	0	0	0	0	0
徐州幼儿师范高等专科学校	55	0	0	0	0	0	0	0	0	0	0	0	0	0	0	0	0	0	0	0	0	0	0	0	0	0	0
徐州生物工程职业技术学院	56	0	0	0	0	0	0	0	0	0	0	0	0	0	0	0	0	0	0	0	0	0	0	0	0	0	0
江苏商贸职业学院	57	0	0	0	0	0	0	0	0	0	0	0	0	0	0	0	0	0	0	0	0	0	0	0	0	0	0
南通师范高等专科学校	58	0	0	0	0	0	0	0	0	0	0	0	0	0	0	0	0	0	0	0	0	0	0	0	0	0	0
江苏护理职业学院	59	0	0	0	0	0	0	0	0	0	0	0	0	0	0	0	0	1	1	0	0	0	0	0	0	0	0
江苏财会职业学院	60	0	0	0	0	0	0	0	0	0	0	0	0	0	0	0	0	0	0	0	0	0	0	0	0	0	0
江苏城乡建设职业学院	61	0	0	0	0	0	0	0	0	0	0	0	0	0	0	0	0	0	0	0	0	0	0	0	0	0	0
江苏航空职业技术学院	62	0	0	0	0	0	0	0	0	0	0	0	0	0	0	0	0	0	0	0	0	0	0	0	0	0	0
江苏安全技术职业学院	63	0	0	0	0	0	0	0	0	0	0	0	0	0	0	0	0	0	0	0	0	0	0	0	0	0	0
江苏旅游职业学院	64	0	0	0	0	0	0	0	0	0	0	0	0	0	0	0	0	0	0	0	0	0	0	0	0	0	0
常州幼儿师范高等专科学校	65	0	0	0	0	0	0	0	0	0	0	0	0	0	0	0	0	0	0	0	0	0	0	0	0	0	0

3.4 逻辑学人文、社会科学研究与课题成果情况表

高校名称		总数					出版著作(部)							古籍整理(部)	译著(部)	发表译文(篇)	电子出版物(件)	发表论文(篇)				获奖成果数(项)				研究与咨询报告(篇)	
		课题数(项)	当年投入人数(人年)	其中:研究生(人年)	当年拨入经费(千元)	当年支出经费(千元)	合计	专著	其中:被译成外文	编著教材	工具书参考书	皮书/发展报告	科普读物					合计	国内学术刊物 内地(大陆)	国内学术刊物 港、澳、台地区	国外学术刊物	合计	国家级奖	部级奖	省级奖	合计	其中:被采纳数
	编号	L01	L02	L03	L04	L05	L06	L07	L08	L09	L10	L11	L12	L13	L14	L15	L16	L17	L18	L19	L20	L21	L22	L23	L24	L25	L26
合　计	/	4	0.8	0	16	8.92	1	0	0	1	0	0	0	0	0	0	0	7	7	0	0	0	0	0	0	0	0
盐城幼儿师范高等专科学校	1	0	0	0	0	0	0	0	0	0	0	0	0	0	0	0	0	0	0	0	0	0	0	0	0	0	0
苏州幼儿师范高等专科学校	2	0	0	0	0	0	0	0	0	0	0	0	0	0	0	0	0	1	1	0	0	0	0	0	0	0	0
无锡职业技术学院	3	0	0	0	0	0	0	0	0	0	0	0	0	0	0	0	0	0	0	0	0	0	0	0	0	0	0
江苏建筑职业技术学院	4	0	0	0	0	0	0	0	0	0	0	0	0	0	0	0	0	0	0	0	0	0	0	0	0	0	0
江苏工程职业技术学院	5	0	0	0	0	0	0	0	0	0	0	0	0	0	0	0	0	0	0	0	0	0	0	0	0	0	0
苏州工艺美术职业技术学院	6	0	0	0	0	0	0	0	0	0	0	0	0	0	0	0	0	0	0	0	0	0	0	0	0	0	0
连云港职业技术学院	7	1	0.1	0	0	0	0	0	0	0	0	0	0	0	0	0	0	0	0	0	0	0	0	0	0	0	0
镇江市高等专科学校	8	0	0	0	0	0	0	0	0	0	0	0	0	0	0	0	0	0	0	0	0	0	0	0	0	0	0
南通职业大学	9	0	0	0	0	0	0	0	0	0	0	0	0	0	0	0	0	0	0	0	0	0	0	0	0	0	0
苏州市职业大学	10	0	0	0	0	0	0	0	0	0	0	0	0	0	0	0	0	0	0	0	0	0	0	0	0	0	0
沙洲职业工学院	11	0	0	0	0	0	0	0	0	0	0	0	0	0	0	0	0	0	0	0	0	0	0	0	0	0	0
扬州市职业大学	12	0	0	0	0	0	0	0	0	0	0	0	0	0	0	0	0	0	0	0	0	0	0	0	0	0	0
连云港师范高等专科学校	13	0	0	0	0	0	0	0	0	0	0	0	0	0	0	0	0	0	0	0	0	0	0	0	0	0	0
江苏经贸职业技术学院	14	0	0	0	0	0	0	0	0	0	0	0	0	0	0	0	0	0	0	0	0	0	0	0	0	0	0
泰州职业技术学院	15	0	0	0	0	0	0	0	0	0	0	0	0	0	0	0	0	0	0	0	0	0	0	0	0	0	0

续表

高校名称	编号	总数：课题数(项)	总数：当年投入人数(人年)	总数：其中：研究生(人年)	总数：当年拨入经费(千元)	总数：当年支出经费(千元)	出版著作(部)：合计	出版著作(部)：专著	出版著作(部)：其中：被译成外文	出版著作(部)：编著教材	出版著作(部)：工具书参考书	出版著作(部)：皮书/发展报告	出版著作(部)：科普读物	古籍整理(部)	译著(部)	发表译文(篇)	电子出版物(件)	发表论文(篇)：合计	发表论文(篇)：国内学术刊物：内地(大陆)	发表论文(篇)：国内学术刊物：港、澳、台地区	发表论文(篇)：国外学术刊物	获奖成果数(项)：合计	获奖成果数(项)：国家级奖	获奖成果数(项)：部级奖	获奖成果数(项)：省级奖	研究与咨询报告(篇)：合计	研究与咨询报告(篇)：其中：被采纳数
		L01	L02	L03	L04	L05	L06	L07	L08	L09	L10	L11	L12	L13	L14	L15	L16	L17	L18	L19	L20	L21	L22	L23	L24	L25	L26
常州信息职业技术学院	16	0	0	0	0	0	0	0	0	0	0	0	0	0	0	0	0	0	0	0	0	0	0	0	0	0	0
江苏海事职业技术学院	17	1	0.4	0	4	5.68	0	0	0	0	0	0	0	0	0	0	0	0	0	0	0	0	0	0	0	0	0
无锡科技职业学院	18	0	0	0	0	0	0	0	0	0	0	0	0	0	0	0	0	0	0	0	0	0	0	0	0	0	0
江苏医药职业学院	19	0	0	0	0	0	0	0	0	0	0	0	0	0	0	0	0	0	0	0	0	0	0	0	0	0	0
南通科技职业学院	20	0	0	0	0	0	0	0	0	0	0	0	0	0	0	0	0	0	0	0	0	0	0	0	0	0	0
苏州经贸职业技术学院	21	0	0	0	0	0	0	0	0	0	0	0	0	0	0	0	0	0	0	0	0	0	0	0	0	0	0
苏州工业职业技术学院	22	0	0	0	0	0	0	0	0	0	0	0	0	0	0	0	0	0	0	0	0	0	0	0	0	0	0
苏州卫生职业技术学院	23	0	0	0	0	0	0	0	0	0	0	0	0	0	0	0	0	0	0	0	0	0	0	0	0	0	0
无锡商业职业技术学院	24	0	0	0	0	0	0	0	0	0	0	0	0	0	0	0	0	0	0	0	0	0	0	0	0	0	0
江苏航运职业技术学院	25	0	0	0	0	0	0	0	0	0	0	0	0	0	0	0	0	0	0	0	0	0	0	0	0	0	0
南京交通职业技术学院	26	0	0	0	0	0	0	0	0	0	0	0	0	0	0	0	0	0	0	0	0	0	0	0	0	0	0
江苏电子信息职业学院	27	0	0	0	0	0	0	0	0	0	0	0	0	0	0	0	0	0	0	0	0	0	0	0	0	0	0
江苏农牧科技职业学院	28	0	0	0	0	0	0	0	0	0	0	0	0	0	0	0	0	0	0	0	0	0	0	0	0	0	0
常州纺织服装职业技术学院	29	0	0	0	0	0	0	0	0	0	0	0	0	0	0	0	0	0	0	0	0	0	0	0	0	0	0
苏州农业职业技术学院	30	0	0	0	0	0	0	0	0	0	0	0	0	0	0	0	0	0	0	0	0	0	0	0	0	0	0

南京科技职业学院	31	0	0	0	0	0	0	0	0	0	0	0	0	0	0	0	0	0	0	0	0	0	0	0	0	0	0
常州工业职业技术学院	32	0	0	0	0	0	0	0	0	0	0	0	0	0	0	0	0	0	0	0	0	0	0	0	0	0	0
常州工程职业技术学院	33	0	0	0	0	0	0	0	0	0	0	0	0	0	0	0	0	0	0	0	0	0	0	0	0	0	0
江苏农林职业技术学院	34	0	0	0	0	0	0	0	0	0	0	0	0	0	0	0	0	0	0	0	0	0	0	0	0	0	0
江苏食品药品职业技术学院	35	0	0	0	0	0	0	0	0	0	0	0	0	0	0	0	0	0	0	0	0	0	0	0	0	0	0
南京铁道职业技术学院	36	0	0	0	0	0	0	0	0	0	0	0	0	0	0	0	0	0	0	0	0	0	0	0	0	0	0
徐州工业职业技术学院	37	0	0	0	0	0	1	0	0	1	0	0	0	0	0	0	0	5	5	0	0	0	0	0	0	0	0
江苏信息职业技术学院	38	0	0	0	0	0	0	0	0	0	0	0	0	0	0	0	0	1	1	0	0	0	0	0	0	0	0
南京信息职业技术学院	39	0	0	0	0	0	0	0	0	0	0	0	0	0	0	0	0	0	0	0	0	0	0	0	0	0	0
常州机电职业技术学院	40	1	0.2	0	0	0	0	0	0	0	0	0	0	0	0	0	0	0	0	0	0	0	0	0	0	0	0
江阴职业技术学院	41	0	0	0	0	0	0	0	0	0	0	0	0	0	0	0	0	0	0	0	0	0	0	0	0	0	0
无锡城市职业技术学院	42	0	0	0	0	0	0	0	0	0	0	0	0	0	0	0	0	0	0	0	0	0	0	0	0	0	0
无锡工艺职业技术学院	43	0	0	0	0	0	0	0	0	0	0	0	0	0	0	0	0	0	0	0	0	0	0	0	0	0	0
苏州健雄职业技术学院	44	0	0	0	0	0	0	0	0	0	0	0	0	0	0	0	0	0	0	0	0	0	0	0	0	0	0
盐城工业职业技术学院	45	0	0	0	0	0	0	0	0	0	0	0	0	0	0	0	0	0	0	0	0	0	0	0	0	0	0
江苏财经职业技术学院	46	1	0.1	0	12	3.24	0	0	0	0	0	0	0	0	0	0	0	0	0	0	0	0	0	0	0	0	0
扬州工业职业技术学院	47	0	0	0	0	0	0	0	0	0	0	0	0	0	0	0	0	0	0	0	0	0	0	0	0	0	0
江苏城市职业学院	48	0	0	0	0	0	0	0	0	0	0	0	0	0	0	0	0	0	0	0	0	0	0	0	0	0	0
南京城市职业学院	49	0	0	0	0	0	0	0	0	0	0	0	0	0	0	0	0	0	0	0	0	0	0	0	0	0	0

续表

高校名称	编号	总数 课题数(项)	总数 当年投入人数(人年)	总数 其中:研究生(人年)	总数 当年拨入经费(千元)	总数 当年支出经费(千元)	出版著作(部) 合计	出版著作(部) 专著	出版著作(部) 其中:被译成外文	出版著作(部) 编著教材	出版著作(部) 工具书参考书	出版著作(部) 皮书/发展报告	出版著作(部) 科普读物	古籍整理(部)	译著(部)	发表译文(篇)	电子出版物(件)	发表论文(篇) 合计	发表论文(篇) 国内学术刊物 内地(大陆)	发表论文(篇) 国内学术刊物 港、澳、台地区	发表论文(篇) 国外学术刊物	获奖成果数(项) 合计	获奖成果数(项) 国家级奖	获奖成果数(项) 部级奖	获奖成果数(项) 省级奖	研究与咨询报告(篇) 合计	研究与咨询报告(篇) 其中:被采纳数
		L01	L02	L03	L04	L05	L06	L07	L08	L09	L10	L11	L12	L13	L14	L15	L16	L17	L18	L19	L20	L21	L22	L23	L24	L25	L26
南京机电职业技术学院	50	0	0	0	0	0	0	0	0	0	0	0	0	0	0	0	0	0	0	0	0	0	0	0	0	0	0
南京旅游职业学院	51	0	0	0	0	0	0	0	0	0	0	0	0	0	0	0	0	0	0	0	0	0	0	0	0	0	0
江苏卫生健康职业学院	52	0	0	0	0	0	0	0	0	0	0	0	0	0	0	0	0	0	0	0	0	0	0	0	0	0	0
苏州信息职业技术学院	53	0	0	0	0	0	0	0	0	0	0	0	0	0	0	0	0	0	0	0	0	0	0	0	0	0	0
苏州工业园区服务外包职业学院	54	0	0	0	0	0	0	0	0	0	0	0	0	0	0	0	0	0	0	0	0	0	0	0	0	0	0
徐州幼儿师范高等专科学校	55	0	0	0	0	0	0	0	0	0	0	0	0	0	0	0	0	0	0	0	0	0	0	0	0	0	0
徐州生物工程职业技术学院	56	0	0	0	0	0	0	0	0	0	0	0	0	0	0	0	0	0	0	0	0	0	0	0	0	0	0
江苏商贸职业学院	57	0	0	0	0	0	0	0	0	0	0	0	0	0	0	0	0	0	0	0	0	0	0	0	0	0	0
南通师范高等专科学校	58	0	0	0	0	0	0	0	0	0	0	0	0	0	0	0	0	0	0	0	0	0	0	0	0	0	0
江苏护理职业学院	59	0	0	0	0	0	0	0	0	0	0	0	0	0	0	0	0	0	0	0	0	0	0	0	0	0	0
江苏财会职业学院	60	0	0	0	0	0	0	0	0	0	0	0	0	0	0	0	0	0	0	0	0	0	0	0	0	0	0
江苏城乡建设职业学院	61	0	0	0	0	0	0	0	0	0	0	0	0	0	0	0	0	0	0	0	0	0	0	0	0	0	0
江苏航空职业技术学院	62	0	0	0	0	0	0	0	0	0	0	0	0	0	0	0	0	0	0	0	0	0	0	0	0	0	0
江苏安全技术职业学院	63	0	0	0	0	0	0	0	0	0	0	0	0	0	0	0	0	0	0	0	0	0	0	0	0	0	0
江苏旅游职业学院	64	0	0	0	0	0	0	0	0	0	0	0	0	0	0	0	0	0	0	0	0	0	0	0	0	0	0
常州幼儿师范高等专科学校	65	0	0	0	0	0	0	0	0	0	0	0	0	0	0	0	0	0	0	0	0	0	0	0	0	0	0

3.5　宗教学人文、社会科学研究与课题成果情况表

高校名称		总数					出版著作(部)							古籍整理(部)	译著(部)	发表译文(篇)	电子出版物(件)	发表论文(篇)				获奖成果数(项)				研究与咨询报告(篇)	
		课题数(项)	当年投入人数(人年)	其中：研究生(人年)	当年拨入经费(千元)	当年支出经费(千元)	合计	专著	其中：被译成外文	编著教材	工具书参考书	皮书/发展报告	科普读物					合计	国内学术刊物 内地(大陆)	国内学术刊物 港、澳、台地区	国外学术刊物	合计	国家级奖	部级奖	省级奖	合计	其中：被采纳数
	编号	L01	L02	L03	L04	L05	L06	L07	L08	L09	L10	L11	L12	L13	L14	L15	L16	L17	L18	L19	L20	L21	L22	L23	L24	L25	L26
合　计	/	1	0.2	0	0	0	0	0	0	0	0	0	0	0	0	0	0	0	0	0	0	0	0	0	0	1	0
盐城幼儿师范高等专科学校	1	0	0	0	0	0	0	0	0	0	0	0	0	0	0	0	0	0	0	0	0	0	0	0	0	0	0
苏州幼儿师范高等专科学校	2	0	0	0	0	0	0	0	0	0	0	0	0	0	0	0	0	0	0	0	0	0	0	0	0	0	0
无锡职业技术学院	3	0	0	0	0	0	0	0	0	0	0	0	0	0	0	0	0	0	0	0	0	0	0	0	0	0	0
江苏建筑职业技术学院	4	0	0	0	0	0	0	0	0	0	0	0	0	0	0	0	0	0	0	0	0	0	0	0	0	0	0
江苏工程职业技术学院	5	0	0	0	0	0	0	0	0	0	0	0	0	0	0	0	0	0	0	0	0	0	0	0	0	0	0
苏州工艺美术职业技术学院	6	0	0	0	0	0	0	0	0	0	0	0	0	0	0	0	0	0	0	0	0	0	0	0	0	0	0
连云港职业技术学院	7	0	0	0	0	0	0	0	0	0	0	0	0	0	0	0	0	0	0	0	0	0	0	0	0	0	0
镇江市高等专科学校	8	0	0	0	0	0	0	0	0	0	0	0	0	0	0	0	0	0	0	0	0	0	0	0	0	0	0
南通职业大学	9	0	0	0	0	0	0	0	0	0	0	0	0	0	0	0	0	0	0	0	0	0	0	0	0	0	0
苏州市职业大学	10	0	0	0	0	0	0	0	0	0	0	0	0	0	0	0	0	0	0	0	0	0	0	0	0	0	0
沙洲职业工学院	11	0	0	0	0	0	0	0	0	0	0	0	0	0	0	0	0	0	0	0	0	0	0	0	0	0	0
扬州市职业大学	12	1	0.2	0	0	0	0	0	0	0	0	0	0	0	0	0	0	0	0	0	0	0	0	0	0	1	0
连云港师范高等专科学校	13	0	0	0	0	0	0	0	0	0	0	0	0	0	0	0	0	0	0	0	0	0	0	0	0	0	0
江苏经贸职业技术学院	14	0	0	0	0	0	0	0	0	0	0	0	0	0	0	0	0	0	0	0	0	0	0	0	0	0	0
泰州职业技术学院	15	0	0	0	0	0	0	0	0	0	0	0	0	0	0	0	0	0	0	0	0	0	0	0	0	0	0

续表

高校名称	编号	总数					出版著作(部)							古籍整理(部)	译著(部)	发表译文(篇)	电子出版物(件)	发表论文(篇)				获奖成果数(项)				研究与咨询报告(篇)	
		课题数(项)	当年投入人数(人年)	其中:研究生(人年)	当年拨入经费(千元)	当年支出经费(千元)	合计	专著	其中:被译成外文	编著教材	工具书参考书	皮书/发展报告	科普读物					合计	国内学术刊物 内地(大陆)	国内学术刊物 港、澳、台地区	国外学术刊物	合计	国家级奖	部级奖	省级奖	合计	其中:被采纳数
	编号	L01	L02	L03	L04	L05	L06	L07	L08	L09	L10	L11	L12	L13	L14	L15	L16	L17	L18	L19	L20	L21	L22	L23	L24	L25	L26
常州信息职业技术学院	16	0	0	0	0	0	0	0	0	0	0	0	0	0	0	0	0	0	0	0	0	0	0	0	0	0	0
江苏海事职业技术学院	17	0	0	0	0	0	0	0	0	0	0	0	0	0	0	0	0	0	0	0	0	0	0	0	0	0	0
无锡科技职业学院	18	0	0	0	0	0	0	0	0	0	0	0	0	0	0	0	0	0	0	0	0	0	0	0	0	0	0
江苏医药职业学院	19	0	0	0	0	0	0	0	0	0	0	0	0	0	0	0	0	0	0	0	0	0	0	0	0	0	0
南通科技职业学院	20	0	0	0	0	0	0	0	0	0	0	0	0	0	0	0	0	0	0	0	0	0	0	0	0	0	0
苏州经贸职业技术学院	21	0	0	0	0	0	0	0	0	0	0	0	0	0	0	0	0	0	0	0	0	0	0	0	0	0	0
苏州工业职业技术学院	22	0	0	0	0	0	0	0	0	0	0	0	0	0	0	0	0	0	0	0	0	0	0	0	0	0	0
苏州卫生职业技术学院	23	0	0	0	0	0	0	0	0	0	0	0	0	0	0	0	0	0	0	0	0	0	0	0	0	0	0
无锡商业职业技术学院	24	0	0	0	0	0	0	0	0	0	0	0	0	0	0	0	0	0	0	0	0	0	0	0	0	0	0
江苏航运职业技术学院	25	0	0	0	0	0	0	0	0	0	0	0	0	0	0	0	0	0	0	0	0	0	0	0	0	0	0
南京交通职业技术学院	26	0	0	0	0	0	0	0	0	0	0	0	0	0	0	0	0	0	0	0	0	0	0	0	0	0	0
江苏电子信息职业学院	27	0	0	0	0	0	0	0	0	0	0	0	0	0	0	0	0	0	0	0	0	0	0	0	0	0	0
江苏农牧科技职业学院	28	0	0	0	0	0	0	0	0	0	0	0	0	0	0	0	0	0	0	0	0	0	0	0	0	0	0
常州纺织服装职业技术学院	29	0	0	0	0	0	0	0	0	0	0	0	0	0	0	0	0	0	0	0	0	0	0	0	0	0	0
苏州农业职业技术学院	30	0	0	0	0	0	0	0	0	0	0	0	0	0	0	0	0	0	0	0	0	0	0	0	0	0	0

南京科技职业学院	31	0	0	0	0	0	0	0	0	0	0	0	0	0	0	0	0	0	0	0	0	0	0	0	0	0	0
常州工业职业技术学院	32	0	0	0	0	0	0	0	0	0	0	0	0	0	0	0	0	0	0	0	0	0	0	0	0	0	0
常州工程职业技术学院	33	0	0	0	0	0	0	0	0	0	0	0	0	0	0	0	0	0	0	0	0	0	0	0	0	0	0
江苏农林职业技术学院	34	0	0	0	0	0	0	0	0	0	0	0	0	0	0	0	0	0	0	0	0	0	0	0	0	0	0
江苏食品药品职业技术学院	35	0	0	0	0	0	0	0	0	0	0	0	0	0	0	0	0	0	0	0	0	0	0	0	0	0	0
南京铁道职业技术学院	36	0	0	0	0	0	0	0	0	0	0	0	0	0	0	0	0	0	0	0	0	0	0	0	0	0	0
徐州工业职业技术学院	37	0	0	0	0	0	0	0	0	0	0	0	0	0	0	0	0	0	0	0	0	0	0	0	0	0	0
江苏信息职业技术学院	38	0	0	0	0	0	0	0	0	0	0	0	0	0	0	0	0	0	0	0	0	0	0	0	0	0	0
南京信息职业技术学院	39	0	0	0	0	0	0	0	0	0	0	0	0	0	0	0	0	0	0	0	0	0	0	0	0	0	0
常州机电职业技术学院	40	0	0	0	0	0	0	0	0	0	0	0	0	0	0	0	0	0	0	0	0	0	0	0	0	0	0
江阴职业技术学院	41	0	0	0	0	0	0	0	0	0	0	0	0	0	0	0	0	0	0	0	0	0	0	0	0	0	0
无锡城市职业技术学院	42	0	0	0	0	0	0	0	0	0	0	0	0	0	0	0	0	0	0	0	0	0	0	0	0	0	0
无锡工艺职业技术学院	43	0	0	0	0	0	0	0	0	0	0	0	0	0	0	0	0	0	0	0	0	0	0	0	0	0	0
苏州健雄职业技术学院	44	0	0	0	0	0	0	0	0	0	0	0	0	0	0	0	0	0	0	0	0	0	0	0	0	0	0
盐城工业职业技术学院	45	0	0	0	0	0	0	0	0	0	0	0	0	0	0	0	0	0	0	0	0	0	0	0	0	0	0
江苏财经职业技术学院	46	0	0	0	0	0	0	0	0	0	0	0	0	0	0	0	0	0	0	0	0	0	0	0	0	0	0
扬州工业职业技术学院	47	0	0	0	0	0	0	0	0	0	0	0	0	0	0	0	0	0	0	0	0	0	0	0	0	0	0
江苏城市职业学院	48	0	0	0	0	0	0	0	0	0	0	0	0	0	0	0	0	0	0	0	0	0	0	0	0	0	0
南京城市职业学院	49	0	0	0	0	0	0	0	0	0	0	0	0	0	0	0	0	0	0	0	0	0	0	0	0	0	0

续表

高校名称	编号	总数 课题数（项） L01	当年投入人数（人年） L02	其中：研究生（人年） L03	当年拨入经费（千元） L04	当年支出经费（千元） L05	出版著作（部） 合计 L06	专著 L07	其中：被译成外文 L08	编著教材 L09	工具书参考书 L10	皮书/发展报告 L11	科普读物 L12	古籍整理（部） L13	译著（部） L14	发表译文（篇） L15	电子出版物（件） L16	发表论文（篇） 合计 L17	国内学术刊物 内地（大陆） L18	国内学术刊物 港、澳、台地区 L19	国外学术刊物 L20	获奖成果数（项） 合计 L21	国家级奖 L22	部级奖 L23	省级奖 L24	研究与咨询报告（篇） 合计 L25	其中：被采纳数 L26
南京机电职业技术学院	50	0	0	0	0	0	0	0	0	0	0	0	0	0	0	0	0	0	0	0	0	0	0	0	0	0	0
南京旅游职业学院	51	0	0	0	0	0	0	0	0	0	0	0	0	0	0	0	0	0	0	0	0	0	0	0	0	0	0
江苏卫生健康职业学院	52	0	0	0	0	0	0	0	0	0	0	0	0	0	0	0	0	0	0	0	0	0	0	0	0	0	0
苏州信息职业技术学院	53	0	0	0	0	0	0	0	0	0	0	0	0	0	0	0	0	0	0	0	0	0	0	0	0	0	0
苏州工业园区服务外包职业学院	54	0	0	0	0	0	0	0	0	0	0	0	0	0	0	0	0	0	0	0	0	0	0	0	0	0	0
徐州幼儿师范高等专科学校	55	0	0	0	0	0	0	0	0	0	0	0	0	0	0	0	0	0	0	0	0	0	0	0	0	0	0
徐州生物工程职业技术学院	56	0	0	0	0	0	0	0	0	0	0	0	0	0	0	0	0	0	0	0	0	0	0	0	0	0	0
江苏商贸职业学院	57	0	0	0	0	0	0	0	0	0	0	0	0	0	0	0	0	0	0	0	0	0	0	0	0	0	0
南通师范高等专科学校	58	0	0	0	0	0	0	0	0	0	0	0	0	0	0	0	0	0	0	0	0	0	0	0	0	0	0
江苏护理职业学院	59	0	0	0	0	0	0	0	0	0	0	0	0	0	0	0	0	0	0	0	0	0	0	0	0	0	0
江苏财会职业学院	60	0	0	0	0	0	0	0	0	0	0	0	0	0	0	0	0	0	0	0	0	0	0	0	0	0	0
江苏城乡建设职业学院	61	0	0	0	0	0	0	0	0	0	0	0	0	0	0	0	0	0	0	0	0	0	0	0	0	0	0
江苏航空职业技术学院	62	0	0	0	0	0	0	0	0	0	0	0	0	0	0	0	0	0	0	0	0	0	0	0	0	0	0
江苏安全技术职业学院	63	0	0	0	0	0	0	0	0	0	0	0	0	0	0	0	0	0	0	0	0	0	0	0	0	0	0
江苏旅游职业学院	64	0	0	0	0	0	0	0	0	0	0	0	0	0	0	0	0	0	0	0	0	0	0	0	0	0	0
常州幼儿师范高等专科学校	65	0	0	0	0	0	0	0	0	0	0	0	0	0	0	0	0	0	0	0	0	0	0	0	0	0	0

3.6 语言学人文、社会科学研究与课题成果情况表

高校名称		总数					出版著作(部)							古籍整理(部)	译著(部)	发表译文(篇)	电子出版物(件)	发表论文(篇)				获奖成果数(项)				研究与咨询报告(篇)	
		课题数(项)	当年投入人数(人年)	其中:研究生(人年)	当年拨入经费(千元)	当年支出经费(千元)	合计	专著	其中:被译成外文	编著教材	工具书参考书	皮书/发展报告	科普读物					合计	国内学术刊物 内地(大陆)	国内学术刊物 港澳、台地区	国外学术刊物	合计	国家级奖	部级奖	省级奖	合计	其中:被采纳数
	编号	L01	L02	L03	L04	L05	L06	L07	L08	L09	L10	L11	L12	L13	L14	L15	L16	L17	L18	L19	L20	L21	L22	L23	L24	L25	L26
合　计	/	234	45.1	0	3844.77	3159.094	11	8	0	3	0	0	0	0	1	0	0	240	217	0	23	0	0	0	0	36	25
盐城幼儿师范高等专科学校	1	7	0.8	0	20	20	1	1	0	0	0	0	0	0	0	0	0	24	24	0	0	0	0	0	0	0	0
苏州幼儿师范高等专科学校	2	1	0.1	0	0	0	1	0	0	1	0	0	0	0	0	0	0	1	0	0	1	0	0	0	0	0	0
无锡职业技术学院	3	8	1.2	0	30	13.8	0	0	0	0	0	0	0	0	0	0	0	0	0	0	0	0	0	0	0	0	0
江苏建筑职业技术学院	4	3	0.3	0	0	15	0	0	0	0	0	0	0	0	0	0	0	4	4	0	0	0	0	0	0	0	0
江苏工程职业技术学院	5	0	0	0	0	0	0	0	0	0	0	0	0	0	0	0	0	1	1	0	0	0	0	0	0	0	0
苏州工艺美术职业技术学院	6	0	0	0	0	0	0	0	0	0	0	0	0	0	0	0	0	2	2	0	0	0	0	0	0	0	0
连云港职业技术学院	7	0	0	0	0	0	0	0	0	0	0	0	0	0	0	0	0	0	0	0	0	0	0	0	0	0	0
镇江市高等专科学校	8	1	0.4	0	2	2	0	0	0	0	0	0	0	0	0	0	0	3	3	0	0	0	0	0	0	2	0
南通职业大学	9	0	0	0	0	0	0	0	0	0	0	0	0	0	0	0	0	0	0	0	0	0	0	0	0	0	0
苏州市职业大学	10	27	7.2	0	274	282	0	0	0	0	0	0	0	0	0	0	0	11	11	0	0	0	0	0	0	0	0
沙洲职业工学院	11	1	0.1	0	0	0	0	0	0	0	0	0	0	0	0	0	0	0	0	0	0	0	0	0	0	0	0
扬州市职业大学	12	24	5.7	0	273	232.04	2	2	0	0	0	0	0	0	1	0	0	4	4	0	0	0	0	0	0	13	9
连云港师范高等专科学校	13	3	0.3	0	2	0	0	0	0	0	0	0	0	0	0	0	0	8	8	0	0	0	0	0	0	0	0
江苏经贸职业技术学院	14	1	0.1	0	20	21.875	0	0	0	0	0	0	0	0	0	0	0	0	0	0	0	0	0	0	0	0	0
泰州职业技术学院	15	2	0.2	0	12	0.66	0	0	0	0	0	0	0	0	0	0	0	1	1	0	0	0	0	0	0	0	0

续表

高校名称	编号	总数：课题数（项）	总数：当年投入人数（人年）	总数：其中：研究生（人年）	总数：当年拨入经费（千元）	总数：当年支出经费（千元）	出版著作（部）：合计	出版著作（部）：专著	出版著作（部）：其中：被译成外文	出版著作（部）：编著教材	出版著作（部）：工具书参考书	出版著作（部）：皮书/发展报告	出版著作（部）：科普读物	古籍整理（部）	译著（部）	发表译文（篇）	电子出版物（件）	发表论文（篇）：合计	发表论文（篇）：国内学术刊物：内地（大陆）	发表论文（篇）：国内学术刊物：港、澳、台地区	发表论文（篇）：国外学术刊物	获奖成果数（项）：合计	获奖成果数（项）：国家级奖	获奖成果数（项）：部级奖	获奖成果数（项）：省级奖	研究与咨询报告（篇）：合计	研究与咨询报告（篇）：其中：被采纳数
		L01	L02	L03	L04	L05	L06	L07	L08	L09	L10	L11	L12	L13	L14	L15	L16	L17	L18	L19	L20	L21	L22	L23	L24	L25	L26
常州信息职业技术学院	16	4	1.3	0	0	0	0	0	0	0	0	0	0	0	0	0	0	7	7	0	0	0	0	0	0	0	0
江苏海事职业技术学院	17	9	3.1	0	841.44	832.93	5	5	0	0	0	0	0	0	0	0	0	52	31	0	21	0	0	0	0	6	6
无锡科技职业学院	18	0	0	0	0	0	0	0	0	0	0	0	0	0	0	0	0	1	0	0	1	0	0	0	0	0	0
江苏医药职业学院	19	1	0.3	0	0	0	0	0	0	0	0	0	0	0	0	0	0	0	0	0	0	0	0	0	0	0	0
南通科技职业学院	20	1	0.2	0	3	1	0	0	0	0	0	0	0	0	0	0	0	0	0	0	0	0	0	0	0	0	0
苏州经贸职业技术学院	21	0	0	0	0	0	0	0	0	0	0	0	0	0	0	0	0	1	1	0	0	0	0	0	0	0	0
苏州工业职业技术学院	22	5	1	0	210	213.9	0	0	0	0	0	0	0	0	0	0	0	39	39	0	0	0	0	0	0	6	6
苏州卫生职业技术学院	23	4	0.5	0	2	5.4	0	0	0	0	0	0	0	0	0	0	0	5	5	0	0	0	0	0	0	0	0
无锡商业职业技术学院	24	1	0.1	0	0	0	0	0	0	0	0	0	0	0	0	0	0	0	0	0	0	0	0	0	0	0	0
江苏航运职业技术学院	25	0	0	0	0	0	0	0	0	0	0	0	0	0	0	0	0	1	1	0	0	0	0	0	0	0	0
南京交通职业技术学院	26	0	0	0	0	0	0	0	0	0	0	0	0	0	0	0	0	0	0	0	0	0	0	0	0	0	0
江苏电子信息职业学院	27	2	0.3	0	0	5	0	0	0	0	0	0	0	0	0	0	0	1	1	0	0	0	0	0	0	0	0
江苏农牧科技职业学院	28	0	0	0	0	0	0	0	0	0	0	0	0	0	0	0	0	0	0	0	0	0	0	0	0	0	0
常州纺织服装职业技术学院	29	1	0.1	0	0	2	0	0	0	0	0	0	0	0	0	0	0	4	4	0	0	0	0	0	0	0	0
苏州农业职业技术学院	30	0	0	0	0	0	0	0	0	0	0	0	0	0	0	0	0	0	0	0	0	0	0	0	0	0	0

南京科技职业学院	31	6	0.7	0	10	10	0	0	0	0	0	0	0	0	0	0	0	3	3	0	0	0	0	0	0	0	0
常州工业职业技术学院	32	4	0.7	0	0	30	0	0	0	0	0	0	0	0	0	0	0	0	0	0	0	0	0	0	0	1	0
常州工程职业技术学院	33	0	0	0	0	0	0	0	0	0	0	0	0	0	0	0	0	0	0	0	0	0	0	0	0	0	0
江苏农林职业技术学院	34	7	0.9	0	5	7.5	0	0	0	0	0	0	0	0	0	0	0	2	2	0	0	0	0	0	0	0	0
江苏食品药品职业技术学院	35	6	1.6	0	164	95.5	0	0	0	0	0	0	0	0	0	0	0	1	1	0	0	0	0	0	0	3	0
南京铁道职业技术学院	36	8	0.8	0	12	24	0	0	0	0	0	0	0	0	0	0	0	1	1	0	0	0	0	0	0	0	0
徐州工业职业技术学院	37	2	0.2	0	0	1.15	0	0	0	0	0	0	0	0	0	0	0	0	0	0	0	0	0	0	0	0	0
江苏信息职业技术学院	38	1	0.3	0	25	12.5	0	0	0	0	0	0	0	0	0	0	0	0	0	0	0	0	0	0	0	0	0
南京信息职业技术学院	39	7	0.7	0	20	64.165	1	0	0	1	0	0	0	0	0	0	0	0	0	0	0	0	0	0	0	1	0
常州机电职业技术学院	40	1	0.1	0	0	0	0	0	0	0	0	0	0	0	0	0	0	0	0	0	0	0	0	0	0	0	0
江阴职业技术学院	41	1	0.1	0	0	0.5	0	0	0	0	0	0	0	0	0	0	0	3	3	0	0	0	0	0	0	0	0
无锡城市职业技术学院	42	1	0.2	0	0	0	1	0	0	1	0	0	0	0	0	0	0	2	2	0	0	0	0	0	0	0	0
无锡工艺职业技术学院	43	3	0.3	0	0	10	0	0	0	0	0	0	0	0	0	0	0	7	7	0	0	0	0	0	0	0	0
苏州健雄职业技术学院	44	0	0	0	0	0	0	0	0	0	0	0	0	0	0	0	0	4	4	0	0	0	0	0	0	0	0
盐城工业职业技术学院	45	2	0.2	0	0	3.5	0	0	0	0	0	0	0	0	0	0	0	2	2	0	0	0	0	0	0	0	0
江苏财经职业技术学院	46	4	0.4	0	200	100	0	0	0	0	0	0	0	0	0	0	0	2	2	0	0	0	0	0	0	0	0
扬州工业职业技术学院	47	0	0	0	0	40	0	0	0	0	0	0	0	0	0	0	0	2	2	0	0	0	0	0	0	0	0
江苏城市职业学院	48	43	8.8	0	1378.33	775.624	0	0	0	0	0	0	0	0	0	0	0	2	2	0	0	0	0	0	0	0	0
南京城市职业学院	49	0	0	0	0	0	0	0	0	0	0	0	0	0	0	0	0	0	0	0	0	0	0	0	0	0	0

续表

高校名称		总数					出版著作(部)							古籍整理(部)	译著(部)	发表译文(篇)	电子出版物(件)	发表论文(篇)				获奖成果数(项)				研究与咨询报告(篇)	
		课题数(项)	当年投入人数(人年)	其中：研究生(人年)	当年拨入经费(千元)	当年支出经费(千元)	合计	专著	其中：被译成外文	编著教材	工具书参考书	皮书/发展报告	科普读物					合计	国内学术刊物 内地(大陆)	国内学术刊物 港、澳、台地区	国外学术刊物	合计	国家级奖	部级奖	省级奖	合计	其中：被采纳数
	编号	L01	L02	L03	L04	L05	L06	L07	L08	L09	L10	L11	L12	L13	L14	L15	L16	L17	L18	L19	L20	L21	L22	L23	L24	L25	L26
南京机电职业技术学院	50	4	0.4	0	0	0	0	0	0	0	0	0	0	0	0	0	0	6	6	0	0	0	0	0	0	0	0
南京旅游职业学院	51	6	0.8	0	86	68	0	0	0	0	0	0	0	0	0	0	0	5	5	0	0	0	0	0	0	0	0
江苏卫生健康职业学院	52	1	0.3	0	0	4	0	0	0	0	0	0	0	0	0	0	0	1	1	0	0	0	0	0	0	0	0
苏州信息职业技术学院	53	0	0	0	0	0	0	0	0	0	0	0	0	0	0	0	0	0	0	0	0	0	0	0	0	0	0
苏州工业园区服务外包职业学院	54	7	1.4	0	220	239.2	0	0	0	0	0	0	0	0	0	0	0	3	3	0	0	0	0	0	0	4	4
徐州幼儿师范高等专科学校	55	2	0.4	0	0	0	0	0	0	0	0	0	0	0	0	0	0	0	0	0	0	0	0	0	0	0	0
徐州生物工程职业技术学院	56	4	0.4	0	5	5	0	0	0	0	0	0	0	0	0	0	0	15	15	0	0	0	0	0	0	0	0
江苏商贸职业学院	57	5	1.5	0	30	15.85	0	0	0	0	0	0	0	0	0	0	0	0	0	0	0	0	0	0	0	0	0
南通师范高等专科学校	58	1	0.2	0	0	0	0	0	0	0	0	0	0	0	0	0	0	1	1	0	0	0	0	0	0	0	0
江苏护理职业学院	59	1	0.1	0	0	5	0	0	0	0	0	0	0	0	0	0	0	3	3	0	0	0	0	0	0	0	0
江苏财会职业学院	60	1	0.3	0	0	0	0	0	0	0	0	0	0	0	0	0	0	2	2	0	0	0	0	0	0	0	0
江苏城乡建设职业学院	61	0	0	0	0	0	0	0	0	0	0	0	0	0	0	0	0	0	0	0	0	0	0	0	0	0	0
江苏航空职业技术学院	62	0	0	0	0	0	0	0	0	0	0	0	0	0	0	0	0	0	0	0	0	0	0	0	0	0	0
江苏安全技术职业学院	63	0	0	0	0	0	0	0	0	0	0	0	0	0	0	0	0	0	0	0	0	0	0	0	0	0	0
江苏旅游职业学院	64	0	0	0	0	0	0	0	0	0	0	0	0	0	0	0	0	3	3	0	0	0	0	0	0	0	0
常州幼儿师范高等专科学校	65	0	0	0	0	0	0	0	0	0	0	0	0	0	0	0	0	0	0	0	0	0	0	0	0	0	0

3.7 中国文学人文、社会科学研究与课题成果情况表

高校名称	编号	总数					出版著作(部)							古籍整理(部)	译著(部)	发表译文(篇)	电子出版物(件)	发表论文(篇)				获奖成果数(项)				研究与咨询报告(篇)	
		课题数(项)	当年投入人数(人年)	其中:研究生(人年)	当年拨入经费(千元)	当年支出经费(千元)	合计	专著	其中:被译成外文	编著教材	工具书参考书	皮书/发展报告	科普读物					合计	国内学术刊物 内地(大陆)	国内学术刊物 港澳、台地区	国外学术刊物	合计	国家级奖	部级奖	省级奖	合计	其中:被采纳数
	编号	L01	L02	L03	L04	L05	L06	L07	L08	L09	L10	L11	L12	L13	L14	L15	L16	L17	L18	L19	L20	L21	L22	L23	L24	L25	L26
合　计	/	96	17.7	0	338.5	524.315	11	8	0	3	0	0	0	1	0	0	0	130	130	0	0	0	0	0	0	7	4
盐城幼儿师范高等专科学校	1	11	1.1	0	56	56	0	0	0	0	0	0	0	0	0	0	0	19	19	0	0	0	0	0	0	0	0
苏州幼儿师范高等专科学校	2	3	0.3	0	0	10.1	0	0	0	0	0	0	0	0	0	0	0	3	3	0	0	0	0	0	0	0	0
无锡职业技术学院	3	3	0.5	0	0	3.1	1	1	0	0	0	0	0	0	0	0	0	0	0	0	0	0	0	0	0	0	0
江苏建筑职业技术学院	4	0	0	0	0	0	1	0	0	1	0	0	0	0	0	0	0	1	1	0	0	0	0	0	0	0	0
江苏工程职业技术学院	5	0	0	0	0	0	0	0	0	0	0	0	0	0	0	0	0	1	1	0	0	0	0	0	0	0	0
苏州工艺美术职业技术学院	6	0	0	0	0	0	0	0	0	0	0	0	0	0	0	0	0	1	1	0	0	0	0	0	0	0	0
连云港职业技术学院	7	0	0	0	0	0	0	0	0	0	0	0	0	0	0	0	0	0	0	0	0	0	0	0	0	0	0
镇江市高等专科学校	8	3	1.6	0	6	6	1	1	0	0	0	0	0	0	0	0	0	0	0	0	0	0	0	0	0	1	0
南通职业大学	9	0	0	0	0	0	0	0	0	0	0	0	0	0	0	0	0	0	0	0	0	0	0	0	0	0	0
苏州市职业大学	10	17	4.1	0	123	241	2	1	0	1	0	0	0	1	0	0	0	21	21	0	0	0	0	0	0	4	3
沙洲职业工学院	11	0	0	0	0	0	0	0	0	0	0	0	0	0	0	0	0	0	0	0	0	0	0	0	0	0	0
扬州市职业大学	12	6	1.4	0	20	10	0	0	0	0	0	0	0	0	0	0	0	5	5	0	0	0	0	0	0	0	0
连云港师范高等专科学校	13	5	0.6	0	0	0	2	1	0	1	0	0	0	0	0	0	0	13	13	0	0	0	0	0	0	0	0
江苏经贸职业技术学院	14	0	0	0	0	0	0	0	0	0	0	0	0	0	0	0	0	1	1	0	0	0	0	0	0	0	0
泰州职业技术学院	15	0	0	0	0	0	0	0	0	0	0	0	0	0	0	0	0	0	0	0	0	0	0	0	0	0	0

续表

高校名称	编号	总数：课题数（项）	总数：当年投入人数（人年）	总数：其中：研究生（人年）	总数：当年拨入经费（千元）	总数：当年支出经费（千元）	出版著作（部）：合计	出版著作（部）：专著	出版著作（部）：其中：被译成外文	出版著作（部）：编著教材	出版著作（部）：工具书参考书	出版著作（部）：皮书/发展报告	出版著作（部）：科普读物	古籍整理（部）	译著（部）	发表译文（篇）	电子出版物（件）	发表论文（篇）：合计	发表论文（篇）：国内学术刊物：内地（大陆）	发表论文（篇）：国内学术刊物：港澳、台地区	发表论文（篇）：国外学术刊物	获奖成果数（项）：合计	获奖成果数（项）：国家级奖	获奖成果数（项）：部级奖	获奖成果数（项）：省级奖	研究与咨询报告（篇）：合计	研究与咨询报告（篇）：其中：被采纳数
		L01	L02	L03	L04	L05	L06	L07	L08	L09	L10	L11	L12	L13	L14	L15	L16	L17	L18	L19	L20	L21	L22	L23	L24	L25	L26
常州信息职业技术学院	16	0	0	0	0	0	0	0	0	0	0	0	0	0	0	0	0	0	0	0	0	0	0	0	0	0	0
江苏海事职业技术学院	17	0	0	0	0	0	0	0	0	0	0	0	0	0	0	0	0	0	0	0	0	0	0	0	0	0	0
无锡科技职业学院	18	4	1	0	80	45	0	0	0	0	0	0	0	0	0	0	0	0	0	0	0	0	0	0	0	0	0
江苏医药职业学院	19	1	0.2	0	0	0	0	0	0	0	0	0	0	0	0	0	0	0	0	0	0	0	0	0	0	0	0
南通科技职业学院	20	0	0	0	0	0	0	0	0	0	0	0	0	0	0	0	0	0	0	0	0	0	0	0	0	0	0
苏州经贸职业技术学院	21	0	0	0	0	0	0	0	0	0	0	0	0	0	0	0	0	0	0	0	0	0	0	0	0	0	0
苏州工业职业技术学院	22	0	0	0	0	0	0	0	0	0	0	0	0	0	0	0	0	4	4	0	0	0	0	0	0	0	0
苏州卫生职业技术学院	23	1	0.1	0	10	3.7	0	0	0	0	0	0	0	0	0	0	0	1	1	0	0	0	0	0	0	0	0
无锡商业职业技术学院	24	0	0	0	0	0	0	0	0	0	0	0	0	0	0	0	0	0	0	0	0	0	0	0	0	0	0
江苏航运职业技术学院	25	0	0	0	0	0	0	0	0	0	0	0	0	0	0	0	0	0	0	0	0	0	0	0	0	0	0
南京交通职业技术学院	26	1	0.1	0	0	0	0	0	0	0	0	0	0	0	0	0	0	0	0	0	0	0	0	0	0	0	0
江苏电子信息职业学院	27	0	0	0	0	0	0	0	0	0	0	0	0	0	0	0	0	0	0	0	0	0	0	0	0	0	0
江苏农牧科技职业学院	28	0	0	0	0	0	0	0	0	0	0	0	0	0	0	0	0	0	0	0	0	0	0	0	0	0	0
常州纺织服装职业技术学院	29	0	0	0	0	0	0	0	0	0	0	0	0	0	0	0	0	0	0	0	0	0	0	0	0	0	0
苏州农业职业技术学院	30	0	0	0	0	0	0	0	0	0	0	0	0	0	0	0	0	0	0	0	0	0	0	0	0	0	0

南京科技职业学院	31	0	0	0	0	0	1	1	0	0	0	0	0	0	0	0	0	1	1	0	0	0	0	0	0	0	0
常州工业职业技术学院	32	0	0	0	0	0	0	0	0	0	0	0	0	0	0	0	0	0	0	0	0	0	0	0	0	0	0
常州工程职业技术学院	33	0	0	0	0	0	1	1	0	0	0	0	0	0	0	0	0	9	9	0	0	0	0	0	0	0	0
江苏农林职业技术学院	34	0	0	0	0	0	0	0	0	0	0	0	0	0	0	0	0	0	0	0	0	0	0	0	0	0	0
江苏食品药品职业技术学院	35	0	0	0	0	0	0	0	0	0	0	0	0	0	0	0	0	0	0	0	0	0	0	0	0	0	0
南京铁道职业技术学院	36	4	0.4	0	3.5	8.5	0	0	0	0	0	0	0	0	0	0	0	0	0	0	0	0	0	0	0	0	0
徐州工业职业技术学院	37	0	0	0	0	0	0	0	0	0	0	0	0	0	0	0	0	0	0	0	0	0	0	0	0	0	0
江苏信息职业技术学院	38	0	0	0	0	0	1	1	0	0	0	0	0	0	0	0	0	0	0	0	0	0	0	0	0	0	0
南京信息职业技术学院	39	1	0.1	0	0	1.215	0	0	0	0	0	0	0	0	0	0	0	2	2	0	0	0	0	0	0	0	0
常州机电职业技术学院	40	0	0	0	0	0	0	0	0	0	0	0	0	0	0	0	0	0	0	0	0	0	0	0	0	0	0
江阴职业技术学院	41	0	0	0	0	0	0	0	0	0	0	0	0	0	0	0	0	0	0	0	0	0	0	0	0	0	0
无锡城市职业技术学院	42	2	0.4	0	10	19.5	0	0	0	0	0	0	0	0	0	0	0	7	7	0	0	0	0	0	0	0	0
无锡工艺职业技术学院	43	0	0	0	0	0	0	0	0	0	0	0	0	0	0	0	0	0	0	0	0	0	0	0	0	0	0
苏州健雄职业技术学院	44	0	0	0	0	0	0	0	0	0	0	0	0	0	0	0	0	1	1	0	0	0	0	0	0	0	0
盐城工业职业技术学院	45	0	0	0	0	0	0	0	0	0	0	0	0	0	0	0	0	0	0	0	0	0	0	0	0	0	0
江苏财经职业技术学院	46	1	0.1	0	0	20	0	0	0	0	0	0	0	0	0	0	0	1	1	0	0	0	0	0	0	0	0
扬州工业职业技术学院	47	2	0.2	0	0	0	0	0	0	0	0	0	0	0	0	0	0	2	2	0	0	0	0	0	0	2	1
江苏城市职业学院	48	2	0.6	0	0	1.5	0	0	0	0	0	0	0	0	0	0	0	4	4	0	0	0	0	0	0	0	0
南京城市职业学院	49	0	0	0	0	0	0	0	0	0	0	0	0	0	0	0	0	0	0	0	0	0	0	0	0	0	0

续表

高校名称	编号	总数 课题数(项)	总数 当年投入人数(人年)	总数 其中：研究生(人年)	总数 当年拨入经费(千元)	总数 当年支出经费(千元)	出版著作(部) 合计	出版著作(部) 专著	出版著作(部) 其中：被译成外文	出版著作(部) 编著教材	出版著作(部) 工具书参考书	出版著作(部) 皮书/发展报告	出版著作(部) 科普读物	古籍整理(部)	译著(部)	发表译文(篇)	电子出版物(件)	发表论文(篇) 合计	发表论文(篇) 国内学术刊物 内地(大陆)	发表论文(篇) 国内学术刊物 港、澳、台地区	发表论文(篇) 国外学术刊物	获奖成果数(项) 合计	获奖成果数(项) 国家级奖	获奖成果数(项) 部级奖	获奖成果数(项) 省级奖	研究与咨询报告(篇) 合计	研究与咨询报告(篇) 其中：被采纳数
		L01	L02	L03	L04	L05	L06	L07	L08	L09	L10	L11	L12	L13	L14	L15	L16	L17	L18	L19	L20	L21	L22	L23	L24	L25	L26
南京机电职业技术学院	50	1	0.1	0	0	0	0	0	0	0	0	0	0	0	0	0	0	0	0	0	0	0	0	0	0	0	0
南京旅游职业学院	51	1	0.1	0	0	0.55	0	0	0	0	0	0	0	0	0	0	0	2	2	0	0	0	0	0	0	0	0
江苏卫生健康职业学院	52	0	0	0	0	0	0	0	0	0	0	0	0	0	0	0	0	1	1	0	0	0	0	0	0	0	0
苏州信息职业技术学院	53	0	0	0	0	0	0	0	0	0	0	0	0	0	0	0	0	0	0	0	0	0	0	0	0	0	0
苏州工业园区服务外包职业学院	54	1	0.3	0	30	13	1	1	0	0	0	0	0	0	0	0	0	1	1	0	0	0	0	0	0	0	0
徐州幼儿师范高等专科学校	55	0	0	0	0	0	0	0	0	0	0	0	0	0	0	0	0	0	0	0	0	0	0	0	0	0	0
徐州生物工程职业技术学院	56	1	0.1	0	0	1	0	0	0	0	0	0	0	0	0	0	0	4	4	0	0	0	0	0	0	0	0
江苏商贸职业学院	57	2	0.8	0	0	2	0	0	0	0	0	0	0	0	0	0	0	5	5	0	0	0	0	0	0	0	0
南通师范高等专科学校	58	8	1.7	0	0	72.15	0	0	0	0	0	0	0	0	0	0	0	1	1	0	0	0	0	0	0	0	0
江苏护理职业学院	59	5	0.8	0	0	5	0	0	0	0	0	0	0	0	0	0	0	7	7	0	0	0	0	0	0	0	0
江苏财会职业学院	60	0	0	0	0	0	0	0	0	0	0	0	0	0	0	0	0	0	0	0	0	0	0	0	0	0	0
江苏城乡建设职业学院	61	0	0	0	0	0	0	0	0	0	0	0	0	0	0	0	0	0	0	0	0	0	0	0	0	0	0
江苏航空职业技术学院	62	0	0	0	0	0	0	0	0	0	0	0	0	0	0	0	0	0	0	0	0	0	0	0	0	0	0
江苏安全技术职业学院	63	1	0.1	0	0	5	0	0	0	0	0	0	0	0	0	0	0	1	1	0	0	0	0	0	0	0	0
江苏旅游职业学院	64	7	0.7	0	0	0	0	0	0	0	0	0	0	0	0	0	0	11	11	0	0	0	0	0	0	0	0
常州幼儿师范高等专科学校	65	2	0.2	0	0	0	0	0	0	0	0	0	0	0	0	0	0	0	0	0	0	0	0	0	0	0	0

3.8 外国文学人文、社会科学研究与课题成果情况表

高校名称		总数					出版著作(部)							古籍整理(部)	译著(部)	发表译文(篇)	电子出版物(件)	发表论文(篇)				获奖成果数(项)				研究与咨询报告(篇)	
		课题数(项)	当年投入人数(人年)	其中：研究生(人年)	当年拨入经费(千元)	当年支出经费(千元)	合计	专著	其中：被译成外文	编著教材	工具书参考书	皮书/发展报告	科普读物					合计	国内学术刊物 内地(大陆)	国内学术刊物 港澳、台地区	国外学术刊物	合计	国家级奖	部级奖	省级奖	合计	其中：被采纳数
	编号	L01	L02	L03	L04	L05	L06	L07	L08	L09	L10	L11	L12	L13	L14	L15	L16	L17	L18	L19	L20	L21	L22	L23	L24	L25	L26
合　计	/	25	5	0	110.5	94.818	2	0	0	2	0	0	0	0	2	0	0	35	34	0	1	0	0	0	0	1	0
盐城幼儿师范高等专科学校	1	0	0	0	0	0	0	0	0	0	0	0	0	0	0	0	0	0	0	0	0	0	0	0	0	0	0
苏州幼儿师范高等专科学校	2	0	0	0	0	0	0	0	0	0	0	0	0	0	0	0	0	0	0	0	0	0	0	0	0	0	0
无锡职业技术学院	3	0	0	0	0	0	0	0	0	0	0	0	0	0	0	0	0	0	0	0	0	0	0	0	0	0	0
江苏建筑职业技术学院	4	0	0	0	0	0	0	0	0	0	0	0	0	0	0	0	0	0	0	0	0	0	0	0	0	0	0
江苏工程职业技术学院	5	0	0	0	0	0	0	0	0	0	0	0	0	0	0	0	0	0	0	0	0	0	0	0	0	0	0
苏州工艺美术职业技术学院	6	0	0	0	0	0	0	0	0	0	0	0	0	0	0	0	0	0	0	0	0	0	0	0	0	0	0
连云港职业技术学院	7	0	0	0	0	0	0	0	0	0	0	0	0	0	0	0	0	0	0	0	0	0	0	0	0	0	0
镇江市高等专科学校	8	0	0	0	0	0	0	0	0	0	0	0	0	0	0	0	0	0	0	0	0	0	0	0	0	0	0
南通职业大学	9	0	0	0	0	0	0	0	0	0	0	0	0	0	0	0	0	0	0	0	0	0	0	0	0	0	0
苏州市职业大学	10	5	1.1	0	50	50	0	0	0	0	0	0	0	0	0	0	0	10	10	0	0	0	0	0	0	1	0
沙洲职业工学院	11	0	0	0	0	0	0	0	0	0	0	0	0	0	0	0	0	0	0	0	0	0	0	0	0	0	0
扬州市职业大学	12	1	0.4	0	0	0	0	0	0	0	0	0	0	0	0	0	0	0	0	0	0	0	0	0	0	0	0
连云港师范高等专科学校	13	2	0.2	0	0	0	0	0	0	0	0	0	0	0	0	0	0	1	1	0	0	0	0	0	0	0	0
江苏经贸职业技术学院	14	0	0	0	0	0	0	0	0	0	0	0	0	0	0	0	0	0	0	0	0	0	0	0	0	0	0
泰州职业技术学院	15	0	0	0	0	0	0	0	0	0	0	0	0	0	0	0	0	0	0	0	0	0	0	0	0	0	0

续表

高校名称	编号	总数					出版著作(部)							古籍整理(部)	译著(部)	发表译文(篇)	电子出版物(件)	发表论文(篇)				获奖成果数(项)				研究与咨询报告(篇)	
		课题数(项)	当年投入人数(人年)	其中:研究生(人年)	当年拨入经费(千元)	当年支出经费(千元)	合计	专著	其中:被译成外文	编著教材	工具书参考书	皮书/发展报告	科普读物					合计	国内学术刊物 内地(大陆)	国内学术刊物 港澳、台地区	国外学术刊物	合计	国家级奖	部级奖	省级奖	合计	其中:被采纳数
	编号	L01	L02	L03	L04	L05	L06	L07	L08	L09	L10	L11	L12	L13	L14	L15	L16	L17	L18	L19	L20	L21	L22	L23	L24	L25	L26
常州信息职业技术学院	16	0	0	0	0	0	0	0	0	0	0	0	0	0	0	0	0	0	0	0	0	0	0	0	0	0	0
江苏海事职业技术学院	17	1	0.3	0	18	17.4	0	0	0	0	0	0	0	0	0	0	0	0	0	0	0	0	0	0	0	0	0
无锡科技职业学院	18	0	0	0	0	0	0	0	0	0	0	0	0	0	0	0	0	0	0	0	0	0	0	0	0	0	0
江苏医药职业学院	19	0	0	0	0	0	0	0	0	0	0	0	0	0	0	0	0	0	0	0	0	0	0	0	0	0	0
南通科技职业学院	20	0	0	0	0	0	0	0	0	0	0	0	0	0	0	0	0	0	0	0	0	0	0	0	0	0	0
苏州经贸职业技术学院	21	0	0	0	0	0	0	0	0	0	0	0	0	0	0	0	0	0	0	0	0	0	0	0	0	0	0
苏州工业职业技术学院	22	0	0	0	0	0	0	0	0	0	0	0	0	0	0	0	0	0	0	0	0	0	0	0	0	0	0
苏州卫生职业技术学院	23	0	0	0	0	0	0	0	0	0	0	0	0	0	0	0	0	0	0	0	0	0	0	0	0	0	0
无锡商业职业技术学院	24	0	0	0	0	0	0	0	0	0	0	0	0	0	0	0	0	0	0	0	0	0	0	0	0	0	0
江苏航运职业技术学院	25	0	0	0	0	0	0	0	0	0	0	0	0	0	0	0	0	0	0	0	0	0	0	0	0	0	0
南京交通职业技术学院	26	0	0	0	0	0	0	0	0	0	0	0	0	0	0	0	0	0	0	0	0	0	0	0	0	0	0
江苏电子信息职业学院	27	0	0	0	0	0	0	0	0	0	0	0	0	0	0	0	0	6	6	0	0	0	0	0	0	0	0
江苏农牧科技职业学院	28	0	0	0	0	0	0	0	0	0	0	0	0	0	0	0	0	0	0	0	0	0	0	0	0	0	0
常州纺织服装职业技术学院	29	0	0	0	0	0	0	0	0	0	0	0	0	0	0	0	0	0	0	0	0	0	0	0	0	0	0
苏州农业职业技术学院	30	0	0	0	0	0	0	0	0	0	0	0	0	0	0	0	0	0	0	0	0	0	0	0	0	0	0

南京科技职业学院	31	0	0	0	0	0	0	0	0	0	0	0	0	0	0	0	0	1	1	0	0	0	0	0	0	0	0
常州工业职业技术学院	32	0	0	0	0	0	0	0	0	0	0	0	0	0	0	0	0	0	0	0	0	0	0	0	0	0	0
常州工程职业技术学院	33	0	0	0	0	0	0	0	0	0	0	0	0	0	0	0	0	1	1	0	0	0	0	0	0	0	0
江苏农林职业技术学院	34	0	0	0	0	0	0	0	0	0	0	0	0	0	0	0	0	0	0	0	0	0	0	0	0	0	0
江苏食品药品职业技术学院	35	0	0	0	0	0	0	0	0	0	0	0	0	0	0	0	0	0	0	0	0	0	0	0	0	0	0
南京铁道职业技术学院	36	1	0.1	0	1.5	1.5	0	0	0	0	0	0	0	0	0	0	0	2	2	0	0	0	0	0	0	0	0
徐州工业职业技术学院	37	0	0	0	0	0	0	0	0	0	0	0	0	0	0	0	0	0	0	0	0	0	0	0	0	0	0
江苏信息职业技术学院	38	0	0	0	0	0	0	0	0	0	0	0	0	0	0	0	0	0	0	0	0	0	0	0	0	0	0
南京信息职业技术学院	39	0	0	0	0	0	0	0	0	0	0	0	0	0	0	0	0	1	1	0	0	0	0	0	0	0	0
常州机电职业技术学院	40	0	0	0	0	0	0	0	0	0	0	0	0	0	0	0	0	0	0	0	0	0	0	0	0	0	0
江阴职业技术学院	41	0	0	0	0	0	0	0	0	0	0	0	0	0	0	0	0	0	0	0	0	0	0	0	0	0	0
无锡城市职业技术学院	42	0	0	0	0	0	0	0	0	0	0	0	0	0	0	0	0	1	1	0	0	0	0	0	0	0	0
无锡工艺职业技术学院	43	0	0	0	0	0	0	0	0	0	0	0	0	0	0	0	0	0	0	0	0	0	0	0	0	0	0
苏州健雄职业技术学院	44	0	0	0	0	0	0	0	0	0	0	0	0	0	0	0	0	0	0	0	0	0	0	0	0	0	0
盐城工业职业技术学院	45	0	0	0	0	0	0	0	0	0	0	0	0	0	0	0	0	0	0	0	0	0	0	0	0	0	0
江苏财经职业技术学院	46	1	0.1	0	0	1.4	0	0	0	0	0	0	0	0	0	0	0	0	0	0	0	0	0	0	0	0	0
扬州工业职业技术学院	47	0	0	0	0	0	0	0	0	0	0	0	0	0	0	0	0	0	0	0	0	0	0	0	0	0	0
江苏城市职业学院	48	2	0.6	0	20	16.518	0	0	0	0	0	0	0	0	0	0	0	2	1	0	1	0	0	0	0	0	0
南京城市职业学院	49	0	0	0	0	0	0	0	0	0	0	0	0	0	0	0	0	0	0	0	0	0	0	0	0	0	0

续表

高校名称	编号	总数：课题数（项）	总数：当年投入人数（人年）	总数：其中：研究生（人年）	总数：当年拨入经费（千元）	总数：当年支出经费（千元）	出版著作（部）：合计	出版著作（部）：专著	出版著作（部）：其中：被译成外文	出版著作（部）：编著教材	出版著作（部）：工具书参考书	出版著作（部）：皮书/发展报告	出版著作（部）：科普读物	古籍整理（部）	译著（部）	发表译文（篇）	电子出版物（件）	发表论文（篇）：合计	发表论文（篇）：国内学术刊物：内地（大陆）	发表论文（篇）：国内学术刊物：港、澳、台地区	发表论文（篇）：国外学术刊物	获奖成果数（项）：合计	获奖成果数（项）：国家级奖	获奖成果数（项）：部级奖	获奖成果数（项）：省级奖	研究与咨询报告（篇）：合计	研究与咨询报告（篇）：其中：被采纳数
		L01	L02	L03	L04	L05	L06	L07	L08	L09	L10	L11	L12	L13	L14	L15	L16	L17	L18	L19	L20	L21	L22	L23	L24	L25	L26
南京机电职业技术学院	50	0	0	0	0	0	0	0	0	0	0	0	0	0	0	0	0	0	0	0	0	0	0	0	0	0	0
南京旅游职业学院	51	0	0	0	0	0	2	0	0	2	0	0	0	0	0	0	0	0	0	0	0	0	0	0	0	0	0
江苏卫生健康职业学院	52	0	0	0	0	0	0	0	0	0	0	0	0	0	0	0	0	0	0	0	0	0	0	0	0	0	0
苏州信息职业技术学院	53	0	0	0	0	0	0	0	0	0	0	0	0	0	0	0	0	0	0	0	0	0	0	0	0	0	0
苏州工业园区服务外包职业学院	54	0	0	0	0	0	0	0	0	0	0	0	0	0	0	0	0	0	0	0	0	0	0	0	0	0	0
徐州幼儿师范高等专科学校	55	0	0	0	0	0	0	0	0	0	0	0	0	0	0	0	0	0	0	0	0	0	0	0	0	0	0
徐州生物工程职业技术学院	56	0	0	0	0	0	0	0	0	0	0	0	0	0	0	0	0	0	0	0	0	0	0	0	0	0	0
江苏商贸职业学院	57	0	0	0	0	0	0	0	0	0	0	0	0	0	0	0	0	4	4	0	0	0	0	0	0	0	0
南通师范高等专科学校	58	3	0.5	0	0	0	0	0	0	0	0	0	0	0	0	0	0	2	2	0	0	0	0	0	0	0	0
江苏护理职业学院	59	0	0	0	0	0	0	0	0	0	0	0	0	0	0	0	0	0	0	0	0	0	0	0	0	0	0
江苏财会职业学院	60	0	0	0	0	0	0	0	0	0	0	0	0	0	0	0	0	0	0	0	0	0	0	0	0	0	0
江苏城乡建设职业学院	61	0	0	0	0	0	0	0	0	0	0	0	0	0	0	0	0	0	0	0	0	0	0	0	0	0	0
江苏航空职业技术学院	62	5	1.3	0	7	4	0	0	0	0	0	0	0	0	0	0	0	3	3	0	0	0	0	0	0	0	0
江苏安全技术职业学院	63	0	0	0	0	0	0	0	0	0	0	0	0	0	0	0	0	0	0	0	0	0	0	0	0	0	0
江苏旅游职业学院	64	3	0.3	0	14	4	0	0	0	0	0	0	0	0	0	0	0	1	1	0	0	0	0	0	0	0	0
常州幼儿师范高等专科学校	65	1	0.1	0	0	0	0	0	0	0	0	0	0	0	2	0	0	0	0	0	0	0	0	0	0	0	0

3.9 艺术学人文、社会科学研究与课题成果情况表

高校名称	编号	总数：课题数（项）	总数：当年投入人数（人年）	总数：其中：研究生（人年）	总数：当年拨入经费（千元）	总数：当年支出经费（千元）	出版著作（部）：合计	出版著作（部）：专著	出版著作（部）：其中：被译成外文	出版著作（部）：编著教材	出版著作（部）：工具书参考书	出版著作（部）：皮书/发展报告	出版著作（部）：科普读物	古籍整理（部）	译著（部）	发表译文（篇）	电子出版物（件）	发表论文（篇）：合计	发表论文（篇）：国内学术刊物：内地（大陆）	发表论文（篇）：国内学术刊物：港澳、台地区	发表论文（篇）：国外学术刊物	获奖成果数（项）：合计	获奖成果数（项）：国家级奖	获奖成果数（项）：部级奖	获奖成果数（项）：省级奖	研究与咨询报告（篇）：合计	研究与咨询报告（篇）：其中：被采纳数
		L01	L02	L03	L04	L05	L06	L07	L08	L09	L10	L11	L12	L13	L14	L15	L16	L17	L18	L19	L20	L21	L22	L23	L24	L25	L26
合　计	/	712	130.2	0	13 348.7	12 697.23	34	16	0	18	0	0	0	0	0	0	0	760	750	0	10	0	0	0	0	132	69
盐城幼儿师范高等专科学校	1	18	2	0	28	28	0	0	0	0	0	0	0	0	0	0	0	14	14	0	0	0	0	0	0	0	0
苏州幼儿师范高等专科学校	2	9	0.9	0	5	15.1	4	1	0	3	0	0	0	0	0	0	0	29	28	0	1	0	0	0	0	0	0
无锡职业技术学院	3	18	4.3	0	530	109.3	0	0	0	0	0	0	0	0	0	0	0	11	8	0	3	0	0	0	0	0	0
江苏建筑职业技术学院	4	17	3.5	0	24	38	2	0	0	2	0	0	0	0	0	0	0	34	34	0	0	0	0	0	0	0	0
江苏工程职业技术学院	5	8	1.6	0	8	8	0	0	0	0	0	0	0	0	0	0	0	22	22	0	0	0	0	0	0	0	0
苏州工艺美术职业技术学院	6	36	8.5	0	420	420	0	0	0	0	0	0	0	0	0	0	0	129	129	0	0	0	0	0	0	7	7
连云港职业技术学院	7	8	1.5	0	10	10	0	0	0	0	0	0	0	0	0	0	0	3	3	0	0	0	0	0	0	1	1
镇江市高等专科学校	8	4	1.4	0	5	8	2	2	0	0	0	0	0	0	0	0	0	5	5	0	0	0	0	0	0	2	0
南通职业大学	9	0	0	0	0	0	0	0	0	0	0	0	0	0	0	0	0	0	0	0	0	0	0	0	0	0	0
苏州市职业大学	10	29	8	0	537	613	4	2	0	2	0	0	0	0	0	0	0	44	44	0	0	0	0	0	0	1	1
沙洲职业工学院	11	2	0.2	0	0	8.7	0	0	0	0	0	0	0	0	0	0	0	2	2	0	0	0	0	0	0	0	0
扬州市职业大学	12	52	10.9	0	1029.5	941.9	3	3	0	0	0	0	0	0	0	0	0	19	19	0	0	0	0	0	0	35	31
连云港师范高等专科学校	13	5	0.5	0	2	49.323	1	1	0	0	0	0	0	0	0	0	0	17	17	0	0	0	0	0	0	0	0
江苏经贸职业技术学院	14	12	2.2	0	4	66.5	0	0	0	0	0	0	0	0	0	0	0	10	10	0	0	0	0	0	0	0	0
泰州职业技术学院	15	6	1.1	0	26	26.74	0	0	0	0	0	0	0	0	0	0	0	14	14	0	0	0	0	0	0	0	0

续表

高校名称	编号	总数：课题数（项）	总数：当年投入人数（人年）	总数：其中：研究生（人年）	总数：当年拨入经费（千元）	总数：当年支出经费（千元）	出版著作（部）：合计	出版著作（部）：专著	出版著作（部）：其中：被译成外文	出版著作（部）：编著教材	出版著作（部）：工具书参考书	出版著作（部）：皮书/发展报告	出版著作（部）：科普读物	古籍整理（部）	译著（部）	发表译文（篇）	电子出版物（件）	发表论文（篇）：合计	发表论文（篇）：国内学术刊物：内地（大陆）	发表论文（篇）：国内学术刊物：港、澳、台地区	发表论文（篇）：国外学术刊物	获奖成果数（项）：合计	获奖成果数（项）：国家级奖	获奖成果数（项）：部级奖	获奖成果数（项）：省级奖	研究与咨询报告（篇）：合计	研究与咨询报告（篇）：其中：被采纳数
	编号	L01	L02	L03	L04	L05	L06	L07	L08	L09	L10	L11	L12	L13	L14	L15	L16	L17	L18	L19	L20	L21	L22	L23	L24	L25	L26
常州信息职业技术学院	16	9	3	0	1	1	0	0	0	0	0	0	0	0	0	0	0	5	5	0	0	0	0	0	0	0	0
江苏海事职业技术学院	17	11	3.7	0	686	595.2	0	0	0	0	0	0	0	0	0	0	0	12	10	0	2	0	0	0	0	10	10
无锡科技职业学院	18	2	0.5	0	0	0	0	0	0	0	0	0	0	0	0	0	0	2	2	0	0	0	0	0	0	0	0
江苏医药职业学院	19	0	0	0	0	0	0	0	0	0	0	0	0	0	0	0	0	1	1	0	0	0	0	0	0	0	0
南通科技职业学院	20	1	0.2	0	0	2	0	0	0	0	0	0	0	0	0	0	0	1	1	0	0	0	0	0	0	0	0
苏州经贸职业技术学院	21	1	0.2	0	0	0.1	1	1	0	0	0	0	0	0	0	0	0	8	8	0	0	0	0	0	0	0	0
苏州工业职业技术学院	22	1	0.1	0	0	0.9	0	0	0	0	0	0	0	0	0	0	0	6	6	0	0	0	0	0	0	1	1
苏州卫生职业技术学院	23	0	0	0	0	0	0	0	0	0	0	0	0	0	0	0	0	0	0	0	0	0	0	0	0	0	0
无锡商业职业技术学院	24	15	1.9	0	270	482.45	1	1	0	0	0	0	0	0	0	0	0	0	0	0	0	0	0	0	0	0	0
江苏航运职业技术学院	25	3	0.5	0	0	8	0	0	0	0	0	0	0	0	0	0	0	13	13	0	0	0	0	0	0	0	0
南京交通职业技术学院	26	5	0.5	0	180	107.89	0	0	0	0	0	0	0	0	0	0	0	3	3	0	0	0	0	0	0	0	0
江苏电子信息职业学院	27	5	1.1	0	0	10.9	0	0	0	0	0	0	0	0	0	0	0	14	14	0	0	0	0	0	0	0	0
江苏农牧科技职业学院	28	0	0	0	0	0	0	0	0	0	0	0	0	0	0	0	0	0	0	0	0	0	0	0	0	0	0
常州纺织服装职业技术学院	29	25	3.1	0	64	40.65	2	0	0	2	0	0	0	0	0	0	0	44	42	0	2	0	0	0	0	0	0
苏州农业职业技术学院	30	2	0.7	0	8	6	0	0	0	0	0	0	0	0	0	0	0	2	2	0	0	0	0	0	0	0	0

南京科技职业学院	31	3	0.4	0	0	0	1	0	0	1	0	0	0	0	0	0	0	4	4	0	0	0	0	0	0	0	0
常州工业职业技术学院	32	19	3.6	0	448	187.3	2	0	0	2	0	0	0	0	0	0	0	12	12	0	0	0	0	0	0	5	0
常州工程职业技术学院	33	9	0.9	0	208	236.5	1	1	0	0	0	0	0	0	0	0	0	0	0	0	0	0	0	0	0	1	1
江苏农林职业技术学院	34	0	0	0	0	0	0	0	0	0	0	0	0	0	0	0	0	5	5	0	0	0	0	0	0	0	0
江苏食品药品职业技术学院	35	0	0	0	0	0	0	0	0	0	0	0	0	0	0	0	0	0	0	0	0	0	0	0	0	0	0
南京铁道职业技术学院	36	11	1.1	0	52	35	1	0	0	1	0	0	0	0	0	0	0	9	9	0	0	0	0	0	0	0	0
徐州工业职业技术学院	37	0	0	0	0	0	0	0	0	0	0	0	0	0	0	0	0	0	0	0	0	0	0	0	0	0	0
江苏信息职业技术学院	38	21	3.9	0	395	451.325	1	1	0	0	0	0	0	0	0	0	0	14	14	0	0	0	0	0	0	0	0
南京信息职业技术学院	39	26	2.7	0	635	519.88	0	0	0	0	0	0	0	0	0	0	0	15	14	0	1	0	0	0	0	3	0
常州机电职业技术学院	40	0	0	0	0	0	0	0	0	0	0	0	0	0	0	0	0	2	1	0	1	0	0	0	0	0	0
江阴职业技术学院	41	3	0.3	0	0	3.5	0	0	0	0	0	0	0	0	0	0	0	27	27	0	0	0	0	0	0	0	0
无锡城市职业技术学院	42	7	1.2	0	30	20	0	0	0	0	0	0	0	0	0	0	0	36	36	0	0	0	0	0	0	1	1
无锡工艺职业技术学院	43	128	20	0	5857.2	5879.29	4	0	0	4	0	0	0	0	0	0	0	49	49	0	0	0	0	0	0	44	0
苏州健雄职业技术学院	44	7	2.1	0	40	35	0	0	0	0	0	0	0	0	0	0	0	12	12	0	0	0	0	0	0	0	0
盐城工业职业技术学院	45	12	1.2	0	0	19.8	0	0	0	0	0	0	0	0	0	0	0	10	10	0	0	0	0	0	0	6	6
江苏财经职业技术学院	46	9	0.9	0	195	154.1	0	0	0	0	0	0	0	0	0	0	0	3	3	0	0	0	0	0	0	0	0
扬州工业职业技术学院	47	2	0.2	0	0	0	0	0	0	0	0	0	0	0	0	0	0	3	3	0	0	0	0	0	0	1	0
江苏城市职业学院	48	66	15	0	1358	872.627	0	0	0	0	0	0	0	0	0	0	0	30	30	0	0	0	0	0	0	0	0
南京城市职业学院	49	6	1.3	0	52	52	0	0	0	0	0	0	0	0	0	0	0	4	4	0	0	0	0	0	0	0	0

续表

高校名称	编号	总数 课题数(项)	当年投入人数(人年)	其中：研究生(人年)	当年拨入经费(千元)	当年支出经费(千元)	出版著作(部) 合计	专著	其中：被译成外文	编著教材	工具书参考书	皮书/发展报告	科普读物	古籍整理(部)	译著(部)	发表译文(篇)	电子出版物(件)	发表论文(篇) 合计	国内学术刊物 内地(大陆)	港澳、台地区	国外学术刊物	获奖成果数(项) 合计	国家级奖	部级奖	省级奖	研究与咨询报告(篇) 合计	其中：被采纳数
		L01	L02	L03	L04	L05	L06	L07	L08	L09	L10	L11	L12	L13	L14	L15	L16	L17	L18	L19	L20	L21	L22	L23	L24	L25	L26
南京机电职业技术学院	50	6	0.6	0	0	0	2	2	0	0	0	0	0	0	0	0	0	7	7	0	0	0	0	0	0	0	0
南京旅游职业学院	51	2	0.5	0	0	0	0	0	0	0	0	0	0	0	0	0	0	3	3	0	0	0	0	0	0	0	0
江苏卫生健康职业学院	52	0	0	0	0	0	0	0	0	0	0	0	0	0	0	0	0	1	1	0	0	0	0	0	0	0	0
苏州信息职业技术学院	53	0	0	0	0	0	0	0	0	0	0	0	0	0	0	0	0	0	0	0	0	0	0	0	0	0	0
苏州工业园区服务外包职业学院	54	22	3.2	0	221	233	1	1	0	0	0	0	0	0	0	0	0	7	7	0	0	0	0	0	0	9	9
徐州幼儿师范高等专科学校	55	20	4.2	0	0	0	0	0	0	0	0	0	0	0	0	0	0	13	13	0	0	0	0	0	0	0	0
徐州生物工程职业技术学院	56	3	0.3	0	0	0	0	0	0	0	0	0	0	0	0	0	0	8	8	0	0	0	0	0	0	0	0
江苏商贸职业学院	57	9	2.1	0	20	36.25	0	0	0	0	0	0	0	0	0	0	0	8	8	0	0	0	0	0	0	5	1
南通师范高等专科学校	58	9	1.6	0	0	364	0	0	0	0	0	0	0	0	0	0	0	5	5	0	0	0	0	0	0	0	0
江苏护理职业学院	59	1	0.1	0	0	0	0	0	0	0	0	0	0	0	0	0	0	0	0	0	0	0	0	0	0	0	0
江苏财会职业学院	60	0	0	0	0	0	0	0	0	0	0	0	0	0	0	0	0	0	0	0	0	0	0	0	0	0	0
江苏城乡建设职业学院	61	0	0	0	0	0	0	0	0	0	0	0	0	0	0	0	0	0	0	0	0	0	0	0	0	0	0
江苏航空职业技术学院	62	1	0.1	0	0	0	0	0	0	0	0	0	0	0	0	0	0	1	1	0	0	0	0	0	0	0	0
江苏安全技术职业学院	63	0	0	0	0	0	0	0	0	0	0	0	0	0	0	0	0	0	0	0	0	0	0	0	0	0	0
江苏旅游职业学院	64	2	0.2	0	0	0	0	0	0	0	0	0	0	0	0	0	0	7	7	0	0	0	0	0	0	0	0
常州幼儿师范高等专科学校	65	4	0.4	0	0	0	1	0	0	1	0	0	0	0	0	0	0	1	1	0	0	0	0	0	0	0	0

3.10 历史学人文、社会科学研究与课题成果情况表

高校名称	编号	总数：课题数（项）	总数：当年投入人数（人年）	总数：其中：研究生（人年）	总数：当年拨入经费（千元）	总数：当年支出经费（千元）	出版著作（部）：合计	出版著作（部）：专著	出版著作（部）：其中：被译成外文	出版著作（部）：编著教材	出版著作（部）：工具书参考书	出版著作（部）：皮书/发展报告	出版著作（部）：科普读物	古籍整理（部）	译著（部）	发表译文（篇）	电子出版物（件）	发表论文（篇）：合计	发表论文（篇）：国内学术刊物：内地（大陆）	发表论文（篇）：国内学术刊物：港、澳、台地区	发表论文（篇）：国外学术刊物	获奖成果数（项）：合计	获奖成果数（项）：国家级奖	获奖成果数（项）：部级奖	获奖成果数（项）：省级奖	研究与咨询报告（篇）：合计	研究与咨询报告（篇）：其中：被采纳数
		L01	L02	L03	L04	L05	L06	L07	L08	L09	L10	L11	L12	L13	L14	L15	L16	L17	L18	L19	L20	L21	L22	L23	L24	L25	L26
合　计	/	45	8.6	0	798	806.71	6	4	0	2	0	0	0	0	0	1	0	21	21	0	0	0	0	0	0	11	2
盐城幼儿师范高等专科学校	1	0	0	0	0	0	0	0	0	0	0	0	0	0	0	0	0	0	0	0	0	0	0	0	0	0	0
苏州幼儿师范高等专科学校	2	1	0.1	0	0	3	0	0	0	0	0	0	0	0	0	1	0	0	0	0	0	0	0	0	0	0	0
无锡职业技术学院	3	5	1	0	0	29.6	1	1	0	0	0	0	0	0	0	0	0	1	1	0	0	0	0	0	0	0	0
江苏建筑职业技术学院	4	0	0	0	0	0	0	0	0	0	0	0	0	0	0	0	0	0	0	0	0	0	0	0	0	0	0
江苏工程职业技术学院	5	0	0	0	0	0	0	0	0	0	0	0	0	0	0	0	0	0	0	0	0	0	0	0	0	0	0
苏州工艺美术职业技术学院	6	0	0	0	0	0	0	0	0	0	0	0	0	0	0	0	0	0	0	0	0	0	0	0	0	0	0
连云港职业技术学院	7	3	0.6	0	0	0	0	0	0	0	0	0	0	0	0	0	0	1	1	0	0	0	0	0	0	0	0
镇江市高等专科学校	8	2	1.2	0	12	12	0	0	0	0	0	0	0	0	0	0	0	0	0	0	0	0	0	0	0	2	0
南通职业大学	9	0	0	0	0	0	0	0	0	0	0	0	0	0	0	0	0	0	0	0	0	0	0	0	0	0	0
苏州市职业大学	10	6	1	0	600	610	3	1	0	2	0	0	0	0	0	0	0	1	1	0	0	0	0	0	0	2	1
沙洲职业工学院	11	0	0	0	0	0	0	0	0	0	0	0	0	0	0	0	0	0	0	0	0	0	0	0	0	0	0
扬州市职业大学	12	2	0.6	0	0	0	0	0	0	0	0	0	0	0	0	0	0	1	1	0	0	0	0	0	0	0	0
连云港师范高等专科学校	13	0	0	0	0	0	0	0	0	0	0	0	0	0	0	0	0	1	1	0	0	0	0	0	0	0	0
江苏经贸职业技术学院	14	0	0	0	0	0	0	0	0	0	0	0	0	0	0	0	0	0	0	0	0	0	0	0	0	0	0
泰州职业技术学院	15	0	0	0	0	0	0	0	0	0	0	0	0	0	0	0	0	0	0	0	0	0	0	0	0	0	0

续表

高校名称	编号	总数 课题数(项)	总数 当年投入人数(人年)	总数 其中：研究生(人年)	总数 当年拨入经费(千元)	总数 当年支出经费(千元)	出版著作(部) 合计	出版著作(部) 专著	出版著作(部) 其中：被译成外文	出版著作(部) 编著教材	出版著作(部) 工具书参考书	出版著作(部) 皮书/发展报告	出版著作(部) 科普读物	古籍整理(部)	译著(部)	发表译文(篇)	电子出版物(件)	发表论文(篇) 合计	发表论文(篇) 国内学术刊物 内地(大陆)	发表论文(篇) 国内学术刊物 港、澳、台地区	发表论文(篇) 国外学术刊物	获奖成果数(项) 合计	获奖成果数(项) 国家级奖	获奖成果数(项) 部级奖	获奖成果数(项) 省级奖	研究与咨询报告(篇) 合计	研究与咨询报告(篇) 其中：被采纳数
		L01	L02	L03	L04	L05	L06	L07	L08	L09	L10	L11	L12	L13	L14	L15	L16	L17	L18	L19	L20	L21	L22	L23	L24	L25	L26
常州信息职业技术学院	16	0	0	0	0	0	0	0	0	0	0	0	0	0	0	0	0	0	0	0	0	0	0	0	0	0	0
江苏海事职业技术学院	17	1	0.3	0	4	7.12	0	0	0	0	0	0	0	0	0	0	0	0	0	0	0	0	0	0	0	0	0
无锡科技职业学院	18	0	0	0	0	0	0	0	0	0	0	0	0	0	0	0	0	0	0	0	0	0	0	0	0	0	0
江苏医药职业学院	19	0	0	0	0	0	0	0	0	0	0	0	0	0	0	0	0	0	0	0	0	0	0	0	0	0	0
南通科技职业学院	20	0	0	0	0	0	0	0	0	0	0	0	0	0	0	0	0	0	0	0	0	0	0	0	0	0	0
苏州经贸职业技术学院	21	0	0	0	0	0	0	0	0	0	0	0	0	0	0	0	0	0	0	0	0	0	0	0	0	0	0
苏州工业职业技术学院	22	0	0	0	0	0	0	0	0	0	0	0	0	0	0	0	0	0	0	0	0	0	0	0	0	0	0
苏州卫生职业技术学院	23	0	0	0	0	0	0	0	0	0	0	0	0	0	0	0	0	0	0	0	0	0	0	0	0	0	0
无锡商业职业技术学院	24	0	0	0	0	0	0	0	0	0	0	0	0	0	0	0	0	0	0	0	0	0	0	0	0	0	0
江苏航运职业技术学院	25	0	0	0	0	0	0	0	0	0	0	0	0	0	0	0	0	0	0	0	0	0	0	0	0	0	0
南京交通职业技术学院	26	0	0	0	0	0	0	0	0	0	0	0	0	0	0	0	0	1	1	0	0	0	0	0	0	0	0
江苏电子信息职业学院	27	0	0	0	0	0	0	0	0	0	0	0	0	0	0	0	0	0	0	0	0	0	0	0	0	0	0
江苏农牧科技职业学院	28	0	0	0	0	0	0	0	0	0	0	0	0	0	0	0	0	0	0	0	0	0	0	0	0	0	0
常州纺织服装职业技术学院	29	2	0.3	0	0	10	0	0	0	0	0	0	0	0	0	0	0	1	1	0	0	0	0	0	0	0	0
苏州农业职业技术学院	30	0	0	0	0	0	0	0	0	0	0	0	0	0	0	0	0	0	0	0	0	0	0	0	0	0	0

南京科技职业学院	31	0	0	0	0	0	0	0	0	0	0	0	0	0	0	0	0	0	0	0	0	0	0	0	0	0	0
常州工业职业技术学院	32	0	0	0	0	0	0	0	0	0	0	0	0	0	0	0	0	0	0	0	0	0	0	0	0	0	0
常州工程职业技术学院	33	0	0	0	0	0	0	0	0	0	0	0	0	0	0	0	0	0	0	0	0	0	0	0	0	0	0
江苏农林职业技术学院	34	0	0	0	0	0	0	0	0	0	0	0	0	0	0	0	0	0	0	0	0	0	0	0	0	0	0
江苏食品药品职业技术学院	35	0	0	0	0	0	0	0	0	0	0	0	0	0	0	0	0	0	0	0	0	0	0	0	0	0	0
南京铁道职业技术学院	36	1	0.1	0	0	0	0	0	0	0	0	0	0	0	0	0	0	1	1	0	0	0	0	0	0	0	0
徐州工业职业技术学院	37	1	0.1	0	10	10	0	0	0	0	0	0	0	0	0	0	0	0	0	0	0	0	0	0	0	1	1
江苏信息职业技术学院	38	0	0	0	0	0	0	0	0	0	0	0	0	0	0	0	0	0	0	0	0	0	0	0	0	0	0
南京信息职业技术学院	39	0	0	0	0	0	0	0	0	0	0	0	0	0	0	0	0	0	0	0	0	0	0	0	0	0	0
常州机电职业技术学院	40	6	0.7	0	0	5.75	0	0	0	0	0	0	0	0	0	0	0	2	2	0	0	0	0	0	0	3	0
江阴职业技术学院	41	0	0	0	0	0	0	0	0	0	0	0	0	0	0	0	0	0	0	0	0	0	0	0	0	0	0
无锡城市职业技术学院	42	0	0	0	0	0	2	2	0	0	0	0	0	0	0	0	0	1	1	0	0	0	0	0	0	0	0
无锡工艺职业技术学院	43	0	0	0	0	0	0	0	0	0	0	0	0	0	0	0	0	0	0	0	0	0	0	0	0	0	0
苏州健雄职业技术学院	44	0	0	0	0	0	0	0	0	0	0	0	0	0	0	0	0	0	0	0	0	0	0	0	0	0	0
盐城工业职业技术学院	45	0	0	0	0	0	0	0	0	0	0	0	0	0	0	0	0	0	0	0	0	0	0	0	0	0	0
江苏财经职业技术学院	46	0	0	0	0	0	0	0	0	0	0	0	0	0	0	0	0	0	0	0	0	0	0	0	0	0	0
扬州工业职业技术学院	47	1	0.1	0	0	0	0	0	0	0	0	0	0	0	0	0	0	0	0	0	0	0	0	0	0	0	0
江苏城市职业学院	48	1	0.3	0	40	23.24	0	0	0	0	0	0	0	0	0	0	0	0	0	0	0	0	0	0	0	0	0
南京城市职业学院	49	0	0	0	0	0	0	0	0	0	0	0	0	0	0	0	0	0	0	0	0	0	0	0	0	0	0

续表

高校名称		总数					出版著作(部)							古籍整理(部)	译著(部)	发表译文(篇)	电子出版物(件)	发表论文(篇)				获奖成果数(项)				研究与咨询报告(篇)	
		课题数(项)	当年投入人数(人年)	其中：研究生(人年)	当年拨入经费(千元)	当年支出经费(千元)	合计	专著	其中：被译成外文	编著教材	工具书参考书	皮书/发展报告	科普读物					合计	国内学术刊物 内地(大陆)	国内学术刊物 港、澳、台地区	国外学术刊物	合计	国家级奖	部级奖	省级奖	合计	其中：被采纳数
	编号	L01	L02	L03	L04	L05	L06	L07	L08	L09	L10	L11	L12	L13	L14	L15	L16	L17	L18	L19	L20	L21	L22	L23	L24	L25	L26
南京机电职业技术学院	50	0	0	0	0	0	0	0	0	0	0	0	0	0	0	0	0	0	0	0	0	0	0	0	0	0	0
南京旅游职业学院	51	0	0	0	0	0	0	0	0	0	0	0	0	0	0	0	0	0	0	0	0	0	0	0	0	0	0
江苏卫生健康职业学院	52	0	0	0	0	0	0	0	0	0	0	0	0	0	0	0	0	0	0	0	0	0	0	0	0	0	0
苏州信息职业技术学院	53	0	0	0	0	0	0	0	0	0	0	0	0	0	0	0	0	0	0	0	0	0	0	0	0	0	0
苏州工业园区服务外包职业学院	54	0	0	0	0	0	0	0	0	0	0	0	0	0	0	0	0	0	0	0	0	0	0	0	0	0	0
徐州幼儿师范高等专科学校	55	0	0	0	0	0	0	0	0	0	0	0	0	0	0	0	0	0	0	0	0	0	0	0	0	0	0
徐州生物工程职业技术学院	56	0	0	0	0	0	0	0	0	0	0	0	0	0	0	0	0	1	1	0	0	0	0	0	0	0	0
江苏商贸职业学院	57	3	1	0	20	13	0	0	0	0	0	0	0	0	0	0	0	1	1	0	0	0	0	0	0	2	0
南通师范高等专科学校	58	0	0	0	0	0	0	0	0	0	0	0	0	0	0	0	0	0	0	0	0	0	0	0	0	0	0
江苏护理职业学院	59	3	0.4	0	0	3	0	0	0	0	0	0	0	0	0	0	0	3	3	0	0	0	0	0	0	0	0
江苏财会职业学院	60	0	0	0	0	0	0	0	0	0	0	0	0	0	0	0	0	0	0	0	0	0	0	0	0	0	0
江苏城乡建设职业学院	61	7	0.8	0	112	80	0	0	0	0	0	0	0	0	0	0	0	5	5	0	0	0	0	0	0	1	0
江苏航空职业技术学院	62	0	0	0	0	0	0	0	0	0	0	0	0	0	0	0	0	0	0	0	0	0	0	0	0	0	0
江苏安全技术职业学院	63	0	0	0	0	0	0	0	0	0	0	0	0	0	0	0	0	0	0	0	0	0	0	0	0	0	0
江苏旅游职业学院	64	0	0	0	0	0	0	0	0	0	0	0	0	0	0	0	0	0	0	0	0	0	0	0	0	0	0
常州幼儿师范高等专科学校	65	0	0	0	0	0	0	0	0	0	0	0	0	0	0	0	0	0	0	0	0	0	0	0	0	0	0

3.11 考古学人文、社会科学研究与课题成果情况表

高校名称		总数					出版著作(部)							古籍整理(部)	译著(部)	发表译文(篇)	电子出版物(件)	发表论文(篇)				获奖成果数(项)				研究与咨询报告(篇)	
		课题数(项)	当年投入人数(人年)	其中：研究生(人年)	当年拨入经费(千元)	当年支出经费(千元)	合计	专著	其中：被译成外文	编著教材	工具书参考书	皮书/发展报告	科普读物					合计	国内学术刊物 内地(大陆)	国内学术刊物 港澳、台地区	国外学术刊物	合计	国家级奖	部级奖	省级奖	合计	其中：被采纳数
	编号	L01	L02	L03	L04	L05	L06	L07	L08	L09	L10	L11	L12	L13	L14	L15	L16	L17	L18	L19	L20	L21	L22	L23	L24	L25	L26
合　计	/	5	1.9	0	10	10	0	0	0	0	0	0	0	0	0	0	0	0	0	0	0	0	0	0	0	4	0
盐城幼儿师范高等专科学校	1	0	0	0	0	0	0	0	0	0	0	0	0	0	0	0	0	0	0	0	0	0	0	0	0	0	0
苏州幼儿师范高等专科学校	2	0	0	0	0	0	0	0	0	0	0	0	0	0	0	0	0	0	0	0	0	0	0	0	0	0	0
无锡职业技术学院	3	0	0	0	0	0	0	0	0	0	0	0	0	0	0	0	0	0	0	0	0	0	0	0	0	0	0
江苏建筑职业技术学院	4	0	0	0	0	0	0	0	0	0	0	0	0	0	0	0	0	0	0	0	0	0	0	0	0	0	0
江苏工程职业技术学院	5	0	0	0	0	0	0	0	0	0	0	0	0	0	0	0	0	0	0	0	0	0	0	0	0	0	0
苏州工艺美术职业技术学院	6	0	0	0	0	0	0	0	0	0	0	0	0	0	0	0	0	0	0	0	0	0	0	0	0	0	0
连云港职业技术学院	7	0	0	0	0	0	0	0	0	0	0	0	0	0	0	0	0	0	0	0	0	0	0	0	0	0	0
镇江市高等专科学校	8	5	1.9	0	10	10	0	0	0	0	0	0	0	0	0	0	0	0	0	0	0	0	0	0	0	4	0
南通职业大学	9	0	0	0	0	0	0	0	0	0	0	0	0	0	0	0	0	0	0	0	0	0	0	0	0	0	0
苏州市职业大学	10	0	0	0	0	0	0	0	0	0	0	0	0	0	0	0	0	0	0	0	0	0	0	0	0	0	0
沙洲职业工学院	11	0	0	0	0	0	0	0	0	0	0	0	0	0	0	0	0	0	0	0	0	0	0	0	0	0	0
扬州市职业大学	12	0	0	0	0	0	0	0	0	0	0	0	0	0	0	0	0	0	0	0	0	0	0	0	0	0	0
连云港师范高等专科学校	13	0	0	0	0	0	0	0	0	0	0	0	0	0	0	0	0	0	0	0	0	0	0	0	0	0	0
江苏经贸职业技术学院	14	0	0	0	0	0	0	0	0	0	0	0	0	0	0	0	0	0	0	0	0	0	0	0	0	0	0
泰州职业技术学院	15	0	0	0	0	0	0	0	0	0	0	0	0	0	0	0	0	0	0	0	0	0	0	0	0	0	0

续表

高校名称	编号	总数：课题数（项）	总数：当年投入人数（人年）	总数：其中：研究生（人年）	总数：当年拨入经费（千元）	总数：当年支出经费（千元）	出版著作（部）：合计	出版著作（部）：专著	出版著作（部）：其中：被译成外文	出版著作（部）：编著教材	出版著作（部）：工具书参考书	出版著作（部）：皮书/发展报告	出版著作（部）：科普读物	古籍整理（部）	译著（部）	发表译文（篇）	电子出版物（件）	发表论文（篇）：合计	发表论文（篇）：国内学术刊物：内地（大陆）	发表论文（篇）：国内学术刊物：港、澳、台地区	发表论文（篇）：国外学术刊物	获奖成果数（项）：合计	获奖成果数（项）：国家级奖	获奖成果数（项）：部级奖	获奖成果数（项）：省级奖	研究与咨询报告（篇）：合计	研究与咨询报告（篇）：其中：被采纳数
		L01	L02	L03	L04	L05	L06	L07	L08	L09	L10	L11	L12	L13	L14	L15	L16	L17	L18	L19	L20	L21	L22	L23	L24	L25	L26
常州信息职业技术学院	16	0	0	0	0	0	0	0	0	0	0	0	0	0	0	0	0	0	0	0	0	0	0	0	0	0	0
江苏海事职业技术学院	17	0	0	0	0	0	0	0	0	0	0	0	0	0	0	0	0	0	0	0	0	0	0	0	0	0	0
无锡科技职业学院	18	0	0	0	0	0	0	0	0	0	0	0	0	0	0	0	0	0	0	0	0	0	0	0	0	0	0
江苏医药职业学院	19	0	0	0	0	0	0	0	0	0	0	0	0	0	0	0	0	0	0	0	0	0	0	0	0	0	0
南通科技职业学院	20	0	0	0	0	0	0	0	0	0	0	0	0	0	0	0	0	0	0	0	0	0	0	0	0	0	0
苏州经贸职业技术学院	21	0	0	0	0	0	0	0	0	0	0	0	0	0	0	0	0	0	0	0	0	0	0	0	0	0	0
苏州工业职业技术学院	22	0	0	0	0	0	0	0	0	0	0	0	0	0	0	0	0	0	0	0	0	0	0	0	0	0	0
苏州卫生职业技术学院	23	0	0	0	0	0	0	0	0	0	0	0	0	0	0	0	0	0	0	0	0	0	0	0	0	0	0
无锡商业职业技术学院	24	0	0	0	0	0	0	0	0	0	0	0	0	0	0	0	0	0	0	0	0	0	0	0	0	0	0
江苏航运职业技术学院	25	0	0	0	0	0	0	0	0	0	0	0	0	0	0	0	0	0	0	0	0	0	0	0	0	0	0
南京交通职业技术学院	26	0	0	0	0	0	0	0	0	0	0	0	0	0	0	0	0	0	0	0	0	0	0	0	0	0	0
江苏电子信息职业学院	27	0	0	0	0	0	0	0	0	0	0	0	0	0	0	0	0	0	0	0	0	0	0	0	0	0	0
江苏农牧科技职业学院	28	0	0	0	0	0	0	0	0	0	0	0	0	0	0	0	0	0	0	0	0	0	0	0	0	0	0
常州纺织服装职业技术学院	29	0	0	0	0	0	0	0	0	0	0	0	0	0	0	0	0	0	0	0	0	0	0	0	0	0	0
苏州农业职业技术学院	30	0	0	0	0	0	0	0	0	0	0	0	0	0	0	0	0	0	0	0	0	0	0	0	0	0	0

南京科技职业学院	31	0	0	0	0	0	0	0	0	0	0	0	0	0	0	0	0	0	0	0	0	0	0	0	0	0	0
常州工业职业技术学院	32	0	0	0	0	0	0	0	0	0	0	0	0	0	0	0	0	0	0	0	0	0	0	0	0	0	0
常州工程职业技术学院	33	0	0	0	0	0	0	0	0	0	0	0	0	0	0	0	0	0	0	0	0	0	0	0	0	0	0
江苏农林职业技术学院	34	0	0	0	0	0	0	0	0	0	0	0	0	0	0	0	0	0	0	0	0	0	0	0	0	0	0
江苏食品药品职业技术学院	35	0	0	0	0	0	0	0	0	0	0	0	0	0	0	0	0	0	0	0	0	0	0	0	0	0	0
南京铁道职业技术学院	36	0	0	0	0	0	0	0	0	0	0	0	0	0	0	0	0	0	0	0	0	0	0	0	0	0	0
徐州工业职业技术学院	37	0	0	0	0	0	0	0	0	0	0	0	0	0	0	0	0	0	0	0	0	0	0	0	0	0	0
江苏信息职业技术学院	38	0	0	0	0	0	0	0	0	0	0	0	0	0	0	0	0	0	0	0	0	0	0	0	0	0	0
南京信息职业技术学院	39	0	0	0	0	0	0	0	0	0	0	0	0	0	0	0	0	0	0	0	0	0	0	0	0	0	0
常州机电职业技术学院	40	0	0	0	0	0	0	0	0	0	0	0	0	0	0	0	0	0	0	0	0	0	0	0	0	0	0
江阴职业技术学院	41	0	0	0	0	0	0	0	0	0	0	0	0	0	0	0	0	0	0	0	0	0	0	0	0	0	0
无锡城市职业技术学院	42	0	0	0	0	0	0	0	0	0	0	0	0	0	0	0	0	0	0	0	0	0	0	0	0	0	0
无锡工艺职业技术学院	43	0	0	0	0	0	0	0	0	0	0	0	0	0	0	0	0	0	0	0	0	0	0	0	0	0	0
苏州健雄职业技术学院	44	0	0	0	0	0	0	0	0	0	0	0	0	0	0	0	0	0	0	0	0	0	0	0	0	0	0
盐城工业职业技术学院	45	0	0	0	0	0	0	0	0	0	0	0	0	0	0	0	0	0	0	0	0	0	0	0	0	0	0
江苏财经职业技术学院	46	0	0	0	0	0	0	0	0	0	0	0	0	0	0	0	0	0	0	0	0	0	0	0	0	0	0
扬州工业职业技术学院	47	0	0	0	0	0	0	0	0	0	0	0	0	0	0	0	0	0	0	0	0	0	0	0	0	0	0
江苏城市职业学院	48	0	0	0	0	0	0	0	0	0	0	0	0	0	0	0	0	0	0	0	0	0	0	0	0	0	0
南京城市职业学院	49	0	0	0	0	0	0	0	0	0	0	0	0	0	0	0	0	0	0	0	0	0	0	0	0	0	0

续表

高校名称	编号	总数					出版著作(部)							古籍整理(部)	译著(部)	发表译文(篇)	电子出版物(件)	发表论文(篇)				获奖成果数(项)				研究与咨询报告(篇)	
		课题数(项)	当年投入人数(人年)	其中：研究生(人年)	当年拨入经费(千元)	当年支出经费(千元)	合计	专著	其中：被译成外文	编著教材	工具书参考书	皮书/发展报告	科普读物					合计	国内学术刊物 内地(大陆)	国内学术刊物 港、澳、台地区	国外学术刊物	合计	国家级奖	部级奖	省级奖	合计	其中：被采纳数
	编号	L01	L02	L03	L04	L05	L06	L07	L08	L09	L10	L11	L12	L13	L14	L15	L16	L17	L18	L19	L20	L21	L22	L23	L24	L25	L26
南京机电职业技术学院	50	0	0	0	0	0	0	0	0	0	0	0	0	0	0	0	0	0	0	0	0	0	0	0	0	0	0
南京旅游职业学院	51	0	0	0	0	0	0	0	0	0	0	0	0	0	0	0	0	0	0	0	0	0	0	0	0	0	0
江苏卫生健康职业学院	52	0	0	0	0	0	0	0	0	0	0	0	0	0	0	0	0	0	0	0	0	0	0	0	0	0	0
苏州信息职业技术学院	53	0	0	0	0	0	0	0	0	0	0	0	0	0	0	0	0	0	0	0	0	0	0	0	0	0	0
苏州工业园区服务外包职业学院	54	0	0	0	0	0	0	0	0	0	0	0	0	0	0	0	0	0	0	0	0	0	0	0	0	0	0
徐州幼儿师范高等专科学校	55	0	0	0	0	0	0	0	0	0	0	0	0	0	0	0	0	0	0	0	0	0	0	0	0	0	0
徐州生物工程职业技术学院	56	0	0	0	0	0	0	0	0	0	0	0	0	0	0	0	0	0	0	0	0	0	0	0	0	0	0
江苏商贸职业学院	57	0	0	0	0	0	0	0	0	0	0	0	0	0	0	0	0	0	0	0	0	0	0	0	0	0	0
南通师范高等专科学校	58	0	0	0	0	0	0	0	0	0	0	0	0	0	0	0	0	0	0	0	0	0	0	0	0	0	0
江苏护理职业学院	59	0	0	0	0	0	0	0	0	0	0	0	0	0	0	0	0	0	0	0	0	0	0	0	0	0	0
江苏财会职业学院	60	0	0	0	0	0	0	0	0	0	0	0	0	0	0	0	0	0	0	0	0	0	0	0	0	0	0
江苏城乡建设职业学院	61	0	0	0	0	0	0	0	0	0	0	0	0	0	0	0	0	0	0	0	0	0	0	0	0	0	0
江苏航空职业技术学院	62	0	0	0	0	0	0	0	0	0	0	0	0	0	0	0	0	0	0	0	0	0	0	0	0	0	0
江苏安全技术职业学院	63	0	0	0	0	0	0	0	0	0	0	0	0	0	0	0	0	0	0	0	0	0	0	0	0	0	0
江苏旅游职业学院	64	0	0	0	0	0	0	0	0	0	0	0	0	0	0	0	0	0	0	0	0	0	0	0	0	0	0
常州幼儿师范高等专科学校	65	0	0	0	0	0	0	0	0	0	0	0	0	0	0	0	0	0	0	0	0	0	0	0	0	0	0

3.12 经济学人文、社会科学研究与课题成果情况表

高校名称	编号	总数：课题数（项）	总数：当年投入人数（人年）	总数：其中：研究生（人年）	总数：当年拨入经费（千元）	总数：当年支出经费（千元）	出版著作（部）：合计	出版著作（部）：专著	出版著作（部）：其中：被译成外文	出版著作（部）：编著教材	出版著作（部）：工具书参考书	出版著作（部）：皮书/发展报告	出版著作（部）：科普读物	古籍整理（部）	译著（部）	发表译文（篇）	电子出版物（件）	发表论文（篇）：合计	发表论文（篇）：国内学术刊物：内地（大陆）	发表论文（篇）：国内学术刊物：港、澳、台地区	发表论文（篇）：国外学术刊物	获奖成果数（项）：合计	获奖成果数（项）：国家级奖	获奖成果数（项）：部级奖	获奖成果数（项）：省级奖	研究与咨询报告（篇）：合计	研究与咨询报告（篇）：其中：被采纳数
		L01	L02	L03	L04	L05	L06	L07	L08	L09	L10	L11	L12	L13	L14	L15	L16	L17	L18	L19	L20	L21	L22	L23	L24	L25	L26
合　计	/	858	146.7	0	8973.376	9224.124	28	12	0	16	0	0	0	0	0	0	0	523	505	0	18	0	0	0	0	138	69
盐城幼儿师范高等专科学校	1	1	0.1	0	0	0	0	0	0	0	0	0	0	0	0	0	0	1	1	0	0	0	0	0	0	0	0
苏州幼儿师范高等专科学校	2	0	0	0	0	0	0	0	0	0	0	0	0	0	0	0	0	0	0	0	0	0	0	0	0	0	0
无锡职业技术学院	3	23	3	0	72	31.2	1	1	0	0	0	0	0	0	0	0	0	16	12	0	4	0	0	0	0	0	0
江苏建筑职业技术学院	4	12	2.3	0	54	27	1	0	0	1	0	0	0	0	0	0	0	6	6	0	0	0	0	0	0	1	0
江苏工程职业技术学院	5	4	0.6	0	11	11	0	0	0	0	0	0	0	0	0	0	0	4	4	0	0	0	0	0	0	0	0
苏州工艺美术职业技术学院	6	0	0	0	0	0	0	0	0	0	0	0	0	0	0	0	0	0	0	0	0	0	0	0	0	0	0
连云港职业技术学院	7	8	1.7	0	3	3	0	0	0	0	0	0	0	0	0	0	0	4	4	0	0	0	0	0	0	0	0
镇江市高等专科学校	8	7	2.9	0	36	44	0	0	0	0	0	0	0	0	0	0	0	0	0	0	0	0	0	0	0	2	0
南通职业大学	9	16	3	0	51	38	0	0	0	0	0	0	0	0	0	0	0	18	18	0	0	0	0	0	0	0	0
苏州市职业大学	10	45	11.5	0	689	842.469	4	1	0	3	0	0	0	0	0	0	0	41	41	0	0	0	0	0	0	15	5
沙洲职业工学院	11	1	0.1	0	0	1.2	0	0	0	0	0	0	0	0	0	0	0	0	0	0	0	0	0	0	0	0	0
扬州市职业大学	12	63	12.2	0	840	684.9	2	2	0	0	0	0	0	0	0	0	0	11	11	0	0	0	0	0	0	31	11
连云港师范高等专科学校	13	8	0.9	0	5	0	0	0	0	0	0	0	0	0	0	0	0	5	5	0	0	0	0	0	0	0	0
江苏经贸职业技术学院	14	28	6.7	0	68	67.75	0	0	0	0	0	0	0	0	0	0	0	9	9	0	0	0	0	0	0	0	0
泰州职业技术学院	15	7	1.6	0	0	205.377	1	0	0	1	0	0	0	0	0	0	0	9	9	0	0	0	0	0	0	1	0

续表

高校名称	编号	总数：课题数(项)	总数：当年投入人数(人年)	总数：其中：研究生(人年)	总数：当年拨入经费(千元)	总数：当年支出经费(千元)	出版著作(部)：合计	出版著作(部)：专著	出版著作(部)：其中：被译成外文	出版著作(部)：编著教材	出版著作(部)：工具书参考书	出版著作(部)：皮书/发展报告	出版著作(部)：科普读物	古籍整理(部)	译著(部)	发表译文(篇)	电子出版物(件)	发表论文(篇)：合计	发表论文(篇)：国内学术刊物：内地(大陆)	发表论文(篇)：国内学术刊物：港、澳、台地区	发表论文(篇)：国外学术刊物	获奖成果数(项)：合计	获奖成果数(项)：国家级奖	获奖成果数(项)：部级奖	获奖成果数(项)：省级奖	研究与咨询报告(篇)：合计	研究与咨询报告(篇)：其中：被采纳数
		L01	L02	L03	L04	L05	L06	L07	L08	L09	L10	L11	L12	L13	L14	L15	L16	L17	L18	L19	L20	L21	L22	L23	L24	L25	L26
常州信息职业技术学院	16	15	3.9	0	7	7	0	0	0	0	0	0	0	0	0	0	0	7	7	0	0	0	0	0	0	0	0
江苏海事职业技术学院	17	7	2	0	25.2	113.66	0	0	0	0	0	0	0	0	0	0	0	10	8	0	2	0	0	0	0	2	2
无锡科技职业学院	18	6	1.5	0	0	0	0	0	0	0	0	0	0	0	0	0	0	10	10	0	0	0	0	0	0	0	0
江苏医药职业学院	19	0	0	0	0	0	0	0	0	0	0	0	0	0	0	0	0	0	0	0	0	0	0	0	0	0	0
南通科技职业学院	20	18	3.3	0	375	373.6	0	0	0	0	0	0	0	0	0	0	0	2	2	0	0	0	0	0	0	3	3
苏州经贸职业技术学院	21	5	1.2	0	50	508.356	0	0	0	0	0	0	0	0	0	0	0	37	37	0	0	0	0	0	0	0	0
苏州工业职业技术学院	22	0	0	0	0	0	0	0	0	0	0	0	0	0	0	0	0	0	0	0	0	0	0	0	0	2	2
苏州卫生职业技术学院	23	3	0.5	0	4	4.2	0	0	0	0	0	0	0	0	0	0	0	0	0	0	0	0	0	0	0	0	0
无锡商业职业技术学院	24	38	5	0	458.4	719.9	0	0	0	0	0	0	0	0	0	0	0	15	12	0	3	0	0	0	0	2	2
江苏航运职业技术学院	25	18	2.9	0	67	47	1	1	0	0	0	0	0	0	0	0	0	9	9	0	0	0	0	0	0	0	0
南京交通职业技术学院	26	2	0.2	0	20	22.5	0	0	0	0	0	0	0	0	0	0	0	0	0	0	0	0	0	0	0	0	0
江苏电子信息职业学院	27	4	0.8	0	0	7	0	0	0	0	0	0	0	0	0	0	0	4	4	0	0	0	0	0	0	0	0
江苏农牧科技职业学院	28	13	1.3	0	0	22.95	0	0	0	0	0	0	0	0	0	0	0	16	16	0	0	0	0	0	0	0	0
常州纺织服装职业技术学院	29	15	2.3	0	1	18.8	1	1	0	0	0	0	0	0	0	0	0	31	30	0	1	0	0	0	0	0	0
苏州农业职业技术学院	30	11	3.6	0	82	74	0	0	0	0	0	0	0	0	0	0	0	11	9	0	2	0	0	0	0	0	0

南京科技职业学院	31	47	5.4	0	523.5	541.5	0	0	0	0	0	0	0	0	0	0	0	1	1	0	0	0	0	0	0	16	12
常州工业职业技术学院	32	19	3	0	436	244	1	0	0	1	0	0	0	0	0	0	0	9	9	0	0	0	0	0	0	7	0
常州工程职业技术学院	33	33	3.3	0	17	42	0	0	0	0	0	0	0	0	0	0	0	7	7	0	0	0	0	0	0	1	1
江苏农林职业技术学院	34	3	0.3	0	0	5	0	0	0	0	0	0	0	0	0	0	0	2	2	0	0	0	0	0	0	0	0
江苏食品药品职业技术学院	35	11	2.5	0	396	176.2	0	0	0	0	0	0	0	0	0	0	0	2	2	0	0	0	0	0	0	3	0
南京铁道职业技术学院	36	5	0.5	0	0	31.4	0	0	0	0	0	0	0	0	0	0	0	0	0	0	0	0	0	0	0	0	0
徐州工业职业技术学院	37	19	1.9	0	50	41.66	5	0	0	5	0	0	0	0	0	0	0	19	19	0	0	0	0	0	0	2	2
江苏信息职业技术学院	38	62	10.1	0	1789.176	1259.386	1	0	0	1	0	0	0	0	0	0	0	12	12	0	0	0	0	0	0	5	5
南京信息职业技术学院	39	10	1.3	0	0	107.01	0	0	0	0	0	0	0	0	0	0	0	2	2	0	0	0	0	0	0	0	0
常州机电职业技术学院	40	8	1.1	0	0	32.5	0	0	0	0	0	0	0	0	0	0	0	6	4	0	2	0	0	0	0	2	0
江阴职业技术学院	41	3	0.3	0	0	5.5	0	0	0	0	0	0	0	0	0	0	0	4	4	0	0	0	0	0	0	0	0
无锡城市职业技术学院	42	20	4.2	0	64	43	0	0	0	0	0	0	0	0	0	0	0	23	23	0	0	0	0	0	0	0	0
无锡工艺职业技术学院	43	9	1.2	0	361	361	0	0	0	0	0	0	0	0	0	0	0	16	16	0	0	0	0	0	0	6	0
苏州健雄职业技术学院	44	8	1.7	0	26	47	2	0	0	2	0	0	0	0	0	0	0	16	16	0	0	0	0	0	0	0	0
盐城工业职业技术学院	45	35	3.5	0	10	69	1	1	0	0	0	0	0	0	0	0	0	8	8	0	0	0	0	0	0	12	12
江苏财经职业技术学院	46	43	4.3	0	522	460.87	2	1	0	1	0	0	0	0	0	0	0	21	17	0	4	0	0	0	0	0	0
扬州工业职业技术学院	47	43	4.6	0	1500	1501	3	3	0	0	0	0	0	0	0	0	0	6	6	0	0	0	0	0	0	0	0
江苏城市职业学院	48	13	4.5	0	4.5	36.923	0	0	0	0	0	0	0	0	0	0	0	6	6	0	0	0	0	0	0	0	0
南京城市职业学院	49	0	0	0	0	2	0	0	0	0	0	0	0	0	0	0	0	1	1	0	0	0	0	0	0	0	0

续表

高校名称	编号	总数					出版著作(部)							古籍整理(部)	译著(部)	发表译文(篇)	电子出版物(件)	发表论文(篇)				获奖成果数(项)				研究与咨询报告(篇)	
		课题数(项)	当年投入人数(人年)	其中：研究生(人年)	当年拨入经费(千元)	当年支出经费(千元)	合计	专著	其中：被译成外文	编著教材	工具书参考书	皮书/发展报告	科普读物					合计	国内学术刊物 内地(大陆)	国内学术刊物 港、澳、台地区	国外学术刊物	合计	国家级奖	部级奖	省级奖	合计	其中：被采纳数
	编号	L01	L02	L03	L04	L05	L06	L07	L08	L09	L10	L11	L12	L13	L14	L15	L16	L17	L18	L19	L20	L21	L22	L23	L24	L25	L26
南京机电职业技术学院	50	6	0.6	0	0	17.173	0	0	0	0	0	0	0	0	0	0	0	4	4	0	0	0	0	0	0	0	0
南京旅游职业学院	51	0	0	0	0	0	0	0	0	0	0	0	0	0	0	0	0	2	2	0	0	0	0	0	0	0	0
江苏卫生健康职业学院	52	1	0.2	0	0	0	0	0	0	0	0	0	0	0	0	0	0	0	0	0	0	0	0	0	0	0	0
苏州信息职业技术学院	53	12	2	0	28.4	36.33	0	0	0	0	0	0	0	0	0	0	0	4	4	0	0	0	0	0	0	2	2
苏州工业园区服务外包职业学院	54	22	5.6	0	265	241.7	0	0	0	0	0	0	0	0	0	0	0	2	2	0	0	0	0	0	0	10	10
徐州幼儿师范高等专科学校	55	0	0	0	0	0	0	0	0	0	0	0	0	0	0	0	0	0	0	0	0	0	0	0	0	0	0
徐州生物工程职业技术学院	56	1	0.1	0	0	0	1	0	0	1	0	0	0	0	0	0	0	26	26	0	0	0	0	0	0	0	0
江苏商贸职业学院	57	16	3.1	0	24.2	17.11	0	0	0	0	0	0	0	0	0	0	0	23	23	0	0	0	0	0	0	6	0
南通师范高等专科学校	58	1	0.1	0	0	0	0	0	0	0	0	0	0	0	0	0	0	0	0	0	0	0	0	0	0	0	0
江苏护理职业学院	59	0	0	0	0	0	0	0	0	0	0	0	0	0	0	0	0	0	0	0	0	0	0	0	0	0	0
江苏财会职业学院	60	19	4.6	0	24	24	1	1	0	0	0	0	0	0	0	0	0	17	17	0	0	0	0	0	0	4	0
江苏城乡建设职业学院	61	5	1	0	0	2	0	0	0	0	0	0	0	0	0	0	0	0	0	0	0	0	0	0	0	3	0
江苏航空职业技术学院	62	0	0	0	0	0	0	0	0	0	0	0	0	0	0	0	0	0	0	0	0	0	0	0	0	0	0
江苏安全技术职业学院	63	0	0	0	0	0	0	0	0	0	0	0	0	0	0	0	0	0	0	0	0	0	0	0	0	0	0
江苏旅游职业学院	64	6	0.6	0	14	4	0	0	0	0	0	0	0	0	0	0	0	8	8	0	0	0	0	0	0	0	0
常州幼儿师范高等专科学校	65	0	0	0	0	0	0	0	0	0	0	0	0	0	0	0	0	0	0	0	0	0	0	0	0	0	0

3.13 政治学人文、社会科学研究与课题成果情况表

高校名称	编号	总数：课题数(项)	总数：当年投入人数(人年)	总数：其中：研究生(人年)	总数：当年拨入经费(千元)	总数：当年支出经费(千元)	出版著作(部)：合计	出版著作(部)：专著	出版著作(部)：其中：被译成外文	出版著作(部)：编著教材	出版著作(部)：工具书参考书	出版著作(部)：皮书/发展报告	出版著作(部)：科普读物	古籍整理(部)	译著(部)	发表译文(篇)	电子出版物(件)	发表论文(篇)：合计	发表论文(篇)：国内学术刊物：内地(大陆)	发表论文(篇)：国内学术刊物：港、澳、台地区	发表论文(篇)：国外学术刊物	获奖成果数(项)：合计	获奖成果数(项)：国家级奖	获奖成果数(项)：部级奖	获奖成果数(项)：省级奖	研究与咨询报告(篇)：合计	研究与咨询报告(篇)：其中：被采纳数
		L01	L02	L03	L04	L05	L06	L07	L08	L09	L10	L11	L12	L13	L14	L15	L16	L17	L18	L19	L20	L21	L22	L23	L24	L25	L26
合　计	/	187	27.7	0	355	493.51	1	1	0	0	0	0	0	0	0	0	0	40	40	0	0	0	0	0	0	7	1
盐城幼儿师范高等专科学校	1	3	0.3	0	1	1	0	0	0	0	0	0	0	0	0	0	0	1	1	0	0	0	0	0	0	0	0
苏州幼儿师范高等专科学校	2	4	0.4	0	0	13.2	0	0	0	0	0	0	0	0	0	0	0	0	0	0	0	0	0	0	0	0	0
无锡职业技术学院	3	4	0.9	0	40	35	0	0	0	0	0	0	0	0	0	0	0	0	0	0	0	0	0	0	0	0	0
江苏建筑职业技术学院	4	5	1.1	0	0	2	0	0	0	0	0	0	0	0	0	0	0	1	1	0	0	0	0	0	0	0	0
江苏工程职业技术学院	5	3	0.7	0	1	1	0	0	0	0	0	0	0	0	0	0	0	2	2	0	0	0	0	0	0	0	0
苏州工艺美术职业技术学院	6	0	0	0	0	0	0	0	0	0	0	0	0	0	0	0	0	0	0	0	0	0	0	0	0	0	0
连云港职业技术学院	7	1	0.2	0	0	0	0	0	0	0	0	0	0	0	0	0	0	1	1	0	0	0	0	0	0	0	0
镇江市高等专科学校	8	0	0	0	0	0	0	0	0	0	0	0	0	0	0	0	0	0	0	0	0	0	0	0	0	0	0
南通职业大学	9	0	0	0	0	0	0	0	0	0	0	0	0	0	0	0	0	0	0	0	0	0	0	0	0	0	0
苏州市职业大学	10	4	1.2	0	0	31.2	0	0	0	0	0	0	0	0	0	0	0	0	0	0	0	0	0	0	0	0	0
沙洲职业工学院	11	5	0.5	0	0	17.4	0	0	0	0	0	0	0	0	0	0	0	0	0	0	0	0	0	0	0	0	0
扬州市职业大学	12	1	0.2	0	0	0	0	0	0	0	0	0	0	0	0	0	0	0	0	0	0	0	0	0	0	0	0
连云港师范高等专科学校	13	4	0.4	0	2	5	0	0	0	0	0	0	0	0	0	0	0	0	0	0	0	0	0	0	0	0	0
江苏经贸职业技术学院	14	0	0	0	0	0	0	0	0	0	0	0	0	0	0	0	0	0	0	0	0	0	0	0	0	0	0
泰州职业技术学院	15	0	0	0	0	0	0	0	0	0	0	0	0	0	0	0	0	0	0	0	0	0	0	0	0	0	0

续表

高校名称	编号	总数					出版著作(部)							古籍整理(部)	译著(部)	发表译文(篇)	电子出版物(件)	发表论文(篇)				获奖成果数(项)				研究与咨询报告(篇)	
		课题数(项)	当年投入人数(人年)	其中：研究生(人年)	当年拨入经费(千元)	当年支出经费(千元)	合计	专著	其中：被译成外文	编著教材	工具书参考书	皮书/发展报告	科普读物					合计	国内学术刊物 内地(大陆)	国内学术刊物 港澳、台地区	国外学术刊物	合计	国家级奖	部级奖	省级奖	合计	其中：被采纳数
	编号	L01	L02	L03	L04	L05	L06	L07	L08	L09	L10	L11	L12	L13	L14	L15	L16	L17	L18	L19	L20	L21	L22	L23	L24	L25	L26
常州信息职业技术学院	16	1	0.5	0	0	0	0	0	0	0	0	0	0	0	0	0	0	0	0	0	0	0	0	0	0	0	0
江苏海事职业技术学院	17	1	0.3	0	0	1.74	0	0	0	0	0	0	0	0	0	0	0	0	0	0	0	0	0	0	0	0	0
无锡科技职业学院	18	1	0.2	0	0	0	0	0	0	0	0	0	0	0	0	0	0	0	0	0	0	0	0	0	0	0	0
江苏医药职业学院	19	4	0.7	0	0	0	0	0	0	0	0	0	0	0	0	0	0	0	0	0	0	0	0	0	0	0	0
南通科技职业学院	20	10	1.8	0	12	20.55	0	0	0	0	0	0	0	0	0	0	0	2	2	0	0	0	0	0	0	0	0
苏州经贸职业技术学院	21	0	0	0	0	0	0	0	0	0	0	0	0	0	0	0	0	0	0	0	0	0	0	0	0	0	0
苏州工业职业技术学院	22	0	0	0	0	0	0	0	0	0	0	0	0	0	0	0	0	0	0	0	0	0	0	0	0	0	0
苏州卫生职业技术学院	23	26	2.8	0	142	107.6	0	0	0	0	0	0	0	0	0	0	0	2	2	0	0	0	0	0	0	0	0
无锡商业职业技术学院	24	1	0.2	0	0	48	0	0	0	0	0	0	0	0	0	0	0	0	0	0	0	0	0	0	0	0	0
江苏航运职业技术学院	25	10	1.3	0	0	0	0	0	0	0	0	0	0	0	0	0	0	0	0	0	0	0	0	0	0	0	0
南京交通职业技术学院	26	0	0	0	0	0	0	0	0	0	0	0	0	0	0	0	0	0	0	0	0	0	0	0	0	0	0
江苏电子信息职业学院	27	0	0	0	0	0	0	0	0	0	0	0	0	0	0	0	0	6	6	0	0	0	0	0	0	0	0
江苏农牧科技职业学院	28	0	0	0	0	0	0	0	0	0	0	0	0	0	0	0	0	0	0	0	0	0	0	0	0	0	0
常州纺织服装职业技术学院	29	1	0.1	0	0	0	0	0	0	0	0	0	0	0	0	0	0	0	0	0	0	0	0	0	0	0	0
苏州农业职业技术学院	30	1	0.3	0	0	0	0	0	0	0	0	0	0	0	0	0	0	1	1	0	0	0	0	0	0	0	0

南京科技职业学院	31	2	0.2	0	0	0	0	0	0	0	0	0	0	0	0	0	0	0	0	0	0	0	0	0	0	0	0
常州工业职业技术学院	32	1	0.2	0	0	0	0	0	0	0	0	0	0	0	0	0	0	0	0	0	0	0	0	0	0	0	0
常州工程职业技术学院	33	0	0	0	0	0	0	0	0	0	0	0	0	0	0	0	0	0	0	0	0	0	0	0	0	0	0
江苏农林职业技术学院	34	2	0.2	0	0	0	0	0	0	0	0	0	0	0	0	0	0	0	0	0	0	0	0	0	0	0	0
江苏食品药品职业技术学院	35	6	1.4	0	0	12.5	0	0	0	0	0	0	0	0	0	0	0	3	3	0	0	0	0	0	0	0	0
南京铁道职业技术学院	36	0	0	0	0	0	0	0	0	0	0	0	0	0	0	0	0	0	0	0	0	0	0	0	0	0	0
徐州工业职业技术学院	37	12	1.2	0	16	13.35	0	0	0	0	0	0	0	0	0	0	0	0	0	0	0	0	0	0	0	1	1
江苏信息职业技术学院	38	4	0.4	0	0	0.475	0	0	0	0	0	0	0	0	0	0	0	1	1	0	0	0	0	0	0	0	0
南京信息职业技术学院	39	0	0	0	0	0	0	0	0	0	0	0	0	0	0	0	0	0	0	0	0	0	0	0	0	0	0
常州机电职业技术学院	40	27	3.2	0	50	60.1	0	0	0	0	0	0	0	0	0	0	0	4	4	0	0	0	0	0	0	4	0
江阴职业技术学院	41	1	0.1	0	0	1	0	0	0	0	0	0	0	0	0	0	0	0	0	0	0	0	0	0	0	0	0
无锡城市职业技术学院	42	0	0	0	0	0	0	0	0	0	0	0	0	0	0	0	0	0	0	0	0	0	0	0	0	0	0
无锡工艺职业技术学院	43	3	0.3	0	0	0	0	0	0	0	0	0	0	0	0	0	0	0	0	0	0	0	0	0	0	2	0
苏州健雄职业技术学院	44	0	0	0	0	0	0	0	0	0	0	0	0	0	0	0	0	0	0	0	0	0	0	0	0	0	0
盐城工业职业技术学院	45	0	0	0	0	0	0	0	0	0	0	0	0	0	0	0	0	1	1	0	0	0	0	0	0	0	0
江苏财经职业技术学院	46	2	0.2	0	0	1.19	0	0	0	0	0	0	0	0	0	0	0	0	0	0	0	0	0	0	0	0	0
扬州工业职业技术学院	47	2	0.2	0	0	0	0	0	0	0	0	0	0	0	0	0	0	1	1	0	0	0	0	0	0	0	0
江苏城市职业学院	48	5	1.8	0	80	82.305	1	1	0	0	0	0	0	0	0	0	0	7	7	0	0	0	0	0	0	0	0
南京城市职业学院	49	0	0	0	0	0	0	0	0	0	0	0	0	0	0	0	0	0	0	0	0	0	0	0	0	0	0

续表

高校名称		总数					出版著作(部)							古籍整理(部)	译著(部)	发表译文(篇)	电子出版物(件)	发表论文(篇)				获奖成果数(项)				研究与咨询报告(篇)	
		课题数(项)	当年投入人数(人年)	其中：研究生(人年)	当年拨入经费(千元)	当年支出经费(千元)	合计	专著	其中：被译成外文	编著教材	工具书参考书	皮书/发展报告	科普读物					合计	国内学术刊物 内地(大陆)	国内学术刊物 港、澳、台地区	国外学术刊物	合计	国家级奖	部级奖	省级奖	合计	其中：被采纳数
	编号	L01	L02	L03	L04	L05	L06	L07	L08	L09	L10	L11	L12	L13	L14	L15	L16	L17	L18	L19	L20	L21	L22	L23	L24	L25	L26
南京机电职业技术学院	50	0	0	0	0	0	0	0	0	0	0	0	0	0	0	0	0	0	0	0	0	0	0	0	0	0	0
南京旅游职业学院	51	0	0	0	0	0	0	0	0	0	0	0	0	0	0	0	0	0	0	0	0	0	0	0	0	0	0
江苏卫生健康职业学院	52	6	0.7	0	9	6	0	0	0	0	0	0	0	0	0	0	0	0	0	0	0	0	0	0	0	0	0
苏州信息职业技术学院	53	0	0	0	0	0	0	0	0	0	0	0	0	0	0	0	0	0	0	0	0	0	0	0	0	0	0
苏州工业园区服务外包职业学院	54	0	0	0	0	0	0	0	0	0	0	0	0	0	0	0	0	0	0	0	0	0	0	0	0	0	0
徐州幼儿师范高等专科学校	55	0	0	0	0	0	0	0	0	0	0	0	0	0	0	0	0	0	0	0	0	0	0	0	0	0	0
徐州生物工程职业技术学院	56	4	0.4	0	0	0	0	0	0	0	0	0	0	0	0	0	0	4	4	0	0	0	0	0	0	0	0
江苏商贸职业学院	57	3	0.6	0	2	6.9	0	0	0	0	0	0	0	0	0	0	0	0	0	0	0	0	0	0	0	0	0
南通师范高等专科学校	58	3	0.8	0	0	0	0	0	0	0	0	0	0	0	0	0	0	0	0	0	0	0	0	0	0	0	0
江苏护理职业学院	59	10	1.1	0	0	26	0	0	0	0	0	0	0	0	0	0	0	0	0	0	0	0	0	0	0	0	0
江苏财会职业学院	60	4	0.6	0	0	0	0	0	0	0	0	0	0	0	0	0	0	2	2	0	0	0	0	0	0	0	0
江苏城乡建设职业学院	61	0	0	0	0	0	0	0	0	0	0	0	0	0	0	0	0	0	0	0	0	0	0	0	0	0	0
江苏航空职业技术学院	62	0	0	0	0	0	0	0	0	0	0	0	0	0	0	0	0	0	0	0	0	0	0	0	0	0	0
江苏安全技术职业学院	63	0	0	0	0	0	0	0	0	0	0	0	0	0	0	0	0	0	0	0	0	0	0	0	0	0	0
江苏旅游职业学院	64	0	0	0	0	0	0	0	0	0	0	0	0	0	0	0	0	1	1	0	0	0	0	0	0	0	0
常州幼儿师范高等专科学校	65	0	0	0	0	0	0	0	0	0	0	0	0	0	0	0	0	0	0	0	0	0	0	0	0	0	0

3.14 法学人文、社会科学研究与课题成果情况表

高校名称		总数					出版著作(部)							古籍整理(部)	译著(部)	发表译文(篇)	电子出版物(件)	发表论文(篇)				获奖成果数(项)				研究与咨询报告(篇)	
		课题数(项)	当年投入人数(人年)	其中:研究生(人年)	当年拨入经费(千元)	当年支出经费(千元)	合计	专著	其中:被译成外文	编著教材	工具书参考书	皮书/发展报告	科普读物					合计	国内学术刊物 内地(大陆)	国内学术刊物 港、澳、台地区	国外学术刊物	合计	国家级奖	部级奖	省级奖	合计	其中:被采纳数
	编号	L01	L02	L03	L04	L05	L06	L07	L08	L09	L10	L11	L12	L13	L14	L15	L16	L17	L18	L19	L20	L21	L22	L23	L24	L25	L26
合　计	/	58	11.1	0	502.6	574.128	3	2	0	1	0	0	0	0	0	0	0	32	31	0	1	0	0	0	0	5	2
盐城幼儿师范高等专科学校	1	0	0	0	0	0	0	0	0	0	0	0	0	0	0	0	0	0	0	0	0	0	0	0	0	0	0
苏州幼儿师范高等专科学校	2	0	0	0	0	0	0	0	0	0	0	0	0	0	0	0	0	0	0	0	0	0	0	0	0	0	0
无锡职业技术学院	3	0	0	0	0	0	0	0	0	0	0	0	0	0	0	0	0	0	0	0	0	0	0	0	0	0	0
江苏建筑职业技术学院	4	1	0.1	0	0	5	1	0	0	1	0	0	0	0	0	0	0	1	1	0	0	0	0	0	0	0	0
江苏工程职业技术学院	5	1	0.2	0	0.5	0.5	0	0	0	0	0	0	0	0	0	0	0	2	2	0	0	0	0	0	0	0	0
苏州工艺美术职业技术学院	6	0	0	0	0	0	0	0	0	0	0	0	0	0	0	0	0	0	0	0	0	0	0	0	0	0	0
连云港职业技术学院	7	0	0	0	0	0	0	0	0	0	0	0	0	0	0	0	0	0	0	0	0	0	0	0	0	0	0
镇江市高等专科学校	8	0	0	0	0	0	0	0	0	0	0	0	0	0	0	0	0	2	2	0	0	0	0	0	0	0	0
南通职业大学	9	0	0	0	0	0	0	0	0	0	0	0	0	0	0	0	0	1	1	0	0	0	0	0	0	0	0
苏州市职业大学	10	10	2.3	0	136	137	0	0	0	0	0	0	0	0	0	0	0	1	1	0	0	0	0	0	0	0	0
沙洲职业工学院	11	1	0.1	0	0	2.3	0	0	0	0	0	0	0	0	0	0	0	0	0	0	0	0	0	0	0	0	0
扬州市职业大学	12	1	0.2	0	0	0	0	0	0	0	0	0	0	0	0	0	0	1	1	0	0	0	0	0	0	1	0
连云港师范高等专科学校	13	0	0	0	0	0	0	0	0	0	0	0	0	0	0	0	0	0	0	0	0	0	0	0	0	0	0
江苏经贸职业技术学院	14	5	0.7	0	50	48.5	0	0	0	0	0	0	0	0	0	0	0	0	0	0	0	0	0	0	0	2	0
泰州职业技术学院	15	0	0	0	0	0	0	0	0	0	0	0	0	0	0	0	0	0	0	0	0	0	0	0	0	0	0

续表

高校名称	编号	总数					出版著作(部)							古籍整理(部)	译著(部)	发表译文(篇)	电子出版物(件)	发表论文(篇)				获奖成果数(项)				研究与咨询报告(篇)	
		课题数(项)	当年投入人数(人年)	其中：研究生(人年)	当年拨入经费(千元)	当年支出经费(千元)	合计	专著	其中：被译成外文	编著教材	工具书参考书	皮书/发展报告	科普读物					合计	国内学术刊物：内地(大陆)	国内学术刊物：港、澳、台地区	国外学术刊物	合计	国家级奖	部级奖	省级奖	合计	其中：被采纳数
		L01	L02	L03	L04	L05	L06	L07	L08	L09	L10	L11	L12	L13	L14	L15	L16	L17	L18	L19	L20	L21	L22	L23	L24	L25	L26
常州信息职业技术学院	16	1	0.3	0	0	0	0	0	0	0	0	0	0	0	0	0	0	2	2	0	0	0	0	0	0	0	0
江苏海事职业技术学院	17	1	0.3	0	0	0.66	0	0	0	0	0	0	0	0	0	0	0	1	1	0	0	0	0	0	0	0	0
无锡科技职业学院	18	1	0.2	0	0	0	0	0	0	0	0	0	0	0	0	0	0	0	0	0	0	0	0	0	0	0	0
江苏医药职业学院	19	0	0	0	0	0	0	0	0	0	0	0	0	0	0	0	0	0	0	0	0	0	0	0	0	0	0
南通科技职业学院	20	0	0	0	0	0	0	0	0	0	0	0	0	0	0	0	0	0	0	0	0	0	0	0	0	0	0
苏州经贸职业技术学院	21	1	0.2	0	0	0.08	0	0	0	0	0	0	0	0	0	0	0	0	0	0	0	0	0	0	0	0	0
苏州工业职业技术学院	22	0	0	0	0	0	0	0	0	0	0	0	0	0	0	0	0	0	0	0	0	0	0	0	0	0	0
苏州卫生职业技术学院	23	0	0	0	0	0	0	0	0	0	0	0	0	0	0	0	0	0	0	0	0	0	0	0	0	0	0
无锡商业职业技术学院	24	1	0.1	0	0	0	0	0	0	0	0	0	0	0	0	0	0	0	0	0	0	0	0	0	0	0	0
江苏航运职业技术学院	25	0	0	0	0	0	0	0	0	0	0	0	0	0	0	0	0	0	0	0	0	0	0	0	0	0	0
南京交通职业技术学院	26	0	0	0	0	0	0	0	0	0	0	0	0	0	0	0	0	0	0	0	0	0	0	0	0	0	0
江苏电子信息职业学院	27	1	0.1	0	0	2	0	0	0	0	0	0	0	0	0	0	0	0	0	0	0	0	0	0	0	0	0
江苏农牧科技职业学院	28	0	0	0	0	0	0	0	0	0	0	0	0	0	0	0	0	0	0	0	0	0	0	0	0	0	0
常州纺织服装职业技术学院	29	1	0.1	0	0	0	0	0	0	0	0	0	0	0	0	0	0	0	0	0	0	0	0	0	0	0	0
苏州农业职业技术学院	30	1	0.3	0	0	0	0	0	0	0	0	0	0	0	0	0	0	1	1	0	0	0	0	0	0	0	0

南京科技职业学院	31	0	0	0	0	0	0	0	0	0	0	0	0	0	0	0	0	0	0	0	0	0	0	0	0	0	0
常州工业职业技术学院	32	1	0.2	0	0	0	0	0	0	0	0	0	0	0	0	0	0	0	0	0	0	0	0	0	0	0	0
常州工程职业技术学院	33	0	0	0	0	0	0	0	0	0	0	0	0	0	0	0	0	3	3	0	0	0	0	0	0	0	0
江苏农林职业技术学院	34	0	0	0	0	0	0	0	0	0	0	0	0	0	0	0	0	0	0	0	0	0	0	0	0	0	0
江苏食品药品职业技术学院	35	0	0	0	0	0	0	0	0	0	0	0	0	0	0	0	0	0	0	0	0	0	0	0	0	0	0
南京铁道职业技术学院	36	0	0	0	0	0	0	0	0	0	0	0	0	0	0	0	0	0	0	0	0	0	0	0	0	0	0
徐州工业职业技术学院	37	0	0	0	0	0	0	0	0	0	0	0	0	0	0	0	0	0	0	0	0	0	0	0	0	0	0
江苏信息职业技术学院	38	0	0	0	0	0	0	0	0	0	0	0	0	0	0	0	0	0	0	0	0	0	0	0	0	0	0
南京信息职业技术学院	39	0	0	0	0	0	0	0	0	0	0	0	0	0	0	0	0	0	0	0	0	0	0	0	0	0	0
常州机电职业技术学院	40	0	0	0	0	0	0	0	0	0	0	0	0	0	0	0	0	1	1	0	0	0	0	0	0	0	0
江阴职业技术学院	41	0	0	0	0	0	0	0	0	0	0	0	0	0	0	0	0	0	0	0	0	0	0	0	0	0	0
无锡城市职业技术学院	42	0	0	0	0	0	0	0	0	0	0	0	0	0	0	0	0	0	0	0	0	0	0	0	0	0	0
无锡工艺职业技术学院	43	0	0	0	0	0	0	0	0	0	0	0	0	0	0	0	0	0	0	0	0	0	0	0	0	0	0
苏州健雄职业技术学院	44	0	0	0	0	0	0	0	0	0	0	0	0	0	0	0	0	0	0	0	0	0	0	0	0	0	0
盐城工业职业技术学院	45	0	0	0	0	0	0	0	0	0	0	0	0	0	0	0	0	0	0	0	0	0	0	0	0	0	0
江苏财经职业技术学院	46	6	0.6	0	150.5	150.5	0	0	0	0	0	0	0	0	0	0	0	2	2	0	0	0	0	0	0	0	0
扬州工业职业技术学院	47	0	0	0	0	0	1	1	0	0	0	0	0	0	0	0	0	1	1	0	0	0	0	0	0	0	0
江苏城市职业学院	48	7	2	0	100	111.338	0	0	0	0	0	0	0	0	0	0	0	9	9	0	0	0	0	0	0	0	0
南京城市职业学院	49	0	0	0	0	0	0	0	0	0	0	0	0	0	0	0	0	0	0	0	0	0	0	0	0	0	0

续表

高校名称		总数					出版著作(部)							古籍整理(部)	译著(部)	发表译文(篇)	电子出版物(件)	发表论文(篇)				获奖成果数(项)				研究与咨询报告(篇)	
		课题数(项)	当年投入人数(人年)	其中：研究生(人年)	当年拨入经费(千元)	当年支出经费(千元)	合计	专著	其中：被译成外文	编著教材	工具书参考书	皮书/发展报告	科普读物					合计	国内学术刊物 内地(大陆)	国内学术刊物 港、澳、台地区	国外学术刊物	合计	国家级奖	部级奖	省级奖	合计	其中：被采纳数
	编号	L01	L02	L03	L04	L05	L06	L07	L08	L09	L10	L11	L12	L13	L14	L15	L16	L17	L18	L19	L20	L21	L22	L23	L24	L25	L26
南京机电职业技术学院	50	0	0	0	0	0	0	0	0	0	0	0	0	0	0	0	0	0	0	0	0	0	0	0	0	0	0
南京旅游职业学院	51	5	0.5	0	0	15	0	0	0	0	0	0	0	0	0	0	0	0	0	0	0	0	0	0	0	0	0
江苏卫生健康职业学院	52	2	0.3	0	3	4	0	0	0	0	0	0	0	0	0	0	0	1	0	0	1	0	0	0	0	0	0
苏州信息职业技术学院	53	0	0	0	0	0	0	0	0	0	0	0	0	0	0	0	0	0	0	0	0	0	0	0	0	0	0
苏州工业园区服务外包职业学院	54	3	0.5	0	60	62.75	0	0	0	0	0	0	0	0	0	0	0	0	0	0	0	0	0	0	0	2	2
徐州幼儿师范高等专科学校	55	1	0.4	0	0	0	0	0	0	0	0	0	0	0	0	0	0	0	0	0	0	0	0	0	0	0	0
徐州生物工程职业技术学院	56	0	0	0	0	0	0	0	0	0	0	0	0	0	0	0	0	0	0	0	0	0	0	0	0	0	0
江苏商贸职业学院	57	2	0.4	0	0.6	34.5	0	0	0	0	0	0	0	0	0	0	0	1	1	0	0	0	0	0	0	0	0
南通师范高等专科学校	58	0	0	0	0	0	0	0	0	0	0	0	0	0	0	0	0	0	0	0	0	0	0	0	0	0	0
江苏护理职业学院	59	0	0	0	0	0	0	0	0	0	0	0	0	0	0	0	0	0	0	0	0	0	0	0	0	0	0
江苏财会职业学院	60	0	0	0	0	0	0	0	0	0	0	0	0	0	0	0	0	0	0	0	0	0	0	0	0	0	0
江苏城乡建设职业学院	61	0	0	0	0	0	0	0	0	0	0	0	0	0	0	0	0	0	0	0	0	0	0	0	0	0	0
江苏航空职业技术学院	62	4	1	0	2	0	1	1	0	0	0	0	0	0	0	0	0	2	2	0	0	0	0	0	0	0	0
江苏安全技术职业学院	63	0	0	0	0	0	0	0	0	0	0	0	0	0	0	0	0	0	0	0	0	0	0	0	0	0	0
江苏旅游职业学院	64	0	0	0	0	0	0	0	0	0	0	0	0	0	0	0	0	0	0	0	0	0	0	0	0	0	0
常州幼儿师范高等专科学校	65	0	0	0	0	0	0	0	0	0	0	0	0	0	0	0	0	0	0	0	0	0	0	0	0	0	0

3.15 社会学人文、社会科学研究与课题成果情况表

高校名称	编号	总数 课题数（项）	当年投入人数（人年）	其中：研究生（人年）	当年拨入经费（千元）	当年支出经费（千元）	出版著作（部） 合计	专著	其中：被译成外文	编著教材	工具书参考书	皮书/发展报告	科普读物	古籍整理（部）	译著（部）	发表译文（篇）	电子出版物（件）	发表论文（篇） 合计	国内学术刊物 内地（大陆）	国内学术刊物 港、澳、台地区	国外学术刊物	获奖成果数（项） 合计	国家级奖	部级奖	省级奖	研究与咨询报告（篇） 合计	其中：被采纳数
		L01	L02	L03	L04	L05	L06	L07	L08	L09	L10	L11	L12	L13	L14	L15	L16	L17	L18	L19	L20	L21	L22	L23	L24	L25	L26
合　计	/	498	83.7	0	1829.64	1904.217	4	3	0	0	0	1	0	0	0	0	0	169	160	0	9	0	0	0	0	56	21
盐城幼儿师范高等专科学校	1	6	0.7	0	13	13	0	0	0	0	0	0	0	0	0	0	0	0	0	0	0	0	0	0	0	0	0
苏州幼儿师范高等专科学校	2	1	0.1	0	0	0	0	0	0	0	0	0	0	0	0	0	0	0	0	0	0	0	0	0	0	0	0
无锡职业技术学院	3	8	1.2	0	0	7	1	1	0	0	0	0	0	0	0	0	0	4	3	0	1	0	0	0	0	0	0
江苏建筑职业技术学院	4	1	0.2	0	0	0	0	0	0	0	0	0	0	0	0	0	0	1	1	0	0	0	0	0	0	0	0
江苏工程职业技术学院	5	20	3.7	0	12	12	1	1	0	0	0	0	0	0	0	0	0	15	15	0	0	0	0	0	0	0	0
苏州工艺美术职业技术学院	6	1	0.2	0	2	2	0	0	0	0	0	0	0	0	0	0	0	0	0	0	0	0	0	0	0	0	0
连云港职业技术学院	7	7	1.1	0	0	0	0	0	0	0	0	0	0	0	0	0	0	2	2	0	0	0	0	0	0	0	0
镇江市高等专科学校	8	3	1	0	22	22	0	0	0	0	0	0	0	0	0	0	0	0	0	0	0	0	0	0	0	1	0
南通职业大学	9	11	2	0	18	46	0	0	0	0	0	0	0	0	0	0	0	2	2	0	0	0	0	0	0	0	0
苏州市职业大学	10	13	3.3	0	167	202	0	0	0	0	0	0	0	0	0	0	0	7	7	0	0	0	0	0	0	2	2
沙洲职业工学院	11	2	0.2	0	0	10.5	0	0	0	0	0	0	0	0	0	0	0	3	3	0	0	0	0	0	0	0	0
扬州市职业大学	12	24	5.6	0	125	7.4	0	0	0	0	0	0	0	0	0	0	0	2	2	0	0	0	0	0	0	18	0
连云港师范高等专科学校	13	7	0.7	0	2	0	0	0	0	0	0	0	0	0	0	0	0	0	0	0	0	0	0	0	0	0	0
江苏经贸职业技术学院	14	4	0.8	0	0	0	0	0	0	0	0	0	0	0	0	0	0	0	0	0	0	0	0	0	0	0	0
泰州职业技术学院	15	1	0.2	0	0	0	0	0	0	0	0	0	0	0	0	0	0	0	0	0	0	0	0	0	0	0	0

续表

高校名称	编号	总数 课题数(项)	当年投入人数(人年)	其中：研究生(人年)	当年拨入经费(千元)	当年支出经费(千元)	出版著作(部) 合计	专著	其中：被译成外文	编著教材	工具书参考书	皮书/发展报告	科普读物	古籍整理(部)	译著(部)	发表译文(篇)	电子出版物(件)	发表论文(篇) 合计	国内学术刊物 内地(大陆)	国内学术刊物 港、澳、台地区	国外学术刊物	获奖成果数(项) 合计	国家级奖	部级奖	省级奖	研究与咨询报告(篇) 合计	其中：被采纳数
		L01	L02	L03	L04	L05	L06	L07	L08	L09	L10	L11	L12	L13	L14	L15	L16	L17	L18	L19	L20	L21	L22	L23	L24	L25	L26
常州信息职业技术学院	16	6	1.3	0	0	0	0	0	0	0	0	0	0	0	0	0	0	0	0	0	0	0	0	0	0	0	0
江苏海事职业技术学院	17	4	1.2	0	446	439.9	1	0	0	0	0	1	0	0	0	0	0	0	0	0	0	0	0	0	0	1	1
无锡科技职业学院	18	18	4.6	0	43	32	0	0	0	0	0	0	0	0	0	0	0	5	5	0	0	0	0	0	0	0	0
江苏医药职业学院	19	10	2.1	0	0	0	0	0	0	0	0	0	0	0	0	0	0	0	0	0	0	0	0	0	0	0	0
南通科技职业学院	20	18	3	0	193	196.9	0	0	0	0	0	0	0	0	0	0	0	7	7	0	0	0	0	0	0	2	2
苏州经贸职业技术学院	21	0	0	0	0	0	0	0	0	0	0	0	0	0	0	0	0	3	3	0	0	0	0	0	0	0	0
苏州工业职业技术学院	22	0	0	0	0	0	0	0	0	0	0	0	0	0	0	0	0	0	0	0	0	0	0	0	0	0	0
苏州卫生职业技术学院	23	21	2.6	0	77	69	0	0	0	0	0	0	0	0	0	0	0	8	8	0	0	0	0	0	0	0	0
无锡商业职业技术学院	24	38	3.9	0	40.8	18	0	0	0	0	0	0	0	0	0	0	0	8	8	0	0	0	0	0	0	1	1
江苏航运职业技术学院	25	2	0.4	0	0	6	0	0	0	0	0	0	0	0	0	0	0	0	0	0	0	0	0	0	0	0	0
南京交通职业技术学院	26	4	0.5	0	0	2.2	0	0	0	0	0	0	0	0	0	0	0	1	1	0	0	0	0	0	0	0	0
江苏电子信息职业学院	27	2	0.2	0	10	1	0	0	0	0	0	0	0	0	0	0	0	1	1	0	0	0	0	0	0	0	0
江苏农牧科技职业学院	28	2	0.2	0	0	1.5	0	0	0	0	0	0	0	0	0	0	0	0	0	0	0	0	0	0	0	0	0
常州纺织服装职业技术学院	29	0	0	0	0	0	0	0	0	0	0	0	0	0	0	0	0	0	0	0	0	0	0	0	0	0	0
苏州农业职业技术学院	30	2	0.5	0	54	53	0	0	0	0	0	0	0	0	0	0	0	2	2	0	0	0	0	0	0	0	0

南京科技职业学院	31	17	1.9	0	35	53.7	0	0	0	0	0	0	0	0	0	0	0	3	3	0	0	0	0	0	0	1	1
常州工业职业技术学院	32	7	0.9	0	1	1	0	0	0	0	0	0	0	0	0	0	0	0	0	0	0	0	0	0	0	4	0
常州工程职业技术学院	33	2	0.2	0	18	9	0	0	0	0	0	0	0	0	0	0	0	4	4	0	0	0	0	0	0	0	0
江苏农林职业技术学院	34	0	0	0	0	0	0	0	0	0	0	0	0	0	0	0	0	2	2	0	0	0	0	0	0	0	0
江苏食品药品职业技术学院	35	7	1.5	0	3	7.9	0	0	0	0	0	0	0	0	0	0	0	3	3	0	0	0	0	0	0	1	0
南京铁道职业技术学院	36	0	0	0	0	0	0	0	0	0	0	0	0	0	0	0	0	0	0	0	0	0	0	0	0	0	0
徐州工业职业技术学院	37	26	2.6	0	100	93.39	0	0	0	0	0	0	0	0	0	0	0	9	8	0	1	0	0	0	0	7	7
江苏信息职业技术学院	38	57	13.1	0	137.5	93.165	0	0	0	0	0	0	0	0	0	0	0	8	8	0	0	0	0	0	0	0	0
南京信息职业技术学院	39	5	0.5	0	8.64	48.735	0	0	0	0	0	0	0	0	0	0	0	2	2	0	0	0	0	0	0	1	0
常州机电职业技术学院	40	23	2.7	0	42	57	0	0	0	0	0	0	0	0	0	0	0	10	8	0	2	0	0	0	0	10	0
江阴职业技术学院	41	2	0.3	0	0	3	0	0	0	0	0	0	0	0	0	0	0	3	3	0	0	0	0	0	0	0	0
无锡城市职业技术学院	42	3	0.8	0	0	0	0	0	0	0	0	0	0	0	0	0	0	2	2	0	0	0	0	0	0	0	0
无锡工艺职业技术学院	43	2	0.2	0	3	0.15	0	0	0	0	0	0	0	0	0	0	0	2	2	0	0	0	0	0	0	0	0
苏州健雄职业技术学院	44	1	0.2	0	0	15	0	0	0	0	0	0	0	0	0	0	0	0	0	0	0	0	0	0	0	0	0
盐城工业职业技术学院	45	3	0.3	0	0	6	0	0	0	0	0	0	0	0	0	0	0	4	4	0	0	0	0	0	0	1	1
江苏财经职业技术学院	46	12	1.2	0	18	10.7	0	0	0	0	0	0	0	0	0	0	0	4	4	0	0	0	0	0	0	0	0
扬州工业职业技术学院	47	30	3.1	0	26	137	0	0	0	0	0	0	0	0	0	0	0	10	10	0	0	0	0	0	0	3	3
江苏城市职业学院	48	17	4.6	0	114	124.177	1	1	0	0	0	0	0	0	0	0	0	4	4	0	0	0	0	0	0	0	0
南京城市职业学院	49	6	0.9	0	0	4	0	0	0	0	0	0	0	0	0	0	0	4	4	0	0	0	0	0	0	0	0

续表

高校名称	编号	总数：课题数（项）	总数：当年投入人数（人年）	总数：其中：研究生（人年）	总数：当年拨入经费（千元）	总数：当年支出经费（千元）	出版著作（部）：合计	出版著作（部）：专著	出版著作（部）：其中：被译成外文	出版著作（部）：编著教材	出版著作（部）：工具书参考书	出版著作（部）：皮书/发展报告	出版著作（部）：科普读物	古籍整理（部）	译著（部）	发表译文（篇）	电子出版物（件）	发表论文（篇）：合计	发表论文（篇）：国内学术刊物：内地（大陆）	发表论文（篇）：国内学术刊物：港、澳、台地区	发表论文（篇）：国外学术刊物	获奖成果数（项）：合计	获奖成果数（项）：国家级奖	获奖成果数（项）：部级奖	获奖成果数（项）：省级奖	研究与咨询报告（篇）：合计	研究与咨询报告（篇）：其中：被采纳数
		L01	L02	L03	L04	L05	L06	L07	L08	L09	L10	L11	L12	L13	L14	L15	L16	L17	L18	L19	L20	L21	L22	L23	L24	L25	L26
南京机电职业技术学院	50	0	0	0	0	0	0	0	0	0	0	0	0	0	0	0	0	0	0	0	0	0	0	0	0	0	0
南京旅游职业学院	51	3	0.8	0	14	4	0	0	0	0	0	0	0	0	0	0	0	0	0	0	0	0	0	0	0	0	0
江苏卫生健康职业学院	52	4	0.6	0	6	7	0	0	0	0	0	0	0	0	0	0	0	2	1	0	1	0	0	0	0	0	0
苏州信息职业技术学院	53	4	0.4	0	1.2	0	0	0	0	0	0	0	0	0	0	0	0	0	0	0	0	0	0	0	0	0	0
苏州工业园区服务外包职业学院	54	6	1.1	0	70	67	0	0	0	0	0	0	0	0	0	0	0	0	0	0	0	0	0	0	0	3	3
徐州幼儿师范高等专科学校	55	4	0.8	0	0	0	0	0	0	0	0	0	0	0	0	0	0	0	0	0	0	0	0	0	0	0	0
徐州生物工程职业技术学院	56	6	0.6	0	1	1	0	0	0	0	0	0	0	0	0	0	0	2	2	0	0	0	0	0	0	0	0
江苏商贸职业学院	57	6	1.6	0	6.5	7.9	0	0	0	0	0	0	0	0	0	0	0	1	1	0	0	0	0	0	0	0	0
南通师范高等专科学校	58	0	0	0	0	0	0	0	0	0	0	0	0	0	0	0	0	0	0	0	0	0	0	0	0	0	0
江苏护理职业学院	59	2	0.2	0	0	11	0	0	0	0	0	0	0	0	0	0	0	1	1	0	0	0	0	0	0	0	0
江苏财会职业学院	60	0	0	0	0	0	0	0	0	0	0	0	0	0	0	0	0	0	0	0	0	0	0	0	0	0	0
江苏城乡建设职业学院	61	0	0	0	0	0	0	0	0	0	0	0	0	0	0	0	0	0	0	0	0	0	0	0	0	0	0
江苏航空职业技术学院	62	2	0.4	0	0	0	0	0	0	0	0	0	0	0	0	0	0	0	0	0	0	0	0	0	0	0	0
江苏安全技术职业学院	63	1	0.3	0	0	1	0	0	0	0	0	0	0	0	0	0	0	0	0	0	0	0	0	0	0	0	0
江苏旅游职业学院	64	4	0.4	0	0	0	0	0	0	0	0	0	0	0	0	0	0	18	14	0	4	0	0	0	0	0	0
常州幼儿师范高等专科学校	65	0	0	0	0	0	0	0	0	0	0	0	0	0	0	0	0	0	0	0	0	0	0	0	0	0	0

3.16 民族学与文化学人文、社会科学研究与课题成果情况表

高校名称		总数					出版著作(部)							古籍整理(部)	译著(部)	发表译文(篇)	电子出版物(件)	发表论文(篇)				获奖成果数(项)				研究与咨询报告(篇)	
		课题数(项)	当年投入人数(人年)	其中：研究生(人年)	当年拨入经费(千元)	当年支出经费(千元)	合计	专著	其中：被译成外文	编著教材	工具书参考书	皮书/发展报告	科普读物					合计	国内学术刊物 内地(大陆)	国内学术刊物 港澳、台地区	国外学术刊物	合计	国家级奖	部级奖	省级奖	合计	其中：被采纳数
	编号	L01	L02	L03	L04	L05	L06	L07	L08	L09	L10	L11	L12	L13	L14	L15	L16	L17	L18	L19	L20	L21	L22	L23	L24	L25	L26
合　计	/	165	27.6	0	1991.8	1226.85	3	0	0	3	0	0	0	0	0	0	0	51	49	0	2	0	0	0	0	33	18
盐城幼儿师范高等专科学校	1	23	2.6	0	54	54	0	0	0	0	0	0	0	0	0	0	0	0	0	0	0	0	0	0	0	0	0
苏州幼儿师范高等专科学校	2	1	0.1	0	0	0	0	0	0	0	0	0	0	0	0	0	0	0	0	0	0	0	0	0	0	0	0
无锡职业技术学院	3	5	0.6	0	0	6.8	0	0	0	0	0	0	0	0	0	0	0	6	6	0	0	0	0	0	0	0	0
江苏建筑职业技术学院	4	0	0	0	0	0	0	0	0	0	0	0	0	0	0	0	0	0	0	0	0	0	0	0	0	0	0
江苏工程职业技术学院	5	0	0	0	0	0	0	0	0	0	0	0	0	0	0	0	0	0	0	0	0	0	0	0	0	0	0
苏州工艺美术职业技术学院	6	0	0	0	0	0	0	0	0	0	0	0	0	0	0	0	0	0	0	0	0	0	0	0	0	0	0
连云港职业技术学院	7	3	0.6	0	0	0	0	0	0	0	0	0	0	0	0	0	0	2	2	0	0	0	0	0	0	0	0
镇江市高等专科学校	8	6	1.8	0	9	11	0	0	0	0	0	0	0	0	0	0	0	0	0	0	0	0	0	0	0	3	0
南通职业大学	9	0	0	0	0	0	0	0	0	0	0	0	0	0	0	0	0	0	0	0	0	0	0	0	0	0	0
苏州市职业大学	10	5	1.4	0	30	35	0	0	0	0	0	0	0	0	0	0	0	0	0	0	0	0	0	0	0	2	2
沙洲职业工学院	11	0	0	0	0	0	0	0	0	0	0	0	0	0	0	0	0	0	0	0	0	0	0	0	0	0	0
扬州市职业大学	12	21	4.7	0	110	51.2	0	0	0	0	0	0	0	0	0	0	0	10	10	0	0	0	0	0	0	13	5
连云港师范高等专科学校	13	16	1.7	0	14	2	0	0	0	0	0	0	0	0	0	0	0	2	2	0	0	0	0	0	0	0	0
江苏经贸职业技术学院	14	0	0	0	0	0	0	0	0	0	0	0	0	0	0	0	0	0	0	0	0	0	0	0	0	0	0
泰州职业技术学院	15	2	0.4	0	0	12.97	0	0	0	0	0	0	0	0	0	0	0	0	0	0	0	0	0	0	0	1	0

续表

高校名称	编号	总数 课题数(项)	当年投入人数(人年)	其中：研究生(人年)	当年拨入经费(千元)	当年支出经费(千元)	出版著作(部) 合计	专著	其中：被译成外文	编著教材	工具书参考书	皮书/发展报告	科普读物	古籍整理(部)	译著(部)	发表译文(篇)	电子出版物(件)	发表论文(篇) 合计	国内学术刊物 内地(大陆)	港、澳、台地区	国外学术刊物	获奖成果数(项) 合计	国家级奖	部级奖	省级奖	研究与咨询报告(篇) 合计	其中：被采纳数
		L01	L02	L03	L04	L05	L06	L07	L08	L09	L10	L11	L12	L13	L14	L15	L16	L17	L18	L19	L20	L21	L22	L23	L24	L25	L26
常州信息职业技术学院	16	0	0	0	0	0	0	0	0	0	0	0	0	0	0	0	0	0	0	0	0	0	0	0	0	0	0
江苏海事职业技术学院	17	8	2.1	0	340.8	334.56	0	0	0	0	0	0	0	0	0	0	0	0	0	0	0	0	0	0	0	3	3
无锡科技职业学院	18	3	1	0	3	3	0	0	0	0	0	0	0	0	0	0	0	1	1	0	0	0	0	0	0	0	0
江苏医药职业学院	19	1	0.2	0	0	0	0	0	0	0	0	0	0	0	0	0	0	0	0	0	0	0	0	0	0	0	0
南通科技职业学院	20	24	4.2	0	13	69.06	0	0	0	0	0	0	0	0	0	0	0	0	0	0	0	0	0	0	0	0	0
苏州经贸职业技术学院	21	0	0	0	0	0	0	0	0	0	0	0	0	0	0	0	0	0	0	0	0	0	0	0	0	0	0
苏州工业职业技术学院	22	0	0	0	0	0	0	0	0	0	0	0	0	0	0	0	0	0	0	0	0	0	0	0	0	0	0
苏州卫生职业技术学院	23	0	0	0	0	0	0	0	0	0	0	0	0	0	0	0	0	2	2	0	0	0	0	0	0	0	0
无锡商业职业技术学院	24	4	0.5	0	1140	458	0	0	0	0	0	0	0	0	0	0	0	10	9	0	1	0	0	0	0	0	0
江苏航运职业技术学院	25	0	0	0	0	0	0	0	0	0	0	0	0	0	0	0	0	0	0	0	0	0	0	0	0	0	0
南京交通职业技术学院	26	1	0.1	0	0	0	0	0	0	0	0	0	0	0	0	0	0	0	0	0	0	0	0	0	0	0	0
江苏电子信息职业学院	27	2	0.5	0	0	0.8	0	0	0	0	0	0	0	0	0	0	0	0	0	0	0	0	0	0	0	0	0
江苏农牧科技职业学院	28	0	0	0	0	0	0	0	0	0	0	0	0	0	0	0	0	0	0	0	0	0	0	0	0	0	0
常州纺织服装职业技术学院	29	1	0.2	0	0	7	0	0	0	0	0	0	0	0	0	0	0	0	0	0	0	0	0	0	0	0	0
苏州农业职业技术学院	30	0	0	0	0	0	0	0	0	0	0	0	0	0	0	0	0	0	0	0	0	0	0	0	0	0	0

南京科技职业学院	31	4	0.4	0	9	9	0	0	0	0	0	0	0	0	0	0	0	0	0	0	0	0	0	0	0	0	0
常州工业职业技术学院	32	0	0	0	0	0	0	0	0	0	0	0	0	0	0	0	0	0	0	0	0	0	0	0	0	0	0
常州工程职业技术学院	33	0	0	0	0	0	0	0	0	0	0	0	0	0	0	0	0	2	2	0	0	0	0	0	0	1	1
江苏农林职业技术学院	34	0	0	0	0	0	0	0	0	0	0	0	0	0	0	0	0	0	0	0	0	0	0	0	0	0	0
江苏食品药品职业技术学院	35	5	1	0	180	60	0	0	0	0	0	0	0	0	0	0	0	2	2	0	0	0	0	0	0	2	0
南京铁道职业技术学院	36	3	0.2	0	24	14	0	0	0	0	0	0	0	0	0	0	0	1	1	0	0	0	0	0	0	0	0
徐州工业职业技术学院	37	8	0.8	0	60	54.56	0	0	0	0	0	0	0	0	0	0	0	0	0	0	0	0	0	0	0	5	5
江苏信息职业技术学院	38	1	0.1	0	0	0	0	0	0	0	0	0	0	0	0	0	0	0	0	0	0	0	0	0	0	0	0
南京信息职业技术学院	39	4	0.4	0	0	8.1	0	0	0	0	0	0	0	0	0	0	0	1	1	0	0	0	0	0	0	0	0
常州机电职业技术学院	40	0	0	0	0	0	0	0	0	0	0	0	0	0	0	0	0	2	1	0	1	0	0	0	0	0	0
江阴职业技术学院	41	0	0	0	0	0	0	0	0	0	0	0	0	0	0	0	0	0	0	0	0	0	0	0	0	0	0
无锡城市职业技术学院	42	0	0	0	0	0	0	0	0	0	0	0	0	0	0	0	0	1	1	0	0	0	0	0	0	0	0
无锡工艺职业技术学院	43	1	0.1	0	0	14.4	0	0	0	0	0	0	0	0	0	0	0	0	0	0	0	0	0	0	0	0	0
苏州健雄职业技术学院	44	0	0	0	0	0	0	0	0	0	0	0	0	0	0	0	0	0	0	0	0	0	0	0	0	0	0
盐城工业职业技术学院	45	0	0	0	0	0	0	0	0	0	0	0	0	0	0	0	0	0	0	0	0	0	0	0	0	0	0
江苏财经职业技术学院	46	4	0.4	0	0	15.4	0	0	0	0	0	0	0	0	0	0	0	2	2	0	0	0	0	0	0	0	0
扬州工业职业技术学院	47	5	0.5	0	0	0	0	0	0	0	0	0	0	0	0	0	0	7	7	0	0	0	0	0	0	2	1
江苏城市职业学院	48	1	0.4	0	0	0	0	0	0	0	0	0	0	0	0	0	0	0	0	0	0	0	0	0	0	0	0
南京城市职业学院	49	0	0	0	0	0	0	0	0	0	0	0	0	0	0	0	0	0	0	0	0	0	0	0	0	0	0

续表

高校名称		总数					出版著作(部)							古籍整理(部)	译著(部)	发表译文(篇)	电子出版物(件)	发表论文(篇)				获奖成果数(项)				研究与咨询报告(篇)	
		课题数(项)	当年投入人数(人年)	其中：研究生(人年)	当年拨入经费(千元)	当年支出经费(千元)	合计	专著	其中：被译成外文	编著教材	工具书参考书	皮书/发展报告	科普读物					合计	国内学术刊物 内地(大陆)	国内学术刊物 港、澳、台地区	国外学术刊物	合计	国家级奖	部级奖	省级奖	合计	其中：被采纳数
	编号	L01	L02	L03	L04	L05	L06	L07	L08	L09	L10	L11	L12	L13	L14	L15	L16	L17	L18	L19	L20	L21	L22	L23	L24	L25	L26
南京机电职业技术学院	50	0	0	0	0	0	0	0	0	0	0	0	0	0	0	0	0	0	0	0	0	0	0	0	0	0	0
南京旅游职业学院	51	0	0	0	0	0	0	0	0	0	0	0	0	0	0	0	0	0	0	0	0	0	0	0	0	0	0
江苏卫生健康职业学院	52	1	0.3	0	0	0	0	0	0	0	0	0	0	0	0	0	0	0	0	0	0	0	0	0	0	0	0
苏州信息职业技术学院	53	0	0	0	0	0	0	0	0	0	0	0	0	0	0	0	0	0	0	0	0	0	0	0	0	0	0
苏州工业园区服务外包职业学院	54	1	0.2	0	5	5	0	0	0	0	0	0	0	0	0	0	0	0	0	0	0	0	0	0	0	1	1
徐州幼儿师范高等专科学校	55	0	0	0	0	0	0	0	0	0	0	0	0	0	0	0	0	0	0	0	0	0	0	0	0	0	0
徐州生物工程职业技术学院	56	1	0.1	0	0	1	0	0	0	0	0	0	0	0	0	0	0	0	0	0	0	0	0	0	0	0	0
江苏商贸职业学院	57	0	0	0	0	0	0	0	0	0	0	0	0	0	0	0	0	0	0	0	0	0	0	0	0	0	0
南通师范高等专科学校	58	0	0	0	0	0	0	0	0	0	0	0	0	0	0	0	0	0	0	0	0	0	0	0	0	0	0
江苏护理职业学院	59	0	0	0	0	0	0	0	0	0	0	0	0	0	0	0	0	0	0	0	0	0	0	0	0	0	0
江苏财会职业学院	60	0	0	0	0	0	0	0	0	0	0	0	0	0	0	0	0	0	0	0	0	0	0	0	0	0	0
江苏城乡建设职业学院	61	0	0	0	0	0	0	0	0	0	0	0	0	0	0	0	0	0	0	0	0	0	0	0	0	0	0
江苏航空职业技术学院	62	0	0	0	0	0	0	0	0	0	0	0	0	0	0	0	0	0	0	0	0	0	0	0	0	0	0
江苏安全技术职业学院	63	0	0	0	0	0	0	0	0	0	0	0	0	0	0	0	0	0	0	0	0	0	0	0	0	0	0
江苏旅游职业学院	64	0	0	0	0	0	3	0	0	3	0	0	0	0	0	0	0	0	0	0	0	0	0	0	0	0	0
常州幼儿师范高等专科学校	65	0	0	0	0	0	0	0	0	0	0	0	0	0	0	0	0	0	0	0	0	0	0	0	0	0	0

3.17 新闻学与传播学人文、社会科学研究与课题成果情况表

高校名称	编号	总数 课题数(项)	总数 当年投入人数(人年)	总数 其中：研究生(人年)	总数 当年拨入经费(千元)	总数 当年支出经费(千元)	出版著作(部) 合计	出版著作(部) 专著	出版著作(部) 其中：被译成外文	出版著作(部) 编著教材	出版著作(部) 工具书参考书	出版著作(部) 皮书/发展报告	出版著作(部) 科普读物	古籍整理(部)	译著(部)	发表译文(篇)	电子出版物(件)	发表论文(篇) 合计	发表论文(篇) 国内学术刊物 内地(大陆)	发表论文(篇) 国内学术刊物 港澳、台地区	发表论文(篇) 国外学术刊物	获奖成果数(项) 合计	获奖成果数(项) 国家级奖	获奖成果数(项) 部级奖	获奖成果数(项) 省级奖	研究与咨询报告(篇) 合计	研究与咨询报告(篇) 其中：被采纳数
		L01	L02	L03	L04	L05	L06	L07	L08	L09	L10	L11	L12	L13	L14	L15	L16	L17	L18	L19	L20	L21	L22	L23	L24	L25	L26
合 计	/	64	14.6	0	1234.6	791.581	2	2	0	0	0	0	0	0	0	0	0	36	36	0	0	0	0	0	0	6	4
盐城幼儿师范高等专科学校	1	0	0	0	0	0	0	0	0	0	0	0	0	0	0	0	0	0	0	0	0	0	0	0	0	0	0
苏州幼儿师范高等专科学校	2	0	0	0	0	0	0	0	0	0	0	0	0	0	0	0	0	0	0	0	0	0	0	0	0	0	0
无锡职业技术学院	3	1	0.2	0	0	2.4	0	0	0	0	0	0	0	0	0	0	0	2	2	0	0	0	0	0	0	0	0
江苏建筑职业技术学院	4	8	2.5	0	28	8	1	1	0	0	0	0	0	0	0	0	0	3	3	0	0	0	0	0	0	0	0
江苏工程职业技术学院	5	0	0	0	0	0	0	0	0	0	0	0	0	0	0	0	0	0	0	0	0	0	0	0	0	0	0
苏州工艺美术职业技术学院	6	1	0.3	0	30	30	0	0	0	0	0	0	0	0	0	0	0	0	0	0	0	0	0	0	0	0	0
连云港职业技术学院	7	0	0	0	0	0	0	0	0	0	0	0	0	0	0	0	0	0	0	0	0	0	0	0	0	0	0
镇江市高等专科学校	8	0	0	0	0	0	0	0	0	0	0	0	0	0	0	0	0	0	0	0	0	0	0	0	0	0	0
南通职业大学	9	0	0	0	0	0	0	0	0	0	0	0	0	0	0	0	0	0	0	0	0	0	0	0	0	0	0
苏州市职业大学	10	6	1.9	0	50.5	74.64	0	0	0	0	0	0	0	0	0	0	0	4	4	0	0	0	0	0	0	0	0
沙洲职业工学院	11	0	0	0	0	0	0	0	0	0	0	0	0	0	0	0	0	0	0	0	0	0	0	0	0	0	0
扬州市职业大学	12	1	0.4	0	0	0	0	0	0	0	0	0	0	0	0	0	0	2	2	0	0	0	0	0	0	0	0
连云港师范高等专科学校	13	1	0.1	0	2	0	0	0	0	0	0	0	0	0	0	0	0	2	2	0	0	0	0	0	0	0	0
江苏经贸职业技术学院	14	2	0.4	0	0	0	0	0	0	0	0	0	0	0	0	0	0	0	0	0	0	0	0	0	0	0	0
泰州职业技术学院	15	1	0.2	0	0	6.08	0	0	0	0	0	0	0	0	0	0	0	1	1	0	0	0	0	0	0	0	0

续表

高校名称	编号	总数					出版著作(部)							古籍整理(部)	译著(部)	发表译文(篇)	电子出版物(件)	发表论文(篇)				获奖成果数(项)				研究与咨询报告(篇)	
		课题数(项)	当年投入人数(人年)	其中:研究生(人年)	当年拨入经费(千元)	当年支出经费(千元)	合计	专著	其中:被译成外文	编著教材	工具书参考书	皮书/发展报告	科普读物					合计	国内学术刊物 内地(大陆)	国内学术刊物 港、澳、台地区	国外学术刊物	合计	国家级奖	部级奖	省级奖	合计	其中:被采纳数
		L01	L02	L03	L04	L05	L06	L07	L08	L09	L10	L11	L12	L13	L14	L15	L16	L17	L18	L19	L20	L21	L22	L23	L24	L25	L26
常州信息职业技术学院	16	0	0	0	0	0	0	0	0	0	0	0	0	0	0	0	0	0	0	0	0	0	0	0	0	0	0
江苏海事职业技术学院	17	2	0.7	0	12	7.36	0	0	0	0	0	0	0	0	0	0	0	0	0	0	0	0	0	0	0	0	0
无锡科技职业学院	18	5	1.3	0	2	5	0	0	0	0	0	0	0	0	0	0	0	0	0	0	0	0	0	0	0	0	0
江苏医药职业学院	19	0	0	0	0	0	0	0	0	0	0	0	0	0	0	0	0	0	0	0	0	0	0	0	0	0	0
南通科技职业学院	20	2	0.4	0	35	37.72	0	0	0	0	0	0	0	0	0	0	0	0	0	0	0	0	0	0	0	1	1
苏州经贸职业技术学院	21	0	0	0	0	0	0	0	0	0	0	0	0	0	0	0	0	0	0	0	0	0	0	0	0	0	0
苏州工业职业技术学院	22	0	0	0	0	0	0	0	0	0	0	0	0	0	0	0	0	0	0	0	0	0	0	0	0	0	0
苏州卫生职业技术学院	23	4	0.5	0	0	25.1	0	0	0	0	0	0	0	0	0	0	0	2	2	0	0	0	0	0	0	0	0
无锡商业职业技术学院	24	4	0.4	0	1050	538	1	1	0	0	0	0	0	0	0	0	0	2	2	0	0	0	0	0	0	0	0
江苏航运职业技术学院	25	0	0	0	0	0	0	0	0	0	0	0	0	0	0	0	0	0	0	0	0	0	0	0	0	0	0
南京交通职业技术学院	26	0	0	0	0	0	0	0	0	0	0	0	0	0	0	0	0	0	0	0	0	0	0	0	0	0	0
江苏电子信息职业学院	27	0	0	0	0	0	0	0	0	0	0	0	0	0	0	0	0	2	2	0	0	0	0	0	0	0	0
江苏农牧科技职业学院	28	0	0	0	0	0	0	0	0	0	0	0	0	0	0	0	0	0	0	0	0	0	0	0	0	0	0
常州纺织服装职业技术学院	29	0	0	0	0	0	0	0	0	0	0	0	0	0	0	0	0	4	4	0	0	0	0	0	0	1	1
苏州农业职业技术学院	30	0	0	0	0	0	0	0	0	0	0	0	0	0	0	0	0	0	0	0	0	0	0	0	0	0	0

南京科技职业学院	31	0	0	0	0	0	0	0	0	0	0	0	0	0	0	0	0	0	0	0	0	0	0	0	0	0	0
常州工业职业技术学院	32	0	0	0	0	0	0	0	0	0	0	0	0	0	0	0	0	0	0	0	0	0	0	0	0	0	0
常州工程职业技术学院	33	0	0	0	0	0	0	0	0	0	0	0	0	0	0	0	0	0	0	0	0	0	0	0	0	0	0
江苏农林职业技术学院	34	0	0	0	0	0	0	0	0	0	0	0	0	0	0	0	0	0	0	0	0	0	0	0	0	0	0
江苏食品药品职业技术学院	35	4	0.7	0	0	6.5	0	0	0	0	0	0	0	0	0	0	0	3	3	0	0	0	0	0	0	2	0
南京铁道职业技术学院	36	1	0.1	0	0	2	0	0	0	0	0	0	0	0	0	0	0	0	0	0	0	0	0	0	0	0	0
徐州工业职业技术学院	37	0	0	0	0	0	0	0	0	0	0	0	0	0	0	0	0	0	0	0	0	0	0	0	0	0	0
江苏信息职业技术学院	38	0	0	0	0	0	0	0	0	0	0	0	0	0	0	0	0	0	0	0	0	0	0	0	0	0	0
南京信息职业技术学院	39	1	0.1	0	17.6	17.6	0	0	0	0	0	0	0	0	0	0	0	0	0	0	0	0	0	0	0	0	0
常州机电职业技术学院	40	0	0	0	0	0	0	0	0	0	0	0	0	0	0	0	0	0	0	0	0	0	0	0	0	0	0
江阴职业技术学院	41	0	0	0	0	0	0	0	0	0	0	0	0	0	0	0	0	0	0	0	0	0	0	0	0	0	0
无锡城市职业技术学院	42	1	0.4	0	0	0	0	0	0	0	0	0	0	0	0	0	0	0	0	0	0	0	0	0	0	0	0
无锡工艺职业技术学院	43	0	0	0	0	0	0	0	0	0	0	0	0	0	0	0	0	0	0	0	0	0	0	0	0	0	0
苏州健雄职业技术学院	44	0	0	0	0	0	0	0	0	0	0	0	0	0	0	0	0	0	0	0	0	0	0	0	0	0	0
盐城工业职业技术学院	45	0	0	0	0	0	0	0	0	0	0	0	0	0	0	0	0	0	0	0	0	0	0	0	0	0	0
江苏财经职业技术学院	46	1	0.1	0	0	2	0	0	0	0	0	0	0	0	0	0	0	1	1	0	0	0	0	0	0	0	0
扬州工业职业技术学院	47	0	0	0	0	0	0	0	0	0	0	0	0	0	0	0	0	0	0	0	0	0	0	0	0	0	0
江苏城市职业学院	48	7	2.3	0	7.5	24.381	0	0	0	0	0	0	0	0	0	0	0	0	0	0	0	0	0	0	0	0	0
南京城市职业学院	49	1	0.1	0	0	0	0	0	0	0	0	0	0	0	0	0	0	0	0	0	0	0	0	0	0	0	0

续表

高校名称		总数					出版著作(部)							古籍整理(部)	译著(部)	发表译文(篇)	电子出版物(件)	发表论文(篇)				获奖成果数(项)				研究与咨询报告(篇)	
		课题数(项)	当年投入人数(人年)	其中:研究生(人年)	当年拨入经费(千元)	当年支出经费(千元)	合计	专著	其中:被译成外文	编著教材	工具书参考书	皮书/发展报告	科普读物					合计	国内学术刊物 内地(大陆)	国内学术刊物 港、澳、台地区	国外学术刊物	合计	国家级奖	部级奖	省级奖	合计	其中:被采纳数
	编号	L01	L02	L03	L04	L05	L06	L07	L08	L09	L10	L11	L12	L13	L14	L15	L16	L17	L18	L19	L20	L21	L22	L23	L24	L25	L26
南京机电职业技术学院	50	2	0.2	0	0	0	0	0	0	0	0	0	0	0	0	0	0	0	0	0	0	0	0	0	0	0	0
南京旅游职业学院	51	0	0	0	0	0	0	0	0	0	0	0	0	0	0	0	0	0	0	0	0	0	0	0	0	0	0
江苏卫生健康职业学院	52	2	0.2	0	0	2	0	0	0	0	0	0	0	0	0	0	0	1	1	0	0	0	0	0	0	0	0
苏州信息职业技术学院	53	0	0	0	0	0	0	0	0	0	0	0	0	0	0	0	0	0	0	0	0	0	0	0	0	0	0
苏州工业园区服务外包职业学院	54	4	0.6	0	0	0.8	0	0	0	0	0	0	0	0	0	0	0	2	2	0	0	0	0	0	0	2	2
徐州幼儿师范高等专科学校	55	0	0	0	0	0	0	0	0	0	0	0	0	0	0	0	0	0	0	0	0	0	0	0	0	0	0
徐州生物工程职业技术学院	56	0	0	0	0	0	0	0	0	0	0	0	0	0	0	0	0	0	0	0	0	0	0	0	0	0	0
江苏商贸职业学院	57	1	0.4	0	0	2	0	0	0	0	0	0	0	0	0	0	0	0	0	0	0	0	0	0	0	0	0
南通师范高等专科学校	58	0	0	0	0	0	0	0	0	0	0	0	0	0	0	0	0	0	0	0	0	0	0	0	0	0	0
江苏护理职业学院	59	1	0.1	0	0	0	0	0	0	0	0	0	0	0	0	0	0	4	4	0	0	0	0	0	0	0	0
江苏财会职业学院	60	0	0	0	0	0	0	0	0	0	0	0	0	0	0	0	0	0	0	0	0	0	0	0	0	0	0
江苏城乡建设职业学院	61	0	0	0	0	0	0	0	0	0	0	0	0	0	0	0	0	0	0	0	0	0	0	0	0	0	0
江苏航空职业技术学院	62	0	0	0	0	0	0	0	0	0	0	0	0	0	0	0	0	0	0	0	0	0	0	0	0	0	0
江苏安全技术职业学院	63	0	0	0	0	0	0	0	0	0	0	0	0	0	0	0	0	0	0	0	0	0	0	0	0	0	0
江苏旅游职业学院	64	0	0	0	0	0	0	0	0	0	0	0	0	0	0	0	0	1	1	0	0	0	0	0	0	0	0
常州幼儿师范高等专科学校	65	0	0	0	0	0	0	0	0	0	0	0	0	0	0	0	0	0	0	0	0	0	0	0	0	0	0

3.18 图书馆、情报与文献学人文、社会科学研究与课题成果情况表

高校名称	编号	总数：课题数（项）	总数：当年投入人数（人年）	总数：其中：研究生（人年）	总数：当年拨入经费（千元）	总数：当年支出经费（千元）	出版著作（部）：合计	出版著作（部）：专著	出版著作（部）：其中：被译成外文	出版著作（部）：编著教材	出版著作（部）：工具书参考书	出版著作（部）：皮书/发展报告	出版著作（部）：科普读物	古籍整理（部）	译著（部）	发表译文（篇）	电子出版物（件）	发表论文（篇）：合计	发表论文（篇）：国内学术刊物：内地（大陆）	发表论文（篇）：国内学术刊物：港澳、台地区	发表论文（篇）：国外学术刊物	获奖成果数（项）：合计	获奖成果数（项）：国家级奖	获奖成果数（项）：部级奖	获奖成果数（项）：省级奖	研究与咨询报告（篇）：合计	研究与咨询报告（篇）：其中：被采纳数
		L01	L02	L03	L04	L05	L06	L07	L08	L09	L10	L11	L12	L13	L14	L15	L16	L17	L18	L19	L20	L21	L22	L23	L24	L25	L26
合　计	/	72	13.1	0	128	136.937	4	4	0	0	0	0	0	0	0	0	0	91	89	0	2	0	0	0	0	6	5
盐城幼儿师范高等专科学校	1	2	0.2	0	0	0	0	0	0	0	0	0	0	0	0	0	0	1	1	0	0	0	0	0	0	0	0
苏州幼儿师范高等专科学校	2	0	0	0	0	0	0	0	0	0	0	0	0	0	0	0	0	1	1	0	0	0	0	0	0	0	0
无锡职业技术学院	3	2	0.2	0	0	0	1	1	0	0	0	0	0	0	0	0	0	5	5	0	0	0	0	0	0	0	0
江苏建筑职业技术学院	4	1	0.1	0	0	0	0	0	0	0	0	0	0	0	0	0	0	4	4	0	0	0	0	0	0	0	0
江苏工程职业技术学院	5	2	0.4	0	0.5	0.5	0	0	0	0	0	0	0	0	0	0	0	5	5	0	0	0	0	0	0	0	0
苏州工艺美术职业技术学院	6	0	0	0	0	0	0	0	0	0	0	0	0	0	0	0	0	0	0	0	0	0	0	0	0	0	0
连云港职业技术学院	7	0	0	0	0	0	0	0	0	0	0	0	0	0	0	0	0	0	0	0	0	0	0	0	0	0	0
镇江市高等专科学校	8	0	0	0	0	0	0	0	0	0	0	0	0	0	0	0	0	0	0	0	0	0	0	0	0	0	0
南通职业大学	9	0	0	0	0	0	0	0	0	0	0	0	0	0	0	0	0	0	0	0	0	0	0	0	0	0	0
苏州市职业大学	10	5	2	0	30	30	1	1	0	0	0	0	0	0	0	0	0	3	3	0	0	0	0	0	0	0	0
沙洲职业工学院	11	0	0	0	0	0	0	0	0	0	0	0	0	0	0	0	0	0	0	0	0	0	0	0	0	0	0
扬州市职业大学	12	2	0.4	0	40	40	0	0	0	0	0	0	0	0	0	0	0	2	2	0	0	0	0	0	0	2	2
连云港师范高等专科学校	13	2	0.2	0	2	0	0	0	0	0	0	0	0	0	0	0	0	0	0	0	0	0	0	0	0	0	0
江苏经贸职业技术学院	14	4	0.5	0	8	8	0	0	0	0	0	0	0	0	0	0	0	0	0	0	0	0	0	0	0	0	0
泰州职业技术学院	15	0	0	0	0	0	0	0	0	0	0	0	0	0	0	0	0	1	1	0	0	0	0	0	0	0	0

续表

高校名称	编号	总数：课题数(项)	总数：当年投入人数(人年)	总数：其中：研究生(人年)	总数：当年拨入经费(千元)	总数：当年支出经费(千元)	出版著作(部)：合计	出版著作(部)：专著	出版著作(部)：其中：被译成外文	出版著作(部)：编著教材	出版著作(部)：工具书参考书	出版著作(部)：皮书/发展报告	出版著作(部)：科普读物	古籍整理(部)	译著(部)	发表译文(篇)	电子出版物(件)	发表论文(篇)：合计	发表论文(篇)：国内学术刊物：内地(大陆)	发表论文(篇)：国内学术刊物：港澳、台地区	发表论文(篇)：国外学术刊物	获奖成果数(项)：合计	获奖成果数(项)：国家级奖	获奖成果数(项)：部级奖	获奖成果数(项)：省级奖	研究与咨询报告(篇)：合计	研究与咨询报告(篇)：其中：被采纳数
		L01	L02	L03	L04	L05	L06	L07	L08	L09	L10	L11	L12	L13	L14	L15	L16	L17	L18	L19	L20	L21	L22	L23	L24	L25	L26
常州信息职业技术学院	16	5	1.4	0	0	0	0	0	0	0	0	0	0	0	0	0	0	6	6	0	0	0	0	0	0	0	0
江苏海事职业技术学院	17	4	1.2	0	4	8.71	1	1	0	0	0	0	0	0	0	0	0	10	9	0	1	0	0	0	0	2	2
无锡科技职业学院	18	0	0	0	0	0	0	0	0	0	0	0	0	0	0	0	0	2	2	0	0	0	0	0	0	0	0
江苏医药职业学院	19	0	0	0	0	0	0	0	0	0	0	0	0	0	0	0	0	1	1	0	0	0	0	0	0	0	0
南通科技职业学院	20	0	0	0	0	0	0	0	0	0	0	0	0	0	0	0	0	0	0	0	0	0	0	0	0	0	0
苏州经贸职业技术学院	21	0	0	0	0	0	0	0	0	0	0	0	0	0	0	0	0	2	2	0	0	0	0	0	0	0	0
苏州工业职业技术学院	22	0	0	0	0	0	0	0	0	0	0	0	0	0	0	0	0	0	0	0	0	0	0	0	0	0	0
苏州卫生职业技术学院	23	4	0.4	0	10	7.9	0	0	0	0	0	0	0	0	0	0	0	1	1	0	0	0	0	0	0	0	0
无锡商业职业技术学院	24	0	0	0	0	0	0	0	0	0	0	0	0	0	0	0	0	0	0	0	0	0	0	0	0	0	0
江苏航运职业技术学院	25	0	0	0	0	0	1	1	0	0	0	0	0	0	0	0	0	3	3	0	0	0	0	0	0	0	0
南京交通职业技术学院	26	3	0.4	0	5.5	5.8	0	0	0	0	0	0	0	0	0	0	0	4	4	0	0	0	0	0	0	0	0
江苏电子信息职业学院	27	0	0	0	0	0	0	0	0	0	0	0	0	0	0	0	0	2	2	0	0	0	0	0	0	0	0
江苏农牧科技职业学院	28	1	0.1	0	0	0	0	0	0	0	0	0	0	0	0	0	0	2	2	0	0	0	0	0	0	0	0
常州纺织服装职业技术学院	29	0	0	0	0	0	0	0	0	0	0	0	0	0	0	0	0	2	2	0	0	0	0	0	0	0	0
苏州农业职业技术学院	30	0	0	0	0	0	0	0	0	0	0	0	0	0	0	0	0	0	0	0	0	0	0	0	0	0	0

南京科技职业学院	31	2	0.3	0	6	6	0	0	0	0	0	0	0	0	0	0	0	1	1	0	0	0	0	0	0	0	0
常州工业职业技术学院	32	1	0.2	0	0	3	0	0	0	0	0	0	0	0	0	0	0	0	0	0	0	0	0	0	0	0	0
常州工程职业技术学院	33	1	0.1	0	0	0	0	0	0	0	0	0	0	0	0	0	0	0	0	0	0	0	0	0	0	0	0
江苏农林职业技术学院	34	0	0	0	0	0	0	0	0	0	0	0	0	0	0	0	0	2	2	0	0	0	0	0	0	0	0
江苏食品药品职业技术学院	35	0	0	0	0	0	0	0	0	0	0	0	0	0	0	0	0	1	1	0	0	0	0	0	0	0	0
南京铁道职业技术学院	36	1	0.1	0	0	0	0	0	0	0	0	0	0	0	0	0	0	5	5	0	0	0	0	0	0	0	0
徐州工业职业技术学院	37	4	0.4	0	0	0.75	0	0	0	0	0	0	0	0	0	0	0	1	1	0	0	0	0	0	0	0	0
江苏信息职业技术学院	38	1	0.1	0	0	5	0	0	0	0	0	0	0	0	0	0	0	1	1	0	0	0	0	0	0	0	0
南京信息职业技术学院	39	0	0	0	0	0	0	0	0	0	0	0	0	0	0	0	0	0	0	0	0	0	0	0	0	0	0
常州机电职业技术学院	40	6	0.8	0	10	4.5	0	0	0	0	0	0	0	0	0	0	0	3	2	0	1	0	0	0	0	0	0
江阴职业技术学院	41	0	0	0	0	0	0	0	0	0	0	0	0	0	0	0	0	0	0	0	0	0	0	0	0	0	0
无锡城市职业技术学院	42	0	0	0	0	0	0	0	0	0	0	0	0	0	0	0	0	0	0	0	0	0	0	0	0	0	0
无锡工艺职业技术学院	43	1	0.1	0	0	0	0	0	0	0	0	0	0	0	0	0	0	6	6	0	0	0	0	0	0	1	0
苏州健雄职业技术学院	44	0	0	0	0	0	0	0	0	0	0	0	0	0	0	0	0	0	0	0	0	0	0	0	0	0	0
盐城工业职业技术学院	45	0	0	0	0	0	0	0	0	0	0	0	0	0	0	0	0	0	0	0	0	0	0	0	0	0	0
江苏财经职业技术学院	46	2	0.2	0	2	1.75	0	0	0	0	0	0	0	0	0	0	0	5	5	0	0	0	0	0	0	0	0
扬州工业职业技术学院	47	0	0	0	0	0	0	0	0	0	0	0	0	0	0	0	0	0	0	0	0	0	0	0	0	0	0
江苏城市职业学院	48	2	0.6	0	10	12.527	0	0	0	0	0	0	0	0	0	0	0	1	1	0	0	0	0	0	0	0	0
南京城市职业学院	49	1	0.1	0	0	0	0	0	0	0	0	0	0	0	0	0	0	2	2	0	0	0	0	0	0	0	0

续表

高校名称	编号	总数:课题数(项)	总数:当年投入人数(人年)	总数:其中:研究生(人年)	总数:当年拨入经费(千元)	总数:当年支出经费(千元)	出版著作(部):合计	出版著作(部):专著	出版著作(部):其中:被译成外文	出版著作(部):编著教材	出版著作(部):工具书参考书	出版著作(部):皮书/发展报告	出版著作(部):科普读物	古籍整理(部)	译著(部)	发表译文(篇)	电子出版物(件)	发表论文(篇):合计	发表论文(篇):国内学术刊物:内地(大陆)	发表论文(篇):国内学术刊物:港、澳、台地区	发表论文(篇):国外学术刊物	获奖成果数(项):合计	获奖成果数(项):国家级奖	获奖成果数(项):部级奖	获奖成果数(项):省级奖	研究与咨询报告(篇):合计	研究与咨询报告(篇):其中:被采纳数
		L01	L02	L03	L04	L05	L06	L07	L08	L09	L10	L11	L12	L13	L14	L15	L16	L17	L18	L19	L20	L21	L22	L23	L24	L25	L26
南京机电职业技术学院	50	2	0.2	0	0	0	0	0	0	0	0	0	0	0	0	0	0	2	2	0	0	0	0	0	0	0	0
南京旅游职业学院	51	0	0	0	0	0	0	0	0	0	0	0	0	0	0	0	0	0	0	0	0	0	0	0	0	0	0
江苏卫生健康职业学院	52	3	0.5	0	0	2	0	0	0	0	0	0	0	0	0	0	0	0	0	0	0	0	0	0	0	0	0
苏州信息职业技术学院	53	0	0	0	0	0	0	0	0	0	0	0	0	0	0	0	0	0	0	0	0	0	0	0	0	0	0
苏州工业园区服务外包职业学院	54	1	0.1	0	0	0	0	0	0	0	0	0	0	0	0	0	0	0	0	0	0	0	0	0	0	1	1
徐州幼儿师范高等专科学校	55	0	0	0	0	0	0	0	0	0	0	0	0	0	0	0	0	0	0	0	0	0	0	0	0	0	0
徐州生物工程职业技术学院	56	1	0.1	0	0	0	0	0	0	0	0	0	0	0	0	0	0	1	1	0	0	0	0	0	0	0	0
江苏商贸职业学院	57	2	0.7	0	0	0.5	0	0	0	0	0	0	0	0	0	0	0	0	0	0	0	0	0	0	0	0	0
南通师范高等专科学校	58	1	0.1	0	0	0	0	0	0	0	0	0	0	0	0	0	0	1	1	0	0	0	0	0	0	0	0
江苏护理职业学院	59	1	0.1	0	0	0	0	0	0	0	0	0	0	0	0	0	0	2	2	0	0	0	0	0	0	0	0
江苏财会职业学院	60	0	0	0	0	0	0	0	0	0	0	0	0	0	0	0	0	0	0	0	0	0	0	0	0	0	0
江苏城乡建设职业学院	61	0	0	0	0	0	0	0	0	0	0	0	0	0	0	0	0	0	0	0	0	0	0	0	0	0	0
江苏航空职业技术学院	62	1	0.7	0	0	0	0	0	0	0	0	0	0	0	0	0	0	0	0	0	0	0	0	0	0	0	0
江苏安全技术职业学院	63	0	0	0	0	0	0	0	0	0	0	0	0	0	0	0	0	0	0	0	0	0	0	0	0	0	0
江苏旅游职业学院	64	0	0	0	0	0	0	0	0	0	0	0	0	0	0	0	0	0	0	0	0	0	0	0	0	0	0
常州幼儿师范高等专科学校	65	1	0.1	0	0	0	0	0	0	0	0	0	0	0	0	0	0	0	0	0	0	0	0	0	0	0	0

3.19 教育学人文、社会科学研究与课题成果情况表

高校名称	编号	总数：课题数（项）	总数：当年投入人数（人年）	总数：其中：研究生（人年）	总数：当年拨入经费（千元）	总数：当年支出经费（千元）	出版著作（部）：合计	出版著作（部）：专著	出版著作（部）：其中：被译成外文	出版著作（部）：编著教材	出版著作（部）：工具书参考书	出版著作（部）：皮书/发展报告	出版著作（部）：科普读物	古籍整理（部）	译著（部）	发表译文（篇）	电子出版物（件）	发表论文（篇）：合计	发表论文（篇）：国内学术刊物：内地（大陆）	发表论文（篇）：国内学术刊物：港、澳、台地区	发表论文（篇）：国外学术刊物	获奖成果数（项）：合计	获奖成果数（项）：国家级奖	获奖成果数（项）：部级奖	获奖成果数（项）：省级奖	研究与咨询报告（篇）：合计	研究与咨询报告（篇）：其中：被采纳数
		L01	L02	L03	L04	L05	L06	L07	L08	L09	L10	L11	L12	L13	L14	L15	L16	L17	L18	L19	L20	L21	L22	L23	L24	L25	L26
合　计	/	5474	922.5	0	13 448.396	15 061.35	77	37	0	39	0	1	0	0	0	0	1	3236	3185	0	51	0	0	0	0	245	110
盐城幼儿师范高等专科学校	1	93	10.3	0	345.776	413.476	0	0	0	0	0	0	0	0	0	0	0	17	17	0	0	0	0	0	0	0	0
苏州幼儿师范高等专科学校	2	66	7.1	0	235.5	334.683	3	1	0	2	0	0	0	0	0	0	0	28	27	0	1	0	0	0	0	6	1
无锡职业技术学院	3	76	14.6	0	181	257.7	4	4	0	0	0	0	0	0	0	0	0	60	56	0	4	0	0	0	0	0	0
江苏建筑职业技术学院	4	62	18.9	0	192	200	1	1	0	0	0	0	0	0	0	0	0	44	44	0	0	0	0	0	0	6	3
江苏工程职业技术学院	5	66	9	0	122.5	122.5	2	2	0	0	0	0	0	0	0	0	0	71	71	0	0	0	0	0	0	0	0
苏州工艺美术职业技术学院	6	34	8.8	0	388	390	0	0	0	0	0	0	0	0	0	0	0	70	70	0	0	0	0	0	0	1	1
连云港职业技术学院	7	53	10.2	0	23	23	0	0	0	0	0	0	0	0	0	0	0	15	15	0	0	0	0	0	0	0	0
镇江市高等专科学校	8	25	9.6	0	120	128	0	0	0	0	0	0	0	0	0	0	0	24	24	0	0	0	0	0	0	2	0
南通职业大学	9	75	12.4	0	501.9	460	0	0	0	0	0	0	0	0	0	0	0	124	124	0	0	0	0	0	0	0	0
苏州市职业大学	10	47	16.4	0	297	344.5	2	1	0	1	0	0	0	0	0	0	0	57	57	0	0	0	0	0	0	5	1
沙洲职业工学院	11	56	5.7	0	0	136.2	0	0	0	0	0	0	0	0	0	0	0	41	41	0	0	0	0	0	0	5	5
扬州市职业大学	12	97	22.8	0	1237.4	1310.492	3	2	0	1	0	0	0	0	0	0	0	85	85	0	0	0	0	0	0	52	36
连云港师范高等专科学校	13	88	8.8	0	64	11	0	0	0	0	0	0	0	0	0	0	0	57	55	0	2	0	0	0	0	0	0
江苏经贸职业技术学院	14	168	35.8	0	508	881.4	0	0	0	0	0	0	0	0	0	0	0	72	72	0	0	0	0	0	0	2	0
泰州职业技术学院	15	20	3.9	0	6	71.61	2	0	0	2	0	0	0	0	0	0	0	31	31	0	0	0	0	0	0	0	0

续表

高校名称	编号	总数 课题数(项)	当年投入人数(人年)	其中：研究生(人年)	当年拨入经费(千元)	当年支出经费(千元)	出版著作(部) 合计	专著	其中：被译成外文	编著教材	工具书参考书	皮书/发展报告	科普读物	古籍整理(部)	译著(部)	发表译文(篇)	电子出版物(件)	发表论文(篇) 合计	国内学术刊物 内地(大陆)	港澳、台地区	国外学术刊物	获奖成果数(项) 合计	国家级奖	部级奖	省级奖	研究与咨询报告(篇) 合计	其中：被采纳数
		L01	L02	L03	L04	L05	L06	L07	L08	L09	L10	L11	L12	L13	L14	L15	L16	L17	L18	L19	L20	L21	L22	L23	L24	L25	L26
常州信息职业技术学院	16	38	11.6	0	1	1	0	0	0	0	0	0	0	0	0	0	0	47	47	0	0	0	0	0	0	0	0
江苏海事职业技术学院	17	39	10.7	0	136.24	235.902	1	0	0	0	0	1	0	0	0	0	0	18	12	0	6	0	0	0	0	4	4
无锡科技职业学院	18	72	22.7	0	53	64	2	1	0	1	0	0	0	0	0	0	0	56	56	0	0	0	0	0	0	0	0
江苏医药职业学院	19	28	6.2	0	0	0	0	0	0	0	0	0	0	0	0	0	0	14	14	0	0	0	0	0	0	0	0
南通科技职业学院	20	57	9.8	0	115	117.12	0	0	0	0	0	0	0	0	0	0	0	12	12	0	0	0	0	0	0	0	0
苏州经贸职业技术学院	21	164	50.4	0	825	516.792	1	1	0	0	0	0	0	0	0	0	0	66	66	0	0	0	0	0	0	0	0
苏州工业职业技术学院	22	28	3.8	0	456	491.5	0	0	0	0	0	0	0	0	0	0	0	8	8	0	0	0	0	0	0	7	7
苏州卫生职业技术学院	23	84	10.1	0	259	340	0	0	0	0	0	0	0	0	0	0	0	80	80	0	0	0	0	0	0	0	0
无锡商业职业技术学院	24	190	20.4	0	1401.7	916.5	3	3	0	0	0	0	0	0	0	0	0	170	153	0	17	0	0	0	0	5	5
江苏航运职业技术学院	25	83	14.6	0	231	205.45	4	4	0	0	0	0	0	0	0	0	0	46	46	0	0	0	0	0	0	0	0
南京交通职业技术学院	26	151	15.5	0	227.5	309.72	3	2	0	1	0	0	0	0	0	0	0	51	51	0	0	0	0	0	0	0	0
江苏电子信息职业学院	27	127	24.9	0	177	171.3	0	0	0	0	0	0	0	0	0	0	0	58	58	0	0	0	0	0	0	0	0
江苏农牧科技职业学院	28	43	4.3	0	20	86.1	0	0	0	0	0	0	0	0	0	0	0	48	48	0	0	0	0	0	0	0	0
常州纺织服装职业技术学院	29	183	22.5	0	95	445.86	3	0	0	3	0	0	0	0	0	0	0	101	101	0	0	0	0	0	0	8	0
苏州农业职业技术学院	30	22	8.3	0	56	64	0	0	0	0	0	0	0	0	0	0	0	22	22	0	0	0	0	0	0	0	0

南京科技职业学院	31	207	23.4	0	125	193	2	1	0	1	0	0	0	0	0	0	0	106	106	0	0	0	0	0	0	0	0
常州工业职业技术学院	32	118	22.7	0	338.78	343.3	3	0	0	3	0	0	0	0	0	0	0	34	34	0	0	0	0	0	0	18	0
常州工程职业技术学院	33	140	14	0	189.7	426.1	2	2	0	0	0	0	0	0	0	0	0	95	95	0	0	0	0	0	0	8	7
江苏农林职业技术学院	34	17	2.3	0	40	42	0	0	0	0	0	0	0	0	0	0	0	23	23	0	0	0	0	0	0	0	0
江苏食品药品职业技术学院	35	72	15.1	0	249	219.9	0	0	0	0	0	0	0	0	0	0	0	33	33	0	0	0	0	0	0	6	0
南京铁道职业技术学院	36	87	8.7	0	54	236.2	0	0	0	0	0	0	0	0	0	0	0	47	46	0	1	0	0	0	0	2	2
徐州工业职业技术学院	37	149	14.9	0	272	285.9	5	3	0	2	0	0	0	0	0	0	0	41	41	0	0	0	0	0	0	4	4
江苏信息职业技术学院	38	43	6.9	0	124	148.598	0	0	0	0	0	0	0	0	0	0	0	22	22	0	0	0	0	0	0	0	0
南京信息职业技术学院	39	105	10.7	0	75	196.66	0	0	0	0	0	0	0	0	0	0	0	53	53	0	0	0	0	0	0	4	0
常州机电职业技术学院	40	147	18.6	0	70	111.55	1	1	0	0	0	0	0	0	0	0	0	51	44	0	7	0	0	0	0	18	0
江阴职业技术学院	41	78	11.5	0	309	316.5	0	0	0	0	0	0	0	0	0	0	0	31	31	0	0	0	0	0	0	0	0
无锡城市职业技术学院	42	97	19.8	0	814	743.9	3	0	0	3	0	0	0	0	0	0	0	55	55	0	0	0	0	0	0	8	8
无锡工艺职业技术学院	43	133	13.5	0	50	108.2	0	0	0	0	0	0	0	0	0	0	0	90	87	0	3	0	0	0	0	12	0
苏州健雄职业技术学院	44	62	14.4	0	72	260	0	0	0	0	0	0	0	0	0	0	0	26	26	0	0	0	0	0	0	0	0
盐城工业职业技术学院	45	46	4.8	0	20	132.8	0	0	0	0	0	0	0	0	0	0	0	31	31	0	0	0	0	0	0	4	4
江苏财经职业技术学院	46	129	13	0	354	232.29	2	1	0	1	0	0	0	0	0	0	0	83	83	0	0	0	0	0	0	0	0
扬州工业职业技术学院	47	85	9.2	0	214	234	2	2	0	0	0	0	0	0	0	0	0	72	72	0	0	0	0	0	0	24	18
江苏城市职业学院	48	98	27.1	0	526.5	358.807	0	0	0	0	0	0	0	0	0	0	0	41	40	0	1	0	0	0	0	0	0
南京城市职业学院	49	134	20.3	0	126	131	0	0	0	0	0	0	0	0	0	0	0	40	40	0	0	0	0	0	0	0	0

续表

高校名称	编号	总数：课题数（项）	总数：当年投入人数（人年）	总数：其中：研究生（人年）	总数：当年拨入经费（千元）	总数：当年支出经费（千元）	出版著作（部）：合计	出版著作（部）：专著	出版著作（部）：其中：被译成外文	出版著作（部）：编著教材	出版著作（部）：工具书参考书	出版著作（部）：皮书/发展报告	出版著作（部）：科普读物	古籍整理（部）	译著（部）	发表译文（篇）	电子出版物（件）	发表论文（篇）：合计	发表论文（篇）：国内学术刊物：内地（大陆）	发表论文（篇）：国内学术刊物：港、澳、台地区	发表论文（篇）：国外学术刊物	获奖成果数（项）：合计	获奖成果数（项）：国家级奖	获奖成果数（项）：部级奖	获奖成果数（项）：省级奖	研究与咨询报告（篇）：合计	研究与咨询报告（篇）：其中：被采纳数
		L01	L02	L03	L04	L05	L06	L07	L08	L09	L10	L11	L12	L13	L14	L15	L16	L17	L18	L19	L20	L21	L22	L23	L24	L25	L26
南京机电职业技术学院	50	72	7.2	0	0	3	3	1	0	2	0	0	0	0	0	0	0	61	61	0	0	0	0	0	0	0	0
南京旅游职业学院	51	46	9.7	0	87	80.24	0	0	0	0	0	0	0	0	0	0	0	39	38	0	1	0	0	0	0	0	0
江苏卫生健康职业学院	52	49	7.4	0	48	77	0	0	0	0	0	0	0	0	0	0	0	31	26	0	5	0	0	0	0	0	0
苏州信息职业技术学院	53	39	6	0	26	37.67	0	0	0	0	0	0	0	0	0	0	1	23	23	0	0	0	0	0	0	1	1
苏州工业园区服务外包职业学院	54	59	10.9	0	20	70.7	0	0	0	0	0	0	0	0	0	0	0	23	23	0	0	0	0	0	0	1	1
徐州幼儿师范高等专科学校	55	174	39.3	0	240	262	0	0	0	0	0	0	0	0	0	0	0	74	74	0	0	0	0	0	0	0	0
徐州生物工程职业技术学院	56	50	5	0	11	13	0	0	0	0	0	0	0	0	0	0	0	34	34	0	0	0	0	0	0	0	0
江苏商贸职业学院	57	101	25.2	0	141.4	106.65	1	0	0	1	0	0	0	0	0	0	0	85	85	0	0	0	0	0	0	8	1
南通师范高等专科学校	58	157	27.3	0	2	101.55	3	0	0	3	0	0	0	0	0	0	0	56	56	0	0	0	0	0	0	0	0
江苏护理职业学院	59	53	7.9	0	10	69	0	0	0	0	0	0	0	0	0	0	0	29	29	0	0	0	0	0	0	0	0
江苏财会职业学院	60	96	23.3	0	90.5	90.5	3	3	0	0	0	0	0	0	0	0	0	74	74	0	0	0	0	0	0	19	0
江苏城乡建设职业学院	61	147	25.8	0	296	275.5	0	0	0	0	0	0	0	0	0	0	0	3	3	0	0	0	0	0	0	4	0
江苏航空职业技术学院	62	65	16.4	0	34	16.03	0	0	0	0	0	0	0	0	0	0	0	3	3	0	0	0	0	0	0	1	1
江苏安全技术职业学院	63	12	2.3	0	24	6	0	0	0	0	0	0	0	0	0	0	0	9	9	0	0	0	0	0	0	0	0
江苏旅游职业学院	64	58	5.8	0	120	82	12	0	0	12	0	0	0	0	0	0	0	75	72	0	3	0	0	0	0	0	0
常州幼儿师范高等专科学校	65	14	2	0	0	0	1	1	0	0	0	0	0	0	0	0	0	50	50	0	0	0	0	0	0	0	0

3.20 统计学人文、社会科学研究与课题成果情况表

高校名称	编号	总数：课题数(项)	总数：当年投入人数(人年)	其中：研究生(人年)	当年拨入经费(千元)	当年支出经费(千元)	出版著作(部)：合计	专著	其中：被译成外文	编著教材	工具书参考书	皮书/发展报告	科普读物	古籍整理(部)	译著(部)	发表译文(篇)	电子出版物(件)	发表论文(篇)：合计	国内学术刊物：内地(大陆)	国内学术刊物：港澳、台地区	国外学术刊物	获奖成果数(项)：合计	国家级奖	部级奖	省级奖	研究与咨询报告(篇)：合计	其中：被采纳数
		L01	L02	L03	L04	L05	L06	L07	L08	L09	L10	L11	L12	L13	L14	L15	L16	L17	L18	L19	L20	L21	L22	L23	L24	L25	L26
合　计	/	40	7.1	0	1373.83	559.543	0	0	0	0	0	0	0	0	0	0	0	10	10	0	0	0	0	0	0	2	2
盐城幼儿师范高等专科学校	1	0	0	0	0	0	0	0	0	0	0	0	0	0	0	0	0	0	0	0	0	0	0	0	0	0	0
苏州幼儿师范高等专科学校	2	0	0	0	0	0	0	0	0	0	0	0	0	0	0	0	0	0	0	0	0	0	0	0	0	0	0
无锡职业技术学院	3	0	0	0	0	0	0	0	0	0	0	0	0	0	0	0	0	1	1	0	0	0	0	0	0	0	0
江苏建筑职业技术学院	4	0	0	0	0	0	0	0	0	0	0	0	0	0	0	0	0	0	0	0	0	0	0	0	0	0	0
江苏工程职业技术学院	5	0	0	0	0	0	0	0	0	0	0	0	0	0	0	0	0	3	3	0	0	0	0	0	0	0	0
苏州工艺美术职业技术学院	6	0	0	0	0	0	0	0	0	0	0	0	0	0	0	0	0	0	0	0	0	0	0	0	0	0	0
连云港职业技术学院	7	0	0	0	0	0	0	0	0	0	0	0	0	0	0	0	0	0	0	0	0	0	0	0	0	0	0
镇江市高等专科学校	8	0	0	0	0	0	0	0	0	0	0	0	0	0	0	0	0	0	0	0	0	0	0	0	0	0	0
南通职业大学	9	9	1.6	0	8	58	0	0	0	0	0	0	0	0	0	0	0	0	0	0	0	0	0	0	0	0	0
苏州市职业大学	10	2	0.4	0	30	35	0	0	0	0	0	0	0	0	0	0	0	0	0	0	0	0	0	0	0	0	0
沙洲职业工学院	11	0	0	0	0	0	0	0	0	0	0	0	0	0	0	0	0	0	0	0	0	0	0	0	0	0	0
扬州市职业大学	12	3	0.9	0	30	0.6	0	0	0	0	0	0	0	0	0	0	0	0	0	0	0	0	0	0	0	0	0
连云港师范高等专科学校	13	1	0.1	0	2	0	0	0	0	0	0	0	0	0	0	0	0	0	0	0	0	0	0	0	0	0	0
江苏经贸职业技术学院	14	0	0	0	0	0	0	0	0	0	0	0	0	0	0	0	0	0	0	0	0	0	0	0	0	0	0
泰州职业技术学院	15	0	0	0	0	0	0	0	0	0	0	0	0	0	0	0	0	0	0	0	0	0	0	0	0	0	0

续表

高校名称		总数					出版著作(部)							古籍整理(部)	译著(部)	发表译文(篇)	电子出版物(件)	发表论文(篇)				获奖成果数(项)				研究与咨询报告(篇)	
		课题数(项)	当年投入人数(人年)	其中:研究生(人年)	当年拨入经费(千元)	当年支出经费(千元)	合计	专著	其中:被译成外文	编著教材	工具书参考书	皮书/发展报告	科普读物					合计	国内学术刊物 内地(大陆)	国内学术刊物 港、澳、台地区	国外学术刊物	合计	国家级奖	部级奖	省级奖	合计	其中:被采纳数
	编号	L01	L02	L03	L04	L05	L06	L07	L08	L09	L10	L11	L12	L13	L14	L15	L16	L17	L18	L19	L20	L21	L22	L23	L24	L25	L26
常州信息职业技术学院	16	0	0	0	0	0	0	0	0	0	0	0	0	0	0	0	0	0	0	0	0	0	0	0	0	0	0
江苏海事职业技术学院	17	0	0	0	0	0	0	0	0	0	0	0	0	0	0	0	0	0	0	0	0	0	0	0	0	0	0
无锡科技职业学院	18	0	0	0	0	0	0	0	0	0	0	0	0	0	0	0	0	0	0	0	0	0	0	0	0	0	0
江苏医药职业学院	19	1	0.2	0	0	0	0	0	0	0	0	0	0	0	0	0	0	1	1	0	0	0	0	0	0	0	0
南通科技职业学院	20	3	0.5	0	0	5.6	0	0	0	0	0	0	0	0	0	0	0	0	0	0	0	0	0	0	0	0	0
苏州经贸职业技术学院	21	0	0	0	0	0	0	0	0	0	0	0	0	0	0	0	0	0	0	0	0	0	0	0	0	0	0
苏州工业职业技术学院	22	2	0.4	0	95	95	0	0	0	0	0	0	0	0	0	0	0	0	0	0	0	0	0	0	0	0	0
苏州卫生职业技术学院	23	1	0.1	0	0	2.1	0	0	0	0	0	0	0	0	0	0	0	0	0	0	0	0	0	0	0	0	0
无锡商业职业技术学院	24	0	0	0	0	0	0	0	0	0	0	0	0	0	0	0	0	0	0	0	0	0	0	0	0	0	0
江苏航运职业技术学院	25	0	0	0	0	0	0	0	0	0	0	0	0	0	0	0	0	0	0	0	0	0	0	0	0	0	0
南京交通职业技术学院	26	0	0	0	0	0	0	0	0	0	0	0	0	0	0	0	0	0	0	0	0	0	0	0	0	0	0
江苏电子信息职业学院	27	0	0	0	0	0	0	0	0	0	0	0	0	0	0	0	0	0	0	0	0	0	0	0	0	0	0
江苏农牧科技职业学院	28	0	0	0	0	0	0	0	0	0	0	0	0	0	0	0	0	0	0	0	0	0	0	0	0	0	0
常州纺织服装职业技术学院	29	0	0	0	0	0	0	0	0	0	0	0	0	0	0	0	0	0	0	0	0	0	0	0	0	0	0
苏州农业职业技术学院	30	1	0.2	0	5	4	0	0	0	0	0	0	0	0	0	0	0	1	1	0	0	0	0	0	0	0	0

南京科技职业学院	31	1	0.1	0	0	0	0	0	0	0	0	0	0	0	0	0	0	0	0	0	0	0	0	0	0	0	0
常州工业职业技术学院	32	1	0.2	0	144	44	0	0	0	0	0	0	0	0	0	0	0	0	0	0	0	0	0	0	0	0	0
常州工程职业技术学院	33	0	0	0	0	0	0	0	0	0	0	0	0	0	0	0	0	2	2	0	0	0	0	0	0	0	0
江苏农林职业技术学院	34	0	0	0	0	0	0	0	0	0	0	0	0	0	0	0	0	0	0	0	0	0	0	0	0	0	0
江苏食品药品职业技术学院	35	1	0.2	0	0	0.6	0	0	0	0	0	0	0	0	0	0	0	0	0	0	0	0	0	0	0	0	0
南京铁道职业技术学院	36	1	0.1	0	2	2	0	0	0	0	0	0	0	0	0	0	0	0	0	0	0	0	0	0	0	0	0
徐州工业职业技术学院	37	0	0	0	0	0	0	0	0	0	0	0	0	0	0	0	0	1	1	0	0	0	0	0	0	0	0
江苏信息职业技术学院	38	0	0	0	0	0	0	0	0	0	0	0	0	0	0	0	0	1	1	0	0	0	0	0	0	0	0
南京信息职业技术学院	39	1	0.1	0	10	6.5	0	0	0	0	0	0	0	0	0	0	0	0	0	0	0	0	0	0	0	0	0
常州机电职业技术学院	40	0	0	0	0	0	0	0	0	0	0	0	0	0	0	0	0	0	0	0	0	0	0	0	0	0	0
江阴职业技术学院	41	0	0	0	0	0	0	0	0	0	0	0	0	0	0	0	0	0	0	0	0	0	0	0	0	0	0
无锡城市职业技术学院	42	0	0	0	0	0	0	0	0	0	0	0	0	0	0	0	0	0	0	0	0	0	0	0	0	0	0
无锡工艺职业技术学院	43	0	0	0	0	0	0	0	0	0	0	0	0	0	0	0	0	0	0	0	0	0	0	0	0	0	0
苏州健雄职业技术学院	44	0	0	0	0	0	0	0	0	0	0	0	0	0	0	0	0	0	0	0	0	0	0	0	0	0	0
盐城工业职业技术学院	45	0	0	0	0	0	0	0	0	0	0	0	0	0	0	0	0	0	0	0	0	0	0	0	0	0	0
江苏财经职业技术学院	46	0	0	0	0	0	0	0	0	0	0	0	0	0	0	0	0	0	0	0	0	0	0	0	0	0	0
扬州工业职业技术学院	47	2	0.2	0	90	90	0	0	0	0	0	0	0	0	0	0	0	0	0	0	0	0	0	0	0	2	2
江苏城市职业学院	48	9	1.6	0	957.83	210.143	0	0	0	0	0	0	0	0	0	0	0	0	0	0	0	0	0	0	0	0	0
南京城市职业学院	49	0	0	0	0	0	0	0	0	0	0	0	0	0	0	0	0	0	0	0	0	0	0	0	0	0	0

续表

高校名称		总数					出版著作(部)							古籍整理(部)	译著(部)	发表译文(篇)	电子出版物(件)	发表论文(篇)				获奖成果数(项)				研究与咨询报告(篇)	
		课题数(项)	当年投入人数(人年)	其中：研究生(人年)	当年拨入经费(千元)	当年支出经费(千元)	合计	专著	其中：被译成外文	编著教材	工具书参考书	皮书/发展报告	科普读物					合计	国内学术刊物 内地(大陆)	国内学术刊物 港、澳、台地区	国外学术刊物	合计	国家级奖	部级奖	省级奖	合计	其中：被采纳数
	编号	L01	L02	L03	L04	L05	L06	L07	L08	L09	L10	L11	L12	L13	L14	L15	L16	L17	L18	L19	L20	L21	L22	L23	L24	L25	L26
南京机电职业技术学院	50	0	0	0	0	0	0	0	0	0	0	0	0	0	0	0	0	0	0	0	0	0	0	0	0	0	0
南京旅游职业学院	51	0	0	0	0	0	0	0	0	0	0	0	0	0	0	0	0	0	0	0	0	0	0	0	0	0	0
江苏卫生健康职业学院	52	0	0	0	0	0	0	0	0	0	0	0	0	0	0	0	0	0	0	0	0	0	0	0	0	0	0
苏州信息职业技术学院	53	0	0	0	0	0	0	0	0	0	0	0	0	0	0	0	0	0	0	0	0	0	0	0	0	0	0
苏州工业园区服务外包职业学院	54	0	0	0	0	0	0	0	0	0	0	0	0	0	0	0	0	0	0	0	0	0	0	0	0	0	0
徐州幼儿师范高等专科学校	55	0	0	0	0	0	0	0	0	0	0	0	0	0	0	0	0	0	0	0	0	0	0	0	0	0	0
徐州生物工程职业技术学院	56	0	0	0	0	0	0	0	0	0	0	0	0	0	0	0	0	0	0	0	0	0	0	0	0	0	0
江苏商贸职业学院	57	0	0	0	0	0	0	0	0	0	0	0	0	0	0	0	0	0	0	0	0	0	0	0	0	0	0
南通师范高等专科学校	58	0	0	0	0	0	0	0	0	0	0	0	0	0	0	0	0	0	0	0	0	0	0	0	0	0	0
江苏护理职业学院	59	0	0	0	0	0	0	0	0	0	0	0	0	0	0	0	0	0	0	0	0	0	0	0	0	0	0
江苏财会职业学院	60	0	0	0	0	0	0	0	0	0	0	0	0	0	0	0	0	0	0	0	0	0	0	0	0	0	0
江苏城乡建设职业学院	61	0	0	0	0	0	0	0	0	0	0	0	0	0	0	0	0	0	0	0	0	0	0	0	0	0	0
江苏航空职业技术学院	62	0	0	0	0	0	0	0	0	0	0	0	0	0	0	0	0	0	0	0	0	0	0	0	0	0	0
江苏安全技术职业学院	63	1	0.2	0	0	6	0	0	0	0	0	0	0	0	0	0	0	0	0	0	0	0	0	0	0	0	0
江苏旅游职业学院	64	0	0	0	0	0	0	0	0	0	0	0	0	0	0	0	0	0	0	0	0	0	0	0	0	0	0
常州幼儿师范高等专科学校	65	0	0	0	0	0	0	0	0	0	0	0	0	0	0	0	0	0	0	0	0	0	0	0	0	0	0

3.21 心理学人文、社会科学研究与课题成果情况表

高校名称		总数					出版著作(部)							古籍整理(部)	译著(部)	发表译文(篇)	电子出版物(件)	发表论文(篇)				获奖成果数(项)				研究与咨询报告(篇)	
		课题数(项)	当年投入人数(人年)	其中：研究生(人年)	当年拨入经费(千元)	当年支出经费(千元)	合计	专著	其中：被译成外文	编著教材	工具书参考书	皮书/发展报告	科普读物					合计	国内学术刊物		国外学术刊物	合计	国家级奖	部级奖	省级奖	合计	其中：被采纳数
																			内地(大陆)	港澳、台地区							
	编号	L01	L02	L03	L04	L05	L06	L07	L08	L09	L10	L11	L12	L13	L14	L15	L16	L17	L18	L19	L20	L21	L22	L23	L24	L25	L26
合　计	/	143	24.6	0	1042.397	775.922	4	2	0	2	0	0	0	0	0	0	0	77	72	0	5	0	0	0	0	8	3
盐城幼儿师范高等专科学校	1	7	0.7	0	20	20	0	0	0	0	0	0	0	0	0	0	0	3	2	0	1	0	0	0	0	0	0
苏州幼儿师范高等专科学校	2	0	0	0	0	0	0	0	0	0	0	0	0	0	0	0	0	0	0	0	0	0	0	0	0	0	0
无锡职业技术学院	3	3	0.6	0	20	22	0	0	0	0	0	0	0	0	0	0	0	1	0	0	1	0	0	0	0	0	0
江苏建筑职业技术学院	4	3	0.9	0	12	7	1	1	0	0	0	0	0	0	0	0	0	4	4	0	0	0	0	0	0	1	1
江苏工程职业技术学院	5	2	0.5	0	0.5	0.5	0	0	0	0	0	0	0	0	0	0	0	4	4	0	0	0	0	0	0	0	0
苏州工艺美术职业技术学院	6	0	0	0	0	0	0	0	0	0	0	0	0	0	0	0	0	2	2	0	0	0	0	0	0	0	0
连云港职业技术学院	7	1	0.1	0	0	0	0	0	0	0	0	0	0	0	0	0	0	1	1	0	0	0	0	0	0	0	0
镇江市高等专科学校	8	0	0	0	0	0	0	0	0	0	0	0	0	0	0	0	0	0	0	0	0	0	0	0	0	0	0
南通职业大学	9	1	0.2	0	0	0	0	0	0	0	0	0	0	0	0	0	0	3	3	0	0	0	0	0	0	0	0
苏州市职业大学	10	8	2.5	0	128	128	2	0	0	2	0	0	0	0	0	0	0	0	0	0	0	0	0	0	0	0	0
沙洲职业工学院	11	0	0	0	0	0	0	0	0	0	0	0	0	0	0	0	0	0	0	0	0	0	0	0	0	0	0
扬州市职业大学	12	5	0.9	0	14.6	14.6	0	0	0	0	0	0	0	0	0	0	0	0	0	0	0	0	0	0	0	1	1
连云港师范高等专科学校	13	7	0.7	0	4	0	0	0	0	0	0	0	0	0	0	0	0	0	0	0	0	0	0	0	0	0	0
江苏经贸职业技术学院	14	4	0.6	0	0	1.25	0	0	0	0	0	0	0	0	0	0	0	0	0	0	0	0	0	0	0	0	0
泰州职业技术学院	15	2	0.4	0	0	10.2	0	0	0	0	0	0	0	0	0	0	0	2	2	0	0	0	0	0	0	0	0

续表

高校名称	编号	总数					出版著作(部)							古籍整理(部)	译著(部)	发表译文(篇)	电子出版物(件)	发表论文(篇)				获奖成果数(项)				研究与咨询报告(篇)	
		课题数(项)	当年投入人数(人年)	其中：研究生(人年)	当年拨入经费(千元)	当年支出经费(千元)	合计	专著	其中：被译成外文	编著教材	工具书参考书	皮书/发展报告	科普读物					合计	国内学术刊物 内地(大陆)	国内学术刊物 港澳、台地区	国外学术刊物	合计	国家级奖	部级奖	省级奖	合计	其中：被采纳数
	编号	L01	L02	L03	L04	L05	L06	L07	L08	L09	L10	L11	L12	L13	L14	L15	L16	L17	L18	L19	L20	L21	L22	L23	L24	L25	L26
常州信息职业技术学院	16	1	0.3	0	0	0	0	0	0	0	0	0	0	0	0	0	0	0	0	0	0	0	0	0	0	0	0
江苏海事职业技术学院	17	3	1.2	0	12	6.02	0	0	0	0	0	0	0	0	0	0	0	2	2	0	0	0	0	0	0	0	0
无锡科技职业学院	18	0	0	0	0	0	0	0	0	0	0	0	0	0	0	0	0	0	0	0	0	0	0	0	0	0	0
江苏医药职业学院	19	2	0.4	0	0	0	0	0	0	0	0	0	0	0	0	0	0	2	2	0	0	0	0	0	0	0	0
南通科技职业学院	20	3	0.5	0	0	9.38	0	0	0	0	0	0	0	0	0	0	0	2	2	0	0	0	0	0	0	0	0
苏州经贸职业技术学院	21	0	0	0	0	0	0	0	0	0	0	0	0	0	0	0	0	0	0	0	0	0	0	0	0	0	0
苏州工业职业技术学院	22	0	0	0	0	0	0	0	0	0	0	0	0	0	0	0	0	0	0	0	0	0	0	0	0	0	0
苏州卫生职业技术学院	23	8	1	0	20	29.6	0	0	0	0	0	0	0	0	0	0	0	11	11	0	0	0	0	0	0	0	0
无锡商业职业技术学院	24	3	0.4	0	3	0	0	0	0	0	0	0	0	0	0	0	0	5	5	0	0	0	0	0	0	0	0
江苏航运职业技术学院	25	0	0	0	0	0	1	1	0	0	0	0	0	0	0	0	0	1	1	0	0	0	0	0	0	0	0
南京交通职业技术学院	26	0	0	0	0	0	0	0	0	0	0	0	0	0	0	0	0	0	0	0	0	0	0	0	0	0	0
江苏电子信息职业学院	27	0	0	0	0	0	0	0	0	0	0	0	0	0	0	0	0	3	3	0	0	0	0	0	0	0	0
江苏农牧科技职业学院	28	2	0.2	0	0	1.3	0	0	0	0	0	0	0	0	0	0	0	0	0	0	0	0	0	0	0	0	0
常州纺织服装职业技术学院	29	6	0.9	0	0	4	0	0	0	0	0	0	0	0	0	0	0	5	5	0	0	0	0	0	0	1	0
苏州农业职业技术学院	30	0	0	0	0	0	0	0	0	0	0	0	0	0	0	0	0	0	0	0	0	0	0	0	0	0	0

南京科技职业学院	31	1	0.1	0	0	0	0	0	0	0	0	0	0	0	0	0	0	0	0	0	0	0	0	0	0	0	0
常州工业职业技术学院	32	3	0.7	0	0	0	0	0	0	0	0	0	0	0	0	0	0	1	1	0	0	0	0	0	0	1	0
常州工程职业技术学院	33	1	0.1	0	0	0	0	0	0	0	0	0	0	0	0	0	0	1	1	0	0	0	0	0	0	0	0
江苏农林职业技术学院	34	0	0	0	0	0	0	0	0	0	0	0	0	0	0	0	0	0	0	0	0	0	0	0	0	0	0
江苏食品药品职业技术学院	35	2	0.4	0	0	1.5	0	0	0	0	0	0	0	0	0	0	0	1	1	0	0	0	0	0	0	0	0
南京铁道职业技术学院	36	1	0.1	0	0	0	0	0	0	0	0	0	0	0	0	0	0	3	3	0	0	0	0	0	0	0	0
徐州工业职业技术学院	37	2	0.2	0	10	4.7	0	0	0	0	0	0	0	0	0	0	0	0	0	0	0	0	0	0	0	0	0
江苏信息职业技术学院	38	2	0.3	0	10	4.975	0	0	0	0	0	0	0	0	0	0	0	5	5	0	0	0	0	0	0	0	0
南京信息职业技术学院	39	4	0.4	0	1.5	1.5	0	0	0	0	0	0	0	0	0	0	0	2	2	0	0	0	0	0	0	0	0
常州机电职业技术学院	40	2	0.4	0	0	0	0	0	0	0	0	0	0	0	0	0	0	3	0	0	3	0	0	0	0	0	0
江阴职业技术学院	41	0	0	0	0	0	0	0	0	0	0	0	0	0	0	0	0	0	0	0	0	0	0	0	0	0	0
无锡城市职业技术学院	42	0	0	0	0	0	0	0	0	0	0	0	0	0	0	0	0	2	2	0	0	0	0	0	0	0	0
无锡工艺职业技术学院	43	3	0.3	0	0	4.5	0	0	0	0	0	0	0	0	0	0	0	0	0	0	0	0	0	0	0	2	0
苏州健雄职业技术学院	44	0	0	0	0	0	0	0	0	0	0	0	0	0	0	0	0	1	1	0	0	0	0	0	0	0	0
盐城工业职业技术学院	45	2	0.6	0	80	44	0	0	0	0	0	0	0	0	0	0	0	0	0	0	0	0	0	0	0	0	0
江苏财经职业技术学院	46	19	1.9	0	700.197	437.497	0	0	0	0	0	0	0	0	0	0	0	1	1	0	0	0	0	0	0	0	0
扬州工业职业技术学院	47	3	0.3	0	0	0	0	0	0	0	0	0	0	0	0	0	0	1	1	0	0	0	0	0	0	1	1
江苏城市职业学院	48	0	0	0	0	0	0	0	0	0	0	0	0	0	0	0	0	0	0	0	0	0	0	0	0	0	0
南京城市职业学院	49	0	0	0	0	0	0	0	0	0	0	0	0	0	0	0	0	0	0	0	0	0	0	0	0	0	0

续表

高校名称		总数					出版著作(部)							古籍整理(部)	译著(部)	发表译文(篇)	电子出版物(件)	发表论文(篇)				获奖成果数(项)				研究与咨询报告(篇)	
		课题数(项)	当年投入人数(人年)	其中：研究生(人年)	当年拨入经费(千元)	当年支出经费(千元)	合计	专著	其中：被译成外文	编著教材	工具书参考书	皮书/发展报告	科普读物					合计	国内学术刊物：内地(大陆)	国内学术刊物：港、澳、台地区	国外学术刊物	合计	国家级奖	部级奖	省级奖	合计	其中：被采纳数
	编号	L01	L02	L03	L04	L05	L06	L07	L08	L09	L10	L11	L12	L13	L14	L15	L16	L17	L18	L19	L20	L21	L22	L23	L24	L25	L26
南京机电职业技术学院	50	0	0	0	0	0	0	0	0	0	0	0	0	0	0	0	0	0	0	0	0	0	0	0	0	0	0
南京旅游职业学院	51	1	0.2	0	0	0	0	0	0	0	0	0	0	0	0	0	0	0	0	0	0	0	0	0	0	0	0
江苏卫生健康职业学院	52	9	1.5	0	6	6	0	0	0	0	0	0	0	0	0	0	0	0	0	0	0	0	0	0	0	0	0
苏州信息职业技术学院	53	1	0.1	0	0	0	0	0	0	0	0	0	0	0	0	0	0	0	0	0	0	0	0	0	0	0	0
苏州工业园区服务外包职业学院	54	1	0.2	0	0	0	0	0	0	0	0	0	0	0	0	0	0	0	0	0	0	0	0	0	0	0	0
徐州幼儿师范高等专科学校	55	0	0	0	0	0	0	0	0	0	0	0	0	0	0	0	0	0	0	0	0	0	0	0	0	0	0
徐州生物工程职业技术学院	56	2	0.2	0	0	1	0	0	0	0	0	0	0	0	0	0	0	1	1	0	0	0	0	0	0	0	0
江苏商贸职业学院	57	6	1.7	0	0.6	13.4	0	0	0	0	0	0	0	0	0	0	0	1	1	0	0	0	0	0	0	1	0
南通师范高等专科学校	58	1	0.1	0	0	1	0	0	0	0	0	0	0	0	0	0	0	1	1	0	0	0	0	0	0	0	0
江苏护理职业学院	59	0	0	0	0	0	0	0	0	0	0	0	0	0	0	0	0	2	2	0	0	0	0	0	0	0	0
江苏财会职业学院	60	0	0	0	0	0	0	0	0	0	0	0	0	0	0	0	0	0	0	0	0	0	0	0	0	0	0
江苏城乡建设职业学院	61	0	0	0	0	2	0	0	0	0	0	0	0	0	0	0	0	0	0	0	0	0	0	0	0	0	0
江苏航空职业技术学院	62	5	1.7	0	0	0	0	0	0	0	0	0	0	0	0	0	0	0	0	0	0	0	0	0	0	0	0
江苏安全技术职业学院	63	0	0	0	0	0	0	0	0	0	0	0	0	0	0	0	0	0	0	0	0	0	0	0	0	0	0
江苏旅游职业学院	64	0	0	0	0	0	0	0	0	0	0	0	0	0	0	0	0	0	0	0	0	0	0	0	0	0	0
常州幼儿师范高等专科学校	65	1	0.1	0	0	0	0	0	0	0	0	0	0	0	0	0	0	0	0	0	0	0	0	0	0	0	0

3.22 体育科学人文、社会科学研究与课题成果情况表

高校名称	编号	总数					出版著作(部)							古籍整理(部)	译著(部)	发表译文(篇)	电子出版物(件)	发表论文(篇)				获奖成果数(项)				研究与咨询报告(篇)	
		课题数(项)	当年投入人数(人年)	其中:研究生(人年)	当年拨入经费(千元)	当年支出经费(千元)	合计	专著	其中:被译成外文	编著教材	工具书参考书	皮书/发展报告	科普读物					合计	国内学术刊物 内地(大陆)	国内学术刊物 港澳、台地区	国外学术刊物	合计	国家级奖	部级奖	省级奖	合计	其中:被采纳数
		L01	L02	L03	L04	L05	L06	L07	L08	L09	L10	L11	L12	L13	L14	L15	L16	L17	L18	L19	L20	L21	L22	L23	L24	L25	L26
合　计	/	216	38	0	2030.2	2072.025	3	1	0	2	0	0	0	0	0	0	0	261	253	0	8	0	0	0	0	26	16
盐城幼儿师范高等专科学校	1	3	0.4	0	4	4	0	0	0	0	0	0	0	0	0	0	0	11	11	0	0	0	0	0	0	0	0
苏州幼儿师范高等专科学校	2	6	0.6	0	1	2	0	0	0	0	0	0	0	0	0	0	0	4	3	0	1	0	0	0	0	0	0
无锡职业技术学院	3	17	2.3	0	3	12.3	0	0	0	0	0	0	0	0	0	0	0	7	4	0	3	0	0	0	0	0	0
江苏建筑职业技术学院	4	7	1.9	0	17	12.5	0	0	0	0	0	0	0	0	0	0	0	7	7	0	0	0	0	0	0	0	0
江苏工程职业技术学院	5	2	0.4	0	1	1	0	0	0	0	0	0	0	0	0	0	0	0	0	0	0	0	0	0	0	0	0
苏州工艺美术职业技术学院	6	0	0	0	0	0	0	0	0	0	0	0	0	0	0	0	0	23	23	0	0	0	0	0	0	0	0
连云港职业技术学院	7	1	0.2	0	0	0	0	0	0	0	0	0	0	0	0	0	0	0	0	0	0	0	0	0	0	0	0
镇江市高等专科学校	8	1	1.5	0	0	2	0	0	0	0	0	0	0	0	0	0	0	0	0	0	0	0	0	0	0	1	0
南通职业大学	9	2	0.2	0	6	0	0	0	0	0	0	0	0	0	0	0	0	9	9	0	0	0	0	0	0	0	0
苏州市职业大学	10	29	8.5	0	410	535.715	0	0	0	0	0	0	0	0	0	0	0	15	15	0	0	0	0	0	0	1	1
沙洲职业工学院	11	0	0	0	0	0	0	0	0	0	0	0	0	0	0	0	0	0	0	0	0	0	0	0	0	0	0
扬州市职业大学	12	13	3.4	0	130	100.6	1	1	0	0	0	0	0	0	0	0	0	7	7	0	0	0	0	0	0	6	3
连云港师范高等专科学校	13	5	0.5	0	6	0	0	0	0	0	0	0	0	0	0	0	0	7	7	0	0	0	0	0	0	0	0
江苏经贸职业技术学院	14	4	0.7	0	4	8	0	0	0	0	0	0	0	0	0	0	0	5	5	0	0	0	0	0	0	0	0
泰州职业技术学院	15	0	0	0	0	0	0	0	0	0	0	0	0	0	0	0	0	2	2	0	0	0	0	0	0	0	0

续表

高校名称		总数					出版著作(部)							古籍整理(部)	译著(部)	发表译文(篇)	电子出版物(件)	发表论文(篇)				获奖成果数(项)				研究与咨询报告(篇)	
		课题数(项)	当年投入人数(人年)	其中:研究生(人年)	当年拨入经费(千元)	当年支出经费(千元)	合计	专著	其中:被译成外文	编著教材	工具书参考书	皮书/发展报告	科普读物					合计	国内学术刊物 内地(大陆)	国内学术刊物 港、澳、台地区	国外学术刊物	合计	国家级奖	部级奖	省级奖	合计	其中:被采纳数
	编号	L01	L02	L03	L04	L05	L06	L07	L08	L09	L10	L11	L12	L13	L14	L15	L16	L17	L18	L19	L20	L21	L22	L23	L24	L25	L26
常州信息职业技术学院	16	2	0.7	0	0	0	0	0	0	0	0	0	0	0	0	0	0	8	8	0	0	0	0	0	0	0	0
江苏海事职业技术学院	17	3	0.7	0	403.2	406.97	0	0	0	0	0	0	0	0	0	0	0	3	3	0	0	0	0	0	0	1	1
无锡科技职业学院	18	0	0	0	0	0	0	0	0	0	0	0	0	0	0	0	0	0	0	0	0	0	0	0	0	0	0
江苏医药职业学院	19	5	1.1	0	0	0	0	0	0	0	0	0	0	0	0	0	0	2	2	0	0	0	0	0	0	0	0
南通科技职业学院	20	3	0.4	0	7	5.66	0	0	0	0	0	0	0	0	0	0	0	0	0	0	0	0	0	0	0	0	0
苏州经贸职业技术学院	21	0	0	0	0	0	0	0	0	0	0	0	0	0	0	0	0	19	19	0	0	0	0	0	0	0	0
苏州工业职业技术学院	22	0	0	0	0	0	0	0	0	0	0	0	0	0	0	0	0	23	23	0	0	0	0	0	0	0	0
苏州卫生职业技术学院	23	4	0.4	0	4	10.1	0	0	0	0	0	0	0	0	0	0	0	10	10	0	0	0	0	0	0	0	0
无锡商业职业技术学院	24	1	0.2	0	0	0	0	0	0	0	0	0	0	0	0	0	0	0	0	0	0	0	0	0	0	0	0
江苏航运职业技术学院	25	0	0	0	0	0	0	0	0	0	0	0	0	0	0	0	0	1	1	0	0	0	0	0	0	0	0
南京交通职业技术学院	26	3	0.3	0	0	0	0	0	0	0	0	0	0	0	0	0	0	5	5	0	0	0	0	0	0	0	0
江苏电子信息职业学院	27	2	0.3	0	0	2	0	0	0	0	0	0	0	0	0	0	0	3	1	0	2	0	0	0	0	0	0
江苏农牧科技职业学院	28	0	0	0	0	0	0	0	0	0	0	0	0	0	0	0	0	0	0	0	0	0	0	0	0	0	0
常州纺织服装职业技术学院	29	2	0.2	0	10	0	0	0	0	0	0	0	0	0	0	0	0	9	8	0	1	0	0	0	0	0	0
苏州农业职业技术学院	30	0	0	0	0	0	0	0	0	0	0	0	0	0	0	0	0	0	0	0	0	0	0	0	0	0	0

南京科技职业学院	31	4	0.4	0	0	0	0	0	0	0	0	0	0	0	0	0	0	4	4	0	0	0	0	0	0	0	0
常州工业职业技术学院	32	1	0.2	0	0	0	1	0	0	1	0	0	0	0	0	0	0	2	2	0	0	0	0	0	0	1	0
常州工程职业技术学院	33	10	1	0	39	60	0	0	0	0	0	0	0	0	0	0	0	0	0	0	0	0	0	0	0	0	0
江苏农林职业技术学院	34	0	0	0	0	0	0	0	0	0	0	0	0	0	0	0	0	2	2	0	0	0	0	0	0	0	0
江苏食品药品职业技术学院	35	1	0.2	0	0	0	0	0	0	0	0	0	0	0	0	0	0	2	2	0	0	0	0	0	0	0	0
南京铁道职业技术学院	36	5	0.5	0	0	5	0	0	0	0	0	0	0	0	0	0	0	5	5	0	0	0	0	0	0	0	0
徐州工业职业技术学院	37	0	0	0	0	0	0	0	0	0	0	0	0	0	0	0	0	0	0	0	0	0	0	0	0	0	0
江苏信息职业技术学院	38	1	0.3	0	100	50	0	0	0	0	0	0	0	0	0	0	0	0	0	0	0	0	0	0	0	0	0
南京信息职业技术学院	39	5	0.5	0	0	27.99	0	0	0	0	0	0	0	0	0	0	0	1	1	0	0	0	0	0	0	0	0
常州机电职业技术学院	40	10	1.1	0	0	0	0	0	0	0	0	0	0	0	0	0	0	1	0	0	1	0	0	0	0	1	0
江阴职业技术学院	41	0	0	0	0	0	0	0	0	0	0	0	0	0	0	0	0	4	4	0	0	0	0	0	0	0	0
无锡城市职业技术学院	42	0	0	0	0	0	0	0	0	0	0	0	0	0	0	0	0	3	3	0	0	0	0	0	0	0	0
无锡工艺职业技术学院	43	13	1.6	0	315	324.7	0	0	0	0	0	0	0	0	0	0	0	17	17	0	0	0	0	0	0	4	0
苏州健雄职业技术学院	44	0	0	0	0	0	0	0	0	0	0	0	0	0	0	0	0	5	5	0	0	0	0	0	0	0	0
盐城工业职业技术学院	45	3	0.3	0	0	4.5	0	0	0	0	0	0	0	0	0	0	0	0	0	0	0	0	0	0	0	2	2
江苏财经职业技术学院	46	7	0.7	0	125	62	1	0	0	1	0	0	0	0	0	0	0	0	0	0	0	0	0	0	0	0	0
扬州工业职业技术学院	47	5	0.5	0	30	30	0	0	0	0	0	0	0	0	0	0	0	1	1	0	0	0	0	0	0	2	2
江苏城市职业学院	48	7	1.4	0	54	28.79	0	0	0	0	0	0	0	0	0	0	0	8	8	0	0	0	0	0	0	0	0
南京城市职业学院	49	1	0.1	0	0	4	0	0	0	0	0	0	0	0	0	0	0	5	5	0	0	0	0	0	0	0	0

续表

高校名称	编号	总数:课题数(项)	当年投入人数(人年)	其中:研究生(人年)	当年拨入经费(千元)	当年支出经费(千元)	出版著作(部):合计	专著	其中:被译成外文	编著教材	工具书参考书	皮书/发展报告	科普读物	古籍整理(部)	译著(部)	发表译文(篇)	电子出版物(件)	发表论文(篇):合计	国内学术刊物:内地(大陆)	港澳、台地区	国外学术刊物	获奖成果数(项):合计	国家级奖	部级奖	省级奖	研究与咨询报告(篇):合计	其中:被采纳数
		L01	L02	L03	L04	L05	L06	L07	L08	L09	L10	L11	L12	L13	L14	L15	L16	L17	L18	L19	L20	L21	L22	L23	L24	L25	L26
南京机电职业技术学院	50	2	0.2	0	0	0	0	0	0	0	0	0	0	0	0	0	0	5	5	0	0	0	0	0	0	0	0
南京旅游职业学院	51	1	0.1	0	0	3	0	0	0	0	0	0	0	0	0	0	0	0	0	0	0	0	0	0	0	0	0
江苏卫生健康职业学院	52	1	0.2	0	0	2	0	0	0	0	0	0	0	0	0	0	0	1	1	0	0	0	0	0	0	0	0
苏州信息职业技术学院	53	0	0	0	0	0	0	0	0	0	0	0	0	0	0	0	0	0	0	0	0	0	0	0	0	0	0
苏州工业园区服务外包职业学院	54	9	1.2	0	350	350	0	0	0	0	0	0	0	0	0	0	0	1	1	0	0	0	0	0	0	7	7
徐州幼儿师范高等专科学校	55	1	0.2	0	0	0	0	0	0	0	0	0	0	0	0	0	0	0	0	0	0	0	0	0	0	0	0
徐州生物工程职业技术学院	56	3	0.3	0	0	0	0	0	0	0	0	0	0	0	0	0	0	9	9	0	0	0	0	0	0	0	0
江苏商贸职业学院	57	3	1	0	10	6	0	0	0	0	0	0	0	0	0	0	0	0	0	0	0	0	0	0	0	0	0
南通师范高等专科学校	58	1	0.2	0	0	0	0	0	0	0	0	0	0	0	0	0	0	1	1	0	0	0	0	0	0	0	0
江苏护理职业学院	59	2	0.2	0	0	0	0	0	0	0	0	0	0	0	0	0	0	0	0	0	0	0	0	0	0	0	0
江苏财会职业学院	60	0	0	0	0	0	0	0	0	0	0	0	0	0	0	0	0	0	0	0	0	0	0	0	0	0	0
江苏城乡建设职业学院	61	0	0	0	0	2.2	0	0	0	0	0	0	0	0	0	0	0	0	0	0	0	0	0	0	0	0	0
江苏航空职业技术学院	62	1	0.3	0	0	9	0	0	0	0	0	0	0	0	0	0	0	0	0	0	0	0	0	0	0	0	0
江苏安全技术职业学院	63	0	0	0	0	0	0	0	0	0	0	0	0	0	0	0	0	2	2	0	0	0	0	0	0	0	0
江苏旅游职业学院	64	3	0.3	0	0	0	0	0	0	0	0	0	0	0	0	0	0	2	2	0	0	0	0	0	0	0	0
常州幼儿师范高等专科学校	65	1	0.1	0	1	0	0	0	0	0	0	0	0	0	0	0	0	0	0	0	0	0	0	0	0	0	0

3.23 其他学科人文、社会科学研究与课题成果情况表

高校名称		总数					出版著作(部)							古籍整理(部)	译著(部)	发表译文(篇)	电子出版物(件)	发表论文(篇)				获奖成果数(项)				研究与咨询报告(篇)	
		课题数(项)	当年投入人数(人年)	其中：研究生(人年)	当年拨入经费(千元)	当年支出经费(千元)	合计	专著	其中：被译成外文	编著教材	工具书参考书	皮书/发展报告	科普读物					合计	国内学术刊物 内地(大陆)	国内学术刊物 港、澳、台地区	国外学术刊物	合计	国家级奖	部级奖	省级奖	合计	其中：被采纳数
	编号	L01	L02	L03	L04	L05	L06	L07	L08	L09	L10	L11	L12	L13	L14	L15	L16	L17	L18	L19	L20	L21	L22	L23	L24	L25	L26
合 计	/	109	17.6	0	920.94	599.39	2	2	0	0	0	0	0	0	0	0	0	47	45	0	2	0	0	0	0	4	2
盐城幼儿师范高等专科学校	1	0	0	0	0	0	0	0	0	0	0	0	0	0	0	0	0	0	0	0	0	0	0	0	0	0	0
苏州幼儿师范高等专科学校	2	0	0	0	0	0	0	0	0	0	0	0	0	0	0	0	0	0	0	0	0	0	0	0	0	0	0
无锡职业技术学院	3	1	0.2	0	0	0	1	1	0	0	0	0	0	0	0	0	0	1	1	0	0	0	0	0	0	0	0
江苏建筑职业技术学院	4	0	0	0	0	0	0	0	0	0	0	0	0	0	0	0	0	0	0	0	0	0	0	0	0	0	0
江苏工程职业技术学院	5	5	1.1	0	1	1	0	0	0	0	0	0	0	0	0	0	0	7	7	0	0	0	0	0	0	0	0
苏州工艺美术职业技术学院	6	0	0	0	0	0	0	0	0	0	0	0	0	0	0	0	0	0	0	0	0	0	0	0	0	0	0
连云港职业技术学院	7	8	0.9	0	0	0	0	0	0	0	0	0	0	0	0	0	0	6	6	0	0	0	0	0	0	0	0
镇江市高等专科学校	8	1	0.6	0	60	60	0	0	0	0	0	0	0	0	0	0	0	0	0	0	0	0	0	0	0	0	0
南通职业大学	9	0	0	0	0	0	0	0	0	0	0	0	0	0	0	0	0	0	0	0	0	0	0	0	0	0	0
苏州市职业大学	10	0	0	0	0	0	0	0	0	0	0	0	0	0	0	0	0	0	0	0	0	0	0	0	0	0	0
沙洲职业工学院	11	0	0	0	0	0	0	0	0	0	0	0	0	0	0	0	0	0	0	0	0	0	0	0	0	0	0
扬州市职业大学	12	3	0.3	0	325	54.82	0	0	0	0	0	0	0	0	0	0	0	0	0	0	0	0	0	0	0	0	0
连云港师范高等专科学校	13	0	0	0	0	0	0	0	0	0	0	0	0	0	0	0	0	0	0	0	0	0	0	0	0	0	0
江苏经贸职业技术学院	14	0	0	0	0	0.5	0	0	0	0	0	0	0	0	0	0	0	0	0	0	0	0	0	0	0	0	0
泰州职业技术学院	15	0	0	0	0	0	0	0	0	0	0	0	0	0	0	0	0	0	0	0	0	0	0	0	0	0	0

续表

高校名称	编号	总数：课题数(项)	总数：当年投入人数(人年)	总数：其中：研究生(人年)	总数：当年拨入经费(千元)	总数：当年支出经费(千元)	出版著作(部)：合计	出版著作(部)：专著	出版著作(部)：其中：被译成外文	出版著作(部)：编著教材	出版著作(部)：工具书参考书	出版著作(部)：皮书/发展报告	出版著作(部)：科普读物	古籍整理(部)	译著(部)	发表译文(篇)	电子出版物(件)	发表论文(篇)：合计	发表论文(篇)：国内学术刊物：内地(大陆)	发表论文(篇)：国内学术刊物：港澳台地区	发表论文(篇)：国外学术刊物	获奖成果数(项)：合计	获奖成果数(项)：国家级奖	获奖成果数(项)：部级奖	获奖成果数(项)：省级奖	研究与咨询报告(篇)：合计	研究与咨询报告(篇)：其中：被采纳数
		L01	L02	L03	L04	L05	L06	L07	L08	L09	L10	L11	L12	L13	L14	L15	L16	L17	L18	L19	L20	L21	L22	L23	L24	L25	L26
常州信息职业技术学院	16	1	0.2	0	0	0	0	0	0	0	0	0	0	0	0	0	0	2	2	0	0	0	0	0	0	0	0
江苏海事职业技术学院	17	2	0.4	0	5.04	7.62	0	0	0	0	0	0	0	0	0	0	0	0	0	0	0	0	0	0	0	0	0
无锡科技职业学院	18	6	1.7	0	302	238	1	1	0	0	0	0	0	0	0	0	0	4	4	0	0	0	0	0	0	0	0
江苏医药职业学院	19	0	0	0	0	0	0	0	0	0	0	0	0	0	0	0	0	5	5	0	0	0	0	0	0	0	0
南通科技职业学院	20	3	0.6	0	3	3.35	0	0	0	0	0	0	0	0	0	0	0	0	0	0	0	0	0	0	0	0	0
苏州经贸职业技术学院	21	0	0	0	0	0	0	0	0	0	0	0	0	0	0	0	0	0	0	0	0	0	0	0	0	0	0
苏州工业职业技术学院	22	0	0	0	0	0	0	0	0	0	0	0	0	0	0	0	0	0	0	0	0	0	0	0	0	0	0
苏州卫生职业技术学院	23	1	0.1	0	8	3.5	0	0	0	0	0	0	0	0	0	0	0	2	2	0	0	0	0	0	0	0	0
无锡商业职业技术学院	24	0	0	0	0	0	0	0	0	0	0	0	0	0	0	0	0	0	0	0	0	0	0	0	0	0	0
江苏航运职业技术学院	25	0	0	0	0	0	0	0	0	0	0	0	0	0	0	0	0	0	0	0	0	0	0	0	0	0	0
南京交通职业技术学院	26	0	0	0	0	0	0	0	0	0	0	0	0	0	0	0	0	0	0	0	0	0	0	0	0	0	0
江苏电子信息职业学院	27	0	0	0	0	0	0	0	0	0	0	0	0	0	0	0	0	0	0	0	0	0	0	0	0	0	0
江苏农牧科技职业学院	28	1	0.1	0	0	0	0	0	0	0	0	0	0	0	0	0	0	1	1	0	0	0	0	0	0	0	0
常州纺织服装职业技术学院	29	0	0	0	0	0	0	0	0	0	0	0	0	0	0	0	0	0	0	0	0	0	0	0	0	0	0
苏州农业职业技术学院	30	0	0	0	0	0	0	0	0	0	0	0	0	0	0	0	0	0	0	0	0	0	0	0	0	0	0

南京科技职业学院	31	0	0	0	0	0	0	0	0	0	0	0	0	0	0	0	0	0	0	0	0	0	0	0	0	0	0
常州工业职业技术学院	32	0	0	0	0	0	0	0	0	0	0	0	0	0	0	0	0	0	0	0	0	0	0	0	0	0	0
常州工程职业技术学院	33	0	0	0	0	0	0	0	0	0	0	0	0	0	0	0	0	0	0	0	0	0	0	0	0	0	0
江苏农林职业技术学院	34	0	0	0	0	0	0	0	0	0	0	0	0	0	0	0	0	0	0	0	0	0	0	0	0	0	0
江苏食品药品职业技术学院	35	1	0.3	0	3	3	0	0	0	0	0	0	0	0	0	0	0	0	0	0	0	0	0	0	0	0	0
南京铁道职业技术学院	36	0	0	0	0	0	0	0	0	0	0	0	0	0	0	0	0	0	0	0	0	0	0	0	0	0	0
徐州工业职业技术学院	37	0	0	0	0	0	0	0	0	0	0	0	0	0	0	0	0	0	0	0	0	0	0	0	0	0	0
江苏信息职业技术学院	38	7	0.7	0	0	17.5	0	0	0	0	0	0	0	0	0	0	0	0	0	0	0	0	0	0	0	0	0
南京信息职业技术学院	39	0	0	0	0	0	0	0	0	0	0	0	0	0	0	0	0	0	0	0	0	0	0	0	0	0	0
常州机电职业技术学院	40	0	0	0	0	0	0	0	0	0	0	0	0	0	0	0	0	0	0	0	0	0	0	0	0	0	0
江阴职业技术学院	41	0	0	0	0	0	0	0	0	0	0	0	0	0	0	0	0	0	0	0	0	0	0	0	0	0	0
无锡城市职业技术学院	42	0	0	0	0	0	0	0	0	0	0	0	0	0	0	0	0	0	0	0	0	0	0	0	0	0	0
无锡工艺职业技术学院	43	0	0	0	0	0	0	0	0	0	0	0	0	0	0	0	0	0	0	0	0	0	0	0	0	0	0
苏州健雄职业技术学院	44	0	0	0	0	0	0	0	0	0	0	0	0	0	0	0	0	0	0	0	0	0	0	0	0	0	0
盐城工业职业技术学院	45	0	0	0	0	0	0	0	0	0	0	0	0	0	0	0	0	0	0	0	0	0	0	0	0	0	0
江苏财经职业技术学院	46	4	0.4	0	4	2.8	0	0	0	0	0	0	0	0	0	0	0	1	0	0	1	0	0	0	0	0	0
扬州工业职业技术学院	47	3	0.4	0	0	5	0	0	0	0	0	0	0	0	0	0	0	2	2	0	0	0	0	0	0	4	2
江苏城市职业学院	48	0	0	0	0	0	0	0	0	0	0	0	0	0	0	0	0	0	0	0	0	0	0	0	0	0	0
南京城市职业学院	49	2	0.2	0	0	0	0	0	0	0	0	0	0	0	0	0	0	0	0	0	0	0	0	0	0	0	0

续表

高校名称	编号	总数 课题数(项)	总数 当年投入人数(人年)	总数 其中：研究生(人年)	总数 当年拨入经费(千元)	总数 当年支出经费(千元)	出版著作(部) 合计	出版著作(部) 专著	出版著作(部) 其中：被译成外文	出版著作(部) 编著教材	出版著作(部) 工具书参考书	出版著作(部) 皮书/发展报告	出版著作(部) 科普读物	古籍整理(部)	译著(部)	发表译文(篇)	电子出版物(件)	发表论文(篇) 合计	发表论文(篇) 国内学术刊物 内地(大陆)	发表论文(篇) 国内学术刊物 港、澳、台地区	发表论文(篇) 国外学术刊物	获奖成果数(项) 合计	获奖成果数(项) 国家级奖	获奖成果数(项) 部级奖	获奖成果数(项) 省级奖	研究与咨询报告(篇) 合计	研究与咨询报告(篇) 其中：被采纳数
		L01	L02	L03	L04	L05	L06	L07	L08	L09	L10	L11	L12	L13	L14	L15	L16	L17	L18	L19	L20	L21	L22	L23	L24	L25	L26
南京机电职业技术学院	50	0	0	0	0	0	0	0	0	0	0	0	0	0	0	0	0	0	0	0	0	0	0	0	0	0	0
南京旅游职业学院	51	6	1	0	23.9	22.3	0	0	0	0	0	0	0	0	0	0	0	2	2	0	0	0	0	0	0	0	0
江苏卫生健康职业学院	52	24	3.5	0	36	30	0	0	0	0	0	0	0	0	0	0	0	12	11	0	1	0	0	0	0	0	0
苏州信息职业技术学院	53	0	0	0	0	0	0	0	0	0	0	0	0	0	0	0	0	0	0	0	0	0	0	0	0	0	0
苏州工业园区服务外包职业学院	54	0	0	0	0	0	0	0	0	0	0	0	0	0	0	0	0	0	0	0	0	0	0	0	0	0	0
徐州幼儿师范高等专科学校	55	9	1.8	0	0	0	0	0	0	0	0	0	0	0	0	0	0	0	0	0	0	0	0	0	0	0	0
徐州生物工程职业技术学院	56	0	0	0	0	0	0	0	0	0	0	0	0	0	0	0	0	0	0	0	0	0	0	0	0	0	0
江苏商贸职业学院	57	1	0.4	0	150	150	0	0	0	0	0	0	0	0	0	0	0	0	0	0	0	0	0	0	0	0	0
南通师范高等专科学校	58	0	0	0	0	0	0	0	0	0	0	0	0	0	0	0	0	0	0	0	0	0	0	0	0	0	0
江苏护理职业学院	59	12	1.9	0	0	0	0	0	0	0	0	0	0	0	0	0	0	2	2	0	0	0	0	0	0	0	0
江苏财会职业学院	60	0	0	0	0	0	0	0	0	0	0	0	0	0	0	0	0	0	0	0	0	0	0	0	0	0	0
江苏城乡建设职业学院	61	0	0	0	0	0	0	0	0	0	0	0	0	0	0	0	0	0	0	0	0	0	0	0	0	0	0
江苏航空职业技术学院	62	0	0	0	0	0	0	0	0	0	0	0	0	0	0	0	0	0	0	0	0	0	0	0	0	0	0
江苏安全技术职业学院	63	0	0	0	0	0	0	0	0	0	0	0	0	0	0	0	0	0	0	0	0	0	0	0	0	0	0
江苏旅游职业学院	64	3	0.3	0	0	0	0	0	0	0	0	0	0	0	0	0	0	0	0	0	0	0	0	0	0	0	0
常州幼儿师范高等专科学校	65	5	0.5	0	0	0	0	0	0	0	0	0	0	0	0	0	0	0	0	0	0	0	0	0	0	0	0

4. 民办及中外合作办学高等学校人文、社会科学研究与课题成果情况表

学科门类		总数					出版著作(部)							古籍整理(部)	译著(部)	发表译文(篇)	电子出版物(件)	发表论文(篇)				获奖成果数(项)				研究与咨询报告(篇)	
		课题数(项)	当年投入人数(人年)	其中:研究生(人年)	当年拨入经费(千元)	当年支出经费(千元)	合计	专著	其中:被译成外文	编著教材	工具书参考书	皮书/发展报告	科普读物					合计	国内学术刊物 内地(大陆)	国内学术刊物 港澳台地区	国外学术刊物	合计	国家级奖	部级奖	省级奖	合计	其中:被采纳数
	编号	L01	L02	L03	L04	L05	L06	L07	L08	L09	L10	L11	L12	L13	L14	L15	L16	L17	L18	L19	L20	L21	L22	L23	L24	L25	L26
合　计	/	3801	748.1	1.5	36 515.281	27 815.391	102	37	1	50	0	15	0	0	3	1	4	2856	2610	0	246	0	0	0	0	225	125
管理学	1	854	173.6	0.4	12 225.209	9473.904	23	8	0	14	0	1	0	0	0	0	0	558	477	0	81	0	0	0	0	98	63
马克思主义	2	173	28.5	0	132.8	388.57	1	0	0	1	0	0	0	0	0	0	0	85	83	0	2	0	0	0	0	1	0
哲学	3	20	4.5	0	117.8	74.901	0	0	0	0	0	0	0	0	0	0	0	26	16	0	10	0	0	0	0	1	0
逻辑学	4	2	0.6	0	0	0	0	0	0	0	0	0	0	0	0	0	0	4	4	0	0	0	0	0	0	1	1
宗教学	5	1	0.3	0	49.6	4.56	0	0	0	0	0	0	0	0	0	0	0	0	0	0	0	0	0	0	0	0	0
语言学	6	187	38.2	0	1635.758	1208.163	9	3	0	6	0	0	0	0	2	0	0	227	213	0	14	0	0	0	0	5	2
中国文学	7	33	6.7	0	225.5	134.994	1	0	0	1	0	0	0	0	0	0	0	55	51	0	4	0	0	0	0	0	0
外国文学	8	26	6.3	0	351.25	331.236	3	2	0	0	0	1	0	0	1	1	0	33	26	0	7	0	0	0	0	1	1
艺术学	9	510	107.2	0	5115.243	5000.314	22	4	0	11	0	7	0	0	0	0	3	539	514	0	25	0	0	0	0	32	12
历史学	10	11	1.7	0	211.5	209.4	0	0	0	0	0	0	0	0	0	0	0	5	3	0	2	0	0	0	0	1	1
考古学	11	2	0.2	0	18.868	4.471	0	0	0	0	0	0	0	0	0	0	0	0	0	0	0	0	0	0	0	0	0
经济学	12	354	87.4	0.4	6023.267	3864.407	13	3	0	5	0	5	0	0	0	0	0	361	304	0	57	0	0	0	0	31	21
政治学	13	41	6.1	0	83	101.892	0	0	0	0	0	0	0	0	0	0	0	21	15	0	6	0	0	0	0	0	0
法学	14	38	7.8	0	273	99.65	1	0	0	1	0	0	0	0	0	0	0	25	25	0	0	0	0	0	0	2	1
社会学	15	112	21.1	0.3	2240.402	861.742	0	0	0	0	0	0	0	0	0	0	0	72	66	0	6	0	0	0	0	11	0
民族学与文化学	16	17	5.7	0	11	101.15	1	1	0	0	0	0	0	0	0	0	0	0	0	0	0	0	0	0	0	0	0
新闻学与传播学	17	63	12.4	0.1	496	224.669	1	1	0	0	0	0	0	0	0	0	0	80	77	0	3	0	0	0	0	4	1
图书馆、情报与文献学	18	24	5.1	0	201.7	286.005	2	1	0	0	0	1	0	0	0	0	0	16	16	0	0	0	0	0	0	1	1
教育学	19	1200	205.2	0.1	3894.154	3621.013	18	8	0	10	0	0	0	0	0	0	1	603	587	0	16	0	0	0	0	30	17
统计学	20	5	0.9	0	10	6.9	0	0	0	0	0	0	0	0	0	0	0	6	4	0	2	0	0	0	0	0	0
心理学	21	47	9	0	259.5	239.33	1	1	0	0	0	0	0	0	0	0	0	22	21	0	1	0	0	0	0	0	0
体育科学	22	50	9.2	0	66	74.2	2	1	0	1	0	0	0	0	0	0	0	103	97	0	6	0	0	0	0	4	2
其他学科	23	31	10.4	0.2	2873.73	1503.92	4	4	1	0	0	0	0	0	0	0	0	15	11	0	4	0	0	0	0	2	2

注:由于篇幅限制,此节不对民办及中外合作办学高等学校人文、社会科学研究于课题成果情况细分说明。

八、社科研究、课题与成果(来源情况)

1. 全省高等学校人文、社会科学研究与课题成果来源情况表

			课题来源															
			合计	国家社科基金项目	国家社科基金单列学科项目	教育部人文社科研究项目	高校古籍整理研究项目	国家自然科学基金项目	中央其他部门社科专门项目	省、市、自治区社科基金项目	省教育厅社科项目	地、市、厅、局等政府部门项目	国际合作研究项目	与港、澳、台地区合作研究项目	企事业单位委托项目	学校社科项目	外资项目	其他
		编号	L01	L02	L03	L04	L05	L06	L07	L08	L09	L10	L11	L12	L13	L14	L15	L16
课题数(项)		1	50 053	2882	268	1746	30	539	711	3327	12 859	9407	12	0	11 371	6766	5	130
当年投入人数	合计(人年)	2	9708.1	839.7	98.7	476.4	5.6	135.7	149	736.5	2604.2	1628.1	3.4	0	1838	1160.4	2.2	30.2
	研究生(人年)	3	772.9	81.4	12.5	67.4	0.1	29.4	17.7	77.6	156.2	82	0.3	0	153.8	91	0.1	3.4
当年拨入经费	合计(千元)	4	1 255 318.771	128 451.887	9778.482	30 444.401	368.1	35 235.817	10 818.261	45 111.994	26 515.732	96 253.127	339.943	0	815 350.938	51 076.129	435.62	5138.34
	当年立项项目拨入经费(千元)	5	998 833.267	85 536.8	5488	12 322.242	146	17 822.818	7405.9	35 058.8	13 334	81 479.387	74.112	0	695 213.759	40 348.901	380.208	4222.34
当年支出经费(千元)		6	1 216 983.15	142 741.46	10 142.413	32 462.237	226.443	27 400.112	12 025.464	40 270.76	31 394.098	97 749.433	298.767	0	771 417.978	46 364.13	304.861	4184.994
当年新开课题数(项)		7	18 708	499	47	339	7	96	137	984	3472	4708	5	0	5987	2354	3	70
当年新开课题批准经费(千元)		8	1 424 815.887	132 659	11 173	28 695	190	43 746.849	12 722.6	45 418.5	35 114	104 384.921	611.365	0	937 134.043	67 188.401	425.208	5353
当年完成课题数(项)		9	14 712	263	22	237	2	62	152	560	2543	4068	3	0	5012	1731	1	56

出版著作(部)	合 计		10	1120	205	23	89	0	28	41	154	176	159	0	0	102	125	0	18
	专著	合 计	11	803	177	17	77	0	25	26	124	126	117	0	0	38	68	0	8
		被译成外文	12	16	1	1	3	0	0	3	1	1	2	0	0	1	2	0	1
	编著教材		13	263	22	6	10	0	3	8	28	48	40	0	0	38	50	0	10
	工具书参考书		14	10	1	0	1	0	0	2	0	0	1	0	0	4	1	0	0
	皮书/发展报告		15	33	3	0	1	0	0	4	2	1	0	0	0	19	3	0	0
	科普读物		16	11	2	0	0	0	0	1	0	1	1	0	0	3	3	0	0
古籍整理(部)			17	13	5	1	0	0	0	1	1	2	3	0	0	0	0	0	0
译著(部)			18	50	6	2	4	0	0	4	10	13	5	0	0	2	4	0	0
发表译文(篇)			19	6	0	0	0	0	0	0	0	0	1	1	0	4	0	0	0
电子出版物(件)			20	46	6	0	0	0	4	1	0	2	3	0	0	24	6	0	0
发表论文(篇)	合 计		21	20 515	2993	244	1037	3	967	325	1668	5637	3494	8	1	1170	2774	3	191
	国内学术刊物	内地(大陆)	22	18 603	2703	228	883	3	477	277	1502	5370	3297	2	0	1063	2645	0	153
		港、澳、台地区	23	9	2	1	0	0	0	0	1	4	1	0	0	0	0	0	0
	国外学术刊物		24	1903	288	15	154	0	490	48	165	263	196	6	1	107	129	3	38
研究与咨询报告(篇)	合 计		25	4178	61	2	13	0	16	35	94	106	1070	0	0	2654	106	0	21
	被采纳数		26	2487	49	2	11	0	11	28	78	67	573	0	0	1573	76	0	19

2. 公办本科高等学校人文、社会科学研究与课题成果来源情况表

			课题来源															
			合计	国家社科基金项目	国家社科基金单列学科项目	教育部人文社科研究项目	高校古籍整理研究项目	国家自然科学基金项目	中央其他部门社科专门项目	省、市、自治区社科基金项目	省教育厅社科项目	地、市、厅、局等政府部门项目	国际合作研究项目	与港、澳、台地区合作研究项目	企事业单位委托项目	学校社科项目	外资项目	其他
		编号	L01	L02	L03	L04	L05	L06	L07	L08	L09	L10	L11	L12	L13	L14	L15	L16
课题数(项)		1	33 847	2864	262	1636	30	524	687	2966	7155	5312	8	0	9099	3220	3	81
当年投入人数	合计(人年)	2	6843.9	834.1	96.3	445.2	5.6	130.9	144.4	668.7	1564.4	884	1.2	0	1455.1	597.2	0.9	15.9
	研究生(人年)	3	771.4	81.4	12.5	67.1	0.1	29.1	17.7	77.6	156.2	82	0.3	0	153.8	90.1	0.1	3.4
当年拨入经费	合计(千元)	4	1 140 392.082	128 051.887	9398.482	28 520.901	368.1	34 168.122	10 446.821	43 400.938	22 329.375	83 431.025	74.112	0	735 385.681	40 608.43	352.208	3856
	当年立项项目拨入经费(千元)	5	895 555.744	85 176.8	5148	11 354.242	146	17 313.103	7160.9	33813.3	10 700	69 620.725	74.112	0	619 269.404	32 480.95	352.208	2946
当年支出经费(千元)		6	1 113 517.976	142 234.053	9830.421	30 478.047	226.443	26 894.025	11 610.134	38 931.554	22 240.238	86 676.69	63.212	0	699 723.906	40 493.609	277.872	3748.312
当年新开课题数(项)		7	11 625	495	45	312	7	92	131	810	1790	2316	5	0	4553	1025	2	42
当年新开课题批准经费(千元)		8	1 301 904.235	131 759	10 773	26 755	190	42 856.734	12 427.6	43 546	25 971	88 806.921	611.365	0	856 041.457	57 922.95	355.208	3888
当年完成课题数(项)		9	9170	262	22	219	2	62	146	485	1306	2096	2	0	3767	762	0	39

出版著作(部)	合 计		10	904	203	23	79	0	28	41	143	119	88	0	0	78	96	0	6
	专著	合 计	11	689	175	17	67	0	25	26	116	97	75	0	0	34	54	0	3
		被译成外文	12	16	1	1	3	0	0	3	1	1	2	0	0	1	2	0	1
	编著教材		13	178	22	6	10	0	3	8	25	21	11	0	0	33	36	0	3
	工具书/参考书		14	10	1	0	1	0	0	2	0	0	1	0	0	4	1	0	0
	皮书/发展报告		15	16	3	0	1	0	0	4	2	0	0	0	0	4	2	0	0
	科普读物		16	11	2	0	0	0	0	1	0	1	1	0	0	3	3	0	0
古籍整理(部)			17	12	5	1	0	0	0	1	1	2	2	0	0	0	0	0	0
译著(部)			18	49	6	2	4	0	0	4	10	13	4	0	0	2	4	0	0
发表译文(篇)			19	6	0	0	0	0	0	0	0	0	1	1	0	4	0	0	0
电子出版物(件)			20	43	6	0	0	0	4	1	0	1	3	0	0	22	6	0	0
发表论文(篇)	合 计		21	13 354	2962	237	957	3	940	312	1477	2698	1458	8	1	954	1262	3	82
	国内学术刊物	内地(大陆)	22	11 660	2675	221	812	3	477	265	1313	2480	1339	2	0	858	1165	0	50
		港、澳、台地区	23	9	2	1	0	0	0	0	1	4	1	0	0	0	0	0	0
	国外学术刊物		24	1685	285	15	145	0	463	47	163	214	118	6	1	96	97	3	32
研究与咨询报告(篇)	合 计		25	2858	60	2	12	0	16	32	68	69	526	0	0	1983	78	0	12
	被采纳数		26	1803	49	2	11	0	11	28	58	53	376	0	0	1141	64	0	10

2.1 南京大学人文、社会科学研究与课题成果来源情况表

			课题来源															
			合计	国家社科基金项目	国家社科基金单列学科项目	教育部人文社科研究项目	高校古籍整理研究项目	国家自然科学基金项目	中央其他部门社科专门项目	省、市、自治区社科基金项目	省教育厅社科项目	地、市、厅、局等政府部门项目	国际合作研究项目	与港、澳、台地区合作研究项目	企事业单位委托项目	学校社科项目	外资项目	其他
		编号	L01	L02	L03	L04	L05	L06	L07	L08	L09	L10	L11	L12	L13	L14	L15	L16
课题数(项)		1	1617	359	22	116	6	0	35	200	44	102	5	0	461	227	0	40
当年投入人数	合计(人年)	2	260.7	58.9	2.5	14.8	0.7	0	5.9	26.2	5.2	14.5	0.8	0	81.2	42.5	0	7.5
	研究生(人年)	3	93.2	6.6	0.4	2.5	0.1	0	1.6	5.6	0.8	5.3	0.3	0	48.5	18.3	0	3.2
当年拨入经费	合计(千元)	4	127 448.388	19 182.431	818	1925	100	0	415	4663.3	1520	2253.03	34.112	0	83 393.515	10 350	0	2794
	当年立项项目拨入经费(千元)	5	96 516.556	16 020	320	480	20	0	335	3207.3	500	1642	34.112	0	66 294.144	5480	0	2184
当年支出经费(千元)		6	162 779.869	45 396.482	2455.702	6180.967	100	0	932.969	7482.488	1965.639	4006.918	34.112	0	80 851.961	10 350	0	3022.631
当年新开课题数(项)		7	617	58	2	10	1	0	4	46	8	20	4	0	270	173	0	21
当年新开课题批准经费(千元)		8	150 275.514	19 850	400	920	20	0	380	3829	1080	2052	571.365	0	103 253.149	15 265	0	2655
当年完成课题数(项)		9	521	39	3	11	0	0	2	35	2	6	1	0	277	121	0	24

出版著作(部)	合 计		10	36	11	2	6	0	1	3	1	0	2	0	0	0	10	0	0
	专著	合 计	11	22	9	1	4	0	1	0	1	0	2	0	0	0	4	0	0
		被译成外文	12	1	0	0	0	0	0	0	1	0	0	0	0	0	0	0	0
	编著教材		13	13	2	1	2	0	0	3	0	0	0	0	0	0	5	0	0
	工具书/参考书		14	1	0	0	0	0	0	0	0	0	0	0	0	0	1	0	0
	皮书/发展报告		15	0	0	0	0	0	0	0	0	0	0	0	0	0	0	0	0
	科普读物		16	0	0	0	0	0	0	0	0	0	0	0	0	0	0	0	0
古籍整理(部)			17	1	0	0	0	0	0	1	0	0	0	0	0	0	0	0	0
译著(部)			18	1	1	0	0	0	0	0	0	0	0	0	0	0	0	0	0
发表译文(篇)			19	0	0	0	0	0	0	0	0	0	0	0	0	0	0	0	0
电子出版物(件)			20	0	0	0	0	0	0	0	0	0	0	0	0	0	0	0	0
发表论文(篇)	合 计		21	569	288	19	55	1	92	9	41	19	6	0	1	0	36	2	0
	国内学术刊物	内地(大陆)	22	446	264	17	49	1	30	8	32	13	6	0	0	0	26	0	0
		港、澳、台地区	23	1	0	0	0	0	0	0	1	0	0	0	0	0	0	0	0
	国外学术刊物		24	122	24	2	6	0	62	1	8	6	0	0	1	0	10	2	0
研究与咨询报告(篇)	合 计		25	19	4	0	0	0	0	8	0	0	4	0	0	3	0	0	0
	被采纳数		26	18	3	0	0	0	0	8	0	0	4	0	0	3	0	0	0

2.2 东南大学人文、社会科学研究与课题成果来源情况表

		编号	合计	国家社科基金项目	国家社科基金单列学科项目	教育部人文社科研究项目	高校古籍整理研究项目	国家自然科学基金项目	中央其他部门社科专门项目	省、市、自治区社科基金项目	省教育厅社科项目	地、市、厅、局等政府部门项目	国际合作研究项目	与港、澳、台地区合作研究项目	企事业单位委托项目	学校社科项目	外资项目	其他
			L01	L02	L03	L04	L05	L06	L07	L08	L09	L10	L11	L12	L13	L14	L15	L16
课题数(项)		1	1016	205	18	45	0	0	52	151	58	137	1	0	154	193	0	2
当年投入人数	合计(人年)	2	179.3	38.9	3.2	7.8	0	0	8.6	26.9	10.5	22.2	0.2	0	23.4	37.3	0	0.3
	研究生(人年)	3	5.2	0.3	0	0	0	0	0.3	0.3	0.2	2.1	0	0	1.9	0.1	0	0
当年拨入经费	合计(千元)	4	32 537.227	8702.688	420	761.8	0	0	553	5569.5	1368	3056.368	0	0	11 989.871	16	0	100
	当年立项项目拨入经费(千元)	5	17 295.717	4180	380	0	0	0	288	4038	312	1189	0	0	6908.717	0	0	0
当年支出经费(千元)		6	30 221.819	7788.398	411.384	710.684	0	0	522.946	4271.652	1394.877	2931.326	0.1	0	12 080.974	16	0	93.478
当年新开课题数(项)		7	193	32	4	6	0	0	8	36	7	39	0	0	61	0	0	0
当年新开课题批准经费(千元)		8	28 773.134	10 000	1300	570	0	0	325	4930	630	1816	0	0	9202.134	0	0	0
当年完成课题数(项)		9	120	21	0	1	0	0	2	13	0	25	0	0	58	0	0	0

出版著作(部)	合　计		10	29	20	4	0	0	0	0	3	0	0	0	0	0	1	0	1
	专著	合　计	11	24	17	2	0	0	0	0	3	0	0	0	0	0	1	0	1
		被译成外文	12	1	0	0	0	0	0	0	0	0	0	0	0	0	0	0	1
	编著教材		13	5	3	2	0	0	0	0	0	0	0	0	0	0	0	0	0
	工具书/参考书		14	0	0	0	0	0	0	0	0	0	0	0	0	0	0	0	0
	皮书/发展报告		15	0	0	0	0	0	0	0	0	0	0	0	0	0	0	0	0
	科普读物		16	0	0	0	0	0	0	0	0	0	0	0	0	0	0	0	0
古籍整理(部)			17	0	0	0	0	0	0	0	0	0	0	0	0	0	0	0	0
译著(部)			18	2	1	1	0	0	0	0	0	0	0	0	0	0	0	0	0
发表译文(篇)			19	1	0	0	0	0	0	0	0	0	0	1	0	0	0	0	0
电子出版物(件)			20	0	0	0	0	0	0	0	0	0	0	0	0	0	0	0	0
发表论文(篇)	合　计		21	419	178	8	23	0	92	4	43	13	6	2	0	3	35	0	12
	国内学术刊物	内地(大陆)	22	279	153	5	14	0	27	1	31	9	6	1	0	3	26	0	3
		港、澳、台地区	23	1	1	0	0	0	0	0	0	0	0	0	0	0	0	0	0
	国外学术刊物		24	139	24	3	9	0	65	3	12	4	0	1	0	0	9	0	9
研究与咨询报告(篇)	合　计		25	94	9	1	0	0	0	0	0	1	4	0	0	73	3	0	3
	被采纳数		26	92	9	1	0	0	0	0	0	1	4	0	0	73	3	0	1

2.3 江南大学人文、社会科学研究与课题成果来源情况表

		编号	课题来源：合计	国家社科基金项目	国家社科基金单列学科项目	教育部人文社科研究项目	高校古籍整理研究项目	国家自然科学基金项目	中央其他部门社科专门项目	省、市、自治区社科基金项目	省教育厅社科项目	地、市、厅、局等政府部门项目	国际合作研究项目	与港、澳、台地区合作研究项目	企事业单位委托项目	学校社科项目	外资项目	其他
			L01	L02	L03	L04	L05	L06	L07	L08	L09	L10	L11	L12	L13	L14	L15	L16
课题数(项)		1	785	57	17	73	0	24	10	77	188	93	0	0	181	65	0	0
当年投入人数	合计(人年)	2	580	52.4	17.1	73.1	0	22.3	9	51.4	165.4	75.1	0	0	64.4	49.8	0	0
	研究生(人年)	3	322.4	20.8	7.6	32	0	12.4	4.4	34.4	103.6	43.2	0	0	29.2	34.8	0	0
当年拨入经费	合计(千元)	4	59 498.15	2652	1760	2930	0	3111	707	1598	720	856	0	0	43 154.15	2010	0	0
	当年立项项目拨入经费(千元)	5	28 509.95	1490	880	660	0	1125	547	608	240	738	0	0	22 221.95	0	0	0
当年支出经费(千元)		6	59 645	4449.58	1461.2	2804.91	0	2770.331	246.561	1547.588	675.474	568.071	0	0	43 111.285	2010	0	0
当年新开课题数(项)		7	292	7	6	14	0	7	4	17	73	36	0	0	99	29	0	0
当年新开课题批准经费(千元)		8	60 592.8	1850	1700	1280	0	2290	1050	760	600	1007	0	0	50 055.8	0	0	0
当年完成课题数(项)		9	272	3	2	3	0	0	3	7	34	40	0	0	156	24	0	0

出版著作(部)	合 计		10	45	7	1	10	0	1	1	5	6	6	0	0	4	4	0	0
	专著	合 计	11	29	6	1	7	0	1	1	3	4	3	0	0	2	1	0	0
		被译成外文	12	1	0	0	0	0	0	1	0	0	0	0	0	0	0	0	0
	编著教材		13	16	1	0	3	0	0	0	2	2	3	0	0	2	3	0	0
	工具书/参考书		14	0	0	0	0	0	0	0	0	0	0	0	0	0	0	0	0
	皮书/发展报告		15	0	0	0	0	0	0	0	0	0	0	0	0	0	0	0	0
	科普读物		16	0	0	0	0	0	0	0	0	0	0	0	0	0	0	0	0
古籍整理(部)			17	0	0	0	0	0	0	0	0	0	0	0	0	0	0	0	0
译著(部)			18	1	0	0	0	0	0	1	0	0	0	0	0	0	0	0	0
发表译文(篇)			19	0	0	0	0	0	0	0	0	0	0	0	0	0	0	0	0
电子出版物(件)			20	0	0	0	0	0	0	0	0	0	0	0	0	0	0	0	0
发表论文(篇)	合 计		21	479	79	18	61	0	37	5	50	61	8	0	0	123	37	0	0
	国内学术刊物	内地(大陆)	22	370	67	13	45	0	11	5	43	48	7	0	0	99	32	0	0
		港、澳、台地区	23	0	0	0	0	0	0	0	0	0	0	0	0	0	0	0	0
	国外学术刊物		24	109	12	5	16	0	26	0	7	13	1	0	0	24	5	0	0
研究与咨询报告(篇)	合 计		25	50	1	0	0	0	0	0	0	0	0	0	0	49	0	0	0
	被采纳数		26	50	1	0	0	0	0	0	0	0	0	0	0	49	0	0	0

2.4 南京农业大学人文、社会科学研究与课题成果来源情况表

			课题来源															
			合计	国家社科基金项目	国家社科基金单列学科项目	教育部人文社科研究项目	高校古籍整理研究项目	国家自然科学基金项目	中央其他部门社科专门项目	省、市、自治区社科基金项目	省教育厅社科项目	地、市、厅、局等政府部门项目	国际合作研究项目	与港、澳、台地区合作研究项目	企事业单位委托项目	学校社科项目	外资项目	其他
		编号	L01	L02	L03	L04	L05	L06	L07	L08	L09	L10	L11	L12	L13	L14	L15	L16
课题数(项)		1	1675	88	1	44	0	68	87	72	106	359	1	0	455	394	0	0
当年投入人数	合计(人年)	2	223.7	17.9	0.2	6.5	0	11.9	11.2	12.5	15.4	41.8	0.1	0	52	54.2	0	0
	研究生(人年)	3	18	2.6	0	1.1	0	3.2	0.2	2.2	0.3	1.7	0	0	1.2	5.5	0	0
当年拨入经费	合计(千元)	4	29 644.567	2727.292	0	200	0	2380.7	1035	991.6	116	1003.355	0	0	21 190.62	0	0	0
	当年立项项目拨入经费(千元)	5	21 666.155	2039.8	0	170	0	554	1035	756	60	980.855	0	0	16 070.5	0	0	0
当年支出经费(千元)		6	28 510.296	1714.102	25.48	175.623	0	1304.069	799.042	237.008	53.119	2156.579	0	0	22 045.274	0	0	0
当年新开课题数(项)		7	325	14	0	9	0	6	7	20	11	27	0	0	141	90	0	0
当年新开课题批准经费(千元)		8	33 234.655	4050	0	710	0	1620	2300	1080	100	1275.955	0	0	22 098.7	0	0	0
当年完成课题数(项)		9	449	10	0	5	0	14	25	22	34	95	1	0	160	83	0	0

出版著作(部)	合计		10	30	5	0	1	0	5	4	3	3	2	0	0	0	7	0	0
	专著	合计	11	19	4	0	1	0	5	2	2	0	2	0	0	0	3	0	0
		被译成外文	12	1	0	0	1	0	0	0	0	0	0	0	0	0	0	0	0
	编著教材		13	9	0	0	0	0	0	1	1	3	0	0	0	0	4	0	0
	工具书/参考书		14	2	1	0	0	0	0	1	0	0	0	0	0	0	0	0	0
	皮书/发展报告		15	0	0	0	0	0	0	0	0	0	0	0	0	0	0	0	0
	科普读物		16	0	0	0	0	0	0	0	0	0	0	0	0	0	0	0	0
古籍整理(部)			17	1	0	0	0	0	0	0	0	0	1	0	0	0	0	0	0
译著(部)			18	0	0	0	0	0	0	0	0	0	0	0	0	0	0	0	0
发表译文(篇)			19	0	0	0	0	0	0	0	0	0	0	0	0	0	0	0	0
电子出版物(件)			20	0	0	0	0	0	0	0	0	0	0	0	0	0	0	0	0
发表论文(篇)	合计		21	471	177	0	29	0	144	12	23	20	15	4	0	5	42	0	0
	国内学术刊物	内地(大陆)	22	356	154	0	18	0	90	10	19	17	10	0	0	4	34	0	0
		港、澳、台地区	23	0	0	0	0	0	0	0	0	0	0	0	0	0	0	0	0
	国外学术刊物		24	115	23	0	11	0	54	2	4	3	5	4	0	1	8	0	0
研究与咨询报告(篇)	合计		25	61	0	0	0	0	3	0	0	0	0	0	0	58	0	0	0
	被采纳数		26	57	0	0	0	0	3	0	0	0	0	0	0	54	0	0	0

2.5 中国矿业大学人文、社会科学研究与课题成果来源情况表

			课题来源															
			合计	国家社科基金项目	国家社科基金单列学科项目	教育部人文社科研究项目	高校古籍整理研究项目	国家自然科学基金项目	中央其他部门社科专门项目	省、市、自治区社科基金项目	省教育厅社科项目	地、市、厅、局等政府部门项目	国际合作研究项目	与港、澳、台地区合作研究项目	企事业单位委托项目	学校社科项目	外资项目	其他
		编号	L01	L02	L03	L04	L05	L06	L07	L08	L09	L10	L11	L12	L13	L14	L15	L16
课题数(项)		1	962	71	0	50	0	45	18	80	109	229	0	0	209	151	0	0
当年投入人数	合计(人年)	2	169.6	15.4	0	13.6	0	7.7	3.1	16.5	21.5	35.1	0	0	26.2	30.5	0	0
	研究生(人年)	3	26.7	1.9	0	5.4	0	1.9	1.3	2.5	3.3	6.4	0	0	0.1	3.9	0	0
当年拨入经费	合计(千元)	4	21 165.145	1690	0	390	0	2590.4	0	931.5	1488	622	0	0	13453.245	0	0	0
	当年立项项目拨入经费(千元)	5	9733.562	1670	0	230	0	705	0	884	200	499	0	0	5545.562	0	0	0
当年支出经费(千元)		6	17 006.051	1868.761	0	105.748	0	1915.523	112.711	419.754	346.32	577.321	0	0	11 659.913	0	0	0
当年新开课题数(项)		7	353	17	0	8	0	9	2	21	32	118	0	0	82	64	0	0
当年新开课题批准经费(千元)		8	33 739.28	4600	0	720	0	3140	50	1288	500	519.6	0	0	19 556.68	3365	0	0
当年完成课题数(项)		9	224	5	0	7	0	5	2	12	10	101	0	0	72	10	0	0

出版著作(部)	合　计		10	11	4	0	0	0	1	1	3	0	0	0	0	0	2	0	0
	专著	合　计	11	8	4	0	0	0	1	1	1	0	0	0	0	0	1	0	0
		被译成外文	12	1	0	0	0	0	0	1	0	0	0	0	0	0	0	0	0
	编著教材		13	3	0	0	0	0	0	0	2	0	0	0	0	0	1	0	0
	工具书/参考书		14	0	0	0	0	0	0	0	0	0	0	0	0	0	0	0	0
	皮书/发展报告		15	0	0	0	0	0	0	0	0	0	0	0	0	0	0	0	0
	科普读物		16	0	0	0	0	0	0	0	0	0	0	0	0	0	0	0	0
古籍整理(部)			17	0	0	0	0	0	0	0	0	0	0	0	0	0	0	0	0
译著(部)			18	0	0	0	0	0	0	0	0	0	0	0	0	0	0	0	0
发表译文(篇)			19	0	0	0	0	0	0	0	0	0	0	0	0	0	0	0	0
电子出版物(件)			20	0	0	0	0	0	0	0	0	0	0	0	0	0	0	0	0
发表论文(篇)	合　计		21	237	61	0	31	0	68	4	18	12	10	0	0	2	31	0	0
	国内学术刊物	内地(大陆)	22	143	45	0	24	0	19	3	15	7	9	0	0	1	20	0	0
		港、澳、台地区	23	1	0	0	0	0	0	0	0	1	0	0	0	0	0	0	0
	国外学术刊物		24	93	16	0	7	0	49	1	3	4	1	0	0	1	11	0	0
研究与咨询报告(篇)	合　计		25	108	0	0	0	0	0	0	20	12	0	0	0	76	0	0	0
	被采纳数		26	44	0	0	0	0	0	0	18	12	0	0	0	14	0	0	0

2.6 河海大学人文、社会科学研究与课题成果来源情况表

			课题来源															
			合计	国家社科基金项目	国家社科基金单列学科项目	教育部人文社科研究项目	高校古籍整理研究项目	国家自然科学基金项目	中央其他部门社科专门项目	省、市、自治区社科基金项目	省教育厅社科项目	地、市、厅、局等政府部门项目	国际合作研究项目	与港、澳、台地区合作研究项目	企事业单位委托项目	学校社科项目	外资项目	其他
		编号	L01	L02	L03	L04	L05	L06	L07	L08	L09	L10	L11	L12	L13	L14	L15	L16
课题数(项)		1	1299	97	3	49	0	54	60	113	110	147	0	0	318	347	1	0
当年投入人数	合计(人年)	2	434.5	27	0.3	16	0	14.6	18	35.4	52.6	46.9	0	0	114.3	109	0.4	0
	研究生(人年)	3	37.2	0.9	0	0.3	0	1	2.4	2.1	0.7	4.5	0	0	9.8	15.5	0	0
当年拨入经费	合计(千元)	4	45 086.963	2738.622	0	605	0	2527.254	2483	1533	704	9592.795	0	0	24 903.292	0	0	0
	当年立项项目拨入经费(千元)	5	18 322.977	1700	0	332	0	1089.735	882	855	300	2384	0	0	10 780.242	0	0	0
当年支出经费(千元)		6	39 747.25	3472.272	24	635.31	0	2536.453	3089.007	1217	571.9	7157.999	0	0	21 022.812	0	20.497	0
当年新开课题数(项)		7	383	14	0	9	0	7	12	21	38	59	0	0	108	115	0	0
当年新开课题批准经费(千元)		8	57 423.588	3000	0	780	0	2578.566	2587	1450	700	12 955.409	0	0	26 532.613	6840	0	0
当年完成课题数(项)		9	288	8	0	4	0	8	21	14	19	53	0	0	92	69	0	0

			编号																
出版著作(部)	合　计		10	56	14	0	6	0	1	6	5	1	1	0	0	5	17	0	0
	专著	合　计	11	17	7	0	3	0	1	0	3	0	0	0	0	0	3	0	0
		被译成外文	12	0	0	0	0	0	0	0	0	0	0	0	0	0	0	0	0
	编著教材		13	15	3	0	2	0	0	0	0	0	1	0	0	0	9	0	0
	工具书/参考书		14	3	0	0	0	0	0	1	0	0	0	0	0	2	0	0	0
	皮书/发展报告		15	13	2	0	1	0	0	4	2	0	0	0	0	2	2	0	0
	科普读物		16	8	2	0	0	0	0	1	0	1	0	0	0	1	3	0	0
古籍整理(部)			17	0	0	0	0	0	0	0	0	0	0	0	0	0	0	0	0
译著(部)			18	1	0	0	0	0	0	1	0	0	0	0	0	0	0	0	0
发表译文(篇)			19	0	0	0	0	0	0	0	0	0	0	0	0	0	0	0	0
电子出版物(件)			20	38	5	0	0	0	4	1	0	0	3	0	0	19	6	0	0
发表论文(篇)	合　计		21	914	280	2	67	0	125	52	102	48	25	0	0	50	163	0	0
	国内学术刊物	内地(大陆)	22	914	280	2	67	0	125	52	102	48	25	0	0	50	163	0	0
		港、澳、台地区	23	0	0	0	0	0	0	0	0	0	0	0	0	0	0	0	0
	国外学术刊物		24	0	0	0	0	0	0	0	0	0	0	0	0	0	0	0	0
研究与咨询报告(篇)	合　计		25	234	6	0	2	0	8	14	10	17	31	0	0	93	53	0	0
	被采纳数		26	186	3	0	2	0	3	14	6	12	24	0	0	80	42	0	0

2.7 南京理工大学人文、社会科学研究与课题成果来源情况表

		编号	合计	国家社科基金项目	国家社科基金单列学科项目	教育部人文社科研究项目	高校古籍整理研究项目	国家自然科学基金项目	中央其他部门社科专门项目	省、市、自治区社科基金项目	省教育厅社科项目	地、市、厅、局等政府部门项目	国际合作研究项目	与港、澳、台地区合作研究项目	企事业单位委托项目	学校社科项目	外资项目	其他
			课题来源															
		编号	L01	L02	L03	L04	L05	L06	L07	L08	L09	L10	L11	L12	L13	L14	L15	L16
课题数(项)		1	650	51	1	44	0	66	29	91	76	69	0	0	144	74	0	5
当年投入人数	合计(人年)	2	106.4	10.1	0.3	7.1	0	7.6	7.7	15.8	9.6	9.4	0	0	21.8	14.9	0	2.1
	研究生(人年)	3	0.2	0	0	0	0	0	0	0.1	0.1	0	0	0	0	0	0	0
当年拨入经费	合计(千元)	4	20 242.74	1560	0	434.43	0	4265.1	575	908	689	696	0	0	10 686.21	10	0	419
	当年立项项目拨入经费(千元)	5	14 975.91	1100	0	240	0	1425.2	555	668	190	476	0	0	9892.71	10	0	419
当年支出经费(千元)		6	16 822.096	1310.09	56	352.73	0	2638.88	671.28	877.69	494.92	1730.894	0	0	8386.957	93.655	0	209
当年新开课题数(项)		7	144	6	0	4	0	9	6	20	6	13	0	0	64	11	0	5
当年新开课题批准经费(千元)		8	32 821.13	1980	0	340	0	10 470	890	988	270	780.01	0	0	16 028.12	285	0	790
当年完成课题数(项)		9	211	0	0	1	0	0	8	1	18	35	0	0	114	33	0	1

出版著作(部)	合 计		10	23	8	0	0	0	7	1	1	0	0	0	0	2	1	0	3
	专著	合 计	11	18	7	0	0	0	6	1	1	0	0	0	0	2	1	0	0
		被译成外文	12	1	0	0	0	0	0	0	0	0	0	0	0	1	0	0	0
	编著教材		13	5	1	0	0	0	1	0	0	0	0	0	0	0	0	0	3
	工具书/参考书		14	0	0	0	0	0	0	0	0	0	0	0	0	0	0	0	0
	皮书/发展报告		15	0	0	0	0	0	0	0	0	0	0	0	0	0	0	0	0
	科普读物		16	0	0	0	0	0	0	0	0	0	0	0	0	0	0	0	0
古籍整理(部)			17	0	0	0	0	0	0	0	0	0	0	0	0	0	0	0	0
译著(部)			18	4	0	0	1	0	0	0	0	3	0	0	0	0	0	0	0
发表译文(篇)			19	0	0	0	0	0	0	0	0	0	0	0	0	0	0	0	0
电子出版物(件)			20	0	0	0	0	0	0	0	0	0	0	0	0	0	0	0	0
发表论文(篇)	合 计		21	206	67	0	10	0	54	3	13	7	6	0	0	11	2	0	33
	国内学术刊物	内地(大陆)	22	143	58	0	7	0	22	3	13	5	4	0	0	10	2	0	19
		港、澳、台地区	23	0	0	0	0	0	0	0	0	0	0	0	0	0	0	0	0
	国外学术刊物		24	63	9	0	3	0	32	0	0	2	2	0	0	1	0	0	14
研究与咨询报告(篇)	合 计		25	44	0	0	0	0	0	0	2	0	6	0	0	35	0	0	1
	被采纳数		26	44	0	0	0	0	0	0	2	0	6	0	0	35	0	0	1

2.8 南京航空航天大学人文、社会科学研究与课题成果来源情况表

		编号	课题来源 合计	国家社科基金项目	国家社科基金单列学科项目	教育部人文社科研究项目	高校古籍整理研究项目	国家自然科学基金项目	中央其他部门社科专门项目	省、市、自治区社科基金项目	省教育厅社科项目	地、市、厅、局等政府部门项目	国际合作研究项目	与港、澳、台地区合作研究项目	企事业单位委托项目	学校社科项目	外资项目	其他
			L01	L02	L03	L04	L05	L06	L07	L08	L09	L10	L11	L12	L13	L14	L15	L16
课题数(项)		1	506	79	4	42	1	37	18	87	36	63	0	0	69	68	0	2
当年投入人数	合计(人年)	2	91.8	15.3	1	8.1	0.1	7.4	3.4	16.3	8.2	9.1	0	0	11.2	11.5	0	0.2
	研究生(人年)	3	0	0	0	0	0	0	0	0	0	0	0	0	0	0	0	0
当年拨入经费	合计(千元)	4	16 618.8	4510	0	837	30	4460	0	820	1136	2109	0	0	2708.8	0	0	8
	当年立项项目拨入经费(千元)	5	14 463.8	4350	0	320	30	4460	0	692	520	1985	0	0	2098.8	0	0	8
当年支出经费(千元)		6	15 098.7	4493	0	937	30	2504	300	834	1186	2037.9	0	0	2768.8	0	0	8
当年新开课题数(项)		7	144	23	0	13	1	6	3	17	10	32	0	0	20	18	0	1
当年新开课题批准经费(千元)		8	20 655.8	5560	0	840	30	4460	0	1030	1300	2229	0	0	2098.8	3100	0	8
当年完成课题数(项)		9	55	5	1	2	0	0	2	16	6	7	0	0	14	1	0	1

出版著作(部)	合计		10	20	2	0	2	0	5	1	1	2	1	0	0	1	5	0	0
	专著	合计	11	17	2	0	2	0	4	1	1	2	0	0	0	1	4	0	0
		被译成外文	12	0	0	0	0	0	0	0	0	0	0	0	0	0	0	0	0
	编著教材		13	3	0	0	0	0	1	0	0	0	1	0	0	0	1	0	0
	工具书/参考书		14	0	0	0	0	0	0	0	0	0	0	0	0	0	0	0	0
	皮书/发展报告		15	0	0	0	0	0	0	0	0	0	0	0	0	0	0	0	0
	科普读物		16	0	0	0	0	0	0	0	0	0	0	0	0	0	0	0	0
古籍整理(部)			17	0	0	0	0	0	0	0	0	0	0	0	0	0	0	0	0
译著(部)			18	0	0	0	0	0	0	0	0	0	0	0	0	0	0	0	0
发表译文(篇)			19	0	0	0	0	0	0	0	0	0	0	0	0	0	0	0	0
电子出版物(件)			20	0	0	0	0	0	0	0	0	0	0	0	0	0	0	0	0
发表论文(篇)	合计		21	195	64	0	16	0	53	3	22	5	4	0	0	2	26	0	0
	国内学术刊物	内地(大陆)	22	157	60	0	15	0	24	3	21	4	4	0	0	1	25	0	0
		港、澳、台地区	23	0	0	0	0	0	0	0	0	0	0	0	0	0	0	0	0
	国外学术刊物		24	38	4	0	1	0	29	0	1	1	0	0	0	1	1	0	0
研究与咨询报告(篇)	合计		25	5	1	0	0	0	2	0	0	1	1	0	0	0	0	0	0
	被采纳数		26	5	1	0	0	0	2	0	0	1	1	0	0	0	0	0	0

2.9 中国药科大学人文、社会科学研究与课题成果来源情况表

			课题来源															
			合计	国家社科基金项目	国家社科基金单列学科项目	教育部人文社科研究项目	高校古籍整理研究项目	国家自然科学基金项目	中央其他部门社科专门项目	省、市、自治区社科基金项目	省教育厅社科项目	地、市、厅、局等政府部门项目	国际合作研究项目	与港、澳、台地区合作研究项目	企事业单位委托项目	学校社科项目	外资项目	其他
		编号	L01	L02	L03	L04	L05	L06	L07	L08	L09	L10	L11	L12	L13	L14	L15	L16
课题数(项)		1	754	2	0	7	0	7	21	21	16	20	0	0	639	21	0	0
当年投入人数	合计(人年)	2	76.9	0.2	0	0.7	0	0.8	2.4	2.1	1.6	2	0	0	65	2.1	0	0
	研究生(人年)	3	0	0	0	0	0	0	0	0	0	0	0	0	0	0	0	0
当年拨入经费	合计(千元)	4	24 090.69	170	0	70	0	649.6	93.66	5	0	40	0	0	23 062.43	0	0	0
	当年立项项目拨入经费(千元)	5	21 402.93	170	0	70	0	245.5	0	5	0	40	0	0	20 872.43	0	0	0
当年支出经费(千元)		6	24 348.63	144.5	0	53.35	0	628.14	171.959	5	0	14.9	0	0	23 330.531	0.25	0	0
当年新开课题数(项)		7	268	1	0	3	0	2	0	2	0	1	0	0	258	1	0	0
当年新开课题批准经费(千元)		8	76 419.53	200	0	260	0	245.5	0	15	0	40	0	0	75 649.03	10	0	0
当年完成课题数(项)		9	159	0	0	3	0	1	12	18	12	3	0	0	105	5	0	0

				1	2	3	4	5	6	7	8	9	10	11	12	13	14	15	16
出版著作(部)	合　计		10	4	1	0	0	0	0	0	0	2	0	0	0	0	1	0	0
	专著	合　计	11	4	1	0	0	0	0	0	0	2	0	0	0	0	1	0	0
		被译成外文	12	0	0	0	0	0	0	0	0	0	0	0	0	0	0	0	0
	编著教材		13	0	0	0	0	0	0	0	0	0	0	0	0	0	0	0	0
	工具书/参考书		14	0	0	0	0	0	0	0	0	0	0	0	0	0	0	0	0
	皮书/发展报告		15	0	0	0	0	0	0	0	0	0	0	0	0	0	0	0	0
	科普读物		16	0	0	0	0	0	0	0	0	0	0	0	0	0	0	0	0
古籍整理(部)			17	0	0	0	0	0	0	0	0	0	0	0	0	0	0	0	0
译著(部)			18	0	0	0	0	0	0	0	0	0	0	0	0	0	0	0	0
发表译文(篇)			19	0	0	0	0	0	0	0	0	0	0	0	0	0	0	0	0
电子出版物(件)			20	0	0	0	0	0	0	0	0	0	0	0	0	0	0	0	0
发表论文(篇)	合　计		21	70	9	0	7	0	4	3	21	8	1	0	0	10	7	0	0
	国内学术刊物	内地(大陆)	22	69	9	0	7	0	4	3	21	7	1	0	0	10	7	0	0
		港、澳、台地区	23	0	0	0	0	0	0	0	0	0	0	0	0	0	0	0	0
	国外学术刊物		24	1	0	0	0	0	0	0	0	1	0	0	0	0	0	0	0
研究与咨询报告(篇)	合　计		25	0	0	0	0	0	0	0	0	0	0	0	0	0	0	0	0
	被采纳数		26	0	0	0	0	0	0	0	0	0	0	0	0	0	0	0	0

2.10 南京森林警察学院人文、社会科学研究与课题成果来源情况表

		编号	合计	国家社科基金项目	国家社科基金单列学科项目	教育部人文社科研究项目	高校古籍整理研究项目	国家自然科学基金项目	中央其他部门社科专门项目	省、市、自治区社科基金项目	省教育厅社科项目	地、市、厅、局等政府部门项目	国际合作研究项目	与港、澳、台地区合作研究项目	企事业单位委托项目	学校社科项目	外资项目	其他
			课题来源															
			L01	L02	L03	L04	L05	L06	L07	L08	L09	L10	L11	L12	L13	L14	L15	L16
课题数(项)		1	156	5	0	2	0	0	2	9	88	0	0	0	21	29	0	0
当年投入人数	合计(人年)	2	48.8	1.7	0	0.7	0	0	0.7	2.8	27.4	0	0	0	6.8	8.7	0	0
	研究生(人年)	3	0	0	0	0	0	0	0	0	0	0	0	0	0	0	0	0
当年拨入经费	合计(千元)	4	2829	10	0	0	0	0	0	90	64	0	0	0	2131	534	0	0
	当年立项项目拨入经费(千元)	5	2755	0	0	0	0	0	0	90	40	0	0	0	2091	534	0	0
当年支出经费(千元)		6	1329.928	52.396	0	71.398	0	0	137.062	22.52	6.032	0	0	0	536.52	504	0	0
当年新开课题数(项)		7	50	1	0	0	0	0	0	5	11	0	0	0	5	28	0	0
当年新开课题批准经费(千元)		8	3196	300	0	0	0	0	0	100	100	0	0	0	2162	534	0	0
当年完成课题数(项)		9	48	2	0	0	0	0	1	0	17	0	0	0	1	27	0	0

出版著作(部)	合　计		10	0	0	0	0	0	0	0	0	0	0	0	0	0	0	0	0
	专著	合　计	11	0	0	0	0	0	0	0	0	0	0	0	0	0	0	0	0
		被译成外文	12	0	0	0	0	0	0	0	0	0	0	0	0	0	0	0	0
	编著教材		13	0	0	0	0	0	0	0	0	0	0	0	0	0	0	0	0
	工具书/参考书		14	0	0	0	0	0	0	0	0	0	0	0	0	0	0	0	0
	皮书/发展报告		15	0	0	0	0	0	0	0	0	0	0	0	0	0	0	0	0
	科普读物		16	0	0	0	0	0	0	0	0	0	0	0	0	0	0	0	0
古籍整理(部)			17	0	0	0	0	0	0	0	0	0	0	0	0	0	0	0	0
译著(部)			18	0	0	0	0	0	0	0	0	0	0	0	0	0	0	0	0
发表译文(篇)			19	0	0	0	0	0	0	0	0	0	0	0	0	0	0	0	0
电子出版物(件)			20	0	0	0	0	0	0	0	0	0	0	0	0	0	0	0	0
发表论文(篇)	合　计		21	86	3	0	1	0	0	2	1	45	0	0	0	2	32	0	0
	国内学术刊物	内地(大陆)	22	82	1	0	1	0	0	2	1	43	0	0	0	2	32	0	0
		港、澳、台地区	23	0	0	0	0	0	0	0	0	0	0	0	0	0	0	0	0
	国外学术刊物		24	4	2	0	0	0	0	0	0	2	0	0	0	0	0	0	0
研究与咨询报告(篇)	合　计		25	1	1	0	0	0	0	0	0	0	0	0	0	0	0	0	0
	被采纳数		26	1	1	0	0	0	0	0	0	0	0	0	0	0	0	0	0

2.11 苏州大学人文、社会科学研究与课题成果来源情况表

			课题来源															
			合计	国家社科基金项目	国家社科基金单列学科项目	教育部人文社科研究项目	高校古籍整理研究项目	国家自然科学基金项目	中央其他部门社科专门项目	省、市、自治区社科基金项目	省教育厅社科项目	地、市、厅、局等政府部门项目	国际合作研究项目	与港、澳、台地区合作研究项目	企事业单位委托项目	学校社科项目	外资项目	其他
		编号	L01	L02	L03	L04	L05	L06	L07	L08	L09	L10	L11	L12	L13	L14	L15	L16
课题数(项)		1	1332	209	18	88	5	14	29	115	225	129	0	0	470	30	0	0
当年投入人数	合计(人年)	2	165.2	34.1	1.9	11.1	0.5	1.4	3.8	14.5	28.7	17.1	0	0	49.1	3	0	0
	研究生(人年)	3	1.7	1.1	0	0	0	0	0	0	0.2	0	0	0	0.3	0.1	0	0
当年拨入经费	合计(千元)	4	35 258.139	4400	0	642	0	0	232	1262	235	522.5	0	0	27 964.639	0	0	0
	当年立项项目拨入经费(千元)	5	34 706.732	4400	0	642	0	0	232	1262	235	491.5	0	0	27 444.232	0	0	0
当年支出经费(千元)		6	73 086.753	12 801	1008	1180	7	449	336	900	234	2252.5	0	0	53 135.252	784.001	0	0
当年新开课题数(项)		7	414	33	0	22	0	0	8	29	61	40	0	0	221	0	0	0
当年新开课题批准经费(千元)		8	46 078.133	8200	0	1780	0	0	395	1794	1085	1296	0	0	31 528.133	0	0	0
当年完成课题数(项)		9	280	20	2	3	0	7	3	13	59	20	0	0	151	2	0	0

项目			编号																
出版著作(部)	合计		10	81	11	0	0	0	0	4	43	11	5	0	0	7	0	0	0
	专著	合计	11	59	11	0	0	0	0	3	33	5	5	0	0	2	0	0	0
		被译成外文	12	1	0	0	0	0	0	1	0	0	0	0	0	0	0	0	0
	编著教材		13	22	0	0	0	0	0	1	10	6	0	0	0	5	0	0	0
	工具书/参考书		14	0	0	0	0	0	0	0	0	0	0	0	0	0	0	0	0
	皮书/发展报告		15	0	0	0	0	0	0	0	0	0	0	0	0	0	0	0	0
	科普读物		16	0	0	0	0	0	0	0	0	0	0	0	0	0	0	0	0
古籍整理(部)			17	0	0	0	0	0	0	0	0	0	0	0	0	0	0	0	0
译著(部)			18	0	0	0	0	0	0	0	0	0	0	0	0	0	0	0	0
发表译文(篇)			19	0	0	0	0	0	0	0	0	0	0	0	0	0	0	0	0
电子出版物(件)			20	0	0	0	0	0	0	0	0	0	0	0	0	0	0	0	0
发表论文(篇)	合计		21	660	104	30	63	0	6	90	223	107	0	0	0	28	9	0	0
	国内学术刊物	内地(大陆)	22	536	57	27	58	0	2	73	186	96	0	0	0	28	9	0	0
		港、澳、台地区	23	0	0	0	0	0	0	0	0	0	0	0	0	0	0	0	0
	国外学术刊物		24	124	47	3	5	0	4	17	37	11	0	0	0	0	0	0	0
研究与咨询报告(篇)	合计		25	114	0	0	0	0	2	0	0	0	22	0	0	90	0	0	0
	被采纳数		26	114	0	0	0	0	2	0	0	0	22	0	0	90	0	0	0

2.12 江苏科技大学人文、社会科学研究与课题成果来源情况表

			课题来源															
			合计	国家社科基金项目	国家社科基金单列学科项目	教育部人文社科研究项目	高校古籍整理研究项目	国家自然科学基金项目	中央其他部门社科专门项目	省、市、自治区社科基金项目	省教育厅社科项目	地、市、厅、局等政府部门项目	国际合作研究项目	与港、澳、台地区合作研究项目	企事业单位委托项目	学校社科项目	外资项目	其他
		编号	L01	L02	L03	L04	L05	L06	L07	L08	L09	L10	L11	L12	L13	L14	L15	L16
课题数(项)		1	662	22	0	30	1	15	1	51	177	164	0	0	119	76	0	6
当年投入人数	合计(人年)	2	152.3	4.6	0	7.7	0.1	3.6	0.2	12.6	40.8	41.3	0	0	23.1	16.8	0	1.5
	研究生(人年)	3	12.8	0.1	0	0.8	0	0.1	0	2.1	1.5	3.9	0	0	2.2	2	0	0.1
当年拨入经费	合计(千元)	4	5249.5	810	0	400	0	675	0	504	255	674	0	0	1808	123.5	0	0
	当年立项项目拨入经费(千元)	5	4921	810	0	190	0	675	0	500	155	661	0	0	1808	122	0	0
当年支出经费(千元)		6	4364.03	416.9	0	398.2	1.5	508	0.2	409.2	277.3	522.88	0	0	1601.7	228.15	0	0
当年新开课题数(项)		7	160	4	0	7	0	3	0	11	24	72	0	0	16	17	0	6
当年新开课题批准经费(千元)		8	6347	950	0	600	0	1340	0	600	215	712	0	0	1808	122	0	0
当年完成课题数(项)		9	145	2	0	8	0	0	1	9	21	90	0	0	8	1	0	5

出版著作(部)	合计		10	7	0	0	4	0	0	0	1	1	1	0	0	0	0	0	0
	专著	合计	11	7	0	0	4	0	0	0	1	1	1	0	0	0	0	0	0
		被译成外文	12	0	0	0	0	0	0	0	0	0	0	0	0	0	0	0	0
	编著教材		13	0	0	0	0	0	0	0	0	0	0	0	0	0	0	0	0
	工具书/参考书		14	0	0	0	0	0	0	0	0	0	0	0	0	0	0	0	0
	皮书/发展报告		15	0	0	0	0	0	0	0	0	0	0	0	0	0	0	0	0
	科普读物		16	0	0	0	0	0	0	0	0	0	0	0	0	0	0	0	0
古籍整理(部)			17	0	0	0	0	0	0	0	0	0	0	0	0	0	0	0	0
译著(部)			18	1	0	0	0	0	0	0	0	0	1	0	0	0	0	0	0
发表译文(篇)			19	0	0	0	0	0	0	0	0	0	0	0	0	0	0	0	0
电子出版物(件)			20	0	0	0	0	0	0	0	0	0	0	0	0	0	0	0	0
发表论文(篇)	合计		21	157	32	0	21	0	4	0	9	14	62	0	0	9	4	0	2
	国内学术刊物	内地(大陆)	22	131	27	0	14	0	3	0	7	12	54	0	0	9	3	0	2
		港、澳、台地区	23	0	0	0	0	0	0	0	0	0	0	0	0	0	0	0	0
	国外学术刊物		24	26	5	0	7	0	1	0	2	2	8	0	0	0	1	0	0
研究与咨询报告(篇)	合计		25	2	0	0	0	0	0	0	1	0	1	0	0	0	0	0	0
	被采纳数		26	2	0	0	0	0	0	0	1	0	1	0	0	0	0	0	0

2.13 南京工业大学人文、社会科学研究与课题成果来源情况表

			课题来源															
			合计	国家社科基金项目	国家社科基金单列学科项目	教育部人文社科研究项目	高校古籍整理研究项目	国家自然科学基金项目	中央其他部门社科专门项目	省、市、自治区社科基金项目	省教育厅社科项目	地、市、厅、局等政府部门项目	国际合作研究项目	与港、澳、台地区合作研究项目	企事业单位委托项目	学校社科项目	外资项目	其他
		编号	L01	L02	L03	L04	L05	L06	L07	L08	L09	L10	L11	L12	L13	L14	L15	L16
课题数(项)		1	797	42	2	31	0	8	12	93	237	123	0	0	33	214	1	1
当年投入人数	合计(人年)	2	108	9.2	0.3	4.3	0	0.8	1.9	14.1	28	17.6	0	0	3.5	27.7	0.4	0.2
	研究生(人年)	3	19.2	0.9	0	0.7	0	0.1	0.6	1.9	3.8	3.4	0	0	0	7.6	0.1	0.1
当年拨入经费	合计(千元)	4	4176.45	1260	0	660	0	0	99.45	654	300	466	0	0	235	305	197	0
	当年立项项目拨入经费(千元)	5	3792	1250	0	560	0	0	0	638	300	342	0	0	200	305	197	0
当年支出经费(千元)		6	3910.72	1170	0	575	0	0	99.45	618	274.27	437	0	0	235	305	197	0
当年新开课题数(项)		7	216	7	0	7	0	1	5	22	46	35	0	0	2	89	1	1
当年新开课题批准经费(千元)		8	6054.01	2500	0	560	0	0	10	890	900	488.01	0	0	200	306	200	0
当年完成课题数(项)		9	82	3	0	2	0	0	0	20	30	18	0	0	3	6	0	0

出版著作(部)	合 计		10	13	1	1	3	0	0	0	6	0	1	0	0	0	0	0	1
	专著	合 计	11	10	1	1	3	0	0	0	3	0	1	0	0	0	0	0	1
		被译成外文	12	0	0	0	0	0	0	0	0	0	0	0	0	0	0	0	0
	编著教材		13	3	0	0	0	0	0	0	3	0	0	0	0	0	0	0	0
	工具书/参考书		14	0	0	0	0	0	0	0	0	0	0	0	0	0	0	0	0
	皮书/发展报告		15	0	0	0	0	0	0	0	0	0	0	0	0	0	0	0	0
	科普读物		16	0	0	0	0	0	0	0	0	0	0	0	0	0	0	0	0
古籍整理(部)			17	0	0	0	0	0	0	0	0	0	0	0	0	0	0	0	0
译著(部)			18	5	1	1	0	0	0	0	2	0	0	0	0	0	1	0	0
发表译文(篇)			19	0	0	0	0	0	0	0	0	0	0	0	0	0	0	0	0
电子出版物(件)			20	0	0	0	0	0	0	0	0	0	0	0	0	0	0	0	0
发表论文(篇)	合 计		21	340	99	2	16	0	7	0	74	59	12	0	0	0	71	0	0
	国内学术刊物	内地(大陆)	22	305	94	2	14	0	5	0	67	51	11	0	0	0	61	0	0
		港、澳、台地区	23	0	0	0	0	0	0	0	0	0	0	0	0	0	0	0	0
	国外学术刊物		24	35	5	0	2	0	2	0	7	8	1	0	0	0	10	0	0
研究与咨询报告(篇)	合 计		25	24	7	0	2	0	1	0	5	1	3	0	0	5	0	0	0
	被采纳数		26	24	7	0	2	0	1	0	5	1	3	0	0	5	0	0	0

2.14 常州大学人文、社会科学研究与课题成果来源情况表

			课题来源															
			合计	国家社科基金项目	国家社科基金单列学科项目	教育部人文社科研究项目	高校古籍整理研究项目	国家自然科学基金项目	中央其他部门社科专门项目	省、市、自治区社科基金项目	省教育厅社科项目	地、市、厅、局等政府部门项目	国际合作研究项目	与港、澳、台地区合作研究项目	企事业单位委托项目	学校社科项目	外资项目	其他
		编号	L01	L02	L03	L04	L05	L06	L07	L08	L09	L10	L11	L12	L13	L14	L15	L16
课题数(项)		1	659	111	3	32	0	0	6	60	197	116	0	0	133	0	0	1
当年投入人数	合计(人年)	2	178.2	45.8	1.1	9.4	0	0	1.4	13.9	47.1	24.4	0	0	34.3	0	0	0.8
	研究生(人年)	3	0.4	0.4	0	0	0	0	0	0	0	0	0	0	0	0	0	0
当年拨入经费	合计(千元)	4	11 804.91	2000	190	457	0	0	31	678	280	965.3	0	0	7053.61	0	0	150
	当年立项项目拨入经费(千元)	5	10 739.66	1870	190	163	0	0	10	648	160	960.3	0	0	6588.36	0	0	150
当年支出经费(千元)		6	15 944.71	3809.87	92	529.11	0	0	111.9	637.7	625.3	2026.24	0	0	8030.09	0	0	82.5
当年新开课题数(项)		7	181	11	1	6	0	0	1	15	48	37	0	0	61	0	0	1
当年新开课题批准经费(千元)		8	12 909.06	2200	200	540	0	0	10	760	840	960.3	0	0	7248.76	0	0	150
当年完成课题数(项)		9	186	12	0	8	0	0	1	13	45	39	0	0	68	0	0	0

			10	14	2	0	0	0	0	0	4	1	7	0	0	0	0	0	0
出版著作(部)	合 计		10	14	2	0	0	0	0	0	4	1	7	0	0	0	0	0	0
	专著	合 计	11	13	2	0	0	0	0	0	4	1	6	0	0	0	0	0	0
		被译成外文	12	0	0	0	0	0	0	0	0	0	0	0	0	0	0	0	0
	编著教材		13	0	0	0	0	0	0	0	0	0	0	0	0	0	0	0	0
	工具书/参考书		14	0	0	0	0	0	0	0	0	0	0	0	0	0	0	0	0
	皮书/发展报告		15	0	0	0	0	0	0	0	0	0	0	0	0	0	0	0	0
	科普读物		16	1	0	0	0	0	0	0	0	0	1	0	0	0	0	0	0
古籍整理(部)			17	0	0	0	0	0	0	0	0	0	0	0	0	0	0	0	0
译著(部)			18	1	0	0	0	0	0	0	1	0	0	0	0	0	0	0	0
发表译文(篇)			19	0	0	0	0	0	0	0	0	0	0	0	0	0	0	0	0
电子出版物(件)			20	0	0	0	0	0	0	0	0	0	0	0	0	0	0	0	0
发表论文(篇)	合 计		21	223	94	0	6	0	0	1	17	63	17	0	0	25	0	0	0
	国内学术刊物	内地(大陆)	22	213	89	0	6	0	0	1	15	63	17	0	0	22	0	0	0
		港、澳、台地区	23	0	0	0	0	0	0	0	0	0	0	0	0	0	0	0	0
	国外学术刊物		24	10	5	0	0	0	0	0	2	0	0	0	0	3	0	0	0
研究与咨询报告(篇)	合 计		25	8	6	0	0	0	0	1	0	0	0	0	0	1	0	0	0
	被采纳数		26	8	6	0	0	0	0	1	0	0	0	0	0	1	0	0	0

2.15 南京邮电大学人文、社会科学研究与课题成果来源情况表

			课题来源															
			合计	国家社科基金项目	国家社科基金单列学科项目	教育部人文社科研究项目	高校古籍整理研究项目	国家自然科学基金项目	中央其他部门社科专门项目	省、市、自治区社科基金项目	省教育厅社科项目	地、市、厅、局等政府部门项目	国际合作研究项目	与港、澳、台地区合作研究项目	企事业单位委托项目	学校社科项目	外资项目	其他
		编号	L01	L02	L03	L04	L05	L06	L07	L08	L09	L10	L11	L12	L13	L14	L15	L16
课题数(项)		1	839	66	3	56	0	0	8	80	224	87	0	0	273	42	0	0
当年投入人数	合计(人年)	2	217.7	36.6	1.4	27	0	0	2.5	30.9	50.7	14.9	0	0	46.4	7.3	0	0
	研究生(人年)	3	14.6	4.7	0	4.3	0	0	0.4	3.8	0.8	0	0	0	0.6	0	0	0
当年拨入经费	合计(千元)	4	16 133.587	1600	0	1010	0	0	0	632	712	689	0	0	11 490.587	0	0	0
	当年立项项目拨入经费(千元)	5	11 903.587	1530	0	390	0	0	0	532	200	337	0	0	8914.587	0	0	0
当年支出经费(千元)		6	17 157.757	3200.3	120	1252.6	0	0	50	1290	842.8	689	0	0	9323.057	390	0	0
当年新开课题数(项)		7	252	10	0	13	0	0	1	14	48	17	0	0	149	0	0	0
当年新开课题批准经费(千元)		8	16 716.287	2150	0	1100	0	0	0	660	930	412	0	0	11 464.287	0	0	0
当年完成课题数(项)		9	134	10	0	4	0	0	0	14	30	24	0	0	41	11	0	0

出版著作（部）	合　计		10	7	1	0	1	0	0	1	3	1	0	0	0	0	0	0	0
	专著	合　计	11	7	1	0	1	0	0	1	3	1	0	0	0	0	0	0	0
		被译成外文	12	0	0	0	0	0	0	0	0	0	0	0	0	0	0	0	0
	编著教材		13	0	0	0	0	0	0	0	0	0	0	0	0	0	0	0	0
	工具书/参考书		14	0	0	0	0	0	0	0	0	0	0	0	0	0	0	0	0
	皮书/发展报告		15	0	0	0	0	0	0	0	0	0	0	0	0	0	0	0	0
	科普读物		16	0	0	0	0	0	0	0	0	0	0	0	0	0	0	0	0
古籍整理（部）			17	0	0	0	0	0	0	0	0	0	0	0	0	0	0	0	0
译著（部）			18	2	0	0	0	0	0	0	2	0	0	0	0	0	0	0	0
发表译文（篇）			19	0	0	0	0	0	0	0	0	0	0	0	0	0	0	0	0
电子出版物（件）			20	0	0	0	0	0	0	0	0	0	0	0	0	0	0	0	0
发表论文（篇）	合　计		21	213	55	5	37	0	0	1	29	46	8	0	0	15	17	0	0
	国内学术刊物	内地（大陆）	22	190	55	5	29	0	0	1	28	38	6	0	0	11	17	0	0
		港、澳、台地区	23	0	0	0	0	0	0	0	0	0	0	0	0	0	0	0	0
	国外学术刊物		24	23	0	0	8	0	0	0	1	8	2	0	0	4	0	0	0
研究与咨询报告（篇）	合　计		25	77	4	0	0	0	0	0	0	0	26	0	0	47	0	0	0
	被采纳数		26	50	0	0	0	0	0	0	0	0	26	0	0	24	0	0	0

2.16 南京林业大学人文、社会科学研究与课题成果来源情况表

			课题来源															
			合计	国家社科基金项目	国家社科基金单列学科项目	教育部人文社科研究项目	高校古籍整理研究项目	国家自然科学基金项目	中央其他部门社科专门项目	省、市、自治区社科基金项目	省教育厅社科项目	地、市、厅、局等政府部门项目	国际合作研究项目	与港、澳、台地区合作研究项目	企事业单位委托项目	学校社科项目	外资项目	其他
		编号	L01	L02	L03	L04	L05	L06	L07	L08	L09	L10	L11	L12	L13	L14	L15	L16
课题数(项)		1	506	45	6	62	0	0	8	71	226	34	0	0	20	33	0	1
当年投入人数	合计(人年)	2	51.9	4.7	0.6	6.6	0	0	0.8	7.3	22.7	3.5	0	0	2.3	3.3	0	0.1
	研究生(人年)	3	0	0	0	0	0	0	0	0	0	0	0	0	0	0	0	0
当年拨入经费	合计(千元)	4	2948	1060	0	796	0	0	0	526	304	175	0	0	37	0	0	50
	当年立项项目拨入经费(千元)	5	2051	1020	0	235	0	0	0	480	120	146	0	0	0	0	0	50
当年支出经费(千元)		6	2637.82	901	0	676.6	0	0	0	450.1	263.2	272.97	0	0	31.45	0	0	42.5
当年新开课题数(项)		7	99	11	3	9	0	0	0	18	51	6	0	0	0	0	0	1
当年新开课题批准经费(千元)		8	6160	2400	600	720	0	0	0	900	1250	190	0	0	0	0	0	100
当年完成课题数(项)		9	11	0	0	0	0	0	0	0	0	11	0	0	0	0	0	0

出版著作(部)	合计		10	19	8	0	3	0	0	0	4	4	0	0	0	0	0	0	0
	专著	合计	11	18	7	0	3	0	0	0	4	4	0	0	0	0	0	0	0
		被译成外文	12	0	0	0	0	0	0	0	0	0	0	0	0	0	0	0	0
	编著教材		13	1	1	0	0	0	0	0	0	0	0	0	0	0	0	0	0
	工具书/参考书		14	0	0	0	0	0	0	0	0	0	0	0	0	0	0	0	0
	皮书/发展报告		15	0	0	0	0	0	0	0	0	0	0	0	0	0	0	0	0
	科普读物		16	0	0	0	0	0	0	0	0	0	0	0	0	0	0	0	0
古籍整理(部)			17	0	0	0	0	0	0	0	0	0	0	0	0	0	0	0	0
译著(部)			18	0	0	0	0	0	0	0	0	0	0	0	0	0	0	0	0
发表译文(篇)			19	0	0	0	0	0	0	0	0	0	0	0	0	0	0	0	0
电子出版物(件)			20	0	0	0	0	0	0	0	0	0	0	0	0	0	0	0	0
发表论文(篇)	合计		21	177	47	4	19	0	0	0	34	64	8	0	0	1	0	0	0
	国内学术刊物	内地(大陆)	22	177	47	4	19	0	0	0	34	64	8	0	0	1	0	0	0
		港、澳、台地区	23	0	0	0	0	0	0	0	0	0	0	0	0	0	0	0	0
	国外学术刊物		24	0	0	0	0	0	0	0	0	0	0	0	0	0	0	0	0
研究与咨询报告(篇)	合计		25	1	0	1	0	0	0	0	0	0	0	0	0	0	0	0	0
	被采纳数		26	1	0	1	0	0	0	0	0	0	0	0	0	0	0	0	0

2.17 江苏大学人文、社会科学研究与课题成果来源情况表

			课题来源															
			合计	国家社科基金项目	国家社科基金单列学科项目	教育部人文社科研究项目	高校古籍整理研究项目	国家自然科学基金项目	中央其他部门社科专门项目	省、市、自治区社科基金项目	省教育厅社科项目	地、市、厅、局等政府部门项目	国际合作研究项目	与港、澳、台地区合作研究项目	企事业单位委托项目	学校社科项目	外资项目	其他
		编号	L01	L02	L03	L04	L05	L06	L07	L08	L09	L10	L11	L12	L13	L14	L15	L16
课题数(项)		1	666	59	7	44	0	24	21	54	66	134	0	0	255	2	0	0
当年投入人数	合计(人年)	2	109.4	18.2	2.3	11.1	0	6.3	3.5	11.4	10.2	18.2	0	0	28	0.2	0	0
	研究生(人年)	3	11.1	1.4	0	0.2	0	0.8	0.3	0.8	0	0.7	0	0	6.9	0	0	0
当年拨入经费	合计(千元)	4	21 375.85	2730	0	1241	0	1036	851.9	649	370	2241	0	0	12 242.95	14	0	0
	当年立项项目拨入经费(千元)	5	20 209.85	2540	0	631	0	910	811.9	609	260	2191	0	0	12 242.95	14	0	0
当年支出经费(千元)		6	21 509.97	2541.3	101.4	1216.8	0	1162	876.9	670.6	360	2407.75	0	0	12 159.22	14	0	0
当年新开课题数(项)		7	247	12	0	8	0	5	12	14	3	44	0	0	147	2	0	0
当年新开课题批准经费(千元)		8	22 782.242	3750	0	700	0	1800	898.6	740	300	2336.067	0	0	12 243.575	14	0	0
当年完成课题数(项)		9	122	0	0	0	0	2	0	0	1	17	0	0	102	0	0	0

出版著作（部）	合　计		10	34	9	2	1	0	1	1	0	2	5	0	0	13	0	0	0
	专著	合　计	11	18	5	2	0	0	0	0	0	1	2	0	0	8	0	0	0
		被译成外文	12	0	0	0	0	0	0	0	0	0	0	0	0	0	0	0	0
	编著教材		13	14	4	0	0	0	1	1	0	1	2	0	0	5	0	0	0
	工具书/参考书		14	2	0	0	1	0	0	0	0	0	1	0	0	0	0	0	0
	皮书/发展报告		15	0	0	0	0	0	0	0	0	0	0	0	0	0	0	0	0
	科普读物		16	0	0	0	0	0	0	0	0	0	0	0	0	0	0	0	0
古籍整理（部）			17	0	0	0	0	0	0	0	0	0	0	0	0	0	0	0	0
译著（部）			18	1	0	0	0	0	0	0	0	0	1	0	0	0	0	0	0
发表译文（篇）			19	0	0	0	0	0	0	0	0	0	0	0	0	0	0	0	0
电子出版物（件）			20	1	1	0	0	0	0	0	0	0	0	0	0	0	0	0	0
发表论文（篇）	合　计		21	296	87	7	15	0	53	6	11	24	45	0	0	42	6	0	0
	国内学术刊物	内地（大陆）	22	218	73	7	10	0	21	2	9	22	33	0	0	36	5	0	0
		港、澳、台地区	23	0	0	0	0	0	0	0	0	0	0	0	0	0	0	0	0
	国外学术刊物		24	78	14	0	5	0	32	4	2	2	12	0	0	6	1	0	0
研究与咨询报告（篇）	合　计		25	27	1	0	0	0	0	1	0	0	8	0	0	17	0	0	0
	被采纳数		26	18	1	0	0	0	0	1	0	0	7	0	0	9	0	0	0

2.18 南京信息工程大学人文、社会科学研究与课题成果来源情况表

			课题来源															
			合计	国家社科基金项目	国家社科基金单列学科项目	教育部人文社科研究项目	高校古籍整理研究项目	国家自然科学基金项目	中央其他部门社科专门项目	省、市、自治区社科基金项目	省教育厅社科项目	地、市、厅、局等政府部门项目	国际合作研究项目	与港、澳、台地区合作研究项目	企事业单位委托项目	学校社科项目	外资项目	其他
		编号	L01	L02	L03	L04	L05	L06	L07	L08	L09	L10	L11	L12	L13	L14	L15	L16
课题数(项)		1	930	70	3	84	0	28	27	95	250	63	0	0	300	10	0	0
当年投入人数	合计(人年)	2	308	23	2.1	31.6	0	10.3	11.4	32.8	92.5	12.4	0	0	90.9	1	0	0
	研究生(人年)	3	93.6	3.2	1.6	4.9	0	5	3.2	7.2	28.3	1.9	0	0	38.3	0	0	0
当年拨入经费	合计(千元)	4	28 981.2	3180	170	1059	0	3244.8	321	1076	700	947	0	0	18 283.4	0	0	0
	当年立项项目拨入经费(千元)	5	23 013.5	2960	170	504	0	1295	276	976	400	887	0	0	15 545.5	0	0	0
当年支出经费(千元)		6	21 426.87	2947.93	135.04	1128.31	0	2761.86	186.48	1273.39	714.27	911.12	0	0	11 368.47	0	0	0
当年新开课题数(项)		7	282	14	1	14	0	9	7	24	57	22	0	0	134	0	0	0
当年新开课题批准经费(千元)		8	33 503.3	3600	200	1120	0	3010	320	1250	1470	1003	0	0	21 530.3	0	0	0
当年完成课题数(项)		9	266	11	0	20	0	4	15	21	34	35	0	0	118	8	0	0

出版著作(部)	合　计		10	8	1	0	2	0	1	1	1	1	0	0	0	1	0	0	0
	专著	合　计	11	7	1	0	2	0	1	1	0	1	0	0	0	1	0	0	0
		被译成外文	12	0	0	0	0	0	0	0	0	0	0	0	0	0	0	0	0
	编著教材		13	1	0	0	0	0	0	0	1	0	0	0	0	0	0	0	0
	工具书/参考书		14	0	0	0	0	0	0	0	0	0	0	0	0	0	0	0	0
	皮书/发展报告		15	0	0	0	0	0	0	0	0	0	0	0	0	0	0	0	0
	科普读物		16	0	0	0	0	0	0	0	0	0	0	0	0	0	0	0	0
古籍整理(部)			17	0	0	0	0	0	0	0	0	0	0	0	0	0	0	0	0
译著(部)			18	0	0	0	0	0	0	0	0	0	0	0	0	0	0	0	0
发表译文(篇)			19	0	0	0	0	0	0	0	0	0	0	0	0	0	0	0	0
电子出版物(件)			20	0	0	0	0	0	0	0	0	0	0	0	0	0	0	0	0
发表论文(篇)	合　计		21	295	54	5	21	0	40	12	24	76	20	0	0	36	7	0	0
	国内学术刊物	内地(大陆)	22	236	48	5	18	0	17	6	23	67	16	0	0	29	7	0	0
		港、澳、台地区	23	0	0	0	0	0	0	0	0	0	0	0	0	0	0	0	0
	国外学术刊物		24	59	6	0	3	0	23	6	1	9	4	0	0	7	0	0	0
研究与咨询报告(篇)	合　计		25	54	0	0	1	0	0	0	0	0	6	0	0	47	0	0	0
	被采纳数		26	33	0	0	1	0	0	0	0	0	6	0	0	26	0	0	0

2.19 南通大学人文、社会科学研究与课题成果来源情况表

			课题来源															
			合计	国家社科基金项目	国家社科基金单列学科项目	教育部人文社科研究项目	高校古籍整理研究项目	国家自然科学基金项目	中央其他部门社科专门项目	省、市、自治区社科基金项目	省教育厅社科项目	地、市、厅、局等政府部门项目	国际合作研究项目	与港、澳、台地区合作研究项目	企事业单位委托项目	学校社科项目	外资项目	其他
		编号	L01	L02	L03	L04	L05	L06	L07	L08	L09	L10	L11	L12	L13	L14	L15	L16
课题数(项)		1	839	95	6	59	4	0	18	80	236	272	0	0	63	0	0	6
当年投入人数	合计(人年)	2	98.3	12.2	0.8	6.3	0.6	0	2.3	10	26.6	31.1	0	0	7.8	0	0	0.6
	研究生(人年)	3	0	0	0	0	0	0	0	0	0	0	0	0	0	0	0	0
当年拨入经费	合计(千元)	4	13 522.9	2780	680	1085	20	0	365	1679	1423.8	680	0	0	4610.1	0	0	200
	当年立项项目拨入经费(千元)	5	8457.1	1020	120	205	20	0	88	949	973	522	0	0	4560.1	0	0	0
当年支出经费(千元)		6	14 154.4	3374	340	1324	12	0	251	1816	1345.8	895.5	0	0	4610.1	0	0	186
当年新开课题数(项)		7	235	14	2	5	2	0	5	31	58	56	0	0	62	0	0	0
当年新开课题批准经费(千元)		8	12 424.1	3750	400	405	60	0	88	1377	1029	755	0	0	4560.1	0	0	0
当年完成课题数(项)		9	105	2	0	5	0	0	0	7	2	27	0	0	62	0	0	0

出版著作(部)	合 计		10	28	9	3	4	0	0	1	3	5	1	0	0	2	0	0	0
	专著	合 计	11	25	9	2	4	0	0	0	3	5	1	0	0	1	0	0	0
		被译成外文	12	2	0	0	1	0	0	0	0	0	1	0	0	0	0	0	0
	编著教材		13	2	0	1	0	0	0	1	0	0	0	0	0	0	0	0	0
	工具书/参考书		14	0	0	0	0	0	0	0	0	0	0	0	0	0	0	0	0
	皮书/发展报告		15	0	0	0	0	0	0	0	0	0	0	0	0	0	0	0	0
	科普读物		16	1	0	0	0	0	0	0	0	0	0	0	0	1	0	0	0
古籍整理(部)			17	4	4	0	0	0	0	0	0	0	0	0	0	0	0	0	0
译著(部)			18	2	1	0	1	0	0	0	0	0	0	0	0	0	0	0	0
发表译文(篇)			19	0	0	0	0	0	0	0	0	0	0	0	0	0	0	0	0
电子出版物(件)			20	0	0	0	0	0	0	0	0	0	0	0	0	0	0	0	0
发表论文(篇)	合 计		21	345	136	17	35	0	0	9	40	50	53	0	0	5	0	0	0
	国内学术刊物	内地(大陆)	22	324	129	17	29	0	0	7	40	48	50	0	0	4	0	0	0
		港、澳、台地区	23	0	0	0	0	0	0	0	0	0	0	0	0	0	0	0	0
	国外学术刊物		24	21	7	0	6	0	0	2	0	2	3	0	0	1	0	0	0
研究与咨询报告(篇)	合 计		25	62	0	0	0	0	0	0	1	0	0	0	0	61	0	0	0
	被采纳数		26	62	0	0	0	0	0	0	1	0	0	0	0	61	0	0	0

2.20 盐城工学院人文、社会科学研究与课题成果来源情况表

			课题来源															
			合计	国家社科基金项目	国家社科基金单列学科项目	教育部人文社科研究项目	高校古籍整理研究项目	国家自然科学基金项目	中央其他部门社科专门项目	省、市、自治区社科基金项目	省教育厅社科项目	地、市、厅、局等政府部门项目	国际合作研究项目	与港、澳、台地区合作研究项目	企事业单位委托项目	学校社科项目	外资项目	其他
		编号	L01	L02	L03	L04	L05	L06	L07	L08	L09	L10	L11	L12	L13	L14	L15	L16
课题数(项)		1	470	15	1	12	0	0	4	26	154	176	0	0	80	2	0	0
当年投入人数	合计(人年)	2	48.3	1.9	0.2	1.2	0	0	0.5	2.6	15.5	17.6	0	0	8.6	0.2	0	0
	研究生(人年)	3	0	0	0	0	0	0	0	0	0	0	0	0	0	0	0	0
当年拨入经费	合计(千元)	4	6912.228	330	0	60	0	0	29	144	122	275	0	0	5952.228	0	0	0
	当年立项项目拨入经费(千元)	5	6879.228	330	0	60	0	0	0	144	120	273	0	0	5952.228	0	0	0
当年支出经费(千元)		6	6814.755	314	39.5	54.3	0	0	29	144	122	275	0	0	5836.955	0	0	0
当年新开课题数(项)		7	276	2	0	2	0	0	2	5	47	172	0	0	46	0	0	0
当年新开课题批准经费(千元)		8	7314.228	400	0	180	0	0	0	180	300	277	0	0	5977.228	0	0	0
当年完成课题数(项)		9	195	1	0	2	0	0	1	8	17	164	0	0	0	2	0	0

			行																
出版著作(部)	合　计		10	5	2	0	0	0	0	0	1	0	2	0	0	0	0	0	0
	专著	合　计	11	5	2	0	0	0	0	0	1	0	2	0	0	0	0	0	0
		被译成外文	12	1	1	0	0	0	0	0	0	0	0	0	0	0	0	0	0
	编著教材		13	0	0	0	0	0	0	0	0	0	0	0	0	0	0	0	0
	工具书/参考书		14	0	0	0	0	0	0	0	0	0	0	0	0	0	0	0	0
	皮书/发展报告		15	0	0	0	0	0	0	0	0	0	0	0	0	0	0	0	0
	科普读物		16	0	0	0	0	0	0	0	0	0	0	0	0	0	0	0	0
古籍整理(部)			17	0	0	0	0	0	0	0	0	0	0	0	0	0	0	0	0
译著(部)			18	0	0	0	0	0	0	0	0	0	0	0	0	0	0	0	0
发表译文(篇)			19	0	0	0	0	0	0	0	0	0	0	0	0	0	0	0	0
电子出版物(件)			20	0	0	0	0	0	0	0	0	0	0	0	0	0	0	0	0
发表论文(篇)	合　计		21	114	10	0	0	0	0	0	8	23	71	0	0	0	2	0	0
	国内学术刊物	内地(大陆)	22	97	8	0	0	0	0	0	5	23	59	0	0	0	2	0	0
		港、澳、台地区	23	0	0	0	0	0	0	0	0	0	0	0	0	0	0	0	0
	国外学术刊物		24	17	2	0	0	0	0	0	3	0	12	0	0	0	0	0	0
研究与咨询报告(篇)	合　计		25	0	0	0	0	0	0	0	0	0	0	0	0	0	0	0	0
	被采纳数		26	0	0	0	0	0	0	0	0	0	0	0	0	0	0	0	0

2.21 南京医科大学人文、社会科学研究与课题成果来源情况表

			课题来源															
			合计	国家社科基金项目	国家社科基金单列学科项目	教育部人文社科研究项目	高校古籍整理研究项目	国家自然科学基金项目	中央其他部门社科专门项目	省、市、自治区社科基金项目	省教育厅社科项目	地、市、厅、局等政府部门项目	国际合作研究项目	与港、澳、台地区合作研究项目	企事业单位委托项目	学校社科项目	外资项目	其他
		编号	L01	L02	L03	L04	L05	L06	L07	L08	L09	L10	L11	L12	L13	L14	L15	L16
课题数(项)		1	92	5	1	6	0	0	0	7	17	56	0	0	0	0	0	0
当年投入人数	合计(人年)	2	11.1	0.6	0.1	0.7	0	0	0	1.3	1.7	6.7	0	0	0	0	0	0
	研究生(人年)	3	0	0	0	0	0	0	0	0	0	0	0	0	0	0	0	0
当年拨入经费	合计(千元)	4	0	0	0	0	0	0	0	0	0	0	0	0	0	0	0	0
	当年立项项目拨入经费(千元)	5	0	0	0	0	0	0	0	0	0	0	0	0	0	0	0	0
当年支出经费(千元)		6	421	160	0	0	0	0	0	10	0	251	0	0	0	0	0	0
当年新开课题数(项)		7	35	0	0	5	0	0	0	0	16	14	0	0	0	0	0	0
当年新开课题批准经费(千元)		8	613	0	0	440	0	0	0	0	0	173	0	0	0	0	0	0
当年完成课题数(项)		9	3	1	0	0	0	0	0	1	1	0	0	0	0	0	0	0

出版著作(部)	合　计		10	9	0	0	1	0	0	0	0	3	4	0	0	0	1	0	0
	专著	合　计	11	9	0	0	1	0	0	0	0	3	4	0	0	0	1	0	0
		被译成外文	12	0	0	0	0	0	0	0	0	0	0	0	0	0	0	0	0
	编著教材		13	0	0	0	0	0	0	0	0	0	0	0	0	0	0	0	0
	工具书/参考书		14	0	0	0	0	0	0	0	0	0	0	0	0	0	0	0	0
	皮书/发展报告		15	0	0	0	0	0	0	0	0	0	0	0	0	0	0	0	0
	科普读物		16	0	0	0	0	0	0	0	0	0	0	0	0	0	0	0	0
古籍整理(部)			17	0	0	0	0	0	0	0	0	0	0	0	0	0	0	0	0
译著(部)			18	0	0	0	0	0	0	0	0	0	0	0	0	0	0	0	0
发表译文(篇)			19	0	0	0	0	0	0	0	0	0	0	0	0	0	0	0	0
电子出版物(件)			20	0	0	0	0	0	0	0	0	0	0	0	0	0	0	0	0
发表论文(篇)	合　计		21	37	12	0	2	0	0	0	2	13	8	0	0	0	0	0	0
	国内学术刊物	内地(大陆)	22	37	12	0	2	0	0	0	2	13	8	0	0	0	0	0	0
		港、澳、台地区	23	0	0	0	0	0	0	0	0	0	0	0	0	0	0	0	0
	国外学术刊物		24	0	0	0	0	0	0	0	0	0	0	0	0	0	0	0	0
研究与咨询报告(篇)	合　计		25	2	2	0	0	0	0	0	0	0	0	0	0	0	0	0	0
	被采纳数		26	2	2	0	0	0	0	0	0	0	0	0	0	0	0	0	0

2.22 徐州医科大学人文、社会科学研究与课题成果来源情况表

			课题来源															
			合计	国家社科基金项目	国家社科基金单列学科项目	教育部人文社科研究项目	高校古籍整理研究项目	国家自然科学基金项目	中央其他部门社科专门项目	省、市、自治区社科基金项目	省教育厅社科项目	地、市、厅、局等政府部门项目	国际合作研究项目	与港、澳、台地区合作研究项目	企事业单位委托项目	学校社科项目	外资项目	其他
		编号	L01	L02	L03	L04	L05	L06	L07	L08	L09	L10	L11	L12	L13	L14	L15	L16
课题数(项)		1	186	2	0	7	0	0	0	6	102	31	0	0	7	31	0	0
当年投入人数	合计(人年)	2	35.8	1.2	0	2.6	0	0	0	2	17	6.5	0	0	1.7	4.8	0	0
	研究生(人年)	3	2	0.4	0	0.8	0	0	0	0.7	0	0.1	0	0	0	0	0	0
当年拨入经费	合计(千元)	4	868.5	20	0	170	0	0	0	190	400	85.5	0	0	3	0	0	0
	当年立项项目拨入经费(千元)	5	548.5	0	0	80	0	0	0	180	200	85.5	0	0	3	0	0	0
当年支出经费(千元)		6	721.57	93	0	127	0	0	0	89	202.57	77.5	0	0	132.5	0	0	0
当年新开课题数(项)		7	93	0	0	3	0	0	0	2	25	30	0	0	2	31	0	0
当年新开课题批准经费(千元)		8	978.5	0	0	260	0	0	0	200	430	85.5	0	0	3	0	0	0
当年完成课题数(项)		9	80	1	0	0	0	0	0	2	13	27	0	0	7	30	0	0

出版著作（部）	合 计		10	1	1	0	0	0	0	0	0	0	0	0	0	0	0	0	0
	专著	合 计	11	1	1	0	0	0	0	0	0	0	0	0	0	0	0	0	0
		被译成外文	12	0	0	0	0	0	0	0	0	0	0	0	0	0	0	0	0
	编著教材		13	0	0	0	0	0	0	0	0	0	0	0	0	0	0	0	0
	工具书/参考书		14	0	0	0	0	0	0	0	0	0	0	0	0	0	0	0	0
	皮书/发展报告		15	0	0	0	0	0	0	0	0	0	0	0	0	0	0	0	0
	科普读物		16	0	0	0	0	0	0	0	0	0	0	0	0	0	0	0	0
古籍整理（部）			17	0	0	0	0	0	0	0	0	0	0	0	0	0	0	0	0
译著（部）			18	0	0	0	0	0	0	0	0	0	0	0	0	0	0	0	0
发表译文（篇）			19	0	0	0	0	0	0	0	0	0	0	0	0	0	0	0	0
电子出版物（件）			20	0	0	0	0	0	0	0	0	0	0	0	0	0	0	0	0
发表论文（篇）	合 计		21	82	3	0	1	0	0	0	10	62	0	0	0	6	0	0	0
	国内学术刊物	内地（大陆）	22	65	3	0	1	0	0	0	6	52	0	0	0	3	0	0	0
		港、澳、台地区	23	0	0	0	0	0	0	0	0	0	0	0	0	0	0	0	0
	国外学术刊物		24	17	0	0	0	0	0	0	4	10	0	0	0	3	0	0	0
研究与咨询报告（篇）	合 计		25	59	0	0	2	0	0	0	0	6	36	0	0	0	15	0	0
	被采纳数		26	59	0	0	2	0	0	0	0	6	36	0	0	0	15	0	0

2.23 南京中医药大学人文、社会科学研究与课题成果来源情况表

			课题来源															
			合计	国家社科基金项目	国家社科基金单列学科项目	教育部人文社科研究项目	高校古籍整理研究项目	国家自然科学基金项目	中央其他部门社科专门项目	省、市、自治区社科基金项目	省教育厅社科项目	地、市、厅、局等政府部门项目	国际合作研究项目	与港、澳、台地区合作研究项目	企事业单位委托项目	学校社科项目	外资项目	其他
		编号	L01	L02	L03	L04	L05	L06	L07	L08	L09	L10	L11	L12	L13	L14	L15	L16
课题数(项)		1	306	18	0	17	1	5	1	24	183	27	0	0	27	3	0	0
当年投入人数	合计(人年)	2	93.1	6.8	0	6.9	0.2	1.5	0.3	8	56.2	7.9	0	0	4.8	0.5	0	0
	研究生(人年)	3	0	0	0	0	0	0	0	0	0	0	0	0	0	0	0	0
当年拨入经费	合计(千元)	4	3016.1	489	0	148	0	637.9	30	230	120	216	0	0	1142.2	3	0	0
	当年立项项目拨入经费(千元)	5	2187	479	0	108	0	240	30	168	40	216	0	0	903	3	0	0
当年支出经费(千元)		6	2908.593	752.923	0	182.4	0	309.881	16.01	204.072	341.663	209.694	0	0	888.57	3.38	0	0
当年新开课题数(项)		7	80	3	0	3	0	2	1	6	35	16	0	0	13	1	0	0
当年新开课题批准经费(千元)		8	3290	569	0	240	0	600	50	210	100	223	0	0	1288	10	0	0
当年完成课题数(项)		9	61	1	0	4	0	0	0	5	33	8	0	0	10	0	0	0

出版著作(部)	合　计		10	4	1	0	0	0	0	0	0	1	0	0	0	0	1	0	1
	专著	合　计	11	4	1	0	0	0	0	0	0	1	0	0	0	0	1	0	1
		被译成外文	12	0	0	0	0	0	0	0	0	0	0	0	0	0	0	0	0
	编著教材		13	0	0	0	0	0	0	0	0	0	0	0	0	0	0	0	0
	工具书/参考书		14	0	0	0	0	0	0	0	0	0	0	0	0	0	0	0	0
	皮书/发展报告		15	0	0	0	0	0	0	0	0	0	0	0	0	0	0	0	0
	科普读物		16	0	0	0	0	0	0	0	0	0	0	0	0	0	0	0	0
古籍整理(部)			17	0	0	0	0	0	0	0	0	0	0	0	0	0	0	0	0
译著(部)			18	0	0	0	0	0	0	0	0	0	0	0	0	0	0	0	0
发表译文(篇)			19	0	0	0	0	0	0	0	0	0	0	0	0	0	0	0	0
电子出版物(件)			20	0	0	0	0	0	0	0	0	0	0	0	0	0	0	0	0
发表论文(篇)	合　计		21	158	13	0	21	0	5	4	13	92	9	0	0	0	1	0	0
	国内学术刊物	内地(大陆)	22	152	12	0	21	0	3	4	13	89	9	0	0	0	1	0	0
		港、澳、台地区	23	0	0	0	0	0	0	0	0	0	0	0	0	0	0	0	0
	国外学术刊物		24	6	1	0	0	0	2	0	0	3	0	0	0	0	0	0	0
研究与咨询报告(篇)	合　计		25	10	0	0	0	0	0	0	0	0	0	0	0	10	0	0	0
	被采纳数		26	10	0	0	0	0	0	0	0	0	0	0	0	10	0	0	0

2.24 南京师范大学人文、社会科学研究与课题成果来源情况表

			课题来源															
			合计	国家社科基金项目	国家社科基金单列学科项目	教育部人文社科研究项目	高校古籍整理研究项目	国家自然科学基金项目	中央其他部门社科专门项目	省、市、自治区社科基金项目	省教育厅社科项目	地、市、厅、局等政府部门项目	国际合作研究项目	与港、澳、台地区合作研究项目	企事业单位委托项目	学校社科项目	外资项目	其他
		编号	L01	L02	L03	L04	L05	L06	L07	L08	L09	L10	L11	L12	L13	L14	L15	L16
课题数(项)		1	1175	271	32	90	3	0	28	203	152	43	0	0	345	7	1	0
当年投入人数	合计(人年)	2	318	118.8	10	44	0.3	0	4.3	57.8	41.4	6	0	0	34.6	0.7	0.1	0
	研究生(人年)	3	59.4	20.1	1.6	11.5	0	0	1.2	10.2	8.3	0	0	0	6.5	0	0	0
当年拨入经费	合计(千元)	4	102 530.626	33 742.654	3120.482	3658.499	73	0	558.811	3738.038	1543.415	323.969	0	0	55 460.55	156	155.208	0
	当年立项项目拨入经费(千元)	5	59 276.184	9140	1110	0	0	0	100	2136	360	59	0	0	46 059.976	156	155.208	0
当年支出经费(千元)		6	47 541.867	7131.379	408.496	979.851	1.1	0	107.794	685.942	399.205	206.278	0	0	37 561.447	0	60.375	0
当年新开课题数(项)		7	419	42	10	16	0	0	6	71	39	5	0	0	222	7	1	0
当年新开课题批准经费(千元)		8	80 091.996	11 350	2800	1380	0	0	260	2700	1270	230	0	0	59 336.788	610	155.208	0
当年完成课题数(项)		9	241	4	0	3	0	0	0	1	2	1	0	0	230	0	0	0

出版著作(部)	合　计		10	33	17	1	1	0	0	2	3	1	3	0	0	0	5	0	0
	专著	合　计	11	23	13	1	1	0	0	2	2	0	2	0	0	0	2	0	0
		被译成外文	12	2	0	1	0	0	0	0	0	0	0	0	0	0	1	0	0
	编著教材		13	10	4	0	0	0	0	0	1	1	1	0	0	0	3	0	0
	工具书/参考书		14	0	0	0	0	0	0	0	0	0	0	0	0	0	0	0	0
	皮书/发展报告		15	0	0	0	0	0	0	0	0	0	0	0	0	0	0	0	0
	科普读物		16	0	0	0	0	0	0	0	0	0	0	0	0	0	0	0	0
古籍整理(部)			17	2	0	1	0	0	0	0	1	0	0	0	0	0	0	0	0
译著(部)			18	4	1	0	0	0	0	1	1	0	0	0	0	0	1	0	0
发表译文(篇)			19	4	0	0	0	0	0	0	0	0	0	0	0	4	0	0	0
电子出版物(件)			20	0	0	0	0	0	0	0	0	0	0	0	0	0	0	0	0
发表论文(篇)	合　计		21	408	254	30	15	0	0	8	40	38	5	1	0	2	14	1	0
	国内学术刊物	内地(大陆)	22	371	243	28	10	0	0	8	36	29	4	1	0	2	10	0	0
		港、澳、台地区	23	2	1	1	0	0	0	0	0	0	0	0	0	0	0	0	0
	国外学术刊物		24	35	10	1	5	0	0	0	4	9	1	0	0	0	4	1	0
研究与咨询报告(篇)	合　计		25	370	0	0	1	0	0	0	0	1	0	0	0	368	0	0	0
	被采纳数		26	55	0	0	0	0	0	0	0	0	0	0	0	55	0	0	0

2.25 江苏师范大学人文、社会科学研究与课题成果来源情况表

			课题来源															
			合计	国家社科基金项目	国家社科基金单列学科项目	教育部人文社科研究项目	高校古籍整理研究项目	国家自然科学基金项目	中央其他部门社科专门项目	省、市、自治区社科基金项目	省教育厅社科项目	地、市、厅、局等政府部门项目	国际合作研究项目	与港、澳、台地区合作研究项目	企事业单位委托项目	学校社科项目	外资项目	其他
		编号	L01	L02	L03	L04	L05	L06	L07	L08	L09	L10	L11	L12	L13	L14	L15	L16
课题数(项)		1	641	80	2	34	2	0	3	71	171	141	0	0	118	19	0	0
当年投入人数	合计(人年)	2	350.1	81	2.1	15	1.2	0	1.4	40.2	110.7	51.9	0	0	33.6	13	0	0
	研究生(人年)	3	2.7	2.1	0	0.3	0	0	0	0	0.3	0	0	0	0	0	0	0
当年拨入经费	合计(千元)	4	79 549.1	5990	0	180	30	0	20	2056	970	35 215.47	0	0	14 716.68	20 370.95	0	0
	当年立项项目拨入经费(千元)	5	79 519.1	5990	0	180	30	0	20	2036	970	35 205.47	0	0	14 716.68	20 370.95	0	0
当年支出经费(千元)		6	80 389.246	6602.156	70.7	238.45	30	0	35	1959.34	1118.5	35 151.47	0	0	14 812.68	20 370.95	0	0
当年新开课题数(项)		7	376	28	0	6	1	0	1	26	54	123	0	0	118	19	0	0
当年新开课题批准经费(千元)		8	81 289.1	7400	0	480	30	0	20	2036	970	35 265.47	0	0	14 716.68	20 370.95	0	0
当年完成课题数(项)		9	452	2	0	27	2	0	1	33	109	141	0	0	118	19	0	0

出版著作(部)	合　计		10	30	10	3	2	0	0	3	2	0	1	0	0	7	2	0	0
	专著	合　计	11	23	10	2	1	0	0	3	2	0	1	0	0	3	1	0	0
		被译成外文	12	0	0	0	0	0	0	0	0	0	0	0	0	0	0	0	0
	编著教材		13	7	0	1	1	0	0	0	0	0	0	0	0	4	1	0	0
	工具书/参考书		14	0	0	0	0	0	0	0	0	0	0	0	0	0	0	0	0
	皮书/发展报告		15	0	0	0	0	0	0	0	0	0	0	0	0	0	0	0	0
	科普读物		16	0	0	0	0	0	0	0	0	0	0	0	0	0	0	0	0
古籍整理(部)			17	0	0	0	0	0	0	0	0	0	0	0	0	0	0	0	0
译著(部)			18	0	0	0	0	0	0	0	0	0	0	0	0	0	0	0	0
发表译文(篇)			19	0	0	0	0	0	0	0	0	0	0	0	0	0	0	0	0
电子出版物(件)			20	0	0	0	0	0	0	0	0	0	0	0	0	0	0	0	0
发表论文(篇)	合　计		21	717	120	6	58	0	0	13	41	66	108	0	0	170	122	0	13
	国内学术刊物	内地(大陆)	22	667	113	6	54	0	0	11	38	60	102	0	0	163	116	0	4
		港、澳、台地区	23	0	0	0	0	0	0	0	0	0	0	0	0	0	0	0	0
	国外学术刊物		24	50	7	0	4	0	0	2	3	6	6	0	0	7	6	0	9
研究与咨询报告(篇)	合　计		25	96	3	0	1	0	0	1	2	0	89	0	0	0	0	0	0
	被采纳数		26	96	3	0	1	0	0	1	2	0	89	0	0	0	0	0	0

2.26 淮阴师范学院人文、社会科学研究与课题成果来源情况表

		编号	合计	国家社科基金项目	国家社科基金单列学科项目	教育部人文社科研究项目	高校古籍整理研究项目	国家自然科学基金项目	中央其他部门社科专门项目	省、市、自治区社科基金项目	省教育厅社科项目	地、市、厅、局等政府部门项目	国际合作研究项目	与港、澳、台地区合作研究项目	企事业单位委托项目	学校社科项目	外资项目	其他
			L01	L02	L03	L04	L05	L06	L07	L08	L09	L10	L11	L12	L13	L14	L15	L16
课题数(项)		1	630	31	0	39	0	2	2	96	99	49	0	0	312	0	0	0
当年投入人数	合计(人年)	2	92.7	11	0	10.2	0	0.5	0.2	12.5	13.2	5.9	0	0	39.2	0	0	0
	研究生(人年)	3	0	0	0	0	0	0	0	0	0	0	0	0	0	0	0	0
当年拨入经费	合计(千元)	4	38 230.982	1088	0	724	0	0	60	2405	256	156	0	0	33 541.982	0	0	0
	当年立项项目拨入经费(千元)	5	37 405.482	1068	0	724	0	0	60	2362	250	153	0	0	32 788.482	0	0	0
当年支出经费(千元)		6	31 759.282	1202	0	810	0	93	40	1744.5	396.6	174	0	0	27 299.182	0	0	0
当年新开课题数(项)		7	351	6	0	8	0	0	1	66	38	27	0	0	205	0	0	0
当年新开课题批准经费(千元)		8	41 591.982	1110	0	760	0	0	60	2429	622	155	0	0	36 455.982	0	0	0
当年完成课题数(项)		9	233	10	0	8	0	0	1	16	32	28	0	0	138	0	0	0

出版著作(部)	合 计		10	20	2	0	3	0	0	1	2	9	2	0	0	1	0	0	0
	专著	合 计	11	17	1	0	3	0	0	1	1	9	2	0	0	0	0	0	0
		被译成外文	12	0	0	0	0	0	0	0	0	0	0	0	0	0	0	0	0
	编著教材		13	2	1	0	0	0	0	0	1	0	0	0	0	0	0	0	0
	工具书/参考书		14	0	0	0	0	0	0	0	0	0	0	0	0	0	0	0	0
	皮书/发展报告		15	1	0	0	0	0	0	0	0	0	0	0	0	1	0	0	0
	科普读物		16	0	0	0	0	0	0	0	0	0	0	0	0	0	0	0	0
古籍整理(部)			17	0	0	0	0	0	0	0	0	0	0	0	0	0	0	0	0
译著(部)			18	1	0	0	0	0	0	0	1	0	0	0	0	0	0	0	0
发表译文(篇)			19	0	0	0	0	0	0	0	0	0	0	0	0	0	0	0	0
电子出版物(件)			20	0	0	0	0	0	0	0	0	0	0	0	0	0	0	0	0
发表论文(篇)	合 计		21	322	31	4	27	0	6	0	75	96	27	0	0	56	0	0	0
	国内学术刊物	内地(大陆)	22	294	30	4	26	0	6	0	69	87	24	0	0	48	0	0	0
		港、澳、台地区	23	1	0	0	0	0	0	0	0	0	1	0	0	0	0	0	0
	国外学术刊物		24	27	1	0	1	0	0	0	6	9	2	0	0	8	0	0	0
研究与咨询报告(篇)	合 计		25	27	0	0	0	0	0	0	4	2	3	0	0	18	0	0	0
	被采纳数		26	11	0	0	0	0	0	0	2	0	3	0	0	6	0	0	0

2.27 盐城师范学院人文、社会科学研究与课题成果来源情况表

			课题来源															
			合计	国家社科基金项目	国家社科基金单列学科项目	教育部人文社科研究项目	高校古籍整理研究项目	国家自然科学基金项目	中央其他部门社科专门项目	省、市、自治区社科基金项目	省教育厅社科项目	地、市、厅、局等政府部门项目	国际合作研究项目	与港、澳、台地区合作研究项目	企事业单位委托项目	学校社科项目	外资项目	其他
		编号	L01	L02	L03	L04	L05	L06	L07	L08	L09	L10	L11	L12	L13	L14	L15	L16
课题数(项)		1	913	52	8	25	0	0	10	92	194	60	0	0	445	23	0	4
当年投入人数	合计(人年)	2	171.3	16.6	2.7	5.8	0	0	2.2	22.3	40.3	12	0	0	65.8	3.1	0	0.5
	研究生(人年)	3	0	0	0	0	0	0	0	0	0	0	0	0	0	0	0	0
当年拨入经费	合计(千元)	4	63 274.445	1220	350	100	0	0	30	1410	1186	226	0	0	58 587.445	130	0	35
	当年立项项目拨入经费(千元)	5	62 558.445	1100	340	90	0	0	0	1120	950	206	0	0	58 587.445	130	0	35
当年支出经费(千元)		6	62 533.44	1311.3	266.5	285.24	0	0	237.1	1057.75	1171.62	222.58	0	0	57 890.65	70.7	0	20
当年新开课题数(项)		7	387	5	2	4	0	0	0	25	50	38	0	0	246	13	0	4
当年新开课题批准经费(千元)		8	63 158.445	1250	400	220	0	0	0	1380	950	206	0	0	58 587.445	130	0	35
当年完成课题数(项)		9	314	9	2	3	0	0	4	16	31	22	0	0	217	10	0	0

出版著作(部)	合 计		10	30	9	1	2	0	1	3	5	7	2	0	0	0	0	0	0
	专著	合 计	11	28	8	1	2	0	1	3	5	6	2	0	0	0	0	0	0
		被译成外文	12	0	0	0	0	0	0	0	0	0	0	0	0	0	0	0	0
	编著教材		13	2	1	0	0	0	0	0	0	1	0	0	0	0	0	0	0
	工具书/参考书		14	0	0	0	0	0	0	0	0	0	0	0	0	0	0	0	0
	皮书/发展报告		15	0	0	0	0	0	0	0	0	0	0	0	0	0	0	0	0
	科普读物		16	0	0	0	0	0	0	0	0	0	0	0	0	0	0	0	0
古籍整理(部)			17	0	0	0	0	0	0	0	0	0	0	0	0	0	0	0	0
译著(部)			18	0	0	0	0	0	0	0	0	0	0	0	0	0	0	0	0
发表译文(篇)			19	0	0	0	0	0	0	0	0	0	0	0	0	0	0	0	0
电子出版物(件)			20	0	0	0	0	0	0	0	0	0	0	0	0	0	0	0	0
发表论文(篇)	合 计		21	287	39	16	12	0	2	1	45	85	61	0	0	3	12	0	11
	国内学术刊物	内地(大陆)	22	277	38	16	12	0	2	1	45	84	53	0	0	3	12	0	11
		港、澳、台地区	23	0	0	0	0	0	0	0	0	0	0	0	0	0	0	0	0
	国外学术刊物		24	10	1	0	0	0	0	0	0	1	8	0	0	0	0	0	0
研究与咨询报告(篇)	合 计		25	209	3	0	0	0	0	1	1	1	17	0	0	178	0	0	8
	被采纳数		26	35	3	0	0	0	0	1	0	1	2	0	0	20	0	0	8

2.28 南京财经大学人文、社会科学研究与课题成果来源情况表

			课题来源															
			合计	国家社科基金项目	国家社科基金单列学科项目	教育部人文社科研究项目	高校古籍整理研究项目	国家自然科学基金项目	中央其他部门社科专门项目	省、市、自治区社科基金项目	省教育厅社科项目	地、市、厅、局等政府部门项目	国际合作研究项目	与港、澳、台地区合作研究项目	企事业单位委托项目	学校社科项目	外资项目	其他
		编号	L01	L02	L03	L04	L05	L06	L07	L08	L09	L10	L11	L12	L13	L14	L15	L16
课题数(项)		1	1114	157	4	58	0	120	5	119	176	133	0	0	291	51	0	0
当年投入人数	合计(人年)	2	186.4	36.3	1	7.7	0	32.3	0.7	15.9	18.5	20.6	0	0	47.8	5.6	0	0
	研究生(人年)	3	15.1	6.9	0.2	0.1	0	4.6	0	0.5	0	1.9	0	0	0.6	0.3	0	0
当年拨入经费	合计(千元)	4	41 243.611	4101.8	165	880.242	0	8180.368	0	1030	593	6398	0	0	19 415.201	480	0	0
	当年立项项目拨入经费(千元)	5	31 386.236	3910	165	357.242	0	4178.668	0	984	200	5880	0	0	15 231.326	480	0	0
当年支出经费(千元)		6	38 253.647	5461.481	225.537	848.8	0	7124.018	94.977	1255.181	523.821	4624.511	0	0	17 756.386	338.935	0	0
当年新开课题数(项)		7	357	38	1	11	0	24	0	31	55	42	0	0	130	25	0	0
当年新开课题批准经费(千元)		8	51 516.119	10 100	350	930	0	10 712.668	0	1640	1000	6358	0	0	19 780.451	645	0	0
当年完成课题数(项)		9	265	14	0	19	0	20	0	33	31	29	0	0	101	18	0	0

出版著作(部)	合　计		10	29	11	0	1	0	2	2	1	4	1	0	0	6	1	0	0
	专著	合　计	11	21	10	0	1	0	2	2	1	3	0	0	0	2	0	0	0
		被译成外文	12	0	0	0	0	0	0	0	0	0	0	0	0	0	0	0	0
	编著教材		13	8	1	0	0	0	0	0	0	1	1	0	0	4	1	0	0
	工具书/参考书		14	0	0	0	0	0	0	0	0	0	0	0	0	0	0	0	0
	皮书/发展报告		15	0	0	0	0	0	0	0	0	0	0	0	0	0	0	0	0
	科普读物		16	0	0	0	0	0	0	0	0	0	0	0	0	0	0	0	0
古籍整理(部)			17	0	0	0	0	0	0	0	0	0	0	0	0	0	0	0	0
译著(部)			18	2	0	0	0	0	0	0	0	0	0	0	0	2	0	0	0
发表译文(篇)			19	0	0	0	0	0	0	0	0	0	0	0	0	0	0	0	0
电子出版物(件)			20	0	0	0	0	0	0	0	0	0	0	0	0	0	0	0	0
发表论文(篇)	合　计		21	417	103	13	39	0	114	4	20	32	25	1	0	57	9	0	0
	国内学术刊物	内地(大陆)	22	268	83	12	26	0	45	3	7	25	15	0	0	43	9	0	0
		港、澳、台地区	23	0	0	0	0	0	0	0	0	0	0	0	0	0	0	0	0
	国外学术刊物		24	149	20	1	13	0	69	1	13	7	10	1	0	14	0	0	0
研究与咨询报告(篇)	合　计		25	32	0	0	0	0	0	0	0	0	0	0	0	32	0	0	0
	被采纳数		26	32	0	0	0	0	0	0	0	0	0	0	0	32	0	0	0

2.29 江苏警官学院人文、社会科学研究与课题成果来源情况表

			课题来源															
			合计	国家社科基金项目	国家社科基金单列学科项目	教育部人文社科研究项目	高校古籍整理研究项目	国家自然科学基金项目	中央其他部门社科专门项目	省、市、自治区社科基金项目	省教育厅社科项目	地、市、厅、局等政府部门项目	国际合作研究项目	与港、澳、台地区合作研究项目	企事业单位委托项目	学校社科项目	外资项目	其他
		编号	L01	L02	L03	L04	L05	L06	L07	L08	L09	L10	L11	L12	L13	L14	L15	L16
课题数(项)		1	313	1	0	16	0	0	31	17	136	60	0	0	20	31	0	1
当年投入人数	合计(人年)	2	50.6	0.3	0	3	0	0	4.9	2.8	24.2	8.7	0	0	3	3.5	0	0.2
	研究生(人年)	3	0	0	0	0	0	0	0	0	0	0	0	0	0	0	0	0
当年拨入经费	合计(千元)	4	775	0	0	180	0	0	0	80	0	294	0	0	171	0	0	50
	当年立项项目拨入经费(千元)	5	775	0	0	180	0	0	0	80	0	294	0	0	171	0	0	50
当年支出经费(千元)		6	679.07	42	0	92	0	0	16	54	0	253	0	0	86.07	104	0	32
当年新开课题数(项)		7	102	0	0	6	0	0	0	5	48	36	0	0	6	0	0	1
当年新开课题批准经费(千元)		8	1075	0	0	460	0	0	0	100	0	294	0	0	171	0	0	50
当年完成课题数(项)		9	123	0	0	4	0	0	11	0	65	16	0	0	18	9	0	0

出版著作(部)	合计		10	3	0	0	0	0	0	1	1	0	1	0	0	0	0	0	0
	专著	合计	11	3	0	0	0	0	0	1	1	0	1	0	0	0	0	0	0
		被译成外文	12	0	0	0	0	0	0	0	0	0	0	0	0	0	0	0	0
	编著教材		13	0	0	0	0	0	0	0	0	0	0	0	0	0	0	0	0
	工具书/参考书		14	0	0	0	0	0	0	0	0	0	0	0	0	0	0	0	0
	皮书/发展报告		15	0	0	0	0	0	0	0	0	0	0	0	0	0	0	0	0
	科普读物		16	0	0	0	0	0	0	0	0	0	0	0	0	0	0	0	0
古籍整理(部)			17	0	0	0	0	0	0	0	0	0	0	0	0	0	0	0	0
译著(部)			18	4	0	0	0	0	0	1	0	3	0	0	0	0	0	0	0
发表译文(篇)			19	0	0	0	0	0	0	0	0	0	0	0	0	0	0	0	0
电子出版物(件)			20	0	0	0	0	0	0	0	0	0	0	0	0	0	0	0	0
发表论文(篇)	合计		21	144	1	0	3	0	0	8	7	33	40	0	0	13	38	0	1
	国内学术刊物	内地(大陆)	22	135	1	0	3	0	0	6	6	30	37	0	0	13	38	0	1
		港、澳、台地区	23	0	0	0	0	0	0	0	0	0	0	0	0	0	0	0	0
	国外学术刊物		24	9	0	0	0	0	0	2	1	3	3	0	0	0	0	0	0
研究与咨询报告(篇)	合计		25	0	0	0	0	0	0	0	0	0	0	0	0	0	0	0	0
	被采纳数		26	0	0	0	0	0	0	0	0	0	0	0	0	0	0	0	0

2.30 南京体育学院人文、社会科学研究与课题成果来源情况表

		编号	课题来源															
			合计	国家社科基金项目	国家社科基金单列学科项目	教育部人文社科研究项目	高校古籍整理研究项目	国家自然科学基金项目	中央其他部门社科专门项目	省、市、自治区社科基金项目	省教育厅社科项目	地、市、厅、局等政府部门项目	国际合作研究项目	与港、澳、台地区合作研究项目	企事业单位委托项目	学校社科项目	外资项目	其他
			L01	L02	L03	L04	L05	L06	L07	L08	L09	L10	L11	L12	L13	L14	L15	L16
课题数(项)		1	219	24	1	7	0	0	8	24	89	23	0	0	7	36	0	0
当年投入人数	合计(人年)	2	22.9	2.9	0.1	0.8	0	0	0.9	2.6	9	2.3	0	0	0.7	3.6	0	0
	研究生(人年)	3	0	0	0	0	0	0	0	0	0	0	0	0	0	0	0	0
当年拨入经费	合计(千元)	4	1479.4	514.9	0	80	0	0	152	150	40	0	0	0	542.5	0	0	0
	当年立项项目拨入经费(千元)	5	982.8	340	0	0	0	0	136	120	40	0	0	0	346.8	0	0	0
当年支出经费(千元)		6	2275.519	752.8	64.452	135.739	0	0	29.886	147.918	1.086	289.03	0	0	854.608	0	0	0
当年新开课题数(项)		7	47	2	0	0	0	0	4	6	21	10	0	0	4	0	0	0
当年新开课题批准经费(千元)		8	1934	400	0	0	0	0	170	150	100	666	0	0	448	0	0	0
当年完成课题数(项)		9	31	1	0	0	0	0	1	3	0	4	0	0	0	22	0	0

			编号																
出版著作(部)	合 计		10	1	1	0	0	0	0	0	0	0	0	0	0	0	0	0	0
	专著	合 计	11	1	1	0	0	0	0	0	0	0	0	0	0	0	0	0	0
		被译成外文	12	0	0	0	0	0	0	0	0	0	0	0	0	0	0	0	0
	编著教材		13	0	0	0	0	0	0	0	0	0	0	0	0	0	0	0	0
	工具书/参考书		14	0	0	0	0	0	0	0	0	0	0	0	0	0	0	0	0
	皮书/发展报告		15	0	0	0	0	0	0	0	0	0	0	0	0	0	0	0	0
	科普读物		16	0	0	0	0	0	0	0	0	0	0	0	0	0	0	0	0
古籍整理(部)			17	0	0	0	0	0	0	0	0	0	0	0	0	0	0	0	0
译著(部)			18	0	0	0	0	0	0	0	0	0	0	0	0	0	0	0	0
发表译文(篇)			19	0	0	0	0	0	0	0	0	0	0	0	0	0	0	0	0
电子出版物(件)			20	0	0	0	0	0	0	0	0	0	0	0	0	0	0	0	0
发表论文(篇)	合 计		21	92	30	0	8	0	2	1	7	35	4	0	0	0	5	0	0
	国内学术刊物	内地(大陆)	22	88	26	0	8	0	2	1	7	35	4	0	0	0	5	0	0
		港、澳、台地区	23	0	0	0	0	0	0	0	0	0	0	0	0	0	0	0	0
	国外学术刊物		24	4	4	0	0	0	0	0	0	0	0	0	0	0	0	0	0
研究与咨询报告(篇)	合 计		25	12	3	0	0	0	0	4	0	4	1	0	0	0	0	0	0
	被采纳数		26	0	0	0	0	0	0	0	0	0	0	0	0	0	0	0	0

2.31 南京艺术学院人文、社会科学研究与课题成果来源情况表

			课题来源															
			合计	国家社科基金项目	国家社科基金单列学科项目	教育部人文社科研究项目	高校古籍整理研究项目	国家自然科学基金项目	中央其他部门社科专门项目	省、市、自治区社科基金项目	省教育厅社科项目	地、市、厅、局等政府部门项目	国际合作研究项目	与港、澳、台地区合作研究项目	企事业单位委托项目	学校社科项目	外资项目	其他
		编号	L01	L02	L03	L04	L05	L06	L07	L08	L09	L10	L11	L12	L13	L14	L15	L16
课题数(项)		1	406	2	32	9	0	0	25	40	177	20	0	0	47	54	0	0
当年投入人数	合计(人年)	2	117.1	1.3	27.7	3.4	0	0	5.1	13.8	46.9	4.5	0	0	7.2	7.2	0	0
	研究生(人年)	3	1.2	0	0.6	0	0	0	0	0.3	0.3	0	0	0	0	0	0	0
当年拨入经费	合计(千元)	4	7062.5	0	927	80	0	0	70	260	40	146	0	0	5339.5	200	0	0
	当年立项项目拨入经费(千元)	5	6686.5	0	763	30	0	0	70	200	40	64	0	0	5319.5	200	0	0
当年支出经费(千元)		6	4493.828	50.787	975.588	73.589	0	0	232.493	198.924	451.357	152.886	0	0	2296.765	61.439	0	0
当年新开课题数(项)		7	120	0	5	1	0	0	2	9	45	1	0	0	19	38	0	0
当年新开课题批准经费(千元)		8	10 201	0	923	80	0	0	70	330	100	80	0	0	7228	1390	0	0
当年完成课题数(项)		9	88	0	3	4	0	0	11	6	41	4	0	0	13	6	0	0

出版著作(部)	合　计		10	14	0	2	1	0	0	0	3	2	1	0	0	4	1	0	0
	专著	合　计	11	7	0	2	1	0	0	0	1	1	0	0	0	2	0	0	0
		被译成外文	12	0	0	0	0	0	0	0	0	0	0	0	0	0	0	0	0
	编著教材		13	7	0	0	0	0	0	0	2	1	1	0	0	2	1	0	0
	工具书/参考书		14	0	0	0	0	0	0	0	0	0	0	0	0	0	0	0	0
	皮书/发展报告		15	0	0	0	0	0	0	0	0	0	0	0	0	0	0	0	0
	科普读物		16	0	0	0	0	0	0	0	0	0	0	0	0	0	0	0	0
古籍整理(部)			17	0	0	0	0	0	0	0	0	0	0	0	0	0	0	0	0
译著(部)			18	0	0	0	0	0	0	0	0	0	0	0	0	0	0	0	0
发表译文(篇)			19	0	0	0	0	0	0	0	0	0	0	0	0	0	0	0	0
电子出版物(件)			20	1	0	0	0	0	0	0	0	1	0	0	0	0	0	0	0
发表论文(篇)	合　计		21	167	15	17	4	0	0	0	18	79	3	0	0	0	31	0	0
	国内学术刊物	内地(大陆)	22	167	15	17	4	0	0	0	18	79	3	0	0	0	31	0	0
		港、澳、台地区	23	0	0	0	0	0	0	0	0	0	0	0	0	0	0	0	0
	国外学术刊物		24	0	0	0	0	0	0	0	0	0	0	0	0	0	0	0	0
研究与咨询报告(篇)	合　计		25	20	0	0	0	0	0	0	1	0	8	0	0	11	0	0	0
	被采纳数		26	18	0	0	0	0	0	0	1	0	7	0	0	10	0	0	0

2.32 苏州科技大学人文、社会科学研究与课题成果来源情况表

			课题来源															
			合计	国家社科基金项目	国家社科基金单列学科项目	教育部人文社科研究项目	高校古籍整理研究项目	国家自然科学基金项目	中央其他部门社科专门项目	省、市、自治区社科基金项目	省教育厅社科项目	地、市、厅、局等政府部门项目	国际合作研究项目	与港、澳、台地区合作研究项目	企事业单位委托项目	学校社科项目	外资项目	其他
		编号	L01	L02	L03	L04	L05	L06	L07	L08	L09	L10	L11	L12	L13	L14	L15	L16
课题数(项)		1	606	56	8	33	1	0	0	44	171	146	0	0	120	27	0	0
当年投入人数	合计(人年)	2	106.9	12.2	1.9	6.9	0.2	0	0	9.9	32.7	23.8	0	0	15.1	4.2	0	0
	研究生(人年)	3	3.8	0.4	0.3	0.3	0	0	0	0.9	0.7	1	0	0	0.2	0	0	0
当年拨入经费	合计(千元)	4	16 038.359	1420	18	710	19.1	0	0	280	294	2435.5	0	0	10 861.759	0	0	0
	当年立项项目拨入经费(千元)	5	13 816.259	1340	0	110	0	0	0	280	170	2389.5	0	0	9526.759	0	0	0
当年支出经费(千元)		6	15 346.359	1426	50	710	19.1	0	0	280	294	2470.5	0	0	10 096.759	0	0	0
当年新开课题数(项)		7	217	8	2	4	0	0	0	13	49	59	0	0	82	0	0	0
当年新开课题批准经费(千元)		8	19 612.552	1750	400	340	0	0	0	410	350	2543	0	0	13 819.552	0	0	0
当年完成课题数(项)		9	243	9	1	1	0	0	0	6	36	92	0	0	96	2	0	0

出版著作(部)	合 计		10	26	7	0	1	0	0	0	7	3	8	0	0	0	0	0	0
	专著	合 计	11	24	7	0	1	0	0	0	6	2	8	0	0	0	0	0	0
		被译成外文	12	0	0	0	0	0	0	0	0	0	0	0	0	0	0	0	0
	编著教材		13	2	0	0	0	0	0	0	1	1	0	0	0	0	0	0	0
	工具书/参考书		14	0	0	0	0	0	0	0	0	0	0	0	0	0	0	0	0
	皮书/发展报告		15	0	0	0	0	0	0	0	0	0	0	0	0	0	0	0	0
	科普读物		16	0	0	0	0	0	0	0	0	0	0	0	0	0	0	0	0
古籍整理(部)			17	0	0	0	0	0	0	0	0	0	0	0	0	0	0	0	0
译著(部)			18	1	0	0	1	0	0	0	0	0	0	0	0	0	0	0	0
发表译文(篇)			19	0	0	0	0	0	0	0	0	0	0	0	0	0	0	0	0
电子出版物(件)			20	0	0	0	0	0	0	0	0	0	0	0	0	0	0	0	0
发表论文(篇)	合 计		21	308	45	5	26	0	0	0	41	67	97	0	0	10	17	0	0
	国内学术刊物	内地(大陆)	22	276	39	5	20	0	0	0	33	65	90	0	0	10	14	0	0
		港、澳、台地区	23	0	0	0	0	0	0	0	0	0	0	0	0	0	0	0	0
	国外学术刊物		24	32	6	0	6	0	0	0	8	2	7	0	0	0	3	0	0
研究与咨询报告(篇)	合 计		25	56	2	0	0	0	0	0	1	0	17	0	0	36	0	0	0
	被采纳数		26	54	2	0	0	0	0	0	1	0	17	0	0	34	0	0	0

2.33 常熟理工学院人文、社会科学研究与课题成果来源情况表

		编号	课题来源															
			合计	国家社科基金项目	国家社科基金单列学科项目	教育部人文社科研究项目	高校古籍整理研究项目	国家自然科学基金项目	中央其他部门社科专门项目	省、市、自治区社科基金项目	省教育厅社科项目	地、市、厅、局等政府部门项目	国际合作研究项目	与港、澳、台地区合作研究项目	企事业单位委托项目	学校社科项目	外资项目	其他
			L01	L02	L03	L04	L05	L06	L07	L08	L09	L10	L11	L12	L13	L14	L15	L16
课题数(项)		1	640	11	1	25	1	0	2	28	204	128	0	0	210	30	0	0
当年投入人数	合计(人年)	2	108.7	2.5	0.3	5.2	0.2	0	0.3	7.3	48.8	20.1	0	0	21	3	0	0
	研究生(人年)	3	0	0	0	0	0	0	0	0	0	0	0	0	0	0	0	0
当年拨入经费	合计(千元)	4	16 839.465	634.5	0	340	30	0	25	210	296	772	0	0	14 481.965	50	0	0
	当年立项项目拨入经费(千元)	5	15 490.153	610	0	160	30	0	25	200	120	754.5	0	0	13 540.653	50	0	0
当年支出经费(千元)		6	16 101.128	111.37	14.532	191.391	1.5	0	21.17	187.784	367.09	982.796	0	0	14 194.943	28.552	0	0
当年新开课题数(项)		7	268	4	0	6	1	0	1	6	48	61	0	0	127	14	0	0
当年新开课题批准经费(千元)		8	16 687.153	700	0	460	30	0	25	250	300	766.5	0	0	14 055.653	100	0	0
当年完成课题数(项)		9	287	1	0	8	0	0	1	3	36	70	0	0	168	0	0	0

出版著作(部)	合　计		10	9	2	0	1	0	0	0	1	2	0	0	0	0	3	0	0
	专著	合　计	11	6	2	0	1	0	0	0	1	2	0	0	0	0	0	0	0
		被译成外文	12	0	0	0	0	0	0	0	0	0	0	0	0	0	0	0	0
	编著教材		13	3	0	0	0	0	0	0	0	0	0	0	0	0	3	0	0
	工具书/参考书		14	0	0	0	0	0	0	0	0	0	0	0	0	0	0	0	0
	皮书/发展报告		15	0	0	0	0	0	0	0	0	0	0	0	0	0	0	0	0
	科普读物		16	0	0	0	0	0	0	0	0	0	0	0	0	0	0	0	0
古籍整理(部)			17	0	0	0	0	0	0	0	0	0	0	0	0	0	0	0	0
译著(部)			18	1	0	0	0	0	0	0	0	1	0	0	0	0	0	0	0
发表译文(篇)			19	0	0	0	0	0	0	0	0	0	0	0	0	0	0	0	0
电子出版物(件)			20	0	0	0	0	0	0	0	0	0	0	0	0	0	0	0	0
发表论文(篇)	合　计		21	153	19	1	10	0	0	0	13	72	27	0	0	0	11	0	0
	国内学术刊物	内地(大陆)	22	133	15	1	6	0	0	0	12	64	24	0	0	0	11	0	0
		港、澳、台地区	23	0	0	0	0	0	0	0	0	0	0	0	0	0	0	0	0
	国外学术刊物		24	20	4	0	4	0	0	0	1	8	3	0	0	0	0	0	0
研究与咨询报告(篇)	合　计		25	124	0	0	0	0	0	0	1	8	62	0	0	51	2	0	0
	被采纳数		26	124	0	0	0	0	0	0	1	8	62	0	0	51	2	0	0

2.34 淮阴工学院人文、社会科学研究与课题成果来源情况表

		编号	合计	国家社科基金项目	国家社科基金单列学科项目	教育部人文社科研究项目	高校古籍整理研究项目	国家自然科学基金项目	中央其他部门社科专门项目	省、市、自治区社科基金项目	省教育厅社科项目	地、市、厅、局等政府部门项目	国际合作研究项目	与港、澳、台地区合作研究项目	企事业单位委托项目	学校社科项目	外资项目	其他
			课题来源															
		编号	L01	L02	L03	L04	L05	L06	L07	L08	L09	L10	L11	L12	L13	L14	L15	L16
课题数(项)		1	447	9	1	10	0	0	0	26	109	59	0	0	175	58	0	0
当年投入人数	合计(人年)	2	89.5	2.9	0.2	2.6	0	0	0	5	18.2	10.6	0	0	38.4	11.6	0	0
	研究生(人年)	3	0	0	0	0	0	0	0	0	0	0	0	0	0	0	0	0
当年拨入经费	合计(千元)	4	30 989.1	260	0	120	0	0	10	200	125	213	0	0	29 888.1	173	0	0
	当年立项项目拨入经费(千元)	5	30 901.1	230	0	80	0	0	0	200	120	210	0	0	29 888.1	173	0	0
当年支出经费(千元)		6	33 792.4	230	0	133	0	0	10	200	125	213	0	0	32 708.4	173	0	0
当年新开课题数(项)		7	234	1	0	3	0	0	0	6	41	37	0	0	119	27	0	0
当年新开课题批准经费(千元)		8	31 892.1	250	0	240	0	0	0	260	680	351	0	0	29 906.1	205	0	0
当年完成课题数(项)		9	163	2	0	1	0	0	0	7	24	21	0	0	107	1	0	0

出版著作(部)	合计		10	18	0	0	2	0	0	0	7	4	5	0	0	0	0	0	0
	专著	合计	11	18	0	0	2	0	0	0	7	4	5	0	0	0	0	0	0
		被译成外文	12	0	0	0	0	0	0	0	0	0	0	0	0	0	0	0	0
	编著教材		13	0	0	0	0	0	0	0	0	0	0	0	0	0	0	0	0
	工具书/参考书		14	0	0	0	0	0	0	0	0	0	0	0	0	0	0	0	0
	皮书/发展报告		15	0	0	0	0	0	0	0	0	0	0	0	0	0	0	0	0
	科普读物		16	0	0	0	0	0	0	0	0	0	0	0	0	0	0	0	0
古籍整理(部)			17	0	0	0	0	0	0	0	0	0	0	0	0	0	0	0	0
译著(部)			18	1	0	0	0	0	0	0	1	0	0	0	0	0	0	0	0
发表译文(篇)			19	0	0	0	0	0	0	0	0	0	0	0	0	0	0	0	0
电子出版物(件)			20	0	0	0	0	0	0	0	0	0	0	0	0	0	0	0	0
发表论文(篇)	合计		21	156	4	0	8	0	0	0	14	36	66	0	0	0	28	0	0
	国内学术刊物	内地(大陆)	22	149	3	0	7	0	0	0	13	36	63	0	0	0	27	0	0
		港、澳、台地区	23	0	0	0	0	0	0	0	0	0	0	0	0	0	0	0	0
	国外学术刊物		24	7	1	0	1	0	0	0	1	0	3	0	0	0	1	0	0
研究与咨询报告(篇)	合计		25	48	0	0	0	0	0	0	0	1	2	0	0	45	0	0	0
	被采纳数		26	47	0	0	0	0	0	0	0	1	1	0	0	45	0	0	0

2.35 常州工学院人文、社会科学研究与课题成果来源情况表

			课题来源															
			合计	国家社科基金项目	国家社科基金单列学科项目	教育部人文社科研究项目	高校古籍整理研究项目	国家自然科学基金项目	中央其他部门社科专门项目	省、市、自治区社科基金项目	省教育厅社科项目	地、市、厅、局等政府部门项目	国际合作研究项目	与港、澳、台地区合作研究项目	企事业单位委托项目	学校社科项目	外资项目	其他
		编号	L01	L02	L03	L04	L05	L06	L07	L08	L09	L10	L11	L12	L13	L14	L15	L16
课题数(项)		1	865	7	6	22	0	2	2	24	170	178	0	0	295	158	0	1
当年投入人数	合计(人年)	2	95	1	0.9	2.6	0	0.4	0.2	2.5	17.7	18.2	0	0	35.4	16	0	0.1
	研究生(人年)	3	0	0	0	0	0	0	0	0	0	0	0	0	0	0	0	0
当年拨入经费	合计(千元)	4	24 417.966	170	160	370	0	120	0	310	560	1033	0	0	20 541.966	1103	0	50
	当年立项项目拨入经费(千元)	5	21 988.67	170	160	100	0	120	0	290	40	489	0	0	19 540.67	1029	0	50
当年支出经费(千元)		6	21 995.866	297.48	160.21	440.52	0	35.55	0	211.65	757.97	1318.25	0	0	18 054.466	699.77	0	20
当年新开课题数(项)		7	413	1	1	4	0	1	0	9	34	150	0	0	142	70	0	1
当年新开课题批准经费(千元)		8	30 994.31	200	200	280	0	300	0	380	100	494	0	0	27 911.31	1029	0	100
当年完成课题数(项)		9	292	0	0	2	0	1	0	4	26	150	0	0	105	4	0	0

出版著作(部)	合　计		10	9	0	0	2	0	0	0	0	1	0	0	0	4	2	0	0
	专著	合　计	11	5	0	0	2	0	0	0	0	1	0	0	0	0	2	0	0
		被译成外文	12	0	0	0	0	0	0	0	0	0	0	0	0	0	0	0	0
	编著教材		13	4	0	0	0	0	0	0	0	0	0	0	0	4	0	0	0
	工具书/参考书		14	0	0	0	0	0	0	0	0	0	0	0	0	0	0	0	0
	皮书/发展报告		15	0	0	0	0	0	0	0	0	0	0	0	0	0	0	0	0
	科普读物		16	0	0	0	0	0	0	0	0	0	0	0	0	0	0	0	0
古籍整理(部)			17	1	0	0	0	0	0	0	0	0	1	0	0	0	0	0	0
译著(部)			18	0	0	0	0	0	0	0	0	0	0	0	0	0	0	0	0
发表译文(篇)			19	0	0	0	0	0	0	0	0	0	0	0	0	0	0	0	0
电子出版物(件)			20	0	0	0	0	0	0	0	0	0	0	0	0	0	0	0	0
发表论文(篇)	合　计		21	178	5	2	11	0	1	1	6	66	33	0	0	29	24	0	0
	国内学术刊物	内地(大陆)	22	166	4	2	9	0	0	1	6	64	32	0	0	24	24	0	0
		港、澳、台地区	23	0	0	0	0	0	0	0	0	0	0	0	0	0	0	0	0
	国外学术刊物		24	12	1	0	2	0	1	0	0	2	1	0	0	5	0	0	0
研究与咨询报告(篇)	合　计		25	158	0	0	0	0	0	0	3	1	125	0	0	28	1	0	0
	被采纳数		26	50	0	0	0	0	0	0	3	1	19	0	0	26	1	0	0

2.36 扬州大学人文、社会科学研究与课题成果来源情况表

			课题来源															
			合计	国家社科基金项目	国家社科基金单列学科项目	教育部人文社科研究项目	高校古籍整理研究项目	国家自然科学基金项目	中央其他部门社科专门项目	省、市、自治区社科基金项目	省教育厅社科项目	地、市、厅、局等政府部门项目	国际合作研究项目	与港、澳、台地区合作研究项目	企事业单位委托项目	学校社科项目	外资项目	其他
		编号	L01	L02	L03	L04	L05	L06	L07	L08	L09	L10	L11	L12	L13	L14	L15	L16
课题数(项)		1	1141	171	29	89	3	4	34	134	236	184	0	0	158	99	0	0
当年投入人数	合计(人年)	2	186.7	46.8	7.5	19	0.6	1	7.1	25.9	29.5	18.7	0	0	20.7	9.9	0	0
	研究生(人年)	3	3.4	2.6	0.2	0	0	0	0	0	0	0.2	0	0	0.4	0	0	0
当年拨入经费	合计(千元)	4	25 157.597	5450	360	1812	16	0	1204	1052	120	730	0	0	14 413.597	0	0	0
	当年立项项目拨入经费(千元)	5	23 706.547	5160	320	1259	16	0	1204	864	120	715	0	0	14 048.547	0	0	0
当年支出经费(千元)		6	27 033.653	6863.316	767.4	1659.74	11.2	98.32	874.2	1061.42	352	832.24	0	0	14 413.817	100	0	0
当年新开课题数(项)		7	381	26	2	19	1	0	8	24	55	96	0	0	150	0	0	0
当年新开课题批准经费(千元)		8	26 098.547	6450	400	1580	20	0	1505	1080	300	715	0	0	14 048.547	0	0	0
当年完成课题数(项)		9	363	24	4	10	0	0	0	14	67	86	0	0	158	0	0	0

出版著作(部)	合 计		10	42	8	1	5	0	2	2	4	11	3	0	0	2	4	0	0
	专著	合 计	11	38	8	0	5	0	2	2	4	9	3	0	0	2	3	0	0
		被译成外文	12	2	0	0	1	0	0	0	0	0	1	0	0	0	0	0	0
	编著教材		13	4	0	1	0	0	0	0	0	2	0	0	0	0	1	0	0
	工具书/参考书		14	0	0	0	0	0	0	0	0	0	0	0	0	0	0	0	0
	皮书/发展报告		15	0	0	0	0	0	0	0	0	0	0	0	0	0	0	0	0
	科普读物		16	0	0	0	0	0	0	0	0	0	0	0	0	0	0	0	0
古籍整理(部)			17	0	0	0	0	0	0	0	0	0	0	0	0	0	0	0	0
译著(部)			18	1	0	0	1	0	0	0	0	0	0	0	0	0	0	0	0
发表译文(篇)			19	0	0	0	0	0	0	0	0	0	0	0	0	0	0	0	0
电子出版物(件)			20	0	0	0	0	0	0	0	0	0	0	0	0	0	0	0	0
发表论文(篇)	合 计		21	636	98	13	53	2	29	27	71	150	109	0	0	20	64	0	0
	国内学术刊物	内地(大陆)	22	573	87	13	45	2	17	22	69	141	102	0	0	20	55	0	0
		港、澳、台地区	23	0	0	0	0	0	0	0	0	0	0	0	0	0	0	0	0
	国外学术刊物		24	63	11	0	8	0	12	5	2	9	7	0	0	0	9	0	0
研究与咨询报告(篇)	合 计		25	99	1	0	1	0	0	1	5	4	6	0	0	81	0	0	0
	被采纳数		26	88	1	0	1	0	0	1	5	4	6	0	0	70	0	0	0

2.37 南京工程学院人文、社会科学研究与课题成果来源情况表

			课题来源															
			合计	国家社科基金项目	国家社科基金单列学科项目	教育部人文社科研究项目	高校古籍整理研究项目	国家自然科学基金项目	中央其他部门社科专门项目	省、市、自治区社科基金项目	省教育厅社科项目	地、市、厅、局等政府部门项目	国际合作研究项目	与港、澳、台地区合作研究项目	企事业单位委托项目	学校社科项目	外资项目	其他
		编号	L01	L02	L03	L04	L05	L06	L07	L08	L09	L10	L11	L12	L13	L14	L15	L16
课题数(项)		1	494	3	0	11	0	0	2	15	104	41	0	0	241	68	0	9
当年投入人数	合计(人年)	2	94.2	0.6	0	1.9	0	0	0.4	2.9	20.3	7.8	0	0	46.1	12.8	0	1.4
	研究生(人年)	3	0	0	0	0	0	0	0	0	0	0	0	0	0	0	0	0
当年拨入经费	合计(千元)	4	30 774.54	184	0	233	0	0	0	340	474.16	369	0	0	28 718.4	455.98	0	0
	当年立项项目拨入经费(千元)	5	19 340.7	160	0	225	0	0	0	310	400	353	0	0	17 892.7	0	0	0
当年支出经费(千元)		6	30 170.558	184	0	258.56	0	0	1.4	310.08	638.082	350.2	0	0	27 689.42	714.616	0	24.2
当年新开课题数(项)		7	140	1	0	6	0	0	0	8	5	32	0	0	88	0	0	0
当年新开课题批准经费(千元)		8	21 757.5	200	0	460	0	0	0	310	500	353	0	0	19 934.5	0	0	0
当年完成课题数(项)		9	242	1	0	3	0	0	2	6	78	37	0	0	50	59	0	6

出版著作(部)	合计		10	0	0	0	0	0	0	0	0	0	0	0	0	0	0	0	0
	专著	合计	11	0	0	0	0	0	0	0	0	0	0	0	0	0	0	0	0
		被译成外文	12	0	0	0	0	0	0	0	0	0	0	0	0	0	0	0	0
	编著教材		13	0	0	0	0	0	0	0	0	0	0	0	0	0	0	0	0
	工具书/参考书		14	0	0	0	0	0	0	0	0	0	0	0	0	0	0	0	0
	皮书/发展报告		15	0	0	0	0	0	0	0	0	0	0	0	0	0	0	0	0
	科普读物		16	0	0	0	0	0	0	0	0	0	0	0	0	0	0	0	0
古籍整理(部)			17	0	0	0	0	0	0	0	0	0	0	0	0	0	0	0	0
译著(部)			18	0	0	0	0	0	0	0	0	0	0	0	0	0	0	0	0
发表译文(篇)			19	0	0	0	0	0	0	0	0	0	0	0	0	0	0	0	0
电子出版物(件)			20	0	0	0	0	0	0	0	0	0	0	0	0	0	0	0	0
发表论文(篇)	合计		21	382	3	0	5	0	0	3	17	106	65	0	0	90	83	0	10
	国内学术刊物	内地(大陆)	22	382	3	0	5	0	0	3	17	106	65	0	0	90	83	0	10
		港、澳、台地区	23	0	0	0	0	0	0	0	0	0	0	0	0	0	0	0	0
	国外学术刊物		24	0	0	0	0	0	0	0	0	0	0	0	0	0	0	0	0
研究与咨询报告(篇)	合计		25	20	0	0	0	0	0	0	0	0	0	0	0	20	0	0	0
	被采纳数		26	6	0	0	0	0	0	0	0	0	0	0	0	6	0	0	0

2.38 南京审计大学人文、社会科学研究与课题成果来源情况表

		编号	课题来源															
			合计	国家社科基金项目	国家社科基金单列学科项目	教育部人文社科研究项目	高校古籍整理研究项目	国家自然科学基金项目	中央其他部门社科专门项目	省、市、自治区社科基金项目	省教育厅社科项目	地、市、厅、局等政府部门项目	国际合作研究项目	与港、澳、台地区合作研究项目	企事业单位委托项目	学校社科项目	外资项目	其他
			L01	L02	L03	L04	L05	L06	L07	L08	L09	L10	L11	L12	L13	L14	L15	L16
课题数(项)		1	755	108	0	53	1	0	33	94	216	83	0	0	78	89	0	0
当年投入人数	合计(人年)	2	215.2	34.9	0	14.9	0.7	0	11.4	25.1	51.9	27.2	0	0	30.1	19	0	0
	研究生(人年)	3	27.2	4	0	1.9	0	0	1.8	2	3	5.4	0	0	7.1	2	0	0
当年拨入经费	合计(千元)	4	13 660.328	5060	0	1074	50	0	166	1064	641	639.138	0	0	4921.19	45	0	0
	当年立项项目拨入经费(千元)	5	6809	1830	0	369	0	0	126	472	210	151	0	0	3651	0	0	0
当年支出经费(千元)		6	9590.521	2877.853	0	766.209	13.043	0	200.459	711.982	354.196	149.909	0	0	4349.306	167.564	0	0
当年新开课题数(项)		7	205	20	0	10	0	0	6	22	60	26	0	0	53	8	0	0
当年新开课题批准经费(千元)		8	19 903.5	4500	0	1640	0	0	320	1100	1000	555	0	0	10 628.5	160	0	0
当年完成课题数(项)		9	123	7	0	12	0	0	9	26	24	11	0	0	11	23	0	0

出版著作(部)	合计		10	16	9	0	3	0	0	0	1	1	0	0	0	1	1	0	0
	专著	合计	11	16	9	0	3	0	0	0	1	1	0	0	0	1	1	0	0
		被译成外文	12	0	0	0	0	0	0	0	0	0	0	0	0	0	0	0	0
	编著教材		13	0	0	0	0	0	0	0	0	0	0	0	0	0	0	0	0
	工具书/参考书		14	0	0	0	0	0	0	0	0	0	0	0	0	0	0	0	0
	皮书/发展报告		15	0	0	0	0	0	0	0	0	0	0	0	0	0	0	0	0
	科普读物		16	0	0	0	0	0	0	0	0	0	0	0	0	0	0	0	0
古籍整理(部)			17	0	0	0	0	0	0	0	0	0	0	0	0	0	0	0	0
译著(部)			18	0	0	0	0	0	0	0	0	0	0	0	0	0	0	0	0
发表译文(篇)			19	0	0	0	0	0	0	0	0	0	0	0	0	0	0	0	0
电子出版物(件)			20	0	0	0	0	0	0	0	0	0	0	0	0	0	0	0	0
发表论文(篇)	合计		21	437	157	0	55	0	0	14	54	98	28	0	0	2	29	0	0
	国内学术刊物	内地(大陆)	22	413	150	0	49	0	0	13	50	94	27	0	0	2	28	0	0
		港、澳、台地区	23	0	0	0	0	0	0	0	0	0	0	0	0	0	0	0	0
	国外学术刊物		24	24	7	0	6	0	0	1	4	4	1	0	0	0	1	0	0
研究与咨询报告(篇)	合计		25	22	2	0	2	0	0	1	6	1	1	0	0	9	0	0	0
	被采纳数		26	18	2	0	2	0	0	1	5	0	0	0	0	8	0	0	0

2.39 南京晓庄学院人文、社会科学研究与课题成果来源情况表

			课题来源															
			合计	国家社科基金项目	国家社科基金单列学科项目	教育部人文社科研究项目	高校古籍整理研究项目	国家自然科学基金项目	中央其他部门社科专门项目	省、市、自治区社科基金项目	省教育厅社科项目	地、市、厅、局等政府部门项目	国际合作研究项目	与港、澳、台地区合作研究项目	企事业单位委托项目	学校社科项目	外资项目	其他
		编号	L01	L02	L03	L04	L05	L06	L07	L08	L09	L10	L11	L12	L13	L14	L15	L16
课题数(项)		1	580	24	4	28	0	0	5	71	176	68	0	0	123	81	0	0
当年投入人数	合计(人年)	2	62.6	4.4	0.7	3.6	0	0	0.5	8.2	17.7	6.9	0	0	12.3	8.3	0	0
	研究生(人年)	3	0	0	0	0	0	0	0	0	0	0	0	0	0	0	0	0
当年拨入经费	合计(千元)	4	23 090.57	820	0	642.93	0	0	140	782	96	88	0	0	20 151.64	370	0	0
	当年立项项目拨入经费(千元)	5	22 242.64	640	0	255	0	0	140	680	80	63	0	0	20 014.64	370	0	0
当年支出经费(千元)		6	17 395.011	1111	32	789.53	0	0	112	1080	384	158	0	0	13 420.781	307.7	0	0
当年新开课题数(项)		7	225	5	0	8	0	0	2	20	40	21	0	0	102	27	0	0
当年新开课题批准经费(千元)		8	26 442.44	1250	0	680	0	0	175	950	200	468	0	0	22 349.44	370	0	0
当年完成课题数(项)		9	124	1	1	3	0	0	3	12	36	19	0	0	33	16	0	0

出版著作（部）	合　计		10	49	2	1	4	0	0	1	3	14	1	0	0	8	15	0	0
	专著	合　计	11	42	2	1	4	0	0	1	3	12	1	0	0	3	15	0	0
		被译成外文	12	1	0	0	0	0	0	0	0	0	0	0	0	0	1	0	0
	编著教材		13	7	0	0	0	0	0	0	0	2	0	0	0	5	0	0	0
	工具书/参考书		14	0	0	0	0	0	0	0	0	0	0	0	0	0	0	0	0
	皮书/发展报告		15	0	0	0	0	0	0	0	0	0	0	0	0	0	0	0	0
	科普读物		16	0	0	0	0	0	0	0	0	0	0	0	0	0	0	0	0
古籍整理（部）			17	0	0	0	0	0	0	0	0	0	0	0	0	0	0	0	0
译著（部）			18	1	0	0	0	0	0	0	1	0	0	0	0	0	0	0	0
发表译文（篇）			19	0	0	0	0	0	0	0	0	0	0	0	0	0	0	0	0
电子出版物（件）			20	0	0	0	0	0	0	0	0	0	0	0	0	0	0	0	0
发表论文（篇）	合　计		21	337	24	4	12	0	0	1	61	90	32	0	0	34	79	0	0
	国内学术刊物	内地（大陆）	22	271	22	4	8	0	0	1	44	69	27	0	0	28	68	0	0
		港、澳、台地区	23	0	0	0	0	0	0	0	0	0	0	0	0	0	0	0	0
	国外学术刊物		24	66	2	0	4	0	0	0	17	21	5	0	0	6	11	0	0
研究与咨询报告（篇）	合　计		25	0	0	0	0	0	0	0	0	0	0	0	0	0	0	0	0
	被采纳数		26	0	0	0	0	0	0	0	0	0	0	0	0	0	0	0	0

2.40 江苏理工学院人文、社会科学研究与课题成果来源情况表

			课题来源															
			合计	国家社科基金项目	国家社科基金单列学科项目	教育部人文社科研究项目	高校古籍整理研究项目	国家自然科学基金项目	中央其他部门社科专门项目	省、市、自治区社科基金项目	省教育厅社科项目	地、市、厅、局等政府部门项目	国际合作研究项目	与港、澳、台地区合作研究项目	企事业单位委托项目	学校社科项目	外资项目	其他
		编号	L01	L02	L03	L04	L05	L06	L07	L08	L09	L10	L11	L12	L13	L14	L15	L16
课题数(项)		1	835	18	11	29	0	0	4	45	155	83	0	0	434	56	0	0
当年投入人数	合计(人年)	2	131.1	6.3	3.4	8.4	0	0	1.1	13.1	27.4	14.5	0	0	50.3	6.6	0	0
	研究生(人年)	3	0	0	0	0	0	0	0	0	0	0	0	0	0	0	0	0
当年拨入经费	合计(千元)	4	15 347.234	370	200	300	0	0	80	334	276	712	0	0	13 075.234	0	0	0
	当年立项项目拨入经费(千元)	5	14 753.234	360	170	90	0	0	80	314	120	594	0	0	13 025.234	0	0	0
当年支出经费(千元)		6	21 473.804	507	292.5	397	0	0	482	275.25	241.55	502.8	0	0	17 893.704	882	0	0
当年新开课题数(项)		7	225	2	1	2	0	0	1	10	24	60	0	0	125	0	0	0
当年新开课题批准经费(千元)		8	15 903.44	450	200	200	0	0	80	380	300	601	0	0	13 692.44	0	0	0
当年完成课题数(项)		9	184	1	2	7	0	0	0	5	3	66	0	0	100	0	0	0

出版著作(部)	合 计		10	15	1	0	2	0	0	0	2	2	5	0	0	0	3	0	0
	专著	合 计	11	15	1	0	2	0	0	0	2	2	5	0	0	0	3	0	0
		被译成外文	12	0	0	0	0	0	0	0	0	0	0	0	0	0	0	0	0
	编著教材		13	0	0	0	0	0	0	0	0	0	0	0	0	0	0	0	0
	工具书/参考书		14	0	0	0	0	0	0	0	0	0	0	0	0	0	0	0	0
	皮书/发展报告		15	0	0	0	0	0	0	0	0	0	0	0	0	0	0	0	0
	科普读物		16	0	0	0	0	0	0	0	0	0	0	0	0	0	0	0	0
古籍整理(部)			17	0	0	0	0	0	0	0	0	0	0	0	0	0	0	0	0
译著(部)			18	5	0	0	0	0	0	0	1	3	1	0	0	0	0	0	0
发表译文(篇)			19	0	0	0	0	0	0	0	0	0	0	0	0	0	0	0	0
电子出版物(件)			20	0	0	0	0	0	0	0	0	0	0	0	0	0	0	0	0
发表论文(篇)	合 计		21	61	6	0	7	0	0	2	14	13	16	0	0	0	3	0	0
	国内学术刊物	内地(大陆)	22	61	6	0	7	0	0	2	14	13	16	0	0	0	3	0	0
		港、澳、台地区	23	0	0	0	0	0	0	0	0	0	0	0	0	0	0	0	0
	国外学术刊物		24	0	0	0	0	0	0	0	0	0	0	0	0	0	0	0	0
研究与咨询报告(篇)	合 计		25	123	0	0	0	0	0	0	0	0	0	0	0	123	0	0	0
	被采纳数		26	53	0	0	0	0	0	0	0	0	0	0	0	53	0	0	0

2.41 江苏海洋大学人文、社会科学研究与课题成果来源情况表

			课题来源															
			合计	国家社科基金项目	国家社科基金单列学科项目	教育部人文社科研究项目	高校古籍整理研究项目	国家自然科学基金项目	中央其他部门社科专门项目	省、市、自治区社科基金项目	省教育厅社科项目	地、市、厅、局等政府部门项目	国际合作研究项目	与港、澳、台地区合作研究项目	企事业单位委托项目	学校社科项目	外资项目	其他
		编号	L01	L02	L03	L04	L05	L06	L07	L08	L09	L10	L11	L12	L13	L14	L15	L16
课题数(项)		1	699	10	0	2	0	0	3	25	114	180	1	0	320	44	0	0
当年投入人数	合计(人年)	2	69.8	1	0	0.2	0	0	0.3	2.4	11.4	18	0.1	0	32	4.4	0	0
	研究生(人年)	3	0.3	0	0	0	0	0	0	0	0	0.3	0	0	0	0	0	0
当年拨入经费	合计(千元)	4	22 297.4	414	0	80	0	0	70	515	495	3334	40	0	17 062.4	287	0	0
	当年立项项目拨入经费(千元)	5	18 885	360	0	80	0	0	70	515	240	2955	40	0	14 338	287	0	0
当年支出经费(千元)		6	19 910.16	517	0	50	0	0	41.3	473.5	454.7	2449.95	29	0	15 647.65	247.06	0	0
当年新开课题数(项)		7	318	2	0	2	0	0	3	11	43	87	1	0	133	36	0	0
当年新开课题批准经费(千元)		8	20 817	450	0	180	0	0	140	600	785	3317	40	0	15 018	287	0	0
当年完成课题数(项)		9	349	2	0	0	0	0	0	8	39	74	0	0	220	6	0	0

出版著作(部)	合　计		10	12	2	0	0	0	0	0	3	3	2	0	0	2	0	0	0
	专著	合　计	11	10	2	0	0	0	0	0	3	3	2	0	0	0	0	0	0
		被译成外文	12	0	0	0	0	0	0	0	0	0	0	0	0	0	0	0	0
	编著教材		13	0	0	0	0	0	0	0	0	0	0	0	0	0	0	0	0
	工具书/参考书		14	0	0	0	0	0	0	0	0	0	0	0	0	0	0	0	0
	皮书/发展报告		15	1	0	0	0	0	0	0	0	0	0	0	0	1	0	0	0
	科普读物		16	1	0	0	0	0	0	0	0	0	0	0	0	1	0	0	0
古籍整理(部)			17	0	0	0	0	0	0	0	0	0	0	0	0	0	0	0	0
译著(部)			18	0	0	0	0	0	0	0	0	0	0	0	0	0	0	0	0
发表译文(篇)			19	0	0	0	0	0	0	0	0	0	0	0	0	0	0	0	0
电子出版物(件)			20	3	0	0	0	0	0	0	0	0	0	0	0	3	0	0	0
发表论文(篇)	合　计		21	239	18	0	1	0	0	0	30	115	61	0	0	2	12	0	0
	国内学术刊物	内地(大陆)	22	222	17	0	1	0	0	0	27	103	61	0	0	2	11	0	0
		港、澳、台地区	23	3	0	0	0	0	0	0	0	3	0	0	0	0	0	0	0
	国外学术刊物		24	14	1	0	0	0	0	0	3	9	0	0	0	0	1	0	0
研究与咨询报告(篇)	合　计		25	232	0	0	0	0	0	0	0	0	19	0	0	211	2	0	0
	被采纳数		26	107	0	0	0	0	0	0	0	0	15	0	0	92	0	0	0

2.42 徐州工程学院人文、社会科学研究与课题成果来源情况表

			课题来源															
			合计	国家社科基金项目	国家社科基金单列学科项目	教育部人文社科研究项目	高校古籍整理研究项目	国家自然科学基金项目	中央其他部门社科专门项目	省、市、自治区社科基金项目	省教育厅社科项目	地、市、厅、局等政府部门项目	国际合作研究项目	与港、澳、台地区合作研究项目	企事业单位委托项目	学校社科项目	外资项目	其他
		编号	L01	L02	L03	L04	L05	L06	L07	L08	L09	L10	L11	L12	L13	L14	L15	L16
课题数(项)		1	995	21	0	12	0	1	1	40	136	433	0	0	278	73	0	0
当年投入人数	合计(人年)	2	138.7	7.1	0	4.4	0	0.5	0.5	9.8	33.2	47	0	0	28.1	8.1	0	0
	研究生(人年)	3	0	0	0	0	0	0	0	0	0	0	0	0	0	0	0	0
当年拨入经费	合计(千元)	4	20 744.562	1330	0	180	0	290	20	1070	0	345	0	0	16 992.562	517	0	0
	当年立项项目拨入经费(千元)	5	20 714.562	1330	0	180	0	290	20	1070	0	345	0	0	16 962.562	517	0	0
当年支出经费(千元)		6	18 805.081	1500	0	140	0	145	10	582.5	107.9	582.9	0	0	15 413.281	323.5	0	0
当年新开课题数(项)		7	568	7	0	3	0	1	1	21	42	230	0	0	213	50	0	0
当年新开课题批准经费(千元)		8	21 091.562	1490	0	300	0	290	20	1150	0	354	0	0	16 962.562	525	0	0
当年完成课题数(项)		9	358	7	0	4	0	0	0	11	46	202	0	0	65	23	0	0

出版著作(部)	合 计		10	12	1	0	0	0	0	0	1	3	6	0	0	1	0	0	0
	专著	合 计	11	12	1	0	0	0	0	0	1	3	6	0	0	1	0	0	0
		被译成外文	12	0	0	0	0	0	0	0	0	0	0	0	0	0	0	0	0
	编著教材		13	0	0	0	0	0	0	0	0	0	0	0	0	0	0	0	0
	工具书/参考书		14	0	0	0	0	0	0	0	0	0	0	0	0	0	0	0	0
	皮书/发展报告		15	0	0	0	0	0	0	0	0	0	0	0	0	0	0	0	0
	科普读物		16	0	0	0	0	0	0	0	0	0	0	0	0	0	0	0	0
古籍整理(部)			17	0	0	0	0	0	0	0	0	0	0	0	0	0	0	0	0
译著(部)			18	1	0	0	0	0	0	0	0	0	1	0	0	0	0	0	0
发表译文(篇)			19	1	0	0	0	0	0	0	0	0	1	0	0	0	0	0	0
电子出版物(件)			20	0	0	0	0	0	0	0	0	0	0	0	0	0	0	0	0
发表论文(篇)	合 计		21	207	8	0	5	0	1	0	10	56	95	0	0	28	4	0	0
	国内学术刊物	内地(大陆)	22	199	8	0	5	0	1	0	8	56	90	0	0	27	4	0	0
		港、澳、台地区	23	0	0	0	0	0	0	0	0	0	0	0	0	0	0	0	0
	国外学术刊物		24	8	0	0	0	0	0	0	2	0	5	0	0	1	0	0	0
研究与咨询报告(篇)	合 计		25	18	1	0	0	0	0	0	5	3	9	0	0	0	0	0	0
	被采纳数		26	18	1	0	0	0	0	0	5	3	9	0	0	0	0	0	0

2.43 南京特殊教育师范学院人文、社会科学研究与课题成果来源情况表

			课题来源															
			合计	国家社科基金项目	国家社科基金单列学科项目	教育部人文社科研究项目	高校古籍整理研究项目	国家自然科学基金项目	中央其他部门社科专门项目	省、市、自治区社科基金项目	省教育厅社科项目	地、市、厅、局等政府部门项目	国际合作研究项目	与港、澳、台地区合作研究项目	企事业单位委托项目	学校社科项目	外资项目	其他
		编号	L01	L02	L03	L04	L05	L06	L07	L08	L09	L10	L11	L12	L13	L14	L15	L16
课题数(项)		1	324	9	2	6	0	0	13	10	218	30	0	0	36	0	0	0
当年投入人数	合计(人年)	2	50.2	1.4	0.4	0.9	0	0	1.9	1.3	36.3	4	0	0	4	0	0	0
	研究生(人年)	3	0	0	0	0	0	0	0	0	0	0	0	0	0	0	0	0
当年拨入经费	合计(千元)	4	4344	220	0	30	0	0	20	90	180	205	0	0	3599	0	0	0
	当年立项项目拨入经费(千元)	5	4274	170	0	30	0	0	20	80	180	195	0	0	3599	0	0	0
当年支出经费(千元)		6	3696.1	221	52	21	0	0	27	80	494.6	524.5	0	0	2276	0	0	0
当年新开课题数(项)		7	108	1	0	1	0	0	3	2	63	10	0	0	28	0	0	0
当年新开课题批准经费(千元)		8	5042	200	0	80	0	0	20	100	300	195	0	0	4147	0	0	0
当年完成课题数(项)		9	57	4	1	0	0	0	1	2	26	11	0	0	12	0	0	0

出版著作(部)	合 计		10	7	1	1	0	0	0	0	1	1	1	0	0	2	0	0	0
	专著	合 计	11	4	0	1	0	0	0	0	1	1	1	0	0	0	0	0	0
		被译成外文	12	0	0	0	0	0	0	0	0	0	0	0	0	0	0	0	0
	编著教材		13	0	0	0	0	0	0	0	0	0	0	0	0	0	0	0	0
	工具书/参考书		14	2	0	0	0	0	0	0	0	0	0	0	0	2	0	0	0
	皮书/发展报告		15	1	1	0	0	0	0	0	0	0	0	0	0	0	0	0	0
	科普读物		16	0	0	0	0	0	0	0	0	0	0	0	0	0	0	0	0
古籍整理(部)			17	0	0	0	0	0	0	0	0	0	0	0	0	0	0	0	0
译著(部)			18	0	0	0	0	0	0	0	0	0	0	0	0	0	0	0	0
发表译文(篇)			19	0	0	0	0	0	0	0	0	0	0	0	0	0	0	0	0
电子出版物(件)			20	0	0	0	0	0	0	0	0	0	0	0	0	0	0	0	0
发表论文(篇)	合 计		21	71	7	5	10	0	0	5	2	28	6	0	0	8	0	0	0
	国内学术刊物	内地(大陆)	22	58	5	5	9	0	0	5	2	20	6	0	0	6	0	0	0
		港、澳、台地区	23	0	0	0	0	0	0	0	0	0	0	0	0	0	0	0	0
	国外学术刊物		24	13	2	0	1	0	0	0	0	8	0	0	0	2	0	0	0
研究与咨询报告(篇)	合 计		25	6	2	0	0	0	0	0	0	0	0	0	0	4	0	0	0
	被采纳数		26	6	2	0	0	0	0	0	0	0	0	0	0	4	0	0	0

2.44 泰州学院人文、社会科学研究与课题成果来源情况表

			课题来源															
			合计	国家社科基金项目	国家社科基金单列学科项目	教育部人文社科研究项目	高校古籍整理研究项目	国家自然科学基金项目	中央其他部门社科专门项目	省、市、自治区社科基金项目	省教育厅社科项目	地、市、厅、局等政府部门项目	国际合作研究项目	与港、澳、台地区合作研究项目	企事业单位委托项目	学校社科项目	外资项目	其他
		编号	L01	L02	L03	L04	L05	L06	L07	L08	L09	L10	L11	L12	L13	L14	L15	L16
课题数(项)		1	163	0	3	4	0	0	0	4	101	18	0	0	22	11	0	0
当年投入人数	合计(人年)	2	50.9	0	1.4	1.9	0	0	0	1.5	35.7	4.8	0	0	2.6	3	0	0
	研究生(人年)	3	0	0	0	0	0	0	0	0	0	0	0	0	0	0	0	0
当年拨入经费	合计(千元)	4	1013	0	0	0	0	0	0	10	82	46	0	0	875	0	0	0
	当年立项项目拨入经费(千元)	5	971	0	0	0	0	0	0	0	50	46	0	0	875	0	0	0
当年支出经费(千元)		6	974.4	0	120.8	9	0	0	0	10	138.8	48	0	0	473.7	174.1	0	0
当年新开课题数(项)		7	47	0	0	1	0	0	0	0	23	7	0	0	16	0	0	0
当年新开课题批准经费(千元)		8	1084	0	0	100	0	0	0	0	50	59	0	0	875	0	0	0
当年完成课题数(项)		9	15	0	0	2	0	0	0	3	7	3	0	0	0	0	0	0

出版著作(部)	合　计		10	9	0	0	0	0	0	0	2	3	1	0	0	0	3	0	0
	专著	合　计	11	6	0	0	0	0	0	0	2	3	0	0	0	0	1	0	0
		被译成外文	12	0	0	0	0	0	0	0	0	0	0	0	0	0	0	0	0
	编著教材		13	3	0	0	0	0	0	0	0	0	1	0	0	0	2	0	0
	工具书/参考书		14	0	0	0	0	0	0	0	0	0	0	0	0	0	0	0	0
	皮书/发展报告		15	0	0	0	0	0	0	0	0	0	0	0	0	0	0	0	0
	科普读物		16	0	0	0	0	0	0	0	0	0	0	0	0	0	0	0	0
古籍整理(部)			17	2	0	0	0	0	0	0	0	2	0	0	0	0	0	0	0
译著(部)			18	0	0	0	0	0	0	0	0	0	0	0	0	0	0	0	0
发表译文(篇)			19	0	0	0	0	0	0	0	0	0	0	0	0	0	0	0	0
电子出版物(件)			20	0	0	0	0	0	0	0	0	0	0	0	0	0	0	0	0
发表论文(篇)	合　计		21	91	0	3	5	0	0	0	5	46	8	0	0	4	20	0	0
	国内学术刊物	内地(大陆)	22	87	0	3	4	0	0	0	5	44	8	0	0	4	19	0	0
		港、澳、台地区	23	0	0	0	0	0	0	0	0	0	0	0	0	0	0	0	0
	国外学术刊物		24	4	0	0	1	0	0	0	0	2	0	0	0	0	1	0	0
研究与咨询报告(篇)	合　计		25	4	0	0	0	0	0	0	0	2	2	0	0	0	0	0	0
	被采纳数		26	1	0	0	0	0	0	0	0	1	0	0	0	0	0	0	0

2.45 金陵科技学院人文、社会科学研究与课题成果来源情况表

			课题来源															
			合计	国家社科基金项目	国家社科基金单列学科项目	教育部人文社科研究项目	高校古籍整理研究项目	国家自然科学基金项目	中央其他部门社科专门项目	省、市、自治区社科基金项目	省教育厅社科项目	地、市、厅、局等政府部门项目	国际合作研究项目	与港、澳、台地区合作研究项目	企事业单位委托项目	学校社科项目	外资项目	其他
		编号	L01	L02	L03	L04	L05	L06	L07	L08	L09	L10	L11	L12	L13	L14	L15	L16
课题数(项)		1	360	4	0	17	0	0	0	19	111	65	0	0	139	5	0	0
当年投入人数	合计(人年)	2	41	0.6	0	1.9	0	0	0	2.2	11.2	7.1	0	0	17.5	0.5	0	0
	研究生(人年)	3	0	0	0	0	0	0	0	0	0	0	0	0	0	0	0	0
当年拨入经费	合计(千元)	4	9163.756	10	0	525	0	0	0	230	80	558	0	0	7760.756	0	0	0
	当年立项项目拨入经费(千元)	5	8929.256	0	0	460	0	0	0	230	80	558	0	0	7601.256	0	0	0
当年支出经费(千元)		6	11 447.456	85	0	413	0	0	0	375	292.9	1649	0	0	8622.556	10	0	0
当年新开课题数(项)		7	127	0	0	6	0	0	0	5	13	29	0	0	74	0	0	0
当年新开课题批准经费(千元)		8	10 207.256	0	0	460	0	0	0	230	200	1601	0	0	7716.256	0	0	0
当年完成课题数(项)		9	117	1	0	3	0	0	0	4	24	21	0	0	60	4	0	0

出版著作(部)	合计		10	7	1	0	3	0	0	0	2	0	1	0	0	0	0	0	0
	专著	合计	11	6	1	0	2	0	0	0	2	0	1	0	0	0	0	0	0
		被译成外文	12	0	0	0	0	0	0	0	0	0	0	0	0	0	0	0	0
	编著教材		13	1	0	0	1	0	0	0	0	0	0	0	0	0	0	0	0
	工具书/参考书		14	0	0	0	0	0	0	0	0	0	0	0	0	0	0	0	0
	皮书/发展报告		15	0	0	0	0	0	0	0	0	0	0	0	0	0	0	0	0
	科普读物		16	0	0	0	0	0	0	0	0	0	0	0	0	0	0	0	0
古籍整理(部)			17	0	0	0	0	0	0	0	0	0	0	0	0	0	0	0	0
译著(部)			18	4	1	0	0	0	0	0	0	3	0	0	0	0	0	0	0
发表译文(篇)			19	0	0	0	0	0	0	0	0	0	0	0	0	0	0	0	0
电子出版物(件)			20	0	0	0	0	0	0	0	0	0	0	0	0	0	0	0	0
发表论文(篇)	合计		21	115	3	0	8	0	0	2	12	46	38	0	0	0	6	0	0
	国内学术刊物	内地(大陆)	22	100	3	0	8	0	0	2	10	39	33	0	0	0	5	0	0
		港、澳、台地区	23	0	0	0	0	0	0	0	0	0	0	0	0	0	0	0	0
	国外学术刊物		24	15	0	0	0	0	0	0	2	7	5	0	0	0	1	0	0
研究与咨询报告(篇)	合计		25	64	0	0	0	0	0	0	0	0	0	0	0	64	0	0	0
	被采纳数		26	56	0	0	0	0	0	0	0	0	0	0	0	56	0	0	0

2.46 江苏第二师范学院人文、社会科学研究与课题成果来源情况表

			课题来源															
			合计	国家社科基金项目	国家社科基金单列学科项目	教育部人文社科研究项目	高校古籍整理研究项目	国家自然科学基金项目	中央其他部门社科专门项目	省、市、自治区社科基金项目	省教育厅社科项目	地、市、厅、局等政府部门项目	国际合作研究项目	与港、澳、台地区合作研究项目	企事业单位委托项目	学校社科项目	外资项目	其他
		编号	L01	L02	L03	L04	L05	L06	L07	L08	L09	L10	L11	L12	L13	L14	L15	L16
课题数(项)		1	390	19	0	6	1	0	3	43	157	58	0	0	86	17	0	0
当年投入人数	合计(人年)	2	87.3	6.6	0	2.4	0.2	0	0.9	11.9	34	13.5	0	0	15.8	2	0	0
	研究生(人年)	3	0	0	0	0	0	0	0	0	0	0	0	0	0	0	0	0
当年拨入经费	合计(千元)	4	7832.842	450	0	160	0	0	0	316	433	573	0	0	5900.842	0	0	0
	当年立项项目拨入经费(千元)	5	6735.842	340	0	45	0	0	0	256	185	573	0	0	5336.842	0	0	0
当年支出经费(千元)		6	5883.695	572.327	0	223.371	0	0	94.778	444.071	318.507	156.056	0	0	4071.698	2.887	0	0
当年新开课题数(项)		7	109	2	0	2	0	0	0	10	38	22	0	0	35	0	0	0
当年新开课题批准经费(千元)		8	7573.842	400	0	180	0	0	0	320	425	678	0	0	5570.842	0	0	0
当年完成课题数(项)		9	81	4	0	0	0	0	1	11	26	11	0	0	28	0	0	0

出版著作(部)	合计		10	8	1	0	0	0	0	0	2	1	0	0	0	1	3	0	0
	专著	合计	11	8	1	0	0	0	0	0	2	1	0	0	0	1	3	0	0
		被译成外文	12	0	0	0	0	0	0	0	0	0	0	0	0	0	0	0	0
	编著教材		13	0	0	0	0	0	0	0	0	0	0	0	0	0	0	0	0
	工具书/参考书		14	0	0	0	0	0	0	0	0	0	0	0	0	0	0	0	0
	皮书/发展报告		15	0	0	0	0	0	0	0	0	0	0	0	0	0	0	0	0
	科普读物		16	0	0	0	0	0	0	0	0	0	0	0	0	0	0	0	0
古籍整理(部)			17	1	1	0	0	0	0	0	0	0	0	0	0	0	0	0	0
译著(部)			18	1	0	0	0	0	0	0	0	0	0	0	0	0	1	0	0
发表译文(篇)			19	0	0	0	0	0	0	0	0	0	0	0	0	0	0	0	0
电子出版物(件)			20	0	0	0	0	0	0	0	0	0	0	0	0	0	0	0	0
发表论文(篇)	合计		21	183	12	0	0	0	0	0	33	110	8	0	0	0	20	0	0
	国内学术刊物	内地(大陆)	22	169	11	0	0	0	0	0	32	99	8	0	0	0	19	0	0
		港、澳、台地区	23	0	0	0	0	0	0	0	0	0	0	0	0	0	0	0	0
	国外学术刊物		24	14	1	0	0	0	0	0	1	11	0	0	0	0	1	0	0
研究与咨询报告(篇)	合计		25	35	0	0	0	0	0	0	0	1	3	0	0	31	0	0	0
	被采纳数		26	35	0	0	0	0	0	0	0	1	3	0	0	31	0	0	0

2.47 南京工业职业技术大学人文、社会科学研究与课题成果来源情况表

			课题来源															
			合计	国家社科基金项目	国家社科基金单列学科项目	教育部人文社科研究项目	高校古籍整理研究项目	国家自然科学基金项目	中央其他部门社科专门项目	省、市、自治区社科基金项目	省教育厅社科项目	地、市、厅、局等政府部门项目	国际合作研究项目	与港、澳、台地区合作研究项目	企事业单位委托项目	学校社科项目	外资项目	其他
		编号	L01	L02	L03	L04	L05	L06	L07	L08	L09	L10	L11	L12	L13	L14	L15	L16
课题数(项)		1	471	1	1	6	0	0	0	11	153	54	0	0	204	41	0	0
当年投入人数	合计(人年)	2	129.3	0.4	0.5	2.1	0	0	0	3.3	34.5	14.5	0	0	64.6	9.4	0	0
	研究生(人年)	3	0	0	0	0	0	0	0	0	0	0	0	0	0	0	0	0
当年拨入经费	合计(千元)	4	4255.85	0	60	110	0	0	0	55	358	207	0	0	2810.85	655	0	0
	当年立项项目拨入经费(千元)	5	1900.5	0	60	30	0	0	0	45	90	105	0	0	1570.5	0	0	0
当年支出经费(千元)		6	3951.444	0	60	79.4	0	0	0	69.5	306.15	279.92	0	0	2343.114	813.36	0	0
当年新开课题数(项)		7	107	0	1	1	0	0	0	4	47	16	0	0	38	0	0	0
当年新开课题批准经费(千元)		8	6010	0	200	80	0	0	0	150	300	175	0	0	5105	0	0	0
当年完成课题数(项)		9	112	0	0	2	0	0	0	2	18	19	0	0	67	4	0	0

出版著作(部)	合 计		10	4	0	0	0	0	0	0	1	2	1	0	0	0	0	0	0
	专著	合 计	11	4	0	0	0	0	0	0	1	2	1	0	0	0	0	0	0
		被译成外文	12	1	0	0	0	0	0	0	0	1	0	0	0	0	0	0	0
	编著教材		13	0	0	0	0	0	0	0	0	0	0	0	0	0	0	0	0
	工具书/参考书		14	0	0	0	0	0	0	0	0	0	0	0	0	0	0	0	0
	皮书/发展报告		15	0	0	0	0	0	0	0	0	0	0	0	0	0	0	0	0
	科普读物		16	0	0	0	0	0	0	0	0	0	0	0	0	0	0	0	0
古籍整理(部)			17	0	0	0	0	0	0	0	0	0	0	0	0	0	0	0	0
译著(部)			18	0	0	0	0	0	0	0	0	0	0	0	0	0	0	0	0
发表译文(篇)			19	0	0	0	0	0	0	0	0	0	0	0	0	0	0	0	0
电子出版物(件)			20	0	0	0	0	0	0	0	0	0	0	0	0	0	0	0	0
发表论文(篇)	合 计		21	180	3	0	9	0	0	0	3	77	12	0	0	37	39	0	0
	国内学术刊物	内地(大陆)	22	172	3	0	9	0	0	0	2	72	12	0	0	36	38	0	0
		港、澳、台地区	23	0	0	0	0	0	0	0	0	0	0	0	0	0	0	0	0
	国外学术刊物		24	8	0	0	0	0	0	0	1	5	0	0	0	1	1	0	0
研究与咨询报告(篇)	合 计		25	4	0	0	0	0	0	0	0	0	0	0	0	3	1	0	0
	被采纳数		26	4	0	0	0	0	0	0	0	0	0	0	0	3	1	0	0

2.48 无锡学院人文、社会科学研究与课题成果来源情况表

			课题来源															
			合计	国家社科基金项目	国家社科基金单列学科项目	教育部人文社科研究项目	高校古籍整理研究项目	国家自然科学基金项目	中央其他部门社科专门项目	省、市、自治区社科基金项目	省教育厅社科项目	地、市、厅、局等政府部门项目	国际合作研究项目	与港、澳、台地区合作研究项目	企事业单位委托项目	学校社科项目	外资项目	其他
		编号	L01	L02	L03	L04	L05	L06	L07	L08	L09	L10	L11	L12	L13	L14	L15	L16
课题数(项)		1	169	0	0	2	0	0	3	1	105	24	0	0	18	14	0	2
当年投入人数	合计(人年)	2	35.1	0	0	0.6	0	0	1.2	0.3	20.8	3.7	0	0	4.1	4	0	0.4
	研究生(人年)	3	0	0	0	0	0	0	0	0	0	0	0	0	0	0	0	0
当年拨入经费	合计(千元)	4	753	0	0	0	0	0	0	80	84	109	0	0	480	0	0	0
	当年立项项目拨入经费(千元)	5	749	0	0	0	0	0	0	80	80	109	0	0	480	0	0	0
当年支出经费(千元)		6	965.145	0	0	6.617	0	0	2.1	5	92.88	169.731	0	0	680.814	0	0	8.003
当年新开课题数(项)		7	70	0	0	0	0	0	1	1	46	16	0	0	6	0	0	0
当年新开课题批准经费(千元)		8	2059	0	0	0	0	0	200	80	640	109	0	0	1030	0	0	0
当年完成课题数(项)		9	54	0	0	0	0	0	1	1	12	18	0	0	6	14	0	2

出版著作(部)	合 计		10	4	0	0	0	0	0	0	1	0	0	0	0	1	2	0	0
	专著	合 计	11	1	0	0	0	0	0	0	0	0	0	0	0	0	1	0	0
		被译成外文	12	0	0	0	0	0	0	0	0	0	0	0	0	0	0	0	0
	编著教材		13	3	0	0	0	0	0	0	1	0	0	0	0	1	1	0	0
	工具书/参考书		14	0	0	0	0	0	0	0	0	0	0	0	0	0	0	0	0
	皮书/发展报告		15	0	0	0	0	0	0	0	0	0	0	0	0	0	0	0	0
	科普读物		16	0	0	0	0	0	0	0	0	0	0	0	0	0	0	0	0
古籍整理(部)			17	0	0	0	0	0	0	0	0	0	0	0	0	0	0	0	0
译著(部)			18	0	0	0	0	0	0	0	0	0	0	0	0	0	0	0	0
发表译文(篇)			19	0	0	0	0	0	0	0	0	0	0	0	0	0	0	0	0
电子出版物(件)			20	0	0	0	0	0	0	0	0	0	0	0	0	0	0	0	0
发表论文(篇)	合 计		21	39	0	0	6	0	1	1	1	19	2	0	0	0	9	0	0
	国内学术刊物	内地(大陆)	22	39	0	0	6	0	1	1	1	19	2	0	0	0	9	0	0
		港、澳、台地区	23	0	0	0	0	0	0	0	0	0	0	0	0	0	0	0	0
	国外学术刊物		24	0	0	0	0	0	0	0	0	0	0	0	0	0	0	0	0
研究与咨询报告(篇)	合 计		25	14	0	0	0	0	0	0	0	2	11	0	0	0	1	0	0
	被采纳数		26	0	0	0	0	0	0	0	0	0	0	0	0	0	0	0	0

2.49 苏州城市学院人文、社会科学研究与课题成果来源情况表

			课题来源															
			合计	国家社科基金项目	国家社科基金单列学科项目	教育部人文社科研究项目	高校古籍整理研究项目	国家自然科学基金项目	中央其他部门社科专门项目	省、市、自治区社科基金项目	省教育厅社科项目	地、市、厅、局等政府部门项目	国际合作研究项目	与港、澳、台地区合作研究项目	企事业单位委托项目	学校社科项目	外资项目	其他
		编号	L01	L02	L03	L04	L05	L06	L07	L08	L09	L10	L11	L12	L13	L14	L15	L16
课题数(项)		1	119	0	0	0	0	0	0	0	78	11	0	0	25	5	0	0
当年投入人数	合计(人年)	2	17.2	0	0	0	0	0	0	0	11.3	1.1	0	0	4.2	0.6	0	0
	研究生(人年)	3	0	0	0	0	0	0	0	0	0	0	0	0	0	0	0	0
当年拨入经费	合计(千元)	4	338.715	0	0	0	0	0	0	0	0	30	0	0	308.715	0	0	0
	当年立项项目拨入经费(千元)	5	130.72	0	0	0	0	0	0	0	0	0	0	0	130.72	0	0	0
当年支出经费(千元)		6	460.709	0	0	0	0	0	0	0	51.27	21.221	0	0	374.718	13.5	0	0
当年新开课题数(项)		7	39	0	0	0	0	0	0	0	20	4	0	0	15	0	0	0
当年新开课题批准经费(千元)		8	350	0	0	0	0	0	0	0	200	5	0	0	145	0	0	0
当年完成课题数(项)		9	3	0	0	0	0	0	0	0	0	0	0	0	3	0	0	0

出版著作（部）	合 计		10	3	0	0	1	0	0	1	0	0	0	0	0	1	0	0	0
	专著	合 计	11	0	0	0	0	0	0	0	0	0	0	0	0	0	0	0	0
		被译成外文	12	0	0	0	0	0	0	0	0	0	0	0	0	0	0	0	0
	编著教材		13	3	0	0	1	0	0	1	0	0	0	0	0	1	0	0	0
	工具书/参考书		14	0	0	0	0	0	0	0	0	0	0	0	0	0	0	0	0
	皮书/发展报告		15	0	0	0	0	0	0	0	0	0	0	0	0	0	0	0	0
	科普读物		16	0	0	0	0	0	0	0	0	0	0	0	0	0	0	0	0
古籍整理（部）			17	0	0	0	0	0	0	0	0	0	0	0	0	0	0	0	0
译著（部）			18	0	0	0	0	0	0	0	0	0	0	0	0	0	0	0	0
发表译文（篇）			19	0	0	0	0	0	0	0	0	0	0	0	0	0	0	0	0
电子出版物（件）			20	0	0	0	0	0	0	0	0	0	0	0	0	0	0	0	0
发表论文（篇）	合 计		21	67	0	0	0	0	0	1	0	31	5	0	0	8	22	0	0
	国内学术刊物	内地（大陆）	22	66	0	0	0	0	0	1	0	31	5	0	0	8	21	0	0
		港、澳、台地区	23	0	0	0	0	0	0	0	0	0	0	0	0	0	0	0	0
	国外学术刊物		24	1	0	0	0	0	0	0	0	0	0	0	0	0	1	0	0
研究与咨询报告（篇）	合 计		25	0	0	0	0	0	0	0	0	0	0	0	0	0	0	0	0
	被采纳数		26	0	0	0	0	0	0	0	0	0	0	0	0	0	0	0	0

2.50 宿迁学院人文、社会科学研究与课题成果来源情况表

			课题来源															
			合计	国家社科基金项目	国家社科基金单列学科项目	教育部人文社科研究项目	高校古籍整理研究项目	国家自然科学基金项目	中央其他部门社科专门项目	省、市、自治区社科基金项目	省教育厅社科项目	地、市、厅、局等政府部门项目	国际合作研究项目	与港、澳、台地区合作研究项目	企事业单位委托项目	学校社科项目	外资项目	其他
		编号	L01	L02	L03	L04	L05	L06	L07	L08	L09	L10	L11	L12	L13	L14	L15	L16
课题数(项)		1	679	2	1	3	0	0	3	7	122	309	0	0	121	111	0	0
当年投入人数	合计(人年)	2	76.4	0.5	0.1	0.9	0	0	0.3	0.9	12.5	35.3	0	0	14.1	11.8	0	0
	研究生(人年)	3	0	0	0	0	0	0	0	0	0	0	0	0	0	0	0	0
当年拨入经费	合计(千元)	4	9779.1	0	0	70	0	0	0	0	80	108.1	0	0	7271	2250	0	0
	当年立项项目拨入经费(千元)	5	9576.1	0	0	50	0	0	0	0	80	108.1	0	0	7088	2250	0	0
当年支出经费(千元)		6	6030	5	0	54	0	0	0	43.5	109	333.9	0	0	5293.6	191	0	0
当年新开课题数(项)		7	326	0	1	2	0	0	3	3	34	165	0	0	96	22	0	0
当年新开课题批准经费(千元)		8	15 219.1	0	100	120	0	0	9	0	200	627.1	0	0	11 913	2250	0	0
当年完成课题数(项)		9	239	1	0	0	0	0	0	1	29	95	0	0	24	89	0	0

出版著作(部)	合计		10	10	0	0	1	0	0	0	0	1	5	0	0	2	1	0	0
	专著	合计	11	10	0	0	1	0	0	0	0	1	5	0	0	2	1	0	0
		被译成外文	12	0	0	0	0	0	0	0	0	0	0	0	0	0	0	0	0
	编著教材		13	0	0	0	0	0	0	0	0	0	0	0	0	0	0	0	0
	工具书/参考书		14	0	0	0	0	0	0	0	0	0	0	0	0	0	0	0	0
	皮书/发展报告		15	0	0	0	0	0	0	0	0	0	0	0	0	0	0	0	0
	科普读物		16	0	0	0	0	0	0	0	0	0	0	0	0	0	0	0	0
古籍整理(部)			17	0	0	0	0	0	0	0	0	0	0	0	0	0	0	0	0
译著(部)			18	1	0	0	0	0	0	0	0	0	0	0	0	0	1	0	0
发表译文(篇)			19	0	0	0	0	0	0	0	0	0	0	0	0	0	0	0	0
电子出版物(件)			20	0	0	0	0	0	0	0	0	0	0	0	0	0	0	0	0
发表论文(篇)	合计		21	217	5	1	3	0	0	0	9	77	83	0	0	6	33	0	0
	国内学术刊物	内地(大陆)	22	217	5	1	3	0	0	0	9	77	83	0	0	6	33	0	0
		港、澳、台地区	23	0	0	0	0	0	0	0	0	0	0	0	0	0	0	0	0
	国外学术刊物		24	0	0	0	0	0	0	0	0	0	0	0	0	0	0	0	0
研究与咨询报告(篇)	合计		25	9	1	0	0	0	0	0	0	0	3	0	0	5	0	0	0
	被采纳数		26	9	1	0	0	0	0	0	0	0	3	0	0	5	0	0	0

3. 公办专科高等学校人文、社会科学研究与课题成果来源情况表

			课题来源															
			合计	国家社科基金项目	国家社科基金单列学科项目	教育部人文社科研究项目	高校古籍整理研究项目	国家自然科学基金项目	中央其他部门社科专门项目	省、市、自治区社科基金项目	省教育厅社科项目	地、市、厅、局等政府部门项目	国际合作研究项目	与港、澳、台地区合作研究项目	企事业单位委托项目	学校社科项目	外资项目	其他
		编号	L01	L02	L03	L04	L05	L06	L07	L08	L09	L10	L11	L12	L13	L14	L15	L16
课题数(项)		1	12 405	8	4	91	0	0	20	269	3775	3397	2	0	1815	2993	0	31
当年投入人数	合计(人年)	2	2116.1	2.1	1.4	22.7	0	0	3.8	49.8	676.5	608.5	0.5	0	289.5	454.3	0	7
	研究生(人年)	3	0	0	0	0	0	0	0	0	0	0	0	0	0	0	0	0
当年拨入经费	合计(千元)	4	78 411.408	200	380	1571.5	0	0	371.44	1392.5	2963	8937.4	0	0	57 821.868	4637.7	0	136
	当年立项项目拨入经费(千元)	5	73 116.861	170	340	898	0	0	245	1031.5	1937	8198.1	0	0	55 737.461	4427.8	0	132
当年支出经费(千元)		6	75 649.783	271.38	189.19	1716.915	0	0	408.98	1043.009	5900.454	8602.783	0	0	52 674.94	4785.682	0	56.45
当年新开课题数(项)		7	5560	3	2	23	0	0	5	134	1104	2007	0	0	1148	1118	0	16
当年新开课题批准经费(千元)		8	85 182.764	700	400	1620	0	0	295	1572.5	5945	11 296	0	0	57 419.964	5786.3	0	148
当年完成课题数(项)		9	4419	0	0	15	0	0	3	57	809	1624	0	0	1048	853	0	10

出版著作(部)	合 计		10	171	2	0	10	0	0	0	8	44	64	0	0	9	28	0	6
	专著	合 计	11	106	2	0	10	0	0	0	7	24	40	0	0	4	14	0	5
		被译成外文	12	0	0	0	0	0	0	0	0	0	0	0	0	0	0	0	0
	编著教材		13	63	0	0	0	0	0	0	1	19	24	0	0	5	13	0	1
	工具书/参考书		14	0	0	0	0	0	0	0	0	0	0	0	0	0	0	0	0
	皮书/发展报告		15	2	0	0	0	0	0	0	0	1	0	0	0	0	1	0	0
	科普读物		16	0	0	0	0	0	0	0	0	0	0	0	0	0	0	0	0
古籍整理(部)			17	1	0	0	0	0	0	0	0	0	1	0	0	0	0	0	0
译著(部)			18	1	0	0	0	0	0	0	0	0	1	0	0	0	0	0	0
发表译文(篇)			19	0	0	0	0	0	0	0	0	0	0	0	0	0	0	0	0
电子出版物(件)			20	2	0	0	0	0	0	0	0	0	0	0	0	2	0	0	0
发表论文(篇)	合 计		21	5589	15	7	72	0	0	7	140	1960	1762	0	0	156	1365	0	105
	国内学术刊物	内地(大陆)	22	5452	14	7	64	0	0	6	139	1931	1699	0	0	150	1343	0	99
		港、澳、台地区	23	0	0	0	0	0	0	0	0	0	0	0	0	0	0	0	0
	国外学术刊物		24	137	1	0	8	0	0	1	1	29	63	0	0	6	22	0	6
研究与咨询报告(篇)	合 计		25	1101	0	0	1	0	0	3	20	34	434	0	0	573	28	0	8
	被采纳数		26	563	0	0	0	0	0	0	18	13	144	0	0	368	12	0	8

3.1 盐城幼儿师范高等专科学校人文、社会科学研究与课题成果来源情况表

			课题来源															
			合计	国家社科基金项目	国家社科基金单列学科项目	教育部人文社科研究项目	高校古籍整理研究项目	国家自然科学基金项目	中央其他部门社科专门项目	省、市、自治区社科基金项目	省教育厅社科项目	地、市、厅、局等政府部门项目	国际合作研究项目	与港、澳、台地区合作研究项目	企事业单位委托项目	学校社科项目	外资项目	其他
		编号	L01	L02	L03	L04	L05	L06	L07	L08	L09	L10	L11	L12	L13	L14	L15	L16
课题数(项)		1	230	0	0	2	0	0	0	0	60	145	0	0	7	16	0	0
当年投入人数	合计(人年)	2	26.2	0	0	0.2	0	0	0	0	6	17.7	0	0	0.7	1.6	0	0
	研究生(人年)	3	0	0	0	0	0	0	0	0	0	0	0	0	0	0	0	0
当年拨入经费	合计(千元)	4	721.276	0	0	114.5	0	0	0	0	212	372.2	0	0	22.576	0	0	0
	当年立项项目拨入经费(千元)	5	397	0	0	100	0	0	0	0	40	257	0	0	0	0	0	0
当年支出经费(千元)		6	818.976	0	0	144.5	0	0	0	0	212	372.2	0	0	90.276	0	0	0
当年新开课题数(项)		7	93	0	0	1	0	0	0	0	18	74	0	0	0	0	0	0
当年新开课题批准经费(千元)		8	632	0	0	100	0	0	0	0	270	262	0	0	0	0	0	0
当年完成课题数(项)		9	65	0	0	1	0	0	0	0	15	49	0	0	0	0	0	0

出版著作(部)	合计		10	0	0	0	0	0	0	0	0	0	0	0	0	0	0	0	0
	专著	合计	11	0	0	0	0	0	0	0	0	0	0	0	0	0	0	0	0
		被译成外文	12	0	0	0	0	0	0	0	0	0	0	0	0	0	0	0	0
	编著教材		13	0	0	0	0	0	0	0	0	0	0	0	0	0	0	0	0
	工具书/参考书		14	0	0	0	0	0	0	0	0	0	0	0	0	0	0	0	0
	皮书/发展报告		15	0	0	0	0	0	0	0	0	0	0	0	0	0	0	0	0
	科普读物		16	0	0	0	0	0	0	0	0	0	0	0	0	0	0	0	0
古籍整理(部)			17	0	0	0	0	0	0	0	0	0	0	0	0	0	0	0	0
译著(部)			18	0	0	0	0	0	0	0	0	0	0	0	0	0	0	0	0
发表译文(篇)			19	0	0	0	0	0	0	0	0	0	0	0	0	0	0	0	0
电子出版物(件)			20	0	0	0	0	0	0	0	0	0	0	0	0	0	0	0	0
发表论文(篇)	合计		21	33	0	0	0	0	0	1	0	24	5	0	0	0	3	0	0
	国内学术刊物	内地(大陆)	22	33	0	0	0	0	0	1	0	24	5	0	0	0	3	0	0
		港、澳、台地区	23	0	0	0	0	0	0	0	0	0	0	0	0	0	0	0	0
	国外学术刊物		24	0	0	0	0	0	0	0	0	0	0	0	0	0	0	0	0
研究与咨询报告(篇)	合计		25	0	0	0	0	0	0	0	0	0	0	0	0	0	0	0	0
	被采纳数		26	0	0	0	0	0	0	0	0	0	0	0	0	0	0	0	0

3.2 苏州幼儿师范高等专科学校人文、社会科学研究与课题成果来源情况表

			课题来源															
			合计	国家社科基金项目	国家社科基金单列学科项目	教育部人文社科研究项目	高校古籍整理研究项目	国家自然科学基金项目	中央其他部门社科专门项目	省、市、自治区社科基金项目	省教育厅社科项目	地、市、厅、局等政府部门项目	国际合作研究项目	与港、澳、台地区合作研究项目	企事业单位委托项目	学校社科项目	外资项目	其他
		编号	L01	L02	L03	L04	L05	L06	L07	L08	L09	L10	L11	L12	L13	L14	L15	L16
课题数(项)		1	100	0	0	1	0	0	0	0	57	39	0	0	3	0	0	0
当年投入人数	合计(人年)	2	10.5	0	0	0.1	0	0	0	0	5.9	4.2	0	0	0.3	0	0	0
	研究生(人年)	3	0	0	0	0	0	0	0	0	0	0	0	0	0	0	0	0
当年拨入经费	合计(千元)	4	299	0	0	30	0	0	0	0	0	219	0	0	50	0	0	0
	当年立项项目拨入经费(千元)	5	259	0	0	30	0	0	0	0	0	189	0	0	40	0	0	0
当年支出经费(千元)		6	444.283	0	0	10	0	0	0	0	169.9	244.383	0	0	20	0	0	0
当年新开课题数(项)		7	30	0	0	1	0	0	0	0	14	13	0	0	2	0	0	0
当年新开课题批准经费(千元)		8	885	0	0	80	0	0	0	0	0	765	0	0	40	0	0	0
当年完成课题数(项)		9	31	0	0	0	0	0	0	0	12	17	0	0	2	0	0	0

出版著作(部)	合 计		10	7	0	0	0	0	0	0	0	3	4	0	0	0	0	0	0
	专著	合 计	11	2	0	0	0	0	0	0	0	2	0	0	0	0	0	0	0
		被译成外文	12	0	0	0	0	0	0	0	0	0	0	0	0	0	0	0	0
	编著教材		13	5	0	0	0	0	0	0	0	1	4	0	0	0	0	0	0
	工具书/参考书		14	0	0	0	0	0	0	0	0	0	0	0	0	0	0	0	0
	皮书/发展报告		15	0	0	0	0	0	0	0	0	0	0	0	0	0	0	0	0
	科普读物		16	0	0	0	0	0	0	0	0	0	0	0	0	0	0	0	0
古籍整理(部)			17	0	0	0	0	0	0	0	0	0	0	0	0	0	0	0	0
译著(部)			18	0	0	0	0	0	0	0	0	0	0	0	0	0	0	0	0
发表译文(篇)			19	0	0	0	0	0	0	0	0	0	0	0	0	0	0	0	0
电子出版物(件)			20	1	0	0	0	0	0	0	0	0	0	0	0	1	0	0	0
发表论文(篇)	合 计		21	39	0	0	0	0	0	0	0	24	14	0	0	1	0	0	0
	国内学术刊物	内地(大陆)	22	37	0	0	0	0	0	0	0	24	13	0	0	0	0	0	0
		港、澳、台地区	23	0	0	0	0	0	0	0	0	0	0	0	0	0	0	0	0
	国外学术刊物		24	2	0	0	0	0	0	0	0	0	1	0	0	1	0	0	0
研究与咨询报告(篇)	合 计		25	6	0	0	0	0	0	0	0	3	2	0	0	1	0	0	0
	被采纳数		26	1	0	0	0	0	0	0	0	0	1	0	0	0	0	0	0

3.3 无锡职业技术学院人文、社会科学研究与课题成果来源情况表

			课题来源															
			合计	国家社科基金项目	国家社科基金单列学科项目	教育部人文社科研究项目	高校古籍整理研究项目	国家自然科学基金项目	中央其他部门社科专门项目	省、市、自治区社科基金项目	省教育厅社科项目	地、市、厅、局等政府部门项目	国际合作研究项目	与港、澳、台地区合作研究项目	企事业单位委托项目	学校社科项目	外资项目	其他
		编号	L01	L02	L03	L04	L05	L06	L07	L08	L09	L10	L11	L12	L13	L14	L15	L16
课题数(项)		1	265	0	0	7	0	0	0	12	95	78	0	0	9	64	0	0
当年投入人数	合计(人年)	2	46.1	0	0	2	0	0	0	2.7	17.3	12.1	0	0	3.2	8.8	0	0
	研究生(人年)	3	0	0	0	0	0	0	0	0	0	0	0	0	0	0	0	0
当年拨入经费	合计(千元)	4	1110	0	0	30	0	0	0	120	56	546	0	0	150	208	0	0
	当年立项项目拨入经费(千元)	5	1044	0	0	20	0	0	0	80	40	546	0	0	150	208	0	0
当年支出经费(千元)		6	729.2	0	0	71	0	0	0	27.8	151.8	154.4	0	0	129.4	194.8	0	0
当年新开课题数(项)		7	87	0	0	1	0	0	0	3	21	39	0	0	1	22	0	0
当年新开课题批准经费(千元)		8	1164	0	0	20	0	0	0	120	100	566	0	0	150	208	0	0
当年完成课题数(项)		9	83	0	0	1	0	0	0	0	21	27	0	0	5	29	0	0

出版著作(部)	合 计		10	13	1	0	1	0	0	0	1	4	5	0	0	0	1	0	0
	专著	合 计	11	13	1	0	1	0	0	0	1	4	5	0	0	0	1	0	0
		被译成外文	12	0	0	0	0	0	0	0	0	0	0	0	0	0	0	0	0
	编著教材		13	0	0	0	0	0	0	0	0	0	0	0	0	0	0	0	0
	工具书/参考书		14	0	0	0	0	0	0	0	0	0	0	0	0	0	0	0	0
	皮书/发展报告		15	0	0	0	0	0	0	0	0	0	0	0	0	0	0	0	0
	科普读物		16	0	0	0	0	0	0	0	0	0	0	0	0	0	0	0	0
古籍整理(部)			17	0	0	0	0	0	0	0	0	0	0	0	0	0	0	0	0
译著(部)			18	0	0	0	0	0	0	0	0	0	0	0	0	0	0	0	0
发表译文(篇)			19	0	0	0	0	0	0	0	0	0	0	0	0	0	0	0	0
电子出版物(件)			20	0	0	0	0	0	0	0	0	0	0	0	0	0	0	0	0
发表论文(篇)	合 计		21	167	3	0	7	0	0	2	3	75	53	0	0	0	24	0	0
	国内学术刊物	内地(大陆)	22	142	3	0	4	0	0	2	3	61	45	0	0	0	24	0	0
		港、澳、台地区	23	0	0	0	0	0	0	0	0	0	0	0	0	0	0	0	0
	国外学术刊物		24	25	0	0	3	0	0	0	0	14	8	0	0	0	0	0	0
研究与咨询报告(篇)	合 计		25	0	0	0	0	0	0	0	0	0	0	0	0	0	0	0	0
	被采纳数		26	0	0	0	0	0	0	0	0	0	0	0	0	0	0	0	0

3.4 江苏建筑职业技术学院人文、社会科学研究与课题成果来源情况表

			课题来源															
			合计	国家社科基金项目	国家社科基金单列学科项目	教育部人文社科研究项目	高校古籍整理研究项目	国家自然科学基金项目	中央其他部门社科专门项目	省、市、自治区社科基金项目	省教育厅社科项目	地、市、厅、局等政府部门项目	国际合作研究项目	与港、澳、台地区合作研究项目	企事业单位委托项目	学校社科项目	外资项目	其他
		编号	L01	L02	L03	L04	L05	L06	L07	L08	L09	L10	L11	L12	L13	L14	L15	L16
课题数(项)		1	220	0	0	0	0	0	0	0	61	53	0	0	14	92	0	0
当年投入人数	合计(人年)	2	54.4	0	0	0	0	0	0	0	16.7	11.7	0	0	5	21	0	0
	研究生(人年)	3	0	0	0	0	0	0	0	0	0	0	0	0	0	0	0	0
当年拨入经费	合计(千元)	4	746.151	0	0	0	0	0	0	0	40	110	0	0	307.151	289	0	0
	当年立项项目拨入经费(千元)	5	725	0	0	0	0	0	0	0	40	110	0	0	286	289	0	0
当年支出经费(千元)		6	686.651	0	0	0	0	0	0	0	25	27.5	0	0	307.151	327	0	0
当年新开课题数(项)		7	118	0	0	0	0	0	0	0	21	40	0	0	12	45	0	0
当年新开课题批准经费(千元)		8	785	0	0	0	0	0	0	0	100	110	0	0	286	289	0	0
当年完成课题数(项)		9	105	0	0	0	0	0	0	0	22	38	0	0	14	31	0	0

出版著作(部)	合　计		10	11	0	0	0	0	0	0	0	4	2	0	0	0	5	0	0
	专著	合　计	11	4	0	0	0	0	0	0	0	1	2	0	0	0	1	0	0
		被译成外文	12	0	0	0	0	0	0	0	0	0	0	0	0	0	0	0	0
	编著教材		13	7	0	0	0	0	0	0	0	3	0	0	0	0	4	0	0
	工具书/参考书		14	0	0	0	0	0	0	0	0	0	0	0	0	0	0	0	0
	皮书/发展报告		15	0	0	0	0	0	0	0	0	0	0	0	0	0	0	0	0
	科普读物		16	0	0	0	0	0	0	0	0	0	0	0	0	0	0	0	0
古籍整理(部)			17	0	0	0	0	0	0	0	0	0	0	0	0	0	0	0	0
译著(部)			18	0	0	0	0	0	0	0	0	0	0	0	0	0	0	0	0
发表译文(篇)			19	0	0	0	0	0	0	0	0	0	0	0	0	0	0	0	0
电子出版物(件)			20	0	0	0	0	0	0	0	0	0	0	0	0	0	0	0	0
发表论文(篇)	合　计		21	194	0	0	0	0	0	0	3	46	8	0	0	0	137	0	0
	国内学术刊物	内地(大陆)	22	194	0	0	0	0	0	0	3	46	8	0	0	0	137	0	0
		港、澳、台地区	23	0	0	0	0	0	0	0	0	0	0	0	0	0	0	0	0
	国外学术刊物		24	0	0	0	0	0	0	0	0	0	0	0	0	0	0	0	0
研究与咨询报告(篇)	合　计		25	13	0	0	0	0	0	0	0	0	0	0	0	13	0	0	0
	被采纳数		26	9	0	0	0	0	0	0	0	0	0	0	0	9	0	0	0

3.5 江苏工程职业技术学院人文、社会科学研究与课题成果来源情况表

			课题来源															
			合计	国家社科基金项目	国家社科基金单列学科项目	教育部人文社科研究项目	高校古籍整理研究项目	国家自然科学基金项目	中央其他部门社科专门项目	省、市、自治区社科基金项目	省教育厅社科项目	地、市、厅、局等政府部门项目	国际合作研究项目	与港、澳、台地区合作研究项目	企事业单位委托项目	学校社科项目	外资项目	其他
		编号	L01	L02	L03	L04	L05	L06	L07	L08	L09	L10	L11	L12	L13	L14	L15	L16
课题数(项)		1	125	0	0	0	0	0	0	0	36	86	0	0	0	3	0	0
当年投入人数	合计(人年)	2	20.5	0	0	0	0	0	0	0	6.2	13.7	0	0	0	0.6	0	0
	研究生(人年)	3	0	0	0	0	0	0	0	0	0	0	0	0	0	0	0	0
当年拨入经费	合计(千元)	4	165	0	0	0	0	0	0	0	57	108	0	0	0	0	0	0
	当年立项项目拨入经费(千元)	5	22.5	0	0	0	0	0	0	0	0	22.5	0	0	0	0	0	0
当年支出经费(千元)		6	163.5	0	0	0	0	0	0	0	55.5	108	0	0	0	0	0	0
当年新开课题数(项)		7	64	0	0	0	0	0	0	0	17	45	0	0	0	2	0	0
当年新开课题批准经费(千元)		8	241.5	0	0	0	0	0	0	0	0	227.5	0	0	0	14	0	0
当年完成课题数(项)		9	47	0	0	0	0	0	0	0	19	28	0	0	0	0	0	0

出版著作(部)	合 计		10	3	0	0	0	0	0	0	0	2	1	0	0	0	0	0	0
	专著	合 计	11	3	0	0	0	0	0	0	0	2	1	0	0	0	0	0	0
		被译成外文	12	0	0	0	0	0	0	0	0	0	0	0	0	0	0	0	0
	编著教材		13	0	0	0	0	0	0	0	0	0	0	0	0	0	0	0	0
	工具书/参考书		14	0	0	0	0	0	0	0	0	0	0	0	0	0	0	0	0
	皮书/发展报告		15	0	0	0	0	0	0	0	0	0	0	0	0	0	0	0	0
	科普读物		16	0	0	0	0	0	0	0	0	0	0	0	0	0	0	0	0
古籍整理(部)			17	0	0	0	0	0	0	0	0	0	0	0	0	0	0	0	0
译著(部)			18	0	0	0	0	0	0	0	0	0	0	0	0	0	0	0	0
发表译文(篇)			19	0	0	0	0	0	0	0	0	0	0	0	0	0	0	0	0
电子出版物(件)			20	0	0	0	0	0	0	0	0	0	0	0	0	0	0	0	0
发表论文(篇)	合 计		21	161	0	0	0	0	0	0	0	47	71	0	0	0	43	0	0
	国内学术刊物	内地(大陆)	22	161	0	0	0	0	0	0	0	47	71	0	0	0	43	0	0
		港、澳、台地区	23	0	0	0	0	0	0	0	0	0	0	0	0	0	0	0	0
	国外学术刊物		24	0	0	0	0	0	0	0	0	0	0	0	0	0	0	0	0
研究与咨询报告(篇)	合 计		25	0	0	0	0	0	0	0	0	0	0	0	0	0	0	0	0
	被采纳数		26	0	0	0	0	0	0	0	0	0	0	0	0	0	0	0	0

3.6 苏州工艺美术职业技术学院人文、社会科学研究与课题成果来源情况表

			课题来源															
			合计	国家社科基金项目	国家社科基金单列学科项目	教育部人文社科研究项目	高校古籍整理研究项目	国家自然科学基金项目	中央其他部门社科专门项目	省、市、自治区社科基金项目	省教育厅社科项目	地、市、厅、局等政府部门项目	国际合作研究项目	与港、澳、台地区合作研究项目	企事业单位委托项目	学校社科项目	外资项目	其他
		编号	L01	L02	L03	L04	L05	L06	L07	L08	L09	L10	L11	L12	L13	L14	L15	L16
课题数(项)		1	73	1	1	2	0	0	0	1	39	20	0	0	6	3	0	0
当年投入人数	合计(人年)	2	17.9	0.3	0.6	0.7	0	0	0	0.2	8.1	4.9	0	0	2.6	0.5	0	0
	研究生(人年)	3	0	0	0	0	0	0	0	0	0	0	0	0	0	0	0	0
当年拨入经费	合计(千元)	4	840	30	40	58	0	0	0	3	171	278	0	0	248	12	0	0
	当年立项项目拨入经费(千元)	5	621	0	0	38	0	0	0	0	68	278	0	0	225	12	0	0
当年支出经费(千元)		6	842	30	40	58	0	0	0	3	171	280	0	0	248	12	0	0
当年新开课题数(项)		7	41	0	0	1	0	0	0	0	17	18	0	0	2	3	0	0
当年新开课题批准经费(千元)		8	856	0	0	100	0	0	0	0	170	306	0	0	250	30	0	0
当年完成课题数(项)		9	20	0	0	0	0	0	0	1	5	10	0	0	4	0	0	0

			编号																
出版著作(部)	合 计		10	0	0	0	0	0	0	0	0	0	0	0	0	0	0	0	0
	专著	合 计	11	0	0	0	0	0	0	0	0	0	0	0	0	0	0	0	0
		被译成外文	12	0	0	0	0	0	0	0	0	0	0	0	0	0	0	0	0
	编著教材		13	0	0	0	0	0	0	0	0	0	0	0	0	0	0	0	0
	工具书/参考书		14	0	0	0	0	0	0	0	0	0	0	0	0	0	0	0	0
	皮书/发展报告		15	0	0	0	0	0	0	0	0	0	0	0	0	0	0	0	0
	科普读物		16	0	0	0	0	0	0	0	0	0	0	0	0	0	0	0	0
古籍整理(部)			17	0	0	0	0	0	0	0	0	0	0	0	0	0	0	0	0
译著(部)			18	0	0	0	0	0	0	0	0	0	0	0	0	0	0	0	0
发表译文(篇)			19	0	0	0	0	0	0	0	0	0	0	0	0	0	0	0	0
电子出版物(件)			20	0	0	0	0	0	0	0	0	0	0	0	0	0	0	0	0
发表论文(篇)	合 计		21	128	0	3	3	0	0	0	0	95	5	0	0	9	13	0	0
	国内学术刊物	内地(大陆)	22	128	0	3	3	0	0	0	0	95	5	0	0	9	13	0	0
		港、澳、台地区	23	0	0	0	0	0	0	0	0	0	0	0	0	0	0	0	0
	国外学术刊物		24	0	0	0	0	0	0	0	0	0	0	0	0	0	0	0	0
研究与咨询报告(篇)	合 计		25	8	0	0	0	0	0	0	0	0	0	0	0	8	0	0	0
	被采纳数		26	8	0	0	0	0	0	0	0	0	0	0	0	8	0	0	0

3.7 连云港职业技术学院人文、社会科学研究与课题成果来源情况表

			课题来源															
			合计	国家社科基金项目	国家社科基金单列学科项目	教育部人文社科研究项目	高校古籍整理研究项目	国家自然科学基金项目	中央其他部门社科专门项目	省、市、自治区社科基金项目	省教育厅社科项目	地、市、厅、局等政府部门项目	国际合作研究项目	与港、澳、台地区合作研究项目	企事业单位委托项目	学校社科项目	外资项目	其他
		编号	L01	L02	L03	L04	L05	L06	L07	L08	L09	L10	L11	L12	L13	L14	L15	L16
课题数(项)		1	129	0	0	0	0	0	0	1	59	35	0	0	3	30	0	1
当年投入人数	合计(人年)	2	23.5	0	0	0	0	0	0	0.3	11.9	6.6	0	0	0.8	3.7	0	0.2
	研究生(人年)	3	0	0	0	0	0	0	0	0	0	0	0	0	0	0	0	0
当年拨入经费	合计(千元)	4	46	0	0	0	0	0	0	0	0	11	0	0	20	0	0	15
	当年立项项目拨入经费(千元)	5	46	0	0	0	0	0	0	0	0	11	0	0	20	0	0	15
当年支出经费(千元)		6	46	0	0	0	0	0	0	0	0	11	0	0	20	0	0	15
当年新开课题数(项)		7	69	0	0	0	0	0	0	1	20	20	0	0	2	25	0	1
当年新开课题批准经费(千元)		8	294	0	0	0	0	0	0	0	200	11	0	0	20	48	0	15
当年完成课题数(项)		9	28	0	0	0	0	0	0	0	7	17	0	0	3	1	0	0

出版著作（部）	合　计		10	0	0	0	0	0	0	0	0	0	0	0	0	0	0	0	0
	专著	合　计	11	0	0	0	0	0	0	0	0	0	0	0	0	0	0	0	0
		被译成外文	12	0	0	0	0	0	0	0	0	0	0	0	0	0	0	0	0
	编著教材		13	0	0	0	0	0	0	0	0	0	0	0	0	0	0	0	0
	工具书/参考书		14	0	0	0	0	0	0	0	0	0	0	0	0	0	0	0	0
	皮书/发展报告		15	0	0	0	0	0	0	0	0	0	0	0	0	0	0	0	0
	科普读物		16	0	0	0	0	0	0	0	0	0	0	0	0	0	0	0	0
古籍整理（部）			17	0	0	0	0	0	0	0	0	0	0	0	0	0	0	0	0
译著（部）			18	0	0	0	0	0	0	0	0	0	0	0	0	0	0	0	0
发表译文（篇）			19	0	0	0	0	0	0	0	0	0	0	0	0	0	0	0	0
电子出版物（件）			20	0	0	0	0	0	0	0	0	0	0	0	0	0	0	0	0
发表论文（篇）	合　计		21	47	0	0	0	0	0	0	0	26	11	0	0	0	7	0	3
	国内学术刊物	内地（大陆）	22	47	0	0	0	0	0	0	0	26	11	0	0	0	7	0	3
		港、澳、台地区	23	0	0	0	0	0	0	0	0	0	0	0	0	0	0	0	0
	国外学术刊物		24	0	0	0	0	0	0	0	0	0	0	0	0	0	0	0	0
研究与咨询报告（篇）	合　计		25	2	0	0	0	0	0	0	0	0	0	0	0	2	0	0	0
	被采纳数		26	2	0	0	0	0	0	0	0	0	0	0	0	2	0	0	0

3.8 镇江市高等专科学校人文、社会科学研究与课题成果来源情况表

			课题来源															
			合计	国家社科基金项目	国家社科基金单列学科项目	教育部人文社科研究项目	高校古籍整理研究项目	国家自然科学基金项目	中央其他部门社科专门项目	省、市、自治区社科基金项目	省教育厅社科项目	地、市、厅、局等政府部门项目	国际合作研究项目	与港、澳、台地区合作研究项目	企事业单位委托项目	学校社科项目	外资项目	其他
		编号	L01	L02	L03	L04	L05	L06	L07	L08	L09	L10	L11	L12	L13	L14	L15	L16
课题数(项)		1	74	0	0	2	0	0	0	2	19	37	0	0	1	11	0	2
当年投入人数	合计(人年)	2	31.5	0	0	1.2	0	0	0	1	8.1	15.4	0	0	0.4	4.6	0	0.8
	研究生(人年)	3	0	0	0	0	0	0	0	0	0	0	0	0	0	0	0	0
当年拨入经费	合计(千元)	4	304	0	0	140	0	0	0	0	0	101	0	0	0	51	0	12
	当年立项项目拨入经费(千元)	5	304	0	0	140	0	0	0	0	0	101	0	0	0	51	0	12
当年支出经费(千元)		6	359.5	0	0	140	0	0	0	0	18	112	0	0	20	57.5	0	12
当年新开课题数(项)		7	54	0	0	2	0	0	0	0	9	31	0	0	0	10	0	2
当年新开课题批准经费(千元)		8	493	0	0	180	0	0	0	0	90	117	0	0	0	94	0	12
当年完成课题数(项)		9	40	0	0	0	0	0	0	0	5	30	0	0	0	5	0	0

出版著作(部)	合 计		10	1	0	0	0	0	0	0	0	0	1	0	0	0	0	0	0
	专著	合 计	11	1	0	0	0	0	0	0	0	0	1	0	0	0	0	0	0
		被译成外文	12	0	0	0	0	0	0	0	0	0	0	0	0	0	0	0	0
	编著教材		13	0	0	0	0	0	0	0	0	0	0	0	0	0	0	0	0
	工具书/参考书		14	0	0	0	0	0	0	0	0	0	0	0	0	0	0	0	0
	皮书/发展报告		15	0	0	0	0	0	0	0	0	0	0	0	0	0	0	0	0
	科普读物		16	0	0	0	0	0	0	0	0	0	0	0	0	0	0	0	0
古籍整理(部)			17	0	0	0	0	0	0	0	0	0	0	0	0	0	0	0	0
译著(部)			18	0	0	0	0	0	0	0	0	0	0	0	0	0	0	0	0
发表译文(篇)			19	0	0	0	0	0	0	0	0	0	0	0	0	0	0	0	0
电子出版物(件)			20	0	0	0	0	0	0	0	0	0	0	0	0	0	0	0	0
发表论文(篇)	合 计		21	35	0	0	1	0	0	0	5	6	2	0	0	0	19	0	2
	国内学术刊物	内地(大陆)	22	35	0	0	1	0	0	0	5	6	2	0	0	0	19	0	2
		港、澳、台地区	23	0	0	0	0	0	0	0	0	0	0	0	0	0	0	0	0
	国外学术刊物		24	0	0	0	0	0	0	0	0	0	0	0	0	0	0	0	0
研究与咨询报告(篇)	合 计		25	30	0	0	0	0	0	0	1	2	27	0	0	0	0	0	0
	被采纳数		26	0	0	0	0	0	0	0	0	0	0	0	0	0	0	0	0

3.9 南通职业大学人文、社会科学研究与课题成果来源情况表

			课题来源															
			合计	国家社科基金项目	国家社科基金单列学科项目	教育部人文社科研究项目	高校古籍整理研究项目	国家自然科学基金项目	中央其他部门社科专门项目	省、市、自治区社科基金项目	省教育厅社科项目	地、市、厅、局等政府部门项目	国际合作研究项目	与港、澳、台地区合作研究项目	企事业单位委托项目	学校社科项目	外资项目	其他
		编号	L01	L02	L03	L04	L05	L06	L07	L08	L09	L10	L11	L12	L13	L14	L15	L16
课题数(项)		1	144	0	0	0	0	0	0	0	42	62	0	0	15	25	0	0
当年投入人数	合计(人年)	2	25.2	0	0	0	0	0	0	0	8.3	11.8	0	0	2	3.1	0	0
	研究生(人年)	3	0	0	0	0	0	0	0	0	0	0	0	0	0	0	0	0
当年拨入经费	合计(千元)	4	659.9	0	0	0	0	0	0	0	0	391	0	0	190.9	78	0	0
	当年立项项目拨入经费(千元)	5	659.9	0	0	0	0	0	0	0	0	391	0	0	190.9	78	0	0
当年支出经费(千元)		6	671	0	0	0	0	0	0	0	0	366	0	0	249	56	0	0
当年新开课题数(项)		7	90	0	0	0	0	0	0	0	20	45	0	0	10	15	0	0
当年新开课题批准经费(千元)		8	859.9	0	0	0	0	0	0	0	200	391	0	0	190.9	78	0	0
当年完成课题数(项)		9	85	0	0	0	0	0	0	0	22	40	0	0	13	10	0	0

出版著作(部)	合 计		10	0	0	0	0	0	0	0	0	0	0	0	0	0	0	0	0
	专著	合 计	11	0	0	0	0	0	0	0	0	0	0	0	0	0	0	0	0
		被译成外文	12	0	0	0	0	0	0	0	0	0	0	0	0	0	0	0	0
	编著教材		13	0	0	0	0	0	0	0	0	0	0	0	0	0	0	0	0
	工具书/参考书		14	0	0	0	0	0	0	0	0	0	0	0	0	0	0	0	0
	皮书/发展报告		15	0	0	0	0	0	0	0	0	0	0	0	0	0	0	0	0
	科普读物		16	0	0	0	0	0	0	0	0	0	0	0	0	0	0	0	0
古籍整理(部)			17	0	0	0	0	0	0	0	0	0	0	0	0	0	0	0	0
译著(部)			18	0	0	0	0	0	0	0	0	0	0	0	0	0	0	0	0
发表译文(篇)			19	0	0	0	0	0	0	0	0	0	0	0	0	0	0	0	0
电子出版物(件)			20	0	0	0	0	0	0	0	0	0	0	0	0	0	0	0	0
发表论文(篇)	合 计		21	73	0	0	0	0	0	0	0	33	23	0	0	3	14	0	0
	国内学术刊物	内地(大陆)	22	73	0	0	0	0	0	0	0	33	23	0	0	3	14	0	0
		港、澳、台地区	23	0	0	0	0	0	0	0	0	0	0	0	0	0	0	0	0
	国外学术刊物		24	0	0	0	0	0	0	0	0	0	0	0	0	0	0	0	0
研究与咨询报告(篇)	合 计		25	9	0	0	0	0	0	0	0	0	7	0	0	2	0	0	0
	被采纳数		26	9	0	0	0	0	0	0	0	0	7	0	0	2	0	0	0

3.10 苏州市职业大学人文、社会科学研究与课题成果来源情况表

			课题来源															
			合计	国家社科基金项目	国家社科基金单列学科项目	教育部人文社科研究项目	高校古籍整理研究项目	国家自然科学基金项目	中央其他部门社科专门项目	省、市、自治区社科基金项目	省教育厅社科项目	地、市、厅、局等政府部门项目	国际合作研究项目	与港、澳、台地区合作研究项目	企事业单位委托项目	学校社科项目	外资项目	其他
		编号	L01	L02	L03	L04	L05	L06	L07	L08	L09	L10	L11	L12	L13	L14	L15	L16
课题数(项)		1	350	2	1	2	0	0	0	3	74	120	0	0	133	15	0	0
当年投入人数	合计(人年)	2	99.8	0.7	0.3	0.8	0	0	0	0.8	24.9	36.5	0	0	30.9	4.9	0	0
	研究生(人年)	3	0	0	0	0	0	0	0	0	0	0	0	0	0	0	0	0
当年拨入经费	合计(千元)	4	4564.5	0	170	40	0	0	0	0	80	558.5	0	0	3576	140	0	0
	当年立项项目拨入经费(千元)	5	4454.5	0	170	20	0	0	0	0	40	508.5	0	0	3576	140	0	0
当年支出经费(千元)		6	5331.374	95	113.75	73.469	0	0	0	15.965	193	663.49	0	0	4081.2	95.5	0	0
当年新开课题数(项)		7	190	0	1	1	0	0	0	2	21	54	0	0	108	3	0	0
当年新开课题批准经费(千元)		8	5382	0	200	80	0	0	0	50	100	539	0	0	4273	140	0	0
当年完成课题数(项)		9	221	0	0	0	0	0	0	0	12	88	0	0	118	3	0	0

出版著作(部)	合　计		10	20	0	0	1	0	0	0	0	2	13	0	0	1	3	0	0
	专著	合　计	11	9	0	0	1	0	0	0	0	1	5	0	0	0	2	0	0
		被译成外文	12	0	0	0	0	0	0	0	0	0	0	0	0	0	0	0	0
	编著教材		13	11	0	0	0	0	0	0	0	1	8	0	0	1	1	0	0
	工具书/参考书		14	0	0	0	0	0	0	0	0	0	0	0	0	0	0	0	0
	皮书/发展报告		15	0	0	0	0	0	0	0	0	0	0	0	0	0	0	0	0
	科普读物		16	0	0	0	0	0	0	0	0	0	0	0	0	0	0	0	0
古籍整理(部)			17	1	0	0	0	0	0	0	0	0	1	0	0	0	0	0	0
译著(部)			18	0	0	0	0	0	0	0	0	0	0	0	0	0	0	0	0
发表译文(篇)			19	0	0	0	0	0	0	0	0	0	0	0	0	0	0	0	0
电子出版物(件)			20	0	0	0	0	0	0	0	0	0	0	0	0	0	0	0	0
发表论文(篇)	合　计		21	240	3	1	10	0	0	0	2	42	107	0	0	28	47	0	0
	国内学术刊物	内地(大陆)	22	240	3	1	10	0	0	0	2	42	107	0	0	28	47	0	0
		港、澳、台地区	23	0	0	0	0	0	0	0	0	0	0	0	0	0	0	0	0
	国外学术刊物		24	0	0	0	0	0	0	0	0	0	0	0	0	0	0	0	0
研究与咨询报告(篇)	合　计		25	53	0	0	0	0	0	0	0	0	39	0	0	11	3	0	0
	被采纳数		26	24	0	0	0	0	0	0	0	0	17	0	0	5	2	0	0

3.11 沙洲职业工学院人文、社会科学研究与课题成果来源情况表

			课题来源															
			合计	国家社科基金项目	国家社科基金单列学科项目	教育部人文社科研究项目	高校古籍整理研究项目	国家自然科学基金项目	中央其他部门社科专门项目	省、市、自治区社科基金项目	省教育厅社科项目	地、市、厅、局等政府部门项目	国际合作研究项目	与港、澳、台地区合作研究项目	企事业单位委托项目	学校社科项目	外资项目	其他
		编号	L01	L02	L03	L04	L05	L06	L07	L08	L09	L10	L11	L12	L13	L14	L15	L16
课题数(项)		1	76	0	0	0	0	0	0	0	60	11	0	0	0	5	0	0
当年投入人数	合计(人年)	2	7.7	0	0	0	0	0	0	0	6.1	1.1	0	0	0	0.5	0	0
	研究生(人年)	3	0	0	0	0	0	0	0	0	0	0	0	0	0	0	0	0
当年拨入经费	合计(千元)	4	1.2	0	0	0	0	0	0	0	0	1.2	0	0	0	0	0	0
	当年立项项目拨入经费(千元)	5	1.2	0	0	0	0	0	0	0	0	1.2	0	0	0	0	0	0
当年支出经费(千元)		6	207.6	0	0	0	0	0	0	0	168.7	20.9	0	0	0	18	0	0
当年新开课题数(项)		7	15	0	0	0	0	0	0	0	12	3	0	0	0	0	0	0
当年新开课题批准经费(千元)		8	150	0	0	0	0	0	0	0	120	30	0	0	0	0	0	0
当年完成课题数(项)		9	20	0	0	0	0	0	0	0	14	6	0	0	0	0	0	0

出版著作(部)	合　计		10	0	0	0	0	0	0	0	0	0	0	0	0	0	0	0	0
	专著	合　计	11	0	0	0	0	0	0	0	0	0	0	0	0	0	0	0	0
		被译成外文	12	0	0	0	0	0	0	0	0	0	0	0	0	0	0	0	0
	编著教材		13	0	0	0	0	0	0	0	0	0	0	0	0	0	0	0	0
	工具书/参考书		14	0	0	0	0	0	0	0	0	0	0	0	0	0	0	0	0
	皮书/发展报告		15	0	0	0	0	0	0	0	0	0	0	0	0	0	0	0	0
	科普读物		16	0	0	0	0	0	0	0	0	0	0	0	0	0	0	0	0
古籍整理(部)			17	0	0	0	0	0	0	0	0	0	0	0	0	0	0	0	0
译著(部)			18	0	0	0	0	0	0	0	0	0	0	0	0	0	0	0	0
发表译文(篇)			19	0	0	0	0	0	0	0	0	0	0	0	0	0	0	0	0
电子出版物(件)			20	0	0	0	0	0	0	0	0	0	0	0	0	0	0	0	0
发表论文(篇)	合　计		21	51	0	0	0	0	0	0	0	44	7	0	0	0	0	0	0
	国内学术刊物	内地(大陆)	22	51	0	0	0	0	0	0	0	44	7	0	0	0	0	0	0
		港、澳、台地区	23	0	0	0	0	0	0	0	0	0	0	0	0	0	0	0	0
	国外学术刊物		24	0	0	0	0	0	0	0	0	0	0	0	0	0	0	0	0
研究与咨询报告(篇)	合　计		25	5	0	0	0	0	0	0	0	0	5	0	0	0	0	0	0
	被采纳数		26	5	0	0	0	0	0	0	0	0	5	0	0	0	0	0	0

3.12 扬州市职业大学人文、社会科学研究与课题成果来源情况表

			课题来源															
			合计	国家社科基金项目	国家社科基金单列学科项目	教育部人文社科研究项目	高校古籍整理研究项目	国家自然科学基金项目	中央其他部门社科专门项目	省、市、自治区社科基金项目	省教育厅社科项目	地、市、厅、局等政府部门项目	国际合作研究项目	与港、澳、台地区合作研究项目	企事业单位委托项目	学校社科项目	外资项目	其他
		编号	L01	L02	L03	L04	L05	L06	L07	L08	L09	L10	L11	L12	L13	L14	L15	L16
课题数(项)		1	484	0	0	3	0	0	0	14	71	142	0	0	225	29	0	0
当年投入人数	合计(人年)	2	105.5	0	0	1.1	0	0	0	4.4	20.7	29.7	0	0	38.6	11	0	0
	研究生(人年)	3	0	0	0	0	0	0	0	0	0	0	0	0	0	0	0	0
当年拨入经费	合计(千元)	4	6700.556	0	0	0	0	0	0	0	0	140	0	0	6560.556	0	0	0
	当年立项项目拨入经费(千元)	5	6700.556	0	0	0	0	0	0	0	0	140	0	0	6560.556	0	0	0
当年支出经费(千元)		6	5748.968	0	0	30.55	0	0	0	22.192	0	207.5	0	0	5488.726	0	0	0
当年新开课题数(项)		7	357	0	0	0	0	0	0	9	18	129	0	0	201	0	0	0
当年新开课题批准经费(千元)		8	6700.556	0	0	0	0	0	0	0	0	140	0	0	6560.556	0	0	0
当年完成课题数(项)		9	305	0	0	2	0	0	0	0	8	104	0	0	162	29	0	0

出版著作(部)	合　计		10	12	1	0	0	0	0	0	0	1	6	0	0	0	4	0	0
	专著	合　计	11	12	1	0	0	0	0	0	0	1	6	0	0	0	4	0	0
		被译成外文	12	0	0	0	0	0	0	0	0	0	0	0	0	0	0	0	0
	编著教材		13	0	0	0	0	0	0	0	0	0	0	0	0	0	0	0	0
	工具书/参考书		14	0	0	0	0	0	0	0	0	0	0	0	0	0	0	0	0
	皮书/发展报告		15	0	0	0	0	0	0	0	0	0	0	0	0	0	0	0	0
	科普读物		16	0	0	0	0	0	0	0	0	0	0	0	0	0	0	0	0
古籍整理(部)			17	0	0	0	0	0	0	0	0	0	0	0	0	0	0	0	0
译著(部)			18	1	0	0	0	0	0	0	0	0	1	0	0	0	0	0	0
发表译文(篇)			19	0	0	0	0	0	0	0	0	0	0	0	0	0	0	0	0
电子出版物(件)			20	0	0	0	0	0	0	0	0	0	0	0	0	0	0	0	0
发表论文(篇)	合　计		21	173	0	0	1	0	0	0	1	39	120	0	0	0	12	0	0
	国内学术刊物	内地(大陆)	22	173	0	0	1	0	0	0	1	39	120	0	0	0	12	0	0
		港、澳、台地区	23	0	0	0	0	0	0	0	0	0	0	0	0	0	0	0	0
	国外学术刊物		24	0	0	0	0	0	0	0	0	0	0	0	0	0	0	0	0
研究与咨询报告(篇)	合　计		25	162	0	0	0	0	0	0	0	0	0	0	0	162	0	0	0
	被采纳数		26	162	0	0	0	0	0	0	0	0	0	0	0	162	0	0	0

3.13 连云港师范高等专科学校人文、社会科学研究与课题成果来源情况表

			课题来源															
			合计	国家社科基金项目	国家社科基金单列学科项目	教育部人文社科研究项目	高校古籍整理研究项目	国家自然科学基金项目	中央其他部门社科专门项目	省、市、自治区社科基金项目	省教育厅社科项目	地、市、厅、局等政府部门项目	国际合作研究项目	与港、澳、台地区合作研究项目	企事业单位委托项目	学校社科项目	外资项目	其他
		编号	L01	L02	L03	L04	L05	L06	L07	L08	L09	L10	L11	L12	L13	L14	L15	L16
课题数(项)		1	165	0	0	3	0	0	0	3	65	87	0	0	0	7	0	0
当年投入人数	合计(人年)	2	16.9	0	0	0.4	0	0	0	0.3	6.5	9	0	0	0	0.7	0	0
	研究生(人年)	3	0	0	0	0	0	0	0	0	0	0	0	0	0	0	0	0
当年拨入经费	合计(千元)	4	116	0	0	0	0	0	0	0	30	86	0	0	0	0	0	0
	当年立项项目拨入经费(千元)	5	16	0	0	0	0	0	0	0	0	16	0	0	0	0	0	0
当年支出经费(千元)		6	67.323	0	0	49.323	0	0	0	0	2	16	0	0	0	0	0	0
当年新开课题数(项)		7	66	0	0	0	0	0	0	0	20	46	0	0	0	0	0	0
当年新开课题批准经费(千元)		8	145	0	0	0	0	0	0	0	0	145	0	0	0	0	0	0
当年完成课题数(项)		9	50	0	0	0	0	0	0	2	10	38	0	0	0	0	0	0

出版著作(部)	合　计		10	3	0	0	2	0	0	0	0	0	1	0	0	0	0	0	0
	专著	合　计	11	2	0	0	2	0	0	0	0	0	0	0	0	0	0	0	0
		被译成外文	12	0	0	0	0	0	0	0	0	0	0	0	0	0	0	0	0
	编著教材		13	1	0	0	0	0	0	0	0	0	1	0	0	0	0	0	0
	工具书/参考书		14	0	0	0	0	0	0	0	0	0	0	0	0	0	0	0	0
	皮书/发展报告		15	0	0	0	0	0	0	0	0	0	0	0	0	0	0	0	0
	科普读物		16	0	0	0	0	0	0	0	0	0	0	0	0	0	0	0	0
古籍整理(部)			17	0	0	0	0	0	0	0	0	0	0	0	0	0	0	0	0
译著(部)			18	0	0	0	0	0	0	0	0	0	0	0	0	0	0	0	0
发表译文(篇)			19	0	0	0	0	0	0	0	0	0	0	0	0	0	0	0	0
电子出版物(件)			20	0	0	0	0	0	0	0	0	0	0	0	0	0	0	0	0
发表论文(篇)	合　计		21	107	0	0	1	0	0	0	2	35	62	0	0	0	7	0	0
	国内学术刊物	内地(大陆)	22	106	0	0	1	0	0	0	2	34	62	0	0	0	7	0	0
		港、澳、台地区	23	0	0	0	0	0	0	0	0	0	0	0	0	0	0	0	0
	国外学术刊物		24	1	0	0	0	0	0	0	0	1	0	0	0	0	0	0	0
研究与咨询报告(篇)	合　计		25	3	0	0	0	0	0	0	0	0	3	0	0	0	0	0	0
	被采纳数		26	1	0	0	0	0	0	0	0	0	1	0	0	0	0	0	0

3.14 江苏经贸职业技术学院人文、社会科学研究与课题成果来源情况表

		编号	合计	国家社科基金项目	国家社科基金单列学科项目	教育部人文社科研究项目	高校古籍整理研究项目	国家自然科学基金项目	中央其他部门社科专门项目	省、市、自治区社科基金项目	省教育厅社科项目	地、市、厅、局等政府部门项目	国际合作研究项目	与港、澳、台地区合作研究项目	企事业单位委托项目	学校社科项目	外资项目	其他
			课题来源															
			L01	L02	L03	L04	L05	L06	L07	L08	L09	L10	L11	L12	L13	L14	L15	L16
课题数(项)		1	426	1	0	3	0	0	0	26	76	49	0	0	73	197	0	1
当年投入人数	合计(人年)	2	86.7	0.4	0	1	0	0	0	6.6	17.5	12.6	0	0	9.3	39.2	0	0.1
	研究生(人年)	3	0	0	0	0	0	0	0	0	0	0	0	0	0	0	0	0
当年拨入经费	合计(千元)	4	2090	0	0	0	0	0	0	40	100	46	0	0	1468	436	0	0
	当年立项项目拨入经费(千元)	5	2090	0	0	0	0	0	0	40	100	46	0	0	1468	436	0	0
当年支出经费(千元)		6	2935.225	61	0	22	0	0	0	39.5	71	47	0	0	2258.725	436	0	0
当年新开课题数(项)		7	142	0	0	0	0	0	0	3	22	27	0	0	31	59	0	0
当年新开课题批准经费(千元)		8	2310	0	0	0	0	0	0	50	310	46	0	0	1468	436	0	0
当年完成课题数(项)		9	145	0	0	0	0	0	0	6	19	17	0	0	50	52	0	1

出版著作(部)	合计		10	0	0	0	0	0	0	0	0	0	0	0	0	0	0	0	0
	专著	合计	11	0	0	0	0	0	0	0	0	0	0	0	0	0	0	0	0
		被译成外文	12	0	0	0	0	0	0	0	0	0	0	0	0	0	0	0	0
	编著教材		13	0	0	0	0	0	0	0	0	0	0	0	0	0	0	0	0
	工具书/参考书		14	0	0	0	0	0	0	0	0	0	0	0	0	0	0	0	0
	皮书/发展报告		15	0	0	0	0	0	0	0	0	0	0	0	0	0	0	0	0
	科普读物		16	0	0	0	0	0	0	0	0	0	0	0	0	0	0	0	0
古籍整理(部)			17	0	0	0	0	0	0	0	0	0	0	0	0	0	0	0	0
译著(部)			18	0	0	0	0	0	0	0	0	0	0	0	0	0	0	0	0
发表译文(篇)			19	0	0	0	0	0	0	0	0	0	0	0	0	0	0	0	0
电子出版物(件)			20	0	0	0	0	0	0	0	0	0	0	0	0	0	0	0	0
发表论文(篇)	合计		21	75	0	0	0	0	0	0	1	28	4	0	0	0	42	0	0
	国内学术刊物	内地(大陆)	22	75	0	0	0	0	0	0	1	28	4	0	0	0	42	0	0
		港、澳、台地区	23	0	0	0	0	0	0	0	0	0	0	0	0	0	0	0	0
	国外学术刊物		24	0	0	0	0	0	0	0	0	0	0	0	0	0	0	0	0
研究与咨询报告(篇)	合计		25	47	0	0	0	0	0	0	0	0	0	0	0	47	0	0	0
	被采纳数		26	0	0	0	0	0	0	0	0	0	0	0	0	0	0	0	0

3.15 泰州职业技术学院人文、社会科学研究与课题成果来源情况表

			课题来源															
			合计	国家社科基金项目	国家社科基金单列学科项目	教育部人文社科研究项目	高校古籍整理研究项目	国家自然科学基金项目	中央其他部门社科专门项目	省、市、自治区社科基金项目	省教育厅社科项目	地、市、厅、局等政府部门项目	国际合作研究项目	与港、澳、台地区合作研究项目	企事业单位委托项目	学校社科项目	外资项目	其他
		编号	L01	L02	L03	L04	L05	L06	L07	L08	L09	L10	L11	L12	L13	L14	L15	L16
课题数(项)		1	61	0	0	0	0	0	0	0	28	9	0	0	5	19	0	0
当年投入人数	合计(人年)	2	11.5	0	0	0	0	0	0	0	5.5	1.6	0	0	1.2	3.2	0	0
	研究生(人年)	3	0	0	0	0	0	0	0	0	0	0	0	0	0	0	0	0
当年拨入经费	合计(千元)	4	132	0	0	0	0	0	0	0	0	40	0	0	50	42	0	0
	当年立项项目拨入经费(千元)	5	132	0	0	0	0	0	0	0	0	40	0	0	50	42	0	0
当年支出经费(千元)		6	424.517	0	0	0	0	0	0	0	102.477	59.16	0	0	209.4	53.48	0	0
当年新开课题数(项)		7	17	0	0	0	0	0	0	0	6	2	0	0	2	7	0	0
当年新开课题批准经费(千元)		8	182	0	0	0	0	0	0	0	50	40	0	0	50	42	0	0
当年完成课题数(项)		9	20	0	0	0	0	0	0	0	9	4	0	0	0	7	0	0

出版著作(部)	合 计		10	0	0	0	0	0	0	0	0	0	0	0	0	0	0	0	0
	专著	合 计	11	0	0	0	0	0	0	0	0	0	0	0	0	0	0	0	0
		被译成外文	12	0	0	0	0	0	0	0	0	0	0	0	0	0	0	0	0
	编著教材		13	0	0	0	0	0	0	0	0	0	0	0	0	0	0	0	0
	工具书/参考书		14	0	0	0	0	0	0	0	0	0	0	0	0	0	0	0	0
	皮书/发展报告		15	0	0	0	0	0	0	0	0	0	0	0	0	0	0	0	0
	科普读物		16	0	0	0	0	0	0	0	0	0	0	0	0	0	0	0	0
古籍整理(部)			17	0	0	0	0	0	0	0	0	0	0	0	0	0	0	0	0
译著(部)			18	0	0	0	0	0	0	0	0	0	0	0	0	0	0	0	0
发表译文(篇)			19	0	0	0	0	0	0	0	0	0	0	0	0	0	0	0	0
电子出版物(件)			20	0	0	0	0	0	0	0	0	0	0	0	0	0	0	0	0
发表论文(篇)	合 计		21	51	0	0	0	0	0	0	0	27	3	0	0	0	21	0	0
	国内学术刊物	内地(大陆)	22	51	0	0	0	0	0	0	0	27	3	0	0	0	21	0	0
		港、澳、台地区	23	0	0	0	0	0	0	0	0	0	0	0	0	0	0	0	0
	国外学术刊物		24	0	0	0	0	0	0	0	0	0	0	0	0	0	0	0	0
研究与咨询报告(篇)	合 计		25	4	0	0	0	0	0	0	0	0	4	0	0	0	0	0	0
	被采纳数		26	1	0	0	0	0	0	0	0	0	1	0	0	0	0	0	0

3.16 常州信息职业技术学院人文、社会科学研究与课题成果来源情况表

		编号	合计	国家社科基金项目	国家社科基金单列学科项目	教育部人文社科研究项目	高校古籍整理研究项目	国家自然科学基金项目	中央其他部门社科专门项目	省、市、自治区社科基金项目	省教育厅社科项目	地、市、厅、局等政府部门项目	国际合作研究项目	与港、澳、台地区合作研究项目	企事业单位委托项目	学校社科项目	外资项目	其他
			课题来源															
			L01	L02	L03	L04	L05	L06	L07	L08	L09	L10	L11	L12	L13	L14	L15	L16
课题数(项)		1	138	0	0	4	0	0	0	0	68	66	0	0	0	0	0	0
当年投入人数	合计(人年)	2	40.1	0	0	2.1	0	0	0	0	20.1	17.9	0	0	0	0	0	0
	研究生(人年)	3	0	0	0	0	0	0	0	0	0	0	0	0	0	0	0	0
当年拨入经费	合计(千元)	4	75	0	0	40	0	0	0	0	0	35	0	0	0	0	0	0
	当年立项项目拨入经费(千元)	5	75	0	0	40	0	0	0	0	0	35	0	0	0	0	0	0
当年支出经费(千元)		6	75	0	0	40	0	0	0	0	0	35	0	0	0	0	0	0
当年新开课题数(项)		7	80	0	0	1	0	0	0	0	20	59	0	0	0	0	0	0
当年新开课题批准经费(千元)		8	135	0	0	100	0	0	0	0	0	35	0	0	0	0	0	0
当年完成课题数(项)		9	67	0	0	1	0	0	0	0	14	52	0	0	0	0	0	0

			编号																
出版著作(部)	合 计		10	0	0	0	0	0	0	0	0	0	0	0	0	0	0	0	0
	专著	合 计	11	0	0	0	0	0	0	0	0	0	0	0	0	0	0	0	0
		被译成外文	12	0	0	0	0	0	0	0	0	0	0	0	0	0	0	0	0
	编著教材		13	0	0	0	0	0	0	0	0	0	0	0	0	0	0	0	0
	工具书/参考书		14	0	0	0	0	0	0	0	0	0	0	0	0	0	0	0	0
	皮书/发展报告		15	0	0	0	0	0	0	0	0	0	0	0	0	0	0	0	0
	科普读物		16	0	0	0	0	0	0	0	0	0	0	0	0	0	0	0	0
古籍整理(部)			17	0	0	0	0	0	0	0	0	0	0	0	0	0	0	0	0
译著(部)			18	0	0	0	0	0	0	0	0	0	0	0	0	0	0	0	0
发表译文(篇)			19	0	0	0	0	0	0	0	0	0	0	0	0	0	0	0	0
电子出版物(件)			20	0	0	0	0	0	0	0	0	0	0	0	0	0	0	0	0
发表论文(篇)	合 计		21	52	0	0	4	0	0	0	0	30	15	0	0	0	2	0	1
	国内学术刊物	内地(大陆)	22	51	0	0	3	0	0	0	0	30	15	0	0	0	2	0	1
		港、澳、台地区	23	0	0	0	0	0	0	0	0	0	0	0	0	0	0	0	0
	国外学术刊物		24	1	0	0	1	0	0	0	0	0	0	0	0	0	0	0	0
研究与咨询报告(篇)	合 计		25	0	0	0	0	0	0	0	0	0	0	0	0	0	0	0	0
	被采纳数		26	0	0	0	0	0	0	0	0	0	0	0	0	0	0	0	0

3.17 江苏海事职业技术学院人文、社会科学研究与课题成果来源情况表

		编号	课题来源 合计	国家社科基金项目	国家社科基金单列学科项目	教育部人文社科研究项目	高校古籍整理研究项目	国家自然科学基金项目	中央其他部门社科专门项目	省、市、自治区社科基金项目	省教育厅社科项目	地、市、厅、局等政府部门项目	国际合作研究项目	与港、澳、台地区合作研究项目	企事业单位委托项目	学校社科项目	外资项目	其他
			L01	L02	L03	L04	L05	L06	L07	L08	L09	L10	L11	L12	L13	L14	L15	L16
课题数(项)		1	141	0	0	0	0	0	2	2	52	18	0	0	38	29	0	0
当年投入人数	合计(人年)	2	39.3	0	0	0	0	0	0.7	0.5	15.1	5.3	0	0	10.4	7.3	0	0
	研究生(人年)	3	0	0	0	0	0	0	0	0	0	0	0	0	0	0	0	0
当年拨入经费	合计(千元)	4	3592.72	0	0	0	0	0	61.44	44	112	149.6	0	0	3170.48	55.2	0	0
	当年立项项目拨入经费(千元)	5	3435.2	0	0	0	0	0	60	0	60	104	0	0	3156	55.2	0	0
当年支出经费(千元)		6	3882.672	0	0	0	0	0	54.48	89.8	158.64	238.78	0	0	3278.132	62.84	0	0
当年新开课题数(项)		7	46	0	0	0	0	0	1	0	10	7	0	0	21	7	0	0
当年新开课题批准经费(千元)		8	3692	0	0	0	0	0	110	0	100	172	0	0	3188	122	0	0
当年完成课题数(项)		9	23	0	0	0	0	0	0	0	12	1	0	0	5	5	0	0

出版著作(部)	合 计		10	12	0	0	0	0	0	0	1	2	1	0	0	0	4	0	4
	专著	合 计	11	10	0	0	0	0	0	0	1	1	1	0	0	0	3	0	4
		被译成外文	12	0	0	0	0	0	0	0	0	0	0	0	0	0	0	0	0
	编著教材		13	0	0	0	0	0	0	0	0	0	0	0	0	0	0	0	0
	工具书/参考书		14	0	0	0	0	0	0	0	0	0	0	0	0	0	0	0	0
	皮书/发展报告		15	2	0	0	0	0	0	0	1	0	0	0	0	1	0	0	0
	科普读物		16	0	0	0	0	0	0	0	0	0	0	0	0	0	0	0	0
古籍整理(部)			17	0	0	0	0	0	0	0	0	0	0	0	0	0	0	0	0
译著(部)			18	0	0	0	0	0	0	0	0	0	0	0	0	0	0	0	0
发表译文(篇)			19	0	0	0	0	0	0	0	0	0	0	0	0	0	0	0	0
电子出版物(件)			20	0	0	0	0	0	0	0	0	0	0	0	0	0	0	0	0
发表论文(篇)	合 计		21	141	0	0	0	0	0	0	12	30	36	0	0	0	24	0	39
	国内学术刊物	内地(大陆)	22	108	0	0	0	0	0	0	11	29	19	0	0	0	16	0	33
		港、澳、台地区	23	0	0	0	0	0	0	0	0	0	0	0	0	0	0	0	0
	国外学术刊物		24	33	0	0	0	0	0	0	1	1	17	0	0	0	8	0	6
研究与咨询报告(篇)	合 计		25	41	0	0	0	0	0	0	0	12	0	0	0	16	5	0	8
	被采纳数		26	41	0	0	0	0	0	0	0	12	0	0	0	16	5	0	8

3.18 无锡科技职业学院人文、社会科学研究与课题成果来源情况表

		编号	课题来源															
			合计	国家社科基金项目	国家社科基金单列学科项目	教育部人文社科研究项目	高校古籍整理研究项目	国家自然科学基金项目	中央其他部门社科专门项目	省、市、自治区社科基金项目	省教育厅社科项目	地、市、厅、局等政府部门项目	国际合作研究项目	与港、澳、台地区合作研究项目	企事业单位委托项目	学校社科项目	外资项目	其他
			L01	L02	L03	L04	L05	L06	L07	L08	L09	L10	L11	L12	L13	L14	L15	L16
课题数(项)		1	141	0	0	3	0	0	0	2	53	68	0	0	0	15	0	0
当年投入人数	合计(人年)	2	41.9	0	0	0.9	0	0	0	0.9	16.4	20	0	0	0	3.7	0	0
	研究生(人年)	3	0	0	0	0	0	0	0	0	0	0	0	0	0	0	0	0
当年拨入经费	合计(千元)	4	483	0	0	80	0	0	0	0	0	403	0	0	0	0	0	0
	当年立项项目拨入经费(千元)	5	481	0	0	80	0	0	0	0	0	401	0	0	0	0	0	0
当年支出经费(千元)		6	387	0	0	45	0	0	0	5	0	337	0	0	0	0	0	0
当年新开课题数(项)		7	78	0	0	2	0	0	0	0	19	42	0	0	0	15	0	0
当年新开课题批准经费(千元)		8	741	0	0	120	0	0	0	0	0	621	0	0	0	0	0	0
当年完成课题数(项)		9	29	0	0	0	0	0	0	0	8	21	0	0	0	0	0	0

出版著作(部)	合　计		10	1	0	0	0	0	0	0	0	0	0	0	0	0	0	0	1
	专著	合　计	11	0	0	0	0	0	0	0	0	0	0	0	0	0	0	0	0
		被译成外文	12	0	0	0	0	0	0	0	0	0	0	0	0	0	0	0	0
	编著教材		13	1	0	0	0	0	0	0	0	0	0	0	0	0	0	0	1
	工具书/参考书		14	0	0	0	0	0	0	0	0	0	0	0	0	0	0	0	0
	皮书/发展报告		15	0	0	0	0	0	0	0	0	0	0	0	0	0	0	0	0
	科普读物		16	0	0	0	0	0	0	0	0	0	0	0	0	0	0	0	0
古籍整理(部)			17	0	0	0	0	0	0	0	0	0	0	0	0	0	0	0	0
译著(部)			18	0	0	0	0	0	0	0	0	0	0	0	0	0	0	0	0
发表译文(篇)			19	0	0	0	0	0	0	0	0	0	0	0	0	0	0	0	0
电子出版物(件)			20	0	0	0	0	0	0	0	0	0	0	0	0	0	0	0	0
发表论文(篇)	合　计		21	54	0	0	1	0	0	0	0	23	15	0	0	0	7	0	8
	国内学术刊物	内地(大陆)	22	52	0	0	1	0	0	0	0	21	15	0	0	0	7	0	8
		港、澳、台地区	23	0	0	0	0	0	0	0	0	0	0	0	0	0	0	0	0
	国外学术刊物		24	2	0	0	0	0	0	0	0	2	0	0	0	0	0	0	0
研究与咨询报告(篇)	合　计		25	0	0	0	0	0	0	0	0	0	0	0	0	0	0	0	0
	被采纳数		26	0	0	0	0	0	0	0	0	0	0	0	0	0	0	0	0

3.19 江苏医药职业学院人文、社会科学研究与课题成果来源情况表

			课题来源															
			合计	国家社科基金项目	国家社科基金单列学科项目	教育部人文社科研究项目	高校古籍整理研究项目	国家自然科学基金项目	中央其他部门社科专门项目	省、市、自治区社科基金项目	省教育厅社科项目	地、市、厅、局等政府部门项目	国际合作研究项目	与港、澳、台地区合作研究项目	企事业单位委托项目	学校社科项目	外资项目	其他
		编号	L01	L02	L03	L04	L05	L06	L07	L08	L09	L10	L11	L12	L13	L14	L15	L16
课题数(项)		1	196	0	0	0	0	0	0	4	51	106	0	0	0	35	0	0
当年投入人数	合计(人年)	2	39.1	0	0	0	0	0	0	0.8	10.7	19.6	0	0	0	8	0	0
	研究生(人年)	3	0	0	0	0	0	0	0	0	0	0	0	0	0	0	0	0
当年拨入经费	合计(千元)	4	210	0	0	0	0	0	0	210	0	0	0	0	0	0	0	0
	当年立项项目拨入经费(千元)	5	210	0	0	0	0	0	0	210	0	0	0	0	0	0	0	0
当年支出经费(千元)		6	0	0	0	0	0	0	0	0	0	0	0	0	0	0	0	0
当年新开课题数(项)		7	120	0	0	0	0	0	0	4	18	98	0	0	0	0	0	0
当年新开课题批准经费(千元)		8	600	0	0	0	0	0	0	420	180	0	0	0	0	0	0	0
当年完成课题数(项)		9	132	0	0	0	0	0	0	0	0	104	0	0	0	28	0	0

项目			编号																
出版著作(部)	合计		10	0	0	0	0	0	0	0	0	0	0	0	0	0	0	0	0
	专著	合计	11	0	0	0	0	0	0	0	0	0	0	0	0	0	0	0	0
		被译成外文	12	0	0	0	0	0	0	0	0	0	0	0	0	0	0	0	0
	编著教材		13	0	0	0	0	0	0	0	0	0	0	0	0	0	0	0	0
	工具书/参考书		14	0	0	0	0	0	0	0	0	0	0	0	0	0	0	0	0
	皮书/发展报告		15	0	0	0	0	0	0	0	0	0	0	0	0	0	0	0	0
	科普读物		16	0	0	0	0	0	0	0	0	0	0	0	0	0	0	0	0
古籍整理(部)			17	0	0	0	0	0	0	0	0	0	0	0	0	0	0	0	0
译著(部)			18	0	0	0	0	0	0	0	0	0	0	0	0	0	0	0	0
发表译文(篇)			19	0	0	0	0	0	0	0	0	0	0	0	0	0	0	0	0
电子出版物(件)			20	0	0	0	0	0	0	0	0	0	0	0	0	0	0	0	0
发表论文(篇)	合计		21	40	0	0	0	0	0	0	0	5	35	0	0	0	0	0	0
	国内学术刊物	内地(大陆)	22	40	0	0	0	0	0	0	0	5	35	0	0	0	0	0	0
		港、澳、台地区	23	0	0	0	0	0	0	0	0	0	0	0	0	0	0	0	0
	国外学术刊物		24	0	0	0	0	0	0	0	0	0	0	0	0	0	0	0	0
研究与咨询报告(篇)	合计		25	0	0	0	0	0	0	0	0	0	0	0	0	0	0	0	0
	被采纳数		26	0	0	0	0	0	0	0	0	0	0	0	0	0	0	0	0

3.20 南通科技职业学院人文、社会科学研究与课题成果来源情况表

			课题来源															
			合计	国家社科基金项目	国家社科基金单列学科项目	教育部人文社科研究项目	高校古籍整理研究项目	国家自然科学基金项目	中央其他部门社科专门项目	省、市、自治区社科基金项目	省教育厅社科项目	地、市、厅、局等政府部门项目	国际合作研究项目	与港、澳、台地区合作研究项目	企事业单位委托项目	学校社科项目	外资项目	其他
		编号	L01	L02	L03	L04	L05	L06	L07	L08	L09	L10	L11	L12	L13	L14	L15	L16
课题数(项)		1	154	0	0	0	0	0	0	7	54	29	0	0	4	60	0	0
当年投入人数	合计(人年)	2	27	0	0	0	0	0	0	1.4	10.6	5	0	0	0.7	9.3	0	0
	研究生(人年)	3	0	0	0	0	0	0	0	0	0	0	0	0	0	0	0	0
当年拨入经费	合计(千元)	4	826	0	0	0	0	0	0	3	25	663	0	0	0	135	0	0
	当年立项项目拨入经费(千元)	5	826	0	0	0	0	0	0	3	25	663	0	0	0	135	0	0
当年支出经费(千元)		6	943.24	0	0	0	0	0	0	6	121.86	663	0	0	22.4	129.98	0	0
当年新开课题数(项)		7	83	0	0	0	0	0	0	3	17	28	0	0	0	35	0	0
当年新开课题批准经费(千元)		8	826	0	0	0	0	0	0	3	25	663	0	0	0	135	0	0
当年完成课题数(项)		9	74	0	0	0	0	0	0	4	19	22	0	0	4	25	0	0

出版著作(部)	合　计		10	0	0	0	0	0	0	0	0	0	0	0	0	0	0	0	0
	专著	合　计	11	0	0	0	0	0	0	0	0	0	0	0	0	0	0	0	0
		被译成外文	12	0	0	0	0	0	0	0	0	0	0	0	0	0	0	0	0
	编著教材		13	0	0	0	0	0	0	0	0	0	0	0	0	0	0	0	0
	工具书/参考书		14	0	0	0	0	0	0	0	0	0	0	0	0	0	0	0	0
	皮书/发展报告		15	0	0	0	0	0	0	0	0	0	0	0	0	0	0	0	0
	科普读物		16	0	0	0	0	0	0	0	0	0	0	0	0	0	0	0	0
古籍整理(部)			17	0	0	0	0	0	0	0	0	0	0	0	0	0	0	0	0
译著(部)			18	0	0	0	0	0	0	0	0	0	0	0	0	0	0	0	0
发表译文(篇)			19	0	0	0	0	0	0	0	0	0	0	0	0	0	0	0	0
电子出版物(件)			20	0	0	0	0	0	0	0	0	0	0	0	0	0	0	0	0
发表论文(篇)	合　计		21	31	0	0	0	0	0	0	1	16	5	0	0	0	8	0	1
	国内学术刊物	内地(大陆)	22	31	0	0	0	0	0	0	1	16	5	0	0	0	8	0	1
		港、澳、台地区	23	0	0	0	0	0	0	0	0	0	0	0	0	0	0	0	0
	国外学术刊物		24	0	0	0	0	0	0	0	0	0	0	0	0	0	0	0	0
研究与咨询报告(篇)	合　计		25	7	0	0	0	0	0	0	0	0	7	0	0	0	0	0	0
	被采纳数		26	7	0	0	0	0	0	0	0	0	7	0	0	0	0	0	0

3.21 苏州经贸职业技术学院人文、社会科学研究与课题成果来源情况表

			课题来源															
			合计	国家社科基金项目	国家社科基金单列学科项目	教育部人文社科研究项目	高校古籍整理研究项目	国家自然科学基金项目	中央其他部门社科专门项目	省、市、自治区社科基金项目	省教育厅社科项目	地、市、厅、局等政府部门项目	国际合作研究项目	与港、澳、台地区合作研究项目	企事业单位委托项目	学校社科项目	外资项目	其他
		编号	L01	L02	L03	L04	L05	L06	L07	L08	L09	L10	L11	L12	L13	L14	L15	L16
课题数(项)		1	305	0	0	3	0	0	1	4	78	104	0	0	8	99	0	8
当年投入人数	合计(人年)	2	89.1	0	0	1.2	0	0	0.2	0.8	17.5	35.8	0	0	1.8	28.6	0	3.2
	研究生(人年)	3	0	0	0	0	0	0	0	0	0	0	0	0	0	0	0	0
当年拨入经费	合计(千元)	4	1859	0	0	70	0	0	0	0	40	1124	0	0	50	540	0	35
	当年立项项目拨入经费(千元)	5	1793	0	0	20	0	0	0	0	40	1108	0	0	50	540	0	35
当年支出经费(千元)		6	2066.546	0	0	78.52	0	0	0	28	11.518	920.3	0	0	581.02	438.438	0	8.75
当年新开课题数(项)		7	155	0	0	1	0	0	0	0	22	81	0	0	1	42	0	8
当年新开课题批准经费(千元)		8	1853	0	0	20	0	0	0	0	100	1108	0	0	50	540	0	35
当年完成课题数(项)		9	105	0	0	0	0	0	0	2	9	61	0	0	1	32	0	0

出版著作(部)	合计		10	1	0	0	0	0	0	0	0	0	0	0	0	0	1	0	0
	专著	合计	11	1	0	0	0	0	0	0	0	0	0	0	0	0	1	0	0
		被译成外文	12	0	0	0	0	0	0	0	0	0	0	0	0	0	0	0	0
	编著教材		13	0	0	0	0	0	0	0	0	0	0	0	0	0	0	0	0
	工具书/参考书		14	0	0	0	0	0	0	0	0	0	0	0	0	0	0	0	0
	皮书/发展报告		15	0	0	0	0	0	0	0	0	0	0	0	0	0	0	0	0
	科普读物		16	0	0	0	0	0	0	0	0	0	0	0	0	0	0	0	0
古籍整理(部)			17	0	0	0	0	0	0	0	0	0	0	0	0	0	0	0	0
译著(部)			18	0	0	0	0	0	0	0	0	0	0	0	0	0	0	0	0
发表译文(篇)			19	0	0	0	0	0	0	0	0	0	0	0	0	0	0	0	0
电子出版物(件)			20	0	0	0	0	0	0	0	0	0	0	0	0	0	0	0	0
发表论文(篇)	合计		21	94	0	0	4	0	0	0	0	23	32	0	0	0	24	0	11
	国内学术刊物	内地(大陆)	22	94	0	0	4	0	0	0	0	23	32	0	0	0	24	0	11
		港、澳、台地区	23	0	0	0	0	0	0	0	0	0	0	0	0	0	0	0	0
	国外学术刊物		24	0	0	0	0	0	0	0	0	0	0	0	0	0	0	0	0
研究与咨询报告(篇)	合计		25	66	0	0	0	0	0	0	1	0	65	0	0	0	0	0	0
	被采纳数		26	0	0	0	0	0	0	0	0	0	0	0	0	0	0	0	0

3.22 苏州工业职业技术学院人文、社会科学研究与课题成果来源情况表

		编号	课题来源															
			合计	国家社科基金项目	国家社科基金单列学科项目	教育部人文社科研究项目	高校古籍整理研究项目	国家自然科学基金项目	中央其他部门社科专门项目	省、市、自治区社科基金项目	省教育厅社科项目	地、市、厅、局等政府部门项目	国际合作研究项目	与港、澳、台地区合作研究项目	企事业单位委托项目	学校社科项目	外资项目	其他
			L01	L02	L03	L04	L05	L06	L07	L08	L09	L10	L11	L12	L13	L14	L15	L16
课题数(项)		1	115	0	0	0	0	0	0	1	45	46	0	0	19	4	0	0
当年投入人数	合计(人年)	2	15.2	0	0	0	0	0	0	0.2	6	4.9	0	0	3.4	0.7	0	0
	研究生(人年)	3	0	0	0	0	0	0	0	0	0	0	0	0	0	0	0	0
当年拨入经费	合计(千元)	4	1919.2	0	0	0	0	0	0	20	130	480	0	0	1289.2	0	0	0
	当年立项项目拨入经费(千元)	5	1899.2	0	0	0	0	0	0	0	130	480	0	0	1289.2	0	0	0
当年支出经费(千元)		6	1927.1	0	0	0	0	0	0	20	98.6	507.3	0	0	1289.2	12	0	0
当年新开课题数(项)		7	71	0	0	0	0	0	0	0	13	39	0	0	19	0	0	0
当年新开课题批准经费(千元)		8	1899.2	0	0	0	0	0	0	0	130	480	0	0	1289.2	0	0	0
当年完成课题数(项)		9	73	0	0	0	0	0	0	1	11	42	0	0	19	0	0	0

出版著作（部）	合 计		10	0	0	0	0	0	0	0	0	0	0	0	0	0	0	0	0
	专著	合 计	11	0	0	0	0	0	0	0	0	0	0	0	0	0	0	0	0
		被译成外文	12	0	0	0	0	0	0	0	0	0	0	0	0	0	0	0	0
	编著教材		13	0	0	0	0	0	0	0	0	0	0	0	0	0	0	0	0
	工具书/参考书		14	0	0	0	0	0	0	0	0	0	0	0	0	0	0	0	0
	皮书/发展报告		15	0	0	0	0	0	0	0	0	0	0	0	0	0	0	0	0
	科普读物		16	0	0	0	0	0	0	0	0	0	0	0	0	0	0	0	0
古籍整理（部）			17	0	0	0	0	0	0	0	0	0	0	0	0	0	0	0	0
译著（部）			18	0	0	0	0	0	0	0	0	0	0	0	0	0	0	0	0
发表译文（篇）			19	0	0	0	0	0	0	0	0	0	0	0	0	0	0	0	0
电子出版物（件）			20	0	0	0	0	0	0	0	0	0	0	0	0	0	0	0	0
发表论文（篇）	合 计		21	72	0	0	0	0	0	0	6	22	44	0	0	0	0	0	0
	国内学术刊物	内地（大陆）	22	72	0	0	0	0	0	0	6	22	44	0	0	0	0	0	0
		港、澳、台地区	23	0	0	0	0	0	0	0	0	0	0	0	0	0	0	0	0
	国外学术刊物		24	0	0	0	0	0	0	0	0	0	0	0	0	0	0	0	0
研究与咨询报告（篇）	合 计		25	56	0	0	0	0	0	0	17	0	20	0	0	19	0	0	0
	被采纳数		26	56	0	0	0	0	0	0	17	0	20	0	0	19	0	0	0

3.23 苏州卫生职业技术学院人文、社会科学研究与课题成果来源情况表

			课题来源															
			合计	国家社科基金项目	国家社科基金单列学科项目	教育部人文社科研究项目	高校古籍整理研究项目	国家自然科学基金项目	中央其他部门社科专门项目	省、市、自治区社科基金项目	省教育厅社科项目	地、市、厅、局等政府部门项目	国际合作研究项目	与港、澳、台地区合作研究项目	企事业单位委托项目	学校社科项目	外资项目	其他
		编号	L01	L02	L03	L04	L05	L06	L07	L08	L09	L10	L11	L12	L13	L14	L15	L16
课题数(项)		1	188	0	0	0	0	0	1	40	64	22	0	0	0	57	0	4
当年投入人数	合计(人年)	2	22.6	0	0	0	0	0	0.1	5	7.5	3.1	0	0	0	6.5	0	0.4
	研究生(人年)	3	0	0	0	0	0	0	0	0	0	0	0	0	0	0	0	0
当年拨入经费	合计(千元)	4	725	0	0	0	0	0	0	131	320	99	0	0	0	173	0	2
	当年立项项目拨入经费(千元)	5	696	0	0	0	0	0	0	129	320	74	0	0	0	173	0	0
当年支出经费(千元)		6	769.3	0	0	0	0	0	2	119.3	352.1	96.1	0	0	0	191.6	0	8.2
当年新开课题数(项)		7	57	0	0	0	0	0	0	16	16	7	0	0	0	18	0	0
当年新开课题批准经费(千元)		8	696	0	0	0	0	0	0	129	320	74	0	0	0	173	0	0
当年完成课题数(项)		9	79	0	0	0	0	0	0	19	17	15	0	0	0	24	0	4

出版著作(部)	合计		10	0	0	0	0	0	0	0	0	0	0	0	0	0	0	0	0
	专著	合计	11	0	0	0	0	0	0	0	0	0	0	0	0	0	0	0	0
		被译成外文	12	0	0	0	0	0	0	0	0	0	0	0	0	0	0	0	0
	编著教材		13	0	0	0	0	0	0	0	0	0	0	0	0	0	0	0	0
	工具书/参考书		14	0	0	0	0	0	0	0	0	0	0	0	0	0	0	0	0
	皮书/发展报告		15	0	0	0	0	0	0	0	0	0	0	0	0	0	0	0	0
	科普读物		16	0	0	0	0	0	0	0	0	0	0	0	0	0	0	0	0
古籍整理(部)			17	0	0	0	0	0	0	0	0	0	0	0	0	0	0	0	0
译著(部)			18	0	0	0	0	0	0	0	0	0	0	0	0	0	0	0	0
发表译文(篇)			19	0	0	0	0	0	0	0	0	0	0	0	0	0	0	0	0
电子出版物(件)			20	0	0	0	0	0	0	0	0	0	0	0	0	0	0	0	0
发表论文(篇)	合计		21	113	0	0	0	0	0	0	19	51	10	0	0	0	33	0	0
	国内学术刊物	内地(大陆)	22	113	0	0	0	0	0	0	19	51	10	0	0	0	33	0	0
		港、澳、台地区	23	0	0	0	0	0	0	0	0	0	0	0	0	0	0	0	0
	国外学术刊物		24	0	0	0	0	0	0	0	0	0	0	0	0	0	0	0	0
研究与咨询报告(篇)	合计		25	0	0	0	0	0	0	0	0	0	0	0	0	0	0	0	0
	被采纳数		26	0	0	0	0	0	0	0	0	0	0	0	0	0	0	0	0

3.24 无锡商业职业技术学院人文、社会科学研究与课题成果来源情况表

			课题来源															
			合计	国家社科基金项目	国家社科基金单列学科项目	教育部人文社科研究项目	高校古籍整理研究项目	国家自然科学基金项目	中央其他部门社科专门项目	省、市、自治区社科基金项目	省教育厅社科项目	地、市、厅、局等政府部门项目	国际合作研究项目	与港、澳、台地区合作研究项目	企事业单位委托项目	学校社科项目	外资项目	其他
		编号	L01	L02	L03	L04	L05	L06	L07	L08	L09	L10	L11	L12	L13	L14	L15	L16
课题数(项)		1	345	0	0	4	0	0	3	21	79	79	1	0	43	115	0	0
当年投入人数	合计(人年)	2	39.6	0	0	0.6	0	0	0.3	2.8	9	7.9	0	0	7.4	11.6	0	0
	研究生(人年)	3	0	0	0	0	0	0	0	0	0	0	0	0	0	0	0	0
当年拨入经费	合计(千元)	4	5238.7	0	0	160	0	0	75	55.5	0	31.4	0	0	4597.8	319	0	0
	当年立项项目拨入经费(千元)	5	4363.8	0	0	0	0	0	0	55.5	0	31.4	0	0	3957.9	319	0	0
当年支出经费(千元)		6	4415.5	0	0	60	0	0	185.5	38	0	40.7	0	0	3954.8	136.5	0	0
当年新开课题数(项)		7	189	0	0	0	0	0	0	15	31	49	0	0	15	79	0	0
当年新开课题批准经费(千元)		8	4753.4	0	0	0	0	0	0	55.5	380	41	0	0	3957.9	319	0	0
当年完成课题数(项)		9	105	0	0	0	0	0	0	1	24	23	0	0	21	36	0	0

出版著作(部)	合 计		10	4	0	0	0	0	0	0	0	0	0	0	0	2	1	0	1
	专著	合 计	11	4	0	0	0	0	0	0	0	0	0	0	0	2	1	0	1
		被译成外文	12	0	0	0	0	0	0	0	0	0	0	0	0	0	0	0	0
	编著教材		13	0	0	0	0	0	0	0	0	0	0	0	0	0	0	0	0
	工具书/参考书		14	0	0	0	0	0	0	0	0	0	0	0	0	0	0	0	0
	皮书/发展报告		15	0	0	0	0	0	0	0	0	0	0	0	0	0	0	0	0
	科普读物		16	0	0	0	0	0	0	0	0	0	0	0	0	0	0	0	0
古籍整理(部)			17	0	0	0	0	0	0	0	0	0	0	0	0	0	0	0	0
译著(部)			18	0	0	0	0	0	0	0	0	0	0	0	0	0	0	0	0
发表译文(篇)			19	0	0	0	0	0	0	0	0	0	0	0	0	0	0	0	0
电子出版物(件)			20	0	0	0	0	0	0	0	0	0	0	0	0	0	0	0	0
发表论文(篇)	合 计		21	210	0	0	0	0	0	0	0	3	204	0	0	0	3	0	0
	国内学术刊物	内地(大陆)	22	188	0	0	0	0	0	0	0	3	183	0	0	0	2	0	0
		港、澳、台地区	23	0	0	0	0	0	0	0	0	0	0	0	0	0	0	0	0
	国外学术刊物		24	22	0	0	0	0	0	0	0	0	21	0	0	0	1	0	0
研究与咨询报告(篇)	合 计		25	20	0	0	0	0	0	0	0	0	19	0	0	1	0	0	0
	被采纳数		26	20	0	0	0	0	0	0	0	0	19	0	0	1	0	0	0

3.25 江苏航运职业技术学院人文、社会科学研究与课题成果来源情况表

			课题来源															
			合计	国家社科基金项目	国家社科基金单列学科项目	教育部人文社科研究项目	高校古籍整理研究项目	国家自然科学基金项目	中央其他部门社科专门项目	省、市、自治区社科基金项目	省教育厅社科项目	地、市、厅、局等政府部门项目	国际合作研究项目	与港、澳、台地区合作研究项目	企事业单位委托项目	学校社科项目	外资项目	其他
		编号	L01	L02	L03	L04	L05	L06	L07	L08	L09	L10	L11	L12	L13	L14	L15	L16
课题数(项)		1	158	0	0	1	0	0	0	0	73	60	0	0	0	24	0	0
当年投入人数	合计(人年)	2	25.4	0	0	0.3	0	0	0	0	12.4	9.3	0	0	0	3.4	0	0
	研究生(人年)	3	0	0	0	0	0	0	0	0	0	0	0	0	0	0	0	0
当年拨入经费	合计(千元)	4	301	0	0	0	0	0	0	0	0	41	0	0	0	260	0	0
	当年立项项目拨入经费(千元)	5	301	0	0	0	0	0	0	0	0	41	0	0	0	260	0	0
当年支出经费(千元)		6	331.15	0	0	10	0	0	0	0	108.15	55	0	0	0	158	0	0
当年新开课题数(项)		7	57	0	0	0	0	0	0	0	20	23	0	0	0	14	0	0
当年新开课题批准经费(千元)		8	379	0	0	0	0	0	0	0	40	59	0	0	0	280	0	0
当年完成课题数(项)		9	42	0	0	0	0	0	0	0	6	26	0	0	0	10	0	0

出版著作(部)	合计		10	8	0	0	0	0	0	0	0	3	5	0	0	0	0	0	0
	专著	合计	11	8	0	0	0	0	0	0	0	3	5	0	0	0	0	0	0
		被译成外文	12	0	0	0	0	0	0	0	0	0	0	0	0	0	0	0	0
	编著教材		13	0	0	0	0	0	0	0	0	0	0	0	0	0	0	0	0
	工具书/参考书		14	0	0	0	0	0	0	0	0	0	0	0	0	0	0	0	0
	皮书/发展报告		15	0	0	0	0	0	0	0	0	0	0	0	0	0	0	0	0
	科普读物		16	0	0	0	0	0	0	0	0	0	0	0	0	0	0	0	0
古籍整理(部)			17	0	0	0	0	0	0	0	0	0	0	0	0	0	0	0	0
译著(部)			18	0	0	0	0	0	0	0	0	0	0	0	0	0	0	0	0
发表译文(篇)			19	0	0	0	0	0	0	0	0	0	0	0	0	0	0	0	0
电子出版物(件)			20	0	0	0	0	0	0	0	0	0	0	0	0	0	0	0	0
发表论文(篇)	合计		21	95	0	0	0	0	0	0	0	21	44	0	0	0	30	0	0
	国内学术刊物	内地(大陆)	22	95	0	0	0	0	0	0	0	21	44	0	0	0	30	0	0
		港、澳、台地区	23	0	0	0	0	0	0	0	0	0	0	0	0	0	0	0	0
	国外学术刊物		24	0	0	0	0	0	0	0	0	0	0	0	0	0	0	0	0
研究与咨询报告(篇)	合计		25	0	0	0	0	0	0	0	0	0	0	0	0	0	0	0	0
	被采纳数		26	0	0	0	0	0	0	0	0	0	0	0	0	0	0	0	0

3.26 南京交通职业技术学院人文、社会科学研究与课题成果来源情况表

			课题来源															
			合计	国家社科基金项目	国家社科基金单列学科项目	教育部人文社科研究项目	高校古籍整理研究项目	国家自然科学基金项目	中央其他部门社科专门项目	省、市、自治区社科基金项目	省教育厅社科项目	地、市、厅、局等政府部门项目	国际合作研究项目	与港、澳、台地区合作研究项目	企事业单位委托项目	学校社科项目	外资项目	其他
		编号	L01	L02	L03	L04	L05	L06	L07	L08	L09	L10	L11	L12	L13	L14	L15	L16
课题数(项)		1	208	0	0	4	0	0	0	4	80	14	0	0	17	89	0	0
当年投入人数	合计(人年)	2	21.6	0	0	0.7	0	0	0	0.7	8.2	1.4	0	0	1.7	8.9	0	0
	研究生(人年)	3	0	0	0	0	0	0	0	0	0	0	0	0	0	0	0	0
当年拨入经费	合计(千元)	4	436	0	0	40	0	0	0	0	0	36	0	0	225	135	0	0
	当年立项项目拨入经费(千元)	5	241	0	0	0	0	0	0	0	0	16	0	0	225	0	0	0
当年支出经费(千元)		6	479.71	0	0	116.77	0	0	0	5	0	20	0	0	166.89	171.05	0	0
当年新开课题数(项)		7	53	0	0	0	0	0	0	0	20	8	0	0	6	19	0	0
当年新开课题批准经费(千元)		8	438	0	0	0	0	0	0	0	0	28	0	0	270	140	0	0
当年完成课题数(项)		9	48	0	0	1	0	0	0	0	21	3	0	0	2	21	0	0

出版著作(部)	合 计		10	2	0	0	1	0	0	0	0	1	0	0	0	0	0	0	0
	专著	合 计	11	2	0	0	1	0	0	0	0	1	0	0	0	0	0	0	0
		被译成外文	12	0	0	0	0	0	0	0	0	0	0	0	0	0	0	0	0
	编著教材		13	0	0	0	0	0	0	0	0	0	0	0	0	0	0	0	0
	工具书/参考书		14	0	0	0	0	0	0	0	0	0	0	0	0	0	0	0	0
	皮书/发展报告		15	0	0	0	0	0	0	0	0	0	0	0	0	0	0	0	0
	科普读物		16	0	0	0	0	0	0	0	0	0	0	0	0	0	0	0	0
古籍整理(部)			17	0	0	0	0	0	0	0	0	0	0	0	0	0	0	0	0
译著(部)			18	0	0	0	0	0	0	0	0	0	0	0	0	0	0	0	0
发表译文(篇)			19	0	0	0	0	0	0	0	0	0	0	0	0	0	0	0	0
电子出版物(件)			20	0	0	0	0	0	0	0	0	0	0	0	0	0	0	0	0
发表论文(篇)	合 计		21	81	0	0	0	0	0	0	0	31	6	0	0	0	44	0	0
	国内学术刊物	内地(大陆)	22	80	0	0	0	0	0	0	0	30	6	0	0	0	44	0	0
		港、澳、台地区	23	0	0	0	0	0	0	0	0	0	0	0	0	0	0	0	0
	国外学术刊物		24	1	0	0	0	0	0	0	0	1	0	0	0	0	0	0	0
研究与咨询报告(篇)	合 计		25	0	0	0	0	0	0	0	0	0	0	0	0	0	0	0	0
	被采纳数		26	0	0	0	0	0	0	0	0	0	0	0	0	0	0	0	0

3.27 江苏电子信息职业学院人文、社会科学研究与课题成果来源情况表

			课题来源															
			合计	国家社科基金项目	国家社科基金单列学科项目	教育部人文社科研究项目	高校古籍整理研究项目	国家自然科学基金项目	中央其他部门社科专门项目	省、市、自治区社科基金项目	省教育厅社科项目	地、市、厅、局等政府部门项目	国际合作研究项目	与港、澳、台地区合作研究项目	企事业单位委托项目	学校社科项目	外资项目	其他
		编号	L01	L02	L03	L04	L05	L06	L07	L08	L09	L10	L11	L12	L13	L14	L15	L16
课题数(项)		1	174	0	0	1	0	0	0	1	75	55	0	0	3	39	0	0
当年投入人数	合计(人年)	2	34	0	0	0.1	0	0	0	0.5	16.9	12.2	0	0	0.4	3.9	0	0
	研究生(人年)	3	0	0	0	0	0	0	0	0	0	0	0	0	0	0	0	0
当年拨入经费	合计(千元)	4	216	0	0	0	0	0	0	0	0	168	0	0	0	48	0	0
	当年立项项目拨入经费(千元)	5	216	0	0	0	0	0	0	0	0	168	0	0	0	48	0	0
当年支出经费(千元)		6	285.1	0	0	10	0	0	0	6	120.9	82.1	0	0	2.5	63.6	0	0
当年新开课题数(项)		7	63	0	0	0	0	0	0	0	20	27	0	0	0	16	0	0
当年新开课题批准经费(千元)		8	425	0	0	0	0	0	0	0	200	173	0	0	0	52	0	0
当年完成课题数(项)		9	64	0	0	0	0	0	0	0	17	23	0	0	1	23	0	0

				1	2	3	4	5	6	7	8	9	10	11	12	13	14	15	16
出版著作(部)	合　计		10	0	0	0	0	0	0	0	0	0	0	0	0	0	0	0	0
	专著	合　计	11	0	0	0	0	0	0	0	0	0	0	0	0	0	0	0	0
		被译成外文	12	0	0	0	0	0	0	0	0	0	0	0	0	0	0	0	0
	编著教材		13	0	0	0	0	0	0	0	0	0	0	0	0	0	0	0	0
	工具书/参考书		14	0	0	0	0	0	0	0	0	0	0	0	0	0	0	0	0
	皮书/发展报告		15	0	0	0	0	0	0	0	0	0	0	0	0	0	0	0	0
	科普读物		16	0	0	0	0	0	0	0	0	0	0	0	0	0	0	0	0
古籍整理(部)			17	0	0	0	0	0	0	0	0	0	0	0	0	0	0	0	0
译著(部)			18	0	0	0	0	0	0	0	0	0	0	0	0	0	0	0	0
发表译文(篇)			19	0	0	0	0	0	0	0	0	0	0	0	0	0	0	0	0
电子出版物(件)			20	0	0	0	0	0	0	0	0	0	0	0	0	0	0	0	0
发表论文(篇)	合　计		21	39	0	0	0	0	0	0	4	25	2	0	0	0	8	0	0
	国内学术刊物	内地(大陆)	22	39	0	0	0	0	0	0	4	25	2	0	0	0	8	0	0
		港、澳、台地区	23	0	0	0	0	0	0	0	0	0	0	0	0	0	0	0	0
	国外学术刊物		24	0	0	0	0	0	0	0	0	0	0	0	0	0	0	0	0
研究与咨询报告(篇)	合　计		25	0	0	0	0	0	0	0	0	0	0	0	0	0	0	0	0
	被采纳数		26	0	0	0	0	0	0	0	0	0	0	0	0	0	0	0	0

3.28 江苏农牧科技职业学院人文、社会科学研究与课题成果来源情况表

			课题来源															
			合计	国家社科基金项目	国家社科基金单列学科项目	教育部人文社科研究项目	高校古籍整理研究项目	国家自然科学基金项目	中央其他部门社科专门项目	省、市、自治区社科基金项目	省教育厅社科项目	地、市、厅、局等政府部门项目	国际合作研究项目	与港、澳、台地区合作研究项目	企事业单位委托项目	学校社科项目	外资项目	其他
		编号	L01	L02	L03	L04	L05	L06	L07	L08	L09	L10	L11	L12	L13	L14	L15	L16
课题数(项)		1	78	0	0	0	0	0	0	0	64	14	0	0	0	0	0	0
当年投入人数	合计(人年)	2	7.8	0	0	0	0	0	0	0	6.4	1.4	0	0	0	0	0	0
	研究生(人年)	3	0	0	0	0	0	0	0	0	0	0	0	0	0	0	0	0
当年拨入经费	合计(千元)	4	30	0	0	0	0	0	0	0	0	30	0	0	0	0	0	0
	当年立项项目拨入经费(千元)	5	30	0	0	0	0	0	0	0	0	30	0	0	0	0	0	0
当年支出经费(千元)		6	160.96	0	0	0	0	0	0	0	115.86	45.1	0	0	0	0	0	0
当年新开课题数(项)		7	24	0	0	0	0	0	0	0	21	3	0	0	0	0	0	0
当年新开课题批准经费(千元)		8	30	0	0	0	0	0	0	0	0	30	0	0	0	0	0	0
当年完成课题数(项)		9	24	0	0	0	0	0	0	0	16	8	0	0	0	0	0	0

出版著作(部)	合计		10	0	0	0	0	0	0	0	0	0	0	0	0	0	0	0	0
	专著	合计	11	0	0	0	0	0	0	0	0	0	0	0	0	0	0	0	0
		被译成外文	12	0	0	0	0	0	0	0	0	0	0	0	0	0	0	0	0
	编著教材		13	0	0	0	0	0	0	0	0	0	0	0	0	0	0	0	0
	工具书/参考书		14	0	0	0	0	0	0	0	0	0	0	0	0	0	0	0	0
	皮书/发展报告		15	0	0	0	0	0	0	0	0	0	0	0	0	0	0	0	0
	科普读物		16	0	0	0	0	0	0	0	0	0	0	0	0	0	0	0	0
古籍整理(部)			17	0	0	0	0	0	0	0	0	0	0	0	0	0	0	0	0
译著(部)			18	0	0	0	0	0	0	0	0	0	0	0	0	0	0	0	0
发表译文(篇)			19	0	0	0	0	0	0	0	0	0	0	0	0	0	0	0	0
电子出版物(件)			20	0	0	0	0	0	0	0	0	0	0	0	0	0	0	0	0
发表论文(篇)	合计		21	80	0	0	0	0	0	0	0	65	15	0	0	0	0	0	0
	国内学术刊物	内地(大陆)	22	80	0	0	0	0	0	0	0	65	15	0	0	0	0	0	0
		港、澳、台地区	23	0	0	0	0	0	0	0	0	0	0	0	0	0	0	0	0
	国外学术刊物		24	0	0	0	0	0	0	0	0	0	0	0	0	0	0	0	0
研究与咨询报告(篇)	合计		25	0	0	0	0	0	0	0	0	0	0	0	0	0	0	0	0
	被采纳数		26	0	0	0	0	0	0	0	0	0	0	0	0	0	0	0	0

3.29 常州纺织服装职业技术学院人文、社会科学研究与课题成果来源情况表

			课题来源															
			合计	国家社科基金项目	国家社科基金单列学科项目	教育部人文社科研究项目	高校古籍整理研究项目	国家自然科学基金项目	中央其他部门社科专门项目	省、市、自治区社科基金项目	省教育厅社科项目	地、市、厅、局等政府部门项目	国际合作研究项目	与港、澳、台地区合作研究项目	企事业单位委托项目	学校社科项目	外资项目	其他
		编号	L01	L02	L03	L04	L05	L06	L07	L08	L09	L10	L11	L12	L13	L14	L15	L16
课题数(项)		1	329	0	0	3	0	0	0	0	72	90	0	0	54	110	0	0
当年投入人数	合计(人年)	2	40.1	0	0	0.6	0	0	0	0	11.9	10.3	0	0	6.3	11	0	0
	研究生(人年)	3	0	0	0	0	0	0	0	0	0	0	0	0	0	0	0	0
当年拨入经费	合计(千元)	4	336	0	0	80	0	0	0	0	0	69	0	0	22	165	0	0
	当年立项项目拨入经费(千元)	5	326	0	0	80	0	0	0	0	0	69	0	0	17	160	0	0
当年支出经费(千元)		6	625.81	0	0	16.86	0	0	0	0	147.5	43.8	0	0	63.8	353.85	0	0
当年新开课题数(项)		7	126	0	0	1	0	0	0	0	20	70	0	0	12	23	0	0
当年新开课题批准经费(千元)		8	620	0	0	100	0	0	0	0	200	93	0	0	17	210	0	0
当年完成课题数(项)		9	127	0	0	0	0	0	0	0	12	70	0	0	17	28	0	0

出版著作(部)	合 计		10	6	0	0	0	0	0	0	0	2	3	0	0	0	1	0	0
	专著	合 计	11	2	0	0	0	0	0	0	0	1	1	0	0	0	0	0	0
		被译成外文	12	0	0	0	0	0	0	0	0	0	0	0	0	0	0	0	0
	编著教材		13	4	0	0	0	0	0	0	0	1	2	0	0	0	1	0	0
	工具书/参考书		14	0	0	0	0	0	0	0	0	0	0	0	0	0	0	0	0
	皮书/发展报告		15	0	0	0	0	0	0	0	0	0	0	0	0	0	0	0	0
	科普读物		16	0	0	0	0	0	0	0	0	0	0	0	0	0	0	0	0
古籍整理(部)			17	0	0	0	0	0	0	0	0	0	0	0	0	0	0	0	0
译著(部)			18	0	0	0	0	0	0	0	0	0	0	0	0	0	0	0	0
发表译文(篇)			19	0	0	0	0	0	0	0	0	0	0	0	0	0	0	0	0
电子出版物(件)			20	0	0	0	0	0	0	0	0	0	0	0	0	0	0	0	0
发表论文(篇)	合 计		21	269	0	0	0	0	0	0	0	40	105	0	0	14	110	0	0
	国内学术刊物	内地(大陆)	22	260	0	0	0	0	0	0	0	40	99	0	0	14	107	0	0
		港、澳、台地区	23	0	0	0	0	0	0	0	0	0	0	0	0	0	0	0	0
	国外学术刊物		24	9	0	0	0	0	0	0	0	0	6	0	0	0	3	0	0
研究与咨询报告(篇)	合 计		25	20	0	0	0	0	0	0	0	0	5	0	0	15	0	0	0
	被采纳数		26	11	0	0	0	0	0	0	0	0	0	0	0	11	0	0	0

3.30 苏州农业职业技术学院人文、社会科学研究与课题成果来源情况表

			课题来源															
			合计	国家社科基金项目	国家社科基金单列学科项目	教育部人文社科研究项目	高校古籍整理研究项目	国家自然科学基金项目	中央其他部门社科专门项目	省、市、自治区社科基金项目	省教育厅社科项目	地、市、厅、局等政府部门项目	国际合作研究项目	与港、澳、台地区合作研究项目	企事业单位委托项目	学校社科项目	外资项目	其他
		编号	L01	L02	L03	L04	L05	L06	L07	L08	L09	L10	L11	L12	L13	L14	L15	L16
课题数(项)		1	42	0	0	0	0	0	0	5	18	13	0	0	0	6	0	0
当年投入人数	合计(人年)	2	15	0	0	0	0	0	0	1.3	7.7	4.4	0	0	0	1.6	0	0
	研究生(人年)	3	0	0	0	0	0	0	0	0	0	0	0	0	0	0	0	0
当年拨入经费	合计(千元)	4	205	0	0	0	0	0	0	18	0	121	0	0	0	66	0	0
	当年立项项目拨入经费(千元)	5	200	0	0	0	0	0	0	18	0	116	0	0	0	66	0	0
当年支出经费(千元)		6	201	0	0	0	0	0	0	17	6	123	0	0	0	55	0	0
当年新开课题数(项)		7	31	0	0	0	0	0	0	5	10	11	0	0	0	5	0	0
当年新开课题批准经费(千元)		8	567	0	0	0	0	0	0	53	100	229	0	0	0	185	0	0
当年完成课题数(项)		9	13	0	0	0	0	0	0	0	5	8	0	0	0	0	0	0

出版著作(部)	合　计		10	0	0	0	0	0	0	0	0	0	0	0	0	0	0	0	0
	专著	合　计	11	0	0	0	0	0	0	0	0	0	0	0	0	0	0	0	0
		被译成外文	12	0	0	0	0	0	0	0	0	0	0	0	0	0	0	0	0
	编著教材		13	0	0	0	0	0	0	0	0	0	0	0	0	0	0	0	0
	工具书/参考书		14	0	0	0	0	0	0	0	0	0	0	0	0	0	0	0	0
	皮书/发展报告		15	0	0	0	0	0	0	0	0	0	0	0	0	0	0	0	0
	科普读物		16	0	0	0	0	0	0	0	0	0	0	0	0	0	0	0	0
古籍整理(部)			17	0	0	0	0	0	0	0	0	0	0	0	0	0	0	0	0
译著(部)			18	0	0	0	0	0	0	0	0	0	0	0	0	0	0	0	0
发表译文(篇)			19	0	0	0	0	0	0	0	0	0	0	0	0	0	0	0	0
电子出版物(件)			20	0	0	0	0	0	0	0	0	0	0	0	0	0	0	0	0
发表论文(篇)	合　计		21	28	0	0	0	0	0	0	2	20	4	0	0	0	2	0	0
	国内学术刊物	内地(大陆)	22	28	0	0	0	0	0	0	2	20	4	0	0	0	2	0	0
		港、澳、台地区	23	0	0	0	0	0	0	0	0	0	0	0	0	0	0	0	0
	国外学术刊物		24	0	0	0	0	0	0	0	0	0	0	0	0	0	0	0	0
研究与咨询报告(篇)	合　计		25	0	0	0	0	0	0	0	0	0	0	0	0	0	0	0	0
	被采纳数		26	0	0	0	0	0	0	0	0	0	0	0	0	0	0	0	0

3.31 南京科技职业学院人文、社会科学研究与课题成果来源情况表

		编号	课题来源 合计	国家社科基金项目	国家社科基金单列学科项目	教育部人文社科研究项目	高校古籍整理研究项目	国家自然科学基金项目	中央其他部门社科专门项目	省、市、自治区社科基金项目	省教育厅社科项目	地、市、厅、局等政府部门项目	国际合作研究项目	与港、澳、台地区合作研究项目	企事业单位委托项目	学校社科项目	外资项目	其他
			L01	L02	L03	L04	L05	L06	L07	L08	L09	L10	L11	L12	L13	L14	L15	L16
课题数(项)		1	384	0	0	1	0	0	0	2	78	72	0	0	35	196	0	0
当年投入人数	合计(人年)	2	43.9	0	0	0.1	0	0	0	0.2	8.8	7.7	0	0	3.9	23.2	0	0
	研究生(人年)	3	0	0	0	0	0	0	0	0	0	0	0	0	0	0	0	0
当年拨入经费	合计(千元)	4	765	0	0	0	0	0	0	0	0	43	0	0	542	180	0	0
	当年立项项目拨入经费(千元)	5	765	0	0	0	0	0	0	0	0	43	0	0	542	180	0	0
当年支出经费(千元)		6	1110.7	0	0	5	0	0	0	0	64	70	0	0	786.7	185	0	0
当年新开课题数(项)		7	143	0	0	0	0	0	0	1	20	25	0	0	16	81	0	0
当年新开课题批准经费(千元)		8	765	0	0	0	0	0	0	0	0	43	0	0	542	180	0	0
当年完成课题数(项)		9	118	0	0	0	0	0	0	0	16	23	0	0	20	59	0	0

出版著作(部)	合计		10	8	0	0	0	0	0	0	1	1	4	0	0	0	2	0	0
	专著	合计	11	3	0	0	0	0	0	0	0	1	2	0	0	0	0	0	0
		被译成外文	12	0	0	0	0	0	0	0	0	0	0	0	0	0	0	0	0
	编著教材		13	5	0	0	0	0	0	0	1	0	2	0	0	0	2	0	0
	工具书/参考书		14	0	0	0	0	0	0	0	0	0	0	0	0	0	0	0	0
	皮书/发展报告		15	0	0	0	0	0	0	0	0	0	0	0	0	0	0	0	0
	科普读物		16	0	0	0	0	0	0	0	0	0	0	0	0	0	0	0	0
古籍整理(部)			17	0	0	0	0	0	0	0	0	0	0	0	0	0	0	0	0
译著(部)			18	0	0	0	0	0	0	0	0	0	0	0	0	0	0	0	0
发表译文(篇)			19	0	0	0	0	0	0	0	0	0	0	0	0	0	0	0	0
电子出版物(件)			20	0	0	0	0	0	0	0	0	0	0	0	0	0	0	0	0
发表论文(篇)	合计		21	143	0	0	0	0	0	0	0	41	36	0	0	0	66	0	0
	国内学术刊物	内地(大陆)	22	143	0	0	0	0	0	0	0	41	36	0	0	0	66	0	0
		港、澳、台地区	23	0	0	0	0	0	0	0	0	0	0	0	0	0	0	0	0
	国外学术刊物		24	0	0	0	0	0	0	0	0	0	0	0	0	0	0	0	0
研究与咨询报告(篇)	合计		25	20	0	0	0	0	0	0	0	0	0	0	0	20	0	0	0
	被采纳数		26	16	0	0	0	0	0	0	0	0	0	0	0	16	0	0	0

3.32 常州工业职业技术学院人文、社会科学研究与课题成果来源情况表

			课题来源															
			合计	国家社科基金项目	国家社科基金单列学科项目	教育部人文社科研究项目	高校古籍整理研究项目	国家自然科学基金项目	中央其他部门社科专门项目	省、市、自治区社科基金项目	省教育厅社科项目	地、市、厅、局等政府部门项目	国际合作研究项目	与港、澳、台地区合作研究项目	企事业单位委托项目	学校社科项目	外资项目	其他
		编号	L01	L02	L03	L04	L05	L06	L07	L08	L09	L10	L11	L12	L13	L14	L15	L16
课题数(项)		1	304	0	0	5	0	0	0	2	85	80	0	0	74	58	0	0
当年投入人数	合计(人年)	2	57.2	0	0	1.1	0	0	0	0.5	17.3	14.7	0	0	12.1	11.5	0	0
	研究生(人年)	3	0	0	0	0	0	0	0	0	0	0	0	0	0	0	0	0
当年拨入经费	合计(千元)	4	2265.08	0	0	160	0	0	0	40	0	27	0	0	1993.08	45	0	0
	当年立项项目拨入经费(千元)	5	2066.08	0	0	20	0	0	0	40	0	13	0	0	1948.08	45	0	0
当年支出经费(千元)		6	2038.26	0	0	106	0	0	0	20	100	198	0	0	1540.26	74	0	0
当年新开课题数(项)		7	111	0	0	1	0	0	0	1	21	40	0	0	38	10	0	0
当年新开课题批准经费(千元)		8	2131.08	0	0	20	0	0	0	50	0	23	0	0	1948.08	90	0	0
当年完成课题数(项)		9	61	0	0	0	0	0	0	0	15	25	0	0	8	13	0	0

出版著作(部)	合计		10	5	0	0	0	0	0	0	0	2	1	0	0	2	0	0	0
	专著	合计	11	0	0	0	0	0	0	0	0	0	0	0	0	0	0	0	0
		被译成外文	12	0	0	0	0	0	0	0	0	0	0	0	0	0	0	0	0
	编著教材		13	5	0	0	0	0	0	0	0	2	1	0	0	2	0	0	0
	工具书/参考书		14	0	0	0	0	0	0	0	0	0	0	0	0	0	0	0	0
	皮书/发展报告		15	0	0	0	0	0	0	0	0	0	0	0	0	0	0	0	0
	科普读物		16	0	0	0	0	0	0	0	0	0	0	0	0	0	0	0	0
古籍整理(部)			17	0	0	0	0	0	0	0	0	0	0	0	0	0	0	0	0
译著(部)			18	0	0	0	0	0	0	0	0	0	0	0	0	0	0	0	0
发表译文(篇)			19	0	0	0	0	0	0	0	0	0	0	0	0	0	0	0	0
电子出版物(件)			20	0	0	0	0	0	0	0	0	0	0	0	0	0	0	0	0
发表论文(篇)	合计		21	79	0	0	8	0	0	0	0	45	22	0	0	0	4	0	0
	国内学术刊物	内地(大陆)	22	79	0	0	8	0	0	0	0	45	22	0	0	0	4	0	0
		港、澳、台地区	23	0	0	0	0	0	0	0	0	0	0	0	0	0	0	0	0
	国外学术刊物		24	0	0	0	0	0	0	0	0	0	0	0	0	0	0	0	0
研究与咨询报告(篇)	合计		25	53	0	0	0	0	0	0	0	0	23	0	0	21	9	0	0
	被采纳数		26	0	0	0	0	0	0	0	0	0	0	0	0	0	0	0	0

3.33 常州工程职业技术学院人文、社会科学研究与课题成果来源情况表

		编号	合计	国家社科基金项目	国家社科基金单列学科项目	教育部人文社科研究项目	高校古籍整理研究项目	国家自然科学基金项目	中央其他部门社科专门项目	省、市、自治区社科基金项目	省教育厅社科项目	地、市、厅、局等政府部门项目	国际合作研究项目	与港、澳、台地区合作研究项目	企事业单位委托项目	学校社科项目	外资项目	其他
			L01	L02	L03	L04	L05	L06	L07	L08	L09	L10	L11	L12	L13	L14	L15	L16
课题数(项)		1	298	0	0	3	0	0	1	15	68	103	0	0	38	70	0	0
当年投入人数	合计(人年)	2	29.8	0	0	0.3	0	0	0.1	1.5	6.8	10.3	0	0	3.8	7	0	0
	研究生(人年)	3	0	0	0	0	0	0	0	0	0	0	0	0	0	0	0	0
当年拨入经费	合计(千元)	4	1162.49	0	0	5	0	0	165	0	0	92	0	0	768.49	132	0	0
	当年立项项目拨入经费(千元)	5	1157.49	0	0	0	0	0	165	0	0	92	0	0	768.49	132	0	0
当年支出经费(千元)		6	1427.39	0	0	110	0	0	85	0	12	204	0	0	903.99	112.4	0	0
当年新开课题数(项)		7	169	0	0	0	0	0	1	14	20	92	0	0	14	28	0	0
当年新开课题批准经费(千元)		8	1157.49	0	0	0	0	0	165	0	0	92	0	0	768.49	132	0	0
当年完成课题数(项)		9	169	0	0	2	0	0	0	1	16	100	0	0	36	14	0	0

出版著作（部）	合　计		10	4	0	0	2	0	0	0	2	0	0	0	0	0	0	0	0
	专著	合　计	11	4	0	0	2	0	0	0	2	0	0	0	0	0	0	0	0
		被译成外文	12	0	0	0	0	0	0	0	0	0	0	0	0	0	0	0	0
	编著教材		13	0	0	0	0	0	0	0	0	0	0	0	0	0	0	0	0
	工具书/参考书		14	0	0	0	0	0	0	0	0	0	0	0	0	0	0	0	0
	皮书/发展报告		15	0	0	0	0	0	0	0	0	0	0	0	0	0	0	0	0
	科普读物		16	0	0	0	0	0	0	0	0	0	0	0	0	0	0	0	0
古籍整理（部）			17	0	0	0	0	0	0	0	0	0	0	0	0	0	0	0	0
译著（部）			18	0	0	0	0	0	0	0	0	0	0	0	0	0	0	0	0
发表译文（篇）			19	0	0	0	0	0	0	0	0	0	0	0	0	0	0	0	0
电子出版物（件）			20	0	0	0	0	0	0	0	0	0	0	0	0	0	0	0	0
发表论文（篇）	合　计		21	152	0	0	3	0	0	2	20	24	79	0	0	0	24	0	0
	国内学术刊物	内地（大陆）	22	152	0	0	3	0	0	2	20	24	79	0	0	0	24	0	0
		港、澳、台地区	23	0	0	0	0	0	0	0	0	0	0	0	0	0	0	0	0
	国外学术刊物		24	0	0	0	0	0	0	0	0	0	0	0	0	0	0	0	0
研究与咨询报告（篇）	合　计		25	18	0	0	0	0	0	0	0	0	0	0	0	18	0	0	0
	被采纳数		26	17	0	0	0	0	0	0	0	0	0	0	0	17	0	0	0

3.34 江苏农林职业技术学院人文、社会科学研究与课题成果来源情况表

		编号	合计	国家社科基金项目	国家社科基金单列学科项目	教育部人文社科研究项目	高校古籍整理研究项目	国家自然科学基金项目	中央其他部门社科专门项目	省、市、自治区社科基金项目	省教育厅社科项目	地、市、厅、局等政府部门项目	国际合作研究项目	与港、澳、台地区合作研究项目	企事业单位委托项目	学校社科项目	外资项目	其他
			课题来源															
			L01	L02	L03	L04	L05	L06	L07	L08	L09	L10	L11	L12	L13	L14	L15	L16
课题数(项)		1	74	0	0	2	0	0	0	1	60	11	0	0	0	0	0	0
当年投入人数	合计(人年)	2	10	0	0	0.4	0	0	0	0.2	8	1.4	0	0	0	0	0	0
	研究生(人年)	3	0	0	0	0	0	0	0	0	0	0	0	0	0	0	0	0
当年拨入经费	合计(千元)	4	135	0	0	50	0	0	0	40	0	45	0	0	0	0	0	0
	当年立项项目拨入经费(千元)	5	135	0	0	50	0	0	0	40	0	45	0	0	0	0	0	0
当年支出经费(千元)		6	175.5	0	0	48	0	0	0	36	20	71.5	0	0	0	0	0	0
当年新开课题数(项)		7	25	0	0	1	0	0	0	1	20	3	0	0	0	0	0	0
当年新开课题批准经费(千元)		8	195	0	0	100	0	0	0	50	0	45	0	0	0	0	0	0
当年完成课题数(项)		9	21	0	0	0	0	0	0	0	15	6	0	0	0	0	0	0

出版著作(部)	合 计		10	0	0	0	0	0	0	0	0	0	0	0	0	0	0	0	0
	专著	合 计	11	0	0	0	0	0	0	0	0	0	0	0	0	0	0	0	0
		被译成外文	12	0	0	0	0	0	0	0	0	0	0	0	0	0	0	0	0
	编著教材		13	0	0	0	0	0	0	0	0	0	0	0	0	0	0	0	0
	工具书/参考书		14	0	0	0	0	0	0	0	0	0	0	0	0	0	0	0	0
	皮书/发展报告		15	0	0	0	0	0	0	0	0	0	0	0	0	0	0	0	0
	科普读物		16	0	0	0	0	0	0	0	0	0	0	0	0	0	0	0	0
古籍整理(部)			17	0	0	0	0	0	0	0	0	0	0	0	0	0	0	0	0
译著(部)			18	0	0	0	0	0	0	0	0	0	0	0	0	0	0	0	0
发表译文(篇)			19	0	0	0	0	0	0	0	0	0	0	0	0	0	0	0	0
电子出版物(件)			20	0	0	0	0	0	0	0	0	0	0	0	0	0	0	0	0
发表论文(篇)	合 计		21	37	0	0	3	0	0	0	0	25	9	0	0	0	0	0	0
	国内学术刊物	内地(大陆)	22	37	0	0	3	0	0	0	0	25	9	0	0	0	0	0	0
		港、澳、台地区	23	0	0	0	0	0	0	0	0	0	0	0	0	0	0	0	0
	国外学术刊物		24	0	0	0	0	0	0	0	0	0	0	0	0	0	0	0	0
研究与咨询报告(篇)	合 计		25	0	0	0	0	0	0	0	0	0	0	0	0	0	0	0	0
	被采纳数		26	0	0	0	0	0	0	0	0	0	0	0	0	0	0	0	0

3.35 江苏食品药品职业技术学院人文、社会科学研究与课题成果来源情况表

			课题来源															
			合计	国家社科基金项目	国家社科基金单列学科项目	教育部人文社科研究项目	高校古籍整理研究项目	国家自然科学基金项目	中央其他部门社科专门项目	省、市、自治区社科基金项目	省教育厅社科项目	地、市、厅、局等政府部门项目	国际合作研究项目	与港、澳、台地区合作研究项目	企事业单位委托项目	学校社科项目	外资项目	其他
		编号	L01	L02	L03	L04	L05	L06	L07	L08	L09	L10	L11	L12	L13	L14	L15	L16
课题数(项)		1	119	0	0	0	0	0	1	1	59	24	0	0	13	21	0	0
当年投入人数	合计(人年)	2	25.5	0	0	0	0	0	0.2	0.3	13.4	4.7	0	0	2.9	4	0	0
	研究生(人年)	3	0	0	0	0	0	0	0	0	0	0	0	0	0	0	0	0
当年拨入经费	合计(千元)	4	995	0	0	0	0	0	0	0	0	57	0	0	938	0	0	0
	当年立项项目拨入经费(千元)	5	995	0	0	0	0	0	0	0	0	57	0	0	938	0	0	0
当年支出经费(千元)		6	587.6	0	0	0	0	0	16	0	69.2	40	0	0	435	27.4	0	0
当年新开课题数(项)		7	46	0	0	0	0	0	0	1	19	12	0	0	9	5	0	0
当年新开课题批准经费(千元)		8	1495	0	0	0	0	0	0	20	190	57	0	0	938	290	0	0
当年完成课题数(项)		9	43	0	0	0	0	0	0	0	16	11	0	0	3	13	0	0

出版著作(部)	合 计		10	0	0	0	0	0	0	0	0	0	0	0	0	0	0	0	0
	专著	合 计	11	0	0	0	0	0	0	0	0	0	0	0	0	0	0	0	0
		被译成外文	12	0	0	0	0	0	0	0	0	0	0	0	0	0	0	0	0
	编著教材		13	0	0	0	0	0	0	0	0	0	0	0	0	0	0	0	0
	工具书/参考书		14	0	0	0	0	0	0	0	0	0	0	0	0	0	0	0	0
	皮书/发展报告		15	0	0	0	0	0	0	0	0	0	0	0	0	0	0	0	0
	科普读物		16	0	0	0	0	0	0	0	0	0	0	0	0	0	0	0	0
古籍整理(部)			17	0	0	0	0	0	0	0	0	0	0	0	0	0	0	0	0
译著(部)			18	0	0	0	0	0	0	0	0	0	0	0	0	0	0	0	0
发表译文(篇)			19	0	0	0	0	0	0	0	0	0	0	0	0	0	0	0	0
电子出版物(件)			20	0	0	0	0	0	0	0	0	0	0	0	0	0	0	0	0
发表论文(篇)	合 计		21	54	0	0	0	0	0	0	0	23	12	0	0	0	19	0	0
	国内学术刊物	内地(大陆)	22	54	0	0	0	0	0	0	0	23	12	0	0	0	19	0	0
		港、澳、台地区	23	0	0	0	0	0	0	0	0	0	0	0	0	0	0	0	0
	国外学术刊物		24	0	0	0	0	0	0	0	0	0	0	0	0	0	0	0	0
研究与咨询报告(篇)	合 计		25	17	0	0	0	0	0	0	0	0	8	0	0	9	0	0	0
	被采纳数		26	0	0	0	0	0	0	0	0	0	0	0	0	0	0	0	0

3.36 南京铁道职业技术学院人文、社会科学研究与课题成果来源情况表

			课题来源															
			合计	国家社科基金项目	国家社科基金单列学科项目	教育部人文社科研究项目	高校古籍整理研究项目	国家自然科学基金项目	中央其他部门社科专门项目	省、市、自治区社科基金项目	省教育厅社科项目	地、市、厅、局等政府部门项目	国际合作研究项目	与港、澳、台地区合作研究项目	企事业单位委托项目	学校社科项目	外资项目	其他
		编号	L01	L02	L03	L04	L05	L06	L07	L08	L09	L10	L11	L12	L13	L14	L15	L16
课题数(项)		1	222	0	0	0	0	0	0	2	73	12	0	0	4	131	0	0
当年投入人数	合计(人年)	2	22.1	0	0	0	0	0	0	0.2	7.3	1.2	0	0	0.3	13.1	0	0
	研究生(人年)	3	0	0	0	0	0	0	0	0	0	0	0	0	0	0	0	0
当年拨入经费	合计(千元)	4	455.5	0	0	0	0	0	0	0	40	130	0	0	0	285.5	0	0
	当年立项项目拨入经费(千元)	5	455.5	0	0	0	0	0	0	0	40	130	0	0	0	285.5	0	0
当年支出经费(千元)		6	659.1	0	0	0	0	0	0	0	307.1	74	0	0	43	235	0	0
当年新开课题数(项)		7	113	0	0	0	0	0	0	1	20	12	0	0	0	80	0	0
当年新开课题批准经费(千元)		8	515.5	0	0	0	0	0	0	0	100	130	0	0	0	285.5	0	0
当年完成课题数(项)		9	86	0	0	0	0	0	0	0	32	0	0	0	3	51	0	0

			编号																
出版著作(部)	合　计		10	1	0	0	0	0	0	0	0	0	0	0	0	0	1	0	0
	专著	合　计	11	0	0	0	0	0	0	0	0	0	0	0	0	0	0	0	0
		被译成外文	12	0	0	0	0	0	0	0	0	0	0	0	0	0	0	0	0
	编著教材		13	1	0	0	0	0	0	0	0	0	0	0	0	0	1	0	0
	工具书/参考书		14	0	0	0	0	0	0	0	0	0	0	0	0	0	0	0	0
	皮书/发展报告		15	0	0	0	0	0	0	0	0	0	0	0	0	0	0	0	0
	科普读物		16	0	0	0	0	0	0	0	0	0	0	0	0	0	0	0	0
古籍整理(部)			17	0	0	0	0	0	0	0	0	0	0	0	0	0	0	0	0
译著(部)			18	0	0	0	0	0	0	0	0	0	0	0	0	0	0	0	0
发表译文(篇)			19	0	0	0	0	0	0	0	0	0	0	0	0	0	0	0	0
电子出版物(件)			20	0	0	0	0	0	0	0	0	0	0	0	0	0	0	0	0
发表论文(篇)	合　计		21	113	0	0	0	0	0	0	0	65	1	0	0	2	45	0	0
	国内学术刊物	内地(大陆)	22	112	0	0	0	0	0	0	0	64	1	0	0	2	45	0	0
		港、澳、台地区	23	0	0	0	0	0	0	0	0	0	0	0	0	0	0	0	0
	国外学术刊物		24	1	0	0	0	0	0	0	0	1	0	0	0	0	0	0	0
研究与咨询报告(篇)	合　计		25	2	0	0	0	0	0	0	0	0	0	0	0	2	0	0	0
	被采纳数		26	2	0	0	0	0	0	0	0	0	0	0	0	2	0	0	0

3.37 徐州工业职业技术学院人文、社会科学研究与课题成果来源情况表

			课题来源															
			合计	国家社科基金项目	国家社科基金单列学科项目	教育部人文社科研究项目	高校古籍整理研究项目	国家自然科学基金项目	中央其他部门社科专门项目	省、市、自治区社科基金项目	省教育厅社科项目	地、市、厅、局等政府部门项目	国际合作研究项目	与港、澳、台地区合作研究项目	企事业单位委托项目	学校社科项目	外资项目	其他
		编号	L01	L02	L03	L04	L05	L06	L07	L08	L09	L10	L11	L12	L13	L14	L15	L16
课题数(项)		1	241	0	0	0	0	0	0	1	59	61	0	0	45	75	0	0
当年投入人数	合计(人年)	2	24.1	0	0	0	0	0	0	0.1	5.9	6.1	0	0	4.5	7.5	0	0
	研究生(人年)	3	0	0	0	0	0	0	0	0	0	0	0	0	0	0	0	0
当年拨入经费	合计(千元)	4	548	0	0	0	0	0	0	0	0	340	0	0	208	0	0	0
	当年立项项目拨入经费(千元)	5	548	0	0	0	0	0	0	0	0	340	0	0	208	0	0	0
当年支出经费(千元)		6	541.46	0	0	0	0	0	0	2	76.22	368.6	0	0	91.33	3.31	0	0
当年新开课题数(项)		7	89	0	0	0	0	0	0	0	19	34	0	0	21	15	0	0
当年新开课题批准经费(千元)		8	548	0	0	0	0	0	0	0	0	340	0	0	208	0	0	0
当年完成课题数(项)		9	60	0	0	0	0	0	0	1	13	27	0	0	2	17	0	0

出版著作（部）	合　计		10	9	0	0	0	0	0	0	0	0	3	0	0	2	4	0	0
	专著	合　计	11	3	0	0	0	0	0	0	0	0	2	0	0	0	1	0	0
		被译成外文	12	0	0	0	0	0	0	0	0	0	0	0	0	0	0	0	0
	编著教材		13	6	0	0	0	0	0	0	0	0	1	0	0	2	3	0	0
	工具书/参考书		14	0	0	0	0	0	0	0	0	0	0	0	0	0	0	0	0
	皮书/发展报告		15	0	0	0	0	0	0	0	0	0	0	0	0	0	0	0	0
	科普读物		16	0	0	0	0	0	0	0	0	0	0	0	0	0	0	0	0
古籍整理（部）			17	0	0	0	0	0	0	0	0	0	0	0	0	0	0	0	0
译著（部）			18	0	0	0	0	0	0	0	0	0	0	0	0	0	0	0	0
发表译文（篇）			19	0	0	0	0	0	0	0	0	0	0	0	0	0	0	0	0
电子出版物（件）			20	0	0	0	0	0	0	0	0	0	0	0	0	0	0	0	0
发表论文（篇）	合　计		21	80	0	0	0	0	0	0	2	23	13	0	0	11	31	0	0
	国内学术刊物	内地（大陆）	22	79	0	0	0	0	0	0	2	23	13	0	0	10	31	0	0
		港、澳、台地区	23	0	0	0	0	0	0	0	0	0	0	0	0	0	0	0	0
	国外学术刊物		24	1	0	0	0	0	0	0	0	0	0	0	0	1	0	0	0
研究与咨询报告（篇）	合　计		25	22	0	0	0	0	0	0	0	0	22	0	0	0	0	0	0
	被采纳数		26	22	0	0	0	0	0	0	0	0	22	0	0	0	0	0	0

3.38 江苏信息职业技术学院人文、社会科学研究与课题成果来源情况表

			课题来源															
			合计	国家社科基金项目	国家社科基金单列学科项目	教育部人文社科研究项目	高校古籍整理研究项目	国家自然科学基金项目	中央其他部门社科专门项目	省、市、自治区社科基金项目	省教育厅社科项目	地、市、厅、局等政府部门项目	国际合作研究项目	与港、澳、台地区合作研究项目	企事业单位委托项目	学校社科项目	外资项目	其他
		编号	L01	L02	L03	L04	L05	L06	L07	L08	L09	L10	L11	L12	L13	L14	L15	L16
课题数(项)		1	241	0	0	0	0	0	3	0	67	82	0	0	67	22	0	0
当年投入人数	合计(人年)	2	41.5	0	0	0	0	0	0.7	0	8.9	17.6	0	0	11.5	2.8	0	0
	研究生(人年)	3	0	0	0	0	0	0	0	0	0	0	0	0	0	0	0	0
当年拨入经费	合计(千元)	4	2718.676	0	0	0	0	0	20	0	220	424.5	0	0	2043.176	11	0	0
	当年立项项目拨入经费(千元)	5	2718.676	0	0	0	0	0	20	0	220	424.5	0	0	2043.176	11	0	0
当年支出经费(千元)		6	2193.109	0	0	0	0	0	10	0	218.898	156.7	0	0	1783.916	23.595	0	0
当年新开课题数(项)		7	104	0	0	0	0	0	3	0	22	50	0	0	26	3	0	0
当年新开课题批准经费(千元)		8	2718.676	0	0	0	0	0	20	0	220	424.5	0	0	2043.176	11	0	0
当年完成课题数(项)		9	49	0	0	0	0	0	0	0	3	7	0	0	39	0	0	0

出版著作(部)	合计		10	1	0	0	0	0	0	0	0	0	1	0	0	0	0	0	0
	专著	合计	11	1	0	0	0	0	0	0	0	0	1	0	0	0	0	0	0
		被译成外文	12	0	0	0	0	0	0	0	0	0	0	0	0	0	0	0	0
	编著教材		13	0	0	0	0	0	0	0	0	0	0	0	0	0	0	0	0
	工具书/参考书		14	0	0	0	0	0	0	0	0	0	0	0	0	0	0	0	0
	皮书/发展报告		15	0	0	0	0	0	0	0	0	0	0	0	0	0	0	0	0
	科普读物		16	0	0	0	0	0	0	0	0	0	0	0	0	0	0	0	0
古籍整理(部)			17	0	0	0	0	0	0	0	0	0	0	0	0	0	0	0	0
译著(部)			18	0	0	0	0	0	0	0	0	0	0	0	0	0	0	0	0
发表译文(篇)			19	0	0	0	0	0	0	0	0	0	0	0	0	0	0	0	0
电子出版物(件)			20	0	0	0	0	0	0	0	0	0	0	0	0	0	0	0	0
发表论文(篇)	合计		21	73	0	0	0	0	0	0	10	37	19	0	0	5	2	0	0
	国内学术刊物	内地(大陆)	22	73	0	0	0	0	0	0	10	37	19	0	0	5	2	0	0
		港、澳、台地区	23	0	0	0	0	0	0	0	0	0	0	0	0	0	0	0	0
	国外学术刊物		24	0	0	0	0	0	0	0	0	0	0	0	0	0	0	0	0
研究与咨询报告(篇)	合计		25	6	0	0	0	0	0	0	0	0	0	0	0	6	0	0	0
	被采纳数		26	6	0	0	0	0	0	0	0	0	0	0	0	6	0	0	0

3.39 南京信息职业技术学院人文、社会科学研究与课题成果来源情况表

			课题来源															
			合计	国家社科基金项目	国家社科基金单列学科项目	教育部人文社科研究项目	高校古籍整理研究项目	国家自然科学基金项目	中央其他部门社科专门项目	省、市、自治区社科基金项目	省教育厅社科项目	地、市、厅、局等政府部门项目	国际合作研究项目	与港、澳、台地区合作研究项目	企事业单位委托项目	学校社科项目	外资项目	其他
		编号	L01	L02	L03	L04	L05	L06	L07	L08	L09	L10	L11	L12	L13	L14	L15	L16
课题数(项)		1	301	0	1	3	0	0	0	20	83	36	0	0	62	96	0	0
当年投入人数	合计(人年)	2	31.2	0	0.2	0.4	0	0	0	2.4	8.7	3.6	0	0	6.3	9.6	0	0
	研究生(人年)	3	0	0	0	0	0	0	0	0	0	0	0	0	0	0	0	0
当年拨入经费	合计(千元)	4	1221.74	0	0	100	0	0	0	40	104	65	0	0	861.24	51.5	0	0
	当年立项项目拨入经费(千元)	5	1027.74	0	0	60	0	0	0	40	0	65	0	0	811.24	51.5	0	0
当年支出经费(千元)		6	1576.61	0	4.05	52.455	0	0	0	43.06	325.94	95.485	0	0	805.195	250.425	0	0
当年新开课题数(项)		7	110	0	0	2	0	0	0	11	20	13	0	0	34	30	0	0
当年新开课题批准经费(千元)		8	1197.74	0	0	120	0	0	0	50	0	85	0	0	891.24	51.5	0	0
当年完成课题数(项)		9	72	0	0	0	0	0	0	4	16	12	0	0	12	28	0	0

出版著作(部)	合　计		10	3	0	0	0	0	0	0	2	0	0	0	0	0	1	0	0
	专著	合　计	11	2	0	0	0	0	0	0	2	0	0	0	0	0	0	0	0
		被译成外文	12	0	0	0	0	0	0	0	0	0	0	0	0	0	0	0	0
	编著教材		13	1	0	0	0	0	0	0	0	0	0	0	0	0	1	0	0
	工具书/参考书		14	0	0	0	0	0	0	0	0	0	0	0	0	0	0	0	0
	皮书/发展报告		15	0	0	0	0	0	0	0	0	0	0	0	0	0	0	0	0
	科普读物		16	0	0	0	0	0	0	0	0	0	0	0	0	0	0	0	0
古籍整理(部)			17	0	0	0	0	0	0	0	0	0	0	0	0	0	0	0	0
译著(部)			18	0	0	0	0	0	0	0	0	0	0	0	0	0	0	0	0
发表译文(篇)			19	0	0	0	0	0	0	0	0	0	0	0	0	0	0	0	0
电子出版物(件)			20	0	0	0	0	0	0	0	0	0	0	0	0	0	0	0	0
发表论文(篇)	合　计		21	98	0	0	1	0	0	0	10	30	13	0	0	13	31	0	0
	国内学术刊物	内地(大陆)	22	97	0	0	0	0	0	0	10	30	13	0	0	13	31	0	0
		港、澳、台地区	23	0	0	0	0	0	0	0	0	0	0	0	0	0	0	0	0
	国外学术刊物		24	1	0	0	1	0	0	0	0	0	0	0	0	0	0	0	0
研究与咨询报告(篇)	合　计		25	12	0	0	0	0	0	0	0	0	0	0	0	12	0	0	0
	被采纳数		26	0	0	0	0	0	0	0	0	0	0	0	0	0	0	0	0

3.40 常州机电职业技术学院人文、社会科学研究与课题成果来源情况表

			课题来源															
			合计	国家社科基金项目	国家社科基金单列学科项目	教育部人文社科研究项目	高校古籍整理研究项目	国家自然科学基金项目	中央其他部门社科专门项目	省、市、自治区社科基金项目	省教育厅社科项目	地、市、厅、局等政府部门项目	国际合作研究项目	与港、澳、台地区合作研究项目	企事业单位委托项目	学校社科项目	外资项目	其他
		编号	L01	L02	L03	L04	L05	L06	L07	L08	L09	L10	L11	L12	L13	L14	L15	L16
课题数(项)		1	255	0	0	10	0	0	1	0	66	107	0	0	26	44	0	1
当年投入人数	合计(人年)	2	31.7	0	0	2.1	0	0	0.2	0	11	10.9	0	0	2.9	4.5	0	0.1
	研究生(人年)	3	0	0	0	0	0	0	0	0	0	0	0	0	0	0	0	0
当年拨入经费	合计(千元)	4	187	0	0	80	0	0	0	0	0	12	0	0	95	0	0	0
	当年立项项目拨入经费(千元)	5	186	0	0	80	0	0	0	0	0	11	0	0	95	0	0	0
当年支出经费(千元)		6	288.45	0	0	110	0	0	0	0	94	18.2	0	0	66.25	0	0	0
当年新开课题数(项)		7	113	0	0	2	0	0	0	0	20	54	0	0	9	27	0	1
当年新开课题批准经费(千元)		8	286	0	0	180	0	0	0	0	0	11	0	0	95	0	0	0
当年完成课题数(项)		9	76	0	0	1	0	0	0	0	13	49	0	0	0	13	0	0

出版著作(部)	合 计		10	2	0	0	2	0	0	0	0	0	0	0	0	0	0	0	0
	专著	合 计	11	2	0	0	2	0	0	0	0	0	0	0	0	0	0	0	0
		被译成外文	12	0	0	0	0	0	0	0	0	0	0	0	0	0	0	0	0
	编著教材		13	0	0	0	0	0	0	0	0	0	0	0	0	0	0	0	0
	工具书/参考书		14	0	0	0	0	0	0	0	0	0	0	0	0	0	0	0	0
	皮书/发展报告		15	0	0	0	0	0	0	0	0	0	0	0	0	0	0	0	0
	科普读物		16	0	0	0	0	0	0	0	0	0	0	0	0	0	0	0	0
古籍整理(部)			17	0	0	0	0	0	0	0	0	0	0	0	0	0	0	0	0
译著(部)			18	0	0	0	0	0	0	0	0	0	0	0	0	0	0	0	0
发表译文(篇)			19	0	0	0	0	0	0	0	0	0	0	0	0	0	0	0	0
电子出版物(件)			20	0	0	0	0	0	0	0	0	0	0	0	0	0	0	0	0
发表论文(篇)	合 计		21	98	0	0	7	0	0	0	0	33	26	0	0	14	18	0	0
	国内学术刊物	内地(大陆)	22	79	0	0	5	0	0	0	0	28	22	0	0	10	14	0	0
		港、澳、台地区	23	0	0	0	0	0	0	0	0	0	0	0	0	0	0	0	0
	国外学术刊物		24	19	0	0	2	0	0	0	0	5	4	0	0	4	4	0	0
研究与咨询报告(篇)	合 计		25	40	0	0	0	0	0	0	0	0	40	0	0	0	0	0	0
	被采纳数		26	0	0	0	0	0	0	0	0	0	0	0	0	0	0	0	0

3.41 江阴职业技术学院人文、社会科学研究与课题成果来源情况表

		编号	合计	国家社科基金项目	国家社科基金单列学科项目	教育部人文社科研究项目	高校古籍整理研究项目	国家自然科学基金项目	中央其他部门社科专门项目	省、市、自治区社科基金项目	省教育厅社科项目	地、市、厅、局等政府部门项目	国际合作研究项目	与港、澳、台地区合作研究项目	企事业单位委托项目	学校社科项目	外资项目	其他
			课题来源															
			L01	L02	L03	L04	L05	L06	L07	L08	L09	L10	L11	L12	L13	L14	L15	L16
课题数(项)		1	98	0	0	0	0	0	0	5	41	28	0	0	6	18	0	0
当年投入人数	合计(人年)	2	13.6	0	0	0	0	0	0	0.5	6	4.1	0	0	1.2	1.8	0	0
	研究生(人年)	3	0	0	0	0	0	0	0	0	0	0	0	0	0	0	0	0
当年拨入经费	合计(千元)	4	309	0	0	0	0	0	0	58	0	116	0	0	135	0	0	0
	当年立项项目拨入经费(千元)	5	309	0	0	0	0	0	0	58	0	116	0	0	135	0	0	0
当年支出经费(千元)		6	350.5	0	0	0	0	0	0	28	71.5	99	0	0	135	17	0	0
当年新开课题数(项)		7	43	0	0	0	0	0	0	5	8	17	0	0	6	7	0	0
当年新开课题批准经费(千元)		8	411	0	0	0	0	0	0	58	80	116	0	0	135	22	0	0
当年完成课题数(项)		9	49	0	0	0	0	0	0	0	19	14	0	0	6	10	0	0

出版著作（部）	合　计		10	0	0	0	0	0	0	0	0	0	0	0	0	0	0	0	0
	专著	合　计	11	0	0	0	0	0	0	0	0	0	0	0	0	0	0	0	0
		被译成外文	12	0	0	0	0	0	0	0	0	0	0	0	0	0	0	0	0
	编著教材		13	0	0	0	0	0	0	0	0	0	0	0	0	0	0	0	0
	工具书/参考书		14	0	0	0	0	0	0	0	0	0	0	0	0	0	0	0	0
	皮书/发展报告		15	0	0	0	0	0	0	0	0	0	0	0	0	0	0	0	0
	科普读物		16	0	0	0	0	0	0	0	0	0	0	0	0	0	0	0	0
古籍整理（部）			17	0	0	0	0	0	0	0	0	0	0	0	0	0	0	0	0
译著（部）			18	0	0	0	0	0	0	0	0	0	0	0	0	0	0	0	0
发表译文（篇）			19	0	0	0	0	0	0	0	0	0	0	0	0	0	0	0	0
电子出版物（件）			20	0	0	0	0	0	0	0	0	0	0	0	0	0	0	0	0
发表论文（篇）	合　计		21	46	0	0	0	0	0	0	0	23	9	0	0	6	8	0	0
	国内学术刊物	内地（大陆）	22	46	0	0	0	0	0	0	0	23	9	0	0	6	8	0	0
		港、澳、台地区	23	0	0	0	0	0	0	0	0	0	0	0	0	0	0	0	0
	国外学术刊物		24	0	0	0	0	0	0	0	0	0	0	0	0	0	0	0	0
研究与咨询报告（篇）	合　计		25	0	0	0	0	0	0	0	0	0	0	0	0	0	0	0	0
	被采纳数		26	0	0	0	0	0	0	0	0	0	0	0	0	0	0	0	0

3.42 无锡城市职业技术学院人文、社会科学研究与课题成果来源情况表

			课题来源															
			合计	国家社科基金项目	国家社科基金单列学科项目	教育部人文社科研究项目	高校古籍整理研究项目	国家自然科学基金项目	中央其他部门社科专门项目	省、市、自治区社科基金项目	省教育厅社科项目	地、市、厅、局等政府部门项目	国际合作研究项目	与港、澳、台地区合作研究项目	企事业单位委托项目	学校社科项目	外资项目	其他
		编号	L01	L02	L03	L04	L05	L06	L07	L08	L09	L10	L11	L12	L13	L14	L15	L16
课题数(项)		1	175	0	0	0	0	0	0	0	75	31	0	0	19	50	0	0
当年投入人数	合计(人年)	2	36.1	0	0	0	0	0	0	0	15.6	7	0	0	4.4	9.1	0	0
	研究生(人年)	3	0	0	0	0	0	0	0	0	0	0	0	0	0	0	0	0
当年拨入经费	合计(千元)	4	1188	0	0	0	0	0	0	0	370	88	0	0	730	0	0	0
	当年立项项目拨入经费(千元)	5	1188	0	0	0	0	0	0	0	370	88	0	0	730	0	0	0
当年支出经费(千元)		6	1054.9	0	0	0	0	0	0	0	233.5	86	0	0	735.4	0	0	0
当年新开课题数(项)		7	63	0	0	0	0	0	0	0	31	10	0	0	11	11	0	0
当年新开课题批准经费(千元)		8	1236	0	0	0	0	0	0	0	385	88	0	0	730	33	0	0
当年完成课题数(项)		9	47	0	0	0	0	0	0	0	14	5	0	0	11	17	0	0

出版著作(部)	合计		10	10	0	0	0	0	0	0	0	9	1	0	0	0	0	0	0
	专著	合计	11	3	0	0	0	0	0	0	0	3	0	0	0	0	0	0	0
		被译成外文	12	0	0	0	0	0	0	0	0	0	0	0	0	0	0	0	0
	编著教材		13	7	0	0	0	0	0	0	0	6	1	0	0	0	0	0	0
	工具书/参考书		14	0	0	0	0	0	0	0	0	0	0	0	0	0	0	0	0
	皮书/发展报告		15	0	0	0	0	0	0	0	0	0	0	0	0	0	0	0	0
	科普读物		16	0	0	0	0	0	0	0	0	0	0	0	0	0	0	0	0
古籍整理(部)			17	0	0	0	0	0	0	0	0	0	0	0	0	0	0	0	0
译著(部)			18	0	0	0	0	0	0	0	0	0	0	0	0	0	0	0	0
发表译文(篇)			19	0	0	0	0	0	0	0	0	0	0	0	0	0	0	0	0
电子出版物(件)			20	0	0	0	0	0	0	0	0	0	0	0	0	0	0	0	0
发表论文(篇)	合计		21	157	0	0	0	0	0	0	0	77	31	0	0	0	49	0	0
	国内学术刊物	内地(大陆)	22	157	0	0	0	0	0	0	0	77	31	0	0	0	49	0	0
		港、澳、台地区	23	0	0	0	0	0	0	0	0	0	0	0	0	0	0	0	0
	国外学术刊物		24	0	0	0	0	0	0	0	0	0	0	0	0	0	0	0	0
研究与咨询报告(篇)	合计		25	12	0	0	0	0	0	0	0	0	0	0	0	12	0	0	0
	被采纳数		26	12	0	0	0	0	0	0	0	0	0	0	0	12	0	0	0

3.43 无锡工艺职业技术学院人文、社会科学研究与课题成果来源情况表

			课题来源															
			合计	国家社科基金项目	国家社科基金单列学科项目	教育部人文社科研究项目	高校古籍整理研究项目	国家自然科学基金项目	中央其他部门社科专门项目	省、市、自治区社科基金项目	省教育厅社科项目	地、市、厅、局等政府部门项目	国际合作研究项目	与港、澳、台地区合作研究项目	企事业单位委托项目	学校社科项目	外资项目	其他
		编号	L01	L02	L03	L04	L05	L06	L07	L08	L09	L10	L11	L12	L13	L14	L15	L16
课题数(项)		1	355	0	0	1	0	0	3	0	74	42	0	0	148	82	0	5
当年投入人数	合计(人年)	2	45.7	0	0	0.2	0	0	0.3	0	7.4	4.4	0	0	24.7	8.2	0	0.5
	研究生(人年)	3	0	0	0	0	0	0	0	0	0	0	0	0	0	0	0	0
当年拨入经费	合计(千元)	4	8290.2	0	0	32	0	0	0	0	0	21	0	0	8187.2	0	0	50
	当年立项项目拨入经费(千元)	5	7980	0	0	0	0	0	0	0	0	21	0	0	7909	0	0	50
当年支出经费(千元)		6	8407.365	0	0	33.6	0	0	0	0	78	61.275	0	0	8187.19	39.8	0	7.5
当年新开课题数(项)		7	198	0	0	0	0	0	0	0	20	17	0	0	144	16	0	1
当年新开课题批准经费(千元)		8	7980	0	0	0	0	0	0	0	0	21	0	0	7909	0	0	50
当年完成课题数(项)		9	227	0	0	1	0	0	3	0	28	10	0	0	148	35	0	2

出版著作（部）	合　计		10	0	0	0	0	0	0	0	0	0	0	0	0	0	0	0	0
	专著	合　计	11	0	0	0	0	0	0	0	0	0	0	0	0	0	0	0	0
		被译成外文	12	0	0	0	0	0	0	0	0	0	0	0	0	0	0	0	0
	编著教材		13	0	0	0	0	0	0	0	0	0	0	0	0	0	0	0	0
	工具书/参考书		14	0	0	0	0	0	0	0	0	0	0	0	0	0	0	0	0
	皮书/发展报告		15	0	0	0	0	0	0	0	0	0	0	0	0	0	0	0	0
	科普读物		16	0	0	0	0	0	0	0	0	0	0	0	0	0	0	0	0
古籍整理（部）			17	0	0	0	0	0	0	0	0	0	0	0	0	0	0	0	0
译著（部）			18	0	0	0	0	0	0	0	0	0	0	0	0	0	0	0	0
发表译文（篇）			19	0	0	0	0	0	0	0	0	0	0	0	0	0	0	0	0
电子出版物（件）			20	0	0	0	0	0	0	0	0	0	0	0	0	0	0	0	0
发表论文（篇）	合　计		21	105	0	0	1	0	0	1	1	44	18	0	0	0	33	0	7
	国内学术刊物	内地（大陆）	22	105	0	0	1	0	0	1	1	44	18	0	0	0	33	0	7
		港、澳、台地区	23	0	0	0	0	0	0	0	0	0	0	0	0	0	0	0	0
	国外学术刊物		24	0	0	0	0	0	0	0	0	0	0	0	0	0	0	0	0
研究与咨询报告（篇）	合　计		25	101	0	0	1	0	0	3	0	12	4	0	0	77	4	0	0
	被采纳数		26	0	0	0	0	0	0	0	0	0	0	0	0	0	0	0	0

3.44 苏州健雄职业技术学院人文、社会科学研究与课题成果来源情况表

			课题来源															
			合计	国家社科基金项目	国家社科基金单列学科项目	教育部人文社科研究项目	高校古籍整理研究项目	国家自然科学基金项目	中央其他部门社科专门项目	省、市、自治区社科基金项目	省教育厅社科项目	地、市、厅、局等政府部门项目	国际合作研究项目	与港、澳、台地区合作研究项目	企事业单位委托项目	学校社科项目	外资项目	其他
		编号	L01	L02	L03	L04	L05	L06	L07	L08	L09	L10	L11	L12	L13	L14	L15	L16
课题数(项)		1	108	0	0	1	0	0	0	0	61	33	0	0	13	0	0	0
当年投入人数	合计(人年)	2	25.5	0	0	0.4	0	0	0	0	13.6	7.7	0	0	3.8	0	0	0
	研究生(人年)	3	0	0	0	0	0	0	0	0	0	0	0	0	0	0	0	0
当年拨入经费	合计(千元)	4	651	0	0	60	0	0	0	0	0	36	0	0	555	0	0	0
	当年立项项目拨入经费(千元)	5	651	0	0	60	0	0	0	0	0	36	0	0	555	0	0	0
当年支出经费(千元)		6	616	0	0	5	0	0	0	0	323	73	0	0	215	0	0	0
当年新开课题数(项)		7	52	0	0	1	0	0	0	0	20	19	0	0	12	0	0	0
当年新开课题批准经费(千元)		8	1091	0	0	100	0	0	0	0	200	236	0	0	555	0	0	0
当年完成课题数(项)		9	35	0	0	0	0	0	0	0	19	14	0	0	2	0	0	0

出版著作(部)	合计		10	3	0	0	0	0	0	0	0	1	2	0	0	0	0	0	0
	专著	合计	11	0	0	0	0	0	0	0	0	0	0	0	0	0	0	0	0
		被译成外文	12	0	0	0	0	0	0	0	0	0	0	0	0	0	0	0	0
	编著教材		13	3	0	0	0	0	0	0	0	1	2	0	0	0	0	0	0
	工具书/参考书		14	0	0	0	0	0	0	0	0	0	0	0	0	0	0	0	0
	皮书/发展报告		15	0	0	0	0	0	0	0	0	0	0	0	0	0	0	0	0
	科普读物		16	0	0	0	0	0	0	0	0	0	0	0	0	0	0	0	0
古籍整理(部)			17	0	0	0	0	0	0	0	0	0	0	0	0	0	0	0	0
译著(部)			18	0	0	0	0	0	0	0	0	0	0	0	0	0	0	0	0
发表译文(篇)			19	0	0	0	0	0	0	0	0	0	0	0	0	0	0	0	0
电子出版物(件)			20	0	0	0	0	0	0	0	0	0	0	0	0	0	0	0	0
发表论文(篇)	合计		21	94	0	0	1	0	0	0	0	49	30	0	0	8	6	0	0
	国内学术刊物	内地(大陆)	22	94	0	0	1	0	0	0	0	49	30	0	0	8	6	0	0
		港、澳、台地区	23	0	0	0	0	0	0	0	0	0	0	0	0	0	0	0	0
	国外学术刊物		24	0	0	0	0	0	0	0	0	0	0	0	0	0	0	0	0
研究与咨询报告(篇)	合计		25	0	0	0	0	0	0	0	0	0	0	0	0	0	0	0	0
	被采纳数		26	0	0	0	0	0	0	0	0	0	0	0	0	0	0	0	0

3.45 盐城工业职业技术学院人文、社会科学研究与课题成果来源情况表

		编号	课题来源															
			合计	国家社科基金项目	国家社科基金单列学科项目	教育部人文社科研究项目	高校古籍整理研究项目	国家自然科学基金项目	中央其他部门社科专门项目	省、市、自治区社科基金项目	省教育厅社科项目	地、市、厅、局等政府部门项目	国际合作研究项目	与港、澳、台地区合作研究项目	企事业单位委托项目	学校社科项目	外资项目	其他
			L01	L02	L03	L04	L05	L06	L07	L08	L09	L10	L11	L12	L13	L14	L15	L16
课题数(项)		1	178	0	0	3	0	0	0	0	74	83	0	0	4	14	0	0
当年投入人数	合计(人年)	2	18.6	0	0	0.4	0	0	0	0	8	8.3	0	0	0.5	1.4	0	0
	研究生(人年)	3	0	0	0	0	0	0	0	0	0	0	0	0	0	0	0	0
当年拨入经费	合计(千元)	4	146	0	0	20	0	0	0	0	80	46	0	0	0	0	0	0
	当年立项项目拨入经费(千元)	5	66	0	0	20	0	0	0	0	0	46	0	0	0	0	0	0
当年支出经费(千元)		6	460.1	0	0	22.6	0	0	0	0	225	140.5	0	0	33	39	0	0
当年新开课题数(项)		7	70	0	0	1	0	0	0	0	20	49	0	0	0	0	0	0
当年新开课题批准经费(千元)		8	66	0	0	20	0	0	0	0	0	46	0	0	0	0	0	0
当年完成课题数(项)		9	51	0	0	1	0	0	0	0	16	34	0	0	0	0	0	0

出版著作(部)	合　计		10	0	0	0	0	0	0	0	0	0	0	0	0	0	0	0	0
	专著	合　计	11	0	0	0	0	0	0	0	0	0	0	0	0	0	0	0	0
		被译成外文	12	0	0	0	0	0	0	0	0	0	0	0	0	0	0	0	0
	编著教材		13	0	0	0	0	0	0	0	0	0	0	0	0	0	0	0	0
	工具书/参考书		14	0	0	0	0	0	0	0	0	0	0	0	0	0	0	0	0
	皮书/发展报告		15	0	0	0	0	0	0	0	0	0	0	0	0	0	0	0	0
	科普读物		16	0	0	0	0	0	0	0	0	0	0	0	0	0	0	0	0
古籍整理(部)			17	0	0	0	0	0	0	0	0	0	0	0	0	0	0	0	0
译著(部)			18	0	0	0	0	0	0	0	0	0	0	0	0	0	0	0	0
发表译文(篇)			19	0	0	0	0	0	0	0	0	0	0	0	0	0	0	0	0
电子出版物(件)			20	0	0	0	0	0	0	0	0	0	0	0	0	0	0	0	0
发表论文(篇)	合　计		21	50	0	0	1	0	0	0	0	29	18	0	0	0	2	0	0
	国内学术刊物	内地(大陆)	22	50	0	0	1	0	0	0	0	29	18	0	0	0	2	0	0
		港、澳、台地区	23	0	0	0	0	0	0	0	0	0	0	0	0	0	0	0	0
	国外学术刊物		24	0	0	0	0	0	0	0	0	0	0	0	0	0	0	0	0
研究与咨询报告(篇)	合　计		25	30	0	0	0	0	0	0	0	0	30	0	0	0	0	0	0
	被采纳数		26	30	0	0	0	0	0	0	0	0	30	0	0	0	0	0	0

3.46 江苏财经职业技术学院人文、社会科学研究与课题成果来源情况表

			课题来源															
			合计	国家社科基金项目	国家社科基金单列学科项目	教育部人文社科研究项目	高校古籍整理研究项目	国家自然科学基金项目	中央其他部门社科专门项目	省、市、自治区社科基金项目	省教育厅社科项目	地、市、厅、局等政府部门项目	国际合作研究项目	与港、澳、台地区合作研究项目	企事业单位委托项目	学校社科项目	外资项目	其他
		编号	L01	L02	L03	L04	L05	L06	L07	L08	L09	L10	L11	L12	L13	L14	L15	L16
课题数(项)		1	452	0	0	1	0	0	0	2	66	58	0	0	210	113	0	2
当年投入人数	合计(人年)	2	45.4	0	0	0.1	0	0	0	0.2	6.6	5.9	0	0	21.1	11.3	0	0.2
	研究生(人年)	3	0	0	0	0	0	0	0	0	0	0	0	0	0	0	0	0
当年拨入经费	合计(千元)	4	6431.697	0	0	0	0	0	0	8	114	88	0	0	6135.697	84	0	2
	当年立项项目拨入经费(千元)	5	6429.697	0	0	0	0	0	0	8	114	88	0	0	6135.697	84	0	0
当年支出经费(千元)		6	4531.003	0	0	6	0	0	0	7	75.85	53.836	0	0	4304.697	81.62	0	2
当年新开课题数(项)		7	249	0	0	0	0	0	0	1	20	36	0	0	150	42	0	0
当年新开课题批准经费(千元)		8	6435.697	0	0	0	0	0	0	8	120	88	0	0	6135.697	84	0	0
当年完成课题数(项)		9	178	0	0	1	0	0	0	0	11	19	0	0	118	28	0	1

出版著作(部)	合　计		10	1	0	0	0	0	0	0	0	1	0	0	0	0	0	0	0
	专著	合　计	11	0	0	0	0	0	0	0	0	0	0	0	0	0	0	0	0
		被译成外文	12	0	0	0	0	0	0	0	0	0	0	0	0	0	0	0	0
	编著教材		13	1	0	0	0	0	0	0	0	1	0	0	0	0	0	0	0
	工具书/参考书		14	0	0	0	0	0	0	0	0	0	0	0	0	0	0	0	0
	皮书/发展报告		15	0	0	0	0	0	0	0	0	0	0	0	0	0	0	0	0
	科普读物		16	0	0	0	0	0	0	0	0	0	0	0	0	0	0	0	0
古籍整理(部)			17	0	0	0	0	0	0	0	0	0	0	0	0	0	0	0	0
译著(部)			18	0	0	0	0	0	0	0	0	0	0	0	0	0	0	0	0
发表译文(篇)			19	0	0	0	0	0	0	0	0	0	0	0	0	0	0	0	0
电子出版物(件)			20	0	0	0	0	0	0	0	0	0	0	0	0	0	0	0	0
发表论文(篇)	合　计		21	135	1	0	0	0	0	0	1	36	9	0	0	14	62	0	12
	国内学术刊物	内地(大陆)	22	135	1	0	0	0	0	0	1	36	9	0	0	14	62	0	12
		港、澳、台地区	23	0	0	0	0	0	0	0	0	0	0	0	0	0	0	0	0
	国外学术刊物		24	0	0	0	0	0	0	0	0	0	0	0	0	0	0	0	0
研究与咨询报告(篇)	合　计		25	0	0	0	0	0	0	0	0	0	0	0	0	0	0	0	0
	被采纳数		26	0	0	0	0	0	0	0	0	0	0	0	0	0	0	0	0

3.47 扬州工业职业技术学院人文、社会科学研究与课题成果来源情况表

			课题来源															
			合计	国家社科基金项目	国家社科基金单列学科项目	教育部人文社科研究项目	高校古籍整理研究项目	国家自然科学基金项目	中央其他部门社科专门项目	省、市、自治区社科基金项目	省教育厅社科项目	地、市、厅、局等政府部门项目	国际合作研究项目	与港、澳、台地区合作研究项目	企事业单位委托项目	学校社科项目	外资项目	其他
		编号	L01	L02	L03	L04	L05	L06	L07	L08	L09	L10	L11	L12	L13	L14	L15	L16
课题数(项)		1	242	0	0	1	0	0	1	3	89	67	0	0	46	35	0	0
当年投入人数	合计(人年)	2	26	0	0	0.3	0	0	0.2	0.4	9.4	7.1	0	0	5	3.6	0	0
	研究生(人年)	3	0	0	0	0	0	0	0	0	0	0	0	0	0	0	0	0
当年拨入经费	合计(千元)	4	2354	0	0	70	0	0	0	20	0	178	0	0	2086	0	0	0
	当年立项项目拨入经费(千元)	5	2284	0	0	0	0	0	0	20	0	178	0	0	2086	0	0	0
当年支出经费(千元)		6	2676	0	0	90	0	0	5	15	21	179	0	0	2366	0	0	0
当年新开课题数(项)		7	100	0	0	0	0	0	0	1	19	46	0	0	34	0	0	0
当年新开课题批准经费(千元)		8	2609	0	0	0	0	0	0	20	0	353	0	0	2236	0	0	0
当年完成课题数(项)		9	87	0	0	0	0	0	0	0	22	26	0	0	33	6	0	0

出版著作(部)	合　计		10	6	0	0	0	0	0	0	0	0	5	0	0	1	0	0	0
	专著	合　计	11	6	0	0	0	0	0	0	0	0	5	0	0	1	0	0	0
		被译成外文	12	0	0	0	0	0	0	0	0	0	0	0	0	0	0	0	0
	编著教材		13	0	0	0	0	0	0	0	0	0	0	0	0	0	0	0	0
	工具书/参考书		14	0	0	0	0	0	0	0	0	0	0	0	0	0	0	0	0
	皮书/发展报告		15	0	0	0	0	0	0	0	0	0	0	0	0	0	0	0	0
	科普读物		16	0	0	0	0	0	0	0	0	0	0	0	0	0	0	0	0
古籍整理(部)			17	0	0	0	0	0	0	0	0	0	0	0	0	0	0	0	0
译著(部)			18	0	0	0	0	0	0	0	0	0	0	0	0	0	0	0	0
发表译文(篇)			19	0	0	0	0	0	0	0	0	0	0	0	0	0	0	0	0
电子出版物(件)			20	0	0	0	0	0	0	0	0	0	0	0	0	0	0	0	0
发表论文(篇)	合　计		21	89	0	0	3	0	0	0	0	35	8	0	0	0	43	0	0
	国内学术刊物	内地(大陆)	22	88	0	0	3	0	0	0	0	35	7	0	0	0	43	0	0
		港、澳、台地区	23	0	0	0	0	0	0	0	0	0	0	0	0	0	0	0	0
	国外学术刊物		24	1	0	0	0	0	0	0	0	0	1	0	0	0	0	0	0
研究与咨询报告(篇)	合　计		25	39	0	0	0	0	0	0	0	0	14	0	0	25	0	0	0
	被采纳数		26	27	0	0	0	0	0	0	0	0	2	0	0	25	0	0	0

3.48 江苏城市职业学院人文、社会科学研究与课题成果来源情况表

			课题来源															
			合计	国家社科基金项目	国家社科基金单列学科项目	教育部人文社科研究项目	高校古籍整理研究项目	国家自然科学基金项目	中央其他部门社科专门项目	省、市、自治区社科基金项目	省教育厅社科项目	地、市、厅、局等政府部门项目	国际合作研究项目	与港、澳、台地区合作研究项目	企事业单位委托项目	学校社科项目	外资项目	其他
		编号	L01	L02	L03	L04	L05	L06	L07	L08	L09	L10	L11	L12	L13	L14	L15	L16
课题数(项)		1	389	4	1	5	0	0	1	17	96	42	0	0	154	69	0	0
当年投入人数	合计(人年)	2	93.6	0.7	0.3	1.6	0	0	0.3	5.6	29.8	13.1	0	0	22.2	20	0	0
	研究生(人年)	3	0	0	0	0	0	0	0	0	0	0	0	0	0	0	0	0
当年拨入经费	合计(千元)	4	7295.847	170	170	60	0	0	0	352	135	178.5	0	0	6119.847	110.5	0	0
	当年立项项目拨入经费(千元)	5	6507.847	170	170	20	0	0	0	120	0	148	0	0	5809.847	70	0	0
当年支出经费(千元)		6	4110.033	85.38	31.39	75.118	0	0	1	348.892	239.903	205.774	0	0	2990.982	131.594	0	0
当年新开课题数(项)		7	195	3	1	1	0	0	0	4	29	25	0	0	121	11	0	0
当年新开课题批准经费(千元)		8	7722.85	700	200	80	0	0	0	200	0	203	0	0	6199.85	140	0	0
当年完成课题数(项)		9	94	0	0	2	0	0	0	6	29	3	0	0	30	24	0	0

出版著作(部)	合计		10	1	0	0	0	0	0	0	1	0	0	0	0	0	0	0	0
	专著	合计	11	1	0	0	0	0	0	0	1	0	0	0	0	0	0	0	0
		被译成外文	12	0	0	0	0	0	0	0	0	0	0	0	0	0	0	0	0
	编著教材		13	0	0	0	0	0	0	0	0	0	0	0	0	0	0	0	0
	工具书/参考书		14	0	0	0	0	0	0	0	0	0	0	0	0	0	0	0	0
	皮书/发展报告		15	0	0	0	0	0	0	0	0	0	0	0	0	0	0	0	0
	科普读物		16	0	0	0	0	0	0	0	0	0	0	0	0	0	0	0	0
古籍整理(部)			17	0	0	0	0	0	0	0	0	0	0	0	0	0	0	0	0
译著(部)			18	0	0	0	0	0	0	0	0	0	0	0	0	0	0	0	0
发表译文(篇)			19	0	0	0	0	0	0	0	0	0	0	0	0	0	0	0	0
电子出版物(件)			20	0	0	0	0	0	0	0	0	0	0	0	0	0	0	0	0
发表论文(篇)	合计		21	112	5	3	5	0	0	1	11	32	13	0	0	20	22	0	0
	国内学术刊物	内地(大陆)	22	108	4	3	4	0	0	0	11	31	13	0	0	20	22	0	0
		港、澳、台地区	23	0	0	0	0	0	0	0	0	0	0	0	0	0	0	0	0
	国外学术刊物		24	4	1	0	1	0	0	1	0	1	0	0	0	0	0	0	0
研究与咨询报告(篇)	合计		25	1	0	0	0	0	0	0	0	0	0	0	0	1	0	0	0
	被采纳数		26	1	0	0	0	0	0	0	0	0	0	0	0	1	0	0	0

3.49 南京城市职业学院人文、社会科学研究与课题成果来源情况表

		编号	合计	国家社科基金项目	国家社科基金单列学科项目	教育部人文社科研究项目	高校古籍整理研究项目	国家自然科学基金项目	中央其他部门社科专门项目	省、市、自治区社科基金项目	省教育厅社科项目	地、市、厅、局等政府部门项目	国际合作研究项目	与港、澳、台地区合作研究项目	企事业单位委托项目	学校社科项目	外资项目	其他
			L01	L02	L03	L04	L05	L06	L07	L08	L09	L10	L11	L12	L13	L14	L15	L16
课题数(项)		1	174	0	0	0	0	0	0	3	65	0	0	0	5	101	0	0
当年投入人数	合计(人年)	2	26.2	0	0	0	0	0	0	0.4	11.5	0	0	0	1.1	13.2	0	0
	研究生(人年)	3	0	0	0	0	0	0	0	0	0	0	0	0	0	0	0	0
当年拨入经费	合计(千元)	4	178	0	0	0	0	0	0	0	0	0	0	0	52	126	0	0
	当年立项项目拨入经费(千元)	5	178	0	0	0	0	0	0	0	0	0	0	0	52	126	0	0
当年支出经费(千元)		6	193	0	0	0	0	0	0	0	13	0	0	0	52	128	0	0
当年新开课题数(项)		7	47	0	0	0	0	0	0	0	18	0	0	0	2	27	0	0
当年新开课题批准经费(千元)		8	368	0	0	0	0	0	0	0	190	0	0	0	52	126	0	0
当年完成课题数(项)		9	29	0	0	0	0	0	0	0	11	0	0	0	1	17	0	0

出版著作(部) 合计	10	0	0	0	0	0	0	0	0	0	0	0	0	0	0	0	0
出版著作(部) 专著 合计	11	0	0	0	0	0	0	0	0	0	0	0	0	0	0	0	0
出版著作(部) 专著 被译成外文	12	0	0	0	0	0	0	0	0	0	0	0	0	0	0	0	0
出版著作(部) 编著教材	13	0	0	0	0	0	0	0	0	0	0	0	0	0	0	0	0
出版著作(部) 工具书/参考书	14	0	0	0	0	0	0	0	0	0	0	0	0	0	0	0	0
出版著作(部) 皮书/发展报告	15	0	0	0	0	0	0	0	0	0	0	0	0	0	0	0	0
出版著作(部) 科普读物	16	0	0	0	0	0	0	0	0	0	0	0	0	0	0	0	0
古籍整理(部)	17	0	0	0	0	0	0	0	0	0	0	0	0	0	0	0	0
译著(部)	18	0	0	0	0	0	0	0	0	0	0	0	0	0	0	0	0
发表译文(篇)	19	0	0	0	0	0	0	0	0	0	0	0	0	0	0	0	0
电子出版物(件)	20	0	0	0	0	0	0	0	0	0	0	0	0	0	0	0	0
发表论文(篇) 合计	21	75	1	0	0	0	0	0	0	53	0	0	0	0	21	0	0
发表论文(篇) 国内学术刊物 内地(大陆)	22	75	1	0	0	0	0	0	0	53	0	0	0	0	21	0	0
发表论文(篇) 国内学术刊物 港、澳、台地区	23	0	0	0	0	0	0	0	0	0	0	0	0	0	0	0	0
发表论文(篇) 国外学术刊物	24	0	0	0	0	0	0	0	0	0	0	0	0	0	0	0	0
研究与咨询报告(篇) 合计	25	0	0	0	0	0	0	0	0	0	0	0	0	0	0	0	0
研究与咨询报告(篇) 被采纳数	26	0	0	0	0	0	0	0	0	0	0	0	0	0	0	0	0

3.50 南京机电职业技术学院人文、社会科学研究与课题成果来源情况表

			课题来源															
			合计	国家社科基金项目	国家社科基金单列学科项目	教育部人文社科研究项目	高校古籍整理研究项目	国家自然科学基金项目	中央其他部门社科专门项目	省、市、自治区社科基金项目	省教育厅社科项目	地、市、厅、局等政府部门项目	国际合作研究项目	与港、澳、台地区合作研究项目	企事业单位委托项目	学校社科项目	外资项目	其他
		编号	L01	L02	L03	L04	L05	L06	L07	L08	L09	L10	L11	L12	L13	L14	L15	L16
课题数(项)		1	118	0	0	0	0	0	0	1	43	2	0	0	12	60	0	0
当年投入人数	合计(人年)	2	11.8	0	0	0	0	0	0	0.1	4.3	0.2	0	0	1.2	6	0	0
	研究生(人年)	3	0	0	0	0	0	0	0	0	0	0	0	0	0	0	0	0
当年拨入经费	合计(千元)	4	0	0	0	0	0	0	0	0	0	0	0	0	0	0	0	0
	当年立项项目拨入经费(千元)	5	0	0	0	0	0	0	0	0	0	0	0	0	0	0	0	0
当年支出经费(千元)		6	24.173	0	0	0	0	0	0	0	18.173	0	0	0	0	6	0	0
当年新开课题数(项)		7	28	0	0	0	0	0	0	0	12	1	0	0	0	15	0	0
当年新开课题批准经费(千元)		8	174	0	0	0	0	0	0	0	118	4	0	0	0	52	0	0
当年完成课题数(项)		9	23	0	0	0	0	0	0	0	4	0	0	0	9	10	0	0

出版著作(部)	合计		10	3	0	0	0	0	0	0	0	2	0	0	0	1	0	0	0
	专著	合计	11	1	0	0	0	0	0	0	0	0	0	0	0	1	0	0	0
		被译成外文	12	0	0	0	0	0	0	0	0	0	0	0	0	0	0	0	0
	编著教材		13	2	0	0	0	0	0	0	0	2	0	0	0	0	0	0	0
	工具书/参考书		14	0	0	0	0	0	0	0	0	0	0	0	0	0	0	0	0
	皮书/发展报告		15	0	0	0	0	0	0	0	0	0	0	0	0	0	0	0	0
	科普读物		16	0	0	0	0	0	0	0	0	0	0	0	0	0	0	0	0
古籍整理(部)			17	0	0	0	0	0	0	0	0	0	0	0	0	0	0	0	0
译著(部)			18	0	0	0	0	0	0	0	0	0	0	0	0	0	0	0	0
发表译文(篇)			19	0	0	0	0	0	0	0	0	0	0	0	0	0	0	0	0
电子出版物(件)			20	0	0	0	0	0	0	0	0	0	0	0	0	0	0	0	0
发表论文(篇)	合计		21	29	0	0	0	0	0	0	0	11	2	0	0	2	14	0	0
	国内学术刊物	内地(大陆)	22	29	0	0	0	0	0	0	0	11	2	0	0	2	14	0	0
		港、澳、台地区	23	0	0	0	0	0	0	0	0	0	0	0	0	0	0	0	0
	国外学术刊物		24	0	0	0	0	0	0	0	0	0	0	0	0	0	0	0	0
研究与咨询报告(篇)	合计		25	0	0	0	0	0	0	0	0	0	0	0	0	0	0	0	0
	被采纳数		26	0	0	0	0	0	0	0	0	0	0	0	0	0	0	0	0

3.51 南京旅游职业学院人文、社会科学研究与课题成果来源情况表

			课题来源															
			合计	国家社科基金项目	国家社科基金单列学科项目	教育部人文社科研究项目	高校古籍整理研究项目	国家自然科学基金项目	中央其他部门社科专门项目	省、市、自治区社科基金项目	省教育厅社科项目	地、市、厅、局等政府部门项目	国际合作研究项目	与港、澳、台地区合作研究项目	企事业单位委托项目	学校社科项目	外资项目	其他
		编号	L01	L02	L03	L04	L05	L06	L07	L08	L09	L10	L11	L12	L13	L14	L15	L16
课题数(项)		1	129	0	0	1	0	0	0	3	46	23	1	0	14	37	0	4
当年投入人数	合计(人年)	2	22	0	0	0.2	0	0	0	0.8	7.6	3.7	0.5	0	3.1	5.1	0	1
	研究生(人年)	3	0	0	0	0	0	0	0	0	0	0	0	0	0	0	0	0
当年拨入经费	合计(千元)	4	606.675	0	0	0	0	0	0	20	220	35	0	0	235.675	96	0	0
	当年立项项目拨入经费(千元)	5	460.675	0	0	0	0	0	0	0	190	25	0	0	157.675	88	0	0
当年支出经费(千元)		6	368.19	0	0	5	0	0	0	20.5	84.14	75.4	0	0	142.3	40.85	0	0
当年新开课题数(项)		7	46	0	0	0	0	0	0	0	16	5	0	0	4	21	0	0
当年新开课题批准经费(千元)		8	759.975	0	0	0	0	0	0	0	190	59	0	0	418.675	92.3	0	0
当年完成课题数(项)		9	29	0	0	0	0	0	0	3	4	5	0	0	7	8	0	2

出版著作(部)	合 计		10	1	0	0	1	0	0	0	0	0	0	0	0	0	0	0	0
	专著	合 计	11	1	0	0	1	0	0	0	0	0	0	0	0	0	0	0	0
		被译成外文	12	0	0	0	0	0	0	0	0	0	0	0	0	0	0	0	0
	编著教材		13	0	0	0	0	0	0	0	0	0	0	0	0	0	0	0	0
	工具书/参考书		14	0	0	0	0	0	0	0	0	0	0	0	0	0	0	0	0
	皮书/发展报告		15	0	0	0	0	0	0	0	0	0	0	0	0	0	0	0	0
	科普读物		16	0	0	0	0	0	0	0	0	0	0	0	0	0	0	0	0
古籍整理(部)			17	0	0	0	0	0	0	0	0	0	0	0	0	0	0	0	0
译著(部)			18	0	0	0	0	0	0	0	0	0	0	0	0	0	0	0	0
发表译文(篇)			19	0	0	0	0	0	0	0	0	0	0	0	0	0	0	0	0
电子出版物(件)			20	0	0	0	0	0	0	0	0	0	0	0	0	0	0	0	0
发表论文(篇)	合 计		21	65	2	0	1	0	0	0	2	17	17	0	0	0	23	0	3
	国内学术刊物	内地(大陆)	22	65	2	0	1	0	0	0	2	17	17	0	0	0	23	0	3
		港、澳、台地区	23	0	0	0	0	0	0	0	0	0	0	0	0	0	0	0	0
	国外学术刊物		24	0	0	0	0	0	0	0	0	0	0	0	0	0	0	0	0
研究与咨询报告(篇)	合 计		25	0	0	0	0	0	0	0	0	0	0	0	0	0	0	0	0
	被采纳数		26	0	0	0	0	0	0	0	0	0	0	0	0	0	0	0	0

3.52 江苏卫生健康职业学院人文、社会科学研究与课题成果来源情况表

			课题来源															
			合计	国家社科基金项目	国家社科基金单列学科项目	教育部人文社科研究项目	高校古籍整理研究项目	国家自然科学基金项目	中央其他部门社科专门项目	省、市、自治区社科基金项目	省教育厅社科项目	地、市、厅、局等政府部门项目	国际合作研究项目	与港、澳、台地区合作研究项目	企事业单位委托项目	学校社科项目	外资项目	其他
		编号	L01	L02	L03	L04	L05	L06	L07	L08	L09	L10	L11	L12	L13	L14	L15	L16
课题数(项)		1	167	0	0	0	0	0	0	1	57	20	0	0	2	86	0	1
当年投入人数	合计(人年)	2	26.5	0	0	0	0	0	0	0.1	11.3	3.5	0	0	0.4	11	0	0.2
	研究生(人年)	3	0	0	0	0	0	0	0	0	0	0	0	0	0	0	0	0
当年拨入经费	合计(千元)	4	146	0	0	0	0	0	0	0	0	32	0	0	0	94	0	20
	当年立项项目拨入经费(千元)	5	146	0	0	0	0	0	0	0	0	32	0	0	0	94	0	20
当年支出经费(千元)		6	285.5	0	0	0	0	0	0	15	121	27.5	0	0	25	94	0	3
当年新开课题数(项)		7	53	0	0	0	0	0	0	0	18	5	0	0	0	29	0	1
当年新开课题批准经费(千元)		8	146	0	0	0	0	0	0	0	0	32	0	0	0	94	0	20
当年完成课题数(项)		9	37	0	0	0	0	0	0	0	9	5	0	0	1	22	0	0

出版著作(部)	合 计		10	0	0	0	0	0	0	0	0	0	0	0	0	0	0	0	0
	专著	合 计	11	0	0	0	0	0	0	0	0	0	0	0	0	0	0	0	0
		被译成外文	12	0	0	0	0	0	0	0	0	0	0	0	0	0	0	0	0
	编著教材		13	0	0	0	0	0	0	0	0	0	0	0	0	0	0	0	0
	工具书/参考书		14	0	0	0	0	0	0	0	0	0	0	0	0	0	0	0	0
	皮书/发展报告		15	0	0	0	0	0	0	0	0	0	0	0	0	0	0	0	0
	科普读物		16	0	0	0	0	0	0	0	0	0	0	0	0	0	0	0	0
古籍整理(部)			17	0	0	0	0	0	0	0	0	0	0	0	0	0	0	0	0
译著(部)			18	0	0	0	0	0	0	0	0	0	0	0	0	0	0	0	0
发表译文(篇)			19	0	0	0	0	0	0	0	0	0	0	0	0	0	0	0	0
电子出版物(件)			20	0	0	0	0	0	0	0	0	0	0	0	0	0	0	0	0
发表论文(篇)	合 计		21	49	0	0	0	0	0	0	1	13	8	0	0	0	27	0	0
	国内学术刊物	内地(大陆)	22	39	0	0	0	0	0	0	1	11	6	0	0	0	21	0	0
		港、澳、台地区	23	0	0	0	0	0	0	0	0	0	0	0	0	0	0	0	0
	国外学术刊物		24	10	0	0	0	0	0	0	0	2	2	0	0	0	6	0	0
研究与咨询报告(篇)	合 计		25	0	0	0	0	0	0	0	0	0	0	0	0	0	0	0	0
	被采纳数		26	0	0	0	0	0	0	0	0	0	0	0	0	0	0	0	0

3.53 苏州信息职业技术学院人文、社会科学研究与课题成果来源情况表

			课题来源															
			合计	国家社科基金项目	国家社科基金单列学科项目	教育部人文社科研究项目	高校古籍整理研究项目	国家自然科学基金项目	中央其他部门社科专门项目	省、市、自治区社科基金项目	省教育厅社科项目	地、市、厅、局等政府部门项目	国际合作研究项目	与港、澳、台地区合作研究项目	企事业单位委托项目	学校社科项目	外资项目	其他
		编号	L01	L02	L03	L04	L05	L06	L07	L08	L09	L10	L11	L12	L13	L14	L15	L16
课题数(项)		1	62	0	0	0	0	0	0	0	48	4	0	0	5	5	0	0
当年投入人数	合计(人年)	2	9.6	0	0	0	0	0	0	0	7.7	0.7	0	0	0.7	0.5	0	0
	研究生(人年)	3	0	0	0	0	0	0	0	0	0	0	0	0	0	0	0	0
当年拨入经费	合计(千元)	4	56.8	0	0	0	0	0	0	0	16	16	0	0	20	4.8	0	0
	当年立项项目拨入经费(千元)	5	39.6	0	0	0	0	0	0	0	0	16	0	0	20	3.6	0	0
当年支出经费(千元)		6	86.6	0	0	0	0	0	0	0	38.4	12	0	0	36.2	0	0	0
当年新开课题数(项)		7	21	0	0	0	0	0	0	0	14	2	0	0	2	3	0	0
当年新开课题批准经费(千元)		8	49	0	0	0	0	0	0	0	0	20	0	0	20	9	0	0
当年完成课题数(项)		9	10	0	0	0	0	0	0	0	3	2	0	0	5	0	0	0

出版著作(部)	合 计		10	0	0	0	0	0	0	0	0	0	0	0	0	0	0	0	0
	专著	合 计	11	0	0	0	0	0	0	0	0	0	0	0	0	0	0	0	0
		被译成外文	12	0	0	0	0	0	0	0	0	0	0	0	0	0	0	0	0
	编著教材		13	0	0	0	0	0	0	0	0	0	0	0	0	0	0	0	0
	工具书/参考书		14	0	0	0	0	0	0	0	0	0	0	0	0	0	0	0	0
	皮书/发展报告		15	0	0	0	0	0	0	0	0	0	0	0	0	0	0	0	0
	科普读物		16	0	0	0	0	0	0	0	0	0	0	0	0	0	0	0	0
古籍整理(部)			17	0	0	0	0	0	0	0	0	0	0	0	0	0	0	0	0
译著(部)			18	0	0	0	0	0	0	0	0	0	0	0	0	0	0	0	0
发表译文(篇)			19	0	0	0	0	0	0	0	0	0	0	0	0	0	0	0	0
电子出版物(件)			20	1	0	0	0	0	0	0	0	0	0	0	0	1	0	0	0
发表论文(篇)	合 计		21	16	0	0	0	0	0	0	0	15	1	0	0	0	0	0	0
	国内学术刊物	内地(大陆)	22	16	0	0	0	0	0	0	0	15	1	0	0	0	0	0	0
		港、澳、台地区	23	0	0	0	0	0	0	0	0	0	0	0	0	0	0	0	0
	国外学术刊物		24	0	0	0	0	0	0	0	0	0	0	0	0	0	0	0	0
研究与咨询报告(篇)	合 计		25	6	0	0	0	0	0	0	0	0	2	0	0	4	0	0	0
	被采纳数		26	6	0	0	0	0	0	0	0	0	2	0	0	4	0	0	0

3.54 苏州工业园区服务外包职业学院人文、社会科学研究与课题成果来源情况表

		编号	合计	国家社科基金项目	国家社科基金单列学科项目	教育部人文社科研究项目	高校古籍整理研究项目	国家自然科学基金项目	中央其他部门社科专门项目	省、市、自治区社科基金项目	省教育厅社科项目	地、市、厅、局等政府部门项目	国际合作研究项目	与港、澳、台地区合作研究项目	企事业单位委托项目	学校社科项目	外资项目	其他
			课题来源															
			L01	L02	L03	L04	L05	L06	L07	L08	L09	L10	L11	L12	L13	L14	L15	L16
课题数(项)		1	206	0	0	0	0	0	0	0	72	35	0	0	76	23	0	0
当年投入人数	合计(人年)	2	37.3	0	0	0	0	0	0	0	13.8	6.9	0	0	11.7	4.9	0	0
	研究生(人年)	3	0	0	0	0	0	0	0	0	0	0	0	0	0	0	0	0
当年拨入经费	合计(千元)	4	3501.1	0	0	0	0	0	0	0	10	45	0	0	3306.1	140	0	0
	当年立项项目拨入经费(千元)	5	2957	0	0	0	0	0	0	0	10	45	0	0	2762	140	0	0
当年支出经费(千元)		6	3601.4	0	0	0	0	0	0	0	105.9	54.35	0	0	3306.1	135.05	0	0
当年新开课题数(项)		7	80	0	0	0	0	0	0	0	26	15	0	0	26	13	0	0
当年新开课题批准经费(千元)		8	3072	0	0	0	0	0	0	0	25	145	0	0	2762	140	0	0
当年完成课题数(项)		9	115	0	0	0	0	0	0	0	11	19	0	0	76	9	0	0

出版著作(部)	合计		10	3	0	0	0	0	0	0	0	2	1	0	0	0	0	0	0
	专著	合计	11	3	0	0	0	0	0	0	0	2	1	0	0	0	0	0	0
		被译成外文	12	0	0	0	0	0	0	0	0	0	0	0	0	0	0	0	0
	编著教材		13	0	0	0	0	0	0	0	0	0	0	0	0	0	0	0	0
	工具书/参考书		14	0	0	0	0	0	0	0	0	0	0	0	0	0	0	0	0
	皮书/发展报告		15	0	0	0	0	0	0	0	0	0	0	0	0	0	0	0	0
	科普读物		16	0	0	0	0	0	0	0	0	0	0	0	0	0	0	0	0
古籍整理(部)			17	0	0	0	0	0	0	0	0	0	0	0	0	0	0	0	0
译著(部)			18	0	0	0	0	0	0	0	0	0	0	0	0	0	0	0	0
发表译文(篇)			19	0	0	0	0	0	0	0	0	0	0	0	0	0	0	0	0
电子出版物(件)			20	0	0	0	0	0	0	0	0	0	0	0	0	0	0	0	0
发表论文(篇)	合计		21	44	0	0	0	0	0	0	0	23	12	0	0	0	9	0	0
	国内学术刊物	内地(大陆)	22	44	0	0	0	0	0	0	0	23	12	0	0	0	9	0	0
		港、澳、台地区	23	0	0	0	0	0	0	0	0	0	0	0	0	0	0	0	0
	国外学术刊物		24	0	0	0	0	0	0	0	0	0	0	0	0	0	0	0	0
研究与咨询报告(篇)	合计		25	63	0	0	0	0	0	0	0	1	10	0	0	47	5	0	0
	被采纳数		26	63	0	0	0	0	0	0	0	1	10	0	0	47	5	0	0

3.55 徐州幼儿师范高等专科学校人文、社会科学研究与课题成果来源情况表

			课题来源															
			合计	国家社科基金项目	国家社科基金单列学科项目	教育部人文社科研究项目	高校古籍整理研究项目	国家自然科学基金项目	中央其他部门社科专门项目	省、市、自治区社科基金项目	省教育厅社科项目	地、市、厅、局等政府部门项目	国际合作研究项目	与港、澳、台地区合作研究项目	企事业单位委托项目	学校社科项目	外资项目	其他
		编号	L01	L02	L03	L04	L05	L06	L07	L08	L09	L10	L11	L12	L13	L14	L15	L16
课题数(项)		1	219	0	0	1	0	0	1	0	58	141	0	0	0	18	0	0
当年投入人数	合计(人年)	2	48.7	0	0	0.2	0	0	0.4	0	12	31.9	0	0	0	4.2	0	0
	研究生(人年)	3	0	0	0	0	0	0	0	0	0	0	0	0	0	0	0	0
当年拨入经费	合计(千元)	4	240	0	0	0	0	0	0	0	90	150	0	0	0	0	0	0
	当年立项项目拨入经费(千元)	5	0	0	0	0	0	0	0	0	0	0	0	0	0	0	0	0
当年支出经费(千元)		6	262	0	0	0	0	0	0	0	99	163	0	0	0	0	0	0
当年新开课题数(项)		7	71	0	0	1	0	0	0	0	1	57	0	0	0	12	0	0
当年新开课题批准经费(千元)		8	604	0	0	80	0	0	0	0	100	388	0	0	0	36	0	0
当年完成课题数(项)		9	30	0	0	0	0	0	0	0	3	17	0	0	0	10	0	0

出版著作(部)	合　计		10	2	0	0	0	0	0	0	0	0	2	0	0	0	0	0	0
	专著	合　计	11	2	0	0	0	0	0	0	0	0	2	0	0	0	0	0	0
		被译成外文	12	0	0	0	0	0	0	0	0	0	0	0	0	0	0	0	0
	编著教材		13	0	0	0	0	0	0	0	0	0	0	0	0	0	0	0	0
	工具书/参考书		14	0	0	0	0	0	0	0	0	0	0	0	0	0	0	0	0
	皮书/发展报告		15	0	0	0	0	0	0	0	0	0	0	0	0	0	0	0	0
	科普读物		16	0	0	0	0	0	0	0	0	0	0	0	0	0	0	0	0
古籍整理(部)			17	0	0	0	0	0	0	0	0	0	0	0	0	0	0	0	0
译著(部)			18	0	0	0	0	0	0	0	0	0	0	0	0	0	0	0	0
发表译文(篇)			19	0	0	0	0	0	0	0	0	0	0	0	0	0	0	0	0
电子出版物(件)			20	0	0	0	0	0	0	0	0	0	0	0	0	0	0	0	0
发表论文(篇)	合　计		21	86	0	0	0	0	0	0	0	0	70	0	0	1	15	0	0
	国内学术刊物	内地(大陆)	22	86	0	0	0	0	0	0	0	0	70	0	0	1	15	0	0
		港、澳、台地区	23	0	0	0	0	0	0	0	0	0	0	0	0	0	0	0	0
	国外学术刊物		24	0	0	0	0	0	0	0	0	0	0	0	0	0	0	0	0
研究与咨询报告(篇)	合　计		25	0	0	0	0	0	0	0	0	0	0	0	0	0	0	0	0
	被采纳数		26	0	0	0	0	0	0	0	0	0	0	0	0	0	0	0	0

3.56 徐州生物工程职业技术学院人文、社会科学研究与课题成果来源情况表

			课题来源															
			合计	国家社科基金项目	国家社科基金单列学科项目	教育部人文社科研究项目	高校古籍整理研究项目	国家自然科学基金项目	中央其他部门社科专门项目	省、市、自治区社科基金项目	省教育厅社科项目	地、市、厅、局等政府部门项目	国际合作研究项目	与港、澳、台地区合作研究项目	企事业单位委托项目	学校社科项目	外资项目	其他
		编号	L01	L02	L03	L04	L05	L06	L07	L08	L09	L10	L11	L12	L13	L14	L15	L16
课题数(项)		1	88	0	0	0	0	0	0	10	39	28	0	0	0	11	0	0
当年投入人数	合计(人年)	2	8.8	0	0	0	0	0	0	1	3.9	2.8	0	0	0	1.1	0	0
	研究生(人年)	3	0	0	0	0	0	0	0	0	0	0	0	0	0	0	0	0
当年拨入经费	合计(千元)	4	17	0	0	0	0	0	0	16	0	1	0	0	0	0	0	0
	当年立项项目拨入经费(千元)	5	17	0	0	0	0	0	0	16	0	1	0	0	0	0	0	0
当年支出经费(千元)		6	23	0	0	0	0	0	0	9	1	1	0	0	0	12	0	0
当年新开课题数(项)		7	41	0	0	0	0	0	0	6	14	21	0	0	0	0	0	0
当年新开课题批准经费(千元)		8	35	0	0	0	0	0	0	16	0	19	0	0	0	0	0	0
当年完成课题数(项)		9	51	0	0	0	0	0	0	6	13	26	0	0	0	6	0	0

出版著作(部)	合计		10	2	0	0	0	0	0	0	0	1	1	0	0	0	0	0	0
	专著	合计	11	0	0	0	0	0	0	0	0	0	0	0	0	0	0	0	0
		被译成外文	12	0	0	0	0	0	0	0	0	0	0	0	0	0	0	0	0
	编著教材		13	2	0	0	0	0	0	0	0	1	1	0	0	0	0	0	0
	工具书/参考书		14	0	0	0	0	0	0	0	0	0	0	0	0	0	0	0	0
	皮书/发展报告		15	0	0	0	0	0	0	0	0	0	0	0	0	0	0	0	0
	科普读物		16	0	0	0	0	0	0	0	0	0	0	0	0	0	0	0	0
古籍整理(部)			17	0	0	0	0	0	0	0	0	0	0	0	0	0	0	0	0
译著(部)			18	0	0	0	0	0	0	0	0	0	0	0	0	0	0	0	0
发表译文(篇)			19	0	0	0	0	0	0	0	0	0	0	0	0	0	0	0	0
电子出版物(件)			20	0	0	0	0	0	0	0	0	0	0	0	0	0	0	0	0
发表论文(篇)	合计		21	63	0	0	0	0	0	0	2	25	25	0	0	3	8	0	0
	国内学术刊物	内地(大陆)	22	63	0	0	0	0	0	0	2	25	25	0	0	3	8	0	0
		港、澳、台地区	23	0	0	0	0	0	0	0	0	0	0	0	0	0	0	0	0
	国外学术刊物		24	0	0	0	0	0	0	0	0	0	0	0	0	0	0	0	0
研究与咨询报告(篇)	合计		25	0	0	0	0	0	0	0	0	0	0	0	0	0	0	0	0
	被采纳数		26	0	0	0	0	0	0	0	0	0	0	0	0	0	0	0	0

3.57 江苏商贸职业学院人文、社会科学研究与课题成果来源情况表

			课题来源															
			合计	国家社科基金项目	国家社科基金单列学科项目	教育部人文社科研究项目	高校古籍整理研究项目	国家自然科学基金项目	中央其他部门社科专门项目	省、市、自治区社科基金项目	省教育厅社科项目	地、市、厅、局等政府部门项目	国际合作研究项目	与港、澳、台地区合作研究项目	企事业单位委托项目	学校社科项目	外资项目	其他
		编号	L01	L02	L03	L04	L05	L06	L07	L08	L09	L10	L11	L12	L13	L14	L15	L16
课题数(项)		1	215	0	0	0	0	0	0	0	34	38	0	0	37	106	0	0
当年投入人数	合计(人年)	2	52.8	0	0	0	0	0	0	0	12.4	8.6	0	0	8.8	23	0	0
	研究生(人年)	3	0	0	0	0	0	0	0	0	0	0	0	0	0	0	0	0
当年拨入经费	合计(千元)	4	535.9	0	0	0	0	0	0	0	90	5.5	0	0	381.2	59.2	0	0
	当年立项项目拨入经费(千元)	5	483.2	0	0	0	0	0	0	0	90	2	0	0	347.2	44	0	0
当年支出经费(千元)		6	510.31	0	0	0	0	0	0	0	86	7.75	0	0	334.31	82.25	0	0
当年新开课题数(项)		7	101	0	0	0	0	0	0	0	9	19	0	0	17	56	0	0
当年新开课题批准经费(千元)		8	571.2	0	0	0	0	0	0	0	90	5	0	0	347.2	129	0	0
当年完成课题数(项)		9	71	0	0	0	0	0	0	0	7	21	0	0	23	20	0	0

出版著作(部)	合　计		10	0	0	0	0	0	0	0	0	0	0	0	0	0	0	0	0
	专著	合　计	11	0	0	0	0	0	0	0	0	0	0	0	0	0	0	0	0
		被译成外文	12	0	0	0	0	0	0	0	0	0	0	0	0	0	0	0	0
	编著教材		13	0	0	0	0	0	0	0	0	0	0	0	0	0	0	0	0
	工具书/参考书		14	0	0	0	0	0	0	0	0	0	0	0	0	0	0	0	0
	皮书/发展报告		15	0	0	0	0	0	0	0	0	0	0	0	0	0	0	0	0
	科普读物		16	0	0	0	0	0	0	0	0	0	0	0	0	0	0	0	0
古籍整理(部)			17	0	0	0	0	0	0	0	0	0	0	0	0	0	0	0	0
译著(部)			18	0	0	0	0	0	0	0	0	0	0	0	0	0	0	0	0
发表译文(篇)			19	0	0	0	0	0	0	0	0	0	0	0	0	0	0	0	0
电子出版物(件)			20	0	0	0	0	0	0	0	0	0	0	0	0	0	0	0	0
发表论文(篇)	合　计		21	62	0	0	0	0	0	0	0	15	12	0	0	0	35	0	0
	国内学术刊物	内地(大陆)	22	62	0	0	0	0	0	0	0	15	12	0	0	0	35	0	0
		港、澳、台地区	23	0	0	0	0	0	0	0	0	0	0	0	0	0	0	0	0
	国外学术刊物		24	0	0	0	0	0	0	0	0	0	0	0	0	0	0	0	0
研究与咨询报告(篇)	合　计		25	38	0	0	0	0	0	0	0	0	16	0	0	20	2	0	0
	被采纳数		26	3	0	0	0	0	0	0	0	0	0	0	0	3	0	0	0

3.58 南通师范高等专科学校人文、社会科学研究与课题成果来源情况表

			课题来源															
			合计	国家社科基金项目	国家社科基金单列学科项目	教育部人文社科研究项目	高校古籍整理研究项目	国家自然科学基金项目	中央其他部门社科专门项目	省、市、自治区社科基金项目	省教育厅社科项目	地、市、厅、局等政府部门项目	国际合作研究项目	与港、澳、台地区合作研究项目	企事业单位委托项目	学校社科项目	外资项目	其他
		编号	L01	L02	L03	L04	L05	L06	L07	L08	L09	L10	L11	L12	L13	L14	L15	L16
课题数(项)		1	193	0	0	2	0	0	0	1	0	125	0	0	5	60	0	0
当年投入人数	合计(人年)	2	34	0	0	0.5	0	0	0	0.3	0	24.9	0	0	0.8	7.5	0	0
	研究生(人年)	3	0	0	0	0	0	0	0	0	0	0	0	0	0	0	0	0
当年拨入经费	合计(千元)	4	2	0	0	0	0	0	0	0	0	2	0	0	0	0	0	0
	当年立项项目拨入经费(千元)	5	0	0	0	0	0	0	0	0	0	0	0	0	0	0	0	0
当年支出经费(千元)		6	538.7	0	0	72.15	0	0	0	0	0	26.55	0	0	436	4	0	0
当年新开课题数(项)		7	61	0	0	0	0	0	0	0	0	34	0	0	0	27	0	0
当年新开课题批准经费(千元)		8	0	0	0	0	0	0	0	0	0	0	0	0	0	0	0	0
当年完成课题数(项)		9	43	0	0	1	0	0	0	0	0	28	0	0	0	14	0	0

出版著作（部）	合 计		10	0	0	0	0	0	0	0	0	0	0	0	0	0	0	0	0
	专著	合 计	11	0	0	0	0	0	0	0	0	0	0	0	0	0	0	0	0
		被译成外文	12	0	0	0	0	0	0	0	0	0	0	0	0	0	0	0	0
	编著教材		13	0	0	0	0	0	0	0	0	0	0	0	0	0	0	0	0
	工具书/参考书		14	0	0	0	0	0	0	0	0	0	0	0	0	0	0	0	0
	皮书/发展报告		15	0	0	0	0	0	0	0	0	0	0	0	0	0	0	0	0
	科普读物		16	0	0	0	0	0	0	0	0	0	0	0	0	0	0	0	0
古籍整理（部）			17	0	0	0	0	0	0	0	0	0	0	0	0	0	0	0	0
译著（部）			18	0	0	0	0	0	0	0	0	0	0	0	0	0	0	0	0
发表译文（篇）			19	0	0	0	0	0	0	0	0	0	0	0	0	0	0	0	0
电子出版物（件）			20	0	0	0	0	0	0	0	0	0	0	0	0	0	0	0	0
发表论文（篇）	合 计		21	36	0	0	0	0	0	0	0	0	29	0	0	0	7	0	0
	国内学术刊物	内地（大陆）	22	36	0	0	0	0	0	0	0	0	29	0	0	0	7	0	0
		港、澳、台地区	23	0	0	0	0	0	0	0	0	0	0	0	0	0	0	0	0
	国外学术刊物		24	0	0	0	0	0	0	0	0	0	0	0	0	0	0	0	0
研究与咨询报告（篇）	合 计		25	0	0	0	0	0	0	0	0	0	0	0	0	0	0	0	0
	被采纳数		26	0	0	0	0	0	0	0	0	0	0	0	0	0	0	0	0

3.59 江苏护理职业学院人文、社会科学研究与课题成果来源情况表

			课题来源															
			合计	国家社科基金项目	国家社科基金单列学科项目	教育部人文社科研究项目	高校古籍整理研究项目	国家自然科学基金项目	中央其他部门社科专门项目	省、市、自治区社科基金项目	省教育厅社科项目	地、市、厅、局等政府部门项目	国际合作研究项目	与港、澳、台地区合作研究项目	企事业单位委托项目	学校社科项目	外资项目	其他
		编号	L01	L02	L03	L04	L05	L06	L07	L08	L09	L10	L11	L12	L13	L14	L15	L16
课题数(项)		1	97	0	0	1	0	0	0	0	58	32	0	0	0	4	0	2
当年投入人数	合计(人年)	2	13.7	0	0	0.2	0	0	0	0	8.4	4.2	0	0	0	0.6	0	0.3
	研究生(人年)	3	0	0	0	0	0	0	0	0	0	0	0	0	0	0	0	0
当年拨入经费	合计(千元)	4	13	0	0	0	0	0	0	0	1	12	0	0	0	0	0	0
	当年立项项目拨入经费(千元)	5	0	0	0	0	0	0	0	0	0	0	0	0	0	0	0	0
当年支出经费(千元)		6	124	0	0	0	0	0	0	0	76	48	0	0	0	0	0	0
当年新开课题数(项)		7	24	0	0	0	0	0	0	0	8	14	0	0	0	0	0	2
当年新开课题批准经费(千元)		8	206	0	0	0	0	0	0	0	80	110	0	0	0	0	0	16
当年完成课题数(项)		9	5	0	0	0	0	0	0	0	2	3	0	0	0	0	0	0

出版著作（部）	合　计		10	0	0	0	0	0	0	0	0	0	0	0	0	0	0	0	0
	专著	合　计	11	0	0	0	0	0	0	0	0	0	0	0	0	0	0	0	0
		被译成外文	12	0	0	0	0	0	0	0	0	0	0	0	0	0	0	0	0
	编著教材		13	0	0	0	0	0	0	0	0	0	0	0	0	0	0	0	0
	工具书/参考书		14	0	0	0	0	0	0	0	0	0	0	0	0	0	0	0	0
	皮书/发展报告		15	0	0	0	0	0	0	0	0	0	0	0	0	0	0	0	0
	科普读物		16	0	0	0	0	0	0	0	0	0	0	0	0	0	0	0	0
古籍整理（部）			17	0	0	0	0	0	0	0	0	0	0	0	0	0	0	0	0
译著（部）			18	0	0	0	0	0	0	0	0	0	0	0	0	0	0	0	0
发表译文（篇）			19	0	0	0	0	0	0	0	0	0	0	0	0	0	0	0	0
电子出版物（件）			20	0	0	0	0	0	0	0	0	0	0	0	0	0	0	0	0
发表论文（篇）	合　计		21	61	0	0	2	0	0	0	0	34	4	0	0	2	1	0	18
	国内学术刊物	内地（大陆）	22	61	0	0	2	0	0	0	0	34	4	0	0	2	1	0	18
		港、澳、台地区	23	0	0	0	0	0	0	0	0	0	0	0	0	0	0	0	0
	国外学术刊物		24	0	0	0	0	0	0	0	0	0	0	0	0	0	0	0	0
研究与咨询报告（篇）	合　计		25	0	0	0	0	0	0	0	0	0	0	0	0	0	0	0	0
	被采纳数		26	0	0	0	0	0	0	0	0	0	0	0	0	0	0	0	0

3.60 江苏财会职业学院人文、社会科学研究与课题成果来源情况表

			课题来源															
			合计	国家社科基金项目	国家社科基金单列学科项目	教育部人文社科研究项目	高校古籍整理研究项目	国家自然科学基金项目	中央其他部门社科专门项目	省、市、自治区社科基金项目	省教育厅社科项目	地、市、厅、局等政府部门项目	国际合作研究项目	与港、澳、台地区合作研究项目	企事业单位委托项目	学校社科项目	外资项目	其他
		编号	L01	L02	L03	L04	L05	L06	L07	L08	L09	L10	L11	L12	L13	L14	L15	L16
课题数(项)		1	122	0	0	0	0	0	0	7	49	45	0	0	3	18	0	0
当年投入人数	合计(人年)	2	29.2	0	0	0	0	0	0	1.9	14.1	10.3	0	0	0.8	2.1	0	0
	研究生(人年)	3	0	0	0	0	0	0	0	0	0	0	0	0	0	0	0	0
当年拨入经费	合计(千元)	4	119.5	0	0	0	0	0	0	0	65	43	0	0	11.5	0	0	0
	当年立项项目拨入经费(千元)	5	2.5	0	0	0	0	0	0	0	0	0	0	0	2.5	0	0	0
当年支出经费(千元)		6	119.5	0	0	0	0	0	0	0	65	43	0	0	11.5	0	0	0
当年新开课题数(项)		7	49	0	0	0	0	0	0	7	20	6	0	0	1	15	0	0
当年新开课题批准经费(千元)		8	88	0	0	0	0	0	0	18	0	50	0	0	5	15	0	0
当年完成课题数(项)		9	52	0	0	0	0	0	0	0	8	39	0	0	2	3	0	0

合 计			10	0	0	0	0	0	0	0	0	0	0	0	0	0	0	0	0
出版著作(部)	专著	合 计	11	0	0	0	0	0	0	0	0	0	0	0	0	0	0	0	0
		被译成外文	12	0	0	0	0	0	0	0	0	0	0	0	0	0	0	0	0
	编著教材		13	0	0	0	0	0	0	0	0	0	0	0	0	0	0	0	0
	工具书/参考书		14	0	0	0	0	0	0	0	0	0	0	0	0	0	0	0	0
	皮书/发展报告		15	0	0	0	0	0	0	0	0	0	0	0	0	0	0	0	0
	科普读物		16	0	0	0	0	0	0	0	0	0	0	0	0	0	0	0	0
古籍整理(部)			17	0	0	0	0	0	0	0	0	0	0	0	0	0	0	0	0
译著(部)			18	0	0	0	0	0	0	0	0	0	0	0	0	0	0	0	0
发表译文(篇)			19	0	0	0	0	0	0	0	0	0	0	0	0	0	0	0	0
电子出版物(件)			20	0	0	0	0	0	0	0	0	0	0	0	0	0	0	0	0
发表论文(篇)	合 计		21	90	0	0	0	0	0	0	7	24	41	0	0	0	18	0	0
	国内学术刊物	内地(大陆)	22	90	0	0	0	0	0	0	7	24	41	0	0	0	18	0	0
		港、澳、台地区	23	0	0	0	0	0	0	0	0	0	0	0	0	0	0	0	0
	国外学术刊物		24	0	0	0	0	0	0	0	0	0	0	0	0	0	0	0	0
研究与咨询报告(篇)	合 计		25	25	0	0	0	0	0	0	0	0	23	0	0	2	0	0	0
	被采纳数		26	0	0	0	0	0	0	0	0	0	0	0	0	0	0	0	0

3.61 江苏城乡建设职业学院人文、社会科学研究与课题成果来源情况表

			课题来源															
			合计	国家社科基金项目	国家社科基金单列学科项目	教育部人文社科研究项目	高校古籍整理研究项目	国家自然科学基金项目	中央其他部门社科专门项目	省、市、自治区社科基金项目	省教育厅社科项目	地、市、厅、局等政府部门项目	国际合作研究项目	与港、澳、台地区合作研究项目	企事业单位委托项目	学校社科项目	外资项目	其他
		编号	L01	L02	L03	L04	L05	L06	L07	L08	L09	L10	L11	L12	L13	L14	L15	L16
课题数(项)		1	236	0	0	2	0	0	0	8	77	70	0	0	12	67	0	0
当年投入人数	合计(人年)	2	37.9	0	0	0.2	0	0	0	0.8	13.1	7.5	0	0	2.7	13.6	0	0
	研究生(人年)	3	0	0	0	0	0	0	0	0	0	0	0	0	0	0	0	0
当年拨入经费	合计(千元)	4	554	0	0	52	0	0	0	0	20	62	0	0	420	0	0	0
	当年立项项目拨入经费(千元)	5	493	0	0	20	0	0	0	0	0	53	0	0	420	0	0	0
当年支出经费(千元)		6	478.35	0	0	0	0	0	0	0	17.75	7.65	0	0	428	24.95	0	0
当年新开课题数(项)		7	110	0	0	1	0	0	0	8	21	58	0	0	6	16	0	0
当年新开课题批准经费(千元)		8	707	0	0	20	0	0	0	0	100	103	0	0	420	64	0	0
当年完成课题数(项)		9	92	0	0	0	0	0	0	0	21	56	0	0	12	3	0	0

出版著作(部)	合　计		10	0	0	0	0	0	0	0	0	0	0	0	0	0	0	0	0
	专著	合　计	11	0	0	0	0	0	0	0	0	0	0	0	0	0	0	0	0
		被译成外文	12	0	0	0	0	0	0	0	0	0	0	0	0	0	0	0	0
	编著教材		13	0	0	0	0	0	0	0	0	0	0	0	0	0	0	0	0
	工具书/参考书		14	0	0	0	0	0	0	0	0	0	0	0	0	0	0	0	0
	皮书/发展报告		15	0	0	0	0	0	0	0	0	0	0	0	0	0	0	0	0
	科普读物		16	0	0	0	0	0	0	0	0	0	0	0	0	0	0	0	0
古籍整理(部)			17	0	0	0	0	0	0	0	0	0	0	0	0	0	0	0	0
译著(部)			18	0	0	0	0	0	0	0	0	0	0	0	0	0	0	0	0
发表译文(篇)			19	0	0	0	0	0	0	0	0	0	0	0	0	0	0	0	0
电子出版物(件)			20	0	0	0	0	0	0	0	0	0	0	0	0	0	0	0	0
发表论文(篇)	合　计		21	83	0	0	4	0	0	0	0	12	61	0	0	0	6	0	0
	国内学术刊物	内地(大陆)	22	83	0	0	4	0	0	0	0	12	61	0	0	0	6	0	0
		港、澳、台地区	23	0	0	0	0	0	0	0	0	0	0	0	0	0	0	0	0
	国外学术刊物		24	0	0	0	0	0	0	0	0	0	0	0	0	0	0	0	0
研究与咨询报告(篇)	合　计		25	43	0	0	0	0	0	0	0	4	39	0	0	0	0	0	0
	被采纳数		26	0	0	0	0	0	0	0	0	0	0	0	0	0	0	0	0

3.62 江苏航空职业技术学院人文、社会科学研究与课题成果来源情况表

			课题来源															
			合计	国家社科基金项目	国家社科基金单列学科项目	教育部人文社科研究项目	高校古籍整理研究项目	国家自然科学基金项目	中央其他部门社科专门项目	省、市、自治区社科基金项目	省教育厅社科项目	地、市、厅、局等政府部门项目	国际合作研究项目	与港、澳、台地区合作研究项目	企事业单位委托项目	学校社科项目	外资项目	其他
		编号	L01	L02	L03	L04	L05	L06	L07	L08	L09	L10	L11	L12	L13	L14	L15	L16
课题数(项)		1	121	0	0	0	0	0	0	0	54	40	0	0	0	27	0	0
当年投入人数	合计(人年)	2	32.4	0	0	0	0	0	0	0	13.7	11.5	0	0	0	7.2	0	0
	研究生(人年)	3	0	0	0	0	0	0	0	0	0	0	0	0	0	0	0	0
当年拨入经费	合计(千元)	4	97	0	0	0	0	0	0	0	15	20	0	0	0	62	0	0
	当年立项项目拨入经费(千元)	5	77	0	0	0	0	0	0	0	0	20	0	0	0	57	0	0
当年支出经费(千元)		6	46.775	0	0	0	0	0	0	0	38.475	0	0	0	0	8.3	0	0
当年新开课题数(项)		7	63	0	0	0	0	0	0	0	18	33	0	0	0	12	0	0
当年新开课题批准经费(千元)		8	278	0	0	0	0	0	0	0	180	27	0	0	0	71	0	0
当年完成课题数(项)		9	23	0	0	0	0	0	0	0	3	16	0	0	0	4	0	0

出版著作(部)	合　计		10	1	0	0	0	0	0	0	0	1	0	0	0	0	0	0	0
	专著	合　计	11	1	0	0	0	0	0	0	0	1	0	0	0	0	0	0	0
		被译成外文	12	0	0	0	0	0	0	0	0	0	0	0	0	0	0	0	0
	编著教材		13	0	0	0	0	0	0	0	0	0	0	0	0	0	0	0	0
	工具书/参考书		14	0	0	0	0	0	0	0	0	0	0	0	0	0	0	0	0
	皮书/发展报告		15	0	0	0	0	0	0	0	0	0	0	0	0	0	0	0	0
	科普读物		16	0	0	0	0	0	0	0	0	0	0	0	0	0	0	0	0
古籍整理(部)			17	0	0	0	0	0	0	0	0	0	0	0	0	0	0	0	0
译著(部)			18	0	0	0	0	0	0	0	0	0	0	0	0	0	0	0	0
发表译文(篇)			19	0	0	0	0	0	0	0	0	0	0	0	0	0	0	0	0
电子出版物(件)			20	0	0	0	0	0	0	0	0	0	0	0	0	0	0	0	0
发表论文(篇)	合　计		21	56	0	0	0	0	0	0	1	13	17	0	0	0	25	0	0
	国内学术刊物	内地(大陆)	22	54	0	0	0	0	0	0	1	13	15	0	0	0	25	0	0
		港、澳、台地区	23	0	0	0	0	0	0	0	0	0	0	0	0	0	0	0	0
	国外学术刊物		24	2	0	0	0	0	0	0	0	0	2	0	0	0	0	0	0
研究与咨询报告(篇)	合　计		25	1	0	0	0	0	0	0	1	0	0	0	0	0	0	0	0
	被采纳数		26	1	0	0	0	0	0	0	1	0	0	0	0	0	0	0	0

3.63 江苏安全技术职业学院人文、社会科学研究与课题成果来源情况表

			课题来源															
			合计	国家社科基金项目	国家社科基金单列学科项目	教育部人文社科研究项目	高校古籍整理研究项目	国家自然科学基金项目	中央其他部门社科专门项目	省、市、自治区社科基金项目	省教育厅社科项目	地、市、厅、局等政府部门项目	国际合作研究项目	与港、澳、台地区合作研究项目	企事业单位委托项目	学校社科项目	外资项目	其他
		编号	L01	L02	L03	L04	L05	L06	L07	L08	L09	L10	L11	L12	L13	L14	L15	L16
课题数(项)		1	31	0	0	0	0	0	0	0	9	19	0	0	0	3	0	0
当年投入人数	合计(人年)	2	5.7	0	0	0	0	0	0	0	1.7	3.5	0	0	0	0.5	0	0
	研究生(人年)	3	0	0	0	0	0	0	0	0	0	0	0	0	0	0	0	0
当年拨入经费	合计(千元)	4	72	0	0	0	0	0	0	0	0	68	0	0	0	4	0	0
	当年立项项目拨入经费(千元)	5	72	0	0	0	0	0	0	0	0	68	0	0	0	4	0	0
当年支出经费(千元)		6	52	0	0	0	0	0	0	0	0	45	0	0	0	7	0	0
当年新开课题数(项)		7	16	0	0	0	0	0	0	0	5	9	0	0	0	2	0	0
当年新开课题批准经费(千元)		8	122	0	0	0	0	0	0	0	50	68	0	0	0	4	0	0
当年完成课题数(项)		9	6	0	0	0	0	0	0	0	1	5	0	0	0	0	0	0

			编号																
出版著作(部)	合计		10	0	0	0	0	0	0	0	0	0	0	0	0	0	0	0	0
	专著	合计	11	0	0	0	0	0	0	0	0	0	0	0	0	0	0	0	0
		被译成外文	12	0	0	0	0	0	0	0	0	0	0	0	0	0	0	0	0
	编著教材		13	0	0	0	0	0	0	0	0	0	0	0	0	0	0	0	0
	工具书/参考书		14	0	0	0	0	0	0	0	0	0	0	0	0	0	0	0	0
	皮书/发展报告		15	0	0	0	0	0	0	0	0	0	0	0	0	0	0	0	0
	科普读物		16	0	0	0	0	0	0	0	0	0	0	0	0	0	0	0	0
古籍整理(部)			17	0	0	0	0	0	0	0	0	0	0	0	0	0	0	0	0
译著(部)			18	0	0	0	0	0	0	0	0	0	0	0	0	0	0	0	0
发表译文(篇)			19	0	0	0	0	0	0	0	0	0	0	0	0	0	0	0	0
电子出版物(件)			20	0	0	0	0	0	0	0	0	0	0	0	0	0	0	0	0
发表论文(篇)	合计		21	14	0	0	0	0	0	0	0	5	7	0	0	0	2	0	0
	国内学术刊物	内地(大陆)	22	14	0	0	0	0	0	0	0	5	7	0	0	0	2	0	0
		港、澳、台地区	23	0	0	0	0	0	0	0	0	0	0	0	0	0	0	0	0
	国外学术刊物		24	0	0	0	0	0	0	0	0	0	0	0	0	0	0	0	0
研究与咨询报告(篇)	合计		25	0	0	0	0	0	0	0	0	0	0	0	0	0	0	0	0
	被采纳数		26	0	0	0	0	0	0	0	0	0	0	0	0	0	0	0	0

3.64 江苏旅游职业学院人文、社会科学研究与课题成果来源情况表

		编号	合计	国家社科基金项目	国家社科基金单列学科项目	教育部人文社科研究项目	高校古籍整理研究项目	国家自然科学基金项目	中央其他部门社科专门项目	省、市、自治区社科基金项目	省教育厅社科项目	地、市、厅、局等政府部门项目	国际合作研究项目	与港、澳、台地区合作研究项目	企事业单位委托项目	学校社科项目	外资项目	其他
			课题来源															
			L01	L02	L03	L04	L05	L06	L07	L08	L09	L10	L11	L12	L13	L14	L15	L16
课题数(项)		1	124	0	0	0	0	0	1	11	24	28	0	0	0	60	0	0
当年投入人数	合计(人年)	2	12.4	0	0	0	0	0	0.1	1.1	2.4	2.8	0	0	0	6	0	0
	研究生(人年)	3	0	0	0	0	0	0	0	0	0	0	0	0	0	0	0	0
当年拨入经费	合计(千元)	4	204	0	0	0	0	0	50	154	0	0	0	0	0	0	0	0
	当年立项项目拨入经费(千元)	5	154	0	0	0	0	0	0	154	0	0	0	0	0	0	0	0
当年支出经费(千元)		6	106	0	0	0	0	0	50	56	0	0	0	0	0	0	0	0
当年新开课题数(项)		7	66	0	0	0	0	0	0	11	3	27	0	0	0	25	0	0
当年新开课题批准经费(千元)		8	706	0	0	0	0	0	0	202	42	362	0	0	0	100	0	0
当年完成课题数(项)		9	6	0	0	0	0	0	0	0	5	1	0	0	0	0	0	0

出版著作(部)	合计		10	0	0	0	0	0	0	0	0	0	0	0	0	0	0	0	0
	专著	合计	11	0	0	0	0	0	0	0	0	0	0	0	0	0	0	0	0
		被译成外文	12	0	0	0	0	0	0	0	0	0	0	0	0	0	0	0	0
	编著教材		13	0	0	0	0	0	0	0	0	0	0	0	0	0	0	0	0
	工具书/参考书		14	0	0	0	0	0	0	0	0	0	0	0	0	0	0	0	0
	皮书/发展报告		15	0	0	0	0	0	0	0	0	0	0	0	0	0	0	0	0
	科普读物		16	0	0	0	0	0	0	0	0	0	0	0	0	0	0	0	0
古籍整理(部)			17	0	0	0	0	0	0	0	0	0	0	0	0	0	0	0	0
译著(部)			18	0	0	0	0	0	0	0	0	0	0	0	0	0	0	0	0
发表译文(篇)			19	0	0	0	0	0	0	0	0	0	0	0	0	0	0	0	0
电子出版物(件)			20	0	0	0	0	0	0	0	0	0	0	0	0	0	0	0	0
发表论文(篇)	合计		21	61	0	0	0	0	0	0	11	33	15	0	0	0	2	0	0
	国内学术刊物	内地(大陆)	22	59	0	0	0	0	0	0	11	32	14	0	0	0	2	0	0
		港、澳、台地区	23	0	0	0	0	0	0	0	0	0	0	0	0	0	0	0	0
	国外学术刊物		24	2	0	0	0	0	0	0	0	1	1	0	0	0	0	0	0
研究与咨询报告(篇)	合计		25	0	0	0	0	0	0	0	0	0	0	0	0	0	0	0	0
	被采纳数		26	0	0	0	0	0	0	0	0	0	0	0	0	0	0	0	0

3.65 常州幼儿师范高等专科学校人文、社会科学研究与课题成果来源情况表

			课题来源															
			合计	国家社科基金项目	国家社科基金单列学科项目	教育部人文社科研究项目	高校古籍整理研究项目	国家自然科学基金项目	中央其他部门社科专门项目	省、市、自治区社科基金项目	省教育厅社科项目	地、市、厅、局等政府部门项目	国际合作研究项目	与港、澳、台地区合作研究项目	企事业单位委托项目	学校社科项目	外资项目	其他
		编号	L01	L02	L03	L04	L05	L06	L07	L08	L09	L10	L11	L12	L13	L14	L15	L16
课题数(项)		1	33	0	0	0	0	0	0	0	0	18	0	0	0	15	0	0
当年投入人数	合计(人年)	2	3.9	0	0	0	0	0	0	0	0	2.6	0	0	0	1.3	0	0
	研究生(人年)	3	0	0	0	0	0	0	0	0	0	0	0	0	0	0	0	0
当年拨入经费	合计(千元)	4	1	0	0	0	0	0	0	0	0	1	0	0	0	0	0	0
	当年立项项目拨入经费(千元)	5	1	0	0	0	0	0	0	0	0	1	0	0	0	0	0	0
当年支出经费(千元)		6	0	0	0	0	0	0	0	0	0	0	0	0	0	0	0	0
当年新开课题数(项)		7	24	0	0	0	0	0	0	0	0	9	0	0	0	15	0	0
当年新开课题批准经费(千元)		8	1	0	0	0	0	0	0	0	0	1	0	0	0	0	0	0
当年完成课题数(项)		9	4	0	0	0	0	0	0	0	0	4	0	0	0	0	0	0

出版著作(部)	合 计		10	1	0	0	0	0	0	0	0	0	1	0	0	0	0	0	0
	专著	合 计	11	0	0	0	0	0	0	0	0	0	0	0	0	0	0	0	0
		被译成外文	12	0	0	0	0	0	0	0	0	0	0	0	0	0	0	0	0
	编著教材		13	1	0	0	0	0	0	0	0	0	1	0	0	0	0	0	0
	工具书/参考书		14	0	0	0	0	0	0	0	0	0	0	0	0	0	0	0	0
	皮书/发展报告		15	0	0	0	0	0	0	0	0	0	0	0	0	0	0	0	0
	科普读物		16	0	0	0	0	0	0	0	0	0	0	0	0	0	0	0	0
古籍整理(部)			17	0	0	0	0	0	0	0	0	0	0	0	0	0	0	0	0
译著(部)			18	0	0	0	0	0	0	0	0	0	0	0	0	0	0	0	0
发表译文(篇)			19	0	0	0	0	0	0	0	0	0	0	0	0	0	0	0	0
电子出版物(件)			20	0	0	0	0	0	0	0	0	0	0	0	0	0	0	0	0
发表论文(篇)	合 计		21	11	0	0	0	0	0	0	0	0	8	0	0	0	3	0	0
	国内学术刊物	内地(大陆)	22	11	0	0	0	0	0	0	0	0	8	0	0	0	3	0	0
		港、澳、台地区	23	0	0	0	0	0	0	0	0	0	0	0	0	0	0	0	0
	国外学术刊物		24	0	0	0	0	0	0	0	0	0	0	0	0	0	0	0	0
研究与咨询报告(篇)	合 计		25	0	0	0	0	0	0	0	0	0	0	0	0	0	0	0	0
	被采纳数		26	0	0	0	0	0	0	0	0	0	0	0	0	0	0	0	0

4. 民办及中外合作办学高等学校人文、社会科学研究与课题成果来源情况表

			课题来源															
			合计	国家社科基金项目	国家社科基金单列学科项目	教育部人文社科研究项目	高校古籍整理研究项目	国家自然科学基金项目	中央其他部门社科专门项目	省、市、自治区社科基金项目	省教育厅社科项目	地、市、厅、局等政府部门项目	国际合作研究项目	与港、澳、台地区合作研究项目	企事业单位委托项目	学校社科项目	外资项目	其他
		编号	L01	L02	L03	L04	L05	L06	L07	L08	L09	L10	L11	L12	L13	L14	L15	L16
课题数(项)		1	3801	10	2	19	0	15	4	92	1929	698	2	0	457	553	2	18
当年投入人数	合计(人年)	2	748.1	3.5	1	8.5	0	4.8	0.8	18	363.3	135.6	1.7	0	93.4	108.9	1.3	7.3
	研究生(人年)	3	1.5	0	0	0.3	0	0.3	0	0	0	0	0	0	0	0.9	0	0
当年拨入经费	合计(千元)	4	36 515.281	200	0	352	0	1067.695	0	318.556	1223.357	3884.702	265.831	0	22 143.389	5829.999	83.412	1146.34
	当年立项项目拨入经费(千元)	5	30 160.662	190	0	70	0	509.715	0	214	697	3660.562	0	0	20 206.894	3440.151	28	1144.34
当年支出经费(千元)		6	27 815.391	236.027	122.802	267.275	0	416.087	6.35	296.197	3253.406	2469.96	235.555	0	19 019.132	1085.379	26.989	380.232
当年新开课题数(项)		7	1523	1	0	4	0	4	1	40	578	385	0	0	286	211	1	12
当年新开课题批准经费(千元)		8	37 728.888	200	0	320	0	890.115	0	300	3198	4282	0	0	23 672.622	3479.151	70	1317
当年完成课题数(项)		9	1123	1	0	3	0	0	3	18	428	348	1	0	197	116	1	7

出版著作(部)	合 计		10	45	0	0	0	0	0	0	3	13	7	0	0	15	1	0	6
	专著	合 计	11	8	0	0	0	0	0	0	1	5	2	0	0	0	0	0	0
		被译成外文	12	0	0	0	0	0	0	0	0	0	0	0	0	0	0	0	0
	编著教材		13	22	0	0	0	0	0	0	2	8	5	0	0	0	1	0	6
	工具书/参考书		14	0	0	0	0	0	0	0	0	0	0	0	0	0	0	0	0
	皮书/发展报告		15	15	0	0	0	0	0	0	0	0	0	0	0	15	0	0	0
	科普读物		16	0	0	0	0	0	0	0	0	0	0	0	0	0	0	0	0
古籍整理(部)			17	0	0	0	0	0	0	0	0	0	0	0	0	0	0	0	0
译著(部)			18	0	0	0	0	0	0	0	0	0	0	0	0	0	0	0	0
发表译文(篇)			19	0	0	0	0	0	0	0	0	0	0	0	0	0	0	0	0
电子出版物(件)			20	1	0	0	0	0	0	0	0	1	0	0	0	0	0	0	0
发表论文(篇)	合 计		21	1572	16	0	8	0	27	6	51	979	274	0	0	60	147	0	4
	国内学术刊物	内地(大陆)	22	1491	14	0	7	0	0	6	50	959	259	0	0	55	137	0	4
		港、澳、台地区	23	0	0	0	0	0	0	0	0	0	0	0	0	0	0	0	0
	国外学术刊物		24	81	2	0	1	0	27	0	1	20	15	0	0	5	10	0	0
研究与咨询报告(篇)	合 计		25	219	1	0	0	0	0	0	6	3	110	0	0	98	0	0	1
	被采纳数		26	121	0	0	0	0	0	0	2	1	53	0	0	64	0	0	1

注：由于篇幅限制，本节不对民办及中外合作办学高等学校人文、社会科学研究与课题成果来源情况进行细分说明。

九、社科研究成果获奖

成果名称		合计	成果形式	主要作者	课题来源	奖励名称	奖励等级	备注
	编号	L01	L02	L03	L04	L05	L06	L07
合　计	/	/	/	/	/	/	/	/
1.　江南大学	/	2	/	/	/	/	/	/
供应链模式创新:线上线下融合之路	1	/	专著	浦徐进	国家社科基金项目	商务发展研究成果奖	二等	/
融入动物福利属性的可追溯猪肉偏好与支付意愿研究	2	/	论文	吴林海	学校社科项目	商务发展研究成果奖	其他	/
2.　南京理工大学	/	2	/	/	/	/	/	/
弘化寺与张氏家族:河湟地区民族交融的一个历史缩影	1	/	论文	杨德亮	其他研究项目	宁夏第十五届哲学社会科学优秀成果奖	三等	/
疫情常态化下我国制造业发展路径和对策研究	2	/	论文	徐晓亮	国家自然科学基金项目	工信部优秀研究成果奖	二等	/
3.　江苏大学	/	3	/	/	/	/	/	/
基于线上线下融合的生鲜农产品电子商务渠道模式优化研究	1	/	研究或咨询报告	田刚	企事业单位委托项目	商务部商务发展研究成果奖	二等	/
突破性低碳技术创新与碳排放:直接影响和空间溢出	2	/	研究或咨询报告	卢娜	企事业单位委托项目	商务部商务发展研究成果奖	其他	/
中国碳排放权交易促进低碳技术创新机制的研究	3	/	研究或咨询报告	王为东	企事业单位委托项目	商务部商务发展研究成果奖	二等	/
4.　南京师范大学	/	1	/	/	/	/	/	/
民国时期法律解释的理论与实践	1	/	专著	方乐	国家社科基金项目	第八届钱端升法学研究成果奖	三等	/
5.　淮阴师范学院	/	2	/	/	/	/	/	/
琉球救国请愿书整理与研究(1876—1885)	1	/	编著或教材	赵德旺	高校古籍整理研究项目	山东省第三十五届社会科学优秀成果奖	三等	/
亚洲旅游促进计划与旅游减贫中国实践	2	/	研究或咨询报告	王灵恩	国家社科基金项目	全国文化和旅游系统2021年度二十佳调研报告	二等	/
6.　南京审计大学		2	/	/	/	/	/	/
从“小城镇 大问题”到“小城市 大问题”——“中国第一农民城”龙港的追踪调查	1	/	论文	徐振宇	国家社科基金项目	商务部全国商务发展研究成果奖	其他	/
全球视角下中国主动扩大进口的行业层面福利效应研究	2	/	论文	向洪金	国家社科基金项目	商务部全国商务发展研究成果奖	其他	/

十、社科学术交流

1. 全省高等学校人文、社会科学学术交流情况表

学术交流类别	编号	校办学术会议		参加学术会议			受聘讲学		社科考察		进修学习		合作研究		
		本校独办数	与外单位合办数	参加人次 合计	其中:赴境外人次	提交论文(篇)	派出人次	来校人次	派出人次	来校人次	派出人次	来校人次	派出人次	来校人次	课题数(项)
		L01	L02	L03	L04	L05	L06	L07	L08	L09	L10	L11	L12	L13	L14
合 计	/	981	402	19 273	38	10 524	2633	3182	2644	2208	4737	2425	1171	982	730
国际学术交流	1	85	74	3298	16	1137	78	301	31	46	128	42	56	49	24
境内学术交流	2	890	314	15 721	0	9245	2535	2841	2592	2152	4589	1954	1095	929	702
与港、澳、台地区学术交流	3	6	14	254	22	142	20	40	21	10	20	429	20	4	4

2. 公办本科高等学校人文、社会科学学术交流情况表

学术交流类别	编号	校办学术会议		参加学术会议			受聘讲学		社科考察		进修学习		合作研究		
		本校独办数	与外单位合办数	参加人次 合计	其中:赴境外人次	提交论文(篇)	派出人次	来校人次	派出人次	来校人次	派出人次	来校人次	派出人次	来校人次	课题数(项)
		L01	L02	L03	L04	L05	L06	L07	L08	L09	L10	L11	L12	L13	L14
合 计	/	786	335	16 822	37	9559	2274	2579	1806	1242	1912	1145	908	784	560
1. 南京大学		46	6	754	2	712	276	122	86	0	4	8	112	12	38
国际学术交流	1	4	2	74	2	42	2	10	0	0	4	0	18	0	2
境内学术交流	2	40	4	644	0	656	268	112	86	0	0	8	82	12	34

续表

学术交流类别	编号	校办学术会议		参加学术会议			受聘讲学		社科考察		进修学习		合作研究		
		本校独办数	与外单位合办数	参加人次 合计	参加人次 其中:赴境外人次	提交论文(篇)	派出人次	来校人次	派出人次	来校人次	派出人次	来校人次	派出人次	来校人次	课题数(项)
		L01	L02	L03	L04	L05	L06	L07	L08	L09	L10	L11	L12	L13	L14
与港、澳、台地区学术交流	3	2	0	36	0	14	6	0	0	0	0	0	12	0	2
2. 东南大学		29	20	247	3	162	70	119	33	24	11	0	25	1	10
国际学术交流	1	1	2	49	2	30	5	28	1	5	0	0	0	0	0
境内学术交流	2	28	17	189	0	127	64	90	32	19	11	0	23	1	10
与港、澳、台地区学术交流	3	0	1	9	1	5	1	1	0	0	0	0	2	0	0
3. 江南大学		21	1	292	0	280	110	122	100	35	4	0	22	0	19
国际学术交流	1	0	1	0	0	0	0	0	0	0	4	0	0	0	0
境内学术交流	2	21	0	292	0	280	110	122	100	35	0	0	22	0	19
与港、澳、台地区学术交流	3	0	0	0	0	0	0	0	0	0	0	0	0	0	0
4. 南京农业大学		21	3	265	0	109	114	109	56	9	38	0	23	12	16
国际学术交流	1	3	1	10	0	7	0	25	0	0	5	0	4	0	1
境内学术交流	2	18	2	255	0	102	114	84	56	9	33	0	19	12	15
与港、澳、台地区学术交流	3	0	0	0	0	0	0	0	0	0	0	0	0	0	0
5. 中国矿业大学		16	3	127	0	95	25	194	5	0	18	5	11	30	38
国际学术交流	1	1	1	25	0	13	0	11	0	0	2	0	1	0	2
境内学术交流	2	15	2	102	0	82	25	181	5	0	16	5	10	30	36
与港、澳、台地区学术交流	3	0	0	0	0	0	0	2	0	0	0	0	0	0	0
6. 河海大学		24	4	286	1	230	159	133	95	19	69	0	15	12	2
国际学术交流	1	14	0	68	1	54	0	18	0	0	1	0	0	0	2

境内学术交流	2	9	4	188	0	176	159	115	95	19	68	0	15	12	0
与港、澳、台地区学术交流	3	1	0	30	0	0	0	0	0	0	0	0	0	0	0
7. 南京理工大学		27	6	2210	0	1300	115	102	65	230	30	40	105	55	15
国际学术交流	1	4	0	210	0	0	0	0	0	0	0	0	0	0	0
境内学术交流	2	23	6	2000	0	1300	115	102	65	230	30	40	105	55	15
与港、澳、台地区学术交流	3	0	0	0	0	0	0	0	0	0	0	0	0	0	0
8. 南京航空航天大学		9	9	2044	0	403	21	48	19	10	100	0	40	87	15
国际学术交流	1	5	7	1848	0	357	0	40	4	0	11	0	15	38	7
境内学术交流	2	4	2	196	0	46	21	8	15	10	89	0	25	49	8
与港、澳、台地区学术交流	3	0	0	0	0	0	0	0	0	0	0	0	0	0	0
9. 南京森林警察学院		0	0	33	0	31	0	0	0	0	0	0	0	0	0
国际学术交流	1	0	0	0	0	0	0	0	0	0	0	0	0	0	0
境内学术交流	2	0	0	33	0	31	0	0	0	0	0	0	0	0	0
与港、澳、台地区学术交流	3	0	0	0	0	0	0	0	0	0	0	0	0	0	0
10. 苏州大学		4	1	255	0	279	28	33	23	34	39	31	18	20	6
国际学术交流	1	0	0	13	0	11	2	1	0	0	3	0	0	0	0
境内学术交流	2	4	1	242	0	268	22	30	23	34	31	29	18	20	6
与港、澳、台地区学术交流	3	0	0	0	0	0	4	2	0	0	5	2	0	0	0
11. 江苏科技大学		8	0	55	0	66	8	41	30	28	13	5	32	28	6
国际学术交流	1	0	0	20	0	26	0	0	0	0	0	0	0	0	0
境内学术交流	2	8	0	35	0	40	8	41	30	28	13	5	32	28	6
与港、澳、台地区学术交流	3	0	0	0	0	0	0	0	0	0	0	0	0	0	0
12. 南京工业大学		7	11	240	0	144	0	36	7	24	10	0	65	80	58
国际学术交流	1	0	2	10	0	4	0	0	0	0	0	0	0	0	0

续表

学术交流类别	编号	校办学术会议		参加学术会议			受聘讲学		社科考察		进修学习		合作研究		
		本校独办数	与外单位合办数	参加人次		提交论文（篇）	派出人次	来校人次	派出人次	来校人次	派出人次	来校人次	派出人次	来校人次	课题数（项）
				合计	其中:赴境外人次										
		L01	L02	L03	L04	L05	L06	L07	L08	L09	L10	L11	L12	L13	L14
境内学术交流	2	7	9	230	0	140	0	36	7	24	10	0	65	80	58
与港、澳、台地区学术交流	3	0	0	0	0	0	0	0	0	0	0	0	0	0	0
13. 常州大学		3	14	225	0	159	24	18	19	21	31	13	2	4	2
国际学术交流	1	0	1	13	0	2	0	0	0	0	0	0	0	0	0
境内学术交流	2	3	13	212	0	157	24	18	19	21	31	13	2	4	2
与港、澳、台地区学术交流	3	0	0	0	0	0	0	0	0	0	0	0	0	0	0
14. 南京邮电大学		1	1	30	0	35	12	10	4	4	9	7	6	8	4
国际学术交流	1	0	0	2	0	4	0	0	0	0	0	0	0	0	0
境内学术交流	2	1	1	28	0	31	12	10	4	4	9	7	6	8	4
与港、澳、台地区学术交流	3	0	0	0	0	0	0	0	0	0	0	0	0	0	0
15. 南京林业大学		5	8	1220	0	70	35	65	56	22	16	11	46	32	21
国际学术交流	1	5	1	8	0	4	7	4	4	2	4	9	10	6	0
境内学术交流	2	0	0	1208	0	64	26	60	50	20	12	2	32	22	21
与港、澳、台地区学术交流	3	0	7	4	0	2	2	1	2	0	0	0	4	4	0
16. 江苏大学		4	8	28	0	28	13	26	6	0	8	19	15	10	25
国际学术交流	1	0	2	3	0	3	0	1	0	0	4	8	0	0	0
境内学术交流	2	4	6	25	0	25	13	25	6	0	3	11	15	10	25
与港、澳、台地区学术交流	3	0	0	0	0	0	0	0	0	0	1	0	0	0	0
17. 南京信息工程大学		11	0	300	0	251	38	56	70	63	68	72	17	15	6

国际学术交流	1	1	0	60	0	56	0	0	0	0	0	0	0	0	0
境内学术交流	2	10	0	240	0	195	38	56	70	63	68	72	17	15	6
与港、澳、台地区学术交流	3	0	0	0	0	0	0	0	0	0	0	0	0	0	0
18. 南通大学		4	2	110	0	85	55	140	159	156	110	240	0	0	0
国际学术交流	1	0	0	0	0	0	0	0	0	0	0	0	0	0	0
境内学术交流	2	4	2	110	0	85	55	140	159	156	110	240	0	0	0
与港、澳、台地区学术交流	3	0	0	0	0	0	0	0	0	0	0	0	0	0	0
19. 南京医科大学		18	0	50	0	45	3	2	3	2	3	2	0	0	0
国际学术交流	1	0	0	0	0	0	0	0	0	0	0	0	0	0	0
境内学术交流	2	18	0	50	0	45	3	2	3	2	3	2	0	0	0
与港、澳、台地区学术交流	3	0	0	0	0	0	0	0	0	0	0	0	0	0	0
20. 徐州医科大学		0	0	21	0	21	0	11	24	11	64	0	0	0	0
国际学术交流	1	0	0	0	0	0	0	0	0	0	0	0	0	0	0
境内学术交流	2	0	0	21	0	21	0	11	24	11	64	0	0	0	0
与港、澳、台地区学术交流	3	0	0	0	0	0	0	0	0	0	0	0	0	0	0
21. 南京中医药大学		2	0	95	0	92	0	0	38	0	40	0	0	0	0
国际学术交流	1	0	0	0	0	0	0	0	0	0	0	0	0	0	0
境内学术交流	2	2	0	95	0	92	0	0	38	0	40	0	0	0	0
与港、澳、台地区学术交流	3	0	0	0	0	0	0	0	0	0	0	0	0	0	0
22. 南京师范大学		35	143	2295	9	1272	147	198	13	35	30	41	20	0	82
国际学术交流	1	5	32	7	7	7	20	11	1	3	4	5	6	0	5
境内学术交流	2	30	109	2286	0	1262	120	179	9	30	23	35	12	0	75
与港、澳、台地区学术交流	3	0	2	2	2	3	7	8	3	2	3	1	2	0	2
23. 江苏师范大学		29	12	1697	18	613	466	172	94	72	179	82	106	147	11

续表

学术交流类别	编号	校办学术会议		参加学术会议			受聘讲学		社科考察		进修学习		合作研究		
		本校独办数	与外单位合办数	参加人次		提交论文（篇）	派出人次	来校人次	派出人次	来校人次	派出人次	来校人次	派出人次	来校人次	课题数（项）
				合计	其中：赴境外人次										
		L01	L02	L03	L04	L05	L06	L07	L08	L09	L10	L11	L12	L13	L14
国际学术交流	1	3	0	162	0	154	6	6	1	0	4	0	0	0	3
境内学术交流	2	26	11	1517	0	459	460	166	93	72	175	82	106	147	8
与港、澳、台地区学术交流	3	0	1	18	18	0	0	0	0	0	0	0	0	0	0
24. 淮阴师范学院		9	0	314	0	355	59	68	24	22	99	4	0	0	0
国际学术交流	1	0	0	2	0	0	0	0	0	0	0	0	0	0	0
境内学术交流	2	9	0	312	0	355	59	68	24	22	99	4	0	0	0
与港、澳、台地区学术交流	3	0	0	0	0	0	0	0	0	0	0	0	0	0	0
25. 盐城师范学院		5	4	282	0	215	49	68	83	41	87	24	52	41	46
国际学术交流	1	0	0	0	0	0	0	0	0	0	0	0	0	0	0
境内学术交流	2	5	4	282	0	215	49	68	83	41	87	24	52	41	46
与港、澳、台地区学术交流	3	0	0	0	0	0	0	0	0	0	0	0	0	0	0
26. 南京财经大学		298	2	500	0	120	70	48	74	32	312	37	31	69	23
国际学术交流	1	3	2	97	0	49	0	7	0	0	0	0	0	0	0
境内学术交流	2	295	0	403	0	71	70	41	74	32	312	37	31	69	23
与港、澳、台地区学术交流	3	0	0	0	0	0	0	0	0	0	0	0	0	0	0
27. 江苏警官学院		6	0	72	0	67	10	11	8	6	0	0	3	2	0
国际学术交流	1	0	0	0	0	0	0	0	0	0	0	0	0	0	0
境内学术交流	2	6	0	72	0	67	10	11	8	6	0	0	3	2	0
与港、澳、台地区学术交流	3	0	0	0	0	0	0	0	0	0	0	0	0	0	0

28.	南京体育学院		0	3	188	0	173	45	32	28	17	12	0	42	28	16
	国际学术交流	1	0	0	0	0	0	0	0	0	0	0	0	0	0	0
	境内学术交流	2	0	2	180	0	168	45	32	28	17	12	0	42	28	16
	与港、澳、台地区学术交流	3	0	1	8	0	5	0	0	0	0	0	0	0	0	0
29.	南京艺术学院		9	12	246	0	203	60	57	46	36	26	346	15	22	28
	国际学术交流	1	1	2	78	0	71	2	7	0	2	1	0	0	0	0
	境内学术交流	2	8	10	168	0	132	58	49	46	34	25	345	15	22	28
	与港、澳、台地区学术交流	3	0	0	0	0	0	0	1	0	0	0	1	0	0	0
30.	苏州科技大学		2	3	140	0	100	27	32	127	26	10	11	0	0	0
	国际学术交流	1	0	3	10	0	8	0	0	0	0	0	0	0	0	0
	境内学术交流	2	2	0	130	0	92	27	32	127	26	10	11	0	0	0
	与港、澳、台地区学术交流	3	0	0	0	0	0	0	0	0	0	0	0	0	0	0
31.	常熟理工学院		6	0	22	0	22	16	21	7	8	13	3	0	0	0
	国际学术交流	1	1	0	1	0	1	0	4	0	0	2	0	0	0	0
	境内学术交流	2	5	0	21	0	21	16	17	7	8	9	3	0	0	0
	与港、澳、台地区学术交流	3	0	0	0	0	0	0	0	0	0	2	0	0	0	0
32.	淮阴工学院		27	10	780	0	731	3	15	0	32	3	0	0	0	0
	国际学术交流	1	0	0	36	0	42	0	0	0	0	1	0	0	0	0
	境内学术交流	2	24	9	642	0	607	3	15	0	32	2	0	0	0	0
	与港、澳、台地区学术交流	3	3	1	102	0	82	0	0	0	0	0	0	0	0	0
33.	常州工学院		1	1	25	0	25	0	0	0	0	2	0	0	0	0
	国际学术交流	1	0	0	8	0	8	0	0	0	0	1	0	0	0	0
	境内学术交流	2	1	1	17	0	17	0	0	0	0	1	0	0	0	0
	与港、澳、台地区学术交流	3	0	0	0	0	0	0	0	0	0	0	0	0	0	0

续表

学术交流类别	编号	校办学术会议		参加学术会议			受聘讲学		社科考察		进修学习		合作研究		
		本校独办数	与外单位合办数	参加人次		提交论文（篇）	派出人次	来校人次	派出人次	来校人次	派出人次	来校人次	派出人次	来校人次	课题数（项）
				合计	其中:赴境外人次										
		L01	L02	L03	L04	L05	L06	L07	L08	L09	L10	L11	L12	L13	L14
34. 扬州大学		31	14	306	4	283	45	133	63	38	34	60	16	15	8
国际学术交流	1	7	6	35	4	17	0	0	0	0	11	3	0	0	0
境内学术交流	2	24	7	267	0	262	45	133	63	38	23	57	16	15	8
与港、澳、台地区学术交流	3	0	1	4	0	4	0	0	0	0	0	0	0	0	0
35. 南京工程学院		0	0	7	0	7	0	0	0	0	0	0	0	0	0
国际学术交流	1	0	0	1	0	0	0	0	0	0	0	0	0	0	0
境内学术交流	2	0	0	6	0	7	0	0	0	0	0	0	0	0	0
与港、澳、台地区学术交流	3	0	0	0	0	0	0	0	0	0	0	0	0	0	0
36. 南京审计大学		0	0	0	0	0	21	33	0	0	0	0	0	0	0
国际学术交流	1	0	0	0	0	0	14	16	0	0	0	0	0	0	0
境内学术交流	2	0	0	0	0	0	7	16	0	0	0	0	0	0	0
与港、澳、台地区学术交流	3	0	0	0	0	0	0	1	0	0	0	0	0	0	0
37. 南京晓庄学院		14	2	110	0	93	0	0	9	0	8	0	2	0	3
国际学术交流	1	5	0	15	0	10	0	0	0	0	0	0	0	0	0
境内学术交流	2	9	2	95	0	83	0	0	9	0	8	0	2	0	3
与港、澳、台地区学术交流	3	0	0	0	0	0	0	0	0	0	0	0	0	0	0
38. 江苏理工学院		3	0	0	0	0	10	20	0	0	0	0	0	0	0
国际学术交流	1	0	0	0	0	0	0	0	0	0	0	0	0	0	0
境内学术交流	2	3	0	0	0	0	10	20	0	0	0	0	0	0	0

与港、澳、台地区学术交流	3	0	0	0	0	0	0	0	0	0	0	0	0	0	0
39. 江苏海洋大学		3	0	87	0	46	0	5	10	8	11	3	0	0	0
国际学术交流	1	0	0	0	0	0	0	0	0	0	0	0	0	0	0
境内学术交流	2	3	0	87	0	46	0	5	10	8	11	3	0	0	0
与港、澳、台地区学术交流	3	0	0	0	0	0	0	0	0	0	0	0	0	0	0
40. 徐州工程学院		4	4	67	0	51	6	30	51	38	89	0	19	15	11
国际学术交流	1	0	0	3	0	3	1	0	0	0	0	0	0	0	0
境内学术交流	2	4	4	64	0	48	5	30	51	38	89	0	19	15	11
与港、澳、台地区学术交流	3	0	0	0	0	0	0	0	0	0	0	0	0	0	0
41. 南京特殊教育师范学院		8	8	357	0	245	60	119	65	38	25	8	0	0	0
国际学术交流	1	0	3	62	0	40	0	35	0	12	3	2	0	0	0
境内学术交流	2	8	5	260	0	180	60	60	50	18	18	1	0	0	0
与港、澳、台地区学术交流	3	0	0	35	0	25	0	24	15	8	4	5	0	0	0
42. 泰州学院		1	2	38	0	29	13	10	58	6	13	0	25	12	15
国际学术交流	1	0	0	12	0	8	0	0	0	0	1	0	0	0	0
境内学术交流	2	1	2	26	0	21	13	10	58	6	12	0	25	12	15
与港、澳、台地区学术交流	3	0	0	0	0	0	0	0	0	0	0	0	0	0	0
43. 金陵科技学院		21	1	32	0	26	2	25	0	0	19	0	4	2	1
国际学术交流	1	0	0	0	0	1	0	0	0	0	0	0	0	0	0
境内学术交流	2	21	1	32	0	25	2	25	0	0	19	0	4	2	1
与港、澳、台地区学术交流	3	0	0	0	0	0	0	0	0	0	0	0	0	0	0
44. 江苏第二师范学院		1	6	260	0	204	6	44	0	0	149	0	2	0	2
国际学术交流	1	0	0	0	0	3	1	0	0	0	0	0	1	0	1
境内学术交流	2	1	6	260	0	201	5	44	0	0	149	0	1	0	1

续表

学术交流类别	编号	校办学术会议		参加学术会议			受聘讲学		社科考察		进修学习		合作研究		
		本校独办数	与外单位合办数	参加人次		提交论文（篇）	派出人次	来校人次	派出人次	来校人次	派出人次	来校人次	派出人次	来校人次	课题数（项）
				合计	其中：赴境外人次										
		L01	L02	L03	L04	L05	L06	L07	L08	L09	L10	L11	L12	L13	L14
与港、澳、台地区学术交流	3	0	0	0	0	0	0	0	0	0	0	0	0	0	0
45. 南京工业职业技术大学		4	10	48	0	48	37	33	15	0	34	73	9	21	30
国际学术交流	1	0	0	17	0	17	0	0	0	0	0	0	0	0	0
境内学术交流	2	4	10	31	0	31	37	33	15	0	34	73	9	21	30
与港、澳、台地区学术交流	3	0	0	0	0	0	0	0	0	0	0	0	0	0	0
46. 无锡学院		4	0	20	0	13	5	0	5	0	3	0	0	0	0
国际学术交流	1	0	0	0	0	0	0	0	0	0	0	0	0	0	0
境内学术交流	2	4	0	20	0	13	5	0	5	0	3	0	0	0	0
与港、澳、台地区学术交流	3	0	0	0	0	0	0	0	0	0	0	0	0	0	0
47. 苏州城市学院		0	1	1	0	1	0	0	0	0	0	0	0	0	0
国际学术交流	1	0	0	0	0	0	0	0	0	0	0	0	0	0	0
境内学术交流	2	0	1	1	0	1	0	0	0	0	0	0	0	0	0
与港、澳、台地区学术交流	3	0	0	0	0	0	0	0	0	0	0	0	0	0	0
48. 宿迁学院		5	0	41	0	20	11	18	128	95	69	0	8	4	3
国际学术交流	1	0	0	0	0	0	0	0	0	0	0	0	0	0	0
境内学术交流	2	5	0	41	0	20	11	18	128	95	69	0	8	4	3
与港、澳、台地区学术交流	3	0	0	0	0	0	0	0	0	0	0	0	0	0	0

注：此表删除了各项交流均为 0 的学校。

3. 公办专科高等学校人文、社会科学学术交流情况表

学术交流类别	编号	校办学术会议		参加学术会议			受聘讲学		社科考察		进修学习		合作研究		
		本校独办数	与外单位合办数	参加人次		提交论文(篇)	派出人次	来校人次	派出人次	来校人次	派出人次	来校人次	派出人次	来校人次	课题数(项)
				合计	其中:赴境外人次										
		L01	L02	L03	L04	L05	L06	L07	L08	L09	L10	L11	L12	L13	L14
合　计	/	158	57	1421	1	736	333	389	599	710	2367	1172	228	163	150
1. 盐城幼儿师范高等专科学校		0	0	13	0	9	0	0	8	16	1	0	0	0	0
国际学术交流	1	0	0	0	0	0	0	0	0	0	0	0	0	0	0
境内学术交流	2	0	0	9	0	7	0	0	7	16	0	0	0	0	0
与港、澳、台地区学术交流	3	0	0	4	0	2	0	0	1	0	1	0	0	0	0
2苏州幼儿师范高等专科学校		0	0	0	0	0	0	0	2	0	2	0	0	0	0
国际学术交流	1	0	0	0	0	0	0	0	0	0	0	0	0	0	0
境内学术交流	2	0	0	0	0	0	0	0	2	0	2	0	0	0	0
与港、澳、台地区学术交流	3	0	0	0	0	0	0	0	0	0	0	0	0	0	0
3. 无锡职业技术学院		8	2	19	0	16	3	6	18	32	20	36	0	0	0
国际学术交流	1	0	0	1	0	0	0	0	0	0	0	0	0	0	0
境内学术交流	2	8	2	18	0	16	3	6	18	32	20	36	0	0	0
与港、澳、台地区学术交流	3	0	0	0	0	0	0	0	0	0	0	0	0	0	0
4. 江苏建筑职业技术学院		1	1	11	0	10	10	8	13	12	16	13	16	10	7
国际学术交流	1	0	0	0	0	0	0	0	0	0	0	0	0	0	0
境内学术交流	2	1	1	11	0	10	10	8	13	12	16	13	16	10	7
与港、澳、台地区学术交流	3	0	0	0	0	0	0	0	0	0	0	0	0	0	0

续表

学术交流类别	编号	校办学术会议		参加学术会议			受聘讲学		社科考察		进修学习		合作研究		
		本校独办数	与外单位合办数	参加人次		提交论文（篇）	派出人次	来校人次	派出人次	来校人次	派出人次	来校人次	派出人次	来校人次	课题数（项）
				合计	其中：赴境外人次										
		L01	L02	L03	L04	L05	L06	L07	L08	L09	L10	L11	L12	L13	L14
5. 江苏工程职业技术学院		3	0	15	0	15	6	24	8	4	36	29	10	6	4
国际学术交流	1	0	0	0	0	0	0	0	0	0	0	0	0	0	0
境内学术交流	2	3	0	15	0	15	6	24	8	4	36	29	10	6	4
与港、澳、台地区学术交流	3	0	0	0	0	0	0	0	0	0	0	0	0	0	0
6苏州工艺美术职业技术学院		0	0	12	0	12	9	0	5	0	15	0	3	0	3
国际学术交流	1	0	0	0	0	0	0	0	0	0	0	0	0	0	0
境内学术交流	2	0	0	12	0	12	9	0	5	0	15	0	3	0	3
与港、澳、台地区学术交流	3	0	0	0	0	0	0	0	0	0	0	0	0	0	0
7. 镇江市高等专科学校		8	6	60	0	10	12	22	10	12	0	0	20	10	5
国际学术交流	1	0	0	0	0	0	0	0	0	0	0	0	0	0	0
境内学术交流	2	8	6	60	0	10	12	22	10	12	0	0	20	10	5
与港、澳、台地区学术交流	3	0	0	0	0	0	0	0	0	0	0	0	0	0	0
8. 南通职业大学		0	0	7	0	7	2	7	0	2	6	0	0	0	0
国际学术交流	1	0	0	0	0	0	0	0	0	0	0	0	0	0	0
境内学术交流	2	0	0	7	0	7	2	7	0	2	6	0	0	0	0
与港、澳、台地区学术交流	3	0	0	0	0	0	0	0	0	0	0	0	0	0	0
9. 苏州市职业大学		0	0	5	0	5	0	0	0	0	314	0	0	0	0
国际学术交流	1	0	0	0	0	0	0	0	0	0	0	0	0	0	0
境内学术交流	2	0	0	5	0	5	0	0	0	0	314	0	0	0	0

与港、澳、台地区学术交流	3	0	0	0	0	0	0	0	0	0	0	0	0	0	0
10.　沙洲职业工学院		0	0	2	0	2	15	18	5	3	3	0	5	0	0
国际学术交流	1	0	0	0	0	0	0	0	0	0	0	0	0	0	0
境内学术交流	2	0	0	2	0	2	15	18	5	3	3	0	5	0	0
与港、澳、台地区学术交流	3	0	0	0	0	0	0	0	0	0	0	0	0	0	0
11.　扬州市职业大学		8	13	58	0	35	13	6	16	9	198	5	10	10	36
国际学术交流	1	0	0	0	0	0	0	0	0	0	0	0	0	0	0
境内学术交流	2	8	13	58	0	35	13	6	16	9	198	5	10	10	36
与港、澳、台地区学术交流	3	0	0	0	0	0	0	0	0	0	0	0	0	0	0
12.连云港师范高等专科学校		2	0	2	0	0	0	2	0	0	0	0	0	0	0
国际学术交流	1	0	0	0	0	0	0	0	0	0	0	0	0	0	0
境内学术交流	2	2	0	2	0	0	0	2	0	0	0	0	0	0	0
与港、澳、台地区学术交流	3	0	0	0	0	0	0	0	0	0	0	0	0	0	0
13. 江苏经贸职业技术学院		0	0	45	0	45	6	8	20	25	120	0	20	25	5
国际学术交流	1	0	0	0	0	0	0	0	0	0	0	0	0	0	0
境内学术交流	2	0	0	45	0	45	6	8	20	25	120	0	20	25	5
与港、澳、台地区学术交流	3	0	0	0	0	0	0	0	0	0	0	0	0	0	0
14.　泰州职业技术学院		0	0	0	0	0	0	2	4	10	9	0	0	0	0
国际学术交流	1	0	0	0	0	0	0	0	0	0	1	0	0	0	0
境内学术交流	2	0	0	0	0	0	0	2	4	10	8	0	0	0	0
与港、澳、台地区学术交流	3	0	0	0	0	0	0	0	0	0	0	0	0	0	0
15. 常州信息职业技术学院		1	0	105	0	15	0	0	0	0	80	0	3	2	2
国际学术交流	1	0	0	0	0	0	0	0	0	0	0	0	0	0	0
境内学术交流	2	1	0	105	0	15	0	0	0	0	80	0	3	2	2

续表

学术交流类别	编号	校办学术会议		参加学术会议			受聘讲学		社科考察		进修学习		合作研究		
		本校独办数	与外单位合办数	参加人次		提交论文（篇）	派出人次	来校人次	派出人次	来校人次	派出人次	来校人次	派出人次	来校人次	课题数（项）
				合计	其中：赴境外人次										
		L01	L02	L03	L04	L05	L06	L07	L08	L09	L10	L11	L12	L13	L14
与港、澳、台地区学术交流	3	0	0	0	0	0	0	0	0	0	0	0	0	0	0
16. 江苏海事职业技术学院		7	1	67	0	46	2	3	5	3	20	5	6	5	3
国际学术交流	1	1	0	42	0	25	0	0	0	0	0	0	0	0	0
境内学术交流	2	6	1	25	0	21	2	3	5	3	20	5	6	5	3
与港、澳、台地区学术交流	3	0	0	0	0	0	0	0	0	0	0	0	0	0	0
17. 江苏医药职业学院		1	0	20	0	0	0	0	0	0	0	0	0	0	0
国际学术交流	1	0	0	0	0	0	0	0	0	0	0	0	0	0	0
境内学术交流	2	1	0	20	0	0	0	0	0	0	0	0	0	0	0
与港、澳、台地区学术交流	3	0	0	0	0	0	0	0	0	0	0	0	0	0	0
18. 南通科技职业学院		0	0	1	0	1	0	0	0	0	3	0	0	0	0
国际学术交流	1	0	0	0	0	0	0	0	0	0	0	0	0	0	0
境内学术交流	2	0	0	1	0	1	0	0	0	0	2	0	0	0	0
与港、澳、台地区学术交流	3	0	0	0	0	0	0	0	0	0	1	0	0	0	0
19. 苏州经贸职业技术学院		34	0	125	0	98	50	0	0	0	0	0	0	0	0
国际学术交流	1	0	0	0	0	0	0	0	0	0	0	0	0	0	0
境内学术交流	2	34	0	125	0	98	50	0	0	0	0	0	0	0	0
与港、澳、台地区学术交流	3	0	0	0	0	0	0	0	0	0	0	0	0	0	0
20. 苏州工业职业技术学院		0	0	0	0	0	0	0	0	0	19	0	0	0	0
国际学术交流	1	0	0	0	0	0	0	0	0	0	0	0	0	0	0

境内学术交流	2	0	0	0	0	0	0	0	0	0	19	0	0	0	0
与港、澳、台地区学术交流	3	0	0	0	0	0	0	0	0	0	0	0	0	0	0
21. 苏州卫生职业技术学院		5	0	93	0	0	9	17	0	0	79	5	0	0	0
国际学术交流	1	0	0	0	0	0	0	0	0	0	0	0	0	0	0
境内学术交流	2	5	0	93	0	0	9	17	0	0	79	5	0	0	0
与港、澳、台地区学术交流	3	0	0	0	0	0	0	0	0	0	0	0	0	0	0
22. 无锡商业职业技术学院		0	0	142	0	116	10	10	16	40	36	101	0	5	1
国际学术交流	1	0	0	0	0	0	2	1	0	0	0	0	0	0	0
境内学术交流	2	0	0	142	0	116	8	9	16	40	36	101	0	5	1
与港、澳、台地区学术交流	3	0	0	0	0	0	0	0	0	0	0	0	0	0	0
23. 江苏航运职业技术学院		10	10	8	0	5	22	0	48	56	365	208	0	0	0
国际学术交流	1	0	0	0	0	0	0	0	0	0	0	0	0	0	0
境内学术交流	2	10	10	8	0	5	22	0	48	56	365	208	0	0	0
与港、澳、台地区学术交流	3	0	0	0	0	0	0	0	0	0	0	0	0	0	0
24. 南京交通职业技术学院		10	3	125	0	15	0	25	0	0	15	0	0	0	0
国际学术交流	1	0	0	0	0	0	0	0	0	0	0	0	0	0	0
境内学术交流	2	10	3	125	0	15	0	25	0	0	15	0	0	0	0
与港、澳、台地区学术交流	3	0	0	0	0	0	0	0	0	0	0	0	0	0	0
25. 江苏电子信息职业学院		0	0	2	0	2	15	6	79	245	310	98	9	6	3
国际学术交流	1	0	0	0	0	0	0	0	0	0	0	0	0	0	0
境内学术交流	2	0	0	2	0	2	15	6	79	245	310	98	9	6	3
与港、澳、台地区学术交流	3	0	0	0	0	0	0	0	0	0	0	0	0	0	0
26. 江苏农牧科技职业学院		2	4	1	0	3	2	0	11	8	6	3	0	0	0
国际学术交流	1	0	0	0	0	0	0	0	0	0	0	0	0	0	0

续表

学术交流类别	编号	校办学术会议		参加学术会议			受聘讲学		社科考察		进修学习		合作研究		
		本校独办数	与外单位合办数	参加人次		提交论文（篇）	派出人次	来校人次	派出人次	来校人次	派出人次	来校人次	派出人次	来校人次	课题数（项）
				合计	其中：赴境外人次										
		L01	L02	L03	L04	L05	L06	L07	L08	L09	L10	L11	L12	L13	L14
境内学术交流	2	2	4	1	0	3	2	0	11	8	6	3	0	0	0
与港、澳、台地区学术交流	3	0	0	0	0	0	0	0	0	0	0	0	0	0	0
27. 常州纺织服装职业技术学院		1	0	19	0	5	0	3	1	0	7	8	0	0	0
国际学术交流	1	0	0	0	0	0	0	0	0	0	3	0	0	0	0
境内学术交流	2	1	0	19	0	5	0	3	1	0	2	8	0	0	0
与港、澳、台地区学术交流	3	0	0	0	0	0	0	0	0	0	2	0	0	0	0
28. 南京科技职业学院		0	0	0	0	0	0	0	0	0	0	0	35	0	35
国际学术交流	1	0	0	0	0	0	0	0	0	0	0	0	0	0	0
境内学术交流	2	0	0	0	0	0	0	0	0	0	0	0	35	0	35
与港、澳、台地区学术交流	3	0	0	0	0	0	0	0	0	0	0	0	0	0	0
29. 常州工业职业技术学院		0	0	3	0	3	10	0	0	0	12	0	0	0	0
国际学术交流	1	0	0	0	0	0	0	0	0	0	0	0	0	0	0
境内学术交流	2	0	0	3	0	3	10	0	0	0	12	0	0	0	0
与港、澳、台地区学术交流	3	0	0	0	0	0	0	0	0	0	0	0	0	0	0
30. 常州工程职业技术学院		3	1	7	0	7	0	2	5	8	3	6	14	12	18
国际学术交流	1	0	0	0	0	0	0	0	0	0	0	0	0	0	0
境内学术交流	2	3	1	7	0	7	0	2	5	8	3	6	14	12	18
与港、澳、台地区学术交流	3	0	0	0	0	0	0	0	0	0	0	0	0	0	0
31. 江苏农林职业技术学院		1	0	26	0	18	0	3	0	0	20	0	0	0	0

国际学术交流	1	0	0	0	0	0	0	0	0	0	0	0	0	0	0
境内学术交流	2	1	0	26	0	18	0	3	0	0	20	0	0	0	0
与港、澳、台地区学术交流	3	0	0	0	0	0	0	0	0	0	0	0	0	0	0
32. 江苏食品药品职业技术学院		0	0	10	1	9	6	7	13	19	21	15	0	0	0
国际学术交流	1	0	0	0	0	0	0	0	0	0	0	0	0	0	0
境内学术交流	2	0	0	8	0	9	6	7	13	19	21	15	0	0	0
与港、澳、台地区学术交流	3	0	0	2	1	0	0	0	0	0	0	0	0	0	0
33. 南京铁道职业技术学院		5	2	46	0	28	6	18	0	0	0	470	0	0	0
国际学术交流	1	3	2	20	0	10	2	0	0	0	0	0	0	0	0
境内学术交流	2	2	0	26	0	18	4	18	0	0	0	50	0	0	0
与港、澳、台地区学术交流	3	0	0	0	0	0	0	0	0	0	0	420	0	0	0
34. 徐州工业职业技术学院		5	0	20	0	5	22	28	16	30	29	33	5	7	8
国际学术交流	1	0	0	0	0	0	0	0	0	0	0	0	0	0	0
境内学术交流	2	5	0	20	0	5	22	28	16	30	29	33	5	7	8
与港、澳、台地区学术交流	3	0	0	0	0	0	0	0	0	0	0	0	0	0	0
35. 南京信息职业技术学院		6	0	23	0	18	19	21	56	45	48	50	0	0	0
国际学术交流	1	0	0	0	0	0	0	0	0	0	0	0	0	0	0
境内学术交流	2	6	0	23	0	18	19	21	56	45	48	50	0	0	0
与港、澳、台地区学术交流	3	0	0	0	0	0	0	0	0	0	0	0	0	0	0
36. 常州机电职业技术学院		0	0	12	0	10	0	0	0	0	0	0	0	0	0
国际学术交流	1	0	0	0	0	0	0	0	0	0	0	0	0	0	0
境内学术交流	2	0	0	12	0	10	0	0	0	0	0	0	0	0	0
与港、澳、台地区学术交流	3	0	0	0	0	0	0	0	0	0	0	0	0	0	0
37. 江阴职业技术学院		0	0	8	0	6	6	5	5	0	8	0	0	0	0

续表

学术交流类别	编号	校办学术会议		参加学术会议			受聘讲学		社科考察		进修学习		合作研究		
		本校独办数	与外单位合办数	参加人次		提交论文（篇）	派出人次	来校人次	派出人次	来校人次	派出人次	来校人次	派出人次	来校人次	课题数（项）
				合计	其中：赴境外人次										
		L01	L02	L03	L04	L05	L06	L07	L08	L09	L10	L11	L12	L13	L14
国际学术交流	1	0	0	0	0	0	0	0	0	0	0	0	0	0	0
境内学术交流	2	0	0	8	0	6	6	5	5	0	8	0	0	0	0
与港、澳、台地区学术交流	3	0	0	0	0	0	0	0	0	0	0	0	0	0	0
38. 无锡城市职业技术学院		0	0	0	0	0	0	0	27	0	91	0	0	0	0
国际学术交流	1	0	0	0	0	0	0	0	0	0	0	0	0	0	0
境内学术交流	2	0	0	0	0	0	0	0	27	0	91	0	0	0	0
与港、澳、台地区学术交流	3	0	0	0	0	0	0	0	0	0	0	0	0	0	0
39. 无锡工艺职业技术学院		1	1	12	0	9	8	12	30	21	42	22	6	20	5
国际学术交流	1	0	0	0	0	0	0	0	0	0	0	0	0	0	0
境内学术交流	2	1	1	12	0	9	8	12	30	21	42	22	6	20	5
与港、澳、台地区学术交流	3	0	0	0	0	0	0	0	0	0	0	0	0	0	0
40. 苏州健雄职业技术学院		0	0	13	0	13	0	0	0	0	3	0	0	0	0
国际学术交流	1	0	0	0	0	0	0	0	0	0	3	0	0	0	0
境内学术交流	2	0	0	13	0	13	0	0	0	0	0	0	0	0	0
与港、澳、台地区学术交流	3	0	0	0	0	0	0	0	0	0	0	0	0	0	0
41. 盐城工业职业技术学院		0	0	14	0	14	0	0	0	0	0	0	0	0	0
国际学术交流	1	0	0	0	0	0	0	0	0	0	0	0	0	0	0
境内学术交流	2	0	0	14	0	14	0	0	0	0	0	0	0	0	0
与港、澳、台地区学术交流	3	0	0	0	0	0	0	0	0	0	0	0	0	0	0

42. 江苏财经职业技术学院		2	0	111	0	20	6	15	15	8	22	10	0	0	0
国际学术交流	1	0	0	0	0	0	0	0	0	0	0	0	0	0	0
境内学术交流	2	2	0	111	0	20	6	15	15	8	22	10	0	0	0
与港、澳、台地区学术交流	3	0	0	0	0	0	0	0	0	0	0	0	0	0	0
43. 扬州工业职业技术学院		0	0	4	0	0	5	3	3	2	2	0	0	0	0
国际学术交流	1	0	0	0	0	0	0	0	0	0	0	0	0	0	0
境内学术交流	2	0	0	4	0	0	5	3	3	2	2	0	0	0	0
与港、澳、台地区学术交流	3	0	0	0	0	0	0	0	0	0	0	0	0	0	0
44. 江苏城市职业学院		1	0	7	0	5	0	0	0	0	0	0	0	0	0
国际学术交流	1	0	0	3	0	3	0	0	0	0	0	0	0	0	0
境内学术交流	2	1	0	4	0	2	0	0	0	0	0	0	0	0	0
与港、澳、台地区学术交流	3	0	0	0	0	0	0	0	0	0	0	0	0	0	0
45. 南京城市职业学院		2	2	2	0	2	0	7	3	5	2	0	9	0	5
国际学术交流	1	0	0	0	0	0	0	0	0	0	2	0	0	0	0
境内学术交流	2	2	2	2	0	2	0	7	3	5	0	0	9	0	5
与港、澳、台地区学术交流	3	0	0	0	0	0	0	0	0	0	0	0	0	0	0
46. 南京机电职业技术学院		0	6	0	0	0	0	0	0	0	0	0	0	0	0
国际学术交流	1	0	0	0	0	0	0	0	0	0	0	0	0	0	0
境内学术交流	2	0	6	0	0	0	0	0	0	0	0	0	0	0	0
与港、澳、台地区学术交流	3	0	0	0	0	0	0	0	0	0	0	0	0	0	0
47. 江苏卫生健康职业学院		1	1	7	0	7	0	2	4	6	5	0	0	0	0
国际学术交流	1	0	0	0	0	0	0	2	0	6	3	0	0	0	0
境内学术交流	2	1	1	7	0	7	0	0	4	0	2	0	0	0	0
与港、澳、台地区学术交流	3	0	0	0	0	0	0	0	0	0	0	0	0	0	0

续表

学术交流类别	编号	校办学术会议		参加学术会议			受聘讲学		社科考察		进修学习		合作研究		
		本校独办数	与外单位合办数	参加人次		提交论文（篇）	派出人次	来校人次	派出人次	来校人次	派出人次	来校人次	派出人次	来校人次	课题数（项）
				合计	其中:赴境外人次										
		L01	L02	L03	L04	L05	L06	L07	L08	L09	L10	L11	L12	L13	L14
48. 苏州工业园区服务外包职业学院		0	0	0	0	0	0	0	0	0	33	0	0	0	0
国际学术交流	1	0	0	0	0	0	0	0	0	0	1	0	0	0	0
境内学术交流	2	0	0	0	0	0	0	0	0	0	32	0	0	0	0
与港、澳、台地区学术交流	3	0	0	0	0	0	0	0	0	0	0	0	0	0	0
49. 徐州生物工程职业技术学院		2	0	20	0	5	12	10	20	14	30	15	0	0	0
国际学术交流	1	0	0	20	0	5	12	10	20	14	30	15	0	0	0
境内学术交流	2	2	0	0	0	0	0	0	0	0	0	0	0	0	0
与港、澳、台地区学术交流	3	0	0	0	0	0	0	0	0	0	0	0	0	0	0
50. 江苏商贸职业学院		0	0	0	0	0	1	8	24	0	197	0	0	0	0
国际学术交流	1	0	0	0	0	0	0	0	0	0	0	0	0	0	0
境内学术交流	2	0	0	0	0	0	1	8	24	0	197	0	0	0	0
与港、澳、台地区学术交流	3	0	0	0	0	0	0	0	0	0	0	0	0	0	0
51. 南通师范高等专科学校		0	0	0	0	0	0	0	0	0	5	0	1	0	0

国际学术交流	1	0	0	0	0	0	0	0	0	0	0	0	0	0	0
境内学术交流	2	0	0	0	0	0	0	0	0	0	5	0	1	0	0
与港、澳、台地区学术交流	3	0	0	0	0	0	0	0	0	0	0	0	0	0	0
52. 江苏护理职业学院		5	3	2	0	0	6	6	5	3	23	20	3	1	0
国际学术交流	1	0	0	0	0	0	0	0	0	0	0	0	0	0	0
境内学术交流	2	5	3	2	0	0	6	6	5	3	23	20	3	1	0
与港、澳、台地区学术交流	3	0	0	0	0	0	0	0	0	0	0	0	0	0	0
53. 江苏城乡建设职业学院		17	0	42	0	33	40	55	60	56	30	20	35	25	5
国际学术交流	1	2	0	8	0	3	0	20	0	0	0	0	0	0	0
境内学术交流	2	15	0	34	0	30	40	35	60	56	30	20	35	25	5
与港、澳、台地区学术交流	3	0	0	0	0	0	0	0	0	0	0	0	0	0	0
54. 江苏安全技术职业学院		6	0	75	0	52	0	12	44	15	56	0	13	16	3
国际学术交流	1	0	0	0	0	0	0	0	0	0	0	0	0	0	0
境内学术交流	2	6	0	75	0	52	0	12	44	15	56	0	13	16	3
与港、澳、台地区学术交流	3	0	0	0	0	0	0	0	0	0	0	0	0	0	0
55. 常州幼儿师范高等专科学校		0	1	0	0	0	0	8	0	1	5	0	5	3	2
国际学术交流	1	0	1	0	0	0	0	0	0	0	0	0	0	0	0
境内学术交流	2	0	0	0	0	0	0	8	0	1	5	0	5	3	2
与港、澳、台地区学术交流	3	0	0	0	0	0	0	0	0	0	0	0	0	0	0

注:此表删除了各项交流均为 0 的学校。

4. 民办及中外合作办学高等学校人文、社会科学学术交流情况表

学术交流类别	编号	校办学术会议		参加学术会议			受聘讲学		社科考察		进修学习		合作研究		
		本校独办数	与外单位合办数	参加人次 合计	参加人次 其中:赴境外人次	提交论文(篇)	派出人次	来校人次	派出人次	来校人次	派出人次	来校人次	派出人次	来校人次	课题数(项)
		L01	L02	L03	L04	L05	L06	L07	L08	L09	L10	L11	L12	L13	L14
合　计	/	37	10	1030	0	229	26	214	239	256	458	108	35	35	20
1. 三江学院		4	0	40	0	40	3	10	35	35	6	0	0	0	0
国际学术交流	1	0	0	0	0	0	0	0	0	0	0	0	0	0	0
境内学术交流	2	4	0	40	0	40	3	10	35	35	6	0	0	0	0
与港、澳、台地区学术交流	3	0	0	0	0	0	0	0	0	0	0	0	0	0	0
2. 九州职业技术学院		0	0	4	0	2	7	12	55	31	62	98	6	3	1
国际学术交流	1	0	0	0	0	0	0	0	0	0	0	0	0	0	0
境内学术交流	2	0	0	4	0	2	7	12	55	31	62	98	6	3	1
与港、澳、台地区学术交流	3	0	0	0	0	0	0	0	0	0	0	0	0	0	0
3. 南通理工学院		1	0	13	0	13	0	20	0	0	17	0	0	0	0
国际学术交流	1	0	0	0	0	0	0	0	0	0	14	0	0	0	0
境内学术交流	2	1	0	13	0	13	0	20	0	0	2	0	0	0	0
与港、澳、台地区学术交流	3	0	0	0	0	0	0	0	0	0	1	0	0	0	0
4. 东南大学成贤学院		1	0	0	0	0	0	0	0	0	0	0	0	0	0
国际学术交流	1	0	0	0	0	0	0	0	0	0	0	0	0	0	0
境内学术交流	2	1	0	0	0	0	0	0	0	0	0	0	0	0	0
与港、澳、台地区学术交流	3	0	0	0	0	0	0	0	0	0	0	0	0	0	0
5. 太湖创意职业技术学院		2	3	5	0	7	2	10	5	20	15	5	10	12	0
国际学术交流	1	0	0	0	0	0	0	0	0	0	0	0	0	0	0

境内学术交流	2	2	3	5	0	7	2	10	5	20	15	5	10	12	0
与港、澳、台地区学术交流	3	0	0	0	0	0	0	0	0	0	0	0	0	0	0
6. 钟山职业技术学院		3	0	0	0	0	0	0	0	0	3	0	0	0	0
国际学术交流	1	0	0	0	0	0	0	0	0	0	0	0	0	0	0
境内学术交流	2	3	0	0	0	0	0	0	0	0	3	0	0	0	0
与港、澳、台地区学术交流	3	0	0	0	0	0	0	0	0	0	0	0	0	0	0
7. 江南影视艺术职业学院		1	1	130	0	6	0	0	30	100	3	0	0	0	0
国际学术交流	1	0	0	0	0	0	0	0	0	0	0	0	0	0	0
境内学术交流	2	1	1	130	0	6	0	0	30	100	3	0	0	0	0
与港、澳、台地区学术交流	3	0	0	0	0	0	0	0	0	0	0	0	0	0	0
8. 建东职业技术学院		0	0	0	0	0	0	0	0	0	7	0	0	0	0
国际学术交流	1	0	0	0	0	0	0	0	0	0	0	0	0	0	0
境内学术交流	2	0	0	0	0	0	0	0	0	0	7	0	0	0	0
与港、澳、台地区学术交流	3	0	0	0	0	0	0	0	0	0	0	0	0	0	0
9. 江海职业技术学院		2	0	4	0	4	0	0	0	0	0	0	0	0	0
国际学术交流	1	0	0	0	0	0	0	0	0	0	0	0	0	0	0
境内学术交流	2	2	0	4	0	4	0	0	0	0	0	0	0	0	0
与港、澳、台地区学术交流	3	0	0	0	0	0	0	0	0	0	0	0	0	0	0
10. 无锡太湖学院		0	0	31	0	31	4	24	0	0	161	0	0	0	0
国际学术交流	1	0	0	5	0	5	0	0	0	0	0	0	0	0	0
境内学术交流	2	0	0	26	0	26	4	24	0	0	161	0	0	0	0
与港、澳、台地区学术交流	3	0	0	0	0	0	0	0	0	0	0	0	0	0	0
11. 中国矿业大学徐海学院		0	0	26	0	26	0	0	32	21	6	0	0	0	0
国际学术交流	1	0	0	0	0	0	0	0	0	0	0	0	0	0	0
境内学术交流	2	0	0	26	0	26	0	0	32	21	6	0	0	0	0

续表

学术交流类别	编号	校办学术会议		参加学术会议			受聘讲学		社科考察		进修学习		合作研究		
		本校独办数	与外单位合办数	参加人次 合计	参加人次 其中:赴境外人次	提交论文(篇)	派出人次	来校人次	派出人次	来校人次	派出人次	来校人次	派出人次	来校人次	课题数(项)
		L01	L02	L03	L04	L05	L06	L07	L08	L09	L10	L11	L12	L13	L14
与港、澳、台地区学术交流	3	0	0	0	0	0	0	0	0	0	0	0	0	0	0
12. 南京大学金陵学院		0	0	8	0	0	0	0	0	0	2	0	0	0	0
国际学术交流	1	0	0	0	0	0	0	0	0	0	0	0	0	0	0
境内学术交流	2	0	0	8	0	0	0	0	0	0	2	0	0	0	0
与港、澳、台地区学术交流	3	0	0	0	0	0	0	0	0	0	0	0	0	0	0
13. 南京理工大学紫金学院		0	0	0	0	0	0	0	0	0	12	0	0	0	0
国际学术交流	1	0	0	0	0	0	0	0	0	0	0	0	0	0	0
境内学术交流	2	0	0	0	0	0	0	0	0	0	12	0	0	0	0
与港、澳、台地区学术交流	3	0	0	0	0	0	0	0	0	0	0	0	0	0	0
14.南京航空航天大学金城学院		0	0	0	0	0	0	0	8	0	12	0	0	0	0
国际学术交流	1	0	0	0	0	0	0	0	0	0	0	0	0	0	0
境内学术交流	2	0	0	0	0	0	0	0	8	0	12	0	0	0	0
与港、澳、台地区学术交流	3	0	0	0	0	0	0	0	0	0	0	0	0	0	0
15. 南京传媒学院		14	1	56	0	45	3	24	16	13	26	2	6	5	6
国际学术交流	1	12	0	31	0	24	0	6	0	0	0	0	0	0	0
境内学术交流	2	2	1	25	0	21	3	18	16	13	26	2	6	5	6
与港、澳、台地区学术交流	3	0	0	0	0	0	0	0	0	0	0	0	0	0	0
16. 金山职业技术学院		0	0	0	0	0	0	0	0	0	65	0	0	0	0
国际学术交流	1	0	0	0	0	0	0	0	0	0	0	0	0	0	0

境内学术交流	2	0	0	0	0	0	0	0	0	0	65	0	0	0	0
与港、澳、台地区学术交流	3	0	0	0	0	0	0	0	0	0	0	0	0	0	0
17.南京理工大学泰州科技学院		0	0	0	0	0	0	0	0	0	2	0	0	0	0
国际学术交流	1	0	0	0	0	0	0	0	0	0	0	0	0	0	0
境内学术交流	2	0	0	0	0	0	0	0	0	0	2	0	0	0	0
与港、澳、台地区学术交流	3	0	0	0	0	0	0	0	0	0	0	0	0	0	0
18. 南京师范大学中北学院		0	1	0	0	0	0	0	0	0	0	0	0	0	0
国际学术交流	1	0	0	0	0	0	0	0	0	0	0	0	0	0	0
境内学术交流	2	0	1	0	0	0	0	0	0	0	0	0	0	0	0
与港、澳、台地区学术交流	3	0	0	0	0	0	0	0	0	0	0	0	0	0	0
19. 苏州百年职业学院		4	2	630	0	8	7	7	15	20	5	3	4	15	6
国际学术交流	1	1	1	200	0	3	2	2	0	0	0	0	1	5	1
境内学术交流	2	3	1	430	0	5	5	5	15	20	5	3	3	10	5
与港、澳、台地区学术交流	3	0	0	0	0	0	0	0	0	0	0	0	0	0	0
20.南京中医药大学翰林学院		0	0	3	0	2	0	2	0	0	2	0	0	0	0
国际学术交流	1	0	0	0	0	0	0	0	0	0	0	0	0	0	0
境内学术交流	2	0	0	3	0	2	0	2	0	0	2	0	0	0	0
与港、澳、台地区学术交流	3	0	0	0	0	0	0	0	0	0	0	0	0	0	0
21. 苏州大学应用技术学院		0	0	1	0	1	0	0	0	0	0	0	2	0	2
国际学术交流	1	0	0	0	0	0	0	0	0	0	0	0	0	0	0
境内学术交流	2	0	0	1	0	1	0	0	0	0	0	0	2	0	2
与港、澳、台地区学术交流	3	0	0	0	0	0	0	0	0	0	0	0	0	0	0
22. 苏州科技大学天平学院		0	0	26	0	12	0	0	0	0	6	0	2	0	0
国际学术交流	1	0	0	0	0	0	0	0	0	0	0	0	0	0	0

续表

学术交流类别	编号	校办学术会议		参加学术会议			受聘讲学		社科考察		进修学习		合作研究		
		本校独办数	与外单位合办数	参加人次		提交论文（篇）	派出人次	来校人次	派出人次	来校人次	派出人次	来校人次	派出人次	来校人次	课题数（项）
				合计	其中：赴境外人次										
		L01	L02	L03	L04	L05	L06	L07	L08	L09	L10	L11	L12	L13	L14
境内学术交流	2	0	0	26	0	12	0	0	0	0	6	0	2	0	0
与港、澳、台地区学术交流	3	0	0	0	0	0	0	0	0	0	0	0	0	0	0
23. 江苏大学京江学院		0	0	6	0	0	0	0	6	0	2	0	0	0	0
国际学术交流	1	0	0	0	0	0	0	0	0	0	0	0	0	0	0
境内学术交流	2	0	0	6	0	0	0	0	6	0	2	0	0	0	0
与港、澳、台地区学术交流	3	0	0	0	0	0	0	0	0	0	0	0	0	0	0
24. 扬州大学广陵学院		2	0	0	0	0	0	2	1	0	2	0	0	0	0
国际学术交流	1	0	0	0	0	0	0	0	0	0	0	0	0	0	0
境内学术交流	2	2	0	0	0	0	0	2	1	0	2	0	0	0	0
与港、澳、台地区学术交流	3	0	0	0	0	0	0	0	0	0	0	0	0	0	0
25. 江苏师范大学科文学院		0	0	10	0	0	0	0	18	0	12	0	0	0	0
国际学术交流	1	0	0	0	0	0	0	0	0	0	0	0	0	0	0
境内学术交流	2	0	0	10	0	0	0	0	18	0	12	0	0	0	0
与港、澳、台地区学术交流	3	0	0	0	0	0	0	0	0	0	0	0	0	0	0
26. 常州大学怀德学院		0	0	0	0	0	0	0	0	0	1	0	0	0	0

国际学术交流	1	0	0	0	0	0	0	0	0	0	0	0	0	0	0
境内学术交流	2	0	0	0	0	0	0	0	0	0	1	0	0	0	0
与港、澳、台地区学术交流	3	0	0	0	0	0	0	0	0	0	0	0	0	0	0
27. 南通大学杏林学院		0	0	0	0	0	0	0	0	0	5	0	0	0	0
国际学术交流	1	0	0	0	0	0	0	0	0	0	5	0	0	0	0
境内学术交流	2	0	0	0	0	0	0	0	0	0	0	0	0	0	0
与港、澳、台地区学术交流	3	0	0	0	0	0	0	0	0	0	0	0	0	0	0
28. 南京审计大学金审学院		0	0	3	0	3	0	2	6	5	12	0	0	0	0
国际学术交流	1	0	0	0	0	0	0	0	0	0	0	0	0	0	0
境内学术交流	2	0	0	3	0	3	0	2	6	5	12	0	0	0	0
与港、澳、台地区学术交流	3	0	0	0	0	0	0	0	0	0	0	0	0	0	0
29. 苏州高博软件技术职业学院		0	0	23	0	21	0	8	12	8	12	0	5	0	5
国际学术交流	1	0	0	0	0	0	0	0	0	0	0	0	0	0	0
境内学术交流	2	0	0	23	0	21	0	8	12	8	12	0	5	0	5
与港、澳、台地区学术交流	3	0	0	0	0	0	0	0	0	0	0	0	0	0	0
30. 西交利物浦大学		3	2	11	0	8	0	93	0	3	0	0	0	0	0
国际学术交流	1	3	2	9	0	7	0	36	0	2	0	0	0	0	0
境内学术交流	2	0	0	2	0	1	0	57	0	1	0	0	0	0	0
与港、澳、台地区学术交流	3	0	0	0	0	0	0	0	0	0	0	0	0	0	0

注:此表删除了各项交流均为 0 的学校。

十一、社科专利

1. 全省高等学校人文、社会科学专利情况表

指标名称	专利申请数(件)	其中:发明专利数(件)	有效发明专利数(件)	专利所有权转让及许可数(件)	专利所有权转让与许可收入(百元)	专利授权数(件)	其中:发明专利数(件)	集成电路布图设计登记数(件)
合　计	1265	181	386	158	10 770.2	852	83	6

2. 公办本科高等学校人文、社会科学专利情况表

指标名称	编号	专利申请数(件)	其中:发明专利数(件)	有效发明专利数(件)	专利所有权转让及许可数(件)	专利所有权转让与许可收入(百元)	专利授权数(件)	其中:发明专利数(件)	集成电路布图设计登记数(件)
合　计	/	647	138	240	50	8681.2	449	74	4
南京大学	1	34	25	74	0	0	9	5	0
东南大学	2	12	12	12	0	0	7	7	0
江南大学	3	134	10	0	0	0	151	12	0
河海大学	4	10	9	10	1	50	5	3	0
苏州大学	5	12	8	6	5	60	11	6	0
南京工业大学	6	14	3	0	0	0	31	0	0
江苏大学	7	36	1	1	0	0	27	1	0

南京医科大学	8	61	10	10	0	6900	10	10	0
江苏师范大学	9	6	4	4	0	0	6	0	0
淮阴师范学院	10	122	5	13	19	921	17	3	0
南京体育学院	11	2	2	0	0	0	1	1	0
南京艺术学院	12	4	0	6	0	0	7	2	0
常熟理工学院	13	45	16	16	0	0	20	8	1
常州工学院	14	12	4	2	0	0	38	2	0
南京晓庄学院	15	35	4	0	5	352.2	18	2	0
南京特殊教育师范学院	16	8	3	24	0	0	1	0	0
泰州学院	17	3	0	0	0	0	0	0	0
金陵科技学院	18	8	4	16	6	182.5	17	3	3
江苏第二师范学院	19	8	2	38	1	10	11	1	0
南京工业职业技术大学	20	29	6	1	1	16.5	22	1	0
宿迁学院	21	52	10	7	12	189	40	7	0

注:此表删除了各类专利数均为 0 的高校。

3. 公办专科高等学校人文、社会科学专利情况表

指标名称	编号	专利申请数（件）	其中：发明专利数（件）	有效发明专利数（件）	专利所有权转让及许可数（件）	专利所有权转让与许可收入（百元）	专利授权数（件）	其中：发明专利数（件）	集成电路布图设计登记数（件）
合　计	/	570	25	133	108	2089	378	9	2
盐城幼儿师范高等专科学校	1	15	0	0	0	0	13	0	0
无锡职业技术学院	2	26	4	2	0	0	12	1	0
苏州工艺美术职业技术学院	3	25	0	0	5	5	20	0	1
南通职业大学	4	49	0	0	0	0	34	0	0
苏州市职业大学	5	20	9	21	0	0	18	1	1
扬州市职业大学	6	15	1	1	0	0	9	1	0
泰州职业技术学院	7	13	0	0	0	0	9	0	0
江苏海事职业技术学院	8	8	0	1	13	130	5	1	0
无锡科技职业学院	9	5	0	0	2	1200	3	0	0
江苏航运职业技术学院	10	4	0	0	0	0	0	0	0
南京交通职业技术学院	11	15	0	0	0	0	8	0	0

常州纺织服装职业技术学院	12	26	0	0	2	10	0	0	0
常州工程职业技术学院	13	3	0	0	0	0	3	0	0
江苏信息职业技术学院	14	10	0	0	9	8	0	0	0
常州机电职业技术学院	15	101	0	96	13	469	43	0	0
江阴职业技术学院	16	5	0	5	0	0	5	0	0
无锡城市职业技术学院	17	30	1	5	4	21	26	3	0
无锡工艺职业技术学院	18	90	0	0	58	116	85	0	0
江苏财经职业技术学院	19	10	0	0	0	0	4	0	0
南京机电职业技术学院	20	82	7	0	0	0	72	0	0
南京旅游职业学院	21	1	1	1	0	0	1	1	0
苏州信息职业技术学院	22	3	0	0	0	0	3	0	0
江苏财会职业学院	23	3	0	0	0	0	0	0	0
江苏旅游职业学院	24	11	2	1	2	130	5	1	0

注：此表删除了各类专利数均为0的高校。

4. 民办及中外合作办学高等学校人文、社会科学专利情况表

指标名称	编号	专利申请数(件)	其中:发明专利数(件)	有效发明专利数(件)	专利所有权转让及许可数(件)	专利所有权转让与许可收入(百元)	专利授权数(件)	其中:发明专利数(件)	集成电路布图设计登记数(件)
合　计	/	48	18	13	0	0	25	0	0
无锡南洋职业技术学院	1	5	0	0	0	0	1	0	0
江海职业技术学院	2	8	0	0	0	0	7	0	0
南京大学金陵学院	3	0	0	4	0	0	0	0	0
南京航空航天大学金城学院	4	5	0	0	0	0	7	0	0
南京传媒学院	5	8	8	8	0	0	0	0	0
南京师范大学泰州学院	6	4	1	1	0	0	4	0	0
南京工业大学浦江学院	7	0	0	0	0	0	0	0	0
扬州大学广陵学院	8	9	9	0	0	0	0	0	0
苏州高博软件技术职业学院	9	9	0	0	0	0	6	0	0

注:此表删除了各类专利数均为 0 的高校。